大久保良峻先生古稀記念論集

天台学と諸思想

大久保良峻先生古稀記念論集刊行会

法藏館

大久保良峻先生

大久保良峻先生　略歴・業績目録

大久保良峻先生　略歴

（二〇二五年一月三一日現在）


一九五四年（昭和二九）六月　神奈川県に生まれる。

一九七三年（昭和四八）三月　神奈川県立平塚江南高校卒業。

一九七四年（昭和四九）四月　早稲田大学第一文学部入学。

一九七八年（昭和五三）三月　早稲田大学第一文学部心理学専修卒業。

一九八〇年（昭和五五）四月　早稲田大学大学院文学研究科修士課程東洋哲学専攻入学。

一九八三年（昭和五八）三月　早稲田大学大学院文学研究科修士課程東洋哲学専攻修了。

一九八三年（昭和五八）四月　早稲田大学大学院文学研究科博士課程東洋哲学専攻入学。

一九八九年（平成元）三月　早稲田大学大学院文学研究科博士課程東洋哲学専攻退学。

一九八九年（平成元）四月　早稲田大学文学部助手。

一九九二年（平成四）四月　早稲田大学文学部専任講師。

一九九五年（平成七）四月　早稲田大学文学部助教授。

一九九八年（平成一〇）三月～四月　フランス国立高等研究院客員教授。

一九九九年（平成一一）三月～二〇〇〇年（平成一二）三月　特別研究期間、アメリカ合衆国ヴァージニア州シャーロッツヴィルに滞在。

二〇〇〇年（平成一二）四月～二〇二五年（令和七）三月　早稲田大学文学部教授。

二〇〇二年（平成一四）六月　『台密教学の研究』で博士（文学）早稲田大学。

二〇〇四年（平成一六）九月～二〇一四年（平成二六）三月、二〇一五年（平成二七）四月～二〇二〇年（令和二年）三月　文学学術院東洋哲学専修専攻（東洋哲学コース）運営主任。

二〇一四年（平成二六）四月～二〇一五年（平成二七）三月　特別研究期間（国内）。

二〇一五年（平成二七）四月〜二〇二五年（令和七）三月　早稲田大学仏教青年会会長（第十代）。

非常勤講師

東京大学大学院　一九九七年度（平成九）冬学期、二〇〇五年度（平成一七）夏学期、二〇〇九年度（平成二一）冬学期
東洋大学大学院　二〇〇七年度（平成一九）〜二〇一一年度（平成二三）
東洋大学文学部　二〇〇九年度（平成二一）〜二〇一〇年度（平成二二）
国際仏教学大学院大学　二〇〇四年（平成一六）一一月二四日、二〇〇八年（平成二〇）一二月三日、二〇一六年（平成二八）六月二九日

学会

早稲田大学東洋哲学会　会長　二〇一九年（平成三一）四月〜二〇二三年（令和五）三月
　理事　二〇〇一年（平成一三）四月〜二〇二五年（令和七）三月
日本印度学仏教学会　理事　二〇一五年（平成二七）四月〜二〇二五年（令和七）三月
　評議員　二〇〇五年（平成一七）四月〜二〇二五年（令和七）三月
日本仏教学会　理事　二〇〇九年（平成二一）四月〜二〇一六年（平成二八）三月
　監事　一九九五年（平成七）四月〜一九九七年（平成九）三月
日本仏教綜合研究学会　監事　二〇一一年（平成二三）四月〜二〇一三年（平成二五）三月
　会長　二〇〇八年（平成二〇）四月〜二〇一二年（平成二四）三月
　理事・評議員　二〇〇二年（平成一四）四月〜二〇二〇年（令和二）三月
仏教思想学会　理事・評議員　二〇一八年（平成三〇）四月〜
　幹事　一九八九年（平成元）四月〜一九九七年（平成九）三月

天台学会　　　　理事　二〇〇六年（平成一八）四月～
東アジア仏教研究会　幹事　二〇一〇年四月～
日本中国学会　　幹事　一九八九年（平成元）四月～一九九一年（平成三）三月

その他

大法輪石原育英会　奨学生選考委員　二〇〇五年（平成一七）四月～二〇二〇年（令和二年）三月
仏教学術振興会　評議員　二〇〇八年（平成二〇）一二月～二〇二四年（令和六）六月
仏教伝道教会　仏教伝道文化賞選定委員会委員長　二〇一七年（平成二九）七月～
天台宗典編纂所編纂委員　二〇一〇年（平成二二）四月～
天台宗勧学院出仕　二〇一一年（平成二三）一二月～
天台宗勧学　二〇一五年（平成二七）五月～
天台宗延暦寺東塔五大院住職（非法人）　二〇一七年（平成二九）三月～
天台宗宗義研究所所長　二〇二四年（令和六）二月～
日本空手道松濤会二宮支部（二宮町空手道協会）支部長　二〇一八年（平成三〇）四月～

大久保良峻先生　業績目録

単著

天台教学と本覚思想　法藏館　一九九八年一月
台密教学の研究　法藏館　二〇〇四年一月
最澄の思想と天台密教　法藏館　二〇一五年六月

最澄大師（中国語）　台北：経典雑誌・慈済伝播人文志業基金会　二〇二〇年九月
伝教大師　最澄　法藏館　二〇二一年六月
増訂天台教学と本覚思想　法藏館　二〇二二年一月
日本天台における根本思想の展開　法藏館　二〇二四年三月

編著

新・八宗綱要　法藏館　二〇〇一年六月
山家の大師　最澄　吉川弘文館　二〇〇四年六月
天台学探尋　法藏館　二〇一四年三月
日本仏教の展開　―文献より読む史実と思想―　春秋社　二〇一八年三月

共編

仏教と出会った日本　法藏館　一九九八年八月
日本仏教の研究法　―歴史と展望　法藏館　二〇〇〇年一一月
日本仏教の文献ガイド　法藏館　二〇〇一年一二月
日本仏教34の鍵　春秋社　二〇〇三年五月

監修

仏教と仏事のすべて　主婦の友社　二〇一一年五月、新装版二〇一八年一〇月

修士論文

日本天台における即身成仏論　早稲田大学大学院文学研究科　一九八三年三月

大久保良峻先生　略歴・業績目録

博士論文

台密教学の研究　博士（文学）早稲田大学　二〇〇二年六月

学術論文（含講演録）

円仁の即身成仏論　―特に生身の捨・不捨について―　印度学仏教学研究三二―一　日本印度学仏教学会　一九八三年一二月

円仁の即身成仏論に関する一、二の問題　早稲田大学文学研究科紀要、別冊一〇　早稲田大学文学研究科　一九八四年一月

一生入妙覚について　―証真を中心に―　天台学報二六　天台学会　一九八四年一一月

安然の行位論　印度学仏教学研究三三―一　日本印度学仏教学会　一九八四年一二月

円珍の行位論とその影響　天台学報二七　天台学会　一九八五年一一月

証真の即身成仏論　フィロソフィア七三　早稲田大学哲学会　一九八六年三月

神通乗について　―円密二教における大品般若・大智度論の受容を中心に―　天台学報二八　天台学会　一九八六年一〇月

五大院安然の法身説法思想　印度学仏教学研究三五―一　日本印度学仏教学会　一九八六年一二月

神通乗について　―特に日本天台における一問題として―　早稲田大学文学研究科紀要、別冊一三　早稲田大学文学研究科　一九八七年一月

即心成仏について　―円珍の教説に着目して―　天台学報二九　天台学会　一九八七年一〇月

日本天台における法身説法思想　―安然と証真の教説を中心に―　天台学論集二　天台宗務庁　一九八八年三月

証真教学における教主義と法身説法思想　天台学報三〇　天台学会　一九八八年一〇月

台密教判の一問題　―特に大日経指帰に関連して―　印度学仏教学研究三七―一　日本印度学仏教学会　一九八八年一二月

智証大師円珍の成仏論 ―特に行・行位との関聯において― 智証大師研究 同朋舎 一九八九年一〇月

仁空の即身成仏論 ―大日経義釈の解釈を廻って― 天台学報三一 天台学会 一九八九年一〇月

台密の行位論に関する二、三の問題 ―安然説を中心に― 仏教学二九 仏教思想学会 一九九〇年九月

台密の機根論に関する一問題 天台学報三二 天台学会 一九九〇年一〇月

日本天台の法華円教即身成仏義諸本について 印度学仏教学研究三九-一 日本印度学仏教学会 一九九〇年一二月

日本天台における法華円教即身成仏論 ―即身成仏義諸本を中心に―
東洋の思想と宗教八 早稲田大学東洋哲学会 一九九一年六月

三大部要決をめぐる一、二の問題 天台学報三三 天台学会 一九九一年一〇月

三大部要決の教学について
天台思想と東アジア文化の研究（塩入良道先生先生追悼論文集） 山喜房佛書林 一九九一年一二月

台密の三密論 ―仏の三密を中心に― 天台学報三四 天台学会 一九九二年一〇月

三密行をめぐって 日本・中国 仏教思想とその展開（三崎良周編） 山喜房佛書林 一九九二年一〇月

法身説法をめぐる日本天台と東密の異議 印度学仏教学研究四一-一 日本印度学仏教学会 一九九二年一二月

五大院安然の国土観 日本仏教学会年報五八 日本仏教学会 一九九三年五月

現実肯定思想 ―本覚思想と台密教学― 日本の仏教一 法藏館 一九九四年一〇月

良源撰『被接義私記』について 天台学報三六 天台学会 一九九四年一〇月

日本天台における被接説の展開 ―基本的事項を中心に―
仏教文化の展開（大久保良順先生傘寿記念論文集） 山喜房佛書林 一九九四年一一月

安然の教学における空海 天台学報三七 天台学会 一九九五年一〇月

安然による空海撰『即身成仏義』の受容について
印度学仏教学研究四四-一 日本印度学仏教学会 一九九五年一二月

『大日経義釈』の教学について ―台密教学の基盤として―

日本仏教の教学研究と文献
神仏習合思想の展開（菅原信海編）　汲古書院　一九九六年一月

信証と台密
日本の仏教五　法藏館　一九九六年四月

『維摩経文疏』と天台教学　―仏についての理解を中心に―
天台学報三八　天台学会　一九九六年一一月

静算の教学について　―『心地教行決疑』における即身成仏論を中心に―
天台大師研究　祖師讃仰大法会事務局・天台学会　一九九七年三月
東アジアにおける仏教と土着思想の交渉に関する総合的研究
（科学研究費補助金研究成果報告書、末木文美士代表）　一九九七年三月

台密の教判に関する若干の問題
佛教教理思想の研究（佐藤隆賢博士古稀記念論文集）　山喜房佛書林　一九九八年五月

台東両密における行位論の交渉
弘法大師の思想とその展開　高野山大学密教文化研究所紀要別冊一　一九九九年一月

仁空の即身成仏論
仏教文化の諸相（高木訷元博士古稀記念論集）　山喜房佛書林　二〇〇〇年一二月

『大日経疏指心鈔』と台密
新義真言教学の研究（頼瑜僧正七百年御遠忌記念論集）　大蔵出版　二〇〇二年一〇月

最澄の教学における成仏と直道
法華仏教文化史論叢（渡邊寶陽先生古稀記念論文集）　平楽寺書店　二〇〇三年三月

天台本覚論　―証真説に着目して―
宗教と表象（院政期文化論集四）　森話社　二〇〇四年一〇月

一念成仏について
早稲田大学大学院文学研究科紀要五〇　二〇〇五年二月

台密諸流の形成
アジア文化の思想と儀礼（福井文雅博士古稀記念論集）　春秋社　二〇〇五年六月

日本天台の教学と美術
最澄と天台の国宝（図録）　読売新聞社　二〇〇五年一〇月

台密教学探尋
叡山学院紀要二八　叡山学院　二〇〇六年三月

天台教学における龍女成仏
日本仏教綜合研究四　日本仏教綜合研究学会　二〇〇六年五月

最澄の成仏思想　仏教学四八　仏教思想学会　二〇〇六年一二月
伝教大師最澄と天台密教　仏教文化講座たより七二　妙法院門跡　二〇〇七年二月
最澄と徳一の行位対論　―最澄説を中心に―
　真言密教と日本文化・上（加藤精一博士古稀記念論文集）　ノンブル社　二〇〇七年一二月
天台密教の伝灯　感性文化研究所紀要四　感性文化研究所　二〇〇八年四月
最澄の経体論　―徳一との論諍を中心に―
　仏教と文化（多田孝正博士古稀記念論集）　山喜房佛書林　二〇〇八年一一月
最澄・空海の改革　日本仏教の礎　新東アジア仏教史一一日本Ⅰ　佼成出版社　二〇一〇年八月
名別義通の基本的問題　天台学報五二　天台学会　二〇一〇年一一月
本覚思想と神　中世神話と神祇・神道世界（伊藤聡編）　竹林舎　二〇一一年四月
発心即到と自心仏　天台学報五三　天台学会　二〇一一年一一月
日本天台創成期の仏教　―最澄と円仁を中心に―　佛教文化講座五六　浅草寺　二〇一二年八月
天台密教の顕密説　仏法僧論集（福原隆善先生古稀記念論集）　山喜房佛書林　二〇一三年二月
龍女成仏とその思想的意義　―論義との関係をを中心に―
　中世における天台論義書関係資料（科学研究費補助金研究成果報告書、渡辺麻里子代表）　二〇一三年三月
安然と最澄　東洋の慈悲と智慧（多田孝文名誉教授古稀記念論文集）　山喜房佛書林　二〇一三年三月
台密に見る密教の東漸　―円仁撰『金剛頂経疏』の教学的特色を中心に―
　仏教文明の展開と表現　文字・言語・造形と思想（新川登亀男編）　勉誠出版　二〇一四年三月
東密における十界論　仏教文化論集一一　川崎大師教学研究所　二〇一四年三月
The Identity between the Purport of the Perfect and the Esoteric Teachings
　JAPANESE JOURNAL OF RELIGIOUS STUDIES 41-1　南山大学　2014
最澄の名言　天台学報五六　天台学会　二〇一四年一〇月

平安初期における日本密教の樹立と教学交渉　密教文化二三四　密教研究会　二〇一五年三月

台密の十界説　天台・真言　諸宗論攷　山喜房佛書林　二〇一五年一二月

安然撰『教時問答』の基礎的考察
智慧のともしび　アビダルマ佛教の展開（三友健容博士古稀記念論文集）　山喜房佛書林　二〇一六年三月

最澄から安然へ　―初期日本天台の根本的展開―　佛教學セミナー一〇三　大谷大学仏教学会　二〇一六年六月

台密の時間論　天台学報五八　天台学会　二〇一六年一〇月

台密と天台本覚思想　佛教文學四二　仏教文学会　二〇一七年四月

六種震動と天台義　天台学報五九　天台学会　二〇一七年一〇月

自受用身に関する若干の問題　―前後自受用を中心に―　天台学報六〇　天台学会　二〇一八年一〇月

最澄・台密研究の諸問題　―最澄の言葉と自受用身を中心に―　天台学報特別号第二集　天台学会　二〇一八年一二月

安然における台密教学の特質　―仏身と説法―
佛教の心と文化（坂本廣博博士喜寿記念論文集）　山喜房佛書林　二〇一九年三月

日本天台の仏身観に関する若干の問題　―自受用身を中心に―　智山学報六八　智山勧学会　二〇一九年三月

『例講問答書合』に関する基礎的問題　天台学報六一　天台学会　二〇一九年一〇月

自受用身に関する天台論義から見えるもの
日本仏教と論義（楠淳證・野呂靖・亀山隆彦編）　法藏館　二〇二〇年二月

日本天台における現実肯定思想と仏身に関わる若干の問題
東アジアの王権と秩序　―思想・宗教・儀礼を中心として―（伊東貴之編）　汲古書院　二〇二一年一〇月

初住位尊重に関する安然の円密一致観
平安・鎌倉の天台（伝教大師一千二百年大遠忌記念出版）　山喜房佛書林　二〇二一年一二月

最澄の思想と実践に関する幾つかの問題（日本語・中国語）
第二回国際天台学会論集　―天台学と東アジアの世界―　中国浙江省天台山・浙江工商大学

東アジア仏教文化研究センター・北京大学仏教研究センター等共催　二〇二二年一〇月
日本天台の仏身観に関する若干の問題　―自受用身を中心に―〔改訂版〕
鎌倉仏教　―密教の視点から―（智山勧学会編）　大蔵出版　二〇二三年四月
最澄撰『内証仏法相承血脈譜』偽撰説を疑う　天台学報六五　天台学会　二〇二四年一〇月
顕密二教と如来の内証　―空海教学と東密学匠の思索―　佛教文化論集一三　川崎大師教学研究所　二〇二四年三月
最澄の相承と思想に関する若干の問題　天台学と諸思想　法藏館　二〇二五年一月

記念論集

還暦記念　天台・真言　諸宗論攷　山喜房佛書林　二〇一五年一二月
古稀記念　天台学と諸思想　法藏館　二〇二五年一月

分担執筆

本覚思想　―天台教学の日本的展開―　日本仏教論（シリーズ・東アジア仏教四）　春秋社　一九九五年九月
古代の異国・異国人論「最澄と空海」　国文学　解釈と鑑賞　至文堂　一九九六年一〇月号
『法華経』と中世文化「天台本覚思想の基盤」　国文学　解釈と鑑賞　至文堂　一九九七年三月号
日本天台の密教　日本密教（シリーズ・密教四）　春秋社　二〇〇〇年五月
『法華経』序品第一・方便品第二　解説　『大法輪』一二月号　大法輪閣　二〇〇八年
（『これだけは知っておきたい　法華経の基礎知識』　大法輪閣　二〇一一年一〇月に再録）
最澄―二人の「確執」の実態とは？　歴史読本（特集「空海と高野山の謎」）　KADOKAWA　二〇一五年二月号
（KADOKAWA　新人物文庫『今こそ知りたい！空海と高野山の謎』二〇一五年六月に再録）
セッション№9の発表におけるコメント　日本仏教学会年報七七　日本仏教学会　二〇一二年八月
仏教（日本思想史へ―ガイダンス―）　日本思想史講座五（方法）　ぺりかん社　二〇一五年一二月

（伝）明曠　般若心経疏　訳註　般若心経註釈集成〈中国・日本編〉（渡辺章悟・高橋尚夫編）
起心書房　二〇一八年七月

翻訳（単著）

海外の学者による伝教大師研究　―ヴァージニア大学教授ポール・グローナー氏の論考により―
天台宗務庁教学部　一九九二年四月

書評

末木文美士著『平安初期仏教思想の研究　―安然の思想形成を中心として―　』
日本宗教学会　宗教研究六九―三　一九九五年一二月

ベルナール・フランク著　仏蘭久淳子訳『日本仏教曼荼羅』
早稲田大学比較文学研究室　比較文学年誌　二〇〇三年三月

事典・解題

「『往生要集』」「即身成仏」「覚鑁」「口伝」「源信」「草木成仏」「本地垂迹」
『岩波　哲学・思想事典』　岩波書店　一九九八年三月

「寛永寺本坊所蔵の典籍について」、解題『師説集』『金剛錍論本爾鈔』『顕密即身成仏考』『前唐院十三重灌頂口決』『恵心流内証相承伝受次第』
東京都教育委員会（東京都教育庁生涯学習部文化課）
『寛永寺及び子院所蔵文化財総合調査報告』（上）　一九九九年三月

『義釈捜決抄』『義釈第一私鈔』『北嶺伝弘五教成仏義』
『正続　天台宗全書　目録解題』　春秋社　二〇〇〇年一二月

「本覚思想」「源信」「『摩訶止観』」「安然」「草木成仏」「『一乗要決』」「『三十四箇事書』」

「口伝法門」「三重七箇の大事」「煩悩」「止観」　『日本思想史辞典』　ぺりかん社　二〇〇一年六月
九項目　岩波『仏教辞典』第二版　岩波書店　二〇〇二年一〇月
『天台教学と本覚思想』　『宗教学文献事典』　弘文堂　二〇〇七年一二月
Annen　*Brill's Encyclopedia of Buddhism Volume II*　Brill　二〇一九年六月
「最澄と天台宗」「天台密教」　『日本思想史事典』　丸善出版　二〇二〇年四月
「天台本覚思想」　日本佛教学会編『仏教事典』　丸善出版　二〇二一年一月
『師説集』『大日経義釈鈔』　続天台宗全書・密教5　事相Ⅱ　解題　春秋社　二〇二三年一二月

その他

天台密教の特徴　『大法輪』九月号　大法輪閣　一九八四年
L'évolution du bouddhisme japonais à l'époque de Heian (IXe–XIIe siécles).
Les doctrines ésoté riques　*Annuaire EPHE, Section des sciences religieuses Tome 106*　1999.5
《研究紹介》台密教学研究の意義　『感性文化研究』一　早稲田大学感性文化研究所　二〇〇二年三月
円仁・円珍のことば　週刊朝日百科「仏教を歩く」一八『円仁　円珍』
朝日新聞社　二〇〇四年二月　新版　二〇一三年六月
（『名僧達の教え　日本仏教の世界』朝日選書七八四、二〇〇五年九月に再録）
〝厄除け大師〟良源の実像と伝説に迫る
週刊朝日ビジュアルシリーズ「仏教新発見」七『延暦寺』　朝日新聞社　二〇〇七年八月、二〇一六年二月再刊
天台仏教について（台門仏教遊歩一）　『浅草寺』五五七　二〇〇八年一・二月
現実世界の肯定（台門仏教遊歩二）　『浅草寺』五五八　二〇〇八年三月
五大院安然（台門仏教遊歩三）　『浅草寺』五五九　二〇〇八年四月
草木国土の成仏と説法（台門仏教遊歩四）　『浅草寺』五六〇　二〇〇八年五月

小さい世界（台門仏教遊歩五）　『浅草寺』五六一　二〇〇八年六月
修行の階梯（台門仏教遊歩六）　『浅草寺』五六二　二〇〇八年七・八月
常平等・常差別（台門仏教遊歩七）　『浅草寺』五六三　二〇〇八年九月
仏と仏とのみの境地（台門仏教遊歩八）　『浅草寺』五六四　二〇〇八年一〇月
一切男子・一切女人（台門仏教遊歩九）　『浅草寺』五六五　二〇〇八年一一月
本尊（台門仏教遊歩一〇）　『浅草寺』五六六　二〇〇八年一二月
慈恵大師良源　―人と思想―　比叡山時報六四七　比叡山延暦寺　二〇〇九年一月
間違えない仏教書選び「天台宗」　『大法輪』四月号　大法輪閣　二〇一〇年
仏教の開祖の生涯と言葉　最澄　『一個人』KKベストセラーズ　二〇一一年三月号
（『一個人』別冊「日本の仏教入門」に再録　二〇一一年四月）
中尊寺ゆかりの名僧　円仁　『古寺をめぐる　こころの法話』一　朝日新聞出版　二〇一一年二月
最澄と空海の交流と密教　―最澄を中心に―　別冊太陽　日本のこころ一八七『空海』　平凡社　二〇一一年八月
延暦寺ゆかりの名僧　最澄　『古寺をめぐる　こころの法話』一三　朝日新聞出版　二〇一一年八月
（『CDブック　聞くことだけで安らぐ　比叡山延暦寺の旅行とおはなし』朝日新聞出版　二〇一六年九月に再録）
円仁　行跡から見た天台密教の確立
『慈覚大師円仁と行くゆかりの古寺巡礼』　ダイヤモンド社　ダイヤモンドMOOK　二〇一二年四月
（東京中国文化センター「遣唐使慈覚大師円仁展」図録に略出、二〇一二年七月）
即身成仏に関する認識と修行　―日本天台を中心に―
平成二七年度東方学会　秋期学術学会　発表要旨　『東方学』一三一　二〇一六年一月
早稲田大学仏教青年会第十代会長に就任して
『久遠』四八　早稲田大学仏教青年会　二〇一六年三月
ズバリ、天台密教とは何か
『大法輪』二月号　大法輪閣　二〇二〇年
凝然大徳の『八宗綱要』
中外日報　中外日報社　二〇二一年一月三日

不滅の法灯～最澄が残したもの　「不足」が生んだ豊饒
『湖国と文化』一七五　びわ湖芸術文化財団　地域創造部　二〇二一年四月
没後1200年　比叡山の生みの親、最澄の生涯
『歴史人』一一月号　ABCアーク　二〇二一年
最澄から見た空海　交友から決別へ　仏教タイムス　仏教タイムス社
（空海　顕と密の世界　弘法大師一二五〇年シリーズ六）　二〇二三年一月一日
伝教大師と天台宗について『祖師先徳鑽仰大法会』　祖師先徳鑽仰大法会事務局　天台宗務庁　二〇二三年一一月一日

科学研究費（研究代表）

多分野複合の視角から見た日本仏教の国際的研究　基盤研究（A）　二〇一三年四月～二〇一八年三月

学会発表

円仁の即身成仏論　日本印度学仏教学会　一九八三年六月
一生入妙覚について　―証真を中心に―　天台学会　一九八三年一一月
安然の行位論　日本印度学仏教学会　一九八四年一一月
円珍の行位論とその影響　天台学会　一九八四年一一月
神通乗について　天台学会　一九八五年一一月
五大院安然の法身説法思想　日本印度学仏教学会　一九八六年六月
即心成仏について　―円珍の教説に着目して―　天台学会　一九八六年一一月
証真の法身説法思想　天台学会　一九八七年一一月
台密教判の一問題　―特に大日経指帰に関連して―　日本印度学仏教学会　一九八八年七月
仁空の即身成仏論　―大日経義釈の解釈を廻って―　天台学会　一九八八年一〇月
台密の機根論に関する一問題　天台学会　一九八九年一〇月

日本天台における法華円教即身成仏論　―『即身成仏義』諸本を中心に―　早稲田大学東洋哲学会　一九九〇年六月
日本天台の法華円教即身成仏義について　日本印度学仏教学会　一九九〇年六月
三大部要決をめぐる一、二の問題　天台学会　一九九〇年一〇月
台密の三密論　天台学会　一九九〇年一〇月
法身説法をめぐる日本天台と東密の異議　日本印度学仏教学会　一九九二年六月
五大院安然の国土観　日本仏教学会　一九九二年一〇月
良源撰『被接義私記』について　天台学会　一九九三年一〇月
安然の教学における空海　天台学会　一九九四年一〇月
安然による空海撰『即身成仏義』の受容について　日本印度学仏教学会　一九九五年六月
信証と台密　天台学会　一九九五年一〇月
証真の本覚思想批判とは　天台学会　二〇〇〇年一一月
最澄の大直道思想について　日本印度学仏教学会（韓国・東国大学校）　二〇〇二年七月
円密一致について（The Essential Agreement of the Perfect and Esoteric Teachings in Tendai）
第6回国際法華経学会（トロント大学）　二〇〇四年八月
一念成仏思想をめぐって　天台学会　二〇〇四年一一月
天台教学における龍女成仏　日本仏教綜合研究学会　二〇〇五年一二月
最澄の成仏思想　仏教思想学会　二〇〇六年七月
最澄と徳一の行位論諍に関する若干の問題　天台学会　二〇〇七年一一月
名別義通の基本的問題　天台学会　二〇〇九年一一月
自心仏と発心即到　天台学会　二〇一〇年一一月
『法華経』顕密論　―最澄から安然へ―　天台学会　二〇一二年一一月
最澄の名言　天台学会　二〇一三年一一月

台密の十界説　天台学会　二〇一四年一一月

台密の時間論　天台学会　二〇一五年一一月

六種震動と天台義　天台学会　二〇一六年一一月

最澄・台密研究の諸問題　第二回国際天台学会議　天台宗・天台学会　二〇一七年五月

自受用身に関する若干の問題　―前後自受用を中心に―　天台学会　二〇一七年一一月

『例講問答書合』に関する基礎的問題　天台学会　二〇一八年一一月

現実肯定思想と仏身に関わる若干の問題　天台学会　二〇一九年一一月

安然の初住位説について　―その特色と意義―　天台学会　二〇二一年一一月

最澄の思想と実践に関する幾つかの問題
第二回国際天台学会　―天台学と東アジアの世界―　中国浙江省天台山、浙江工商大学
東アジア仏教文化研究センター・北京大学仏教研究センター等共催、Zoomによるオンライン参加　二〇二二年一〇月

最澄撰『内証仏法相承血脈譜』偽撰説を疑う　天台学会　二〇二二年一一月

最澄の四宗相承と『伝述一心戒文』　天台学会　二〇二三年一一月

『内証仏法相承血脈譜』から『伝述一心戒文』へ　―『血脈譜』光定撰述説再批議―　天台学会　二〇二四年一一月

講演（含講義）

本覚思想の源流としての台密教学　大正大学綜合仏教研究所　一九九三年五月一一日

中国仏教の展開としての平安仏教　―教義・文体から真偽論へ―　早慶中国学会　一九九六年七月六日

伝教大師のみ心
天台宗　一隅を照らす運動　名古屋大会　愛知県芸術劇場大ホール　一九九七年九月二八日

台東両密における行位論の交渉　高野山大学密教文化研究所公開研究会　一九九七年一二月一一日

即身成仏ということ　東京大学仏教青年会　一九九七年一二月一五日

平安仏教とその展開　―天台教学と密教を中心に―
フランス国立高等研究院　一九九八年三月三日・一〇日・一七日・二四日・三一日、四月七日
平安仏教の特質　―天台教学と密教―
オランダ・ライデン大学日本学韓国学センター　一九九八年三月一八日
天台密教の特色
プリンストン大学東洋学プログラム
(East Asian Studies Program coffee hour speakers series)　二〇〇〇年二月一六日
密教の世界観
ドイツ・トリア大学　共同研究授業　二〇〇三年八月
台密教学探尋
叡山学会公開講座　二〇〇五年六月八日
日本仏教史における最澄と天台宗
京都市　財団法人大学コンソーシアム京都主催
「京都の世界遺産講座第一一回　延暦寺―霊峰・比叡山に抱かれた1200年の聖地」　二〇〇六年六月三〇日
伝教大師最澄と天台密教
妙法院門跡　仏教文化講座　二〇〇六年一〇月二二日
天台学と密教学　浅草寺夏安居
浅草寺五重塔書院　二〇〇八年八月五日・六日
比叡山の仏教　―源流と展開―
日本工業倶楽部　素修会　東京大手町　二〇〇九年五月一日
伝教大師最澄と東国巡錫
「最澄の神坂越え展」に合わせた阿智学講座
長野県　阿智村中央公民館
主催　阿智村中央公民館　共催　阿智村東山道・園原ビジターセンターはゝき木館　二〇一〇年一一月一四日
日本天台創成期の仏教　―最澄と円仁を中心に―
浅草寺『仏教文化講座』（第六百六十四回）新宿明治安田生命ホール　二〇一一年三月二八日
平安初期における日本密教の樹立と教学交渉
密教研究会学術大会　高野山大学　二〇一四年七月一一日
天台宗の特質（第一部）、伝教大師最澄の密教（第二部）
平成二六年度天台宗仏教青年連盟全国大会　さいたま市ホテルラフレさいたま　二〇一四年九月二九日
最澄から安然へ　―初期日本天台の根本的展開―

伝教大師の思想と天台密教　　大谷大学仏教学会公開講演会　大谷大学　二〇一五年一二月七日
浅草寺夏安居　二〇一六年七月二八日・二九日
台密と天台本覚思想　　仏教文学会大会　大正大学　二〇一六年九月一〇日
日本仏教の成立・平安仏教の特質
早稲田松代塾　新潟県まつだいふるさと会館常春ホール　二〇一七年七月三〇日
日本天台の仏身観に関する若干の問題　―自受用身を中心に―
第六二回智山教学大会　智山勧学会　別院真福寺　二〇一八年五月二五日
自受用身に関する天台論義から見えるもの
龍谷大学アジア仏教文化研究センター主催学術講演会　龍谷大学大宮学舎　二〇一八年一一月二九日
平安時代初期の仏教　―天台宗と真言宗の確立―
本庄市市民総合大学（早稲田大学提供講座、ミドルコース）
早稲田リサーチパーク・コミュニケーションセンター　二〇一八年九月一一日・一八日

シンポジウム・座談会

〔討論〕日本における密教の役割　―思想と実践の受容と展開―　　『日本の仏教』六　法藏館　一九九六年八月
日本天台の国土観（Japanese Tendai Interpretations of the Lands）
国際会議「文化圏に於ける（を超える）様々な仏教（Buddhism In (and Out of) Place)」
UCLA（カリフォルニア大学ロサンゼルス校）　二〇〇四年一〇月一七日
成仏と生死　　第三回早稲田大学第二文学部　思想・宗教系シンポジウム「東西の生の思想」　二〇〇五年一二月三日
即身成仏に関する認識と修行　―日本天台を中心に―
東方学会　平成二七年度秋期学術学会「仏教における認識と経験」　二〇一五年一一月六日
初期日本天台に関する若干の基本的問題　―時間論を中心に

(Some Basic Rroblems in Early Japanese Tendai: Theories about Time)

UCSB（カリフォルニア大学サンタバーバラ校）と共同開催のシンポジウム

「資料に導かれる仏教研究　―問題提起と方法論―」

(Where the Texts Lead Us: Rethinking the Textual Approach to Buddhist Studies; Issues and Methodologies)

二〇一五年一一月一五日

日本仏教の観点から　日本印度学仏教学会第六八回学術大会（パネル発表D）

「印度学仏教学研究における国際情報発信と国際的学術交流　―その総括と展望―」

花園大学　二〇一七年九月三日

平安仏教開創とその思想　―最澄の大遠忌に関連して―　日本印度学仏教学会第七三回学術大会（パネル発表B）

「仏教研究における近年のトレンド」（オンライン）　東京外語大学　二〇二二年九月四日

※（仏教タイムス九月一五日・二二日合併号に関連記事あり）

最終講義

平安仏教研究遊歩　早稲田大学小野記念講堂　二〇二五年一月三一日

序文

本書は早稲田大学文学学術院教授・大久保良峻先生の古稀ならびに定年退職にあたり、大久保研究室で指導を受けた研究者を中心にその論文を輯録したものである。

大久保先生は、早稲田大学東洋哲学研究室の伝統とも言える漢文文献を基本として、日本仏教、特に天台教学、密教の研究に邁進してこられた。故福井康順先生（早稲田大学名誉教授）、故三﨑良周先生（早稲田大学名誉教授）、故菅原信海先生（早稲田大学名誉教授）、故福井文雅先生（早稲田大学名誉教授）という早稲田大学における天台学の系譜に連なる現代の天台教学研究の第一人者であることは衆目の一致するところである。また、先生は故平川彰先生（東京大学名誉教授）とのご縁をことのほか大切になさっている。天台教学のみに留まらないその学識は、こうした先生方の教えによるものなのであろう。

先生の門下には天台教学はいうまでもなく、密教学、日蓮教学、華厳経学、浄土学、禅学など、まさに漢字文化圏における仏教研究を志す学生が集まってきた。早稲田大学という非仏教系の大学であるがゆえに、思想として仏教を学ぶ学生がいるのであり、その志すところも多様である。学部生から進学した者、他大学から先生の教えを受けたいと門を叩いてきた者、また、海外からも多くの留学生や仏教研究者を受け入れてきたのである。

これは先生の授業が漢文読解を基本とするものであったからこそ可能であったと、弟子の身ながら思わずにはいられない。授業で扱う文献は天台のものが中心であったと記憶する。しかし、学生たちは天台以外のさまざまな文献からも資料を収集しその意味するところを考究してゆき、先生はそれを更に上回る指導をしてくださった。先生の奥深い学識より発せられた指摘や質問は、学生の知的探究心を大いに奮い起こすものであった。大久保研究室には生きた学問があったと今でも感じている。徹底的に文献を読み込むその研究手法は、漢字文化圏の仏教を学ぶ者なら誰でも応用することができる普遍性を有している。先生の薫陶の下、各人が学問に向き合うことができていることは間違いのないことである。

この論文集は、弟子たちの中から、還暦の時と同様先生の古稀をお祝いしたいという声が自然発生的に発せられたことにより企画が立ち上がった。平成一三年、大学院で大久保研究室が発足するにあたり、最初期の学生であった田戸大智、松本知己、柳澤正志が発起人となり、旧三﨑研究室での大久保先生の後輩の先生方、大久保研究室出身の研究者や院生、また、授業を直接受けた方々、更にはポール・グローナー先生はじめとする海外の有縁の先生にお声がけをさせていただいた。これは三﨑先生の退職記念論集に倣ったものである。

本論集の目次を一瞥すると、論題が多岐に亙っていることがご理解いただけると思う。先生は学生それぞれの自由な研究意欲を尊重してくださった。それは三﨑先生も同様であったと伺っている。この多様性こそは三﨑研究室から継承されたものであろうし、大学院での二十四年という長きに亙るご指導の歳月を如実に表すものであろう。

本書には、先生の下で博士号を取得し研究を継続している者、また、これから博士号を取得すべく研究を進める院生など、様々な立場からの論文が掲載されている。仏教研究の国際化という視点からは、海外の気鋭の研究者からもご寄稿していただいた。

本論文集成るにあたり、原稿を寄せてくださった全ての先生方、還暦、古稀両記念論集について様々な助言を賜った成瀬隆純先生、大久保良峻先生古稀記念論文集刊行会で事務の労を執ってくれた武本宗一郎君には、ここに深く感謝の意を表するとともに、本書が学界に些かでも貢献することを念願するところである。

最後に大久保良峻先生の益々のご健康、ご活躍を祈念し巻頭の序とする。

令和七年新春

大久保良峻先生古稀記念論文集刊行会

柳澤　正志

天台学と諸思想＊目次

第1部　天台教学

第2部　諸宗教学

第3部　周辺領域

第4部　英語論文

天台学と諸思想

第1部　天台教学

最澄の相承と思想に関する若干の問題

大久保良峻

一　問題の所在

最澄の相承は、基本的には『内証仏法相承血脈譜』に依って四宗相承と言われることが多い。それは古来の称呼ではない[1]。しかしながら、新しい言葉であっても、それが有用性のある術語であれば活用すべきであろう。

そもそも、『内証仏法相承血脈譜』には、「達磨大師付法相承師師血脈譜一首・天台法華宗相承師師血脈譜一首・天台円教菩薩戒相承師師血脈譜一首・胎蔵金剛両曼荼羅相承師師血脈譜一首・雑曼荼羅相承師師血脈譜一首[2]」という五種の「相承師師血脈譜」が載せられているが、最澄が「天台法華宗年分学生式」（六条式）の第四条で遮那業を規定して、「凡遮那業者、歳歳毎日、長二念遮那・孔雀・不空・仏頂、諸真言等護国真言一。[3]」と述べているように、雑曼荼羅の相承を含めて一つの密教の相承として纏めることは可能であり、それが最澄によって樹立された遮那業の立場と考えられる。

そのことは、安然が『教時諍論』[4]で、最澄における真言一宗は胎蔵界・金剛界・雑曼荼羅という血脈三種で伝えられていることを記していることからも首肯される。

『教時諍論』では続けて、円仁に胎蔵界・金剛界・蘇悉地の印信三通があることを論じ、更に次のように言う。

事理具足、定恵相扶。無畏以後、文伝二於世一。禅門唯伝二大乗理観一。天台唯行二顕教定慧一。真言修二秘密事理一。備二此三法一、唯我一山。印度・斯那、未レ聞二斯盛者一也。

要するに、密教が事理具足、定恵相扶であることを述べた上で、禅門は唯、大乗の理観を伝えるのみであり、また天台については、ここでは単に顕教の語を用いて、唯、顕教の定慧を行ずるのみであるとしつつ、比叡山だけに、この三法門が具備されていることを誇っているのである。

そして、安然は『教時諍』で、この三種の仏法が『内証仏法相承血脈譜』に三譜として収められていることを、「今検二伝教大師所承血脈一、内証仏法乃有二三譜一。一達磨付法。二天台相承。三真言血脈[5]。」と説示している。

ここで注目すべきことは、「仏法」の語が見られることと、菩薩戒への言及がないことである。定・慧に並ぶのは戒である。そもそも、『内証仏法相承血脈譜』では菩薩戒の相承は「前入唐受菩薩戒沙門最澄[6]」へと繋がるのであり、これだけが「前入唐受法沙門最澄」のようになっていないのである。つまり、「受法」ではなく、「受菩薩戒」となっているのであり、このことが関係すると考えられる。

最澄の禅相承は、最澄が日本で得度した時の師僧である行表からの相承を示すものであり、基本的に唐土での相承は円・密・戒となる。これら法門に三宗の語を与えたのが、安然の『教時諍論』であり、次のように記されている。

伝教大師、入唐求法、学二得三宗一、安二置一山一。初開二灌頂道場一、則十箇名徳、作二誓水之弟子一。次講二天台法文一、則七・六智匠上二釈疑之表文一。唯建二菩薩之戒壇一、命有二僧統不和一。遂作二顕戒論一、以立二菩薩戒一。慈覚大師、弘教之日、亦作二顕揚大戒論一十巻一。[7]

　このように見れば、最澄はまさに四宗を相承したのである。帰国後の最澄が、本邦初の灌頂を実修し、天台法門を講じたことは知られる通りであり、『顕戒論』巻上にも、南都の僧綱に対する反論として、「又、明州刺史鄭審則、更遂二越州一、令レ受二灌頂一。幸遇二泰岳霊巌《巖カ》寺順暁和上一。和上、鏡湖東岳、峰山道場、授二両部灌頂一、与二種種道具一。[8]」と述べたことは見逃せない。ここに、順暁から両部灌頂を授かったと記していることは、空海との交流や自らの研鑽によって、越州での受法に胎金両部の要素が含まれていることに気付いたからと思われる。最澄の密教を考える上で、最澄の自負と、現実として不十分な密教であったことをどのように考えるかが課題となるのである。

　ここまでのことは、既に論じたことの概要でもある。[9] しかし、最澄における密教の意義解明には他の資料の再確認も要求されるし、大乗戒独立については広い視野から光定の『伝述一心戒文』も参照しなければならないであろう。本稿の目指すところは、それらの大枠の分析にある。

二　最澄が空海から受けた灌頂に関する問題

　最澄は弘仁三年（八一二）十月二十七日に乙訓寺で空海に謁し、その後、高雄山寺において十一月十五日には金剛界灌頂、十二月十四日には胎蔵界灌頂を受けた。この両部灌頂によって、最澄の密教に対する知識は深まったであろう。そのことを示す一例としては、『伝述一心戒文』巻上の、「長岡乙国之寺、有二海阿闍梨一。先師相語、彼寺一宿。先大師、海大師、交レ面。稍久、発二灌頂事一、入二高雄山寺一。先大師従二海大師一為レ果二要期一、受二両部灌頂一。期二彼此志一。[10]」という記述が挙げられるであろう。

このことに関連して、先ず問題として取り上げたいのは、「与藤朝臣乞灌頂資具書」と題される書簡の存在である。

与二藤朝臣一乞二灌頂資具一書

最澄言、外レ身求レ法忘レ命尋レ師。負レ笈問レ津策レ杖遠行。斯乃重レ道致レ労、習レ未補レ闕。最澄雖レ進二海外一、然闕二真言道一也。留学生海阿闍梨、幸達二長安一具得二此道一。今告二無常一隠二居高雄一。最澄等為二此道一向二彼室一。以二来月十三日一可レ受二灌頂一。貧道其具難レ備。謹録二受法状一、伏聞。恩助。不宣謹状。

弘仁三年十一月十九日　受法僧最澄状上

左衛士府藤朝臣督閣下[11]

この書信には来月十三日と見られるものの、実は十二月十四日に修されることになる胎蔵界灌頂のための支援を、最澄が藤原冬嗣に要望する内容がしたためられている。この中、特に注目されるのが、「最澄は海外に進むと雖も、然れども真言道を闕くなり。」という箇所である。現今では真言宗系の著者による空海・最澄伝のみならず、歴史系の学者による一般書にも受容され最澄の描写に用いられている。[12]

しかしながら、桓武天皇のために本邦初の灌頂や五仏頂法を修した最澄の発言としては、穏当さを欠くのではなかろうか。この書状は、二〇〇二年には最澄の真蹟の出現として報道されたが、捏造の文書と判じた研究者の意見は傾聴に値する。[13] そのことは妥当な判断と思われる。

十一月十九日という日付は、僅か四人のみに対して十五日に行われた金剛界灌頂から四日後であり、しかも十二月十四日の胎蔵界灌頂が百九十人にも及ぶ受者がいたことが空海直筆の「灌頂暦名」から知られ、最澄がそのための支援を要請する理由に具体性がない。

もう一つ、問題となる文書が伝えられている。真蹟は現存しないが、円澄の真撰として、しばしば最澄の伝記に組み込まれることがあるものの、私は偽撰と考えている。要するに、最澄の弟子の一人である円澄が同朋と共に、空海に対して胎蔵界を始めとする密教の受学を懇願したとする趣旨の文書であるが、その中には幾つかの真偽を考究すべき表現が見られるのである。

中でも、最澄が空海に対して「大唐に渡ると雖も、未だ真言法を学ばず。」と述べたとすることは、前に見た書簡と同工である。また、最澄が空海から灌頂を授けられた折に大法の儀軌を受けるのにどの程度の期間が必要かと尋ねたところ、「三年にして功を畢えん。」という返答があり、最澄が受法を断念したという場面が描写されている。これらの記述によって、昨今において、最澄と空海の交流を論ずる上で、最澄の密教が不十分なものであるという観点が一層強調される場合も見られる。しかも、この文献に対して天台系の研究者の中でも真撰説が出されているので、それを参酌することで真撰説が増強される場合もある[14]。

以下に、全文を掲げる。

懇二請受二学真言教一書

延暦寺受法弟子円澄帰二命大阿闍梨一。円澄聞、人得レ道則乍登二覚位一。道遇レ人則忽布《イ有》二法界一。人・道相得普利二群生一。是故或投レ巌請二半偈一、或断レ臂求二一観一。求法之義至矣、妙哉。

去弘仁三年冬、先師最澄大徳為レ受二大悲胎蔵・金剛界両部大法灌頂法一上表云、最澄雖レ渡二大唐一不レ学二真言一。今於二高雄寺空海阿闍梨一受二真言秘法一等云云。又奉二大阿闍梨一書云、最澄雖レ渡二大唐一未レ学二真言法一。今望、受二学大毘盧遮那胎蔵、及金剛頂法一者、依二此誠請一、以二其年十二月十五日一、開二灌頂道場一与二百余弟子一、沐二持明灌頂誓水一、学二十八道真言一。梵字・真言受学稍難。

即問二和上一云、受二大法儀軌一幾月令レ得。

答曰、三年畢レ功。

歎曰、本期二一夏一。若可レ経二数年一、不レ若、暫帰二本居一、且遂二本宗之事一後日来学。即以二四年正月一為レ令レ受三学真言一、以二円澄・泰範・賢栄等一奉レ属二大阿闍梨一畢。雖レ然、比年限以二煩砕一未レ遂二本意一。朝夕顧思寝食不レ安。又、去延暦末、賜レ度二天台宗年分二人一。彼官符云、一人学二摩訶止観一、一人学二大毘盧遮那経一。者、止観之旨盛談二叡峰一弘二師資之道一。至三于毘盧遮那之宗一未レ得二良匠一。文義之味、無レ人二開示一。曼荼之行、誰敢修行。今望、為レ遂二先師本願一、受三学胎蔵大法一、流三伝東山一、擁三護国家一。伏乞、大阿闍梨、慈悲故垂二印可一。弟子若受二両部大法一之後、与二本源一争レ力為二非器一伝レ法、則越法之罪、如来不レ拯。永為二無間之人一、遂無二成覚之期一。仰願、三世如来、十方大士、諸天護法、証三明斯誓一。謹与二三十余之弟子一至心祈請。弟子円澄等、稽首和南。

天長八年九月二十五日

延暦寺受法弟子

伝灯大法師位円澄

伝灯大法師位徳円

伝灯大法師位南覚

伝灯大法師位玄辺

伝灯大法師位戒円

伝灯大法師位治俊

伝灯大法師位治哲

伝灯大法師位治叡
伝灯大法師位実円
伝灯大法師位南亮
僧貞隆　叡融
最円　康延
澄暟　安愷
長基　安聖
道勢　広此
明仙　已下、有㆓二十五人㆒

別当大納言正三位兼行弾正尹藤原朝臣
参議正四位下守左近衛大将藤原朝臣
従五位上行大監物和気朝臣
従七位上行治部少録高階朝臣[15]

この書状を偽撰と判じた記述は、天仁二年（一一〇九）に比叡山の薬雋が著した『天台宗遮那経業破邪弁正記』に見られ、巻下の「三別破㆘謬引㆓円澄和上啓状㆒為㆖証門」[16]では全文を引用して論駁している。この『破邪弁正記』はよく知られた文献であり、真撰説の研究者もその説を踏まえて議論している。薬雋の説示は必ずしも十全な文献批判ではないので、偽撰説を主張するためには別の観点からの論及が必要である。

偽撰の根拠としては幾つかの視点が挙げられる。すなわち、最澄が空海に対して「大唐に渡ると雖も、未だ真言法を学ばず。」と述べたとすることは、前記したように類似した書簡も伝えられている。しかし、最澄自身が十分な密教を受けていないことを認識していたからこそ空海に伝法を懇請したとしても、既に日本で最初の灌頂を実修し、遮那業の年分度者を得ていた最澄の発言として適切なのであろうか。疑問が残る。最澄の密教が不十分であるとしても、最澄の自負を推察すべきであろう。

また、弘仁三年（八一二）十一月十五日（金剛界）、十二月十四日（胎蔵界）が本来の灌頂が修された日付であるが、それと一致していないことも不自然である。天台宗の年分度者が遮那業であり、百余の弟子というのも胎蔵界の伝法の方に該当するから十二月十五日ではなく、十二月十四日でなければならない。

加えて、この灌頂が持明灌頂であったことを伝える文献として尊重されているが、それは伝承説による客観的評価として許容できるかもしれない。しかし、基本的には在俗の人を含む結縁灌頂であったと考えられるので、十八道の真言や梵字・真言の受学に言及していることも受法者に適合しているかどうか不明である。

円澄がこの書状を記したとする年は、天長八年（八三一）となっていて、最澄が没した弘仁十三年（八二二）からも年月を隔てている。確かに、その頃の比叡山の状況は密教の研鑽が十分にできる状況ではなかったであろうし、それ故に、この文書の真実性を見ようとする論考が主流になっている。しかし、最澄が空海から灌頂を受けた時点に遡って、改めて最澄の密教の不備を詳細に伝える必要があったのであろうか。最澄から託された遮那・止観並立という立場を守る責任を担っていたことは確かであろうが、空海が十住心教判を確立している時期の依頼であることを考え合わせるに、真摯に比叡山の密教充足を企図した文書であるのかどうか疑念が生ずるのである。

但し、円澄と空海の関係については、『伝述一心戒文』巻下の、「雖レ登二耳順年一、為レ継二先師跡一、修二学真言大道一。三密之〔戒〕契、一一指陳、受二於空海大僧都一。」[17]という記述が知られるが、具体的な内容は示されていない。

また、二人の関係が良好であるならば、上述のような内容を示しての受法を懇請する理由はないであろう。最澄は晩年に、両部灌頂を受けたと公言した。そういった天台宗祖による密教を貶めんがために、円澄の名を使って書かれた文書である可能性もあるのではないかと思っている。

なお、偽撰説の根拠としては、何よりも冒頭の記述を挙げたい。それは、空海に送る文言としては、安易の感を拭えないからである。

特に問題としたいのは、円澄の発言として、「円澄聞、人得㆑道則乍登㆓覚位㆒、道遇㆑人則忽布㆓法界㆒。人・道相得普利㆓群生㆒。」と記していることである。これは、人と道を対にした表現である。最澄は「道心」という成語を尊重しているのであり、仏教語であれば、「道」は「菩提」の翻訳語としての意義を持つ。「人得㆑道則乍登㆓覚位㆒」と記しているのもその意と考えられるが、「得道」という仏教語は一般的なものであり、表現としては凡庸の感を免れない。そのことは、対になる句の中の「道遇㆑人」も同様である。

そもそも、人と道の関連では、『論語』（衛霊公）の「子曰、人能弘㆑道。非㆓道弘㆒㆑人。」という名言が人口に膾炙し、仏教者も活用した(18)。そして、最澄が台州の刺使陸淳から贈られた言葉が、「弘㆑道在㆑人。人能持㆑道。我道興隆、今当時矣(19)。」というものであった。陸淳は孔門の奥旨に精通していた(20)。こういった名言は改変せず活用するのが原則であり、それによって文化人同士の意思疎通が可能になる。陸淳の言葉は『論語』の原文とは表記が異なるものの、人を中心にしたものであり、意を酌む上で問題ない。

しかしながら、光定の『伝述一心戒文』巻下には、光定と最澄の対話が録されているのであり、その中の最澄の発言が一考を要するのである。

其時光定言、付法之書、授㆓於二子㆒。誰師為㆑首。

最澄法師云、上臈之師、可為二衆首一。

亦言、義・円二師、定二高階師一、可レ向二泉路一。

最澄法師云、建二立桓武天皇御願之宗一、被レ弘二二師一。道弘レ人、人弘レ道。道心之中有二衣食一矣。衣食之中無二道心一矣。(21)

これは、最澄が後事を託すべき人材として、義真と円澄の名を示して発した記述として知られ、特に最澄の名言とされるのが、「道心の中に衣食有り。衣食の中に道心無し。」という、「道心」の語によって説かれた肯定文と否定文である。そして、従来は、その前に付されている「道弘レ人、人弘レ道。」という言葉もそのまま最澄の名言として紹介されている。しかし、「道弘レ人」の箇所は『論語』に準ずれば否定文でなければならないであろう。本来の『論語』の文が肯定文と否定文であり、そのままそれを活用する方が意を酌みやすい。古来の名言を勝手に改変するのは好ましくない。従って、私は「人能弘レ道。非二道弘一レ人。道心之中有二衣食一矣。衣食之中無二道心一矣。」という表現が最澄の真意と考えている。但し、現在に伝わっている『伝述一心戒文』の文章は明快とは言い難いところも多く、それが本来の光定の表現力を反映しているのかどうか必ずしも明らかではない。

そうではあっても、ともかく「人弘レ道。」、『論語』で言えば「人能弘レ道。」という根幹思想は息づいている。人と道についての最澄の言辞は、円澄の指標とも言うべき価値を持つものと考えてもよいのではなかろうか。

このように見てくると、冒頭の「円澄聞、人得レ道則乍登二覚位一。道遇レ人則忽布《イ有》二法界一。人・道相得普利二群生一。」という記述に違和感があることは拭えないのである。加えるに、その後の「或投レ巌請二半偈一、或断レ臂求二一観一。」という常套語に近い命懸けの求法を表す用語も大袈裟な印象を受ける。

真偽の判定について、偽撰の場合は真撰を装って作られるのであるから、断定にはかなりの困難が伴う場合が多い。しかし、以上の理由により、偽撰説を支持したい。

こういった議論は最澄の与り知らないところで行われたものであり、先ずは確実な資料で論ずべきである。必ずしも確定的でない論拠をそのように紹介せず、諸文献を混在させて最澄や空海の生涯を論ずることは、読み手に誤解を生じさせることにもなる。

三　『伝述一心戒文』の意義

最澄は大乗戒独立を果たすため、弘仁十一年（八二〇）二月十九日に『顕戒論』三巻と『仏法血脈』（『内証仏法相承血脈譜』）一巻に「上顕戒論表」（再治）を添えて朝廷に進上した。持参したのは光定であり、『伝述一心戒文』巻上には、「荷二三巻論・脈一巻一、参二内匠頭大夫藤原是雄曹司一上レ之。[22]」と記している。それ以降、逝去に至って勅許が下るまでの艱難辛苦が『伝述一心戒文』に具述されていることは知られている。

「一心戒」の語には光定の深慮が込められているのであり、また、「大乗戒」や「一乗戒」といった語も用いられている。同書では最澄が困難を伴いながらも貫いた信念や認許に関わる諸事跡を伝え、後継者が法灯を保持していくべきことを説示している。

更に、最澄没後の展開にも筆は及んでいるのであり、『伝述一心戒文』巻中には戒壇院の設立についての記述も見出され貴重である。その中には、戒壇や講堂の建立について光定が、「今此受戒、無レ壇無レ堂。雖レ受二大乗戒一而恭敬不レ厚。所以建二立壇・堂一。[23]」と述べたことや、戒壇院造立に尽力した良峰（良岑）安世への報恩を述べた義真の、「一乗戒功徳、可レ奉レ迴二向彼之尊霊一。[24]」という発言を載せている。

『伝述一心戒文』は様々な情報が複雑に交錯し、加えて、光定の文章そのものが必ずしも明快ではないこともあり難解な点を有している。また、引用文ですら、現行の『伝述一心戒文』ではうまく意味が取れないこともあり、難読の箇所は全体に亙って散見する。

延暦寺の戒壇院は、最澄没後五年を経た、天長四年（八二七）五月二日の太政官符によって創建されたと伝えられている。『伝述一心戒文』が大乗戒独立前後の状況を詳述するものであることは言うまでもないが、最澄没後の弟子達の動向を伝えていることも知られている。例えば、最澄が寂した翌年の弘仁十四年（八二三）四月十四日には義真を戒和上、円仁を教授師として最初に大乗戒が授けられたが、その義真について巻中には、「先大師存生之日、談語、必為㆓戒和上㆒。具如㆓血脈㆒。為㆓義真和上戒師㆒時、仁忠師云、此師不㆑用。有㆓雑之咎㆒。法師光定、不㆑忘㆓先師命㆒。猶実不㆑息。為㆓戒師㆒事、亦重達㆑之[25]。」という、仁忠による辛辣な発言を載せていたりする。

また、『伝述一心戒文』巻下には、「去弘仁九年、先大師、宛㆓行戒壇院別当伝灯大法師位義真㆒。同時宛㆓行戒壇院知事伝灯法師位光定㆒。二人同㆑心、十五年間、成㆓弁先師之願㆒[26]。」という記述や、「去弘仁九年、先師宛㆓行戒壇院別当義真大法師㆒。同時宛㆓行戒壇院知事伝灯法師光定㆒。義真大法師、怡然遷化。従㆓天長十年七月㆒、到㆓於承和元年二月㆒、悲傷之心、多㆓於朝夕㆒。伝戒之師、無㆓於戒場㆒、伝法之人、無㆑有㆓山迹㆒[27]。」という記述が見出され、最澄の生前の弘仁九年に戒壇院は存在しないものの、その年に義真が戒壇院別当、そして光定が戒壇院の知事に抜擢されたことが窺われる。

その他、『伝述一心戒文』には頗る有名な聖徳太子についての記述、端的には南岳慧思の後身であるとする説が見られることや、或いは達磨大師への話題に繋がる片岡山の飢人の伝説が見られることが、場合によっては、それらを特に抽出して論じている場面にも出会う。しかしながら、そのことも当然、大乗戒独立の観点から意義付けがなされなければならないであろう。

　これらが光定によって説話的に論じられたとしても、それは最澄の四宗相承に基盤を置くものであり、大乗戒独立が天台教学や密教に合わせ禅をも根拠として成立しているということである。言うまでもなく、聖徳太子は『法華義疏』を著した人物として尊崇されていたのであり、『伝述一心戒文』巻下には、「天台宗者、元天台山修禅寺智者大師、受二教於南岳思禅師一。其智者弟子国清寺釈灌頂師等、相承所レ伝之教也。今太子所製経疏等、開三顕一之句、本門・迹門之言、人一・教一之義、行一・理一之道、与二天台教一、触レ類皆同。無レ有二差異一。」[28]のように説かれている。やや強引ではあるが、最澄の入唐以前に天台法華教学に類同する教学が見られるとしていることは、南岳後身説と一体をなすものである。

　禅の相承についても、それに関わる描写が随所に示されるのであり、しかも『伝述一心戒文』巻上の劈頭に掲げられる序文は達磨碑からの借用がなされている。少々引用すれば、次の通りである。

　　　伝述一心戒文巻上

　　天台門人延暦寺戒壇院知事伝灯法師位光定撰

夫聞、蒼海之裏、有二驪龍珠一。三教色天、不レ見二彼質一。諸宗秀賢、非レ識二其色一。我大師得レ之。大師諱最澄大禅師、日本之人、近江之所生。大師以二精霊一為レ骨、以二陰陽一為レ器。性則天与、智乃自然。含二一乗之義一、抱二一乗之戒一。類二喜根比丘之聡弁一、若二阿難比丘之博聞一。総二三学於心河一、蘊二一乗於口海一。……[29]

書名に続けて、自らを撰者名として記し、戒壇院の知事であることを示している。そして、この中では、「夫聞、蒼海之裏、有二驪龍珠一。」以下、「達磨碑」（『宝林伝』巻八所収による）に見られる、「我聞、滄海之内、有二驪龍珠一。白豪色中、現二楞伽月一。唯我大師得レ之矣。大師、諱達磨、云二天竺人一也。莫レ知二其所居一、未レ詳二其姓氏一。以二精霊一為レ骨、陰陽為レ気。性則天仮、智乃神与。含二海岳之秀一、抱二陵雲之気一、類二鄔陀身子之聡弁一、若二曇摩弗利之博聞一。摠二三蔵於心河一、蘊二五乗於口一。……[30]」といった記述の改変文であることが知られる。

これは、光定が達磨を最澄に置換して換骨奪胎した上で、禅師としての最澄を描写していると言える。『内証仏法相承血脈譜』における「達磨大師付法相承師師血脈譜一首」の意義の重さと併せて理解すべきである。[31]「達磨碑」の別の箇所が『内証仏法相承血脈譜』に引用されていることから、光定が「達磨碑」の文と知っていて、改変したことは確かであろう。最澄にとっては達磨大師付法相承が四宗の一として意義をもつものであり、光定もその点を踏まえた上で、達磨による一乗戒の相承を顕揚しているのである。それが『伝述一心戒文』の果たすべき役割だからである。

そこで、次にはやや教学的な視点から、『伝述一心戒文』の記述を検証する。

四　『伝述一心戒文』にみる教学と相承

『伝述一心戒文』の性格は、その書名が表す通りであり、天台宗の仏教学を宣揚するものではない。しかし、当然、中国天台の思想に触れることもある。加えて、若干ではあるが、教義に関わる見解も示されている。『伝述一心戒文』巻中では、三論宗と法相宗の空と有についての論諍に言及した後、次のように述べている。これは、即身成仏に関わる記事である。

天台宗人、謂レ有二自性清浄心、随縁不変心二義一。亦云レ有二随縁不変、不変随縁二義一。亦云二随縁不変故名為レ性、不変随縁故名為レ心。故涅槃経云、能観心性、名為二上定一。上定者、第一義。第一義者、名為二仏性一。仏性者、是即毘盧遮那。毘盧遮那、此遍一切処。是遮那性、具二三仏性一云云。天台正義、於二円成実一、立二即身成仏義一。南岳・天台、陳・隋之時、華厳宗、則天皇后時、真言宗、開元大暦時、三宗立二即身成仏義一。天台、最初立二即身成仏一。三論・法相、於二円成実一、不レ立二随縁不変・不変随縁二義一、亦不レ立二即身成仏義一。天台正義云、遮那遍故、三仏亦遍。三仏刹那。三仏遍故、刹那則遍。如レ是観者、名為レ観二煩悩一、名レ観二法身一。是観二法身一、是観二刹那一、是観二蔵海一、是観二真如一、是観二実相一、是観二衆生一、是観二己身一、是観二虚空一、是観二中道一。故此妙境、為二諸法本一。故此妙観、是諸行源。[32]

この中に、「天台宗人」と見られる「亦云有随縁不変」以下と、「天台正義云」に続く箇所は、湛然の『止観大意』[33]に基づくものであり、連続する文章を二つに分けて論拠としている。その、『止観大意』に「毘盧遮那遍一切処」に基づく仏性論が示されていることや、光定の見解として、中国仏教では天台・華厳・真言の三宗が即身成仏の義を立て、中でも天台宗が最初であると述べていることが目を引く[34]。

日本天台の即身成仏論が最澄に端を発し、『法華秀句』で龍女成仏による即身成仏を顕揚したことは画期として知られるが、具体的な身体の捨・不捨の義は円仁を筆頭とする後継者達の課題となっていったのである[35]。

しかしながら、光定疑問・宗穎決答の『唐決』において、光定が第三問で次のような疑義を呈したことは、この時期における疑問を端的に明示したものとして注目してよいであろう。

疑云、即身成仏者、為レ在二初住位一、為三復在二相似已来一。若言レ在二初住一者、従二分段一入二変易一、必有二隔生義一。如何、得レ云二即身成仏一。若言二即身成仏一、只在二相似已来一者、依二何経論一而立二斯義一。又、南岳思大師、及智者大師親説二即身成仏之義一。請示二其文一[36]。

宗穎の決答については、「即身成仏」の語を既定語として用い、相似即と初住の即身成仏を明言するところに特色がある。[37] この宗穎による教説は、安然の『即身成仏義私記』でも「定供奉第三疑問云、……沙門宗穎決云、即身成仏為レ在二相似一、為三復在二初住一。……」[38] として注目されている。なお、宗穎の決答について一言を付すならば、その中で南岳後身説についても論じている。

そこで、もう一つ、教義に関する記述を見ておきたい。『伝述一心戒文』巻下には、仏身論についての記述が見出され、密教への論及もなされている。

智者大師、随意普礼法説、敬二礼常寂光土毘盧遮那遍法界諸仏、一心戒蔵一。普礼二十方三世諸仏虚空不動戒蔵盧舎那仏一。普礼二十方三世諸仏虚空不動定盧舎那仏一。普礼二十方三世諸仏虚空不動慧盧舎那仏一。盧舎那仏一心之戒、令レ受二於妙海王一。大日如来、即自受用法身。盧舎那仏、是則他受用法身。本帰二於末一。他受用法身、即是自受用法身。同而不同。末帰二於本一。不二而二。向二於機一辺、他受用法身。不レ向レ機辺、自受用法身。是自受用法身、即他受用法身。不同而同。自受用法身戒、即他受用法身戒。同而不同。他受用法身戒、即自受用法身戒。不同而同。得レ意則自即他、他即自。双照二自他一。不レ一不レ異。自証法戒、是則本戒。自証法戒、赴レ機末戒。大日自戒、赴二普賢機一。自受用法身戒、即為二他受用法身戒一。大日自戒、不レ赴二於機一。是則自受用法身戒。自受用法身自証戒、赴二妙海王機一、即成二他受用法身仏戒一。不レ赴二於機一、是則為二自受用仏戒一。自証戒法、則是実相心。是実相心、自性清浄心。是自性清浄心、即是阿字門。一心即空即仮即中。遠二離一切戯論一、至二於本不生際一。本不生際者、即是自性清浄心。自性清浄心、即是阿字門。以三心入二阿字門一、戒亦作二阿字門一。以三心観二実相一、戒亦為二実相一。性同二於戒一、則同二実相一。戒同二於心一、即同二阿字一。心・虚空・菩提、三種無レ二。此等悲為二根本一、方便波羅蜜満足。心即是菩提。本同一相、而有二三名一。即此一法界心。……[39]

天台教学では、法身を毘盧遮那、報身を盧舎那、応身を釈迦に配するのは基本説であり、それらの仏土は常寂光土、実報無障礙土、凡聖同居土となる。それは、右の光定の教説に影響を与えていると考えられる、『国清百録』巻一に見られる次の列記と契合する。

敬礼常寂光土毘盧遮那遍法界諸仏
敬礼蓮華蔵海盧舎那遍法界諸仏
敬礼娑婆世界釈迦牟尼遍法界諸仏(40)

光定は、最初の「敬礼常寂光土毘盧遮那遍法界諸仏」の後に「一心戒蔵」という自身の言葉を挟み、続けて、やはり『国清百録』巻一の別箇所から、「普礼十方三世諸仏虚空不動戒蔵盧舎那仏　普礼十方三世諸仏虚空不動定蔵盧舎那仏　普礼十方三世諸仏虚空不動慧蔵盧舎那仏(41)」という記述を引用するのである。

そして、光定が毘盧遮那仏と盧舎那仏の二身をどのように規定しているかを見るに、毘盧遮那仏、すなわち大日如来は自受用法身、盧舎那仏は他受用法身であるという独特の呼称を採択して、二身の関係を「不同而同」、「同而不同」といった言葉で説明し、二身の戒についても同様に説示している。その表記は別にして、法・報・応の三身即一を説くことは天台の基本的立場であるので、二仏が一体であることの主張は問題ない。

ここで注目されるのは、既に指摘があることではあるが、光定が『大日経疏』に見られる文章を何も言わずに活用していることである(42)。中でも、『大日経疏』巻一で確認可能な、「(復従二衆縁生一故) 即空即仮即中。遠二離一切戯論一、至二於本不生際一。本不生際者、即是自性清浄心。自性清浄心即是阿字門。以レ心入二阿字門一(故。当レ知、一切法悉入二阿字門一也。)(43)」という記述に論及したことは重要である。これは、密教義に「即空即仮即中」という天台教学を組み込んだものであり、最澄も『大日経疏』系統の本を用いて、『依憑天台集(44)』の中で引用した。

このことから言えることは、密教義と天台義の融合が光定にとっても重要であったことである。そもそも、日本天台は円密一致を標榜することが一大特色となっているのであり、それは台密が円仁以降、『大日経疏』とほぼ内容を同じくする『大日経義釈』を尊重し、「『義釈』の密教」[45]と称されることがあることからも知られる。とは言え、円密一致という立場は密教のみならず、最澄以来の日本天台の根本的立脚点なのである。

五　結　語

以上に検証したように、光定の『伝述一心戒文』には最澄の四宗相承の義が濃密に反映している。最澄の大乗戒独立が如何に困難であったかということや、更に最澄没後の比叡山の運営についての人間関係や、戒壇設立等の様子を克明に伝えているのは、円・密・禅と渾然一体の関係にある一心戒の伝承を綴っていることに他ならない。最澄の禅法門は師である行表から伝えられたことが明示されているのであり、最澄にとっては自らの相承が南都の仏教ではないことを表明したところに意義がある。そして、中国で天台・密教・菩薩戒という法門を相承したことによって、四宗相承の義が形成されることになる。

その四宗相承は四宗融合とも言えるのであり、『伝述一心戒文』について言えば、一心戒を説く典籍であるとしても、その戒法門は他の円・密・禅の諸法門によって支えられ、実は融け合い一体であるという意義のもとに撰述されたのである。端的には、光定は禅や密教も一心戒・大乗戒を伝承する法門であるという見地に立って、本書を執筆したと言える。

『伝述一心戒文』は、様々な情報が錯綜し、しかも読みにくい箇所も多く難解な書物である。しかし、最澄の晩年から没後に及ぶまでの貴重な記録を多々収めているので、最澄研究を進展させる上でも丁寧に読み解く必要があ

ると思う。(46)

註

（1）そのことを扱った論考に、伊吹敦「日本天台における「四宗相承」の成立」（『印度学仏教学研究』六六―一、二〇一七）がある。
（2）伝全一・一九九頁～。
（3）伝全一・一二頁。この中の『仏頂』については、現今、通途に言われる『仏頂尊勝陀羅尼経』ではなく、『天台法華宗学生式問答』巻七（伝全一・四〇一頁）を参照した上で考究するに、最澄が帰国後に五仏頂法を修していることから、『五仏頂経』、すなわち菩提流志訳『一字仏頂輪王経』五巻と看做すべきであろう。
（4）大正七五・三六四頁上。
（5）大正七五・三五五頁上。
（6）伝全一・二三六頁。
（7）大正七五・三六六頁上。
（8）伝全一・三五頁。
（9）拙稿「最澄撰『内証仏法相承血脈譜』偽撰説を疑う」（『天台学報』六五、二〇二三）参照。この論考は、武覚超氏の『内証仏法相承血脈譜』を光定撰とする説（「『内証仏法相承血脈譜』の成立と撰者―光定の撰述であることを証す―」、『叡山学院研究紀要』四四、二〇二二）を批判したものであるが、本稿におけるここまでの内容の根拠ともなっている。また、拙稿「伝教大師と天台宗について」（『天台宗祖師先徳鑽仰大法会』、天台宗祖師先徳鑽仰大法会事務局、二〇二三）でも私見の概略を述べた。なお、『天台学報』所収の拙稿に対して、武氏の反論も出されているが、私見を修正する必要性は感じていない。このことについては、別稿を用意する予定である。
（10）伝全一・五二九頁。この後には、更に引き続き、光定が空海から一尊の法（法華儀軌一尊之法）を受けた様子が記されている。

(11) 弘全五（巻一五）・三六七頁～三六八頁。伝全五（四三九頁）は弘全本を底本とする。

(12) 例えば、佐伯有清『最澄と空海　交友の軌跡』（八九頁～、吉川弘文館、一九九八）、高木訷元『空海　還源への歩み』（二一一頁、春秋社、二〇一九）等、参照。

(13) 飯島太千雄編『最澄墨寶大字典』《最澄新出資料についての論考》（五七五頁～、天台宗書道連盟、木耳社、二〇一三）参照。

(14) 天台系で真撰説を採るのは、木内堯央『天台密教の形成　日本天台思想史研究』（一八〇頁～、渓水社、一九八四）であり、「円澄求法書」を活用している。なお、田村晃祐『最澄』（人物叢書、二五八頁～、吉川弘文館、一九八八）は真偽につき慎重であるが、佐伯有清『最澄と空海　交友の軌跡』（八九頁～）は全面的にこれを組み込んでの解説をしている。研究論文については、山田壽三「「円澄和尚受法啓状」の研究（二）―この書状の信憑性をめぐって―」（『高野山大学大学院紀要』一三、二〇一三）があり、先学の研究を渉猟した上で、真撰説を主張する。

(15) ここでは新版日蔵、天台宗顕教章疏四『寂光和尚残馨集』（一八七頁上～一八八頁上）に依った。この文書の日時については、天長八年十月二十四日と記すものもある。なお、この文献の書き下し文については、拙著『伝教大師　最澄』（二七五頁～、法藏館、二〇二一）参照。

(16) 天全七・二二九頁上。

(17) 伝全一・六三九頁。註（14）所掲の木内前掲書や山田論文（七六頁）参照。

(18) 拙著『増訂天台教学と本覚思想』（法藏館、二〇二二）、一一九頁～一二〇頁。

(19) 『叡山大師伝』、伝全五・附録・一七頁。

(20) 『顕戒論縁起』、伝全一・二七〇頁。

(21) 伝全一・六四〇頁～六四一頁。同六四三頁にも同様の内容が記され、「道弘レ人、人弘レ道。道心之中有二衣食一也。衣食之中無二道心一也。」と見られる。

(22) 伝全一・五五八頁。

(23) 伝全一・五八九頁。当該箇所については、塩入亮忠『伝教大師』（四四九頁〜、日本評論社、一九三七）や、福田堯穎『天台学概論』（五四〇頁〜、福田大僧正米寿記念出版会、一九五四）参照。

(24) 伝全一・五九〇頁。良峰（良岑）安世については、佐伯有清『伝教大師伝の研究』（五五四頁〜、吉川弘文館、一九九二）参照。

(25) 伝全一・五七七頁。仁忠の類似した発言は巻上（伝全一・五六〇頁〜五六一頁）にも見られる。

(26) 伝全一・六三七頁〜六三八頁。

(27) 伝全一・六三九頁。

(28) 伝全一・六二五頁。『法華義疏』に「本門」と「迹門」の語はない。因みに、『法華義疏』巻一（大正五六・七一頁上）には、「今此法花教、若照㆓四一境㆒為㆓実智㆒、照㆓三三境㆒為㆓権智㆒。四一境者、一人以㆓一機㆒、感㆓一教㆒、令㆑説㆓一理㆒。如来以㆓一教㆒、応㆓一機㆒、明㆓一理㆒、化㆓一人㆒。三三境者、三人以㆓三機㆒、感㆓三教㆒。如来以㆓三教㆒、応㆓三機㆒、化㆓三人㆒。」とあり、同巻一（七五頁上〜）では果一・人一・因一・教一の四一を挙げている。

(29) 伝全一・五二三頁。

(30) 『宝林伝』の該当箇所については、田中良昭『宝林伝訳注』（四〇〇頁〜、内山書店、二〇〇三）参照。

(31) 「達磨大師付法相承師師血脈譜一首」に関する論考に、伊吹敦「『内証仏法相承血脈譜』の編輯過程について―初期禅宗文献が最澄に与えた影響―」（『東洋思想文化』八、二〇二一）がある。これは伊吹氏の旧稿改訂版である。なお、武覚超「『内証仏法相承血脈譜』の「達磨大師付法相承」について―達磨一乗戒を中心に―」『天台学報』六四、二〇二二）は『内証仏法相承血脈譜』を光定撰として、達磨一乗戒の系譜であることを強調するが、賛同できない。その理由は、註（9）に挙げた拙稿、参照。

(32) 伝全一・六〇四頁〜六〇五頁。

(33) 大正四六・四六〇頁中。

(34) この記述については、浅井円道『上古日本天台本門思想史』（二四八頁〜、平楽寺書店、一九七三）参照。

(35) 拙著『増訂天台教学と本覚思想』Ⅱ「即身成仏論の展開」参照。

(36) 新版日蔵、天台宗顕教章疏四・二二四頁下。
(37) 浅井前掲書（二四五頁～）参照。なお、宗顈の決答を原文に依って示せば、「述曰、即身成仏為レ在二相似一、為三復在二初住一。有二何憑拠一者、若直就二心悟一論レ之、不レ同二観行・名字廻心即仏一。若論二遍応法界分影自在一之時、相似・初住即身成仏皆得。何者、常途所レ云、由下相似後心断二初住之障一方入中初住上。若相似位中不レ断二無明一、何由可レ入二初住之位一。相似位人決三断無明一、八相成仏方名二初住一。所以断レ障見レ理之功、正在二相似一。当二其惑障已除、与レ理冥会之時一、方得二初住之名一。若以二断レ障入レ住之能一、即身成仏、正在二相似位中一。然証理已後、能起二真・応一、方名二初住一。由下将二相似之身一入中初住上。故住亦即身成仏。況復不レ捨二初住之身一、極登二妙覚一哉。然従二分段一入二変易一故、有二隔生入者一、有二即生入者一。若入二変易一後、定無二隔生之義一。法華経（法師功徳品）云、父母所生身、得二清浄六根一。無量義経（大正九・三八八頁中）云、即於二是身一得二無生法忍一。験知、即身成仏有レ憑可レ信。南岳（『止観輔行伝弘決』巻六之三、大正四六・三四八頁上、所引）云、一生欲レ入二銅輪之位一、領レ衆太早、只浄二六根一。止観（『摩訶止観』巻六下、大正四六・八三頁上）明二中道観一云、一生可レ修、一生可レ証。玄義（『法華玄義』巻二下、大正三三・七〇二頁上）云、円教肉身菩薩、一生有下超二登十地一之義上。斯乃二聖口説二即身成仏一之文。然只浄二六根一者、是大師濫失レ光蔵レ徳、謙譲之言、為レ遮二凡夫疑悞一故也。法蔵法師云、南岳・天台徳行難レ測、為二是等覚一為二是妙覚一。此方名徳多云、南岳大師応二是地上之聖一。不レ爾、何能於二此唐国一捨二方便一生二日本一為二国王一大作二仏事一。此乃自在レ所レ欲レ生、応二法界之用一也。天台和尚、能融二万法一為二一心一、於二一心上一点三示万像一。吐納自在、弁才無窮。在レ衆独歩、能感二物心一、在レ生滅後、奇異甚多。若非二大聖一、何得レ如レ此。因知、蔵公之言、有二実可レ信。」（新版日蔵、天台宗顕教章疏四・二二四頁下～）となっている。
(38) 仏全二四・一八九頁上～。
(39) 伝全一・六三三頁～六三五頁。
(40) 大正四六・七九四頁中。
(41) 大正四六・七九五頁中。
(42) 石田瑞麿『日本仏教における戒律の研究』（三六七頁～、在家仏教協会、一九六三）参照。

（43）続天全、密教1・二九頁下。大正三九・五八九頁下。
（44）伝全三・三五九頁～三六〇頁。このことについては、拙著『台密教学の研究』（一九頁、法藏館、二〇〇四）参照。
（45）例えば、福田堯穎『天台学概論』（三四四頁）参照。
（46）『伝述一心戒文』の訳註を、川尻秋生氏との共編著で、私の大学院の研究指導に出席している修了生や現役の学生諸氏等の分担執筆によって、二〇二四年度中に刊行する予定である。

園城寺勧学院尊通についての一考察

――尊通の著作を中心に――

渡辺麻里子

一　はじめに

中世の園城寺は、「夫れ吾が寺は、顕教・密教・修験幷びに唯識兼学の聖地なり[1]」と称されるように、顕教・密教・修験および倶舎・唯識を学ぶ学問寺で、『法華経』や『倶舎論』などの講義が盛んに行われていた。「勧学院」（北林坊・北林房）は、園城寺の中でもとりわけ教学が盛んであり、その勧学院に尊通という学僧がいた。勧学院尊通（一四二七～一五一六）は、中世の園城寺を代表する学僧で、『智証大師年譜』や『三井続燈記』などを著し、室町期の園城寺教学の興隆に大きな役割を果たしたが、従来の研究においては、関係資料が少なかったためか[2]、詳しく取り上げられることがなかった。しかし近年の園城寺における聖教典籍調査において、尊通に関する様々な資料が新たに見つかったため、本稿では、尊通の経歴や著作・書写本について、新出資料を踏まえた整理を行い、尊通の学問の意義を考察する。

二　尊通の経歴

尊通について、辞書類では、『日本仏家人名辞書』と『国書人名辞典』に、次のような記事が確認できるのみであった。

ソンツー　尊通（……）〔天台宗〕近江園城寺の学僧なり、尊通は拓庵《(ママ)》と号す、郷貫詳ならす、出家して三井寺の南泉坊北林坊に歴住す、明応元年臨済宗の宗印の明に航するに方り送詩あり、平素著作するところ多し、寂年月日、幷に寿欠く、著作科註養愚七巻、授決集童稚鈔二巻、智証大師年譜、北林名目集、各一巻あり、(3)

尊通《そんつう》　僧侶（天台）〔生没〕応永三十四年（一四二七）生、永正十三年（一五一六）八月二日没。九十歳（一説、九十三歳）。〔名号〕法諱、尊通。号、柘庵・一葉。〔経歴〕権僧正。園城寺の南泉坊・北林坊に歴住。永正五年、園城寺別当。同七年、大学頭となり、園城寺の学僧として多くの撰述を行う。一休宗純に参禅、三条西実隆に百首和歌独吟の合点を請う。(4)

この度の調査で、尊通の伝が、『学頭一座記録』と『園城勧室歴代略伝』に記されていることが判明した。(5) この二書の記事から確認していくこととする。

まずはじめに園城寺法明院本『学頭一座記録』(6) から紹介する。『学頭一座記録』は、園城寺において学頭一座を務めた学僧について、一代ごとにその経歴をまとめたもので、園城寺の学頭について詳細な情報を得られる極めて貴重な書である。現在本書は、園城寺法明院本以外に伝本の存在は確認できていない。

『学頭一座記録』は、外題を「学頭一座記録」、内題を「学頭一和尚記録」とする。冒頭に記す序文によれば、「大師以来、次第・梯橙の記録、これ有るべきといえども、度々の忽劇に依りて紛失せしむかの間、無念の至りなり」とあり、智証大師以来の次第や履歴の記録が度重なる騒乱のうちに紛失してしまったことを嘆き、近代の学頭一座であった禅筭が享徳二年（一四五三）正月十四日に逝去し、それを静範法印が引き継いだ時を契機として、以降、新たな学頭一座が就任した時ごとに記録を付けるようにしたというのである。享徳二年二月十二日の静範の記事から始め、最後は元禄六年（一六九三）に九十三歳で亡くなった祐舜までの歴代三十九名の学頭の記録をまとめている。なお「学頭一座」とは、園城寺の九学頭の中で、惣一座を任命された者のことを指す。

園城寺法明院本『学頭一座記録』の「尊通」の項目には、次のように記す。

> 法印尊通（八十二歳六十八臈）
> 永正五年（戊辰）八月廿三日法印慶順（八十歳）入寂。則従今日（正居学頭之一座已領大少之両衆）是亦（大師冥慮先徳恩徳）。
> 就中（得仙院宸筆之御講。列食堂授職之讃衆）。況又（詩者得大唐思胤之贈答。宗者踏当寺北林之名室）。寔乎哉（多主宿習。豈不偉哉）。阿呵々。
> 永正七年（庚午）六月十九日、依円満院（長史）二品親王（仁悟）下智、被補大学頭職畢。当宝以尊通為始可謂面目歟。

この記事によれば、尊通は、永正五年（一五〇八）八月二十三日に法印慶順が八十歳で入寂した折、その日のうちに学頭の一座に着任した。その時尊通は八十二歳で、九十歳で亡くなるまでの十一年間、学頭惣一座を務めたことになる。その間、仙院（上皇や法王のこと）の宸筆の御講を得たり、食堂の授職の讃衆として列席したりなどした。また詩を大唐の思胤と贈答し、宗は三井寺の北林の名室（勧学院＝北林坊）を継いだ。永正七年（一五一〇）六月十九日に、円満院二品親王仁悟(7)によって大学頭職を任じられ、尊通は三井寺の面目を高めたという。

次に、叡山文庫池田蔵『園城寺勧室歴代略伝』(8)の記事を確認する。本書は、園城寺勧学院の歴代についての記録をまとめたものである。外題の書名にある「勧室」という語は、他に用例を見ず、ここでは「勧学院の室」の意味で使われているようである。幸尊から始めて、静泉、尊衍、泉恵、衍舜、重泉、円尊、**尊瑛**、**尊通**、**尊契**、宥尊、鎮雄、暁筭、実運、宗海、実雄、章海、実舜、慶元、豪弁、定祐、忍舜まで、二十二名を解説する。「尊通」は、尊瑛の次に記され、尊通の次は尊契となっている。「尊通」の項には以下の様に記される。

尊通。天機独発。総角《ニシテ》登《リ》二園城《ニ》一、始《メ》居《ル》二南泉《ニ》一。後《チニ》躡《ミテ》二当室《ヲ》一、探《クリ》二衡嶽台厓之《ノ》玄珠《ヲ》一、究《ハメ》二禅林青龍之《ノ》法水《ヲ》一、名《ハ》達《シ》二雲上《ニ》一、徳《ハ》聞《ユ》二異域《ニ》一。宋《ノ》思胤贈《リテ》レ詩《ヲ》、以称《テス》二大師《ト》一。永正五年戊辰八月廿三日、貫《ヌク》二於三院之《ノ》総一座《ヲ》一、時《ニ》歳八十。同七年六月十九日、依《リテ》二長吏円満院一品仁悟親王之《ノ》奏《ニ》一、被《ル》レ補《セ》二大学頭之《ノ》職《ニ》一。為《リ》二北林《ノ》八葉《ト》一、以《テ》嘗《メ》二其《ノ》甘菓《ヲ》一、憶《フテ》二其《ノ》恩《ヲ》一難《ク》レ忘《レ》、編《ム》二大師《ノ》年譜《ヲ》一。乃《チ》櫨庵跋《シテ》曰、大師《ノ》之後、幾二数百祀一、其《ノ》徒《ニ》才徳不レ乏レ人《ニ》、独《リ》待レ之《レヲ》於通師之《ノ》手《ニ》一、以《テ》謂《ハク》大師之《ノ》待《ツコト》レ公《ヲ》亦《タ》已《ニ》久《シ》矣。仍《ホ》自《カラ》造《ルコト》レ書《ヲ》多《シ》。続燈記、授決扶老二巻、幷《ニ》童稚鈔見聞、未来記、禿丁記、心経科文、倶舎頌疏科文、北林名目各《々》一巻等《ナリ》也。自《カラ》号《シ》二柘庵《ト》一。又曰《ク》二一葉老人《ト》一。永正十三年丙子八月二日《ニ》、満九十歳《ニシテ》寂《ス》後《ノナニ》贈《ラル》二僧正《ニ》一。廟号《ヲ》《ス》二善巧院《ト》一。

本文を見ていくと、尊通は生まれながらに才気が独りでに現れ出るほどであった。髪を総角という、左右の両耳上で丸く輪のように束ねる子どもの髪型の結い方をした時代に園城寺に入った。はじめは南泉坊に居て、後に「当室」つまり勧学院に入って学問に励み、天台教学の本体を探り、密教の奥義を究めた。名声は雲上に達するほど高く、人徳の評判は広く知れ渡った。宋の思胤が、尊通に詩を贈る際には「大師」と称するほどであった。

永正五年（一五〇八）八月二十三日に三院における総一座を貫く「学頭一座」に着任した。その時尊通は八十歳であった。同じく永正七年六月十九日に、長吏の円満院一品仁悟親王の奏上により、大学頭に補せられた。北林の八葉となり、経験を積み、様々に受けた学恩を忘れがたく思い、『智証大師年譜』を編纂した。応仁丁亥（元年＝一四六七）に櫨庵の記した跋文には、「智証大師の後、数百年を経て、学徒としてその才徳を欠くことのない尊通によって年譜が編纂されることを、智証大師は長らく待っていたのだった」とある。

また尊通は著作を多く著している。『三井続燈記』、『授決扶老』二巻、并に『童稚鈔見聞』『未来記』[9]『禿丁記』『心経科文』『倶舎頌疏科文』『北林名目』各々一巻などを著した。

尊通は、自らを柘庵と号し、また一葉老人と称したという[10]。永正十三年（一五一六）八月二日に、満九十歳で寂し、後に「僧正」を贈られた。廟を善巧院と号した。

以上が記事の内容である。尊通の号には、この他に「通雲霄」がある[11]。

次に、尊通の血脈である。尊通の名が確認できるのは、園城寺法明院本『天台法華宗師資相承血脈譜』である。血脈には以下の様に記されている[12]。

天台法華宗師資相承血脈譜

釈迦如来　天台大師　章安大師　智威大師　恵威大師　玄朗大師　妙楽大師　道邃和上
広修和上　良諝座主　智証大師　良勇和上　鴻誉和上　運昭内供　千観内供　慶祚闍梨
智円　元範　範守　澄義　良明　信増　良慶　常久
珍玄　定兼　有禅　幸尊　静泉　尊衍　衍舜　重泉
円尊　**尊瑛**　**尊通**　**尊契**　静覚　尊雅　舜雄　憲舜
慶元　亮慶　性慶　敬祐　敬雅　敬光　敬長　雄仁
慶定　祐玉　寛良

今祐玉以此法伝授寛良訖法燈相継莫令断絶
明治二十九年五月廿五日「遍照金剛」「祐玉章」（朱印）

これによると、尊瑛──尊通──尊契の法脈が確認できる。

寺門の伝法灌頂については、園城寺唐院本『伝法灌頂血脈譜』(13)に尊通の名が確認できないため、寺門灌頂は受けていないものと推される。第百七十二代道興准三宮が授けたうちの一人である経親（文明十三年〈一四八一〉二月五日）の記事の注記中に、「長声頭上生坊尊通代、尊教坊出仕……」と、その名が確認できるのみである。この注記の「長声頭上生坊尊通」は、年代も一致するため、北林坊尊通と同一人物と考えて矛盾はないと思われる。

なお尊通の写瓶の弟子とされる尊融は、『伝法灌頂血脈譜』(14)にその名が確認できる。これによれば、尊教坊尊融は、第百七十四代猷助僧正が授けた九人のうちの一人である。伝授は長谷解脱寺にて行われ、伝受の日時などは「同―（永正十七年）同―（十月）廿八日同―（長谷解脱寺）、年四十、戒廿八、改本行院」と記されている。

続いて、尊通の著作や尊通が書写した典籍などに記された情報から、尊通の事蹟を確認する。著作資料で確認できた情報は、稿末に「〔表〕尊通年譜」を作成してまとめたので参照していただきたい。表中、原典資料の根拠を明記し、原拠を確認できたものと、原資料を確認できず、渋谷亮泰編『昭和現存天台書籍綜合目録』（以下『渋谷』と略す）(15)など、各種の目録等から転記したものとを区別して示している。

尊通の生年は、それを直接明記した記録はないものの、没年や法臈から換算すると、応永三十四年（一四二七）となる。また出家は永享十二年（一四四〇）、十四歳の時となる。出身地や出自・家系についてなど、幼少期の状況については詳しくわからないが、『贈僧正尊通愚答』の序文に、「故郷恋シキ心……伊賀国柘植ト云所ニスミ侍リ」とあることから、伊賀国柘植の出身と思われる。

尊通は著作が多いため、著作物で執筆年代が判明するものから経歴をたどってみたい。最も若い時のものは、『倶舎序記』である。[14] 叡山文庫真如蔵『倶舎序記』の奥書には次のように記す。

寛正四年癸未七月十四日於三井北林房…尊通在判卅七才
文明十一年己亥閏九月廿五日一見之次加朱点畢　尊通五十三

三井北林房にて、三十七歳の尊通が寛正四年（一四六三）七月十四日に本書を記し、再び文明十一年（一四七九）閏九月二十五日、五十三歳になった尊通が、一見の次いでに朱点を加えたという。

以下、年時をたどりながら著作を確認していく。応仁元年（一四六七）、四十一歳の尊通は、『智証大師年譜』を撰述した。『智証大師年譜』は書名の通り、智証大師円珍の事跡を年譜にしてまとめたものである。

翌、応仁二年（一四六八）に、四十二歳で『山王院阿字釈』を記し、朱点を加えた。文明三年（一四七一）四十五歳で『大師御自抄目録』を記す。文明六年（一四七四）、四十八歳には『大日経疏抄』を書写した。文明七年、四十九歳では『帙外新定智証大師書録』を撰述する。文明十一年（一四七九）五十三歳で、『贈僧正尊通愚答』を著し、『倶舎序記』に朱点を加えた。文明十三年（一四八一）、五十五歳の尊通は、『北林名目集』を著す。この年から「柘庵子」の号が確認できる。また同じ年、『禿丁記』を記し、智証大師記に依って『多心経科文』を、弘法大師の『秘鍵』に依って『般若心経科文』を記した。また文明十四年（一四八二）五十六歳で『法花十二論義』[16]を著した。

文明十五年（一四八三）、五十七歳の尊通は『三井続燈記』を撰述し、文明十七年（一四八五）には『授決集』を書写する。文明十八年（一四八六）、六十歳で『章句集』を記し、長享元年（一四八七）六十一歳で『科註法花養愚』を著した。延徳二年（一四九〇）六十四歳で、『倶舎序記』を他本と校合し、延徳四年（一四九二）六十六歳の折に、五十七歳で著した『三井続燈記』を書写している。明応六年（一四九七）、七十一歳で『菩提心論異本』および『菩提心論愚疑』を撰述する。明応八年（一八九九）七十三歳では、三条西実隆に、『源信年譜』を撰じて献じ、永正三年（一五〇六）八十歳では、新羅明神の祭礼に際して『新羅社法則』を記した。

永正五年（一五〇八）八十二歳で、慶順を継いで学頭一座に着任した。その後、永正六年（一五〇九）、八十三歳で『授決集』を再び書写する。永正七年（一五一〇）には円満院二品親王から大学頭職を補せられた。永正八年（一五一一）、八十五歳の尊通は、伏見殿邦高親王に『般若心経』を講じ、永正十一年（一五一四）八十八歳で、再び『声句記』[17]を撰述した。そして永正十三年（一五一六）八月二日、九十歳で示寂した。『国書人名辞典』に「一説には九十三歳」とあるが[18]、各資料から、尊通の没年は九十歳が正しい。

様々な資料から判明した尊通の情報をもとに、経歴を概観すると以上のようになる。これらから、尊通は園城寺北林坊を代表する学僧で、多くの著作をなし、貴重な書物の書写を行うなどにより、園城寺の教学を取りまとめた人物と考えられる。その業績は、大きく以下の様にまとめられる。

第一に、園城寺の歴史をまとめた『三井続燈記』や、智証大師の撰述書をまとめた『大師御自抄目録』や『帙外新定智証大師書録』を編纂し、智証大師の著作である『授決集』を書写して善本を作成するなど、園城寺の歴史に関わる重要な根幹書の編纂や書写を行ったことである。第二に、『山王院阿字釈』の撰述、『大日経疏抄』の書写、『倶舎序記』の編著、『科註法華養愚』『北林名目集』の著述や『章句集』のように、園城寺の教学や、北林坊の教学についての整理とまとめを行っている。第三に、『禿丁記』のような他に類のない独自な著述を行ったり、漢詩や和歌などの文学活動についての業績も残している。次節において、これらの三つの観点から、尊通の学問の意義を検討することとする。

三　尊通の著作と書写活動

次に、尊通の事蹟について、その著作と書写活動を検討する。多岐にわたる著作を、（1）園城寺の歴史や智証大師円珍に関係する書目、（2）園城寺（寺門）の教学に関係する書目、（3）その他、文学等に類する書目、の三つに大別して整理していくこととする。

（1）園城寺の歴史や智証大師円珍に関係する書目

尊通は、園城寺の歴史や円珍の著作に関する著述や書写などを行っている。これらに該当する書目には、以下の七点が挙げられる。

①『三井続燈記』文明十五年（一四八三）尊通撰
②『智証大師年譜』応仁元年（一四六七）尊通撰
③『大師御自抄目録』文明三年（一四七一）尊通撰
④『帙外新定智証大師書録』文明七年（一四七五）尊通撰
⑤『授決集』尊通写（文明十七年（一四八五）尊通誌／永正六年（一五〇九）尊通誌）

⑥『新羅明神鎮座説』寛正四年（一四六三）尊通撰
⑦『新羅社法則』永正三年（一五〇六）尊通記

まず初めに、①『三井続燈記』の撰述である。これは園城寺と住僧の記録を集大成したもので、『寺門高僧記』などの続編として、この題名が付けられている。内容は、平治元年（一一五九）から文明年間（一四六九～一四八七）までの一四二名の僧の略伝や長史次第、別当次第、行事記録、年表などをまとめている。活字は『大日本仏教全書』に所収されている。全十巻で、内題次行には「柘庵沙門　尊通撰」とし、自序があり、「……当寺亦有㆓高僧記㆒。自㆓寛平之昔㆒、迄㆓保元之年㆒、咸載㆓多智高行之人㆒、誠似㆑有㆓其志㆒、然後三百余年。未㆑有㆓通伝㆒……是以㆓自平治己卯（元年、一一五九）之春㆒、得㆓其人㆒而記㆓其人㆒聞㆓其徳㆒而載㆓其徳㆒鳩為㆓十軸㆒号曰㆓続燈記㆒。文明癸卯（十五年、一四八三）仲春下澣三井沙門釈尊通序」と記す。また奥書に、「延徳四壬子年（一四九二）初後八日終書功畢。全部十巻調巻五冊」とある。

伝本としては、版本はなく、全て写本である。『渋谷』に載る、叡山文庫池田蔵本[20]の写本五冊（全十巻、各冊二巻ずつ）の他、園城寺勧学院本の写本二冊（全十巻、各冊五巻ずつ）や大谷大学本がある。

次に智証大師円珍関係の書目である。②『智証大師年譜』は、その名の通り、智証大師円珍の事蹟を、年次ごとにまとめたものである。『大日本仏教全書』に活字がある。内題を「清和陽成光孝三朝国師智恵金剛智証大師年譜」とし、内題次行に「三井沙門尊通編」と記す。また「桃華老人（一条兼良）」の序文と恵鳳の跋文を付す。明治十三年（一八八〇）に森江書店から版本が出され、同年に、樫原慶耀の訂正出版がなされている。写本の伝本には、内閣文庫や大正大学などの所蔵が知られていたが、園城寺法明院本写本一冊（文明九年、公意写）など、園城寺に写本が確認でき、さらに『智証大師年譜略頌』などの関係書目も見出されている。

③の『大師御自抄目録』と④『帙外新定智証大師書録』は、智証大師円珍の著作目録である。③の伝本は、『渋谷』に記載される叡山文庫天海蔵本について、所在は確認できたものの閲覧は出来なかったが、『渋谷』などに載らない写本として、叡山文庫池田蔵写本や浄土院蔵本が確認できた。その奥書には次のように記す。

文明三年辛卯八月七日記之
所持分合点畢
南泉住沙門尊通四十五

これによると、南泉坊に住する四十五歳の尊通が、文明三年（一四七一）にこれをまとめ、合点したということである。また引き続き、文明七年（一四七五）四十九歳で、④『帙外新定智証大師書録』をまとめた。これは活字が『大日本仏教全書』に所収されている。伝本としては、園城寺法明院本の写本が確認できた。内題次行に、「三井沙門　釈尊通撰」とあり、序文の末に「于時文明乙未（七年、一四七五）林鐘下澣書二於三井之南泉一云」と記す。

次に⑤『授決集』の書写についてである。『授決集』とは、寺門の祖智証大師円珍（八一四～八九一）撰で、寺門教学の根本権威をなすものである。円珍が唐に渡った際に、天台宗の章疏を究め、良諝座主から伝えられたことを五十四件にまとめ、帰国後、弟子良勇に『授決集』として授与したものとされる。『授決集』は活字が『大日本仏教全書』と『大正蔵』に収められ、版本も多種刊行されているが、尊通は『授決集』の貴重な写本を遺していた。園城寺光浄院本（尊通本）の奥書には、「于時文明十七年（一四八五）二月下澣／柘庵尊通謹誌」とあり、忍舜本の奥書には、「御本云、永正己巳（六年、一五〇九）林鐘仲澣塗悪筆於件々呈老耄於字々唯譲于後人之改正而已／林下尊通八十三歳誌」とある。

『授決集』関係書目では、『授決集為因抄』尊通述（『渋谷』二〇九頁中）、『授決集音義』尊通撰（『渋谷』二〇九頁中）、『授決集扶老鈔』などの書名が各種目録に見える。いずれも未見で詳細は不明ながら、尊通が様々に『授決集』の注釈書を著していたことがうかがわれる。

最後に、園城寺を守護する新羅明神に関する書目である。新羅明神は、円珍が唐から帰国の時、船首に出現して円珍を守ったという。⑥『新羅明神鎮座説』は、寛正四年（一四六三）に、三十七歳の尊通が新羅明神に関する各説を整理しまとめたものである。⑦『新羅社法則』は、永正三年（一五〇六）九月十九日の新羅社法会を行うために作成されたもので、奥書に「永正三年丙寅九月十六日記之／法印尊通満八十記」とある。末尾に永正三年時の「当代学頭」として、慶順・尊通・静重・成顕・仙栄・長瑜・成澄・兼秀・泰禅の九名の名を挙げている。

以上のように、尊通は、園城寺の歴史や智証大師円珍に関する著作など、園城寺の根幹に関わる書目の著作・書写に努めているのである。

（2）園城寺（寺門）の教学に関係する書目

また尊通は、園城寺の教学に関わる著書を多く撰し、書写をしている。その書目としては、以下の十六点が挙げられる。

①『科註法華養愚』長享元年（一四八七）、尊通撰

②『七喩義』年代未詳、尊通撰

③『贈僧正尊通愚答』文明十一年（一四七九）、尊通述

④『北林名目』文明十三年（一四八一）尊通撰

⑤『倶舎序記』文明十一年（一四七九）尊通写
⑥『菩提心論異本』明応六年（一四九七）尊通撰
⑦『菩提心論愚疑』明応六年（一四九七）尊通撰
⑧『阿字秘釈』（『阿字釈』）円珍撰、応仁二年（一四六八）尊通写
⑨『大日経疏抄』文明六年（一四七四）尊通写
⑩『一代肝心鈔』智証大師述、年代未詳、尊通記
⑪『禿丁記』文明十三年（一四八一）尊通記
⑫『多心経科文』文明十三年（一四八一）尊通誌
⑬『般若心経科文』文明十三年（一四八一）尊通誌
⑭『科目専愚抄』延徳三年（一四九一）尊通誌
⑮『法華十二論義』三井長恵作、文明十四年（一四八二）尊通写
⑯『声句記』永正十一年（一五一四）尊通撰

北林坊は、『法華経』の談義で著名であったが、①の『科註法華養愚』は北林坊における『法華経』の学問の一端を示すものである。序文によれば、本書は文明十九年（一四八七）に尊通が記したもので、園城寺本は永正七年（一五一〇）に尊通自筆本の書写本を弟子の尊融が写したものである。全部で七巻（二冊）あり、『法華経』二十八品について文々句々の注釈を行っている。永正五～六年（一五〇八～九）の竪義の記録の反故紙を使用している。(21)

上冊の冒頭に、尊通の序文があり、下冊の末尾に、識語・奥書が確認できる。外題はない。内題に「科註法華養

愚巻第一（〜七）」とあり、内題次行に「三井尊通撰」と記す。習善徐の科註について、注釈をしたものである。

〔序〕妙法者《ハ》、難解難入《ナリ》。雖レ曰二大聖一、尚不レ克二得《テ》而知《コト》一。然況乎、凡庸薄才《ヲヤ》哉。爰《ニ》判釈註解者《ルノ》類《ス》二於稲竹《ニ》一、知《カ》乎、不知《カ》乎。吾豈敢《ンヤ》矣。適《タマ〳〵》看《ルニ》二習善《ノ》徐居士之《カ》科註《ヲ》一、雖レ移二句記《ノ》文《ヲ》一、亦訛謬寔《ニ》夥《シ》矣。三写之後、生《ル》二斯《ノ》焉馬《ヲ》一者《ノ》乎《カ》。仍《テ》為レ扶二養吾《カ》愚昧《ヲ》一、聊鳩二三五之《ノ》要句《ヲ》一、即目曰《テフ》二養愚《ト》一、巻《ヲ》作二七軸《ト》一、不三敢《テ》為《メニ》二賢達《ノ》一、唯譲《ル》二東里老人《ニ》一、而已《ノミ》。

文明丁未結制《ノ》日、通雲霄、書《ト》二於三井北林窓下《ニ》一、云尓。

〔識語・奥書〕（下冊末）

習善徐居士科註所レ載之註、文或前後、辞或脱落、於レ字亦多二有刀筆《ノ》之誤一、然自レ古至レ今講者、雖レ曰レ如二稲麻竹葦一、无《シ》二肯補正一、是以学者迷二義路《ニ》一者《ノ》多《シ》、可二収《テ》歎息一。爰有二三井柘庵老人一、教統二顕密一、学兼二内外一、講二此《コト》経一数遍、概二科釈《ノ》不レ正一、与二台疏一相校讎、其文《ノ》不レ足者補レ之、其字《ノ》有レ誤者正レ之、終集以為二七巻一、名曰二養愚一。寔為二此経易入捷径一、而大有レ益二于後学之徒一、嗚呼、使二徐居士復生見レ之、必有《ン》二首肯信眼一乎。予与二柘庵一作レ无二師資之好一、故命以記二其起本一、不レ免二固辞一、輙陳《テ》二管窺《ヲ》一、贅《ト》二其後《ノ》一云。長享二年九月日紙衣老拙謹書

また『法華経』に関連した書目として、②の『七喩義』がある。『七喩義』は、『法華経』の七喩を解説したもので、尊通撰述の本書は、「問七喩者七者何義、喩者何義耶。答七者数方義、喩者喩説義也」とあるように、問いを立てて解説している。叡山文庫仏乗院本と叡山文庫真如蔵本の二本の写本を確認した。本文や奥書に尊通の著作とは明記されていないが、叡山文庫仏乗院蔵本の見返に貼紙があり「尊通所撰、智証大師書録未知真偽、目中云七喩義私記」と記されていることから、本書が尊通所撰と伝えられていたことが確認できる。なお円珍には『七喩義私記』という著作がある。

次に、③『贈僧正尊通愚答』は、文明十一年（一四七九）、尊通五十三歳の著作である。法明院本に三種の写本がある。日本寺の知己が送ってきた疑問に対して、かつて智証大師が青龍大師の決答を求めたことを思い出し、愚答と思いつつもその返答を用意して注を付けたというものである。全部で十五箇条あり、当時の仏教の状況に対する尊通の考えが知られる。十五箇条の問いは以下の通りである。

1　問。当時ノ学者、論義ノ時文ヲ多ク出タルヲ学匠ト思ヘリ。如何カ侍ラン

2　問。三時ノ行事ト云事ハ、アルヘキ事ヤラン

3　問。懺法例時トテ、朝夕ニスル事ニシテ、闕タルヲアサマシキ事ニ思ヘリ。如何ソヤ

4　問。歌連歌ナントト、一向ニスマシキ事歟

5　問。密宗ヲモ可レ専《ス》事ヤラン

6　問。寺中ニ浄土門ニ意ヲカケテ、弥陀念仏ノ人アリ。如何ソヤ

7　問。歌連歌ヲハキラハセ玉テ、詩連句サセ玉トテ、本寺人《ノ》々誰シ申ス人ノミ也。如何云々

8　問。同音経トテ、法華八軸ヲ、一時ニヨミ侍ル人、可然事ヤラン

9　問。如法行トテ寺中《ニ》ハヤリ侍リ、可然コトヤラン

10　問。京都ノ出世法師ト、寺中ノ衆徒ト、列座ノ次第、当時相違事、イカ、侍ヘキヤラン

11　問。書札ノ札ハ、イカ、侍ルヘキヤラン

12　問。寺中当代顕宗ノ正流如何

13　問。授決集ヲ不レ習《シテ》、見ル人侍ル、クルシカラスヤ

14　問。修験道ノ興ル可然事ヤラン

15　問。声明ノハヤリヌル事如何

また『贈僧正尊通愚答』の序文には、著述の動機の他、尊通の若い頃の話も記されて貴重である。

秋風吹ワタリ故郷恋シキ心ニヒカレ、伊賀ノ国柘植ト云所ニスミ侍リ。目ニ見ル事ハ深山幽谷、耳ニキク事ハ弓箭兵仗ノミニシテ、更ニ仏法トモ祖法トモ云ヌ処ナリ。兄弟両三猶子一両枕頭ニマカリ、机前ニ侍ルハカリ心ヲナクサムル便也。或日本寺ヨリトテ同朋知己ノ書札アル中ニ一人ノ門尾此疑問シルシテ送レリ。昔シ智証大師般若三蔵青龍大師ノ決答ヲ求メ玉ヒシ事マテ思出シタリ。愚答可辞事ナレトモ又非可辞故意ノ及フマ、ニ注シ付侍リ。一見ノ後必ス被与八人也。廃学年久ク滄薄日薄キヲリフシナレハ筆ノアトモイカ、トハツカシク思ヒ侍リ。時ニ文明十一年七月五日雲山寺ノ閑窓ニソシルス事シカリ。

これによると、尊通は伊賀国柘植の出身であった。戦乱が続いていて、仏法などから遠い状況であったところ、文明十一年に、雲山寺にいる尊通に日本寺の同朋知己から疑問が送られてきた。智証大師が青龍大師の答えを求めたことを思い出し、断ることをせずに、恥ずかしく思いつつも注を付けた、という。

〔末尾〕以上十五ヶ条

愚答一巻終　北林坊尊通法印述

右此一冊当院住持通師御談也。有人以有所持借用之書写寄附者也

勧学北林沙門慶元

末尾には、以上全十五箇条で、北林坊尊通の述であること、同じ勧学院北林坊の慶元がそれを写したと記す。

次に、④『北林名目』であるが、これは文明十三年（一四八一）に三井寺南泉坊尊通が、宗要関係の名目を集めて論じたものである。西教寺正教蔵本（義科）の他、園城寺勧学院本の写本が確認できた[22]。序に「文明辛丑（十三

年、一四八一）晩春朔日柘庵子尊通書《スト》二于三井《ノ》南泉一云」と記す。また園城寺本は、『章句集』と合冊になっている。『章句集』は延文三年（一三五八）に能瑜が文字や読みの誤りを正すために記した書で、園城寺では転写されて重用されている。その『章句集』に文明十八年（一四八六）に尊通が、北林房（坊）の口伝として朱点を加えている。

⑤『倶舎序記』は、文明十一年（一四七九）に尊通が書写したもので、叡山文庫真如蔵写本が確認できる。[23]活字は『大日本続蔵経』に所収される。北林坊では、『法華経』の談義と並んで『倶舎論』の談義も盛んに行われ、目録類からは、尊通の弟子の尊契や尊契の師の尊実が『倶舎論』の講義を多く行ったことがわかる。北林坊尊通にもこうした『倶舎論』関係書目が確認できるのである。『渋谷』などによれば、尊通は他にも、『倶舎論大綱抄』（法明院一〇七、『渋谷』一〇〇頁下、未見）などを著しているようである。

次に、⑥『菩提心論異本』と⑦『菩提心論愚疑』であるが、これらは『菩提心論』の注釈の一種で、『大正蔵』七〇巻に活字が所収されている。『菩提新論異本』は明応六年（一四九七）の著作で、『菩提心論愚疑』もその頃の著作と思われる。

⑧『阿字秘釈』（『阿字釈』）は、円珍の撰述で、それを応仁二年（一四六八）に尊通が書写したものである。『日本大蔵経』四一や、『大日本仏教全書』に活字が所収される。西教寺正教蔵[24]や、叡山文庫真如蔵に写本がある。また版行もされていて、延宝五年（一六七七）京都長谷川刊の合刊一冊が叡山文庫仏乗院蔵本に確認できる。[25]真如蔵本には多くの奥書が記され、抄出すると次のようである。

貞和四年（一三四八）五月十八日……猷範
嘉吉二年（一四四二）九月四日……三井末流尊英
応仁二年（一四六八）八月廿八日……前僧正能益

応仁二年小春仲旬依貴命奉加朱点畢。……三井末流尊通判
右応仁二年小春ヨリ之一段朱《ハニテ》尊通御直筆見《トタリ》。トコロ〱《ニ》朱点在之……
宝永第四丁卯十月十五日
山門西塔《ノ》前妙観院三井寺北院喜見院　実雅四十七才

このように記し、応仁二年に尊通が、朱点を加えたことなどが伝えられている。また西教寺本には以下の奥書が記される。

〔奥書一〕
古本奥書云、応仁二年小春仲旬依貴命奉加朱点畢　三井末流尊通判
実雅僧正御本奥書云、右応仁二年小春《ヨリノ》一段朱《ハニテ》尊通御直筆見《トタリ》。トコロ〱《ニ》朱点有之分、今度愚身黒点仕《ニ》不審《ナル》処《ニ》、朱《ニテ》書之。無量義処悉現前《ヨリ》無縁無心常寂然《マテハ》優婆塞《ノ》宮《ノ》遊《タル》山家相承《ノ》脉譜《ノ》中《ヨリ》七言一句ツ、《ノ》通点《ヲ》奉加之云云〱
〔奥書二〕
実雅御本奥書云、此文御寿量品於文《トアリ》。当巻《ハ》阿字釈《トアリ》少不同《アリトモ》不可疑問立処《ノ》御釈歟。何辺少《シ》御言《ノ》不同有《ルヲ》猶願不可申タメ《ニ》書出之云々

⑨『大日経疏抄』は、題名通り『大日経』の注釈で、文明六年（一四七四）八月七日、四十八歳の尊通が書写している。『渋谷』など目録には記載がないが、法明院本に写本が確認できた。奥書が多数あり、「建永元年（一二〇六）十一月九日以長吏前権僧正御房御本交之了……猷円記之」「文明六年甲午八月七日……書写了。……三井南泉沙門尊通四十八」と記されている。

⑩『一代肝心鈔』は円珍の述作で、『大日本仏教全書』や『日本大蔵経』に活字がある。写本は『一念頌決』『肝心念仏略記』など様々な題名を用いている。叡山文庫真如蔵本の扉には「智証大師述　一代肝心鈔」と記され、末尾に「尊通記之」と記している。その他西教寺正教蔵本にも尊通の名が確認できる。

⑪『禿丁記』、⑫『多心経科文』、⑬『般若心経科文』は、いずれも『般若心経』の関連書である。『般若心経』については、永正八年（一五一一）十一月十七日に、伏見殿（邦高親王）に『渋谷』に載る曼殊院本は未見であるが、叡山文庫真如蔵本は、⑪〜⑬の三点が合冊となっている。『禿丁記』は、その本文冒頭に場面を記すところから始まる。文明十三年（一四八一）のこと、四、五人の僧で集まって話をしていた折、一人の大僧都がこんな話をした。病に伏せっていたところ、夢に一人の禿丁が現れた。怖畏の心が起きて慈救呪を唱えたが去らず、『般若心経』を唱えると、禿丁が退歩していった。その後、病気は平癒したという。この後、顕密両宗の優劣などを議論し、禿丁（＝般若）とは何かを論じた。また、若い水雲と新戒という僧に、尊通が様々なことを教えた、というものである。

⑫『多心経科文』は、内題下に「依智証大師記」とある。奥書には「文明辛丑（十三年）蜡月下澣　尊通誌謹」とあり、文明十三年（一四八一）十二月に五十五歳の尊通が記したとのことである。また⑬『般若心経科文』は叡山文庫真如蔵本では⑫と合冊になっている。内題下には、「依弘法大師秘鍵」とあり、奥書に「文明辛丑蜡月（十二月）下澣　三井尊通誌」と記す。

最後に、⑭『科目専愚抄』である。『渋谷』では「論義故実」に分類されている。大谷大学図書館所蔵の写本のみがある。永享、文明年間の記事があり、途中に「延徳辛亥（三年、一四九一）初秋念五　北林老人尊通誌」とある。内容は、園城寺における長吏と学頭の関係など、論義や寺内制度に関しての疑問を尊通が整理して解説したものである。長吏不在の折の対応や、檜扇の扱いなど、具体的実践的な内容で、尊通が注目する点をまとめたものかと推測される。

この他、⑮『法華十二論義』と⑯『声句記』は、『渋谷』などの目録類に載るが、実際に原本を確認することが出来なかった書目である。[26]⑮の『法華十二論義』は『渋谷』によれば、三井長恵作とされ、法明院本の奥書に、「文明十四年（一四八二）六月日柘庵尊通」と記すという。また⑯『声句記』は、法明院本の奥書に、永正十一年十二月に、八十八歳の尊通が書写したと記すとのことである。

以上のように、尊通は多くの著作を編述し、智証大師円珍の著作を書写したり、朱点を加えるなどしながら、園城寺（寺門）にとって重要な書目を後代に伝えようとしていたのである。

（３）その他、文学等の活動

尊通は、園城寺の教学興隆に貢献し、ここまで紹介してきたように、円珍や園城寺に関する多くの仏教関係書を著述し、書写していたが、その著述活動は仏教にとどまらず、文学的な活動も盛んに行っていた様子である。

①文明十六年（一四八四）新羅明神社司大伴某編纂の『温故知新書』に序を付す。

②永正二年（一五〇五）四月に尊応が記した『粟田口猿楽記』を書写する。

③永正五年（一五〇八、または明応元年（一四九二））、明に渡航する宗印に詩を贈り、雲屋思胤と詩の贈答をする。

④永正五年（一五〇八）、三条西実隆に、『老後百首和歌独吟』に合点を所望する。

①は尊通の博識を頼られたのか、文明十六年に新羅明神社司大伴某が編纂した『温故知新書』に序を付している。

②『粟田口猿楽記』は活字が『群書類従』第十九に所収されている。永正二年四月に尊応が記した『粟田口猿楽記』を尊通が書写したものかと思われる（書写年時は未詳）。永正二年四月十三日から四日間行われた勧進猿楽の記録で、芝居は粟田口より南方の南葛原で行われたらしい。その目的や勧進聖の名など詳しくはわからないが、四日間の能番組を記し、猿楽一般の説や金春座の説明などが記されている。

③は、漢詩の贈答をめぐる記事で、贈答の詩は『大日本史料』に所載されている。④の記事は、『実隆公記』永正五年十月十四日条に、「抑三井寺北林《（ママ）》房尊通老後百首和歌独吟合点事所望之間、今日合点、奥加一筆遣之了」とみえる。尊通の和歌に対する造詣と、三条西実隆との交流がうかがえる。

このように文学的な活動も確認されるなど、尊通の学問教養の幅がうかがわれるのである。

四　まとめ

以上、勧学院尊通について、その著作や書写した典籍を一点ずつ追うことにより、尊通の事蹟を解明することを試みた。中世の園城寺については、これまで資料が少なく、具体的にはわからないことが多かったが、聖教調査の進展によって新たな資料が見つかり、尊通関係書目を渉猟することによって、多くの情報が集まった。

尊通は、中世の園城寺にあって教学面で園城寺を支えた学僧であった。『授決集』や『智証大師年譜』『帙外新定智証大師書録』など園城寺にとって重要な円珍関係の書目についての書写を行い、整理することを行った。また『三井続燈記』を編纂し、『寺門高僧記』に続く寺門の僧侶の伝を集めて、園城寺に関する根本資料を整えた。

教学の面でも、『科註法華養愚』などの『法華経』関係、『倶舎序記』など『倶舎論』関係、『章句集』など、北林坊の教学の伝授など、勧学院（北林坊）の教学を伝えていくことに尽力したのである。また『贈僧正尊通愚答』や『科目専愚抄』など、尊通自身の疑問を整理し、その解明を試みる著作も著している。

永正五年（一五〇八）には、八十二歳で学頭一座に就任し、九十歳で亡くなるまで、園城寺の九院を代表する学頭一座を務め、永正七年（一五一〇）、八十四歳の時には大学頭職を補せられ、園城寺を代表する学頭として活躍したのである。

中世の園城寺における学問の興隆に努めた学僧である尊通の事跡をその著作から概観してみた。今後はさらに注目すべき著作の分析を、個別に深めていきたいと考えている。

〔表〕尊通年譜

凡例

・◎○は資料の原本を実見して記事を確認したもの。
（うち◎は『昭和現存天台書籍綜合目録』（『渋谷』と略す）などの目録類に書名がないもの、○は目録類に記載があるもの）

・△は資料を実際に確認できず、原本については未見で、目録などの記事を転記したもの。

・「・」はその他、記録などから転記するなどしたもの。

・『仏全』は『大日本仏教全書』、『日蔵』は『日本大蔵経』の略称。

年（和暦）	西暦	年齢	尊通事項	関連事項
応永三十四	一四二七	一	・誕生（『学頭一座記録』等から算出）	
永享十二	一四四〇	一四	・出家（『学頭一座記録』等から算出）	
享徳三	一四五四	二八	△『授決為因抄』を撰述する（『国書人名辞典』）	

寛正四	一四六三	三七	○七月十四日『倶舎序記』を記す。〔奥書〕寛正四年癸未七月十四日於三井北林房……尊通在判卅七才（叡山文庫真如蔵、『渋谷』一〇一頁中） ◎十二月『新羅明神鎮座説』を著す。〔序末〕時《ニ》寛正《ノ》癸未（四年）蠟月中《ノ》澣。《ナリ》寓《ス》二北林《ノ》桑門《ニ》一尊通序〔内題次行〕三井比丘　尊通撰（法明院本、『渋谷』ナシ）	
寛正五	一四六四	三八		七月、後花園天皇を継いで、御土御門天皇即位
応仁元	一四六七	四一	○『智証大師年譜』を撰す。〔跋文〕尊通撰。（法明院本、『渋谷』ナシ）	
応仁二	一四六八	四二	○十月『山王院阿字釈』を書写し、朱点を加える。〔奥書〕右本奥書云、応仁二年小春仲旬依貴命奉加朱点畢。三井末流尊通判。（西教寺正教蔵写本・叡山文庫真如蔵写本、『渋谷』六一七頁中）（『仏全』・『日蔵』、△菊岡蔵刊本）	
文明二	一四七〇	四四	○十月三日、応仁二年七月より始めた『雑談口実記』を書き終える。（東大影写本）	
文明三	一四七一	四五	◎八月七日、『大師御自抄目録』を記す。〔奥書〕文明三年辛卯八月七日記之／所持分合点畢／南泉住沙門尊通四十五（叡山文庫池田蔵写本『渋谷』ナシ、叡山文庫浄土院蔵写本『渋谷』ナシ、△叡山天海『渋谷』一二三九頁上）	
文明五	一四七三	四七		十二月、足利義尚第九代将軍となる
文明六	一四七四	四八	○八月七日『大日経疏抄』を書写する。〔奥書〕文明六年八月七日……三井南泉沙門尊通四十八（法明院本）	
文明七	一四七五	四九	◎六月『帙外新定智証大師書録』を撰す。〔内題次行〕三井沙門釈尊通撰、	

			〔序末〕于時文明乙未（七年）林鐘下澣書二於三井之南泉一云（法明院本『智証大師書録』、『渋谷』ナシ） △『帙外新定智証大師書録』尊通撰〔自序〕文明乙未林鐘下澣、書二於三井之南泉一云。（『渋谷』一二三九頁上、『国書人名辞典』）	
文明十一	一四七九	五三	◎『贈僧正尊通愚答』〔自序〕文明十一年七月五日霊山寺ノ閑窓ニシテシルス事シカリ（法明院本三種、『渋谷』一一七八頁下） 〇閏九月二十五日に『倶舎序記』に朱点を加える。〔奥書〕文明十一年己亥閏九月廿五日一見之次加朱点畢　尊通五十三（叡山文庫真如蔵本、『渋谷』一〇一頁中）	
文明十三	一四八一	五五	〇三月一日『北林名目集』を記す。〔序末〕于時文明辛丑晩春朔日、柘庵子尊通書《スト》二于三井《ノ》南泉《ニ》一云。（西教寺正教蔵『北林名目集』義科十四番、『渋谷』一九六頁上） ◎『北林名目集』〔序末〕文明辛丑年（十三年）晩春朔日柘庵子尊通書《スト》二于三井《ノ》南泉一書（園城寺勧学院、『渋谷』） 〇十一月『禿丁記』を著す。〔内題下〕三井寺北林房尊通草也、〔書出〕「文明辛丑仲冬《ノ》下旬事《ニヤ》」この時の出来事を尊通が語る。〔三点合・奥書〕右此一帖者以北林房尊通自筆本写畢（叡山文庫真如蔵本、『渋谷』八二頁中） 〇十二月『多心経科文』を記す。〔内題下〕依智証大師記、〔奥書〕文明辛丑蜡月（十二月）下謝（ママ）三井　尊通謹誌（叡山文庫真如蔵本、『渋谷』八一頁下） 〇十二月『般若心経科文』を記す。（叡山文庫真如蔵本）〔内題下〕依弘法大師秘鍵、〔奥書〕文明辛丑蜡月下謝（ママ）　三井尊通試（『渋谷』八二頁中）	＊この年尊通、南泉坊より北林坊に移ったか。
文明十四	一四八二	五六	△六月『法華十二論義』を記す。〔序〕文明十四年六月　日柘庵尊通（〔内題〕十二真要鈔『渋谷』二六六頁下、法明院）	
文明十五	一四八三	五七	◎二月『三井続燈記』を撰す。〔自序〕文明癸卯仲春下澣三井沙門釈尊通序	

			〔内題次行〕柘庵沙門尊通撰（園城寺本『三井続燈記』写二冊、叡山文庫池田蔵『三井続燈記』写五冊、いずれも『渋谷』ナシ） △二月『三井続燈記』を撰す。文明癸卯仲春下澣（『仏全』一一一、『渋谷』一〇二七頁中）	
文明十六	一四八四	五八	・六月二十日、新羅明神社司大伴某が編纂した『温故知新書』に、尊通が序を作る（『大日本史料』）	
文明十七	一四八五	五九	◎二月『授決集』を書写する。〔奥書〕于時文明十七年二月下澣、柘庵尊通謹誌。（園城寺光浄院本『授決集』、『渋谷』ナシ）	
文明十八	一四八六	六〇	◎四月『章句集』を書写し、朱点を加える。（園城寺勧学院本）〔奥書1〕北林房口伝分《ハ》以レ朱点畢／文明十八年四月廿五日　尊通〔奥書2〕文明十八年夏四月中借東塔西谷之内円蔵房頼宗之本書写之了……北林末葉尊通誌（園城寺勧学院本『章句集』、西教寺正教蔵『声句集』、いずれも『渋谷』ナシ）	
長享元	一四八七	六一	◎『科註法華養愚』を撰す。〔序末〕文明丁未（十九）結制日、通雲霄書於三井北林窓下云尓（園城寺本、『渋谷』ナシ）	
延徳二	一四九〇	六四	○七月『倶舎序記』他本と校合する。〔奥書〕延徳二年七月以他本校合了……尊通六十四才（叡山文庫真如蔵本、『渋谷』一〇一頁中）	七月、足利義稙（義材・義尹）第十代将軍となる（～明応三年十二月）
延徳三	一四九一	六五	◎七月二十五日『科目専愚抄』を著す（大谷本、『渋谷』二八二頁下）	
延徳四（明応元）	一四九二	六六	◎七月『三井続燈記』を書写する。〔奥書〕本云／延徳四壬子年初秋後八日終書功畢。（叡山文庫池田蔵写本、『渋谷』ナシ）	

			・臨済宗の宗印が明に渡航する時、詩を贈る。（『日本仏家人名辞典』、『近江人物志』）	
明応三	一四九四	六八		十二月、足利義澄十一代将軍となる。
明応六	一四九七	七一	・『菩提心論異本』三井尊通撰。（『大正蔵』七〇・一一六頁） ・『菩提心論愚疑』尊通撰。（『大正蔵』七〇・一一七頁）	
明応八	一四九九	七三	・四月二十二日、三条西実隆に『源信年譜』を撰じて新献する。（『大日本史料』）	
明応九	一五〇〇	七四		十月、後柏原天皇即位
永正二	一五〇五	七九	・四月に行われた猿楽の記録『粟田口猿楽記』をこの頃書写する。（『群書類従』一九） ○十月『三井勧学院法則』を記す。（東大影写本） ○十二月『園城寺勧学院請諷誦事』を記す。（東大影写本）	
永正三	一五〇六	八〇	◎九月十六日『新羅社法則』を記す。（法明院本）	
永正五	一五〇八	八二	◎（六八臈）八月二十三日法印慶順が八十歳で入寂したため、即日、学頭一座に正居す。（『学頭一座記録』） ・園城寺別当となるか[27]。（『三井寺高僧記』、『国書人名辞典』） ・四月、宗印上人が明に渡る際、雲屋恩胤と詩の贈答をする。（『天台霞標初編』） ・十月十四日、『老後百首和歌独吟』に合点を所望、三条西実隆が合点を入れ、一筆を加えて返す。（『実隆公記』）	七月、足利義稙、将軍に再任される（〜大永元年〈一五二一〉十二月）
永正六	一五〇九	八三	◎『授決集』を書写する。〔奥書〕御本云、永正己巳林鐘仲澣……林下尊通	

			八十三歳誌。（園城寺本（忍舜本）、『渋谷』ナシ）	
永正七	一五一〇	八四	◎六月十九日円満院二品親王から大学頭職を補せらる。（『学頭一座記録』）	
永正八	一五一一	八五	・十一月十七日午後、伏見殿（邦高親王）に『般若心経』を講じる（『大日本史料』、『実隆公記』）	
永正十一	一五一四	八八	△『声句記』（自序）永正甲戌蜡月仲澣……尊通八十八歳撰（『渋谷目録』八六七頁下、法明院一〇七、『国書人名辞典』）	
永正十三	一五一六	九〇	◎八月二日寂。勧学院尊通法印。（法明院本『学頭一座記録』、『渋谷』ナシ）◎尊通寂。「二日尊通／永正十三丙子八月満九十歳勧学院尊通法印」（法明院本『法明院過去霊帳』、『渋谷』ナシ）	

註

（1）園城寺法明院本『学頭一座記録』の序文による。

（2）尊通についての先行研究としては、『国書人名辞典』、『日本仏家人名辞典』、『日本天台宗典目録』、『昭和現存天台書籍綜合目録』、『天台霞標』の「尊通」の項目や、『大日本史料』などを参照した。

（3）『日本仏家人名辞書』（東京美術、明治三十六年〈一九〇三〉）による。

（4）『国書人名辞典』（岩波書店、一九九六年）による。この後に、著作二十二点を記す。

（5）三浦道明監修『三井寺法燈記』（日本地域社会研究所、一九八五年）に、『三井寺高僧記』の翻刻が所収されている。詳細な記事ではあるが、『三井寺高僧記』は、底本などの詳細が不明であるため、あくまでも参考としておく。尊通の項の翻刻本文は以下の通りである（六〇八頁）。

一、勧学院贈僧正尊通大和尚

本寺別当　永正五年一月廿三日任

永正七年六月十九日依長吏円満院二品仁悟親王下知而被補大学頭博覧内外典籍殊明倶舎深旨当代唯一之名匠也

嘗侍仙院宸筆之御講又列食堂授職之讃衆
明応元年臨済之宗印禅師渡明之時送詩明人々々又贈詩称大師
号柘庵又日《ママ》一葉老人始居南泉坊次移北林坊
永正十三年丙子八月二日寂　世寿九十歳
寂後経年　四百十五年
　撰述書目
一、智証大師年譜　壱巻
一、三井続燈記　　拾巻
一、授決集扶老
一、童雅鈔見聞
一、未来記
一、禿丁記
一、心経科文
一、倶舎論頌疏科文
一、北林名目鈔　壱巻
一、帙外新定智証大師書目
一、科目専愚抄
一、園城寺伝記　五巻
一、愚答

（6）園城寺法明院本『学頭一座記録』は、写本一冊。寸法は、縦二五・三×横一九・四糎。紺色無地表紙、袋綴である。歴代ごとに、着任期間や居住の院坊、亡くなった日時を記す他に、適宜、略伝が記されている。
（7）仁悟法親王（一四八二〜一五一五）は、後土御門天皇の第三皇子。文明十四年（一四八二）閏七月七日に生まれ、明応七年（一四九八）に出家し、法名ははじめは仁尊という。同年親王となった。円満院に入り、のち円満院門跡となる。寺門伝法灌頂を、第百七十三代大阿闍梨清智僧正から永正三年（一五〇六）三月十日、二十五歳で受ける。永正十二年（一五一五）閏二月十二日に三十四歳で亡くなった。

（8）叡山文庫池田蔵写本一冊。所蔵番号は、池田・内・九・二二七・一八〇一。寸法は、縦二六・七×横一八・九糎で、袋綴。匡郭と版心の魚尾が刷られた料紙に、一面十行×二十字で記されている。

（9）本書では、「童稚鈔」「見聞未来記」と句点が付されるが、他書によって『童稚鈔見聞』と『未来記』と改めた。なお『童稚鈔見聞』『未来記』ともに現存が確認できず、内容は未詳である。

（10）「一葉老人」と称した例は、管見の限り確認できていない。

（11）「通雲霄」は『科註法華養愚』に見える。

（12）法量は、縦三八・九×横五〇・八糎。冒頭に、龍と瓶の様な朱印一箇と、全体に梵字十六字を記した朱印九箇が押されている。

（13）『伝法灌頂血脈譜』は『園城寺文書』第七巻に影印が掲載されている。大阿闍梨ごとに伝法した僧名とその僧についての院坊や出自などの説明、伝法の日時と場所などを記す。

（14）『園城寺勧室歴代略伝』の「尊融」の項による。

（15）渋谷亮泰編『昭和現存天台書籍綜合目録』（法藏館、一九七八年、増補一九九三年）。

（16）『国書人名辞典』には、享徳三年（一四五四、尊通二十八歳）に『授決為因抄』を撰述するとあるが、『授決為因抄』という書は管見の限り、確認できていない。

（17）『渋谷』等によれば、内題を「十二真要鈔」とするとのことだが、管見の限り、本書は現在確認できていない。

（18）『声句集』と別本なのかどうか、原本未見のため、内容は未詳である。

（19）『大日本史料』所引の「東寺過去帳」に「北林坊（尊通）〈永正十三八　九十三／三井寺倶舎学匠〉」とあるのによるものか。『東寺過去帳』は未見だが、諸書により、尊通の没年齢「九十三」は誤りとする。

（20）叡山文庫池田蔵『三井続燈記』写本五冊（十巻）は、所蔵番号は、池田（和）内・九・八七・一六三五。

(21) 裏面には、「差定　智証大師御忌日　立義者　法印権僧都静重／達磨和尚御忌日　立義者　永正五年十二月五日　執事　権律師　親契／恵昭大師御忌日　永正五年十二月七日　執事／千観内供御忌日　永正五年　執事法印権大僧都良静　永正五年十二月廿五日　執事権少僧都有契／行基菩薩御忌日　立義者　永正六年正月廿二日」など、上冊・下冊ともに多数の墨書があり、年記や僧名がみえる。

(22) 『渋谷』には、その他法明院本（法明院九六）として、外題が「北林拾葉」とあり、文政二年（一八一九）慈観の序のある伝本が記されるが、本書の所在は確認できていない。

(23) 叡山文庫真如蔵。所蔵番号は、真如・内・四・一七・一五二二。写本一冊。

(24) 西教寺正教蔵本は、外題が「山王院　阿字釈」、扉題も「山王院阿字釈」とある。所蔵番号は、真言二十八番箱―二三。寸法は、縦二一・七×横一六・九糎、列帖装。押界があり、八行書で、墨書訓点、返点・送仮名、注記、異本注記、朱書の句点など、多くの書入がある。

(25) 叡山文庫仏乗院蔵本の所蔵番号は、内・六・四八一・六六三四。虫損甚大のため閲覧は不可とのこと。縦二六・八×横一五・六糎の、縦長の書型である。

(26) 『愚用抄目録』（吉水蔵、一軸、『渋谷』八六三頁上）、『真如堂縁起』（『渋谷』一〇九八頁中）の二書は、『渋谷』に「尊通」と名があるものの、勧学院尊通とは別人と思われるため、一覧から外した。

(27) 『三井寺高僧記』に記すが、別当になったという点は不審。

〔付記〕貴重な御本を閲覧させて下さいました、園城寺、大津市歴史博物館、叡山文庫、西教寺、大谷大学図書館等の皆様に心より御礼申し上げます。本論文は、科研研究課題「園城寺所蔵中世天台関係聖教の調査による天台談義書ネットワークの解明」（課題番号22K00299）の研究成果による。

法勝寺御八講における「末師」説に関する論義について

松本　知己

一　問題の所在

四箇大寺（東大寺・興福寺・延暦寺・園城寺）の学僧が出仕する論義法会は、僧侶個人の昇進とも結びつけられ、院政期から鎌倉時代にかけて最盛期を迎えた。その頂点に位置するのが三講（最勝講・仙洞最勝講、法勝寺御八講）である。三講の論義の特徴は、講師の所属する宗派の教学に関する論義を行う点にある。東大寺尊勝院華厳宗の宗性（一二〇二～一二七八）は、三講への出仕に向けた問答記の収集と書写、及び自身の論義実践の過程の記録に尽力した。その成果は現在に至るまで東大寺に相承され、写真帳は東京大学史料編纂所にも『東大寺宗性筆聖教幷抄録本』として収蔵されている。(1)

筆者は、宝地房証真（一一三一頃～一二二〇頃）を中心とする日本天台教学研究の立場から、宗性が論義会への出仕に備えて書写した天台教学関連の文献を調査した。(2)続いて、三講において天台宗の僧侶が講師を勤めた論義を概観した。論義の基調は、宗典のより正確な読解を求めるものであった。それを前提に、同時代性と重要問題性というべき特徴を有する論題が少なからず存在することを解明した[3]。また、『最勝講問答記』中の記述から、論義の種別として尺論義と論蔵論義の二種類が存在することが判明した[4]。論蔵論義の全体的な分析と考察は依然として今後の課題であるが、尺論義の内容については、三講を通じてほぼ同質であることを解明した[5]。以上より、三講の問答記をはじめとする宗性筆文献は、中世日本天台の教学研究における重要な資料であることが実証された。さらに、延暦寺の承詮（一二一七～）撰述『玄義覚要鈔』が、証真の『法華玄義私記』に準拠した論義集であり、論題について三講や宗内の論義法会における出題例を多数記録することに着目した。そこで、同じく証真説を座右に置く『法華玄義伊賀抄』の記述と照合するとともに、出題例として『覚要鈔』に収載された三講の論義への宗性の準備過程を調査した。その結果、三講の論義は、天台宗内における論義及び教学形成の過程に少なからざる関連があること、また、東大寺における阿毘達磨研究にも関連することの一端を解明した[6]。今後は、個別の問題点について、より精密な考察を重ね、三講の論義の意義と日本天台の教学形成との関連、及び中世前期における南都北嶺の教学研鑽の実態を解明する必要がある。本論文では、その一環として、湛然（七一一～七八二）門下とされ、日本天台では「末師」[7]の呼称で参照、依用されてきた唐代の天台僧の学説に言及する論義の態様を検討する[8]。すなわち、『涅槃経疏』や『維摩経』の註釈書、『法華文句』等の宗典に対する行満や道暹の末註の記述は、宗内のみならず、三講の論義においても用いられた。そこで、彼ら「末師」説に言及する論義の態様を整理するという基礎的な作業を通じて、右の課題を解明する一助としたい。なお、紙幅の都合により、法勝寺御八講を中心に取り扱うが、可能な限り他の二講における類問等にも言及する。問答記の引用は、すべて右記『東大寺宗性筆聖教幷抄録本』に基づく。ただし、写真帳の該当頁等の註記は省略した。開催年、日、座などの記載から比較的容易に検索できることによる。資料としての提示にあたっては、原則として、送り仮名は写本等の記載どおりとし、返り点は私に付した。

適宜、傍線や記号等を付加することがある。

二　法勝寺御八講で天台宗の僧侶が講師を勤めた論義の概要

1　論義の総数と種別

『法勝寺御八講問答記』は、始修の天承元年（一一三一）乃至文永十一年（一二七四）、一四四年間の論義を収録する。[9] 所収の論義のうち、天台宗の僧侶が講師を勤める論義は、七七三座、一五四六問である。[10] ただし、『問答記』には、講師及び問者名は確認できるものの、論義の記載を欠くものが三問ある。[11] 現状で分類、検討が可能なのは、一五四三問である。先ず、論義の種別については、最勝講だけでなく、法勝寺御八講にも、尺論義の他に、論蔵論義が出題されていたことを確認しておきたい。例えば、始修の年である天承元年には、初日朝座、講師禅仁（園城寺）、問者厳意（東大寺）の第二問に「瑜伽論五十七」との傍註があり、第二日朝座、講師隆覚（興福寺）、問者尊珍（延暦寺）の第二問には、「発智論十七」と傍註されている。これらは、当該論義の起点あるいは主題が、大小乗の論蔵にあることを示すのであり、天承元年では五問を数える。[12] 阿毘達磨論書が主題であることを示す傍註が付された論義で、天台僧が講師を勤めた座の初出と思われるのは、長承二年（一一三三）第三日、講師道祐、[13] 問者覚珍（興福寺）の第二問であり、「問。未知当知根亘二共心不共心一生耶。」との問に、「舎利弗毘曇」と傍註が付されている。康治元年（一一四二）では、第四日夕座、講師禅智（園城寺）、問者顕恵（東大寺）の第一問の傍註に「婆沙六十七」、第五日朝座第一問、講師俊智（園城寺）、問者寛縁（東大寺）の第一問の傍註に「婆沙百八十七」とある。また、傍註がない論義では、例えば保延二年（一一三六）第四日夕座、講師弁覚（延暦寺）、問者顕恵（東大寺）の第一問は「問。経文　上二界他界縁惑於㆓憂根断道縁識㆒随増乎。」とある。これと類似の問答が宗性『倶舎論本義抄』巻三三に「憂根断道縁識、色界他界地縁随眠可㆓随増㆒耶。答。不㆑可㆓随増㆒也。」[14]とあり、以下、『阿毘達磨大毘婆沙論』巻九一[15]の記述をめぐる論義が収載されている。以上、概観しただけでも、論蔵論義、すなわち「論蔵」「有（或）論蔵中」といった記述にはじまることの多い論義は、法勝寺御八講の最初期から散見されるのである。[16]『問答記』の記載によって概算すると、尺論義が一三四〇問、論蔵論義が一八二問、未詳が二一問となった。ただし、法勝寺御八講における論蔵論義については、現時点で典拠未詳のものが多く、この数字は変更する可能性が高い。その確定と、論蔵論義の意義の解明は今後の課題とし、別の機会に論ずることにする。

2　「末師」に言及する論義

『法勝寺御八講問答記』所収の論義のうち、末師の説に言及するもの、すなわち、主題とするか、進の難で引用するか、両方難で引用する論義は尺論義に属する。その数は一三一問であり、尺論義総数の約八パーセントにあたる。初出は保延二年（一一三六）、最新は文永十一年（一二七四）である。記録が残る一四四年間の前半（一一三一～一二〇〇）には二九問、後半（一二〇一～一二七四）には一〇二問が見出される。回を重ねるにしたがい、末師の説に関する論義は増加する傾向にある。なお、天台宗の論義区分における宗要・義科に関連する論題は、尺論義一五四六問中一一二問を数える。[17]そのうち末師説に関するものは九問であり、やはり約八パーセントにあたる。尺論義を出題の形式によって分類すると、次のとおりである。

行満説の妥当性を問う	三五
道暹説の妥当性を問う	六九
末師説（未詳）の妥当性を問う	一四
両方難で引用する	九
末師説により宗典説の妥当性を問う	四
計	一三一

最も多いのは、問いの冒頭に経文を示すか否かは措くとして、（1）行満或いは道暹の見解の妥当性を問うものであり、典拠未詳の問答を含めれば、一三〇問中一一八問はこの形式である。（2）両方難で引用されるものは、間接的に末師説の当否を問う内容であるため、一応区別した。なお、少数ではあるが、（3）末師の解釈に基づいて、智顗（五三八～五九七）や灌頂（五六一～六三二）、湛然の説示の妥当性を問う形式もある。[18]

出題分野と、言及される末師の典籍によって分類を試みれば、次のとおりである。

典籍＼分野	天台教学	経論解釈	引用出典	性相	計
行満・涅槃経疏私記	一〇	一六	一	一二	三九
道暹・涅槃経疏私記	九	一〇	〇	一〇	二九
道暹・法華文句輔正記	一四	二	一	三	二〇
道暹・維摩経疏記鈔	九	二	一	六	一八
道暹・維摩玄私記	〇	二	〇	〇	二
智雲・妙経文句私志記	〇	〇	〇	一	一
出典未詳	九	七	一	五	二二
計	五一	三九	四	三七	一三一

道暹及び行満の『涅槃経疏私記』は、灌頂『大般涅槃経疏』の末註であり、これらに言及するのは六八問で最も多い。『維摩経』註釈（『維摩経略疏』、『維摩経疏記』及び『維摩経玄疏』）への道暹の末註が二〇問である。また、出典未詳のうち、『涅槃経』関連は五問、『維摩経』関連は一四問であり、残り三問は、現時点で特定できていない。以上より、末師に言及する論義は、『涅槃経』及び『維摩経』関連の宗典を典拠とするものが一〇七問と、八割以上を占める。他方、天台三大部を起点とする論義は相対的に少ない。日本天台で広く参照された道暹『法華経文句輔正記』を用いるのは二〇問である。両末師の他は、智雲『妙経文句私志記』に基づくものが一問ある。典拠の偏りに関する理由については、現時点では推測する他ないが、大凡、次のように考えている。すなわち、宗典の記述の意義を問う場合、三大部には湛然の詳細な註釈があるため、そこから問答を構成することができる。故に必ずしも末師の著作に依拠し、言及する必要はない。これに対し、『涅槃経疏』は、湛然が再治しているものの、独立した末註はない。このことが、行満及び道暹の『涅槃経疏私記』採用件数の多さに反映しているのではないか(19)。『維摩経』註釈については、湛然の『維摩経疏記』があるが、上下二巻と小部であることから、道暹の末註もまた、論義の素材にされたと考える。

三　具体例

1　『涅槃経疏私記』に関連する論義

(1) 基調

初期の例として、安元二年（一一七六）第四日朝座、講師栄禅已講（延暦寺）と問者範雅得業（興福寺）の第二問を示せば次のとおりである。

　問。章安大師解釈中判二十一切処一、前二是一切故以為レ名。文　前二者、指二何等一耶。

　進云、末師尺二此事一、前二者欲色二界。文　付之、章安解釈対三不用処非二一切一前二一切也者、指二空識二処一前二云也。末師何背二章安解尺一欲色二界云耶。

『涅槃経』（南本）巻三四、迦葉品で「復有二無量想一。謂十一切入。……復有二無量想一。謂無色界一切想。[20]」と説く箇所がある。十二因縁中の受・愛は想を因とし、想には小・大・無量の三種がある。無量想として十一切処を挙げる中、無色界に関する経説について、灌頂『涅槃経疏』巻三一は、「又云三無色界為二一切想一者、無色界中乃有三不用処一、非レ謂二一切一。但前二是一切故以為レ名。[21]」と註釈する。この「前二」を末師がどのように釈するか、というのが問意である。答はなく、更に問者から「進云」として、これを欲色二界とする末師説が示され、以下のように、灌頂説との齟齬が指摘される。すなわち、十一切処は四無色定中識無辺処までであり、不用処（無所有処）以降を含まないことから、経説の「無色界一切想」には空無辺処・識無辺処の前二者のみが該当するというのが灌頂の釈意である。しかしながら、末師は前二者を欲界・色界と釈するため、灌頂に違背した解釈を採るのは何故か、両者の会釈を求める内容となっている。問答記には以下の記載がないため、講師の答は未詳である。なお、正嘉二年（一二五八）仙洞最勝講第二日暮座、講師尊経（延暦寺）、問者頼円（興福寺）の第一問に同問の出題を確認できる。[22]
本論義の進の難で引用される末師説の典拠は、行満の『涅槃経疏私記』の古佚部分の記述と思われる。「付レ之」以降の論難は、経説の文脈や十一切処に関する知識から導出されるものである。更に言えば、末師の註釈を座右に『涅槃経疏』を精読する際に生ずる疑問でもある。道暹の『涅槃経疏私記』巻九には、当該箇所を釈して「乃有不用処者、以下十一切処但至二空識二処一有二一切想一、不用処則無上故、云二但前二是一切一。[23]」とする。道暹は、進の難と同じく、十一切処を空・識無辺処に配当している。したがって本問は、灌頂及び道暹の末註と、行満の見解の相違を、性相の原則に鑑みて会釈することを求めるのである。すなわち、末師二人の註釈を吟味することで、当該箇所における『涅槃経疏』の説示の意味を確定することを促すのであり、結果としては、末註を含む天台宗の『涅槃経』読解を確立させてゆく方向性を有することになる。この基調は、『維摩経』関連の論義にも共通する。冒頭に述べた三講の尺論義の傾向は、当然ながら末師説に関する論義に通底するのである。

(2) 天台教学固有の問題

宗要「十地虎狼」に関連する「一生超登十地」の意義を問う問題が三講で複数出題されている。これらの論点に関する研鑽が、日本天台における成仏論や仏身論、行位論等に有する意義については、先行研究によって詳細に解明されているので立ち入らない。以下の論述は、先行研究の業績を基盤とするものである。[24] 先ず、建仁三年（一二〇三）初日朝座、講師静厳（延暦寺）、問者永尊（興福寺）の第二問は次のとおりである。

問。章安大師付レ判二超登十地之相一、尓者、依二円宿習一超登可レ云耶。

答

やや簡潔に過ぎるが、超登十地が前世における円教の修行に由来するか否かを問う。ここには「末師」説への言及がない。しかしながら、道暹及び行満は、円教の一生超登十地について、過去世の修行を因とする旨の解釈をしたのであり、そのことは右先行研究で指摘、解明されている。例えば、道暹『涅槃経疏私記』巻九には、「円教一生者、若従二実行一釈者、此人昔時於二前三教一久已修学、権門純熟。今値二釈迦一、聞二円常極教一、即破二無明一、乃至入二第十住地等一。所以名為二肉身未一レ免。此釈為レ正。」[25]とある。今生の円教の修学による超登十地は、過去世における蔵通別三教の修学を前提とするというのが道暹の立場である。行満の所説は現存しないが、三教ではなく、前世における大乗の修学を因とする。[26]したがって、法勝寺御八講の論義は、道暹、或いは行満の解釈を念頭において構成されたものと見てよい。道暹説に言及する類問としては、『最勝講問答記』を見るに、正治二年（一二〇〇）初日朝座、講師行舜（園城寺）、問者覚芸（興福寺）の第一問がある。

問。有表白　経文　○　唯用二円教一行一超二登十地一義可レ有耶。

答。可レ尓也。

両方、若云レ無者、十地超登義只可レ依二根性極利一也。縦雖レ用二円一行一、何無レ許二此義一耶。若云レ有者、末師《道暹》尺中述二超登人一云、於二前三教一久已修学云々。若必■前三教有二超登義一云事、如何。

本問は、円教の修習のみによって超登十地が可能か否かを問う。両方難のうち、これを肯定した場合の難文として、過去世における修学をいう道暹説が証文となるのである。また、『仙洞最勝講并番論義問答記』には、建長八年（一二五六）第二日朝座、講師尊賢（園城寺）、問者範成（延暦寺）の第二問がある。

問。一家天台大意、有レ明二速疾頓成《ノ》旨《ヲ》一。尓者、直行円人《ニ》有二超登十地義一可レ云耶。

答。可レ有二此類一也。

両方、若云レ有二此義一者、末師釈二超登十地義一、於二前三教一久已修学。文　如二解釈一者、必可レ依二権教宿習一見タリ。若依レ之如レ此云者、行者根性万差也。宿習開発不二一准一。設雖二直行円人一何無二此義一耶。

ここでは「直行円人」の語を用いて、最勝講と同意趣の論義を構成している。ところで、解題によれば一四世紀末以降の成立とされる『天台直雑』の巻七には、「直行円人超登十地事」の項目が二つある。そのうち「二」では

「問。一家天台意、直行円人有㆓超登十地㆒耶。」とし、「三」では「問。昔唯修㆓一実㆒無㆓権乗行㆒者有㆓超登十地義㆒可㆑有耶。」として、それぞれ詳説している。(27)最勝講の論義は後者、仙洞最勝講の論義は前者のような議論の先蹤の一つと見ることができると共に、『直雑』等への研鑽の過程を示す資料でもある。そして、法勝寺御八講や最勝講の論義においては、興福寺僧が発問している。天台教学における重要問題に関する論題と研鑽が、体系的な修習ではないとしても、南北に共有されていたことは、看過すべきでない。

仙洞最勝講では、超登して証入する行位に関する論義も行われている。建長元年（一二四九）初日暮座、講師円順（園城寺）、問者宗源（延暦寺）の第二問は次のとおりである。

問。円教意、超㆓登第十法雲地㆒之時、超《先》証㆓入初地初住㆒可㆑云耶。

答。随㆓行者㆒可㆓不定㆒云々。

両方、若云㆔先証㆓入初地初住㆒者、然円教肉身於㆓一生中㆒有㆓超登十地之義㆒判。円教頓速之■論㆓超登十地之義㆒時、何必可㆑云㆔証㆓入《スト》初地初住《ニ》㆒乎。若依㆑之云㆑尒者、釈㆓超登十地之義㆒付、行満道暹之所釈雖㆑異、同判㆘入㆓証初住㆒之相㆖、如何。

すなわち、円教において一生超登十地を説示するとしても、(28)第十地に至る前に初地初住を証するか否かを問うのに対し、行者の機根により定めがないと答えている。両方難で行満・道暹の所釈とされるのは、『涅槃経疏私記』における行満の「今生遇㆓於円教㆒、便証㆓初地乃至十地㆒」という釈、及び道暹の「今値㆓釈迦㆒、聞㆓円常極教㆒、即破㆓無明㆒、乃至入㆓第十住地等㆒」という釈であろう。(29)十地に超登するという教説に関する行位論を考察するにあたり、両者の説が検討対象とされていることがわかる。

法勝寺御八講に戻ると、仁治二年（一二四一）第五日朝座、講師範成（延暦寺）、問者実伊（園城寺）の第一問は、異なる角度から超登十地に言及する。

問。経文 ○ 章安大師所判中、釈二第二依菩薩位一、若准二大乗一七地亦有レ未レ離二肉身一云々。尒者、末師如何釈レ之乎。

進云、約二円教一超二登十地一釈也。付レ之、大乗之言通二傍教相一暗難レ測。以レ何知、是円教意云事。何況、実教未レ離二肉身一之義者、通二十地一論レ之。既云二七地亦有一ト。非二超登十地之義一被レ得。是以、准二大乗一判、七地之位不レ還二三界一者、通教意《ナリ》判者乎、如何。

『涅槃経』巻六、四依品において、第二依を四果の斯陀含位と説示するにつき、(30)灌頂『涅槃経疏』巻十には、「次二果名二第二一者、依二別教一判、初地至二六地一。若依二円教一塗一別判、初住至二六住一。準二通共乗一、見地至二薄地一倶未離欲。若準二大乗一、七地亦有レ未レ離二肉身一云云。」(31)と釈する。行満は『涅槃経疏私記』巻五で、「亦有未離肉身者、准二金光明経一、十地菩薩猶有二虎狼師子之難一故也。又云、一生亦有二超登十地義一。故皆約レ円説也。(32)」と述べる。つまり、傍線部のように、大乗に準ずれば、第七地にも肉身を離れないという章安の説示を、行満が、円教の十地に虎狼師子の怖があり、一生超登十地の義が説示されることを根拠に、円教の義と釈することの肯否が問題とされるのである。灌頂の註釈は別円通の順になっていて、通教を「通共乗」及び「大乗」に分別していると読むことができるため、行満の解釈の妥当性は問題となりうる。進難の末尾の「不還三界」とは、第三依を別円の順で釈した後、「準二小乗一判不レ還二欲界一、準二大乗一不レ還二三界一」(33)とある記述を通教の釈とすることを根拠に、第二依も同様に解する立場からの論難である。また、文永十一年（一二七四）の第五日暮座、講師定円（延暦寺）、問者信顗（興福寺）の第二問は次のとおりである。

問。章安大師解釈中、若准二大乗一、七地亦有レ未レ離二肉身一。文 尒者、円大乗可レ云耶。

答。可レ云二権乗大乗一也。

進云、末師云、金光明経超登十地義《ナリ》釈。付レ之、大乗言既広。何可レ定二金光明経一乎。何況、挙二七地肉身一之旨、尤可レ指二仁王等七地分段生死説一。就中、見二解釈前後一、約二教々次位一判二四依位一中、約二通教一下判三若准二大乗等一。通教大乗云事、其旨誠分明也、如何。

ここでは、灌頂の釈が円教か、権大乗かという問いを立てる。講師の答は後者であるのに対し、進難で一生超登十地を根拠に円教に配当する行満説に言及しつつ、『仁王般若経』における七地に肉身があるという説示は分段生死の意であること、[34]灌頂の釈の位置が通教にあたること等から、単に権教ではなく、「通教大乗」と解すべきと論難するのである。これら二問は、一生超登十地の意義を問題とするよりは、それに基づいて『涅槃経疏』の説示を消釈する行満説の妥当性を問題としている。超登十地の論義の派生型と呼ぶべき様相を呈すると共に、やはり『涅槃経疏』の読解を確立する方向性を指向していると見ることができるのであり、典型的な尺論義であるといえる。

(3) 経論解釈、性相の理解

比較的初期の例を挙げれば、永暦元年（一一六〇）第三日朝座の第一問、講師猷仁（園城寺）と問者覚海（興福寺）との間で、次の問答が行われている。

問。経文云々　尓者、成論意以二十使一約二四諦一立二何尺一耶。

答

進云、道暹尺云、約二種子一十使通二四諦一。約二現行一苦諦十使、集滅七、道諦八。文　付レ之、成論此旨不レ見。況種子通二四諦一者、現行何不レ同耶。

『涅槃経』（南本）巻二哀歎品所説の「五十七煩悩[35]」を釈するにあたり、灌頂は『涅槃経疏』巻六で「論人云、見諦十使迷二四諦一為二四十一。思惟四使又迷二四諦一四四成二十六一。合二見諦一為二五十六一幷二無明一是為二五十七一。[36]」と述べる。ここにいう「論人」を、行満・道暹はともに「成実論人[37]」とする。しかし、行満が小乗師とするに対し、道暹は「論人者、成論人也。此約三分通二大乗一以説。所二以四諦皆十一、雖レ不二現行一種子在。是故通取。若現行者取レ之。若不現行者除レ之。所以集滅各除レ三、道除二於二一。[38]」とする。すなわち、傍線部のように、『成実論』を部分的に大乗義を説示するとした上で、十煩悩を現行と種子に分別して配釈するのである。しかし、そもそも『成実論』自体には、『涅槃経疏』の配当にあたる説示がない。しかも、道暹の行う種子・現行の配当も不明瞭である。そこで、問者は消釈を求めることになる。答者の見解は記されないが、例えば証真は、『成実論』を小乗論書と位置づける立場から、道暹の釈を『成実論』の説示ではなく「彼述二成論師人義一。[39]」すなわち『成実論』に依拠する人師の説を述べるものと会釈している。法勝寺御八講と最勝講に類問[40]を見出すことができ、同時代性を示す一例といえよう。

南都北嶺における論題の共有を示す例としては、弘長三年（一二六三）第三日暮座、講師頼源（延暦寺）、問者宗顕（東大寺）第二問を挙げることができる。

忍善根位《ノ》、見疑煩悩現行義可レ有耶。

若有二此義一云者、忍善根是見道《ノ》近方便也。至二彼位一之後、更不レ可レ有二見疑煩悩現行之義一。是以、道暹師尺中、得二忍善根一後、於二迷理惑一得二非択滅一云々。如二解尺一者、忍善根位見疑煩悩無二現行之義一見《タリ》。若尓云者、忍善根其位既広。何無二見疑煩悩現行之義一耶。例如三煗頂善根位《ニ》有二見疑煩悩現行之義一、如何。

すなわち、四善根の忍位において見・疑を起こすか否か、という問いである。両方難で引用される道暹の説はこれを否定する内容である[41]。この論点の法勝寺御八講における初出は長寛元年（一一六三）第三日夕座、講師恵印

（興福寺）、問者源実（延暦寺）の第二問に見出される。そこでは、「問。有論蔵順諦忍位見疑不レ行云々。所レ言見者、五見共指歟。」とあるように、「有論蔵」の「忍位見疑不レ行」という説示について、見とは五見すべてを指すか否か、という論蔵論義の形式であり、道暹の説には言及がない。

宗性の論義実践を見るに、建長元年（一二四九）仙洞最勝講の第四日暮座で問者を勤め、講師経海（延暦寺）に対し、次のような発問をしている。

問。経文　○　忍善根位見疑煩悩現行義可レ有耶。

両方、若有二現行義一者、忍善根是見道近方便也。至二彼位一之後、更不レ可レ有二見疑煩悩現行之義一哉。是以、道暹師釈中云、得二忍善根一後、於二迷理惑一得二非択滅一。論家定判中述《タリ》二忍善根位見疑不レ行。任二此等定判一、忍善根位見疑煩悩無二現行義一見。若依レ之尓者、忍善根其位広。何無二見疑煩悩現行義一乎。　○　■《例》■《如》燸頂二善根位■有二見疑煩悩現行之義一、如何。

道暹説を両方難で引用するこの論義は、右弘長三年の法勝寺御八講と同問ということができ、三講の論義の同質性を示す例である。また宗性は、文永十一年（一二七四）六月三十日の奥書を有する『倶舎論本義抄』巻三二において、「問。忍善根位可レ起二五見疑煩悩一耶。……答。忍善根位、有二我執計浄之義一。故五見中、可レ起二身見戒取二見一也。」という問答を立て、忍位でも身見及び戒取見を起こしうるという立場から、要文を収集している。それによると、否定説の論拠は、『阿毘達磨発智論』巻二で忍善根を説示する「彼由二此忍一、作意持故、或由三中間不二作意一故、見疑不レ行。」(42)という記述である。肯定説の論拠となるのは、『阿毘達磨大毘婆沙論』巻四三で忍善根の増上慢を説示するさい、『発智論』の記述を釈して「彼由此忍作意持故者、彼瑜伽師由レ忍観レ諦於レ境作意善根持故、能令三見疑暫不二現行一。或由中間不作意故者、已出二前定一未レ入二後定一説為二中間一、非理作意名二不作意一。……此中見者、謂、有身見・戒取見。疑者、謂、疑。」[43]とする箇所である。つまり『婆沙論』は、「不行」を暫時の不現行と解するのであり、それ故に忍善根の行者は有身見・戒禁取見と疑を断滅したとの増上慢に陥るというのである。したがって、道暹の説は『発智論』の説示に基づくものである。この論題の嚆矢が南都北嶺のどちらなのかは未詳だが、忍善根位における見疑煩悩の現行の可否という論点は、法相宗・天台宗所属の講師に対する論義として構成されることがあった。また宗性は、自ら天台宗の僧侶に対する尺論義として仙洞最勝講で用いるだけでなく、宗内における性相学の研鑽の一資料としていることを確認できる[44]。以上より、この論題は、南北における論題、ひいては教学研鑽の共有を示す例といえる。

2　道暹『維摩経疏記鈔』に関連する論義

『維摩経』の末註に関連する論義の形式及び傾向は、『涅槃経疏』関連のそれと同様である。そこで、ここでは、『維摩経文疏』で詳説される四土説をめぐる論義を検討する。法勝寺御八講、最勝講に複数回の出題が見られることによる。文永三年（一二六六）初日朝座、講師聖憲（延暦寺）、問者貞恩（興福寺）の第二問は次のとおりである。

妙楽大師或処明二四種仏土相摂一、体内外惑其相異故。文　尒者、末師如何尺レ之耶。

答

問答記の記述は簡潔に過ぎるが、本問は、四土の相摂のうち、方便有余土が凡聖同居土を摂するか否かに関する湛然『維摩経疏記』及び道暹『維摩経疏記鈔』の見解の意義を問うのである。『維摩経疏記鈔』は巻四及び巻五が伝わるのみで、本問の註釈箇所は現存しない。そこで証真の『維摩経疏私記』巻一の次の記述を参照することで、道暹の解釈の概要と本問の意趣を把握することができる。

謂一世界者、**記云**、(1)既一世界摂二一切土一。故得三此界遍摂二下二一。(2)唯不レ能レ摂二上品寂光一。(3)其義既通、理何隔異。(4)准レ此以説、上能摂レ下。(5)有余亦応レ摂二於同居一。(6)体内外惑其相異故、(7)断二界内惑一与二未レ断者一報不二相収一云云。**暹云**、①其義既通下、重釈二前上能下二土一也。②体外惑者、方便土中但断二体外惑一故、不レ能レ摂。③実報断二体内惑一土也。已上

問。一世界摂二一切世界一者、此明二同類実相相摂一。何云レ摂レ下。

答。摂二同類一者、理在レ不レ疑。准三例此一亦論レ摂レ下也。故云レ既也。

問。其義既通、理何隔異者、此明三亦摂二上寂光一也。上品寂光其極故、下土不レ摂。而摂二一切一義通二諸土一故、寂光理何隔二実報一。故実報土亦摂二上寂光一也。而何暹云三上摂二下二土一也。**不レ順二記文一**。又体内外惑其相異故者、此明二方便土不レ摂二同居一也。謂二准レ此以説等一者、仮問也。体内外惑等者、釈也。実報断二体内惑一故摂二他土一。方便但断二体外惑一故不レ摂レ他也。而暹云二方便不レ摂二報土一者、**亦不レ順二記文一**。今明レ不レ摂レ下、不レ明レ不レ摂レ上也。[45]

『維摩経文疏』巻一において、果報無障礙土（実報無障礙土）を「一世界摂二一切世界一」[46]とする説示につき、湛然は『維摩経疏記』[47]巻上で次のように釈する。傍線部（1）一世界が一切世界を摂する以上、果報無障礙土は方便有余土及び凡聖同居土を摂する。（2）ただし、上品の常寂光土を摂することはない。（3）道理としては摂するはずである。（4）それに準ずれば、上位の土は下位の土を摂する。（5）方便有余土もまた、凡聖同居土を摂するというべきである。（6）体内（界外）・体外（界内）の惑は相を異にする。[48]（7）界内の惑（体外惑）を断じた（に過ぎない）行者が住する方便有余土が、界内惑を断尽してもいない凡聖同居土を摂することはない。すなわち、体内惑（無明）を断じた果報無障礙土とは異なるが故に、方便有余土が凡聖同居土を摂することはないというのが結論である。

『維摩経疏記』に対する道暹の註釈は、二重傍線部①で、（3）「其義既通、理何隔異。」以降は、上位が下位の土を摂することを重ねて述べるとする。②では、（6）「体（内）外惑」以降は、方便有余土では体外惑（界内惑）を断じたのみであるから、摂することはできない。③実報土は体内惑を断ずる土である、とする。二重傍線部②は目的語を欠くが、①の記述と、湛然説に依拠したと考えれば、湛然と同じく、凡聖同居土と読むのが自然と思われる。

証真『維摩経疏私記』は、両者の解釈を読み解く過程で二つの問いを立てている。二つ目の問いに対する答がなく、或いは写本の過誤があるのかもしれない。ともあれ、二つ目の問いは、道暹の解釈を批判する内容である。すなわち、湛然の釈のうち、傍線部（3）「其義既通、理何隔異。」以降は、道理としては、下位の果報無障礙土が上品常寂光土を摂することを述べると解釈する。そこで、道暹が、上位が下位を摂するという立場を採ることを「不レ順二記文一。」と批判する。また、（4）「准レ此以説」及び（5）は、上位の方便有余土が下位の凡聖同居土を摂するとする反対説であり、湛然は（6）（7）において、果報無障碍土と異なり、界内惑（体外惑）を断じたに過ぎない方便有余土が、界内惑すら断尽していない凡聖同居土を摂することはないと反論するものと解している。その立場から、道暹の二重傍線部②の釈が、「亦不レ順二記文一。」と否定する。つまり、問いの立場は、道暹の二重傍線部②の解釈は、方便有余土が上位の果報無障礙土を摂しないことを述べるものと規定した上で、これを批判するのである。湛然の註釈が明快さを欠き、道暹の釈も簡潔に過ぎることから生ずる読解上の問題であり、証真『維摩経疏私記』によって、上掲の文永三年の法勝寺御八講の論義の問意が、湛然と道暹の註釈の齟齬の意義の会釈を求めるところにあることがわかる。しかし右のように一概ならざる読解が可能なのであり、十四世紀成立とされる廬山寺流の論義書『義科盧談』「仏土義猪熊聞書」にも、この箇所に多様な理解が生じたことを伝えている。(49)

ところで『最勝講問答記』を見るに、建仁元年（一二〇一）の最勝講第二日朝座、講師顕忠（園城寺）、問者円玄

（興福寺）の第二問は、次のとおりである。

問。宗家付レ判二四種仏土相摂一、且方便有余土摂二同居土一可レ云耶。

答■摂歟。

両方、若云レ摂者、有余土者、隔歴土也。亦云レ摂二同・土《居》一耶。依レ之、解尺中不レ摂レ之歟。若依レ之云レ不レ摂者、浄名疏中、有余亦応レ摂二於同居一云々。如レ此尺者、可レ摂レ之耶、如何。

湛然『維摩経疏記』の記述の読解を求める論義であり、両方難以降に道暹の説が引用された可能性はあるが、それを主題とはしていない。この類問としては、法勝寺御八講の建長八年（一二五六）初日朝座、講師範成（延暦寺）、問者実寛（興福寺）の第一問がある。

問。方便土可レ摂二同居土一耶。

答

両方

こうした出題例を前提とする限り、道暹の見解を主題とする文永三年の論義は、湛然の『維摩経疏記』における註釈の読解を主題とする論義から派生したものと見ることができるかもしれない。なお、経論解釈に関する論義としては、摩訶迦葉が一座に見思惑を断じたとする道暹の見解の意義を問うものが二問ある[50]。性相に関する論義では、身証不還の生処を五浄居天とする道暹『維摩経疏記鈔』の見解の妥当性を問うものが三問ある[51]。

右に検討したように、道暹の『維摩経』関連の著作は一部が現存するのみであるため、証真の著作を見ることでその意義を確認しうることが多い。勿論、筆者は、それを題材とする論義が、証真を嚆矢とすると主張するわけではない。証真を一つの大きな結節点とする日本天台の教学研鑽が後世の論義書等に継承されているのは周知であるとして、その形成過程を反映する重要な資料が、宗性撰述にかかる三講の問答記や各種論義抄に記録されていることを具体的に指摘するのみである。

3　道暹『法華経文句輔正記』に関連する論義

前掲の表のとおり、天台教学に関する論義が出題数の七割を占める。問答記の範囲で複数回出題されているのは、『観普賢経』における普賢行者が六根浄を得る期間についての道暹の解釈の意義を問うものである。初出は承安三年（一一七三）第五日夕座、講師観智（園城寺）、問者栄禅（延暦寺）の第二問である。

問。南岳大師、普賢行者極大遅者不レ出二三生一。文　然者、末師望二経意一如何尺レ之耶。

答

末師尺二此事一、■《経カ》意雖レ云二一生一、南岳取レ意三生云給。文　付レ之、見二経文一、始自二七日一終至二三生一次第約下有二重罪一者上説二其方法一、三生得レ見二普賢一云事、在二経文一分明也。末師何故経文尺云二一生一也尺給耶。

答

『普賢観経』に、普賢菩薩の色身等を見ることのできる期間として、「一日至二三七日一、得レ見二普賢一。有二重障一者、七七日尽、然後得レ見。復有レ重者、一生得レ見。復有レ重者、二生得レ見。復有レ重者、三生得レ見。[52]」との説示がある。慧思（五一五～五七七）は経説に基づき、『法華経安楽行義』で、六根清浄を得るまでの期間を「或一生修行得二具足一。或二生得レ極。大遅者、三生即得。[53]」と述べる。湛然は、例えば『法華文句記』巻八之一において、慧思の説示を「南岳用二普賢観意一云、六根極遅不レ出二三生一。[54]」と換言することから、問いのような取意の記述になっていると思われる。ところで、『普賢観経』及び『法華経安楽行義』の文は、最澄の成仏思想との関係が深い。これについては既に先行する業績があるため、深くは立ち入らない[55]。本問の意趣は、道暹『法華経文句輔正記』巻七には、右の『法華文句記』の文を釈して「南岳至レ意者、彼経但云三一生得二六根清浄一。故南岳取二彼経意一、以説二極遅三生一耳[56]。」とあるように、『普賢観経』『安楽行義』共に、一生乃至三生と説示するにも拘わらず、道暹が経説を一生に限定することの理由を問う所にある。

また、文治五年（一一八九）第五日夕座、講師慶智（園城寺）、問者乗信（興福寺）の第二問は次のとおりである。

問。経文付レ説二六根懺悔《ノ》相《ヲ》一、尓者、浄二六根一事只限二一生《ノ》内《ニ》一歟。

進云、道暹師、彼経但云二一生得レ入二六根清浄一。文　付レ之、経文懺二悔罪障一見二普賢一事《ハ》随二障之浅深《ニ》一一生乃至三生云々。何只一生耶。

本問は、慧思の説を媒介させず、経文に照らして道暹の解釈に疑義を呈する内容となっている。道暹が一生に限定する理由は必ずしも明らかではなく、会釈は困難であったと思われる。証真の『法華疏私記』巻七には「問。彼経正云二三生一。何云三但云二一生一耶。答。意云、彼経但云二一生三生一。不レ云レ不レ出二三生一。而南岳取レ意云、極遅不レ出二三生一耳[57]。」とある。道暹説の意を問うに対し、答の内容としては、湛然が慧思の説を「不レ出二三生一」と取意略抄したことを会釈するに留まるのである。

『法勝寺御八講問答記』を通覧するに、この論点に関する論義の出題例は、普賢を見るまでの期間が三生を過ぎる行者の存在の肯否を問うものの方が多い。例えば、久安二年（一一四六）第五日夕座、講師仲胤（延暦寺）、問者猷仁（園城寺）の第一問は次のとおり。

問。普賢行者見二普賢色身一過二三生一者可レ有耶。

若過者、経文幷尺如何。若不レ過者、根性不定也、如何。

答。可レ過。

ここでの答は、行者の機根が一定でないことを理由に、経文や慧思等の解釈には説示されることのない、三生を過ぎて普賢菩薩の色身を見る場合があることを肯定する立場である。類問は、承久二年（一二二〇）第五日夕座、講師顕尊（園城寺）、問者陽円（延暦寺）の第一問[58]、嘉禎三年（一二三七）第五日夕座、講師貞雲（延暦寺）、問者尊信（興福寺）の第二問[59]に見られる。なお、播磨道邃（～一一五七）『法華疏記義決』巻四本には「記六根極遅不出三生者、且依二経文一、理有二過者一。或拠二勇猛相続修一説。若拠二緩怠一、無レ妨二多生乃至経レ劫。[60]」とあり、行者の懈怠によって期間が三生を過ぎることを肯定する。証真もまた、『止観私記』巻四で「若専心者、不レ出二三生一。若懈怠者、無レ妨二多劫一。[61]」と、同じ見解を示す。証真は、自説の補強として、円珍（八一四～八九一）『観普賢菩薩行法経記』巻上の「南岳天台依二憑此経一円機極鈍不レ過二三生一。斯拠下勇猛精勤六時不レ欠、終非二懶惰懈怠一者上。[62]」という記述を引用するのであり、この問題が日本天台において継承されてきたことを伝える。後世では、『法華三百帖』巻下・『法華十軸鈔』巻十に、「問。普賢行者浄二諸根罪障一見二普賢色身一者、必為レ限二三生内一、ハタ如何。[63]」という論題がある。こうした経緯を見るに、法勝寺御八講における論義の出題例は、当該論点の継承を跡づける資料であるといえる。

最澄の成仏思想との関係では、承安元年（一一七一）第五日夕座、講師章実（延暦寺）、問者隆兼（未詳）の第一問が挙げられる。

問。普賢経中復有レ重者一生得レ見 ◯ 復有二重罪一三生得レ見。文 尓者、山家大師如何尺レ之耶。

答。山家尺云、一生成仏乃至三生成仏。文

付之、普賢行者随二障軽重一一生乃至三生見二普賢一也。依レ之、大師尺云、極大遅者不レ出二三生一云レ見二普賢一尺

答　耶。

すなわち、最澄が、『法華秀句』巻下「即身成仏化導勝八」において、一生乃至三生に普賢色身を見て六根清浄を得ると説示する経文や慧思の解釈から踏み込み、『法華経』の経力による即身成仏を「上品利根、一生成仏。中品利根、二生成仏。下品利根、三生成仏。見二普賢菩薩一、入二菩薩正位一、得二旋陀羅尼一。是則分真証。」と主張することの意義を問う内容になっている[64]。

さらに、法相宗の尺論義としても複数の出題例を確認できる。初出と思われるのは、保元二年（一一五七）第五日夕座、講師覚珍（興福寺）、問者隆心（園城寺）の第一問であり、次のとおりである。

問。普賢経中説二普賢行相一。見二普賢色像一云、一日至二三七日一得レ見、乃至有二重障一者三生得レ見。文　尒者、是説二凡夫初修業持経者一歟。為当説二四善根位持経者一歟。

答。四善根位持経者也。

若云二四善根持経一者、彼位一阿僧祇劫修円満自見二教主大尺迦一。設不持経懺悔罪障■不レ見二普賢色像一耶。十廻向後心猶有二重障一至二于三生一等耶。若依レ之云二凡夫初修業人一者、慈恩大師尺三法花持者得二六根清浄一了、今解、唯在二四善根位一。文　准二此尺心一、今普賢行者亦可レ然耶。

本問は、普賢色身を見る者、すなわち六根清浄の功徳を得る者の行位について、『法華玄賛』巻十本に「有解、在二於十住十行十廻向中一。非二於十信一。力猶弱故。今解、唯在二四善根位一。[65]」として、資糧位（十住十行十廻向）と述べる異説に対し、加行位（十廻向後心、四善根位）に限定する基の説示をもとにしていると解される。右問答中の「初修業持経者」の意味がやや曖昧だが、基（六三二～六八二）の見解を起点とする類似の問答は、例えば貞慶（一一五五～一二二三）『法華開示抄』巻二二に「問。資糧位菩薩可レ得二六根清浄功徳一耶。[66]」とあるのが見える。また、建久七年（一一九六）第五日夕座、講師覚弁（興福寺）、問者成豪（延暦寺）の第一問は、基『法華玄賛』巻十之末に「初見二劣身一可二一七日一、乃至三生得レ見二勝身一。修異長時方見レ勝故。[67]」とあるように、修行期間の長短と所見の身の勝劣を関連づける見解の是非を問う内容である。[68] 以上より、普賢色身をめぐる論義は、法勝寺御八講の第五日夕座、すなわち『普賢観経』講説の座において、天台教学及び法相教学の尺論義として、様々な角度から構成され、出題されたことが確認できる。また、それぞれの宗内における研鑽との関連もあり、天台宗では、『法華三百帖』・『法華十軸鈔』のように、後世に継承されたことも指摘したとおりである。道暹『法華経文句輔正記』の記述を用いた論義もまた、普賢色身をめぐる論義の派生型である。ただし、道暹説の根拠が明確でないことから、後世には継承されなかったと推測しておく。

4　特筆すべき論題

(1) 名通義別

先行研究によって、『摩訶止観』所説の最も複雑な名別義通の説示について、中国天台と日本天台とでは伝統的に理解が異なり、日本では証真の教説が規矩とされたことが解明されている。それに加えて、『円頓止観』及び道暹の説を根拠に、名通義別という教義を肯定した証真の見解が後世に影響を与えたことにも言及がなされている。[69]

法勝寺御八講においても、道暹の見解に基づく名通義別の論義が行われていた。貞応二年（一二二三）第三日朝座、講師源円（延暦寺）、問者行遍（興福寺）の第二問は次のとおりである。

問。宗師付レ判二別教次位一、以二別教十地一対二四果一、以二三十心一対二四善根一事、皆名別義通意歟。

両方。若不レ名二名別義通一者、既別教次位之上仮立二通教位ヲ一。定可二名別義通一。若由レ之尓云者、末師釈中、以二三賢一対二四善根一事者、名通義別釈給。

別教の十地を四果（預流・一来・不還・阿羅漢）に、三十心（十住・十行・十廻向）を四善根（煖・頂・忍・世第一）に配当することが名別義通にあたるか否か、という問いを立て、両方難の一つに、三賢（三十心）を四善根に配し、これを名通義別とする末師の説を挙げている。これは『涅槃経』（南本）巻五、四依品で、四依のうち初依を「有レ人出レ世具二煩悩性一」(70)とする説示を、灌頂が『涅槃経疏』巻十に「具煩悩性名第一者、依二別教一判即三十心。依二円教一判即十信位。此之両位皆断二通惑一、則不レ得レ言レ具二煩悩事一。皆伏二別惑一其事不レ起、其性猶存。故言レ具二煩悩性一。(71)」と註釈する。灌頂は、通惑を断じ、別惑を伏する別教の三十心は、煩悩を現行させることはないとしても、不断の故に性は存することから、「具煩悩性」とする。道暹は『涅槃経疏私記』巻三で、次のように釈する。

不得言具煩悩事者、通惑已断。所以通惑現行之事、不二復更起一。別惑被レ伏、現行之事、亦復不レ起。但有二別惑性在一、名レ具二煩悩性一。僧宗四此(ママ)従曰(四カ)意止至二世第一法一、擬二地(ママ)前三十心一。並是伏道、未レ得二真無漏一也。此亦通証二初依之位一。今為判レ之、即当二名通義別一也。(72)

すなわち、灌頂の註釈に加え、『涅槃経集解』巻一五(73)において、僧宗（四三八～四九六）が世第一までの四善根を三十心に配する解釈を引用し、これらを名通義別とするのである。証真が『法華玄義私記』巻四末で「暹記云、既得二別名名一レ通。豈不レ得下将二通名一名上レ別。何者、別教地前対二四善根一者、即是通名名レ別也」(74)と引用する文は、現存しない『維摩玄疏記』の記述かもしれず、特定することはできない。ただし、『涅槃経疏私記』で、道暹が同様の見解を示すことを確認しておく。なお、名通義別については、末師説への言及は見られないが、治承二年(75)（一一七八）第三日夕座、講師寛弁（延暦寺）、問者円栄（園城寺）の第二問にその証拠を尋ねる出題例があり、同時代性を看取しうるのである。

（2）楞伽三仏

寛元二年（一二四四）第三日暮座、講師聖憲（延暦寺）、問者長親（園城寺）の第一問は、次のとおりである。

問。経文 ○ 宗師解釈中、楞厳三仏即涅槃三点。文 尒者、楞厳者、指二首楞厳経一歟。

答。可レ指二首楞厳経一也。但不レ然之意可レ有也。

両方。若非二首楞厳経一者、見二解釈前後一、古人意、楞厳七百阿僧祇不レ及二法花無量寿一。文 破二此義一云、楞厳三仏即涅槃三点。故文相起尽無レ諍首楞厳経被《ト》レ得哉。若依レ之尒者、末師受レ之、牒二楞伽三仏一者。知、非二首楞厳経一云事、如何。

『涅槃経疏』巻三[76]において、仏果の常・無常を『涅槃経』と他経とで峻別する旧説を批判し、仏性を常とする立場から、「楞厳三仏」と、『涅槃経』所説の法身とが無差別であるとする箇所がある。『涅槃経疏』の文脈からは、この仏を『首楞厳三昧経』[77]所説の、寿七百阿僧祇の仏とみるべきであるが、証真が指摘するように、同経には「三仏」の説示がない。そもそも、道暹『涅槃経疏私記』巻一は、この箇所を「楞伽三仏」として註釈を加えることから、会釈を求める論議となっている[78]。道暹の解釈は次のとおりである。

楞伽三仏者、彼経第一云、化仏者、随レ機赴レ感、名レ之為レ化。酬二其往因一、名レ之為レ報。此是他受用報。即勝応身也。本覚顕照、名為二智慧一。此是大智円明、称二於如如一。即自受用報身也。理体無レ二、故曰二如如一。此即平等法身也。以下化身従二応身一流出上故、今但云二三仏一也[79]。

道暹は、『楞伽経』巻一の説示として、化仏・報（仏）・智慧（仏）・如如（仏）の四種を挙げ、報仏を他受用身・

勝応身に、智慧仏を自受用報身に、如如仏を平等法身に、それぞれ配当する。その上で、化身（化仏）は応身（勝応身、すなわち報身）から流出するので、ここでは三仏と称していると述べる。この四仏が『楞伽阿跋多羅宝経』巻一の偈頌に「云何為二化仏一　云何報生仏　云何如如仏　云何智慧仏(80)」とある仏身に比定されるとしても、経中には、これ以上に仏身の意義を詳説することはない。したがって、道暹の釈自体に特異な点は見られないものの、その典拠は未詳と言わざるを得ない。ところが、『楞伽経』の仏身論の説明として、道暹説と同じ内容が、後世、引用元を明記せずに用いられているのである。例えば、延寿（九〇四～九七五）『宗鏡録』巻一六に、「且楞伽経説有二四仏一。一、化仏。二、報生仏。三、如如仏。四、智慧仏。随レ機赴レ感、名レ之為レ化。酬二其往因一、名レ之為レ報。本覚顕照、名為二智慧一。理体無レ二。故曰二如如(81)一」とあるごとくである。この点は、中国における『楞伽経』の註釈類にも継承するものがある(82)。道暹独自の註釈がそのまま参照されているのか、或いは道暹を含めた諸師に共通する典拠があるのか、現時点では未詳であるが、一応の問題点として指摘しておく。

日本天台においては、「自受用有為無為」「自受用修因感果」といった、自受用身の概念規定に関する研鑽において、右の道暹説に着目することがある。例えば、『宗要光聚坊』「自受用有為無為」には、自受用身が無為常住である証文を吟味する中、右の道暹説が「此レ明文也。尤モ可二覚悟一也(83)。」と、明文として評価される。また、『義科盧談』「三身義」「自受用有為無為」中の「自受用本来常住事」においても、「天台・妙楽ノ解釈ノ中ニ、於二報身如来功徳一非二因果ノ義一云事、慥ナル解釈無レ之歟。末師涅槃記ノ中ニ、酬二其往因一、名レ之為レ報。此是他受用報。本覚顕照名為二智恵一。此是第一円明照二於如如一即自受用報也。此釈義顕ニシテレ言、修因感果ノ義限ハリ二他受用一、本来円満ノ智体ヲ属二自受用報身如来一、無二修因感果ノ義一云義、専以ラ二今ノ解釈一為二依憑一也(84)。」とある。智顗や湛然の著作には自受用無為の明証は見出せないとした上で、道暹の説をやや形を変えて引用し、自受用報身に修因感果の義がないことの憑証としているのである(85)。さらに口伝法門にも道暹説の活用を見出すことができる。檀那流の嫡流とされる恵光坊流の口決、『北谷秘典』「十一、北谷秘典　三帖」の第二、「三句血脈聞書」において、仏身に一身乃至五身を論ずる中、三身を迹本二門に分別している。「迹門《ノ》意《ハ》、以二所レ契本有之理一云《ヒ》二法身《ト》一、以二能開始覚之智《ヲ》一名《ク》二報身《ト》一。已上二身内証也。従二此内証《ノ》一所レ垂《ルル》外用《ヲ》名《ク》二応身如来《ト》一也。」とあるように、迹門の三身は法報二身を内証、応身を外用とする。これに続き、本門の三身については、道暹説に依拠しつつ、報身義を詳説する。やや長いが、次のとおりである。

次本門《ノ》意《ハ》、本有《ノ》処《ニモ》、三身修徳《ノ》処《ニモ》、三身《ナリ》。以二彼《ノ》智《ヲ》一名《ニ》二報身《ト》一有有《（ママ）》二二《ノ》意一。一《ハ》、酬因曰報自受用身。二、本覚顕照自受用身。

彼酬因曰報《ノ》自受用身《ト》者、権宗為レ本《ト》。義分又互《ルコトヲ》二迹門《ニ》一言《イハハ》、第八識《ニ》有二染浄《ノ》種子一。依《レハ》二悪縁《ニ》一其《ノ》染種子増長《シテ》成《ル》二生死《ノ》根《ト》一。依《レハ》二知識経巻《ノ》縁《ニ》一浄種子増長《シテ》成二道後《ノ》真如《ト》一。真如《ハ》是法身《ノ》理也。彼第八識《ノ》中《ノ》浄分転《シテ》成《テ》二報身自受用《ノ》智恵《ト》一契二当本有《ノ》理《ニ》一、云二酬因曰報《ノ》自受用《ト》一也。依《テ》二因位《ノ》増長《ニ》一、果位感《スル》二理智冥合《ヲ》一故也。此《ノ》自受用談《ヲスル》様《ハ》、権宗及迹門、其義分似《タリ》二稍同《キニ》一。故但与二法華迹門一義同。矣　雖レ同《ト》非二全同《ニハ》一、只似《ノ》同同也。彼権宗所《ノ》談自受用智、第八識《ノ》中《ノ》浄分薫習《シテ》、契二当《スト》法性身《ニ》一云辺《ハ》、実《ニ》雖レ同《ト》二今迹門《ニ》一、但此浄分即従《シテ》二法性《ノ》理内《ニ》一不レ云《ト》二薫発《スト》一。故其《ノ》智体有為無常《ニシテ》、不レ同二法華迹門《ニ》一。況《ヤ》、又雖《トモ》二理智相応《スト》一不レ云《トハ》二不二《ト》一。譬如下三光住《シテ》二一処《ニ》一其《ノ》体別《ナルカ》上。故不レ及《ニ》二迹門不二境智《ニ》一者也。亦迹門《ノ》理智冥合翻《シテ》レ之得レ意《ニ》、第八識《ノ》中《ノ》浄分智《ソト》云方《フハ》、誠《ニ》義分少《シ》雖レ互《ト》二権宗《ニ》一、還《テ》此浄分即《ハ》第九識中大智恵光明遍照法界《ノ》徳《ヨリ》縁起シタルソト云《ヘハ》、彼外智《ノ》談《ソト》《スル》法相《ニハ》超《タル》也。況《ヤ》、自レ本理内《ノ》縁起智恵《ナレハ》、冥合《ノ》後《ノ》成二不二《ニ》一也。故又不レ同二権宗《ニ》一。迹門《ノ》意《ハ》、第八識《ノ》中《ノ》浄分智恵種子《ノ》薫習増長《シテ》成《ト》二極果理智冥合《ヲ》一云故、報身寿命金剛前有レ量、金剛後無レ量、或《ハ》有為功徳満等且釈《スル》也。以二此《ノ》酬因曰報《ノ》自受用《ヲ》一為二迹極果《ト》一故、乍《ラ》レ談《シ》二始本冥一理智冥合《トハ》一、終《ニ》不レ覚《サ》二始覚《ノ》睡《ヲ》一。故《ニ》守護章《ノ》有為報《ノ》仏《ニハ》摂《スルト》二迹門《ヲモ》一当流《ニハ》伝也。既対二本地無作三身《ニ》一、有為報仏等尤《モ》広《ク》可レ指二迹門以前《ヲ》一。何限《ソ》二権宗《ニ》一哉。

次ニ本覚顕照ノ自受用ト者、亦ハ名㆓境発智為報自受用㆒ト。是即且ク本門ノ自受用也。此自受用ハ只取㆓本覚本理ノ理内ノ常恒不変ノ理智冥合ヲ㆒云㆓自受用ト㆒也。只是本来ノ理智冥合也。非㆓始テ冥合スルニハ㆒也。凡ソ二箇ノ報身ハ、出タリ㆓道暹ノ釈ニ㆒。若望㆓本覚顕照ニ㆒時ハ、彼ノ酬因曰報ヲハ、可㆑摂㆓他受用ニ㆒。且ク秘㆓本覚顕照ヲ㆒時、立㆓彼酬因曰報ヲ㆒名㆓自受用ト㆒也。道暹釈云、酬テ㆓其往因ニ㆒名為㆑報。此即他受用報身也。本覚顕照名為㆓智恵ト㆒。此即自受用如来也。矣　已上本迹対当ハ且ク教門一途ノ約束也。若雖㆓迹門也㆒、約ス㆓証道ニ㆒時ハ、最モ迹門立ニ㆓本覚顕照自受用ヲ㆒出離生死ノ観法ノ根源ト可㆓習定ム㆒者也。(86)

自受用報身を「酬因曰報」「本覚顕照」に分別し、始覚と本覚に配当しつつ説示する。前者「酬因曰報」は、いわば修因感果の自受用身であり、「権宗」すなわち法相宗の仏果及び迹門の自受用身が含まれる。ただし、法相宗の自受用智は第八識の浄分が熏習するものに過ぎず有為無常である。迹門の自受用智は、第九識の「大智恵光明遍照法界徳」が縁起する。「理内縁起」であるため、理智が相応すれば不二となる。この点で権宗と迹門の自受用智は異なるが、迹門でも因位は有為である以上、始覚を免れないとし、『守護国界章』の「有為報仏」に含まれるという口伝もあるというのである。これに対し、後者「本覚顕照」は、「本覚本理理内常恒不変理智冥合」つまり始覚ならざる本覚、本来的な理智冥合の自受用智であり、本門の自受用智であるとする。そして、傍線部のように、これら二種の報身は、道暹『涅槃経疏私記』の解釈に拠ると述べるのである。

近年、日本天台における自受用身の位置付けについて、最澄の「無作三身」という説示に着目し、これを活用してきた伝統的な研鑽の過程、及び解釈の多様性とその意義が解明されつつある。(87)ところで、『法勝寺御八講問答記』の記述をみる限り、道暹の説は、『涅槃経疏』の読解の可能性を示すものとして提示されているに過ぎない。しかしながら、右に引用した、主として日本天台の檀那流の典籍は、成立年代未詳の『北谷秘典』を除けば、いずれも一四世紀成立の文献である。(88)寛元二（一二四四）年の法勝寺御八講に、「自受用有為無為」に関連する道暹の解釈が、ごく一部であっても示されていることは、中世における教学形成の過程を考える上で全く無関係とはいえないと考える。

四　小結と課題

湛然門下とされる「末師」行満、道暹の教説は日本天台で活用された。それは三講でも同様である。本論文では、最も記録の多い『法勝寺御八講問答記』に収載される、末師の教説に関する論義を主たる検討の対象とした。まず、これまでの研究成果の確認として、最勝講だけでなく、法勝寺御八講にも尺論義、論蔵論義の種別が存在し、初年度である天承元年（一一三一）から論蔵論義が行われていたことを明らかにした。「末師」説に関する論義は尺論義に属し、総数は、尺論義全体の約八パーセントに及ぶ。その基調と傾向は当然ながら三講に通底するものである。

本論文で留意したのは、末師の教説に言及する論義の出題形式を整理し、用いられた文献毎に、三講全体に視野を広げた上で、複数回の出題が確認できる論義を紙幅の許す限り多く提示し、意義を確認することである。天台宗の論義史において、院政期から鎌倉時代前期の具体的な出題例についての研究が僅少であり、しかも末師説を用いた論義に着目した研究は皆無といってよいからである。その結果、出題分野は多岐にわたることが判明した。三講全体に通ずることであるが、証真教学との関連を再確認できた。道暹の『維摩経疏記鈔』は一部が現存するのみであり、現状では、証真の著作によることで、はじめてその記述と意義を知ることができる箇所が多いのである。また、先学により、末師の教説は成仏論など日本天台の教学における重要問題の研鑽に活用されたことが解明されている。その成果に基づいて問答記を検討したところ、一生超登十地や四土の相摂、仏身論等に関して、末師説に言及する論義が複数存在し、後世にも継承されていることが判明した。

看過し得ないのは、三講の論義は原則として南都北嶺の学僧が行うため、こうした論義が、宗内のみならず南都にも共有されていたことである。宗性の研鑽を見るに、問者として天台宗の講師と天台教学の論義を行っていた。その過程で体系的にではないにせよ、同時代の天台教学を習学していたのである。しかも、『倶舎論本義抄』には、三講の論義実践への言及や、共通する論点に関する議論が散見される。このことは、南都北嶺における、論題、論義の共有にとどまらず、教学研鑽過程の共有とも言いうるのではないかと考える。諸宗兼学が日本仏教に通底するとして、その事由を含めた様相の一つを具体的に、詳細に示しているのが、院政期から鎌倉時代の、三講を中心とした論義の記録であるといえよう。本論文では、末師説を用いた論義は、その典型ともいうべき特徴を有すること、その一端を指摘し得たと考える。

今後の課題としては、まずは論蔵論義の意義の解明が挙げられる。それに関連して、性相に関連する天台教学の尺論義の解明である。後者は、中世における天台教学の形成過程に直結した課題である。史料的制約はあろうが、慈円による勧学講との関連も考察する必要がある。さらには、道暹『法華経文句輔正記』の日本における流伝には不明瞭な点があるため、可能な限り調査研究を進める必要がある。

註

（1）宗性の事績に関する代表的な研究業績として、平岡定海『東大寺宗性上人之研究並史料』上・中・下（日本学術振興会、一九五八・一九五九・一九六〇）がある。

（2）宗性が書写した天台論義の抄物が、日本天台の教学研究において重要な意義を有することを最初に指摘したのは、尾上寛仲「鎌倉時代の南都仏教徒天台教学の交渉」（『天台学報』八、一九六七。後、同『日本天台史の研究』山喜房佛書林、二〇一四所収）である。尾上の指摘に基づき、宗性が書写した文献に見える天台教学の意義の一端を、証真教学との関連で具体的に考察した成果として、拙著『院政期天台教学の研究』（法藏館、二〇一九）第四部「東大寺宗性と天台教学」所収の論文等参照。

（3）拙稿「法勝寺御八講における天台論義の傾向について」（『印度学仏教学研究』六九―二、二〇二一）参照。

（4）拙稿「最勝講における天台論義の傾向について」（『印度学仏教学研究』七〇―二、二〇二二）参照。

（5）拙稿「仙洞最勝講における天台論義の傾向について」（『印度学仏教学研究』七一―一、二〇二二）参照。

（6）拙稿「承詮撰述『玄義覚要鈔』所収の論義について」（『東洋の思想と宗教』四一、二〇二四）参照。

（7）「末師」の読みについては、天明二年（一七八二）の奥書を有する『叡川義方』「論義言遣作法」には、「荊渓已上ハ音ニ引ク。輔正記已下ハ末ヘノ師ト云テ訓ニ引ナリ。」（天全二〇・二九三頁下）とある。伝統的には「すへのし」と読んでいたことが伝えられる。

（8）湛然門下とされる学僧の事績につき、中里貞隆「荊渓湛然の門下と其の著書」（『新山家学報』九、一九三四）参照。

（9）ただし、建保二年（一二一四）、承久三年（一二二一）、文永元年（一二六四）は御八講が開催されず、文永八年（一二七一）及び九年（一二七二）の記録は現存しない。よって、問答記に収録されるのは、一三九年分の論義である。この点、拙稿「法勝寺御八講における天台論義の傾向について」参照。

（10）註（3）拙稿では、天台宗の僧侶が講師を勤める論義を「七七四座一五四八問」としたが、本文のように訂正する。

（11）弘長二年（一二六二）第二日朝座、講師静成（延暦寺）、問者兼誉（興福寺）の第二問、及び文永四年（一二六七）第五日夕座、講師静明（延暦寺）、問者印寛（興福寺）の第一問、第二問の記載がない。

（12）本文で挙げた他、傍註が付されているのは、次のとおりである。第二日夕座、講師覚樹（東大寺）、問者忠春

（延暦寺）の第二問には「婆沙九十九　弥勒論第五」とある。第三日夕座、講師豪覚（園城寺）、問者兼円（興福寺）の第二問には、「瑜伽論一」とある。第五日朝座、講師覚晴（興福寺）、問者覚豪（延暦寺）の第一問には、「解脱道論十二」とある。天承元年の御八講については翻刻研究があり、論義の訓読と典拠の概要を知ることは可能である。『南都仏教』七七、一九九九参照。

(13) 平林盛得・小池一行編『僧歴綜覧』（笠間書院、二〇〇八）二七四頁には、延暦寺所属の同名が見える。他に道祐が講師を勤めた天承二年（一一三二）第三日夕座、長承三年（一一三四）第三日夕座、保延元年（一一三五）第三日朝座でも、天台教学に関する論義を行っている。

(14) 大正六三・五〇三頁中。

(15) 大正二七・四六八頁中。

(16) 横内裕人『日本中世の仏教と東アジア』（塙書房、二〇〇八）第二部第五章「藤原頼長の因明研究と南都仏教」第四節「小乗仏教の社会的基盤」には、「「厳重御願」を由緒とする最勝講のような国家的法会にはもともと小乗論義はなされていなかったが、十二世紀後半には倶舎を題目とする論義が異なる宗派間で行われるようになったのである。」（二〇九頁）とある。論蔵論義の詳細に関する考察は今後の課題として他の機会に譲るが、ここでは、法勝寺御八講で、夙に十二世紀前半に阿毘達磨論書に関する論義が行われていた事実を指摘しておく。三講における論義の同質性からみて、最勝講も同様であったとの推測は許されるであろう。

(17) 註（3）拙稿では、宗要・義科に関連する論題数を一一問としたが、本文のように訂正する。

(18) 具体例を挙げれば、次のようになる。

※　**行満説と灌頂説との齟齬を問題とする。**

建仁二年（一二〇二）第四日夕座、講師顕尊大法師（園城寺）、問者貞乗（東大寺）（第一問）

問。経文云々。宗家尺中、仏為㆓利根者㆒令㆑捨㆓細戒㆒。迦葉為㆓鈍根者㆒不㆑許也云々。尓者、今此利鈍者、倶指㆓滅後弟子ヲ㆒歟。

答云々。

進云、行満尺二此事一、利鈍倶《ニハ》非二滅後弟子一尺也。付レ之、本書前後《ヲ》案《ルニ》、仏入滅之刻、対二阿難尊者一令レ捨二細戒一。而迦葉不《コトヲ》レ許尺《トシテ》、仏為二利根一令レ捨二細戒一。迦葉《ハ》為二鈍根一不レ許レ之云々。尒、尺起尽明《ニ》滅後《ノ》弟子《ヲ》指分《テ》三別利鈍二人一也。是以、正述《ルニハ》二仏言《ヲ》一、我滅度後、諸微細戒能持者善、不レ能者捨云々。已云二我滅度後一。専不レ可レ云レ通二在世一耶、如何。

すなわち、『涅槃経疏』巻二一（大正三八・五〇頁下）では、仏は細戒を捨することを許したが、摩訶迦葉が許さなかったことについて、仏滅後の行者の利鈍で区別したものであり、迦葉が仏に違背したわけではないとする。しかし行満は『涅槃経疏私記』巻一（続蔵一－五七・三七八丁左下）において、利根は仏在世、鈍根は仏滅後と釈するため、解釈の相違の理由を尋ねる。証真『涅槃疏鈔』一本には、次のような同旨の問答がある。「仏為利根随有利益者、満云、仏為利根者、如来在世利根得益。迦葉為二仏滅後鈍根得益一。故非二違拒一等也。私云、利根者是指二滅後一。何云二在世一。」（叡山文庫蔵版本・一三丁左）。証真も行満の見解に疑義を呈しているのであり、法勝寺御八講の問者と同じ立場であることがわかる。

※ 道暹説と灌頂説との齟齬を問題とする。

治承四年（一一八〇）第四日朝座。講師性憲（延暦寺）、問者信性（延暦寺）（第二問）

問。章安大師尺二七重二諦一中、尺二複中之二諦一《ヲ》、複俗如二向所レ説。文 末師如何尺レ之耶。

進云、復局還レ源江河即異文《ヲ》指《ト》判也。付レ之、複俗複中之二諦者、円接別之二諦也。円接別《ノ》俗諦云者、以二幻有幻有即空《ヲ》一共名レ俗《ト》也。此俗《ノ》上《ノ》別教俗同也。故指レ之可レ云二如向所説《ト》一。江河即異之文《ヲ》尺《スル》二蔵通之俗諦《ノ》異一文也。何遥超《テ》指レ之耶。

『涅槃経疏』巻一五において、別接通の二諦を説示するさい、俗諦について先述に譲る「復俗如向」（大正三八・一三一頁中）の所説が何を指すか、という問である。答はなく、「進云」以下は、これを「複俗如向者、応下用二若局還源江河則異一来消中此文上。如二法華玄文第三説一。」（続蔵一－五八・八九丁左上下）とする道暹『涅槃経疏私記』巻五の記述を示し、会釈を求めている。問題となるのは、灌頂のいう複俗複中が円接別を指すとして、道暹が引用する文は、『法華玄義』巻二下（大正三三・七〇三頁上）では幻有空二諦、すなわち通教の二諦を説示する箇所にあるという点である。『涅槃経疏』の精読を、道暹らの末註に依拠して行う場合、天台教学の定判との関係で生じる疑問を論義の形にしたものといえる。

※　**行満説の妥当性を問う際、道暹説を引用して補強する。**

承久元年（一二一九）第五日朝座、講師長静（園城寺）、問者信承（延暦寺）（第一問）

問。経文云々　章安大師解尺中引二花厳経一列二四諦等十四■一。尓者、十四諦具挙レ之歟。

進云、見二末師解釈一、挙レ文略不二具足一　文　付レ之、章安大師解尺十四諦具列■。何略不二具足一云耶。依レ之、道暹師解尺引二経文一十四諦具列レ之耶。

『涅槃経疏』巻一九で、灌頂が華厳所説の十四諦を、「十四諦出二華厳一。十四相差別示。成・事・性起・尽無生・説入道・如来智等」（大正三八・一五〇頁中）とする引用の仕方が、具略いずれかを問う。進難は、行満が『涅槃経疏私記』巻八（続蔵一－五七・四六一丁右上）で、灌頂の引用を略抄とする見解を批判する。その際、道暹『私記』巻六（続蔵一－五八・一一一丁左下～一一二丁右上）に、具さに十四諦を引用することを証文とする。ただし、『華厳経』（六十巻本では巻二五、大正九・五五五頁下。八十巻本では巻三六、大正一〇・一九一頁中下）所説の十四諦を見ると、灌頂の引用は明らかに略抄である。

※　**道暹説の妥当性を問う際、行満説を引用して補強する。**

嘉禎四年（一二三八）第四日夕座、講師円成（園城寺）、問者雲円（延暦寺）（第二問）

問。章安大師有処判下以二四微一成二四大一義上、四大各具亦不レ具レ之　文　尓者、共内道説歟。

進云、如レ次挙二内外道説一見。付レ之、依二解尺一撿二内外道説一於二四微一不具義出二成実論一見。亦不具之詞、何云二外道説一。依レ之、行満師非二外道説一釈也。何況、亦不具之之文亦言明顕二内道異説一聞。尓者、如何。

『涅槃経疏』巻二一で、四大の具・不具に関する灌頂の説示が、内・外道に亘るか否かを問う。進難は、道暹『涅槃経疏私記』巻七（続蔵一－五八・一二三丁左上）の内外に亘るとする説を挙げて、灌頂は外道には言及していないのではないかとの疑問を呈し、さらに、行満『私記』巻九（続蔵一－五七・四七三丁右下）の註釈が外道に言及していない旨を述べる。

※　直接末師説の妥当性を問う。

保元元年（一一五六）（初日夕座）第一巻、講師俊宗（延暦寺）、覚光（未詳）第一問

問。身証不還生二何処一耶。

答。可レ生二無色一也。

進云、生二五浄居一。文　付レ之、以レ得二滅定一名二身証一。豈生二五浄居天一耶。

右問答の進難が末師説であることは、建永元年（一二〇六）初日夕座、講師隆円（園城寺）、問者良印（興福寺）の第二問に明確である。

問。身証不還聖者生二五浄居天一可レ云耶。

進云、末師尺中生。文　付レ之、身証不還者、断二三空已還之惑一得二滅定一人也。何還生二浄居一耶。

滅尽定を得る利根の身証那含の行者が五浄居天に生ずるか否かについて、これを肯定する末師説の妥当性を問う。『法華玄義』巻六下に「今言、九次第定熏二修有漏一成二無漏一。是那含業。」（大正三三・七五九頁下）と説示するにつき、証真『法華玄義私記』巻六では、那含業は九次第定全てではなく、四禅を指すとの立場から詳細な議論を行っている。その中で、反対説の証文の一つとして、「道暹記云、不随解脱生五浄居者、此約二身証那含人一修二八解脱一生二五浄居天一也。」（仏全二一・二五三頁上）との文を引用している。身証那含が五浄居天に生ずるという説であり、『維摩経略疏』巻七（大正三八・六六七頁上）及び湛然『維摩経疏記』巻下（続蔵一－二八・四一二丁右下）を承けた記述のため、道暹『維摩経疏記鈔』の逸文であることがわかる。『法勝寺御八講問答記』では、治承二年（一一七八）第二日朝座、講師道顕（園城寺）、問者宗彦（興福寺）の第一問に「問。経文　尒者、身証那含生二何処一可レ云耶。」、治承四年（一一八〇）第五日朝座、講師栄禅（延暦寺）、問者円能（延暦寺）の第一問に「問。宗尺中不随解脱生五浄居。文　然者、随二解脱《ニ》一生二浄居一者《トハ》云二何人一乎。」とある。また、『最勝講問答記』では、建久四年（一一九三）第三日朝座、講師行舜（園城寺）、問者良円（興福寺）の第一問に「問。経中　〇　那含果聖者生二五浄居一事宗師何尺耶。」とある。証真の議論と、複数の出題例を確認できることから、当時の解釈上の問題点であったこと、及び法勝寺御八講・最勝講の論義との同時代性を看取しうるのである。

※　**両方難で引用する。**

保延二年（一一三六）第二日夕座、講師真源（延暦寺）、問者玄縁（第二問）

問。大乗経中説二禅定相一、従二初禅一入二第三禅一乃至従二無所有処一入二滅定一。文　尒者、此禅相修禅歟。

両方難レ之。若云二修禅一者、尺中薫禅。文　若依レ之云レ尒者、既超二一禅一入二一禅一。可二超越一耶。

『涅槃経後分』（大正一二・九〇四頁下）に説く超禅は修禅か否かについて、両方難で、薫禅とする尺を引く。証真『止観私記』巻九（一一一〇上〜一一一一上）には、「問。熏禅亦有二超一二等一不。……又後分経道暹記、以二超一一名二熏禅一也。」とあり、道暹が超越三昧を熏禅としていた旨を記している。少なくとも、道暹『涅槃経疏私記』巻九（続蔵一‐五八・一七四丁右上下）には明確な見解を見出せないが、ここでも、法勝寺御八講の論義と証真の議論との同時代性を看取しうる。なお、『法華玄義私記』巻四本（仏全二一・一四〇頁上〜一四一頁上）参照。

※末師の説により、灌頂説の妥当性を問う。

建長七年（一二五五）第三日暮座、講師雲経（延暦寺）、問者実修（興福寺）第一問

問。経文　○　僧祇部意、可レ立二仏身無為義一耶。

進云、章安大師解釈中、立二此義一見。付レ之、仏身無為義大乗深理《ナリ》。小乗争可レ立二此義一哉。是以、彼部意、雖レ立二九種無為一、仏身無為義所レ不レ見也。依レ之、末師解釈中、小大相対論二有為無為一也云々。仏身無為唯大乗義見《タリ》、如何。

灌頂が『涅槃経疏』巻二八で、仏身の有為無為を論ずる中、「僧祇説二無為一」（大正三八・二〇一頁中）とし、僧祇部は仏身の無為を説くと釈することに疑問を呈する。その証文として末師説を挙げるが、典拠は未詳である。迦葉品の註釈であるため、行満『涅槃経疏私記』の古佚部分の記述と思われる。

(19)　他に『涅槃経疏』の末註としては孤山智円（九七六〜一〇二二）『涅槃経疏三徳指帰』二十巻がある。証真『涅槃疏鈔』巻一本に「智円師三徳指帰」（叡山文庫蔵版本・一丁右）との書名が見える。巻一末では「円云」として、未治疏は撰者を「天台智者大師説弟子灌頂集」としていたが、これは灌頂の謙遜によるため、再治疏では湛然が「頂法師撰」と改めたとする『三徳指帰』巻一（続蔵一‐五八・一七七丁右上）の文を引用している（叡山文庫蔵版

本・一九丁右）。しかしながら、三講の問答記を見る限り、『三徳指帰』の記述を起点とする論義は見出し得ない。その理由は未詳であり、今後の課題である。

(20) 大正一二・八三二頁上。

(21) 大正・二一五頁中。

(22) 問答記の記述は次のとおりである。
大経疏十四問。且章安大師釈二十一切入相一、但前二是一切云々。行満師如何釈耶。

進云、行満欲色二界釈《ト》也。付レ之、依二行満解釈一尋二本書起尽一、無色界中乃有二不用処一非レ謂二一切一但前二是一切。文　文相無レ諍有空識二処之前二見。判二欲色二界一似レ招三相二違於本書一、如何。

(23) 続蔵一―五八・一六四丁右上。

(24) 大久保良峻「円仁の即身成仏論に関する一、二の問題」「一生入妙覚について　証真を中心に」「三大部要決の教学について」参照。以上、『増訂　天台教学と本覚思想』（法藏館、二〇二二）所収。

(25) 続蔵一―五八・一七一丁左下。

(26) この箇所の行満の註釈は現存せず、証真らの引用によって確認できることにつき、前掲大久保良峻「三大部要決の教学について」二二八頁参照。証真『法華玄義私記』巻三（仏全二一・九二頁上）の引用によって行満説を示せば次のとおり。「行満云、円教一生既許二超登十地一者、南岳大師云、鈍者三生、此極。利根者、過去曾修二大乗一、未レ断二見思一。今生遇二於円教一、便証二初地乃至十地《ヲ》一、故云下肉身猶有二怖畏一等上也。」。なお、『宗要光聚坊』教相部上には「尋云、以二円教《ヲ》一為二宿習一歟。答。……尚《ヲ》当流《ノ》義《ハ》以二円教《ヲ》一不レ為二宿習一習也。……竹林房《ニハ》円教《ノ》宿習《モ》有レ之也。所以名字観行《ノ》位《ニテ》可レ積二宿善《ヲ》一歟。名字観行《ハ》退位《ナルカ》故也。行満、過去曾修大乗《ト》釈《ル》、此意也。但、於前三教釈、更以方便助顕第一義意也。」（続天、論草四・四〇三頁上）とある。円教を宿習としうるとする立場の証文として行満の「曾修二大乗一」とする説を用い、道暹説を方便を重視したものとして会釈する。

(27) 「二」の「問。一家天台意、直行円人有二超登十地一耶。」は天全三・二四三頁上～二四八頁下、「三」の「問。昔唯修二一実一無二権乗行一者有二超登十地義一可レ有耶。」は、同・二四八頁下～二五四頁下。

(28)『法華玄義』巻二下に「円教肉身於二一生中一有下超二登十地一之義上。」（大正三三・七〇二頁上）とあり、余の三教にはこの義がないとする。
(29) 道暹説については註(25)、行満説については註(26)参照。
(30) 大正一二・六三七頁上。
(31) 大正三八・九四頁下。
(32) 続蔵一-五七・四一五丁左上。
(33) 大正三八・九四頁下。
(34) 大正八・八二七頁下。『仁王経』の説示と証真の被接説の関係について、拙稿「『註仁王護国般若波羅蜜経』の受容について」（前掲拙著『院政期天台教学の研究』所収）参照。
(35) 大正一二・六一六頁下。
(36) 大正三八・七〇頁中。
(37)『涅槃経疏私記』巻三。続蔵一-五七・三九六丁左下。「論人者成論小乗師釈也。」とある。
(38)『涅槃経疏私記』巻二。続蔵一-五八・二八丁右上。
(39)『法華玄義私記』巻四本、仏全二一・一五四頁下。『成実論』を小乗の論書とする問答の一環として、道暹の記述を、成論師の説と釈する。また、『天台直雑』巻二一「十　成論大小乗中何耶」（天全二五・一〇〇八頁下〜一〇一三頁上）参照。
(40) 法勝寺御八講では、正治二年（一二〇〇）第二日朝座、講師円能（延暦寺）、問者貞玄（東大寺）の第二問に、「問。成論意、四諦下有二十煩悩一云者、約二現行一歟。進云、道暹云二種子ト一尺也。付レ之、論文付二現行一判二此義一見。依レ之、晨旦人師尺レ尒者乎。」とある。最勝講では、建久三年（一一九二）第三日暮座、講師円輔（延暦寺）、問者恵敏（東大寺）の第一問は、末師の説ではなく灌頂の註釈の意義を問う内容であり、次のとおりである。「問。経文付レ説二煩悩相一、且章安大師依二成実論意一、如何尺二五十七煩悩一耶。答。五者五蓋、十者十使、七者無漏尺歟。進云、十使通二四諦一、思惟四使又通二四諦一幷無明為二五十七一云々。付レ之、修惑四使通二四諦一云事、成論現文所レ不レ見也。況、十使四使之外、何又挙二無明一哉。」。やはり『成実論』には修惑が四諦に通ずるとする記述がないことを問題としている。

（41）『涅槃経疏私記』巻九。続蔵一―五八・一五八丁左下。
（42）大正二六・九二七頁下。また、九二八頁上。
（43）大正二七・二二三頁中下。
（44）宗性が道暹の見解を『倶舎論本義抄』に引用している例として、前掲拙稿「仙洞最勝講における天台論義の傾向について」参照。
（45）新版日蔵方等部章疏九・一六六頁下～一六七頁上。
（46）続蔵一―二七・四三三丁右上。証真がここで用いるのは『維摩経略疏』巻一、大正三八・五六四頁下。
（47）続蔵一―二八・三六二丁左上下。取意。
（48）道暹『涅槃経疏私記』巻二には、「四住是体外惑」（続蔵一―五八・三七丁右上）とある。
（49）続天全、論草2・四二二頁上～四二四頁下。
（50）天養元年（一一四四）第五日夕座、講師仲胤（園城寺）、問者恵珍（東大寺）の第二問は次のとおり。

問。迦葉尊者見思煩悩一座断レ之歟。

進云、末師尺二此事一■煩悩一座断レ之云々。　今付レ之

承安三年（一一七三）第四日夕座、講師道顕（園城寺）、問者貞覚（延暦寺）の第二問は次のとおりである。


問。経文為下求二縁覚一者上等。文　然摩訶迦葉中乗根性人也者、其断惑《モ》一座成覚歟。

答。可二不定一。

進云、末師尺此事、一坐成レ覚。文　付レ之、以レ何得レ知、一座成覚人云事。況、智論中見レ仏得二初道一了、経二八日一得二阿羅漢一云々、如何。

答

右二問は類問といえる。摩訶迦葉が辟支仏根性であり、智慧が優れていることを、道暹は『維摩経疏記鈔』巻四

で「智勝根利者、以二根利一故、於二一坐中一頓断二三界見思一。」（続蔵一―九二・三丁左上）とし、「一坐成覚」（例えば『阿毘達磨倶舎論』巻二三、大正二九・一二〇頁下）で釈する。この見解が、『大智度論』巻三四の記述、「摩訶迦葉見レ仏得二初道一、過二八日一已得二阿羅漢一。」（大正二五・三一一頁下）すなわち、摩訶迦葉は、初果を得てから八日経過した後阿羅漢となったという説示に相違することの妥当性を問う。問答及び会釈は、証真『維摩経疏私記』巻二（新版日蔵方等部章疏九・一九五頁上〜一九六頁上）、同『法華疏私記』巻四本（仏全二一・五〇七頁下〜五〇八頁上）参照。『最勝講問答記』を見るに、建久五年（一一九四）第三日夕座、講師公円（園城寺）、問者玄俊（興福寺）の第一問が道暹説の妥当性を問うている。

　問。経文　〇　以二摩訶迦葉一可レ云二次第証之人一耶。

　答。尓也。

進云、宗師尺云、一座成覚云々。付レ之、考二大論説一、摩訶迦葉得二初果一後経二半月一得二羅漢一云々。此文次第証云事、甚以分明也。何云二一座成覚一耶。

なお、これに続けて、「講師云、一座成覚者、道暹師尺也。既末師尺也。不レ可レ云二宗師一歟。」との発言が記録されている。湛然門下とされる道暹の呼称が「末師」である旨を示す資料の一であるといえる。

(51) 註（18）のうち、「※直接末師説の妥当性を問う。」参照。
(52) 大正九・三八九頁下。
(53) 大正四六・七〇〇頁中。
(54) 大正三四・二九八頁中。また、『止観輔行伝弘決』巻四之二、大正四六・二五八頁中。
(55) 大久保良峻「最澄の成仏思想」参照。『最澄の思想と天台密教』（法蔵館、二〇一五）所収。
(56) 続蔵一―四五・一一九丁左下。
(57) 仏全二二・六三三頁上。
(58) 問答は次のとおりである。
問。経文云々。円頓行者見二普賢色身一事、為レ不レ出二三生一、将[redacted]可レ有耶。

答。此事極難レ測。但経文説《ニ》二行法相《ヲ》一、自二一七日一至二三[redacted]相伝《ヘテ》尺二此文《ヲ》一、極大遅者不レ出二三生《ト》一尺。

[redacted]修行時分、円頓《ノ》修行不《ト》レ出二三生《ヲ》一可レ習也。

(59) 問答は次のとおりである。

問。円頓行者浄二六根罪障一見二大士色身一為下限二三生一得上、如何。

答

(60) 仏全一五・二一一頁下。

(61) 仏全二二・九三五頁上。

(62) 大正五六・二三三頁上。

(63) 続天全、顕教7・五八一頁下～五八三頁上。

(64) 前掲大久保良峻「最澄の成仏思想」『最澄の思想と天台密教』七〇頁～七四頁参照。

(65) 大正三四・八三八頁上。

(66) 大正五六・四二八頁中。

(67) 大正三四・八五三頁中。

(68) 問答は次のとおりである。

問。経文付レ説二普賢行者相《ヲ》一、尒者、一日者乃至三七日一生二生等之所見《ノ》仏身《ニ》可有勝劣耶。

答

進云、慈恩所尺云、一日七日等《ノ》所見《ハ》劣也。三生等之所見《ハ》勝也。文 付レ之、行者之所期《ノ》仏身《ハ》不レ可レ有二勝劣一。

依二根《ノ》利鈍一送二修行之長短一也。依レ之、見二経文《ヲ》一、於二根利鈍乃至惑障《ノ》浅深《ニ》一、雖レ説二修行之長短《ヲ》一、於二所見《ノ》仏身《ニ》

者一有《ト》二浅深一不レ説レ之、如何。

(69) 前掲大久保良峻「名別義通の基本的問題」参照。『最澄の思想と天台密教』所収。

(70) 大正一二・六三七頁上。

(71) 大正三八・九四頁中下。

(72) 続蔵一-五八・五一丁左下。

(73) 大正三七・四三六頁中。「此従二四意一、止至二世第一法一、擬二住前三十心一。並是折伏道、未レ得二真無漏一也。」とあり、註(72)『涅槃経疏私記』の引用文とは傍線部が異なる。

(74) 仏全二一・一六五頁下。

(75) 問答は次のとおりである。

問。宗家借二別位一顕二通義一時、又借二通教次位一顕二別教義一耶。

答

進云、尺中借二通位一顕二別義一。文 付レ之、名通義別ノ地位、全無二経論証文一也。有二何証一定レ尓乎。仁王瓔珞等、地前立二伏位一、地上ニ立二四果一、以レ之為二名別義通一也。全名通義別ノ証拠無レ之、如何。

答

(76) 大正三八・五六頁中。

(77) 例えば、大正一五・六四四頁下~六四五頁上。

(78) 証真『涅槃疏鈔』巻一本には、「楞厳三仏者、彼経無二三仏名一。暹云、楞伽三仏者、彼経第一、化仏・報仏・智恵仏・如如仏。以二化従一レ応故但云二三一。略鈔 満云、楞厳三仏者、同二法身一故。」(叡山文庫蔵版本・二三丁左)とある。『首楞厳三昧経』に三仏の名義がないことを指摘した上で、道暹及び行満の解釈を引用するにとどまり、両者の見解を評釈することはない。なお、行満『涅槃経疏私記』巻二(続蔵一-五七・三八三丁左下)の註釈は、『首楞厳三昧経』には三身が説かれないとしても、『涅槃経疏』の文意は、法身としては『涅槃経』の仏身と無差別であると述べる点から「同二法身一」と述べたものと思われる。

(79) 続蔵一-五八・一六丁右下。なお、校異として、「伽疏作レ厳」との頭註が付されている。

(80) 大正一六・四八一頁中。ちなみに、『入楞伽経』巻一は「何等為二化仏一　何等為二報仏一　何等為二如智仏一」(大正一六・五二〇頁上)の三仏を挙げ、『大乗入楞伽経』巻一も、「云何変化仏　云何為二報仏　真如智慧仏一」(大正一六・五九一頁下)とする。いずれも、これら仏身についての説明はない。

(81) 大正四八・五〇〇頁上。
(82) 宋代、明代の註釈に、『宗鏡録』と共通する記述が見られる。宋代では、宝臣『注大乗入楞伽経』巻二（大正三九・四四一頁中）、正受『楞伽経集註』巻一（続蔵一-二五・三一〇丁左下）。明代では、徳清『観楞伽経記』巻一（続蔵一-二五・三六九丁左下）、広莫『楞伽経参訂疏』巻一（続蔵一-二七・七丁左下）、通潤『楞伽経合轍』巻一（続蔵一-二六・三七三丁右上下）。このうち宋代の『集註』は「新説云」とし、明代の『参訂疏』は、「宗鏡第十六云」と引用元を明記する。
(83) 続天全、論草4・八四頁上。
(84) 続天全、論草2・二六六頁上。
(85) 『義科盧談』「仏土義」の「自受用所居」中、「自受用身修因感果有無事」にも、道暹説が修因感果なしとする立場の証文として引用されている。続天全、論草2・三五四頁上。
(86) 迹門も含め、続天全、口決2、檀那流Ⅰ・一七三頁上～一七四頁上。
(87) 大久保良峻「自受用身の基礎的考察」（『増訂　天台教学と本覚思想』所収）、「自受用身に関する若干の問題—前後自受用を中心に—」、「日本天台の仏身観に関する若干の問題—自受用身を中心に—」「『例講問答書合』に関する基礎的問題」「自受用身に関する天台論義から見えるもの」「日本天台における現実肯定思想と仏身に関わる若干の問題」（以上、『日本天台における根本思想の展開』法藏館、二〇二四所収）等参照。
(88) 続天台宗全書の解題によれば、『宗要光聚坊』は暦応三年（一三四〇）、『義科盧談』は正和三年（一三一四）～貞治六年（一三六七）頃の成立とされる。『北谷秘典』は檀那流嫡流の恵光坊流における口伝の集成であり、成立年代は確定し難い。識語等で判明する相伝は一四世紀を遡ることはないようである。

『唯信鈔』と天台教学

柳澤　正志

一　問題の所在

聖覚が著した『唯信鈔』は、法然と同時代の天台僧である聖覚が法然教学について論じたという意味で貴重な文献である。殊に、親鸞が東国の門徒に対して、隆寛の『一念多念分別事』と並んで規範とするべく勧め、また、親鸞自身が『唯信鈔文意』を著していることもあり、浄土真宗で重視されている文献である。

従来の研究は浄土宗・浄土真宗側からの研究、解釈が中心であり、天台側からの視点は皆無である。それは一読すれば解るように、本書は法然の『選択本願念仏集』（以下『選択集』）の影響が大であることによる。法然が自らの死後、自身の弟子が頼みとする人物として聖覚と隆寛を指名している。これについては議論もあるが、いずれにせよ、法然教学を正しく理解しているものとして、聖覚が法然門下に認識されていたということは間違いない。それは『唯信鈔』に見る法然の言説に対する聖覚の筆致よりも理解できよう。

従来の研究には重要な点において議論の余地を残している。それは、法然と天台の関係、そして聖覚と天台の関係である。聖覚が専修念仏禁止の運動に荷担していたことは先行研究にて明らかである。これだけ『選択集』に傾倒した書を著した人物が、何故師とも仰ぐ法然を追い詰めるような行動に出たのか。これは論者によって見解が分かれる。この問題には今回は深く入らないが、聖覚の立場をここに確認する。

聖覚は院政期末の天台座主である慈円に青蓮院執事の一人として仕えていた。また、公招論義には当時の学僧として最も多く出仕しているのであり、探題に任ぜられるなど、天台宗においては教学面における指導的立場にあった。(1) 早々に黒谷に隠棲した法然とは異なり、天台宗の中核を歩んでいたのである。

聖覚の周辺を考えても、慈円の兄は法然の庇護者、九条兼実であり、聖覚の祖父は藤原信西、父は唱導の安居院流の創始者、澄憲である。こうした貴族社会と深い繋がりがある聖覚が〝迂闊に〟法然の弟子になるとは考えにくい。また、法然の弟子であるかについては『七箇条起請文』に聖覚の名が無いことから、法然の弟子ではないという主張が先学により呈されている。起請文の内容を見ると、天台僧として公の活動を続ける聖覚には無縁の事案ばかりである。貴種たる聖覚がそのような者と同列に扱われることを諾としたかには、貴族社会の真っ只中にあることを考えると疑念を懐かざるを得ない。また、天台宗への弁明書を聖覚が著しているのは、聖覚が法然と同格たり得る存在であることを示してはいないだろうか。逆に、聖覚が弁明をしたということが、天台に異を唱えているのではないということを保証するものとなったのではないだろうか。そういう意味で、聖覚は天台と法然を結ぶ重要な役割を果たしていたとは考えられまいか。弟子とは言わずとも、法然の教えに心酔し擁護する立場にはあったと見做すのが穏当な理解ではないかと考えるのである。

さて、思想的には天台を逸脱していると見做される法然の浄土教である。法然の主張と諸宗の教学に相違するところがあったことは大原での論義があったことからも理解できよう。『大原問答』が聖覚撰であるかは置いておくとして、法然の言説に対する疑問とは一僧侶の内的なものというよりは旧来の仏教側からのものと見做す方が穏当であろう。

さて、松本史郎氏は『唯信鈔』ならびに隆寛の『自力他力事』『一念多念分別事』と親鸞の思想的類似性に着目して、これらの書物の親鸞偽撰説を提唱した。(2)松本氏は法然、親鸞との関係から論じているが、しかし筆者は両者に類似性があるから直ちに親鸞の手によるものという立場には立たない。何故ならば、これは松本氏自ら述べていることでもあるが、東国の親鸞の弟子に「聖覚」の名前で著された書物がどれ程の意味を有するのか疑問が残るからであり、そのように聖覚の名前を使用する必要性が見出せないからである。東国の門徒には法然、もしくは親鸞自身のことばの方が余程心に響くのではないだろうか。それは親鸞のものとして遺されている御文類からも窺い知ることができる。思想の類似性というのであれば、親鸞の思想形成に聖覚や隆寛の思想が強く影響を及ぼした、という方がむしろ得心がゆく。ただし、書誌的な疑問については松本氏の主張することは理解できるところである。

故に本稿では『唯信鈔』は聖覚の真撰という立場で考察を進めることとし、天台宗において浄土教を信奉する学僧が法然教学をどのように受容したかという観点から論考を試みる。何故ならば、従来の研究の多くは法然、親鸞の思想のみを基に行われていたからであり、天台教学への視座が決定的に欠落しているからである。本書が法然の思想を敷衍しようとしたことは確かである。一方で聖覚は天台僧という立場を最後まで堅持しているのである。ここでは特に、源信、更には院政期までにはその教理の骨格ができていた観心門の天台浄土教との対比を意識して、『唯信鈔』に見る思想的内容を検討することにより、当時の天台と法然教団の間で問題とされたことが浮かび上がってくると考える。天台浄土教と『唯信鈔』の違い、または共通項を通して当時の浄土教を巡る問題を考える一助としたい。

二　信心を巡る問題

（一）法然の菩提心不要論と信心

『唯信鈔』が法然の『選択集』の影響の下に著されたことは、一読してすぐに了解されるところである。そして、その影響については先学の指摘するところである(3)。

聖覚はこの法然浄土教を「唯信の鈔文」、つまり信を中心に論じている。法然は信心について「故今建二立二種信心一決二定九品往生一者也。(4)」と、善導の説く二種の信心が九品往生を決定する、と述べている。つまり、信を語ることは往生の要因を語ることに他ならないのであり、故に聖覚は信を主題としたのではないかと考える。

聖覚の考える信心の問題に入る前提として、筆者が考える法然と既存教団の軋轢に触れる必要がある。法然が菩提心を不要としたことが、天台宗を含む既存の宗派との間に議論をもたらしたことはよく知られるところであり、明恵は『摧邪輪』を著して法然を激しく批判した。思うに、この軋轢の一番の要因は、それぞれの目指すところが違うことにある。南都北嶺の各宗は朝廷の監督の下に運営されている。度牒の発布などはその典型である。天台宗は最澄の死の直後には玄蕃寮、僧綱による支配は脱していたとはいえ、朝廷の監督の下に存続していた。平安時代の各宗派においては鎮護国家が最重要課題である。天台宗においても、最澄は国用、国師、国宝たる菩薩僧を養成するために天台宗を興したのであり、その目的とするところは国家の安寧である。国家のために働く、つまりは朝廷のための法会、加持祈禱などの仏事を行い、日本中に大乗仏教を広めることが天台の菩薩僧の重要な役割であった。摂関期以降、貴族個人への加持祈禱を執り行うことで宗教の個人化が進展しただけであり、国家への働きがなくなったのではない。慈円の王法仏法相依論などはその極致といえる思想であろう。

翻って、法然の主要な課題は個人の救済である。法然が語るのは個人の往生の道である。天台宗が朝廷の安定に寄与すること、つまり国家を安定させることで人々の救済を目指すことを菩薩僧の役割とするのに対し、法然は直接的に個人を救済することを菩薩行としていると思われる。法然が円戒（円頓戒）を堅持した意味はそこにある。個人救済のために働く菩薩僧を養成するためには、恐らくは弟子の破戒があることを承知の上、それでも菩薩戒を授ける必要があった。法然は浄土教には血脈がないことを糾弾されている。『選択集』では系譜を示してはいるが、いかにも無理がある感は否めない。血脈は仏教の正統性を担保するものである。天台伝灯の円戒を維持することは、天台の正統性をその源流に置き自身の教えに会入して、浄土思想の正統性を円戒と倶に継承することを意味するのであろう。国家に奉仕する菩薩僧から、個人に奉仕する菩薩僧への転換。法然が円戒を天台から持って行った意味はそこにあると考える。

さてこの場合、往生を目指す者が菩提心を発こす必要はない。何故なら、衆生はあくまで救われる対象に過ぎないからである。そしてそれを具現化した教えが法然のいう他力本願の浄土思想である。

従来の仏教では、菩提心は必ず発こすべきものであった。それは自分自身が仏に成ろうとする仏教、法然のことばを借りれば自力、聖道門の仏教であるからである。天台でも唱える舎利礼文に「発菩提心、修菩薩行、同入円寂。」と説くように、菩提心を発こして菩薩行を修してさとりに至るというのが常道であった。しかし、他力の法門では菩提心は必要なくなる。何故ならば、阿弥陀仏の誓願力だけに頼れば極楽浄土へ往生させてもらえる、自らの力で往く必要がなくなるからである。では菩提心に代わるものは何なのであろうか。それこそが「信心」であった。それ故、聖覚も親鸞も信心を重視したと思われるのである。

(二)　信心と菩提の関係

聖覚は本書中で衆生の発菩提心については全く言及しない。しかしながら、信心に関する言及は多い。聖覚は専修の定義的説明において次のように説く。

専修トイフハ、極楽ヲネカフココロヲオコシ、本願ヲタノム信ヲオコスヨリ、タタ念仏ノ一行ツトメテ、マタク余行ヲマジエサルナリ。(5)

ここでは専修における信とは、本願を頼りとする信を発こすことに集約される。そして、この信を基点として菩提へと向かう道程について次のように述べ、極楽往生の要因と位置づける。

仏力ヲウタカヒ、願力ヲタノマサル人ハ、菩提ノキシニノホルコトカタシ。タタ信心ノテヲノヘテ、誓願ノツナヲトルヘシ。仏力無窮ナリ。罪障深重ノミヲオモシトセス。仏智無辺ナリ。散乱放逸ノモノオモスツルコトナシ。タタ信心ヲ要トス。ソノホカオハカヘリミサルナリ。信心決定シヌレハ、三心オノツカラソナワル。本願ヲ信スルコトマコトナレハ、虚仮ノココロナシ。浄土マツコトウタカヒナケレハ、廻向ノオモヒアリ。コノユヘニ三心コトナルニニタレトモ、ミナ信心ニソナワレルナリ。(6)

聖覚は菩提に至るためには、仏の誓願力を頼みとして、阿弥陀仏への信心という手を延べて誓願の綱を執れという。それは仏力は無窮であり仏智が無辺であるから衆生の罪障によって遮られるものではなく、散乱放逸の者さえ見捨てることがないからであるといい、それには信心が肝要となると述べる。本願を信ずることが真実であれば(至誠心)虚仮の心が無いので疑うことはない。往生に対して疑いがなければ、(善業を)廻向する思いが生じるとする。つまり、信心が決定することにより、三心が自ずから具わることとなり、信心の下に三心は摂せられると説く。ここで信心の要因として、仏力・仏願への信、そして無疑が挙げられる。信と無疑が一体となったのが信心である。

この三心は善導が「具二此三心一必得二往生一也。若少二一心一即不レ得レ生。[7]」と、一心でも欠ければ往生はできないとしているが、実は信心が確立すれば三心は自然と具足してくると説く。そして、この信心については法然の解釈を基に「深心トイフハ信心ナリ。[8]」と、三心の第二深心そのものとしている。つまり、信心決定とは深心が発ることであり、それにより三心は具足する。三心具足といいながら、実質的には深心（信心）の確立を求めるのである。また、至誠心の解釈では至誠心は真実心であるとした上で、「イマ真実心トイフハ、浄土ヲモトメ穢土ヲイトヒ、仏ノ願ヲ信スルコト、真実ノココロニテアルヘシトナリ。[9]」と、真実心とは欣求浄土と厭離穢土の思いを持ち、仏願を信じる心であると述べている。これも信心とは異ならないのである。

天台浄土教との対比で考えると、法然も用いる善導釈を最初に用いたのが源信である。以前拙稿[10]にて源信の信心について論じたので、詳細はそちらに譲り要点のみ指摘する。源信は『往生要集』[11]では四修を行ずる時の用心について問答をするなか、三心と信心について言及する。源信は『観経』の三心、『鼓音声経』の深信無狐疑の者[12]、『涅槃経』巻三二の「信心為レ因」[13]を援用して、「修レ道以レ信為レ首」と答えている。特に『観経』の三心では善導『往生礼讃偈』を引用する。ここでは深心が強調されて説かれていて、「一念無レ有二疑心一」とある。また、『鼓音声経』には「深信無狐疑」とある。この信にして無疑なる心こそ源信のいう信心なのであろう。三心を信心に摂めて語る善導の解釈を援用するのは、信心こそが往生の要諦であるという理解に基づくものであると言えよう。信心とは衆生の凡愚性を信じ、四十八願による救済があることを信じることであり、その傍証として菩提の因としての信が理解される。つまり、信は菩提への最初の段階と位置づけられる。また、この善導釈が『往生要集』に引用されたということは、天台浄土教の文脈においてもこの解釈が容認されるべきものであることを一言添え置く。

源信は信心を仏道修行の入口として重視し、修行の用心の要とした。それは源信の一闡提観にも見て取れる。『一乗要決』で一闡提のことを次のように説く。

言㆓除一闡提等㆒者、於㆓仏法中㆒、以㆑信得㆑入。如㆓涅槃二十二云㆒。是菩提因。雖㆓復無量㆒、若説㆓信心㆒、則已摂尽云云。一闡提名㆓信不具足㆒。余諸難処、不㆑名㆓不具㆒。故除㆓闡提㆒。[14]

源信は一切の仏法は信を以て入口とするとして『涅槃経』を引用し、菩提を論ずるには信心を論ずれば足りるとする文を論拠に、一闡提を信不具足と名付けるとしている。すなわち、一闡提は仏性の無いものをいうのではなく信心のないものをいう、とするのである。源信は縁理・縁事の菩提心を重視して論じているのであり、ここにおいて信心、菩提心、修行、往生、菩提という段階を意識していたと考えられる。このように信心を出発点としてさとりへの道筋を考えることは源信に見られるものである。

この信心は証果を考える上で源信にとっても大きな役割を果たすものであった。『往生要集』大文第五「対治懈怠」では、仏の功徳を信受・憶念する功徳についての問答がなされている。

問。信㆓受憶㆔念如来如㆑是種種功徳㆒、有㆓何勝利㆒。答。度諸仏境界経云、若於㆓十方世界微塵等諸仏及声聞衆㆒、施㆓百味飲食微妙天衣㆒、日日不㆑廃満㆓恒沙劫㆒、彼仏滅後、為㆓一一仏㆒、於㆓十方界一一世界㆒、起㆓塵数塔㆒衆宝荘厳種種供養、一日三時、日日不㆑廃満㆓恒沙劫㆒、復教㆓無数無量衆生㆒設㆓諸供養㆒、若有㆓一人㆒信㆓此如来智慧功徳不可思議境界㆒、所㆑得功徳勝㆓彼無量㆒取意。又華厳偈云、如来自在力、無量劫難㆑遇。若生㆓一念信㆒、速証㆓無上道㆒。余如㆓下利益門㆒。[15]

源信は『度諸仏境界経』を引用して、諸仏への布施を通して仏への信が確立すれば無量の功徳が得られ、また、

『華厳経』を援用し、如来の自在力は知遇し難いものであり、もし一念も信を生ずれば速やかに無上道を証得すると述べている。これは信心による働きであると源信は考えるのであろう。

このように見てくると、信心が菩提の要因として最初に保つべき心のありようであるということは源信以来の伝統ともいえる。信心を重視する姿勢に違いは無い。しかし、源信は信心を持ち、菩提心を発こしてから修行し往生するという過程を考えるのに対し、法然や聖覚は信心から念仏（修行）、そして往生という、菩提心を除いた過程を説く。これは先にも指摘したように、源信は僧侶の修行としての浄土教を説いたが故であり、法然は僧侶も含めた悪人のための浄土教を構築したが故であると思量する。

（三）日本天台における菩提心の機能と聖覚の信心の役割

聖覚は信心を論ずるにあたり、その浄土教による救済の対象を罪障のある者（愚者）にのみ設定している。それは法然の悪人正機説に通ずるものである。

ヨノ人ツネニイハク、仏ノ願ヲ信セサルニハアラサレトモ、ワカミノホトヲハカラフニ、罪障ノツモレルコトハオホク、善心ノオコルコトハスクナシ。ココロツネニ散乱シテ、一心ヲウルコトカタシ。身トコシナヘニ懈怠ニシテ、精進ナルコトナシ。仏ノ願フカシトイフトモ、イカテカコノミヲムカエタマハムト、コノオモヒマコトニカシコキニニタリ。憍慢ヲオコサス、高貢ノココロナシ。シカハアレトモ、仏ノ不思議力ヲウタカフトカアリ。仏イカハカリノチカラマシマストシリテカ、罪悪ノミナレハスクワレカタシトオモフヘキ。五逆ノ罪人スラ、ナホ十念ノユヘニ、刹那ノアヒタニ往生ヲトク。イハムヤツミ五逆ニイタラス、功十念ニスキタラムオヤ。ツミフカクハイヨイヨ極楽ヲネカフヘシ。不簡破戒罪根深トイヘリ。善スクナクハマスマス弥陀ヲ念スヘシ。三念五念仏来迎トノタマヘリ。ムナシクミヲ卑下シココロヲ怯弱ニシテ、仏智不思議ヲウタカフコトナカレ。[16]

自分は罪障が多く善心を発こすことができない、心が散乱しているから一心に集中することができない、懈怠であって精進することができない、そうであるから仏願が如何に深いものであっても自分を極楽に迎えてはくれないと、自省の念を持つ者を驕ることもない謙虚な人間と認める。しかし、彼らにも一つ過ちがあるという。それが「仏ノ不思議力ヲウタカフトカ」である。仏願を知ってはいても信じ切れていない、つまり疑いを持つことを過ちとする。そして、五逆罪の者すら十念によって往生を遂げるのであるから、普通に生きている者ならば必ず往生できるという。まして罪深い者であれば尚更に弥陀を念ぜよと説き、自身を卑下して信ずる心を弱らせて、仏智の不思議を疑ってはならないと説く。

ここでは阿弥陀仏の誓願力、そして、不思議ということばに象徴される人知では推し量れない仏の智力を信じ疑わないことが悪人の極楽往生の要諦であると説く。つまり、信心の確立が往生を左右するとしているのであろう。

従来の仏教思想で菩提へ向かう働きを担ってきたのは言うまでもなく菩提心である。『唯信鈔』で菩提心についての言及があるのは法蔵菩薩、阿弥陀仏因位の話のみである。これは、菩提心とは仏に成らんとする者が発こすものであるとの考えに基づく。法蔵はこれから仏に成らんとする修行者であるから菩提心を発こしたのであり、信心を発こして仏力によって導かれるだけの存在に菩提心は必要不可欠なものではないのである。

では天台の観心法門では往生についてどのように語っているのであろう。先に指摘した通り、源信以降にも菩提心は往生の要と考えられていた。『自行念仏問答』（以下『念仏問答』）には次のように菩提心と往生の関係を説く。

天台宗、謂二浄土往生一者、談三必発二菩提心一。尤有二其由一。西方既菩提心方也。故往生人、何不レ発二彼心一。爰以、四十八願中、第十九、阿弥陀仏、引二接娑婆衆生一願云、発二菩提心一、修二諸功徳一矣。故諸経論中、不レ説下雖レ不レ発二菩提心一、而往中生浄土上。先自他宗先徳、存二此義一故也。又設不レ発二菩提心一往二生浄土一者、須レ得レ心、知或為レ勧二衆生一歟、或別時意趣心歟。発二菩提心一往生二浄土一者、諸説二其道理一必然故也。[17]

天台宗では浄土への往生を論ずる場合、必ず菩提心を発こすことを論ずると説く。これは、天台の行体系を浄土の行と同じものとしていることに起因する。『念仏問答』はまず、西方は菩提心の方向、つまり菩提心を向ける方向であることを発心を必要とする第一の理由に挙げる。これは言うまでもなく阿弥陀仏への帰依を表すものである。天台に説く諸行による往生、極楽にての修行、そして菩提へという天台浄土教の枠組みの中で、いわゆる自身の信仰を表出する言であろう。つまり、さとりを得る場は極楽浄土であるから阿弥陀仏を信仰してそこに向かって菩提心を発こす、という意味に解釈できる。

第二に第十九願を挙げる。菩提心を発こして諸々の功徳を修する、という経説を根拠に発心の必要なことを説く。聖覚の『四十八願釈』[18]の第十九願を見ると、菩提心についての言及はなく、聖衆来迎願として、来迎の側面のみを強調する。これは菩提心の有無については法然教学との整合性が取れなくなるため、敢えて言及をさけていると解釈されても仕方のないことである。

第三に、菩提心を発こさない往生を説く者についての言及がある。ここでは諸経論中には菩提心を発こさない往生を説くものはない、と往生における菩提心不要論を否定する。菩提心不要と説く理由として、衆生に浄土教を勧めるため、もしくは別時意趣の心、つまり往生のみを求める心を発こすために菩提心の不発を説くと論じている。衆生に浄土を勧めるためということは成仏のための方便としての往生を説くとも考えられる。つまり、発菩提心が実であり、不発は権である。この文を法然への反論と考えれば、法然説は権説となり、天台は実説となる。これは法然説への解釈と反論が行われていたことの証左となるのではないか。

日本浄土教史上これを初めて主張したのは法然である。つまり、『念仏問答』は法然の言説を承けてのことと も理解されうる。法然批判説を唱えたのは西村冏紹氏であり、[19] それを否定するのが花野充道氏である。[20] 花野氏は『選択集』の撰述年と『念仏問答』の書写年が同じ建久九年（一一九八）であることを挙げて、撰述と書写の時期があまりに接近しすぎていることを法然批判説への反証としている。

これについては一考を要する事案がある。『黒谷上人語灯録』漢語篇（以下、『漢語灯録』）所収の「観無量寿経釈」に『選択集』における菩提心助行説と同文が記されている。『漢語灯録』における三部経釈は文治六年（一一九〇）に行われた東大寺講説の講義録と伝えられる。そうであれば、菩提心不要論は少なくとも文治六年までには法然の弟子達にも説かれていたと考えられる。現在浄土宗でいう立教開宗の年次、承安五年（一一七五）は早すぎるにしても、弟子への教説があり、そこから比叡山の僧らに伝聞されたということは考えられる。法然の弟子の多くが天台僧であるのであり、彼らの主張に反論するために『念仏問答』で言及した可能性はあると考える。

信心に関しては臨終正念との問題がある。後にも触れるが、聖覚は臨終に際して初めて善知識に遇う下品下生でも深重の信心を生ずることについて次のように説く。

善知識ノオシエニヨリテ、十念ノ往生ヲキクニ、深重ノ信心タチマチニオコリテ、コレヲウタカフコヽロナキナリ。コレスナワチ、クルシミヲイトフコヽロフカク、タノシミヲネカフコヽロ切ナルカユヘニ、極楽ニ往生スヘシトキクニ、信心タチマチニ発スルナリ。イノチノフヘシトイフヲキキテ、医師陰陽師ヲ信スルカコトシ。モシコノコヽロナラハ、最後ノ刹那ニイタラストモ、信心決定シナハ、一称一念ノ功徳、ミナ臨終ノ念仏ニヒトシカルヘシ。[21]

聖覚は死の直前に発こる信心によって往生を遂げることができると説く。善知識が説く十念往生の教えを聞き、信心を発こして疑う心がないという。つまり、信心が決定した状態になるのであり、この時、それが最後の一刹那のことであったとしても、その時の一度の称名念仏、一念の信心が従来天台で重視してきた臨終の正念に等しい力を持つものであると説いている。この場合の信心には、一念で往生を確定させる働きがあるのである。これは先に見た至誠心の言説からも導かれる。そこでは厭離穢土・欣求浄土の思いこそが真実心＝至誠心＝信心として説示されているからである。つまり、この思いが発動して信心が生じたことにより往生が決まるのである。

さて、天台の教説に眼を転じると、『唯信鈔』と同じく仮名交じり体で著され、法然、聖覚の時代に近い文献と目されるものに『真如観』がある。本書は速やかに成仏し往生を遂げたいのであれば我が心が真如の理そのものであると観ずることを説くものである。このなか、菩提心の働きについては法華即身成仏と往生において語られる。

此（此下疑脱身字）ヲ捨ズシテ仏ニ成レバ、此ヲ即身成仏トイフ。八歳龍女ガ法華経ノ万法一如ノ理ヲ聞テ、刹那ノ間ニ菩提心ヲ発シ、須臾ノ間ニ即チ正覚ヲ成ゼシガ如ク也。又真如ヲ観ゼン者、極楽ニ生レント思ハバ、心ニ任セテ決定シテ生レム事疑ナシ[22]。

龍女が成仏するために『法華経』の万法一如の理を聞き、刹那の間に菩提心を発こして、たちまちの内に正覚を完成する即身成仏について述べている。ここでいう万法一如とは我が身の本体が真如であること、我が心中に法界の諸仏・菩薩、八万の法蔵、因位の万行、果地の万徳といったあらゆるものがあるという理である。ここでは発心即到ともいうべき内容となっている。龍女成仏については天台教学において様々に議論されたことが大久保良峻氏により指摘されているが[23]、ここでは真如を観じた得果として即身成仏と極楽往生が並列に説かれている。

また、信については次のように説いている。

悪業ヲ作ル者モ、命終ノ時、心ヲ至シテ、一一ニ十度南無阿弥陀仏ト唱レバ、必ズ生ル故（故下疑脱也字）。而ルニ真知ヲ観ズレバ、成リ難キ仏ニダニモ、トク成ル。況ヤ生ジ易キ極楽ニ生レム事、決定シテ疑ナシ。サレバ必ズ生ゼント思ハン者ハ、只真如ヲ観ズベシ。サレバ百人ハ百人ナガラ。定テ極楽ニ生ズル事、決定シテ疑ナシ。若不信ナラバ、此レ即十方三世諸仏ヲソシリ奉ル也。十方ノ諸仏モ、法華経モ、皆真如ヲ体トシ給フ故也。既ニ十方ノ仏及ビ法華経ヲソシリ奉ル者、無間地獄ニヲチテ出ル事ナケン[24]。

ここでは十回の唱念によって往生を遂げるという法然系の念仏観は是認している。その上で、真如を観ずる功徳を説き、成仏さえできるのであるから、往生は決定しているので疑ってはならない、と信の重要性を強調し、真如を信じて観ずることを説く。そして不信の者、殊に『法華経』を誹る者については無間地獄に堕ちるとまで説く。つまり、信じ疑わないということについては聖覚の言と変わるところはない。聖覚は阿弥陀仏への信であり、真如観では更に普遍的な真如への信であるだけである。

信心には一念にて往生を決定する働きを認め、それは天台で説く菩提心の働きに類似する。また、聖なるものを信じ疑わないことを信心とするということも共通項として確認できる。法然、聖覚と天台浄土教の違いは往生までに菩提心を必要とするか否かのみである。源信、ならびに観心法門に依拠する天台浄土思想は僧侶を中心に説示されたものであるため菩提心を要する。観心行とは天台の修行体系に組み込まれているが故である。これに対し、法然は凡夫すべてを救済の対象とする。それ故、得度した僧と同じである必要はないのであり、『選択集』に「捨㆑家棄㆑欲而作㆓沙門㆒発㆓菩提心㆒等者是助行也[25]」というように、出家をして沙門となり菩提心を発こすのは念仏行の助行に過ぎないのである。往生するために僧侶となる必要はないのである。聖覚と法然の違いは菩提心に言及するか否かである。ここで聖覚は衆生の発心には言及しない。これは南都北嶺の反発を見ていたからとも考えられる。つまり、余計な争いの種にはあえて言及しない、そのような姿勢が垣間見られると思われるのである。

いずれにせよ、聖覚は信心に往生を遂げる上で大きな役割を見出している。信心が決定する、つまり揺るぎない信心を確立することこそが往生の要諦であり、その上に念仏行が乗ってきて往生を遂げるとするのである。天台では信心にそこまでの働きは認めていない。それは菩提心の役割であり、聖覚は信心にその働きを持たせていると理解することができる。そして臨終の教説に見る一念での信心の決定という概念は一念義と見做しうると考えるのである。

三　臨終の正念を巡って

当時の浄土信仰との深い関連を思わせる言説も記されている。それは臨終を巡る問題である。臨終の正念の成否が、特に天台浄土教で問題となって議論がされていたことは以前拙稿にて論じた(26)。源信は臨終の正念は尋常の念仏に比してはるかに力が強いことを説いている。しかし、だからといって源信が尋常の修行を軽視している訳ではない。『往生要集』大文第六「別時念仏」では尋常の別行を詳細に説いている。

では、臨終正念が重視される理由は何処にあろうか。これについては、『往生要集』大文第六の「臨終行儀」に最後心に関する記述があり、重要な示唆を与えてくれる。

> 十、正臨終時。応㆑云、仏子知不。但今即是最後心也。臨終一念勝㆓百年業㆒。若過㆓此刹那㆒、生処応㆑定。今正是其時。当㆓一心念仏決定往㆓生西方極楽微妙浄土八功徳池中七宝蓮台上㆒。(27)

源信は、臨終の一念は百年の業に勝るとして、最後心、すなわち臨終の心を重視し、臨終の一念の刹那に次の生が定まるとする。そしてこの臨終の正念を妨げるものとして現生への執着を表す三愛があり、これを破するために尋常の念仏が設定されている。梯信暁氏によれば、『往生要集』の白毫観を自往生観として捉え、これを平生の行業として示したと論じ、「平素より念仏の修行を積み重ねておくことには、臨終行儀のための準備という意義が見出される」と、尋常の念仏が源信においても重視されていたことが論じられている。[28] つまり、臨終の正念が語られる時、天台においては尋常の念仏と併せて考えることが重要である。

ところで、この三愛を法然はどのようなものと認識していたのであろう。三愛が天台浄土教で問題となっていたことは法然も認識していたという。[29]『西方指南抄』に法然が静照の言として遺した文にそれが記されている。

ソノ来迎引接ノ願トイフハ。スナワチコノ四十八願ノ中ノ第十九ノ願ナリ。人師コレヲ釈スルニ。オホクノ義アリ。マツ臨終正念ノタメニ来迎シタマヘリ。オモハク、病苦ミヲセメテマサシク死セムトスルトキニハ。カナラス境界・自体・当生ノ三種ノ愛心ヲオコスナリ。シカルニ阿弥陀如来。大光明ヲハナチテ行者ノマヘニ現シタマフトキ。未曽有ノ事ナルカユヘニ。帰敬ノ心ノホカニ他念ナクシテ。三種ノ愛心ヲホロホシテ。サラニオコルコトナシ。カツハマタ仏行者ニチカツキタマヒテ。加持護念シタマフカユヘナリ。……シカレハ臨終正念ナルカユヘニ来迎シタマフニハアラス。来迎シタマフカユヘニ臨終正念ナリトイフ義、アキラカナリ。在生ノアヒタ往生ノ行成就セムヒトハ、臨終ニカナラス聖衆来迎ヲウヘシ。来迎ヲウルトキ、タチマチニ正念ニ住スヘシトイフココロナリ。……コノ臨終正念ノタメニ来迎ストイフ義ハ、静慮院ノ静照法橋ノ釈ナリ。[30]

法然は第十九願を来迎引接の願としている。これは聖覚の『四十八願釈』も同様である。そして静照の説く臨終正念義としてこの文を遺している。この引文は実は問題のあるものである。法然は静慮院静照とその伝来を述べる。天台浄土教で静照といえば『極楽遊意』の著者が思い浮かぶ。しかし、この文章は『極楽遊意』にはないものである[31]。また、静照の院号は功徳院とも伝えられ、源信の時代の静慮院は遍救であり、これも異なる。今は説者について疑問があるということだけ触れておく。

さて、ここに見るのは天台の臨終観そのものである。臨終において病苦にせめられるときは三愛が生じて正念を妨げるが、阿弥陀仏が大光明を放って来迎すると、帰敬の心がおき、それ以外の思いはなくなり、三愛の心を滅ぼして、更には行者に近づいて加持護念するという。行者は三愛を生じ臨終の正念ができない状況にあるが、来迎の姿を見るという外的要因、その姿を見て生じた帰敬の念という内的要因により三愛を滅し、更には仏の加持護念という外的要因が重なって臨終の正念が遂げられるとしているのである。そして、臨終の正念を自力で遂げるから往生できるのではなく、来迎に預かるから臨終の正念が遂げられると述べ、来迎を確実なものにするものは尋常の念仏であるという。つまり、尋常の念仏（自力）により来迎（他力）に与り臨終の正念の力により往生を遂げるという。しかし、今の行者はそれができていないとして次のように批判する。

シカルニイマノトキノ行者、オホクコノムネヲワキマエスシテ、ヒトヘニ尋常ノ行オイテハ怯弱生シテ、ハルカニ臨終ノトキヲ期シテ、正念ヲイノル。モトモ僻韻ナリ。シカレハヨクヨクコノムネヲココロエテ、尋常ノ行業ニオイテ怯弱ノココロヲオコサスシテ、臨終正念ニオイテ決定ノオモヒヲナスヘキナリ。コレハコレ至要ノ義ナリ。キカム人ココロヲトトムヘシ[32]。

今の行者は尋常の行を怠り、ただ臨終の正念ができるように祈っている、と批判し、尋常の行業に励むことにより臨終の正念が決定するという心持ちこそが至要であると説く。ここで尋常の行というのは天台で説く顕密の諸行であろう。それを往生の因として廻向することで天台浄土教の行業として成立する。故に念仏には限らないのである。一方、臨終の正念は観想、口称の念仏であろう。

この一連の『西方指南抄』の文から読み解けるのは、尋常の行業がなければ臨終正念は無理であるということ、そして、これが著された時点で多くの念仏行者により尋常の行業がおろそかにされていたということである。これは天台の重視する臨終正念が実質的には行えていない現状を説くものではなかろうか。それ故、法然は別の道、つまり専修念仏を提示する導入としてこのことに言及しているとも思われるのである。

さて、聖覚はこの臨終の正念に関して、まずその功徳を次のように説く。

臨終ノ念仏ハ功徳コトニスクレタリ。タタシソノココロヲウヘシ。モシ人イノチオワラムトスルトキハ、百苦ミニアツマリ、正念ミタレヤスシ。カノトキ仏ヲ念セムコト、ナニノユヘカスクレタル功徳アルヘキヤ。コレヲオモフニ、ヤマヒオモクイノチセマリテ、ミニアヤフミアルトキニハ、信心オノツカラオコリヤスキナリ(33)。

聖覚は臨終の念仏の功徳が優れていることは認めるが、それは正念できた場合である。正念ができなければその功徳は得られない。それは天台浄土教と同じ見解である。命が終わろうとする時、百苦が身に迫りとても正念などできないものが多い。そのような時に仏を念じても、期待されるような功徳は得られないのではないか、という疑問を呈するのである。これに対して、病の重い人は、信心が起こり易いものであると説き、この引用の直後には普段は医者も陰陽師も信じていないような者であっても、命が長らえると言われれば医者の言葉を信じもし、陰陽師の言う通りの祈禱をする。命を惜しむ心が深いが故に彼らの言葉を信じる心を生じることを例に挙げる。

ここでは命を惜しむ、つまり現生への執着が一つの鍵になる。何故ならば、これは天台浄土教で問題としてきた三愛の問題そのものであるからである。

そして聖覚は次のように言を進める。

臨終ノ念仏、コレニナスラエテココロエツヘシ。イノチ一刹那ニセマリテ、存セムコトアルヘカラストオモフニハ、後生ノクルシミタチマチニアラワレ、アルイハ火車相現シ、アルイハ鬼率マナコニサイキル。イカニシテカコノクルシミヲマヌカレ、オソレヲハナレムトオモフニ、善知識ノオシエニヨリテ、十念ノ往生ヲキクニ、深重ノ信心タチマチニオコリテ、コレヲウタカフココロナキナリ。コレスナワチ、クルシミヲイトフココロフカク、タノシミヲネカフココロ切ナルカユヘニ、極楽ニ往生スヘシトキクニ、信心タチマチニ発スルナリ。イノチノフヘシトイフヲキキテ、医師陰陽師ヲ信スルカコトシ。モシコノココロナラハ、最後ノ刹那ニイタラストモ、信心決定シナハ、一称一念ノ功徳、ミナ臨終ノ念仏ニヒトシカルヘシ。(34)

臨終の念仏とは医者・陰陽師の例になぞらえて理解するよう聖覚は言う。自分の命がまさに尽きると認識をするその時、次の生での苦しみが現れて、火車が現れたり、獄卒の鬼が目の前に現れる。この苦しみから逃れたいと思っているところに、善知識による十念往生の教説に遇うと、たちまち深重の信心が発こり、これを疑うことがない、と説く。それは苦しみを厭う心が強く、楽しみを願う心が切なるもの、つまり厭離穢土・欣求浄土の心によって信心が即座に生じたというのであり、そうした信心に基づく念仏であるので往生が遂げられるとする。つまり、臨終においては現生への執着よりも、目の前の苦しみから逃れ、安楽になりたいという思いに支配されるというのである。そして、最後の一刹那に至る前に信心が決定するならば、一回の称名でも一念の思念でも、天台で説く臨終の念仏とその功徳は等しいものであると説く。

この聖覚の臨終観は従来の天台浄土教を超克する内容となっている。まず、天台浄土教で問題となっていた三愛、つまり現生への執着というものは、病になった時に既に起きるものと捉えている。天台ではこの臨終に起きる強い思念に重きを置き、それ故三愛の力も強いものと判断する。しかし、それを臨終の一つ前の段階に下げているのである。

臨終において人々の中に起きる想念とは、死を迎える時の苦相である。ここでは火車が出てくる。実はこれこそが天台の臨終を語る上での鍵となる用語である。これについては拙稿[35]にて論じているので詳細は譲るが、この火車の相は『智者大師別伝』（以下『別伝』）の智顗臨終の場面にて語られている。臨終に火車が現れるという表現は浄土教系の典籍には見られない。火車は地獄で衆生を責め苛む道具として阿含経典をはじめ様々な経典に登場するのであり、これを地獄へ往く時の乗り物とする記述は『智度論』に見られる。これは提婆達多の堕地獄の描写として「欲レ去未レ到二王舎城中一、地自然破裂、火車来迎生入二地獄一。提婆達多身有二三十相一、而不レ能レ忍二伏其心一、為二供養利一故而作二大罪一、生入二地獄一[36]。」とあり、『別伝』ではこれに基づいて「火車相現能改悔者、尚復往生。況戒慧熏修、行道力故、実不二唐捐一[37]。」と、臨終において火車が出現しても懺悔により往生できると論じている。つまり、臨終における苦相の典型として火車が説かれているのであり、これを読んで得心がいくのは天台を学んでいる者である。法然も臨終における火車出現には言及しているようである。『拾遺黒谷上人語灯録』（以下『拾遺語灯録』）には「サレハ経ニ、若人造二多罪一、得レ聞二六字名一、火車自然去、花台即来迎極重悪人無二他方便一、唯称二弥陀一得レ生二極楽一[38]。」と述べていたことが伝えられ、また、弁長の『徹選択本願念仏集[38]』には『別伝』の記述が見られる。『拾遺語灯録』所引の経は不明であるが、天台での言説が浄土宗にも伝わっていたことの証しとなろう。

この臨終の苦相から生まれる心が厭離穢土・欣求浄土の心である。そしてこの心が先に見たように深重の信心を生み、往生へと導くと説く。天台においては臨終に際し発起すると説かれる三愛、現生に対する執着は克服され、往生を求める思いのみになるというのである。これは言わば天台的臨終観の超克である。天台では、臨終には死を忌避する現生への強い執着が発生するから往生への思いが乱されるのであり、それ故、往生への思いが乱れないように常日頃から尋常の行業により準備をすることを説く。そして、臨終正念をなし遂げ、その強い功徳力により仏の来迎を得るとする。この臨終に際しての心の発動を聖覚は浄土教的に入れ替えているのである。苦を目の当たりにして起きるのは命を惜しむ心ではなく阿弥陀仏への信心である。たとえそれがその瞬間だけのものであっても、そこに絶大なる功徳を見出すのである。そしてその信心に基づく念仏は、「最後ノ刹那ニイタラストモ、信心決定シナハ、一称一念ノ功徳、ミナ臨終ノ念仏ニヒトシカルヘシ」と、尋常の念仏であっても天台で重視する臨終正念の功徳に等しいと説くのである。

これは、従来いわれる臨終正念重視から尋常の念仏重視への転換という単純な構造変換を説くものではないと考える。聖覚の示すところは、源信の説くような尋常の行業から臨終正念へと深まる段階論的な念仏観ではない。それは臨終正念と同じ功徳を持つ、いわば絶対的な功徳をもたらす念仏である。これはむしろ、阿弥陀三諦説の如き、絶対的な理を内包した念仏観に近いのである。観心門では不来の来迎などを説くが、尋常の念仏に大きな功徳を持たせるという意味では法然も観心門の天台浄土教も同じである。そしてその功徳の源を、西方浄土の阿弥陀仏に求めるか、己心即弥陀の阿弥陀仏と衆生に内在する理法に求めるかの違いである。ここでは臨終のみならず平生の信心の果たす役割は決定的なものと理解されているのであり、そこに聖覚が唯信と述べる理由も求められよう。

四　小　結

ここでは天台僧である聖覚が法然浄土教を如何に理解していたかについて考察を進めた。重要な点として以下の三点が挙げられる。まず、菩提心の役割を信心に移行したこと。第二に、臨終の正念の構造を転換し、厭離穢土・欣求浄土の心の働きにより深重の信心が一念にて発こり、口唱十念をすることで往生を遂げられるとした点。第三に尋常の念仏に天台で説く臨終正念と同じ功徳があるとしたが、これは観心門の念仏思想に通ずるものがあるということである。これらは天台の浄土教を否定するまでには至らない。また、天台的な諸行往生を自力の往生として否定はしていない。ただし、法然浄土教としてはあくまで専修念仏を説いているのであり、そこは天台浄土思想とは異なることは言うまでもない。読者が法然門下の者を想定していれば当然の帰結であろう。聖覚は専修念仏についてこう述べる。

専修ノ行ニソムカス、一万遍ヲトナエテ、ソノノチニ他経他仏ヲ持念セムハ、ウチキクトコロタクミナレトモ、念仏タレカ一万遍ニカキレト。サタメシ精進ノ機ナラハ、ヒメモスニトナフヘシ。念珠ヲトラハ、弥陀ノ名号ヲトナフヘシ。本尊ニムカハハ、弥陀ノ形像ニムカフヘシ。タタチニ弥陀ノ来迎ヲマツヘシ。(40)

専修念仏に背くことなく一万遍唱えて、その後に他経を唱え他仏を念ずるのはたくみなことのように見えるが、だれが念仏行を一万遍に限れといったのかと問い、ひたすらに念仏に励むことを説く。信は一念で成就するのであろうが、念仏行は多念を求めている。また松本氏は「タタチニ弥陀ノ来迎ヲマツヘシ」という文を現生の来迎を期するものと解釈する。(41) そうなると天台の不来の来迎、不往の往生と同系統の思想となる。このように見ると天台の諸行の中から念仏行を選んでいるだけという解釈も可能なのであり、そうであるからこそ聖覚も天台にいながら法然義に依って立つことができたと考えるのである。

註

（1）平雅行『日本中世の社会と仏教』（塙書房、一九九二）第三篇「Ⅸ嘉禄の法難と安居院聖覚」参照。
（2）松本史郎「『唯信鈔』について」（『駒澤大学仏教学部研究紀要』五七、一九九九・三）。

（3）藤枝昌道『聖覚法印の研究』（顕真学苑出版部、一九三六）。松本彦次郎『日本文化史論』（河出書房、一九四二）。松野純孝『親鸞—その生涯と思想の展開過程—』（三省堂、一九五九）。安富信哉『唯信鈔』講義（大法輪閣、二〇〇七）。平雅行前掲書。
（4）大正八三・一二頁中。
（5）大正八三・九一一頁中下。
（6）大正八三・九一三頁下。
（7）『唯信鈔』大正八三・九一二頁下。
（8）大正八三・九一三頁上。『選択集』には「言㆓深心㆒者即是深信之心也。」とあるによる。大正八三・一〇頁上。
（9）大正八三・九一三頁上。
（10）柳澤正志『日本天台浄土教思想の研究』（法藏館、二〇一八）第五章　三「源信の仏性論を巡る一、二の問題」参照。
（11）大正八四・五八頁上中。
（12）大正一二・三五三頁上。
（13）南本。大正一二・八二一頁上。
（14）大正七四・三五五頁上。
（15）大正八四・六二頁下〜六三頁上。
（16）大正八三・九一三頁下。
（17）旧仏全三一・二〇三頁上。
（18）聖覚『四十八願釈』（元禄三年版）巻三・一丁右〜四丁左。
（19）西村冏紹「『自行念仏問答』の成立と思想史的意義」（『印度学仏教学研究』四七−一、一九九八）。筆者も法然と同時代の人師の作と考える。柳澤正志「『自行念仏問答』の思想と成立」（『早稲田大学大学院文学研究科紀要』四八、二〇〇二）。

(20) 花野充道『天台本覚思想と日蓮教学』（山喜房佛書林、二〇一〇）第二篇第二章「『自行念仏問答』の成立と思想」参照。
(21) 大正八三・九一四頁中。
(22) 旧仏全三三・五一頁下。
(23) 大久保良峻『最澄の思想と天台密教』（法藏館、二〇二四）Ⅱ　最澄の思想「天台教学における龍女成仏」参照。
(24) 旧仏全三三・五一頁下～五二頁上。
(25) 『選択集』大正八四・七頁中。
(26) 柳澤正志『日本天台浄土教思想の研究』（法藏館、二〇一八）第十二章　四「日本天台浄土教における生死観について」参照。
(27) 大正八四・七〇頁下。臨終の一念が百年の業に勝るとする理解は『大智度論』（大正二五・二三八頁中）によるものである。
(28) 梯信暁『奈良・平安期浄土教展開論』（法藏館、二〇〇八）、二三三頁。
(29) 松野純孝『親鸞』三一三頁。
(30) 大正八三・八四八頁下～八四九頁上。
(31) 『極楽遊意』にはこのままの文はないものの、三愛に類する言及はなされている。
(32) 『西方指南抄』大正八三・八四八頁下。
(33) 大正八三・九一四頁中。
(34) 大正八三・九一四頁中下。
(35) 柳澤正志「天台における往生思想形成の一考察―智顗の往生観を中心に―」（『天台学報』六一　二〇一八）参照。
(36) 大正二五・一六五頁上。
(37) 大正五〇・一九六頁中。
(38) 大正八三・二六三頁上。

(39) 大正八三・二五頁中。ここには智顗が浄土教を選択したとして『別伝』の記事を載せる。
(40) 大正八三・九一二頁中。
(41) 松本前掲論文参照。

台密における秘密灌頂

寺本　亮晋

一　はじめに

密教における重要かつ最奥の儀礼が、灌頂であることは自明であろう。現在でも天台宗の経歴行階に則り、毎年延暦寺の各灌室が順に開催し、取水・許可・三昧耶戒・胎蔵界灌頂・金剛界灌頂・瑜祇灌頂・第五秘密灌頂と次第を踏みつつ勤修している。この古儀に従い、入壇灌頂と開壇伝法の受者は阿闍梨より灌頂を授かるのである。中でも、最後に開壇の受者のみが瑜祇・第五秘密を受法することから、両灌頂が最重要であることは承知される。つまり、その教理や事相における位置付けは、尚更把握し難いと言えよう。そこで本論は、台密の「秘密灌頂」に限定して考察することを主眼とする。

灌頂はその性格上、秘する箇所が多いため研究が少ない傾向にあるが、特に秘密灌頂については先行研究が僅少である。その中でも、先ず島地大等氏が『天台教学史』において、瑜祇と秘密の両灌頂に触れ、その灌頂式の要文を抽出している(1)。次に、水上文義氏は、秘密灌頂や瑜祇灌頂に関する考証が多数ある中、特に蓮華流の事相書である『鸚鵡抄』巻五所収の「秘密灌頂口決」について検討している。(2) ただし、秘密灌頂の典拠等に言及してはいるが、『鸚鵡抄』の口決の系統の解明に比重を置いた論攷となっている。また、佐藤隆彦氏が中世東密の伝承と台密の秘密灌頂の連関を論じている。(3) しかしながら、台密の秘密灌頂に注目すると、限定された資料を使用しているため、十分に検討されたとは言い難い。

そこで本論では、秘密灌頂の典拠と安然の教説を端緒に、中世の事相書に見られる諸流の口決を参照し、その教理的裏付けや位置づけ、相承等を論究したい。

二　秘密灌頂の典拠

「秘密灌頂」という語は、密教経典に僅かに散見する。例えば、世護訳『仏説一切如来金剛三業最上秘密大教王経』には「曼拏羅儀軌　灌頂有二三種一　如レ此教中説　彼賢瓶灌頂　斯名為二第一一　若二秘密灌頂一　此説レ為二第二一　智慧為二第三一」とあり、灌頂の三種のうち、第二に秘密灌頂を挙げている。

しかし、後世に大きく影響を与えたのは、やはり『大日経』と『大日経義釈』の教説になろう。『大日経』巻五の秘密曼荼羅品には、偈文に三種灌頂と五種三昧耶が説かれている。この五種三昧耶とは、受者が灌頂を受ける際に、受者の機根を五種の序列として表したものを指す。

灌頂有二三種一　仏子至心聴　若秘印方便　則離二於作業一　是名二初勝法一　如来所二灌頂一　所謂第二者　令レ起二作衆事一　第三以レ心授　悉離二於時方一　令二尊歓喜一故　如二所説一応レ作　現前仏灌頂　是則最殊勝　正等覚略説二　五種三昧耶一　初見二漫荼羅一　具足二三昧耶　未レ伝二真実語一　不レ授二彼密印一　第二三昧耶　入観二聖

天会一　第三具二壇・印一　随レ教修二妙業一　復次許二伝教一　説レ具二三昧耶一　雖下具二印・壇位一　如中教之所上説　未レ逮二心灌頂一　秘密慧不レ生　是故真言者　秘密道場中　具二第五要誓一　随レ法応二灌頂一　当レ知異レ此者　非レ名二三昧耶一……(4)

ここでは、作業・印法・以心の三種の灌頂が説かれている。作業灌頂は、択地造壇し、七日作壇の作法を経て、曼荼羅や投華得仏といった作法の準備を必要とする。延暦寺や各地方寺院で現在行われている灌頂がこれに当てはまろう。印法と以心の両灌頂は、無形式にして作法を離れた灌頂である。すなわち、印法灌頂は、資力の乏しい弟子に対して準備を省いて密印を授ける灌頂を指す。一方の以心灌頂は、師資の互いの心を以て行う灌頂であり、時や場所から離れると説示されている。

また、五種三昧耶の第五に相当する記述では「未レ逮二心灌頂一　秘密慧不レ生」と説かれ、心の灌頂に及ばなければ秘密慧が生じないと明かしているのである。なお、以心灌頂と第五三昧耶が連関されているような記述ではあるが、『大日経』では同一であると明記していない点に注意が必要である。

さて、以心灌頂と第五三昧耶の関係は、『大日経義釈』の同箇所の註釈によって整理される。以下に挙げる『大日経義釈』巻一一の秘密漫荼羅品に拠れば、五種の三昧耶を五種の灌頂に配当している。なお、五種三昧耶と五種灌頂の連関については、以前に論じた拙稿を参考にされたい(5)。そこで、少々重複するが、秘密灌頂に関する『大日経義釈』の要点を述べておく。

第五即是秘密三昧耶。如二教所レ説印・壇配位皆見。若不レ経二入此壇一秘密智不レ生。是故当下於二秘密壇中一如法作中灌頂上。是名二第五一。智者応レ知也。若異レ此者、不レ名二三昧耶一也。即前所レ説第三灌頂時所入也。若異二此五事一不レ名二善作三昧耶一。(6)

五種三昧耶における第五三昧耶は秘密三昧耶であり、この壇を経なければ秘密智が生じないと強調されている。そして、如法に灌頂を経ることができなければ、第三三昧耶に相当する伝法灌頂と相違ないことが誡められているのである。この解釈を巡っては、後世に議論される問題となるので後述したい。

次に、同じく『大日経義釈』巻一一の秘密漫荼羅品では、灌頂に三種あると示す中、第三の以心灌頂を解説している箇所が見出される。

三者但以レ心而作二灌頂一。如レ是灌頂不レ択レ時、不レ択レ方。謂向レ東設レ位、或向レ南等皆離也由三此弟子已修二真言之行一、於二秘密蔵中一有レ所二堪任一。令二師心悦一。此又最勝也。師弟倶得二瑜伽一以レ心灌頂。猶三如摩頂授記一也。又能尽レ心承三奉其師一於二種種善事一無レ有二違越一。以二是因縁一令二尊歓喜一。故為作二心想灌頂一也。[7]

最初に、以心灌頂は時と場所を選ばないことが説かれている。そして、弟子が修行の過程で堪えられるのであれば、師弟ともに瑜伽を得て以心灌頂に進むというのである。これを摩頂授記に譬え、心想灌頂とも言い換えている。以上の如く、以心灌頂は心に特化した灌頂であるため、明記こそしていないが、『大日経義釈』でも五種三昧耶の第五三昧耶に相当することを示唆しているのが観取されるのである。

ところで、「秘密灌頂」という語は、『大日経義釈』巻五の具縁品二之三に一箇所見えるのみであり、ここで問題としている秘密灌頂の説明とは無関係である。つまり、『大日経』『大日経義釈』では、以心灌頂と第五三昧耶を用いて教説されているに過ぎず、「秘密灌頂」について直接言及していないことに注意が必要である。ただし、前述の秘密三昧耶の引用箇所を承けて、『大日経義釈』巻一一では秘密曼荼羅に五種あることを説示している。[8]

然秘密漫荼羅復自有二五種一。第一謂於二師所一授三得真言印法一依レ教修行与二瑜伽一相応、得下於二定中一見中諸尊大会上。然未レ蒙二引入一。此例如二第一人一次第二人已蒙レ引三入秘密壇中一得二巡礼供養一。而未レ蒙三聖尊現為二灌頂等一。第三既蒙レ引二入大聖衆中一、従レ初至レ末一一秘密之行皆蒙二聖者方便告示一如二第三人一也。第四者已善修二行秘要之道一現蒙二諸尊為作一秘密伝教三昧耶一。即為二如来所使一行二如来事一也。第五已具二前事一又見下己身於二大会中一自作中阿闍梨師上。即是入地人也。此人纔入二三昧一、即見下一切仏会乃至十世界微塵大会悉能集レ之、而於二其中一同中彼尊位上也。(9)

ここでは、師が秘密の曼荼羅に弟子を引入するための次第を示している。注目すべきは、やはり秘密灌頂に触れず、あくまでも秘密曼荼羅への引入方法を説いている点である。ただし、いずれにしても以心灌頂や第五三昧耶の重要性を説いているため、台密においてはこの箇所の教説を秘密灌頂の典拠として展開していくのである。

さて、秘密灌頂の理解を示す一例として、証真（一一三一頃～一二二〇頃）を取り挙げたい。証真は、密教を専門としてはいなかったが、秘密灌頂が支分を必要としない点は理解していた。『天台真言二宗同異章』では、真言には灌頂のような事相があるが、天台にはないことを問題としている。そこで証真が著した問答は、次のとおりである。

問、真言行者得下受二灌頂一現身即入中大日尊位上。於二天台教一都無二此事一、云何。答、此等皆、是寄レ事明レ理、説下於従二等覚一入二妙覚一之相上也。由二三密加持一、観行冥成生在二仏家一。故勝二常人一。顕教唯明二理観一。己心即是遮那、由二実相印一亦冥成二仏身一也。於二灌頂中一、秘密灌頂不レ仮二支分一、但観二身分一、義同レ之也。義釈云、仏意言甚深法相不レ可二直宣説一。故以二方便力一寄二此曼荼羅具縁支分一。令下初業者摂レ心有レ地蒙二仏加持一住中於無相上。……(10)

顕教は理観のみ説くのであって、例せば秘密灌頂のように支分を必要としない事相があることを示し、天台と真言の理が同一である根拠としているのである。

さらに、秘密灌頂の典拠を概括した例として、顕春（～一三〇三～一三〇九～）が嘉元元年（一三〇三）に著した『秘教要略抄』を取り挙げたい。台密の名目書として三十四項目が記されている中、顕春は「一、灌頂」において秘密灌頂を提示している。

就二此灌頂一有二多種一。先三種灌頂者、一者但以二印法一作レ之、離二諸事業一。為二資力乏少弟子一師起二慈心一観二彼心一摂二引之一。但為二此一人一作レ之。為二多人一不レ作レ之。私云是離作業灌頂歟二者以二作業一作二灌頂之事一。与レ前不レ殊。但以レ有二資力一故令レ尽二其所有一。於二諸仏海会之中一而作二無尽供養一。是伝法灌頂歟三者但以レ心而作二灌頂一。此是灌頂不レ択二時方一。師弟共得二瑜伽一以レ心灌頂。猶如二摩頂授記一。是秘密灌頂歟

又五種三昧耶者、第一三昧耶遥見二曼荼羅一供二散華香一。礼拝供養、除二滅無量罪障一。義釈云、無量倶胝劫、所レ作衆罪障、見二此曼荼羅一、消滅尽無レ余。文此三昧耶功能也。又津州不信孤女依レ礼二灌頂道場一死雖レ入二大地獄一、変二華池一坐二華上一等其類也。由二如来加持一萌二遠縁一。

第二入二壇中一礼拝供養、投レ華知二本尊一、受二其印明一。以前両種三昧耶共結縁灌頂也

第三為二此人一首末具足、教二授諸尊手印真言行法一。是受明灌頂乃至伝法許可等此摂也

第四大悲壇堪レ在二師位一之弟子度レ之。常伝法灌頂也

第五即是秘密三昧。若不レ入二此壇一秘密智不レ生。若異レ此者、不レ名二三昧耶一。如二前所説一第三灌頂時所入也。是秘密灌頂也

付二此秘密灌頂一又有二五種一。第一依レ教修行、与二瑜伽一相応定中見二諸仏一。未レ引二入大会一。第二已被レ引二秘密壇中一巡礼供養。未レ蒙三聖尊現為二灌頂一。第三引二入大聖衆中一、従レ初至レ末蒙二聖者告示一。第四已修二秘密要法一現蒙三諸尊為作二秘密伝教三昧耶一。第五已具二前事一又見二己身一、於二大会中一作二阿闍梨師一。是入地人也。観心成就者、

以心灌頂。秘密灌頂灌頂功徳云、諸仏証明、諸天共敬。在二生死中一、不レ堕二悪趣一。不レ生二貧窮家一。諸根端正、具二大福徳一。不レ久得二無上菩提一。蘇疏云、凡入二曼陀羅一必有二四種灌頂一。一者除難、二者成就、三者増二益己身一、四者得二阿闍梨一。文

又合行灌頂有レ之。付レ之有二両流一。一谷合行、二都率流合行也

又瑜祇経灌頂有レ之。是秘秘中深秘灌頂也

已上三種灌頂、五種三昧耶、義釈第十一委悉也。可レ見レ之。(11)

顕春は、『大日経』『大日経義釈』所説の三種灌頂と五種三昧耶、五種の秘密灌頂を記し、『蕤呬耶経』の灌頂の功徳、『蘇悉地経』所説の四種灌頂を抄出して整理している。特に、以心灌頂の割註には「秘密灌頂歟」「秘密灌頂」と記され、第五三昧耶では「是秘密灌頂也」と付している。さらに言えば、顕春は、『大日経義釈』で説かれた五種の秘密曼荼羅を、秘密灌頂の五種へと書き換えているのである。それ故、次に詳述する安然の影響も含め、一二世紀初頭には秘密灌頂の典拠が整理されていることが窺知されるのである。

三　安然の秘密灌頂理解とその影響

さて、日本天台における秘密灌頂の解釈を概観する上で、先ず最澄の著作に触れておきたい。『灌頂伝授秘録』巻上(12)には、秘密灌頂の胎金総別の密印が記されている。しかしながら、奥書の日時や後世成立の胎金合行の印明を理由に、『灌頂伝授秘録』が最澄仮託であることは明白である。(13)また、円仁や円珍といった台密黎明期の学匠の著作を検証すると、管見の限り、秘密灌頂について触れてはいない。そこで、秘密灌頂に最初に注目したのは、やは

り安然（八四一～八八九～、一説九一五没）となろう。

安然の秘密灌頂理解を探るため、胎蔵界と金剛界の灌頂の種類について詳説している箇所を明示したい。安然撰『観中院撰定事業灌頂具足支分』（以下、『具支灌頂』）巻一には、冒頭の「灌頂種類差別分第一」において(14)胎蔵界灌頂法は十三種、金剛界灌頂法は十六種と数えている。しかし、その区分は詳細かつ大変膨大で、動もすれば煩雑に筆録されている(15)。そこで、ここでは端的に示されている安然撰『広摂不動秘法要訣』を例に挙げたい(16)。

> 復有二五種三摩耶一。一者遥見二壇外一但作二供養一。不レ受二灌頂一不レ受二真言及印一。二者引三入壇中一投三華本尊一始受二灌頂一。随請二真言及印一。三者広作二事業一受二灌頂一遍受二諸尊真言及印一。四者大悲蔵中堪レ在二師位一、為作二伝教許可灌頂一。五者秘密壇中、更作二灌頂一遍授二印壇配位一。如二秘密曼荼羅品義釈云一。……云云。已上釈文
>
> 前五種中第二法是結縁受灌頂。第三法是三部都法、三部各別大阿闍梨及持明者之灌頂也。第四法是大悲蔵中伝教灌頂。第五是秘密壇中秘密灌頂(17)。

これによると、『大日経義釈』の引用の後、第五三昧耶は秘密壇中の秘密灌頂であることを明言している。加えて、『具支灌頂』巻一において、『大日経義釈』巻一一の秘密漫荼羅品の三種灌頂を引用した上で自説を述べている。

> 私検二経文一、其事業灌頂如二具縁品及転字輪品一。其手印灌頂如二転字輪品及入秘密品一。其以心灌頂如二入秘密位品一。故具縁品義釈云、凡造二曼荼羅一於二七日内一須レ畢等也。云云(18)

ここで、安然自身が経文を検証したところ、以心灌頂の出典を「入秘密位品」、即ち「入秘密漫荼羅法品」と断じているのである。それ故、安然が主張する典拠は、入秘密位品の「自灌頂」を指すと推考できよう。そこで、『具支灌頂』巻一の胎蔵界灌頂を解説している中、安然が自灌頂について説示する箇所が見られる。すなわち、次のとおりである。

復有二自灌頂法一、幷レ前為レ九。如二大日経秘密曼荼羅品義釈云一。此但是行人自為レ己作。不レ合レ示レ人。若作法時自在二壇門一而坐、自作二灌頂等法一、然後得レ作二一切法一也。此事尤秘。但心存レ之不レ可レ形二於翰墨一也。云云入秘密位品義釈云、師既自住二瑜伽之座一、以二其身心一而作二仏海之会一。独自明了余所レ不レ見也。次授二弟子華一合レ投二師身上一。供二養内心之仏一而観二本縁一、随二彼本縁一而観二其法一。若本尊摂二受華一中、於レ彼師皆観不レ謬。而弟子未レ得二瑜伽一者但見レ在二其身上一耳也。其華投処、大略心為二八葉之位一。従レ臍至レ心為二金剛台一、臍為二大海一、従レ臍以下是地居諸尊位也。云云[19]

安然は、胎蔵界灌頂の第九として「自灌頂」を挙げている。また、『大日経義釈』巻一二の住秘密漫荼羅品[20]の記述を引用し、従来の灌頂における曼荼羅への投華の代わりに、弟子に師の身上に投華させることで諸尊と縁を結ぶことを述べるのである。ただし、安然は「入秘密位品義釈」からの引用と記しているが、実際は「住秘密漫荼羅品」の文であることが了知されよう。

以上、出典箇所の差異はともかく、安然が『大日経義釈』から秘密灌頂の儀礼作法として「自灌頂」を引拠している点は重要である。加えて、『大日経義釈』住秘密漫荼羅品には、「然此秘密漫荼羅、若師観二弟子一、深是法器誠心願求、而力不レ能下具二衆縁一如レ上広作上者、師得下為作二此法一度上レ之。[21]」と記され、師が秘密曼荼羅への灌頂を促す記述も見られる。要するに、安然は、従来の敷曼荼羅ではなく曼荼羅に見立てた師の身上に投華して仏と結縁することを、秘密灌頂の作法として捉えていたのである。そして、この師の身上への投華が、台密における秘密灌頂の儀礼作法の骨子となっていく。

この安然の引用した「自灌頂」に関して、大原流の祖である長宴（一〇一六～一〇八一）が、谷流の皇慶（九七七～一〇四九）の口決を記した『四十帖決』巻一二の「灌」の項を引照したい。

永承三年（一〇四八）正月二十三日説

見諦阿闍梨為二弟子一授二灌頂一之時、於二自身一観三作曼荼羅一。自身即金剛薩埵。出二弟子手一授レ花引入。師身曼荼羅、手持レ花故云レ不レ空レ手也。又見諦阿闍梨為二乏財弟子一授二灌頂一之時、於二自身一観二曼荼羅一、令三弟子花投二我身上一。即随二花随処尊位一、授二其尊灌頂一。云云又灌頂之間、師之身始終同二大日之身一。正灌頂之時、師自想三身同二大日一。十方諸仏亦同二我身一、影二現我身中一。大日与二十方仏一同共授二弟子一也。云云[22]

口決に依れば、阿闍梨自身を曼荼羅と観じ、金剛薩埵と捉え、弟子に自身上に投華させると記録されている。また、正灌頂の間は、自身を大日如来の身と観想することが説かれ、その大日は諸仏と自身と同体として弟子に灌頂を授けると言うのである。特に、『大日経義釈』では、先に示したように師の身を臍以上・臍・臍以下の三種に分類されていたが、正灌頂の間は大日の身であり、十方諸仏も同体であると述べられている。『四十帖決』は、内容の種類や日時によって口決が列挙されているため、この灌頂が何を指すのか具体的に記されていない。しかし、阿闍梨自身に投華するという自灌頂に近似した記述から、以心灌頂や秘密灌頂に関する記述と推察されよう。ともあれ、皇慶在世の頃には秘密灌頂に対して進んだ理解が見られるのである。

次に、相実（一〇八一～一一六五）の口説を政春（～一一五三～一一六二～）が筆録した『師説集』を参照したい。後の『阿娑縛抄』にも影響を与えた相実の口説の中に、秘密灌頂に関する箇所が見られる。

問、秘密灌頂何。

師云、真実智品・布字品行法也。近代絶不レ受レ之。

又持誦不同所レ云秘密壇灌頂、嘉会壇行法歟。云云大原抄秘密壇者、諸尊各座也。云云是別事也。大悲壇・秘密壇云二秘密一非也。云云[23]

相実は、秘密灌頂の典拠として『大日経義釈』真実智品と布字品所説の行法と特定し、近代は絶えてしまったと記している。そして、安然撰『大日経供養持誦不同』に説かれる秘密壇灌頂とは、嘉会壇の灌頂を指すのかと疑問を出している。この「嘉会壇」とは、『大悲胎蔵生大曼荼羅王嘉会壇中普通念誦次第』または『大悲胎蔵嘉会壇中修灌頂時七日行法法用次第』が想定される。両書は、古来、安然撰とも玄静筆とも伝えられ、台密の灌頂式の手本となってきた。つまり、『大日経義釈』真実智品・布字品の行法は絶えてしまい、『大日経供養持誦不同』で示す秘密灌頂は、『嘉会壇』の行法を利用しているのかと疑義を抱いたのである。また、典拠を真実智品・布字品と示したのは、支分に種字を布す内容が両品に通底していることからも、安然や皇慶の教説を継承する秘密灌頂の行法として注目しなければならない。

この法曼流の相実の口説は、『阿娑縛抄』にも記載されている。『阿娑縛抄』は、承澄（一二〇五～一二八二）の弟子である尊澄が原撰し、それを師の承澄が再治・増補した説を有力とする事相の集大成である。承澄は、穴太流の流れを汲んでいるため、『阿娑縛抄』自体は小川流の書と言われる。ただし、師の忠快の『密談鈔』を元に、相実の『息心抄』、静然の『行林抄』等を集載した三昧・穴太・法曼の各三流の「惣口決」であるため、『阿娑縛抄』の内容がどの流派の口説かを分別するのは困難である。そこで、巻九の「灌頂私決」の中、灌頂の種類に関する口説を示せば、次のとおりである。

中川上人云、秘密灌頂、唯小野流有レ之。実範従二厳覚僧都一受レ之。僧都従二信覚僧正一受レ之。寛親・静与等雖レ求二請之一、依二不肖身一未レ許レ之。於二我処一止レ思。範俊僧正授二両三輩一。従二彼所一多弘。其作法大略与二伝法一大異小同。云云

或印信云、入秘密壇詳血脈者、慈覚大師一門之所伝。云云

円乗房云、谷阿闍梨、院尊阿闍梨授二普賢延命法一。次示云、授二汝秘密灌頂一思。小壇上備二閼伽一前許一。如二常許可体一作法有。爰院阿闍梨被レ申云、諸壇渡如レ此可候被レ申、然也被レ仰。云云

具支灌頂一云、私検二経文一、其事業灌頂。如二具縁品及転字輪品一。其手印灌頂、如二転字輪品及入秘密品一。其心灌頂、如二入秘密位品一。文

秘密灌頂、真実智品行法也。近代絶不レ受レ之。云云(24)

『大日経義釈』の出典と、安然の各種灌頂の類別を引用した上で、中川上人・或印信・円乗房の口決が列記されている。その上で、安然の『具支灌頂』の「私検二経文一……」の引用の後に、前に示した『師説集』の相実の口説が記されている。ただし、ここでは「布字品」の記載が見られない(25)。以上の如く、この口説は、すでに相実在世の時分には、『嘉会壇』のような灌頂式に則って秘密灌頂が行われていたことを示唆しているのである。

なお、管見ながら、確認できた最古層の秘密灌頂の灌頂式は、穴太流の流れを汲む契中述『第五秘密灌頂私記』である。

文治六年（一一九〇）庚戌六月三日賜二常師御本一手自出レ写畢。
師為二自行一所レ製記也。不レ可レ及二外見一。努努努努
無障金剛忠快記レ之(26)。

外題には、「大原常寂坊契中述」と記されている。奥書に拠ると、文治六年（一一九〇）に、忠快（一一六二～一二二七）が師である契中の口説を筆録したことが見える。なお、澁谷慈鎧編『昭和現存天台書籍綜合目録』の「秘密灌頂」の項には、契中より遡る著作年代も見えるが、資料の閲覧が困難であるためいずれも未見である。

また、『阿娑縛抄』の円乗房の口決に注目すると、谷流の祖である皇慶が、弟子の院尊（～一〇四六～）に普賢延

命法の次に秘密灌頂を授けている。その際に、小壇上の荘厳の詳細は不明瞭であるが、諸壇と同様に荘厳すると皇慶が答えたという。このことから、この頃には、従来の胎金の伝法灌頂のように支分を必要とする秘密灌頂の行法が存在していたと傍証されよう。

四　秘密灌頂と五種三昧耶との連関

安然が、五種三昧耶の第五三昧耶を秘密灌頂に配当したことは、後世の学匠や密教修学者もその教説を踏襲してきた。しかし、この配当の教説に関して、安然も含め、各種の異論が見られるのである。

そこで先ず、安然の著作において異論の端緒となる箇所を提示したい。『大日経供養持誦不同』巻五では、第五三昧耶の秘密曼荼羅所行の灌頂に二種あることを述べている。

此中第二三昧耶是結縁灌頂也。第三三昧耶是大法・小法受学入壇灌頂也。第四三昧耶是授二伝教位一灌頂也。即前大悲胎蔵都会壇中所レ行法也。第五三昧耶是今秘密曼荼羅所レ行灌頂。此有二二種一。一即前第三灌頂時所レ入。則有二大悲蔵壇大法・小法、及秘密壇大法・小法灌頂一也。二亦前第五灌頂時所レ入秘密壇伝教灌頂也。准レ下第五秘密三昧耶云、已具二前事一、又見下己身於二大会中一自作中阿闍梨上。故知、此初第五、亦是阿闍梨位灌頂也。[27]

安然は、先ず第三三昧耶に相当する大法・小法を受学する入壇灌頂を挙げ、次に第五三昧耶に相当する灌頂は秘密壇の伝法灌頂でもあり、阿闍梨位灌頂でもあることを示している。これは、前述した『大日経義釈』巻一一に示された「即前所レ説第三灌頂時所入也。[28]」の文を想定した記述であろう。安然自身も『具支灌頂』巻一[29]で引証したように、『大日経義釈』巻一二には「若本尊摂二受華一中、於レ彼師皆観レ之不レ謬。而弟子未レ得二瑜伽一者、但見レ在二其身上一耳。」[30]と記され、弟子が瑜伽を得ていなければ、師の身上に投華してもただ華がそこに在るだけに見えてしまうことを述べている。つまり、秘密灌頂であっても師資の瑜伽の得・不得が重視され、弟子の瑜伽が不得であれば第三三昧耶に配する灌頂となってしまうと説くのである。

また、安然が、秘密灌頂は阿闍梨位灌頂でもあると述べる理由は、『大日経義釈』巻一一の「已具二前事一、又見下己身於二大会中一自作中阿闍梨師上。」[31]から採用したと推察されよう。こうして、現在の延暦寺においても瑜祇・秘密の両灌頂は、開壇の阿闍梨だけが受法することの典拠となっているのである。以上のように、安然は、『大日経義釈』を研究し、秘密灌頂を詳細に分類して理解しようとした点が看取されるのである。

この安然の教説に関して、『阿娑縛抄』巻九の「灌頂私決」では、灌頂の種類に関する口決に言及している。

> 江師云、五種三昧耶広、三種灌頂狭。第五三摩耶与二心灌頂一同物覚。五大院別也宣給。不レ得レ意。五種三摩耶第一・第二不レ及二灌頂一物也。此不レ同二第二三摩耶結縁灌頂一。云云
> 秘密灌頂与二第五三昧耶一同物也。大日房云、公胤第五三昧耶仏所証也。人不レ知。云云江師云、夫別物也。常所レ云第五三摩耶並秘密灌頂一物也。師資共得二瑜伽一人可レ習。云云彼公胤所レ云第五三昧耶、此（常）第五三昧耶中又説レ之。是仏境界也。仍別物取合云也。云云[32]

この「江師」とは近江法印と称される仙雲（一三世紀初頃）を指す。仙雲は第五三昧耶と以心灌頂は同一とし、安然が別と主張する点は理解できないと述べている。しかし、これまで考察したように、安然は第五三昧耶と秘密灌頂を連関させた嚆矢であるため、仙雲の主張は受容できない。

そして、第五三昧耶と秘密灌頂は同一であることを前提に、大日坊能忍（〜一一八九〜一一九四〜）が、園城寺に於いて灌頂を受けた公胤（一一四五〜一二一六）の所説を述べている。それによると、第五三昧耶は仏の所証であ

るため、人の知らざるものであるという。この説に対し、仙雲は、師資ともに瑜伽を得た阿闍梨に習うものであるから、仏のみが知りうる灌頂であることを否定している。ただし、その理由として、第五三昧耶に説かれる仏の境界とは別であると返答したのは不明瞭な記述である。以上の如く、鎌倉時代初頭になると、秘密灌頂が実際に修されることによって疑問が増加し、それに対する口決も多く見られるようになったと推量されるのである。

なお、この口説は、了恵（～一三三五～）が集録した『了因決』巻三二[33]にほぼ同文が掲載されている。こうした灌頂に関する記述は、『阿娑縛抄』と近似していると、すでに『仏書解説大辞典』の「了因決」の項にて田島徳音氏が指摘している。[34]『阿娑縛抄』の記述では、諸流の口決の差異を特定できないと先に述べたが、群馬県世良田に相伝した『了因決』によって三昧流や蓮華流にもこの口決が伝播していたことは諒解されるであろう。

さて、了恵と同時代の仁空（一三〇九～一三八八）は、『十八道立印鈔』の「一、加行事」において、第五三昧耶が秘密灌頂であることに触れている。

第五《ノ》三昧耶《ハ》秘密灌頂也。師弟共住《ニシテ》二瑜伽《ニ》一行《フ》レ之。付《テ》レ之《ニ》重々可《キ》レ習《フ》子細有《リ》レ之。[35]

秘密灌頂は、師弟で瑜伽に住して秘密灌頂を行うに際し、詳細に習う点が多いと記されている。これは、先述の『阿娑縛抄』の仙雲説に類似している記載である。そして、仁空は『義釈捜決抄』巻二之六においても同様の記述を残している。

第五《ノ》三昧耶《ハ》秘密灌頂也。付《テ》レ之重重《ノ》子細アル事共也。事相《ノ》秘奥ナレバ此《ノ》処ニシテ不レ能二申《シ》述《ルニ》一也。[36]

秘密灌頂における事相は秘奥であるため、著書の中には記すことができないと仁空は記している。確かに、秘密灌頂は以心灌頂であることから、教理的に作壇や事作法といった支分具足を必要としないことを前提とする。ただし、仁空は「重重子細」があると述べているので、ここでも実際に支分を具足した秘密灌頂が作法次第を伴って行

われていたことが窺知されるのである。(37)

他にも、やや時代が下るが、近世の碩学である覚千（一七五六〜一八〇六）の著した『遮那業学則』に、五種三昧耶が五種灌頂に相応することが強調されている。

五種ノ三摩耶ノ外ニ五種ノ灌頂ヲ云フハ誤レリ。五種ノ灌頂即チ五種ノ三摩耶ナリ。此ノ第五以心灌頂ノ外ニ瑜祇・秘密ヲ云フコト亦誤レリ。瑜祇ハ金剛界ノ以心灌頂ナリ。秘密ハ胎蔵界ノ以心灌頂ナリ。何ソ第五三摩耶ノ外ナランヤ。若シ別途ノ二種ナラハ、五種ノ三摩耶ニ摂セサラン。何レノ三摩耶ナルヤ。……況ヤ胎・金・合・瑜・秘ト数ヘテ、秘灌ヲ第五トスル等甚不学ノ説ナリ。(38)

覚千は、第五三昧耶である以心灌頂の他に、瑜祇・秘密の両灌頂を別に置くことは誤解であると主張している。これまでは第三と第五の三昧耶の位置付けに関する口決は見られたが、近世になると第五三昧耶自体を誤用することが増加していたのであろう。この頃の灌頂は胎蔵・金剛・合行・瑜祇・秘密と次第していたため、五番目の灌頂であるが故に「第五」と呼称する者を、覚千は不学と喝破しているのである。なお、秘密灌頂が胎蔵界の以心灌頂であり、瑜祇灌頂が金剛界の以心灌頂であると規定している点は重要であることから、次節で論考したい。

五　秘密灌頂と瑜祇灌頂の位置付け

本論では、紙幅の都合で瑜祇灌頂の詳細に関して立ち入らないが、現行の延暦寺灌頂においても瑜祇・秘密の両灌頂は、第五三昧耶に配当されている。(39)このことから、両灌頂とも深秘であると認識されるが、その位置付けに関しては解釈に異同が見られるのである。

そこで、先ず安然が金剛界曼荼羅供の事相書として著した『金剛界大法対授記』を参照されたい。その巻七において、『金剛峰楼閣一切瑜伽瑜祇経』（以下、『瑜祇経』）巻上の「大悲胎蔵八字真言」を引用した上で、ここには印・真言が付記されていないことから、同様に八字を説く『大日経』「阿闍梨真実智品」と「布字品」を根拠とすることを明かしている。(40)

次以二真実智品・布字品行法一名二阿闍梨一。今準二義釈一五種三昧耶中第四三昧耶中雖レ得二大悲胎蔵伝法灌頂一、而若不レ入二第五三昧耶中秘密曼荼羅一、而得二伝法灌頂一、則秘密智不レ生。其秘密壇伝法灌頂、即是真実品・布字品之行法也。彼真実智品准有下布二八字一法上無二印・真言一。今此経中明白説レ之。故知、金剛界中兼説二胎蔵極密究竟之法一。若不レ入二此金剛界大阿闍梨位一、則胎蔵界大阿闍梨位終無レ由二成就一也。若不レ入二彼胎蔵界二壇大阿闍梨位、則金剛界大阿闍梨位終無レ由二具足一也。(41)

ここで安然は、秘密壇の伝法灌頂は八字を布すことであると示し、金剛界の中に大悲胎蔵の究竟の法が説かれると述べる。また、胎蔵の第四・第五の三昧耶を経なければ金剛界の阿闍梨位も具足しないと述べ、胎金の連関を強調するのである。

次に、記家の光宗（一二七六〜一三五〇）が集録した『渓嵐拾葉集』の巻一八「尊勝法事」において、瑜祇と秘密の両灌頂についての記録が見られる。

尋云、東寺流辺《ハ》、瑜祇法《ノ》上《ニ》不レ置二余法一故、以二瑜祇一為二最極秘法一也。何故《ソ》天（台）流《ニ》瑜祇上《ニ》置二蘇悉地一耶。示云、五大院瑜祇修行法《ノ》中《ニ》云、修《シテ》二余経法《ヲ》一不二成就一時《ハ》可レ用二此経《ノ》印明《ヲ》一。修二此《ノ》経《ノ》法《ヲ》一不二成就一時《ハ》、可レ用二毘盧遮那経《ヲ》一也《ト》云《テ》兼持二此経一。根本真言在二毘盧遮那経中《ニ》一。功果真言《ニ》以二此文一為二証拠一。天台流《ニハ》瑜祇灌頂《ノ》上《ニ》秘密灌頂也。(42)

東密では瑜祇灌頂を最極の秘法とするのに対し、天台では瑜祇の上に蘇悉地を置くのかという問答である。安然の『金剛峰楼閣一切瑜伽瑜祇経修行法』巻二[43]の抄出を用い、天台では瑜祇灌頂の上に秘密灌頂を置くことを筆録している。

また同じく『渓嵐拾葉集』巻四九の「山門東寺血脈同異事」では、秘密灌頂の血脈について言及している。それに依ると、天台の秘密灌頂には両部一通の血脈があることを明かし、東寺の血脈とは雲泥の差があると、次の如く記している。


尋云、天台流ニ両部一通ノ血脈在レ之乎。

仰云、於二秘密灌頂ノ重位ニ一一通ノ血脈放ツ事在レ之。

難云、天台流ニモ一通ノ血脈在レ之者、何ソ強ニ東寺流ノ血脈ヲ破乎。

仰云、義云、山門ノ一通ノ血脈ト与二東寺ノ一通ノ血脈ト一其義天地雲泥セリ。其故ハ山門ノ一通ノ血脈者、両部・三部不二冥合ノ上ニ秘密ノ深義ヲ以テ一通トセリ。東寺ノ血脈ハ両部各別ノ初重ノ血脈ニテ於何ソ一致ノ義有レ之乎。既合行ノ重ニ不レ及。何秘密ノ深義在レ之乎。凡山門ノ義ハ両部各別ノ上ニ不二ノ蘇悉地ヲ立テ、此三部合行ヲシテ三部冥合ヲ顕ス。已上修得不二冥合此上ニ瑜祇ノ本有ノ不二冥合在レ之。此上ニ又秘密証者ノ灌頂在レ之。此等皆一致冥合ノ血脈也。此等ノ深義ヲ為レ不レ乱。浅略ノ重ニハ教相ノ有ノ儘ニ両部・三部各別ノ印信ヲ出也。此ノ如ク教門ヲ超シテ秘密ノ深義ヲ顕也。此等己証ヲシテ不レ出東寺流ニ一通ノ血脈ヲ用ル事甚浅也ト山門流ニハ難シ申也。深可レ思レ之事也。[44]

天台では、胎金両部各別の上に蘇悉地を立て、三部合行の不二冥合とする。そして、この上に瑜祇灌頂を本有の不二冥合とし、さらに上に秘密灌頂を立てて一致冥合の血脈があると述べ、東密に対して台密の特長を主張している。やはり、先の「尊勝法事」の記事と同様に、瑜祇灌頂の上に秘密灌頂を置くことを強調するのである。このことから、『渓嵐拾葉集』も記家の性格上、特定の流派の口説か否かは特定できないが、やはり秘密灌頂を最上に位置付け、瑜祇に次いで秘密灌頂を行っていたと推察されよう。

さて、定珍（一五三四〜一六〇三）撰『鸚鵡抄』は、穴太流等を相伝し、関東で弘まる蓮華流の灌頂を一括に記録している。中でも瑜祇・秘密の両灌頂に関して披見できる点は貴重と言えよう。その巻五の「秘密灌頂観行私記」では、行儀事として瑜祇と秘密の両灌頂を内作業灌頂と把握している箇所が見られる。

疑云、灌頂投華《ノ》本意者、為レ令《ノ》レ知二有縁《ノ》尊《ヲ》一投華也。今、弟子投《ハ》二師身《ノ》一、師又投二資身《ノ》一意《ニ》何。
示云、投華《ハ》是供養《ノ》意也。師資同心《ク》王大日位《ノ》《ニシテ》全無二差別一。自受法楽故《ノ》互《ニ》作《ニ》二供養一也。
仰云、此《ノ》秘密灌頂、《ハ》秘密壇《ノ》深極也。胎蔵《ハ》大日経《ノ》秘密灌頂也。金界瑜祇《ハ》経《ノ》内作業灌頂也。常《ノ》伝法灌頂《ハ》胎蔵大悲壇也。金界又等レ《シ》彼《レニ》。今秘密灌頂者《ト》、胎《ハ》秘密壇内作業灌頂、金界瑜祇《ハ》経《ノ》内作業灌頂也。同《ク》是第五《ノ》三摩耶也。以心伝心也。大日経《ニ》未達心秘密智不生者《ト》、（以）心灌頂、秘密灌頂也。大日経《ハ》入秘密智品《ノ》入二内証智《ノ》《ニ》一事《ヲ》談也。秘密法品、此第五三摩耶秘密灌頂法則《ノ》説《ヲ》也。(45)

秘密灌頂は秘密壇の深極として、胎蔵界では『大日経』の秘密灌頂、金剛界では『瑜祇経』の内作業灌頂と捉えている。ところが、「今」の秘密灌頂は、胎蔵界が秘密壇の内作業灌頂、金剛界が『瑜祇経』の内作業灌頂と明かすのである。内作業灌頂とは瑜祇灌頂の別称であることから、胎蔵界が秘密壇の内作業灌頂という表現は矛盾していよう。ただし、内作業灌頂の語の用例が変化している可能性や、「今秘密灌頂」と強調する点から、蓮華流のみに相伝する口決である可能性は排除できない。

次に、覚千の『遮那業学則』に見られる瑜祇と秘密の両灌頂の呼称に関する口説を参考にしたい。

又瑜祇・第五ト云フヲ通俗ノ称ト云ヘル学則者ハ、園城門外ノ事ハ不案内ナルコトヲ云ハル。法曼流ニハ瑜祇・第五ト呼ビ、其ノ余ノ諸流ハ瑜祇・秘密ト唱ヘ来レリ。……
自ノ塾中ノ説ハトモアレ、上木シテ公ニスルモノニ、如《ク》レ此ナルコトヲ云ハルルハ豈ニ評セスシテ止ムヘケンヤ。[46]

法曼流では「瑜祇・第五」と呼ぶが、その他の流派では「瑜祇・秘密」という呼称であるとその理由を明らかにしている。確かに、瑜祇と秘密の両灌頂は第五三昧耶に内包されるのであるから、「瑜祇・第五」という呼称は不十分であろう。いずれにしても、江戸末期に伝わるこのような口説は、諸流によって呼称が異なることを顕しているのである。ちなみに、現行の延暦寺灌頂では、「瑜祇・第五」という呼称が用いられていることから、江戸末期より法曼流の呼称が定着したと推し量られよう。

六　台密諸流による異同

秘密灌頂が、台密の深秘の儀礼であることは贅言を要しない。そのため、秘密灌頂に関わる典籍を閲覧する機会は乏しい。ましてや、現在も諸流の灌室が使用している灌頂の式文は披見が叶わない。そこで、閲読できる典籍に顕れる諸流の口決に焦点を絞って検討を加えてみたい。

例えば、『渓嵐拾葉集』巻七六の「真言灌頂部」には、秘密灌頂の相承に関する記述が掲載されている。

尋云、山家秘密灌頂御相承証如何。

示云、法曼院流余流《ニ》不レ知第五秘密灌頂在レ之。是則伝教・慈覚《ト》列《タリ》。加レ之八重灌頂住レ之。我山結界之時、以二本有常住曼荼一布二八方一者、此灌頂《ヨリ》起《レリ》。是依二金界《ノ》意《ニ》一也。次己心自証灌頂在レ之。是付二瑜祇一故依二（金）剛界意一也。深可レ思レ之。[47]

法曼流には他の流派が知らない第五秘密灌頂が存在し、それは最澄から円仁へと相承されたと言うのである。とところが、前に引用した『阿娑縛抄』巻九の「灌頂私決」に「或印信云、入秘密壇詳血脈者、慈覚大師一門之所伝。云云」(48)という文が見える。円仁は谷流・川流を始め、全ての事相分派の起源でもあるため、「慈覚大師一門」の語の解釈には問題が残る。ただし、『了因決』巻二二(49)では、この文が記載されていない。勿論、法曼流のみに相伝される灌頂であっても遡れば谷流に帰結し、さらに言えば円仁に辿り着くのであるが、やはり両口決が同じ相承を指しているとは容認し難い。

また、『渓嵐拾葉集』巻一一二に所収の慈遍撰『密法相承審論要抄』には「谷・横川異」という問答が記されている。

瑜祇・秘密、谷・横川倶或合、或理、若略、若広。但随二利鈍一而有二差別一。利則無レ作、鈍則用レ作。……
問云、伝法灌頂事業理合両部三部谷・横川異、瑜祇・秘密亦可レ然耶。抑瑜祇与二秘密一灌頂作法同異其義云何。
答云、伝法灌頂事業理合両部三部同異上。瑜祇・秘密倶会二台金一。故終同体異境無レ異。但入門何監二部意一。故付二部主一、須レ解二同異一。謂瑜祇則金界網（細）行。故至二果海一居二最頂一時、此頂即極還二在本理一。両部因果同体二儀陰陽不二瑜伽女声瑜祇男声因果相応故。投二花于大阿闍梨一、師取二此花一置二受旨（者）頂一。云云蘇悉地則台蔵細行。故令三台蔵成二就密意一。即蘇悉地秘密灌頂。直連二台蔵因即是果一、故投二花于自身頂上一。即阿闍梨取レ此置レ壇。行者自身本地身。新旧同証二法縁過曼一。当レ知、成就諸尊瑜伽両部曼荼帰二蘇悉地一、成二通用法一。行者妙証唯在レ此矣。(50)

横川流とは、覚超（九六〇～一〇三四）を祖とする川流を指すため、覚超と東塔南谷の皇慶との同異を論じていることになろう。先ず、瑜祇・秘密灌頂ともに、弟子の機根によって灌頂の準備や所作の有無によって分類されることは、谷も川も同様であると述べる。しかし、伝法灌頂の作法が異なるように、瑜祇・秘密の両灌頂にも同異が見られるのか、また瑜祇と秘密との相違についても尋ねている。これに対し、胎金が会するため同体と捉えるが、部主については同異を理解するべきであると説く。そして、瑜祇灌頂は金剛界の細行、蘇悉地は胎蔵界の細行であると述べるのである。やや不明瞭な記述であるが、谷流・川流における瑜祇・秘密灌頂を慈遍が問題としていたことは諒解されよう(51)。

そして、『鸎鵡抄』巻五の「行儀事」には、安然が作製した秘密灌頂の式文が存在していたことを想起させる記事がある。以下、次の如くである。

一、五大院所製ノ秘密式有レ之。可レ見レ之。秘密灌頂両部内証、三部経ノ根元可レ秘レ之。秘密灌頂者、覚大師・智証大師御伝。今流二布ル山門ニ一是也。胎蔵五鈷ノ印明、帰命阿、金印明、智拳印、[梵字]五鈷印。大日経説レ之。外五鈷ハ秘密壇別場、総金剛体ノ都壇是也。今所レ授印明、秘密壇灌頂ノ故ニ秘密壇ト云也。秘密壇ハ別場ノ灌頂故ニ秘密壇ト云也。秘密場・別場・大悲場ト総場也。秘密壇ニテ取秘密壇ノ総体ハ金剛体性也。故総金剛ノ都場也。阿字秘密場ノ総体也。其証如二所引一。五鈷印ノ方形ハ即チ地大阿字、即チ不生ノ体性也。五鈷ノ五ツハ五部也。金剛総体ノ中ノ五部、別場暦然也。阿字又有二此徳一。故ニ印明ハ阿字不生ノ体性也。胎印明ノ意也。

已上山門一流ノ大旨如レ此。当流現行ノ方法雖レ異ナリトレ之レ二、為メニ二行者用心ノ一先ツ注レ之。云云極秘蔵ノ義也。穴賢穴賢(52)。

定珍は、比叡山に流布する秘密灌頂が、円仁・円珍の相伝であることを述べている。そして、末尾に、比叡山と蓮華流の秘密灌頂は異なっていると、行者に注意を促すために付記しているのである。叡山と蓮華流がどの部分で異なっているのかは不明であるが、これもまた諸流による秘密灌頂の異同として確認されよう。

そこで着目したいのは、秘密灌頂の相伝の記述である。『阿娑縛抄』巻九の「灌頂私決」では「慈覚大師一門之所伝」と記載され、『渓嵐拾葉集』巻七六の「真言灌頂部」では「伝教・慈覚」と記され、『鸎鵡抄』巻五では「覚大師・智証大師」とそれぞれ異なる記述が検出されるのである。他にも『秘密灌頂口決三井』には「匠師口授云、秘密灌頂者、是智証大師親従二生身不動尊一令二奉受一給法也。」[53]と見出され、生身の不動明王より智証大師が秘密灌頂を直受した説は、園城寺灌頂の相承として特有な口決であろう。以上の如く、秘密灌頂の相承は諸流によって伝承が大きく異なっていることが確認できるのである。

では、蓮華流による秘密灌頂の相承に限定して検討してみたい。『鸚鵡抄』巻五の秘密灌頂の奥書には、蓮華流を開いた永意のことが記されている。

右清冷《ママ》房《ハ》東塔南谷也。サテ大原《ノ》秘記《ハ》長宴《ノ》記也。当流《ノ》元祖永意《ノ》師範也。サテ消息、不レ侵《カサ》二口言一。以二筆墨一記《ス》レ之風情也。サテ増上慢者《ト》、未得謂得《ノ》類也。遍照金剛永意者《ト》、蓮華院《ノ》住持。当家《ノ》高祖也。云云[54]

東塔南谷の清涼房は、長意の弟子である玄昭（玄照とも、八四四～九一五）を指す。長宴が「大原秘記」を著し、長宴の弟子である永意が蓮華流の祖であるという。この蓮華流の相承は、『秘密灌頂観行私記』にも類似した記述が見て取れる。

已上清涼房伝

右秘密壇五種三昧耶観想任二清涼房伝并大原秘記一取《テ》二義釈本文首尾一消息耳。増上慢人非二其境界一唯授二一人一秘訣也

延文元年（一三五六）丙申八月廿五日於二世良田山長楽寺一以二大聖寺御本一為二令法久住一書写了　比丘了恵[55]

この奥書に拠れば、『鸚鵡抄』の灌頂式文は、清涼房玄昭の私記と、長宴が記したであろう「大原秘記」とを合わせて使用していることが見出されるのである。ただし、この『秘密灌頂観行私記』の裏書には相承の血脈が「大日―金剛手―……慈覚大師―安恵―長意―玄明―智渕―静真―白（皇）慶―長宴―永意―仁弁―忠済―胤慶―聖

豪─栄朝─栄宗・円爾─琛海─了一─了恵─了義─……」[56]と記され、玄昭の名は見えない。つまり、玄昭の私記は利用していたが、玄昭自身は蓮華流の血脈ではなかったのであろう。ともかく、長宴から永意の血脈は、『了因決』撰者の了恵まで接続しているため、蓮華流における秘密灌頂の血脈は、一定の伝承が残されていたことが推し量られるのである。

七　終わりに

本論では、安然が『大日経』『大日経義釈』から秘密灌頂の意義と、自灌頂の行法を見出したことを指摘した。そして、安然の教説を基本的に踏襲した秘密灌頂の次第や式文の一端を考察することで、台密の秘密灌頂が確立していく様相に焦点を当てた。

先ず、秘密灌頂の相伝が、入唐した天台僧の著作等に見られないため、典拠の究明と行法の確立が急務であったことを想像させる。そこで、安然が注目した自灌頂の投華や八字真言の布字といった教理を、後世の密教修学者が秘密灌頂の事相作法として採用したのであろう。そして、これらの記述が見られるようになる一〇世紀前半頃に、秘密灌頂の式文が成立したと推考できる。

そもそも、事相書には、その行法の相承と始修が記載されるのが一般的である。特に密教においては、その秘伝を重んじるため相承が重要であり、その端緒となる始修を記録することも重要な意義を持つのである。すると、秘密灌頂においても始修の記録があって然るべきであるが、管見の限り、そのような記録は看取できない。また、相承に関しても、諸流の口説によって相違があり、一定した言説は見えなかった。

そこで、澁谷慈鎧氏は『冠導挟註灌頂式文三摩耶戒胎蔵金剛』の冒頭の例言において、「一、瑜祇灌頂と第五は従来多く伝法灌頂の後ち数年修練して後更に受たものであり、且つ各灌室で相違して居るのと、機根に因て其灌頂に多少の異りがあるので茲には載せ難いのである、又此の相違ある点が同一法系にして而も灌室の分れた所以ではないかと想像されるのである。」[57]と私見を述べている。本論で諸流の口決の相違点や相承の異同を明示したことから推察するに、澁谷氏の指摘は正鵠を得ていると言えよう。なお、蓮華流の事例を示したところ、同系法流の口説に大きな差異は見られないことから、やはり諸流間の差異が顕著であることに帰結するのである。

本論で取り挙げた事相書における秘密灌頂の記述は限定的で、行法の全貌を理解するには論証が不足している。また、未見の典籍がまだ多いため、今後は資料の披見や翻刻の機会が待たれる。

註

（1）島地大等『天台教学史』（仏教書林中山書房、一九三三）四二三～四二六頁を参照。

（2）水上文義『日本天台教学論　台密・神祇・古活字』（春秋社、二〇一七）「I　天台密教の諸相」所収、「定珍撰『鸚鵡抄』秘密灌頂口伝をめぐって」（初出は二〇一〇）に詳しい。なお、清原恵光氏の『鸚鵡抄』の解題（続天全、密教4・解題三頁下）に拠れば、「巻五「秘密潅頂口決　建仁寺」は、穴太流を含む葉上流のものである。巻尾の定珍逢善寺血脈図には、「以心潅頂までの流」とあって三昧流および穴太流を受ける蓮華流永意・葉上流の栄西・栄朝（群馬県長楽寺）の流れを逢善寺は汲んでいるから、以上の本書は、既存の流を特に限定した潅頂作法ではない。蓮華流の以心潅頂は、胎蔵界では秘密潅頂、金剛界では瑜祇潅頂に相当することから、台密全部の相伝血脈という意であろう。」と述べ、特定の流派の灌頂書ではないと指摘している。

（3）佐藤隆彦「秘密潅頂について―台密との関わりについて―」（『密教学研究』四二、二〇一〇）を参照。

（4）大正一八・三三三頁上中。

(5)「五種三昧耶」に関しては、拙稿「三昧耶を巡って―越三昧耶と五種三昧耶―」『大久保良峻教授還暦記念論集刊行会編天台・真言論攷』(山喜房佛書林、二〇一五)を参照されたい。
(6) 続天全、密教1・五二三頁上。
(7) 続天全、密教1・五二一頁下～五二二頁上。
(8) 続天全、密教1・一六五頁上。
(9) 続天全、密教1・五二三頁上下。
(10) 大正七四・四二一頁上中。
(11) 天全七・一七一頁下～一七二頁下。
(12) 伝全四・七〇七～七一一頁。
(13) 奥書は「貞元二〇年(八〇四)五月一五日と記されているが、最澄は延暦二三年(八〇四)七月六日に遣唐使船で出発したことから、まだ入唐していない日時となる。それ故、『仏書解説大辞典』巻二(一二〇頁甲)では最澄撰の真偽に触れていないが、浅井円道『上古日本天台本門思想史』(平楽寺書店、一九七三)六〇頁では、「偽。」と判定している。
(14) 大正七五・二二三頁上～二二八頁下。
(15)『具支灌頂』巻一に拠れば、胎蔵界灌頂の十三種は、阿闍梨灌頂(仏部・蓮華部・金剛部)の三種、伝法灌頂(事業・印法)の二種、持明(受明)灌頂、結縁灌頂、『瞿醯経』所出(除難・成就・増益・得阿闍梨位・伝法・息災)の六種を数える。金剛界灌頂は、入壇灌頂(光明・甘露・種子・智印・句義)の五種、阿闍梨灌頂、三巻本『金剛頂経』所説の出生悉地智・神通悉地智・持明悉地智・一切如来智最勝悉地智の四種、同様に『金剛頂経』所説の入曼荼羅の利益の四種、内作業灌頂、護摩灌頂の十六種である。これらの灌頂の名数は問題も多く残るが、そもそも「秘密灌頂」の名が見られない。
(16)『阿娑縛抄』巻一八九(大正図像九・六七六頁上)の「一二三名目上」にも『大日経義釈』巻一一から引用した五種三昧耶を端的に示している。

(17) 新版日蔵八二・三六三頁下～三六四頁下。
(18) 大正七五・二二六頁上。
(19) 大正七五・二二五頁上中。
(20) 続天全、密教1・五五六頁下～五五七頁上。
(21) 続天全、密教1・五五六頁上下。
(22) 大正七五・九三八頁上中。なお、『了因決』巻三二（大正七七・一六六頁下～一六七頁上）の「第一灌頂所起」の項に同文が引用されている。
(23) 続天全、密教5・五頁下。
(24) 大正図像八・七八九頁上中。『了因決』巻三二にやや詳細な同文が記載されている。例えば、中川上人の口決は「息心抄云、中川上人云、秘密灌頂、唯小野流有レ之。……」と付記され、『息心抄』からの引用であることが示されている。しかし、「或印信云、……」で始まる慈覚大師一門の血脈の文は記載されていない。
(25) ちなみに、『了因決』巻三二（大正七七・一六七頁上）にも『師説集』と同文が引用され、「或云、秘密灌頂《ハ》、真実智品・布字品《ノ》行法也。近代絶《テ》不レ受レ之《ヲ》。云云」と「布字品」の語が掲載されている。
(26) 無動寺蔵。文政一〇年（一八二七）真超写。
(27) 大正七五・三二八頁中。
(28) 続天全、密教1・五二三頁上。
(29) 大正七五・二二五頁中。
(30) 前掲註（20）参照。
(31) 続天全、密教1・五二三頁下。
(32) 大正図像八・七八九頁下。
(33) 大正七七・一六七頁中下。
(34) 『仏書解説大辞典』巻一一・二三六頁丁～二三七頁甲。

(35) 天全二一・六頁上。
(36) 天全一三・三四二頁上。
(37) 仁空撰『十八道立印鈔』の「一、正念誦事」では、根本印と仏眼印の順序について、諸流による差異を「念誦已前《ニハ》先《ツ》仏眼《ノ》印明、次《ニ》根本印明。後《ニハ》先《ツ》根本印明、次《ニ》仏眼《ノ》印明也。仏眼《ノ》印明則《ハチ》瑜祇経《ノ》印明用レ之。此《ヨリ》深秘《ノ》印明《ニテ》初心《ニハ》有レ憚《リ》事ニテハアレ。法曼院流《ノ》《ニハ》仏眼《ノ》大呪《ヲハ》入壇《ノ》加行《ノ》時始《テ》授レ之《ヲ》。印《ヲハ》尚秘灌頂《ノ》時始《テ》授レ之《ヲ》。」（天全二一・四〇頁上）と述べ、法曼流では仏眼の大呪を加行の時に授けるが、印は秘密灌頂で授けると明かすのである。以上の如く、仁空在世では秘密灌頂の次第が整っている可能性が類推されよう。
(38) 大正七七・二七六頁下〜二七七頁上。
(39) 台密の『瑜祇経』に関する問題点は、水上文義『台密思想形成の研究』（春秋社、二〇〇八）第三篇第四章「台密における『瑜祇経』の解釈と伝承」四二五〜四五一頁と、第五章「慈円の密教と神祇思想」四五二〜四九〇頁を参照。
(40) 「大悲胎蔵頓証八字真言」に関しては、水上文義『台密思想形成の研究』（春秋社、二〇〇八）第三篇第四・五章を参照。
(41) 大正七五・一八八頁下。
(42) 大正七六・五五八頁下。
(43) 大正六一・四九三頁上。
(44) 大正七六・六六二頁中下。
(45) 続天全、密教4・二一三下〜二一四頁上。
(46) 大正七七・二七七頁上。
(47) 大正七六・七五二頁上。
(48) 大正図像八・七八九頁上。
(49) 前掲註（32）参照。

(50) 大正七六・八八五頁上中。

(51) 水上文義『日本天台教学論 台密・神祇・古活字』（春秋社、二〇一七）五二～五三頁。「I　天台密教の諸相」所収の「慈遍撰『密法相承審論要抄』について」に拠れば、「以下に続く、合行灌頂、離作業伝、谷横川異、三種灌頂、三昧耶位、の五項目は、主として比叡山内部における台密の伝承に係るもので、詳細には台密各流の伝承と比較しなければならない。また量的にみてこれらの部分は、さして比重が置かれたとも思えない。」と評している。特に、「谷横川異」については、「三部・合行・瑜祇の伝法の相違等を述べ、……両流の相違に言及している。」と引用しつつ内容に触れるのみである。

(52) 続天全、密教4・二一四頁上下。

(53) 無動寺蔵。文化八年（一八一一）真超の写本である。撰者は「吉祥金剛私記」と記され、奥書に「泉恵記」と見られることから撰者の可能性がある。本書は、澁谷慈鎧編『昭和現存天台書籍綜合目録』巻上（法藏館、一九七八）五三二頁上に掲載されている。なお、「三井流灌頂」に分類された『秘滇三井』（同五八〇頁中）と同本と推測される。

(54) 続天全、密教4・二三三頁下。

(55) 『群馬県史』資料編5、中世1（群馬県史編さん委員会、一九七八）六六〇頁上。

(56) 『群馬県史』資料編5、中世1（群馬県史編さん委員会、一九七八）六六一頁上下。

(57) 芝金声堂、一九三八。

「勧奨天台宗年分学生式（八条式）」は最澄の真撰か

張堂　興昭

一　はじめに

最澄はその晩年、天台宗独自の大乗戒受戒による貢名得度制度の樹立を目指した。この構想に関する最澄の撰述を成立順に列挙するならば、

ア、「天台法華宗年分学生式」（以下、「六条式」）弘仁九年（八一八）五月十三日
イ、「比叡山天台法華院得業学生式」（以下、「得業学生式」）同年五月十五日
ウ、「請先帝御願天台年分度者随法華経為菩薩出家表一首」（以下、「請菩薩出家表」）同年五月二十一日
エ、「勧奨天台宗年分学生式」（以下、「八条式」）同年八月二十七日
オ、「天台法華宗年分度者回小向大式」（以下、「四条式」）弘仁十年（八一九）三月十五日
カ、「請立大乗戒表」同右

と続き、「四条式」奏上の翌年、同式に対する僧綱の論難に最澄は『顕戒論』で反駁する。

この間の経緯、およびその後の動向については光定撰『伝述一心戒文』（以下、『一心戒文』）に詳しい。しかしながら、この身命を賭した願いも虚しく、古来その勅許は最澄滅後七日目であったと伝えられてきた。これを微塵も疑わずにきた筆者にとって、最澄入滅の前日である弘仁十三年（八二二）六月三日に実は勅許が下されていたとする佐伯有清氏の先行研究[1]には大いに刺激を受けた。これに触発され筆者は『一心戒文』のなかに、

　師云。為レ我勿レ作レ仏、為レ我勿レ写レ経、述二我之志一者、臨終之時、深欲レ伝二一乗戒一。寄二此之旨一、為レ果二師志一、美作介藤原常永大夫、寄二遺言事一、達二弘仁大皇一。大皇勅許[2]。

と、最澄の臨終が迫るなか、藤原常永の尽力により嵯峨天皇の勅許が下ったと記されていることに着目し別稿[3]を草した。何となれば古来『叡山大師伝』が、

　弘仁十三年歳次壬寅六月四日辰時、於二比叡山中道院一、右脅而入二寂滅一。……時、右大臣従二位藤原朝臣、中納言従三位良峰朝臣、権中納言従三位藤原朝臣、右中弁従五位上大伴宿彌、共尋二先帝・先皇高蹤一、同知二後生後代伝灯一、不レ捨二先師本願一、以二山修山学表一、謹奏二聖朝一。……六月十一日允許[4]。

と、最澄の入滅をうけ藤原冬嗣、良峯安世、藤原三守、大伴国道からなる外護者（四賢臣）が、最澄の奏上を再奏上し、六月十一日に允許を得たとしていることの信憑性が揺らぐからである。果せるかな続稿[5]では右の四賢臣は件の勅許ではなく、天台宗年分度者を民部省で勘籍することの勅裁に関与していたことを究明するに至ったのである。

続いて筆者は『一心戒文』にて、

　以二弘仁十三年六月四日一、終二於中道院一。……門人悲感、号二慟天地一。……弟子忝統二所レ命仏事一、達二弘仁・天長両天陛下一、令レ聞二故藤原左大臣・故良峯大納言・現有藤原大納言・故伴参議一。……伝二之耳目一、乃大師山迹、見レ之不レ見、逢レ之不レ逢、悔レ之恨レ之[6]。

と、最澄の数々の遺命につき嵯峨・淳和両天皇から勅許を賜うべく先の四賢臣に働きかけたものの、これらの勅裁が最澄滅後となり、光定がこのことを「悔恨」している点からの考察を試みた。(7) これも従来は先の大戒勅許が師の滅後となったゆえの痛恨事として読まれてきた感がある。しかし右の究明によって、あるいは四賢臣とは全く別人の「藤原常永」の存在を光定自身が書き留めていたことから、この悔恨は大戒勅許とは別の理由で読まれるべきであり、むしろ六月三日の勅許は揺るぎないものであることから、それを最澄自身が耳にしていた蓋然性は極めて高いとの結論を導き出したものである。

以上のように、これまで自明のこととして読まれてきた文献を改めて精読し丹念に整理してみると、古来の定説に基づく伝統的理解から少なからず径庭が生じるものである。

その径庭に関連して、本稿では「八条式」の成立について、私見の一端を提示してみたいのである。

二　永代不朽式たる「六条式」

先に引文したように、光定が「弟子忝統二所レ命仏事一、達二弘仁・天長両天陛下一、令レ聞二故藤原左大臣・故良峯大納言・現有藤原大納言・故伴参議一」として、最澄の下命につき四賢臣へ勅裁を求めた案件は次の通りである。

藤原冬嗣…民部省勘籍（弘仁十四年勅許、官符発給）

良峯安世…同右

藤原三守…同右および国講師（天長十年勅許、承和二年官符発給）

大伴国道…同右および度牒戒牒への太政官印押印（弘仁十四年勅許、官符発給）

さてこれらを一瞥するに、民部省による天台宗年分度者の勘籍（左一覧の①に該当）はもちろんのこと、およそ四賢臣の功績というものは、弘仁九年五月十三日付で最澄が奏上した「六条式」の内容、つまり天台宗の年分学生について、

① 得度に際し戸籍から除かず、度牒には太政官印を請いたい。
② 戒牒にも太政官印を請いたい。
③ 止観業は年年毎日（十二年間）護国衆経を長転長講させる。
④ 遮那業は歳歳毎日（十二年間）護国真言を長念させる。
⑤ 十二年修学後の能力に基づき国宝、国師、国用のいずれかに任ず。
⑥ 右のうち国師、国用については国講師への任命を請いたい。

という六ヶ条からなる要請をすべて実現したことにある。

右のうち、③④条については次に引文する『一心戒文』の傍線部（A）に対応するものであり、

先師、年分学生為㆓菩薩僧㆒、（A）令㆓修学一十二年㆒。然後、（B）将宛㆓国家之師㆒。有㆓能言能行者㆒、常在㆓山家㆒、将為㆓国宝㆒。作㆓六條式㆒、請㆓官之裁㆒。雖㆑然、不㆑被㆑許㆑之。至㆓于弘仁十三年六月中旬㆒、（C）而伝戒之官符、被㆑施㆓行於山家㆒。……為㆑示㆓永代㆒、列㆓入先師六條式文㆒。（D）是六條式文、為㆓永代不朽式㆒。[8]

とあるように、それは右傍線部（C）の「伝戒之官符」として、弘仁十三年六月十一日付で発給、施行された（その勅許が最澄存命中の六月三日であることは言うまでもない）。

いまこの「伝戒之官符」が最澄の奏状を引用している箇所を抜き出せば、

毎年春三月、先帝国忌日、（E）依㆓法華経制㆒、令㆓得度受戒㆒、仍即（F）一十二年、不㆑聴㆑出㆑山、四種三昧、令

レ得二修練一。(9)

というものであり、傍線部（Ｅ）が「四条式」にいう大乗伝戒に関する部分であり、傍線部（Ｆ）こそが③④条の勅裁に該当する。ちなみにこの（Ｆ）は「八条式」の成立を考える上で看過できぬものとなるのであるが、それについては後述する。

さて右のうち①②条については、民部省での勘籍、度牒戒牒への官印押印とともに弘仁十四年（八二三）に勅許されるが、右『一心戒文』の傍線部（Ｂ）に該当する⑤条の国師・国用たる人材を、⑥条のとおり諸国講師に赴任させんとする構想については、その勅裁が相当に難儀したことを『一心戒文』は伝えている。詳細は別稿に譲るが、(10)⑥条の勅許は天長十年（八三三）であり、官符施行に至っては承和二年（八三五）にまで持ち越されたのである。

つまり「六条式」の構想が完全に実現するまでには、弘仁九年から実に十七年という長い時間が費やされたのであり、その実現に四賢臣とともに尽力した光定は、傍線部（Ｄ）にあるように「六条式」を天台宗の〝永代不朽式〟に位置付けるのである。

以上、主として「六条式」における構想が勅裁されるまでの流れを追ってみたが、「六条式」の僅か三か月後の撰上である「八条式」については、最澄の伝記類や周辺の関連文献などにその存在が一切触れられていないばかりか、初期日本天台関連の記録等についてもそれを傍証するものは皆無なのであり、じつにその存在が確認できるのは良源（九一二～九八五）の撰述書での言及まで俟たなければならないのである。

三　「八条式」の性格

先学の所見を訪ねても、「八条式」は奏上こそされ「六条式」と同じく僧綱によって握り潰されたもの[11]として、その存在が諸文献に一切検出されないことを不可解に捉えるむきは無い。あるいは「八条式」は「六条式」の細別・細則という見方で落ち着いている。

言わずもがな「八条式」は最澄の真撰とみられているので、そもそもその成立に疑問を呈すること自体が無稽なことかもしれない。しかしその撰上の時期は、いまだ「六条式」の勅裁すら不透明な状況下であったことに加え、その筆致は当時の最澄の立場、天台法華宗の状況などから鑑みるに時期尚早に思えるものが少なくないのである。

とりあえずここに「八条式」の一々の条文につき要旨を掲出するならば、

①　得業学生は十二人とし、六年間養成し法華と金光明経の経訓に及第すれば官に申告し年分試を受けさせる。
②　得業学生の衣食は私物や布施にて賄う。
③　得業学生のうち規則等に順わぬ者は官に申告し交代させる。
④　大戒受戒後の十二年籠山につき、前半六年は内外の学問や長講、後半六年は止観業が四種三昧、遮那業は三部念誦をそれぞれ課す。
⑤　比叡山一乗止観院の天台宗年分度者、および他寺他宗から叡山に進む者の衣食住に関する供料や布施の方法について。
⑥　他宗年分度者が叡山で十二年籠山両業を満行した場合「法師位」を賜りたい。

⑦　比叡山年分度者で両業を規定通り十二年満行すれば「大法師位」を、規定通りでなくとも十二年を満行した者は「法師位」を各々下賜願いたい。

⑧　叡山の検校および盗賊酒女などの取締りのため俗別当二人を置きたい。

というものである。

以下、順を追ってその問題点を検討してみたいのであるが、紙幅の都合もあるので、①②③条についての立ち入った考察はひとまず措き、「六条式」とほぼ同時に撰述された本稿冒頭のイ、すなわち「得業学生式」との関連から「八条式」の性格についての私見を述べるにとどめる。

さて、「八条式」に先行する「六条式」は専ら年分学生に関する規定である。そこに得業学生に関する言及はみられない。これに関して木内堯央氏の言を借りれば、得業学生とは「年分学生の予備段階にあたる[12]」のであり、弘仁九年五月十三日に『天台法華宗年分学生式』によって年分学生が規定され、同十五日に『比叡山天台法華院得業学生式』によって得業学生が規定された。得業学生は朝廷に登録されはするが、その運用は私的に行われ、得業学生としての業を果たして私的な試業に合格すると、年分度者となるべき試業が受けられ、それに合格して年分得度をうけ、年分学生となっていく。ついては、『六条式』『得業学生式』の規定は、『八条式』において改訂補正されたということである[13]。

とあるように、あくまでも得業学生とは〝私的〟身分の範疇であったと考えられている。

また往々にして「得業学生式」は「八条式」の試案という見方や、比叡山の内部的な規定という位置付けがなされるためか、従来研究対象として軽視される傾向にあった。前出の木内氏も「得業学生式」の流伝の形跡があまりにも希薄である理由として、それが「内部的な制式」であったことを挙げている[14]。

ところで、この〝私的〟あるいは〝内部的〟という先行研究の指摘は有益である。「得業学生式」はその末尾に〝天台宗頭最澄記〟とあるのみで、他の奏請目的の式などに見られる「最澄上表」や「最澄上（たてまつる）」との違いから、そもそも上奏目的ではないと判断されるが、その理由を推考するならば、おそらく彼ら得業学生が私的身分である以上、その処遇について上奏することは無意味であったからと解せられるのである。しかるに「八条式」がその冒頭三条にわたって得業学生の処遇につき紙幅を費やすのは、それが内部向けの制式であったかのようで興味深い。

仮に「八条式」がこのような性格であれば、その形跡が良源に引用されるまで他の文献に一切検出されないひとつの理由にもなろう。しかし「八条式」は上奏の体裁になっているのであり、この点が唯一引っ掛かるのである。むしろ以下に検討する種々の知見からすると、上奏の体による後世の仮託書という線での検討の余地も残されてはいないだろうか。

四　第四条と最澄真撰書との齟齬

筆者がこのように思い至ったのは、以下に検討する「八条式」の④条が、

凡此宗得業者、得度年、即令レ受二大戒一。受二大戒一竟、一十二年、不レ出二山門一。令勤修学。……止観業、具令レ修二習四種三昧一。遮那業、具令レ修二習三部念誦一。[15]

と、止観業は四種三昧を、そして遮那業には三部念誦を課すと規定していることに端を発している。「六条式」では止観・遮那両業に、

凡止観業者、年年毎日、長㆓転長㆔講、法華・金光・仁王、守護諸大乗等、護国衆経㆒。
凡遮那業者、歳歳毎日、長㆓念、遮那・孔雀・不空・仏頂・諸真言等、護国真言㆒。(16)

と、両業の各々に深く関係する経典等を長転、長講、長念させることを課しているに過ぎない。それは先述した「得業学生式」においても、年分試を受ける前段階から止観得業学生には「長㆓転長㆔講法華・金光・仁王等経㆒」させ、遮那得業学生には「長㆓転持㆔念遮那・孔雀・守護等経㆒」(17)させること「一日不㆑闕。」ということになっていて、あきらかに「八条式」の規定には異なりが見られる。勿論それは「六条式」の内容を最澄が改めたものとして特段問題視などされずにきたのであるが、たとえば次に引文する佐伯有清氏の考察を踏まえるならば、どうであろうか。

義真に師事すること五年、円珍は天長十年（八三三）三月十七日、……『大毘盧遮那経』を読んで及第し、遮那業の年分度者として得度を受けた。これは円珍みずから記していることなのであるが、事実は、止観業の年分度者であった。……円珍が『大毘盧遮那経』を読んで年分試に及第したことは、円珍自身が後年に記していることによったのである（貞観五年三月七日付「円珍請伝法公験奏状案」など参照）。これにもとづけば、円珍は密教を主とする僧侶として出発したことになる。ところが実は、天長十年三月二十五日付の「円珍度縁」に付載されている「公験印信」に、「須く一十二年、山を出づることを聴さず、四種三昧を修練することを得さしむべし」とあるのによれば、円珍は、止観業の年分度者であったのである。なぜならば、「公験印信」に記されている四種三昧……の修練は、最澄の「勧奨天台宗年分学生式」（「八条式」）に、「大戒を受け竟らば、一十二年、山門を出でず、勤めて修学せしめん。……止観業には具に四種三昧を修習せしめ、遮那業には具に三部の念誦を修習せしめん」とあるように、十二年の籠山中に、止観業の得業者に課せられるものであったからである。したがって、円珍が止観業の年分度者であることを示している「公験印信」の記載のほうを尊重しなけ

ればならない。[18]（※傍線部は張堂が付す）

佐伯氏は、「八条式」が最澄の真撰であるという前提に立っているので、「八条式」における両業の規定に基づき円珍を止観業と看做している。しかし「四条式」には、

今天台法華宗年分学生、並回心向大初修業者、一十二年、令レ住二深山四種三昧院一、得業以後、利他之故、仮二受小律儀一[19]

と規定しているのであり、それは「上顕戒論表」（『一心戒文』所収）においても、

重願、天台円宗、両業学生、順レ宗授レ戒、依レ本住山、一十二年、令レ不二退山一、四種三昧、各令二修練一。然則、一乗戒定、永伝二本朝一、山林精進、遠勧二塵劫一。[20]

とあるように、そもそも四種三昧とは、止観・遮那両業学生の共通修練として規定されているのである。ゆえに止観業・遮那業の如何を問わず、叡山に身を置く学生にとって四種三昧は大前提の修練なのであり、上表文という重要文書にそれが規定されている以上、太政官も天台宗の修行内容が「一十二年の四種三昧」を第一義とする理解にあったと見做して問題ないであろう。

つまり佐伯氏が重んじた円珍の「公験印信」に、

受菩薩戒僧円珍、天長十年四月十五日、於二比叡峰延暦寺一乗止観院一、受二菩薩大戒一既訖。即須一十二年、不レ聴レ出レ山、四種三昧、令レ得二修練一。仍批件度縁、後永為公験印信。[21]

とあるのは止観業専攻を意味するのではない。これは先にも引文したが、およそ弘仁十三年六月十一日の「太政官符」や、翌年二月二十七日の「太政官牒」において最澄の奏状が引用される場合、

夫如来制戒、随レ機不同。衆生発心、大小亦別。…（中略）…望請前件度者、比叡山毎年春三月、先帝国忌日、

依二法華経制一、令三得度受戒一、仍即一十二年、不レ聴レ出レ山、四種三昧、令レ得二修練一。然則、一乗戒定、永伝二聖朝一、山林精進、遠勧二塵劫一。(22)

と、悉く「一十二年、不レ聴レ出レ山、四種三昧、令レ得二修練一」の箇所が引用されてくることと連関しているだけで、「公験印信」は円珍が先師最澄の定めた階梯を忠実に遵守する僧であることを証明しているに過ぎないのであろう。

以上のことから、四種三昧の有無が止観・遮那の専攻如何を判断する材料とはなり得ないのである。それでも尚「八条式」の構想が最澄独自のものであるとするならば、遮那業学生で得度している安慧の事蹟について、

付二台嶺伝教一、時年十三。……従二慈覚一受二毗盧遮那・孔雀等経一。天長四年、試二大日経業一得度。紀年之間、修二三部念誦・四種三昧一。(23)

と記されていることにつき、もはや説明がつかないであろう。

そもそも、先述した「六条式」における止観・遮那両業の規定は、次に引文する『顕戒論』に示されているように、唐の大興善寺の実例を踏まえている。

興善寺両院、安二置各一業一。持念真言者、常為レ国念誦、経有智者、常為レ国転読。夫自レ非二忘レ飢楽レ山、忍レ寒住レ谷、一十二年精進力、数年九旬観行之功一、何排二七難於悪世一、亦除三三災於国家一。(24)

その上で、後半傍線部の「一十二年精進力、数年九旬観行」とは、文脈からして止観業に限定されるものではなく、むしろ飢寒に耐え四種三昧に打ち込む両業学生の浄行に最澄が期待を寄せている言なのである。続けて最澄は、

誠願、大日本国天台両業、授二菩薩戒一、為二国宝一。大悲胎蔵業、置二灌頂道場一、修二練真言契一、常為レ国念誦、亦為レ国護摩。摩訶止観業、置二四三昧院一、修二練止観行一、常為レ国転レ経、亦為レ国講二般若一。(25)

と、大興善寺に倣い大悲胎蔵業を「灌頂道場」に置き、摩訶止観業を「四三昧院」に置くともいう。しかし先述の

とおり「四条式」が「今天台法華宗年分学生……一十二年、令レ住二深山四種三昧院一」と規定している以上、最澄においては基本的に四種三昧院[26]にすべての学生を留まらせる構想があり、止観業だけが四種三昧に特化するものでないことは、同じ『顕戒論』にて、

明知、最下鈍者、経二十二年一、必得二一験一。常転・常講、期二一六歳一。念誦・護摩、限二十二年一。然則、仏法有二霊験一、……[27]

と、あくまでも止観業は十二年一期で「常転」「常講」をし、遮那業も十二年を限《へだ》て「念誦」「護摩」するものであり、ここに四種三昧が見られないのは、それが両業の大前提として規定されているからに他ならない。ちなみにここに出る「護摩」について、最澄の「遺誡」を確認するならば、

毎日、長二講諸大乗経一、慇懃精進、令二法久住一。為レ利二国家一、為レ度二群生一。努力努力。我同法等、四種三昧、勿レ為二懈倦一。兼年月灌頂、時節護摩、紹二隆仏法一、以答二国恩一。[28]

として、(止観業の者には)大乗経典の長講精進を求め、比叡全山の「我が同法」に対し四種三昧を懈怠しないよう命じ、(遮那業の者には)〝兼ねて〟や〝時節〟で灌頂・護摩を修すよう求めているのであるから、言外に密教経典の長念・長転が「主」としてあり、「従」としての灌頂・護摩への言及であることは明らかであろう。

以上のことから、基本的に最澄の真撰が確実視される文献では、大乗経典や密教経典の長講長念により国家の除災を期待するという、いわば古代仏教に期待された浄行僧そのままに十二年間の修学が一貫して求められていて、四種三昧については止観遮那すべての学生に課されるべく構想されていたのである。

これらの基調から「八条式」をみるとき、十二年修学の内容とも四種三昧の規定とも齟齬をきたすその異質さがみえてこないだろうか。

五　第六条、第七条に関する疑義

⑤⑥⑦条についても紙幅の都合上から、ここでは⑥⑦条についてごく簡潔に問題点を提示するのみとし、詳説は後日に譲る。すなわち⑥⑦条に関する筆者の疑問とは、十二年籠山満行後の学生の処遇につき、「六条式」では諸国の講師に派遣させたいとしていたが、「八条式」においては弘仁当時の僧位の最高位たる「伝灯大法師位」や次位の「伝灯法師位」を慰賜願いたいとしている点である。要はこの発想自体が最澄のものとは考え難いのである。

『一心戒文』の記すところによれば、

弘仁元年、……授二伝灯法師位一。従二其元年一、到二于十二年一、諸宗僧綱、不レ挙二先師一、不レ授二大法師位一。[29]

とあるように、弘仁当時の最澄の僧位は、弘仁元年（八一〇）の「伝灯法師位」叙位以降、弘仁十二年（八二一）に至るも伝灯大法師位に推挙されない状況が続いた。ちなみに空海はこの前年に伝灯大法師位に叙されている。しかるに光定は、

同年十二月、令レ聞二閑院藤大臣一。藤大臣云。我不レ知二子細一。……者、弟子白。僧綱達二大皇一、而不レ叙二大法師位一。藤原大臣云。我不レ知二彼禅師被レ授先先位記一。弟子白。柏原皇帝、施二与公験一。閑院大臣云。持二彼公験一来。弟子持二公験一、而参二左近衛曹司一。閑院大臣、看二公験文一。怪レ之歎レ之。大臣云。先帝厳二公験文一、施二与大禅師一者、而今、達二大皇一、将叙二大法師位一。十三年春、大皇帝震二龍筆一、而書二伝灯大法師位文一、而施二与先師一。以為二後代永珍一。[30]

と、弘仁十二年十二月、藤原冬嗣にこの問題の解決を嘆願するのである。具体的には冬嗣の求めに応じ光定は桓武

帝の宸筆になる最澄の公験を彼の元に持参、その珍怪さに驚嘆した冬嗣の尽力で、最澄入滅の年にあたる弘仁十三年の春、嵯峨天皇宸筆の「伝灯大法師」位記が施与された。まさに「後代永珍」とされる所以である。『叡山大師伝』によればそれは二月十四日のことであり、その直後の四月に最澄は弟子たちに遺誡しているので、まさに畢生の感漂うなかでの叙位であった。

右の記録によれば僧位とは僧綱協議の上、勅裁にて叙されていたようであり、叡山側は弘仁元年から同十二年に至る間、その叙位を待ち望んでいたわけである。しかるに弘仁九年の「六条式」撰上後、僧綱との間に生じ始めた緊張状態の故か、最澄の叙位については冬嗣の力に頼らざるを得なくなったものと推測される。しかし最澄の外護者たる冬嗣にあっても叡山側に公験の提出を求めるなど、大法師位については相当な理由と厳格な審査が伴っていて、そのもとに勅裁されていたのである。

それだけに、「八条式」が最澄の撰上であるならば、まさに嵯峨帝から大法師位を賜るべく関係諸方面が奔走しているなかで⑥⑦条が上奏されたことになる。

先の経緯からして、最澄の大法師叙位は畢生の功に近い意味すら持ち、その宸筆になる位記を最澄も低頭し拝受したことであろう。光定も後代にまで永くこれを珍重せんとしているだけに、いくら艱難辛苦を伴う十二年修学であったとしても、いまだ満行した者すら出ていない、というより構想の段階でしかない弘仁九年の時点で、後代永珍の位記と同等の僧位を慰労として賜りたいなどと奏請すること自体、憚られる内容ではなかろうか。

ところが、弘仁より時代が下れば事情が異なってくるのである。すなわち貞観六年（八六四）を画期として、従前の入位→住位→満位→法師位→大法師位という僧位に加え、僧綱独自に法橋位（律師）→法眼位（僧都）→法印位（僧正）が加えられ、貞観八年（八六六）には最澄に法印大和尚位が贈られ伝教大師号が宣下される。あるいは円珍以後の延暦寺の僧綱回帰によって、円珍の少僧都、果ては良源の大僧正が象徴するように、その権威は明らかに僧綱位の方に移るのである。この過程で従前の伝灯法師位や伝灯大法師位の権威が実質低下するのは想像に難くなく、⑥⑦条が構想された意図が、まさにこの辺りの事情と足並みを揃えるものであったならば納得もいくが、いまはその可能性を指摘するに止める。

六　第八条の「俗別当」と「功徳使」

以下は⑧条の「俗別当」に焦点をあて、「八条式」成立に疑義をとなえるだけの根拠を示してみたい。

その前提として、はたして藤原三守、大伴国道の両名を初代とする「延暦寺別当」は、「八条式」の「俗別当」構想が允許されたことによって制度化されたのであろうか。もしそうであるならば、その設置の経緯からして、次のごとく疑義が生じるのであり、筆者はその一端をすでに指摘[31]している。

すなわち、

A、最澄の要求は「功徳使」の設置であったこと。

B、それは弘仁十一年の段階で表明されたこと。

C、功徳使を打診された藤原冬嗣は「宮別当」[32]の設置が適切と回答したこと。

という三点からなる疑義である。

まずAであるが、そもそも最澄は『顕戒論』にて、天竺では得度者を僧籍に編入しない事例があるとし、それは唐においては「功徳使」制の下で実行されているとして、「功徳使」の設置を要求したのである。

注目すべきはBであろう。光定の記録によれば、その要求がなされたのは弘仁九年の「八条式」ではなく、弘仁十一年の『顕戒論』撰上時であり、このとき光定は最澄の下命を受け、藤原冬嗣に「功徳使」の導入を諮ったというのである。

それに伴うCのやりとりも重要であり、冬嗣は「功徳使」が本朝に存在しないので、類似の職として「宮別当」ならば設置が可能であろうことを光定に助言したのである。

この経緯をみるとき、はたして弘仁九年時点の最澄が当該職につき、〝別当〟に因む名称を用いることなどあり得たのであろうか。

「延暦寺別当」については、弘仁十四年（八二三）二月二十七日付で延暦寺に下達された「太政官牒」に、

牒、案下太政官、去年六月十一日、下二治部省一符上偁。検二伝灯法師位最澄奏状一偁。夫如来制戒、……者、省宜二承知、依レ宣行一レ之。者、今案二式意一、応レ試レ業者、先申二別当一、聴二彼処分一、試業既訖、亦申二別当一。別当執奏、仍国忌日、便令二得度一、不レ可三更経二治部・僧綱一。其応二試義條一、……於二彼寺一試。得度已畢、別当申レ官、勘レ籍、并与二度縁一、然後、下二知治部省一。自レ今以後、立為二恒例一、牒到、準レ状。故牒。[33]

とあるごとく、その最重要たる職掌は「年分試」「得度」「勘籍」を執行することにあり、延暦寺に限っては、従来の治部省玄蕃寮からその全権[34]を該別当に移譲せしめることに成功したのである。しかし唯一、「下二知治部省一」という点が、なお治部省の関与するところと捉えられることから、それを弊害とみた光定によって、ついに天台宗のみ民部省（と別当）による勘籍で可とする異例の勅裁を得ることになった。

そもそも勘籍の構想自体は先述の「六条式」第一条に「凡法華宗天台年分、自二弘仁九年一……不レ除二其籍名一、賜二加仏子号一。[35]」としてその一端が披瀝されているのであり、「六条式」に添えられたであろう同二十一日付「請菩

薩出家表」にも、

自レ今以後、天台年分、毎年季春三月十七日、差二勅使一人一、奉二為登天尊霊一、於二比叡山院一、依二大乗一得度。宗式如レ別。(36)

と、得度に際して「勅使一人」を叡山に差向けて欲しいと願い出ていて、詳細を「六条式」に譲っている。そしてより具体的には弘仁十一年の『顕戒論』にて、

誠願、両箇度者、勘二山修於多年一、試二文義於中使一。然則、円宗三学、不レ絶二本朝一。先帝御願、永伝二後際一。夫、台山五寺、山中度レ人。中使簡択、更無二偸濫一。(37)

とあるように、この構想自体が唐（五台山）の実例に範をとっていることを最澄は主張しているのである。そしてそれは具体的には「功徳使」であるとして、『顕戒論』とともに光定に設置交渉が委ねられ、むしろ光定は「功徳使」ではなく「宮別当」が相応しいとの助言を冬嗣から得るに至ったわけである。さらに『顕戒論』奏上の翌年には、改めてこの構想が大伴国道に伝えられ、

年分度者、於二薬師仏前一試。弘仁十二年、奉レ令レ聞二故伴参議一者、其参議親云。某甲正身登二叡岳一、而試二年分人一成レ僧。(38)

と、国道は自身が勅使となって登叡し、試業を取り仕切り僧とさせることを誓ったのである。その後、先の引文の通り弘仁十四年二月に延暦寺別当の設置が施行され、初代別当の国道は約束通り翌三月、勅使として登叡し得度が執行された。(39)

これらを勘案すると、当該職は一名で充分であったのかも知れないが、僥倖ともいうべきか、大伴国道と藤原三守の二名が延暦寺別当に任ぜられたのである。

「八条式」は「俗別当両人」を要求しているので、あたかもこの求めに応じて右の二名が選任されたかのようであるが、あくまでも彼らは「年分試→得度→勘籍」を職掌とするのであり、「八条式」では「結レ番、令レ加ニ検校一、兼令レ禁ニ盗賊・酒・女等一。[40]」とあるように、「検校」および叡山内の風紀取締り、治安維持がその職掌とされている。もし仮に「検校」の意味に勘籍が含まれるとしても、当時の国家仏教行政を根底から変革する重大な要求にしては、あまりにも簡潔に過ぎる筆致ではあるまいか。

七　「俗別当」は最澄の造語か

日本仏教史上「俗別当」なる語の初出は、まさに弘仁九年の「八条式」とされるが、もちろんこれは正式な官職名ではない。よって「八条式」のいうところは、俗人の別当という意味の単なる漢文表記なのかもしれない。しかし承和あたりから真言宗関係の文書や官符等の諸史料に、「俗別当」がひとつの官職名のごとき意味合いで頻出するようになる。

仮にこれが「八条式」からの流伝であるとして、「俗別当」の語は初期日本天台の諸文献に一切検出されないばかりか、先述のとおり「八条式」自体の形跡も良源まで皆無なのである。はたして「俗別当」なる語はどのようにして広まったのか。

ちなみに初代延暦寺別当の藤原三守と大伴国道が、かの「光定戒牒」に連署している真蹟も「別当」とあるのみで、『叡山大師伝』や『一心戒文』もやはり「延暦寺別当」、あるいは単に「別当」と称しているに過ぎない。

また、当該職を允許する官符自体は現状検出できないのであるが、僅かながら唯一の手掛かりとして真言宗の実

恵が、承和五年（八三八）に奏した「請レ令三東寺俗別当検二校真言宗雑事一」のなかに、

> 然今、雖レ云下東寺・神護・金剛峯寺有二俗別当一、而但主中造作之事上、不レ検二校真言宗之事一。至レ如二延暦寺一、不レ経二省・寮一、別当全行二天台宗之事一。謹案下太政官去弘仁十四年二月廿六日、置二比叡山寺別当一符上偁、……望請、真言宗得度・講読・修法等雑事、准二延暦寺之例一、令三東寺俗別当同加二検校一、伝法闍梨、当時為二法領一者、先当簡定、経二俗別当一、請二用処分一、一如二延暦寺一不レ殊。……(41)

と、弘仁十四年二月二十六日付で「比叡山寺別当」を設置する官符の存在が伝えられている。『叡山大師伝』には同日付で「於二比叡山寺一、為レ伝二先帝所レ建、天台法華宗一、勅賜レ寺、宜下改二本名一、号中延暦寺上。」(42)なる官符下達があったことを伝えていて、続く三月三日に「勅置二延暦寺別当一」(43)として三守と国道が補任されたとある。

これらの史料から、公的なやりとりとして天台宗側から「比叡山寺別当」の名称による設置が上奏され、寺号下賜に伴い「延暦寺別当」と改称され勅裁に至ったことが判然としてくる。

繰り返すが、前項で示したA→B→Cの経緯からして、弘仁九年時点の最澄が当該職名に「別当」、あるいは別当に因む名称を用いることは考え難い。ましてやそれが単なる漢文表記上のことであったとしても、「〝俗〟別当」などという発想は、およそ最澄の思考に存しなかったものと考えられる。

なんとなれば、すでに弘仁三年（八一二）の段階で最澄が示した「弘仁三年遺言」（以下、「遺言」）(44)に、きわめて留意すべき最澄自身の指示が確認されるからである。すなわちそこには、

> 老僧最澄遺言
>
> 山寺総別当泰範師、兼二文書司一。伝法座主円澄師。一切経蔵別当沙弥孝融・近士主茂足。雑文書別当近士壬生

維成。右為ㇾ住二持仏法一、検二校経蔵文書一、唱二導一衆一、充行如ㇾ件。宜下我同法、随二件別当一、言応、承行、勿中左右是非上。……[45]

と、最澄は「(比叡)山寺総別当」に泰範を充て、「一切経蔵別当」に沙弥孝融と近士主茂足を、そして「雑文書別当」に近士壬生維成を充てている。また『一心戒文』によれば弘仁九年の段階で最澄は叡山の伽藍構想として、九院とその別当を定めたとあり、その際に義真に「戒壇院別当」を任じている[46]。

これらから類推するに、最澄は比叡山寺総別当の下に、聖教文書類および主要堂舎の責任者として各々に「別当」を置く組織を企図していたことになる(ちなみに当該構想はいわゆる泰範の去就問題で頓挫したと思われ、「遺言」の人事が実現したのかは不明である)。

これが興味深いのは「八条式」のように上奏という手段を採らず、あくまでも最澄の権限にて私的に別当を任命している点、および「検二校経蔵文書一」や「宜下我同法、随二件別当一、言応、承行、勿中左右是非上。」と、別当による蔵書の検校、別当下での秩序遵守を門弟に求めている点であり、まさにそれは「八条式」の俗別当の職掌を彷彿とさせるのである。

ところが、これらは兎もかくとして、筆者が最も重要に思うのは最澄が「俗別当」という表現を用いることなどあり得ないことが、この「遺言」から窺知されることである。それは「遺言」の別当に在俗の主茂足および壬生維茂の名が認められるも、その名に「近士」が冠されているからに他ならない。

「近士」とは優婆塞を意味する「近事」のことであり、まさにそれは「遺言」にて、沙弥と近士とが同じく「別当」とだけ記されている例からも、あるいは初代延暦寺別当に就いた大伴国道が、自身のことを「弟子国道[47]」と称していたことからしても、彼らが仏弟子、あるいは最澄の弟子たる自覚を持つだけの、何かしらの受戒を経ていた

存在であったことが明らかなのであり、その受戒とは「四条式」に、

仏道称二菩薩一、俗道号二君子一。其戒広大、真俗一貫。故法華経列二二種菩薩一。文殊師利菩薩・弥勒菩薩等、皆出家菩薩。跋陀婆羅等五百菩薩、皆是在家菩薩。法華経中、具列二二種人一、以為二一類衆一。[48]

と標榜される真俗一貫の戒律観そのままに、出家在家ともに一類の衆として捉えられる筈のものだからである。けだしそこに「〝俗〟別当」の称など、どうして用いられようか。

あらためて「俗別当」とは、「俗人」の「別当」という程度の意である。いうなれば「僧別当」、つまり「僧」・「俗」、あるいは「真」・「俗」、はたまた「道」・「俗」などというように、二項の対比概念に基づく謂なのであるが、最澄においてこの概念は、大乗授戒という条件下にあって真俗が一貫されてくるものなのである。

八　「俗別当」の初出を求めて

ここに筆者は「俗別当」の初出が天台宗ではなく真言宗、特に先に引文した東寺実恵の奏文に、

然今、雖レ云下東寺・神護・金剛峯寺有二（G）俗別当一、而但主中造作之事上、不レ検二校真言宗之事一。至レ如二延暦寺一、不レ経二省・寮一、別当全行二天台宗之事一。謹案下太政官去弘仁十四年二月廿六日、置二比叡山寺別当一符上偁、

……望請、（H）真言宗得度・講読・修法等雑事、准二延暦寺之例一、令三東寺俗別当同加二検校一、……

とある辺りに想定できるのではないか、という仮説を提出してみたいのである。

右の奏文によれば、承和五年時点で東寺・神護寺・金剛峯寺には「俗別当」が存在していたことになる。ただし翌年発給の「応下令三東寺俗別当処二置真言宗雑事一准中延暦寺上事」という官符には、実恵の奏文を引用し、「而今、

東寺・神護・金剛峯等寺、雖㆘有㆓別当㆒、而唯主㆗造作之事㆖、不㆑預㆓真言之宗㆒。」としているので、当初から実恵が傍線部（G）のとおり俗別当の語をそこに用いていたかは不詳である。事実、東寺にあっては天長元年（八二四）六月の官符に、

太政官符造東寺所
　少僧都伝灯大法師位空海
右被㆓右大臣宣㆒、奉㆑勅件人、彼所前別当大僧都伝灯大法師長恵、遷㆓任造西寺所別当㆒之替、補任如㆑件……(49)

とあるように、それまで「造東寺所別当」であった大僧都長恵が「造西寺所別当」へ遷任するにつき、その交替として空海が造東寺所別当に補任されたとある。つまり少なくとも東寺にあっては、長恵→空海と僧籍の別当が存在していたのである。

それは兎もかく、傍線部（H）に出る「俗別当」について、ここでの引文は省略するが官符も傍線部（H）をそのまま引用しているので、真言宗側も太政官側もお互いがその語を共有していたことになる。そしてその職掌こそ、承和五年時点で「造作之事」のみであった東寺別当の職掌につき、「延暦寺之例」に准じて治部省玄蕃寮の支配を受けずに得度・修法等が執行できるよう、その事務を「俗別当」に掌握してもらいたいという要請なのである。ここに「俗別当」の意が、単なる「俗人の別当」という意味ではなく「延暦寺別当」、すなわち「得度勘籍等の権限を有する在俗の別当」に特化して理解されていた一面を見る。

ただしそれをして「俗」と捉える見方は、真言宗側から客観的に延暦寺別当を眺めた皮相的な表現に過ぎない。実のところ叡山における「別当」とは、先述のごとく大乗受戒を経た優婆塞なのであって、大乗戒を受けたならば出家も在家も一類の衆であると規定される以上、「〝俗〟別当」という思考自体が天台宗側には存在しなかったとみ

られる。

つまり「俗別当」なる概念・成語は円戒の真俗一貫思想からは生じ難いのであり、むしろ南都と融和し具足戒に従う真言宗の立場、特に伝法・修法等の場で僧俗を峻別する密教思想を背景に案出されたように思えるのである。

あらためて実恵の奏文にある「真言宗得度・講読・修法等雑事、准二延暦寺之例一」のうち、「修法」に注目すると、承和十年（八四三）の「応下為二国家一於二東寺一定二真言宗伝法職位一幷修中結縁等灌頂上事」という太政官符に、

右得二少僧都伝灯大法師位実恵牒一偁、……夫於二灌頂一、有二結縁一、有二伝法一……受二阿闍梨位一、及学二一尊契一之法師、准二諸宗智者帳一、明記二其年臘及所レ居之寺、幷所レ学秘法等一、加二宗俗別当署一、牒二之所司一、……若諸伝法者、可二他処結縁灌頂一、更受二執レ法者之許可一、兼経二宗俗別当一、随レ宜行レ之……(50)

とあり、この「宗俗別当」について湯浅吉美氏は、

ここで「宗俗別当」といっているのは、……僧侶の別当と俗別当と、という意味であろう。(51)

と推測されている。

この官符の存在によって空海滅後にも東寺には僧籍の別当が存在していたことが判明するのであり、それと同時にそもそものこととして真言宗の、わけても密教修法という「僧」「俗」を峻別せざるを得ない特質に、空海の造寺別当補任が重なった天長以降を画期とし、承和にかけて「俗別当」の語がいよいよ使用されていったとは考えられないだろうか。

九　おわりに

近世以降「八条式」は、「六条式」「四条式」と共に「山家学生式」と総称されるようになり、この三式は最澄による大戒独立構想上、一具のものとして欠くべからざる位置をなしてきた。しかし「八条式」第四条の十二年籠山制における止観・遮那両業の規定は、他の最澄撰述書と悉く齟齬をきたしているようであり、また第八条に出る「俗別当」をめぐっても、最澄の【功徳使構想】と【真俗一貫思想】の二面から、それが最澄の筆によるものと断ずることには違和感を覚えるのである。

また、今回詳論するのを見送った他の条文についても、弘仁九年時点における最澄の真撰としては些か首肯し難い点が存するのである。これらの疑義と「八条式」自体の流伝の不可解さが相俟って、本稿ではその成立事情にあえて一石を投ずべく踏み込んだ考察を試みたのである。

先述のごとく、「八条式」は天禄元年（九七〇）の良源撰『二十六箇条起請』に「大師所制八箇条式[52]」として引用されているので、良源が登叡した頃には既にそれなりの存在感をもっていたと思われる。よって遅くとも十世紀初頭までには成立しているのであろう。

しかるに最澄から良源までのおよそ百年を俟たずとも、しばしば論じられる律令制や国家仏教制の弛緩、その事例としての諸国講師制度の衰退、あるいは先に触れた僧位から僧綱位への権威的移行といった種々の事象に「六条式」の内容がそぐわなくなってしまったとは考えられないか。あるいは元慶六年（八八二）の遍昭による、

頃年受戒輩多二不軌一、只以二戒牒一、専為二公験一。自レ今受戒日、省僚威従共、向二戒壇一、子細勘二会官符度縁一、即

令二登壇受戒一、……以二其本籍姓名一、省僚共押署、以二省印一印レ之者。伏乞、准二度縁一、三司共署レ印、制可。[53]

なる起請にも留意しておきたい。つまりは治部省玄蕃寮僧綱の三司が受戒に立ち会い、勘籍にも関与するよう求めたものである。この受戒が何処を指すのか判然とせず、引き続き考究を要するが、最澄存生の日にその勅裁が叶わず光定が悔恨していた「延暦寺別当」独自の得度受戒への権限が、およそ六十年の時を経て終焉を迎えつつあった可能性も一概に否定できないのではないか。これら内外の変容を踏まえるとき、弘仁の時機に適った永代不朽式たる「六条式」と雖も、金科玉条ではなく改正の必要に迫られていたことが仄見えてもくる。

仮に「八条式」が遍昭の頃の成立であるとするならば、その内容はまさにこれら内外の諸事情に適応しているといえるであろう。あるいは「俗別当」なる称が前後の脈絡なくそこに唐突に記されてくるのも、すでにこの語が真言宗はじめ太政官や諸大寺の間に膾炙して久しかったゆえのことであり、それをもって従来の延暦寺別当に替わり叡山の治安に当たらせたいという意図があったのかもしれない。

はたして「八条式」とは国家仏教制の変化に順応する必要から成立したものの、「六条式」の〝永代不朽式〟たる威厳を維持するため、その細則というかたちに徹して最澄に仮託されたと愚が中の極愚を承知で一考してみた。

註

（1）佐伯有清『伝教大師伝の研究』吉川弘文館、一九九二　および同氏『最澄と空海』吉川弘文館、一九九八。
（2）伝全一・五七六頁。
（3）拙稿「弘仁十三年六月三日の大戒勅許をめぐって―佐伯有清説を前提に―」（『天台学報』第六〇号所収、二〇一七）。
（4）伝全五（附）・四二頁。

（5）拙稿「大乗戒勅許と最澄の最期をめぐる定説への疑義―『叡山大師伝』を中心に―」（『印度学仏教学研究』六七―一所収、二〇一八）。
（6）伝全一・五二四頁〜五二五頁。
（7）拙稿「最澄は大乗戒勅許を耳目にしていた―光定の「悔恨」に埋もれた真相―」（伝教大師一千二百年大遠忌記念出版『平安・鎌倉の天台』所収、二〇二一）。
（8）伝全一・六〇六頁〜六〇七頁。
（9）伝全五（附）・四二頁。
（10）前掲註（3）拙稿参照。
（11）薗田香融「最澄とその思想」『日本思想大系　最澄』岩波書店、一九七四（五〇六頁）。
（12）木内堯央「『得業学生式』の位置づけについて」（『天台学報』第四一号所収、一九九九）。
（13）同右。
（14）木内堯央「『比叡山天台法華院得業学生式』について」（『印度学仏教学研究』二三―二所収、一九七四）。
（15）伝全一・一四頁。
（16）伝全一・一二頁。
（17）『守護』なる経典については「六条式」では止観業に課され、「得業学生式」では遮那業に課されているため、そこに一貫性を欠く印象があるが、木内堯央氏（『大乗仏典』〈中国・日本篇〉第十七巻、中央公論社、一九九〇）は、『守護国界主陀羅尼経』の護国経典としての側面を止観業で課し、同経所収の陀羅尼の念誦を遮那業に課したものと推測され、一考の余地ありとしている。あるいは空海も同経について「括二文顕密一、呑二義諸乗一」（天長二年上奏文）と言及しているので、最澄も同様の理解であったと仮定すれば、得業学生の時分には遮那業がこれを読誦し、年分学生となってからは止観業が読誦するという区分けをしているに過ぎないのではなかろうか。
（18）佐伯有清『人物叢書　円珍』吉川弘文館、一九九〇（一〇頁〜一六頁）。
（19）伝全一・一六頁〜一七頁。

(20) 伝全一・五五八頁。
(21) 「園城寺文書」所収。
(22) 伝全五（附）・四二頁。
(23) 『元亨釈書』巻二　日仏（新版）史伝部一・八〇頁。
(24) 伝全一・一二九頁～一三〇頁。
(25) 伝全一・一三一頁。
(26) ちなみに最澄時点で建立されていたのは法華三昧院のみである。
(27) 伝全一・一五四頁。
(28) 伝全五（附）・三九頁。
(29) 伝全一・五七四頁。
(30) 同右。
(31) 前掲註（3）拙稿参照。
(32) 宮別当については菊池京子「俗別当の成立―とくに〝官人〟俗別当について―」（『史林』五一―一　一九六八）に詳しい。
(33) 伝全五（附）・四三頁～四四頁。
(34) この点、筆者は註（5）および註（7）の拙稿にて、本文中に引用した太政官牒の時点では「勘籍」が未だ治部省の権限下であると論じた。その理由は『一心戒文』に、件の官牒以後に治部省での勘籍を主張した仁忠と、それに強硬に反論した光定との意見対立の記録があり、その後に大伴国道（ら四賢臣）の尽力で民部省での勘籍が実現する経緯までが克明に記されているため、筆者はこれにかなり引きずられていたのである。しかし当該官牒が記すのは「於二彼寺一試、得度已畢、別当申レ官、勘籍、幷与二度縁一然後、下二知治部省一。」である。従前の筆者の考察では、この「別当申レ官」の「官」が治部省ということになり、それでは最終的に治部省に下知せよという官牒の趣旨からして文意が通じない。よってこの「官」は治部省よりも上位の官でなければならず、官被官関係から推定するならば太政官ということになる。あるいは当該官牒の読み方は、得度までが完了した旨を太政官に申告し、別当が勘籍ならびに度牒を発給せよ、とした方がよいのかもしれない。この場合であれば勘籍は別当によってなされていると読めるのであり、最終的に治部省に下知せよ、となる。しかし勘籍事務を別当が執行しても、それが最終的に治部省の知るところとなることに光定は承服できなかったようであり、治部省の影が少しでもちらつく限りは最澄の悲願は達成されないとする立場であったと思われる。その点、民部省（と別当）による勘籍の実現を見たわけで、そのような視点からは、やはり当該官牒の時点で天台宗の完全なる独立が果たされたと看做すことは出来ない。このことは基本的に註（5）（7）の拙稿でも指摘したとおりである。しかしながら、註（7）の拙稿では、『一心戒文』等における「官」の用例を太政官ではなく治部省と看做したことから、いきおい右の官牒の「官」を太政官として読まれていた田村晃祐氏や塩入亮忠師を誤読の例として挙げてしまった。この点は失考であった。

(35) 伝全一・一二頁。
(36) 伝全一・二二頁〜二三頁。
(37) 伝全一・一五一頁。
(38) 伝全一・五九九頁。
(39) 伝全五（附）・四四頁。
(40) 伝全一・一五頁。
(41) 『東宝記』第七（『続々群書類聚』第十二所収）。
(42) 伝全五（附）・四三頁。
(43) 伝全五（附）・四四頁。
(44) これが最澄の真の遺言であることは、福井康順「伝教大師の「弘仁三年遺言」について」（『天台学報』一二所収、一九七八）にて論証されている。
(45) 伝全五・四二五頁。
(46) 伝全一・五七四頁。

(47) 『天台霞標』二—二　仏全〈新版〉四一・二五六頁。
(48) 伝全一・一九頁。
(49) 註(31)に同じ。
(50) 『東宝記』第四所収。
(51) 湯浅吉美「東寺における官人俗別当」(『史学』五三—二・三所収、一九八三)。
(52) 寛政元年の刊本に依ったが、たとえば『天台霞標』三—一所収の「籠山内界式」には当該二十六條式を引き「根本大師八條式云……」とある(仏全〈新版〉四一・三〇四頁)。
(53) 『元亨釈書』巻二四　日仏(新版)史伝部一・一九四頁～一九五頁。

『大日経義釈』における胎蔵漫荼羅の意義

——字輪観との関係から——

真野　新也

一　はじめに

「現図胎蔵漫荼羅」（以下、「胎現図漫荼羅」）は、漢訳『大日経』（以下、『大日経』）の理念を象徴的に示すものとされている。このような認識は、一般論として正しいものである。しかしながら、「胎現図漫荼羅」は、唐代の訳経僧であった不空（七〇五～七七四）とその弟子の系統であるとする研究成果が、美術史家である石田尚豊氏によって提示された。そのことによって「胎現図漫荼羅」が『大日経』や『大日経義釈・大日経疏』（以下、『義釈』）での記述を、忠実に反映したものではないことが、一般に知られるようになった。氏の論説は現代の定説となり、本稿も支持するところである。[1]しかし、「胎現図漫荼羅」や、他の胎蔵世界に関わる漫荼羅（例：「胎蔵図像」や「胎蔵旧図様」）にあっても、善無畏（六三七～七三五）述、一行（六八三～七二七）記であり、唯一の中国撰述である『大日経』に対する註釈書、『義釈』が教示する漫荼羅、及び教理の釈義なしに、胎蔵系漫荼羅全般の根底にある理論を理解することは難しい。言い換えれば、仏教学、特に教義や実践の面から漫荼羅を考察することが、等閑にされてきたという実情があり、それぞれ精緻な研究であるにもかかわらず、結果として表面的な漫荼羅の理解しか為されなかった(2)。本稿の目的は、「胎現図曼荼羅」の理解にも資すること少なからぬ、『義釈』巻一一、字輪品（以下、『義釈』字輪品）所説の「四重漫荼羅」と、それと不可分の関係性にある「三重漫荼羅」とを考察することによって、胎蔵系漫荼羅の基礎的な理解を試みることにある。

二　問題の所在と方法論

本稿は、先行研究において三つの問題が存することを指摘し、今までとは異なった視座から考察を行い、「胎蔵系漫荼羅」理解の一助となることを目的とする。

第一の問題は、「胎蔵漫荼羅」と言えば「胎現図漫荼羅」が代名詞のように扱われることにある。先述のように、美術史家である石田尚豊氏や、同氏の論攷に依拠した濱田隆氏(3)によって、「胎現図漫荼羅」が成立するまでの過程が検討された。以降で勘案する問題は、両氏の研究でも指摘のある「具縁品漫荼羅(4)」と称される漫荼羅にも通じるもので、その名が示すように、『義釈』巻三、巻四、具縁品（以下、『義釈』具縁品）で詳説されている。しかしながら、両氏の研究で「具縁品漫荼羅」の教学的な意義に踏み込むことはなく、このことは、「胎蔵系漫荼羅」全般を理解するに際しても大きな問題となる。つまり、『義釈』での説示を検討する重要性は、その他の胎蔵系漫荼羅には教学的な註釈がなく、「具縁品漫荼羅」が依拠する『義釈』にのみそれが見出されることにある。「胎蔵漫荼羅」の研究で「具縁品漫荼羅」の教義的意義を取り上げた論攷に、栂尾祥雲氏の『曼荼羅の研究』があり、『義釈』と蔵訳『大日経』とを比較し考察した。氏の指摘では、善無畏所説では「大悲胎蔵曼荼羅」の根本理念とは「菩提心為レ因、大悲為レ根、方便為二究竟一」の、つまり「三句法門」にあるとしている。[5] とは言うものの、氏の論説においても、検討の対象は「具縁品」に限定されている。重要なことは、『義釈』では「具縁品」のみならず、「字輪品」にも関連する重要な言説が確認され、事実、これら二品は切り離しては解釈できない側面が存することにある。

第二の問題は、「胎蔵系漫荼羅」では、その特徴から「四重漫荼羅」と呼ばれる場合があり、この呼称が現在においてより一般的であろう。ただし、『義釈』の中では「四重漫荼羅」といった術語の使用例は少なく、日本仏教史の中で、密教事相を整理し、大著を述作した安然（八四一〜八八九〜、一説九一五没）に至って「四重漫荼羅」が一般的呼称となったものと考えられる。[6] そして、安然以降、現在に至るまでの日本美術史や日本仏教史の分野では、「胎現図漫荼羅」を含む「胎蔵系漫荼羅」の特徴（最中央の「中台八葉院」を含めそれを取り囲む三重との総数から「四重」とする）をもってして、一般的に「四重漫荼羅」と呼ばれている。[7] このような言説は日本美術史や日本仏教史という研究分野において、日本における密教の萌芽期以来の使用法であるため、あまり大きな問題とはならないだろう。しかしながら、『義釈』の中には、「三重」という語彙が頻繁に使用される事実は見逃し難く、中国密教史という枠組み、或いは「胎蔵系漫荼羅」の発達という枠組みにおいては重要な問題となりうるのである。そこで、第三の方法論に関わる問題を検討すれば、「四重漫荼羅」と「三重漫荼羅」とには、両者が打見には類似するものの、異なった意義が存することを指摘できる。

では、第三の問題である方法論について言及したい。そもそも漫荼羅とは「衆徳輪円周備」[8] と漢訳されるように、「仏の徳が円満に備わる」という理念に本義がある。その「衆徳」を現象化し、象徴化したものが、泥木彩画によって表現された図像の「漫荼羅」であり、主な使用目的は、道場の荘厳や、供養法要における信仰の対象と理解されている。しかしながら『義釈』では、それのみならず、観想という実践における「漫荼羅」の説示も多く存在する。すなわち、今迄の「胎蔵系漫荼羅」の研究では、主に、図像としての「漫荼羅」に研究対象が絞られてきたのであり、「実践論」[9]を含めて研究されることが殆どなかったと言える。このような研究動向にあって、八田幸雄氏による「胎蔵法よりみた胎蔵マンダラ」[10]では、「事相」も含めた漫荼羅研究の必要性を述べている。確かにそこには、具縁品所説の観想についての言及はあるが、結局は諸尊の配置に関する事柄にとどまっていて、本稿が重視し検討する「字輪品」への言及はない。

以上を念頭に置き、本論では三つの節から考究を行う。第三節では、考察に必要な前提事項の確認を簡略ではあるが示す。続く第四節では、『義釈』巻三、具縁品に記載される二つの漫荼羅の形態的特徴について概説し、一般的な「胎蔵系漫荼羅」理解の根底にある問題点を指摘したい。第五節は、実践論から「具縁品」所載の二つの漫荼羅においても、両者に差異があることを検討する。つまり、これ等二つの漫荼羅に対応する『義釈』巻一一、字輪品所載の実践法が、「三部四処布字法」と「三部三処布字法」（ともに仮称[11]）であることを論証するのである。特に、今迄あまり論攷の対象とならなかった「三部三処布字法」を勘案することによって、「三部四処布字法」と「三部三処布字法」との役割の違いを明確化させる。

結論を急げば、「三部四処布字法」は師資相承の要として、「師」が自身と「弟子」の身体各所（支分）に中台八葉院を含む「四重漫荼羅」を観想する行法であり、「三部三処布字法」は行者自身が自身の支分に「三重漫荼羅」を観じ、「阿迦尼吒天」において「一生補処菩薩」として、「業地」に住まりつつ成仏することを目的とする。したがって、「具縁品」に記述される二つの漫荼羅においても、実践論の観点から見れば、それぞれ「四重漫荼羅」・「三重漫荼羅」と定義することが可能となるのである。

三　考察における前提事項（『義釈』「具縁品」と「字輪品」との関係）

「具縁品漫荼羅」と呼ばれるものは、その名称が示す通り『義釈』具縁品に基づいているが、同じく『義釈』字輪品にも関連する教説があり、相互を補っていると言える。その一例は、一般的に胎蔵世界の特徴を示すものとして人口に膾炙する「胎蔵の三部（仏〔如来〕部・蓮華部・金剛部）」という概念にも当て嵌まり、「字輪品」の理解なしには、正確な解釈が困難となる。この三部という概念について、「具縁品二之二」では、三つの種子「阿・娑・嚩」、つまり「種子（字）漫荼羅」をもって以下のように記述する。

阿闍梨言、第一院東方如来鉤乃至如来甲等、皆是毘盧遮那三昧。……其作二字漫荼羅一者、経中有二種子字一、当二如レ法置一レ之。如経不レ載当下取二梵名中最初字一為中種子上。或可三通用二阿字一也。北面蓮華部諸尊。……通用二娑字一為二種子一也。南面金剛部諸尊亦可下依二経初所一レ列レ名者、皆具置上レ之。……若作二字印漫荼羅一執金剛所レ統眷属通用二嚩字一為二種子一。余金剛通用二吽字一為二種子一也。第二院諸菩薩……第三院十方仏等各依二常相一図レ之。[12]

右の『義釈』における「如来部・蓮華部・金剛部」の三部構成、及びその概念は『蘇悉地経』から影響を受けて成立したことが指摘されているが[13]、重要事項として、三部に対応する「阿・娑・嚩」の三字は「今此経中阿・娑・嚩三字如二字輪品所レ説。即是三部心真言也。[14]」とあるように、『大日経』巻五、字輪品の所説に依拠している。以下で論考する『義釈』巻一一、字輪品十には、二つの観法（「三部四処布字法」と「三部三処布字法」）も説示され、「具縁品漫荼羅」に関する問題と深い繫がりがあることを窺い知れよう。

四　『義釈』具縁品における二種類の漫荼羅（「中胎漫荼羅」と「支分漫荼羅」）

『義釈』では、「胎現図漫荼羅」と類似し、日本において図像化され、かつ観法と関連づけられるものがあり、『義釈』具縁品二一で説示されることから「具縁品漫荼羅」と呼ばれている。同じく「具縁品」には、①「中台八葉院」を含めた四重からなる漫荼羅（以下、「中胎漫荼羅」〈仮称〉）と、②「大日如来」の身体上で三重が描かれる漫荼羅（以下、「支分漫荼羅」〈仮称〉）が記されていて、「具縁品漫荼羅」のみならず「胎蔵系漫荼羅」を理解する上で重要な言説となり、本稿が特に注目するものである。

そもそも、①「中胎漫荼羅」と②「支分漫荼羅」とは混同されやすく、実践論の視点から考察しなければ、大方において同一のものと見做されよう。このことは、少し引用が長くなるが、次の具縁品二一之二の文章から見出される。

復次行者応レ知二護方八位一。凡所二造作一漫荼羅随レ此而転……又環二中胎蔵一三重界域皆以予為二標誌一、使二方隅均等一図位素定。要レ令三大日之位当二五種宝聚之心一。至下此図二衆相一時上、阿闍梨先至二因陀羅方一如レ法作レ礼。次住二火方一北向而立助伴二弟子一在二伊舎尼一対持二修多羅一準定二外界一。弟子次当三右遶至二涅哩底一。師亦右遶西向而対持レ之。……阿闍梨言、正四方十字界道、経雖レ不レ言理必有レ之。亦須二右旋相対絣定《之・カ》一也。如レ是已定二外界及八方相一竟、次当三入レ中先定二中胎外界一。亦如レ前旋転絣作二四方相一。其八方相已定更不二復作一也。初定二第一重外界一次定二第二重外界一。亦同二中胎法則一、其広狭之量皆当二展転相半一。仮令①中胎蔵縦広八尺、第一重当二広四尺一、第二重当二広二尺一、第三重当二広一尺一。阿闍梨言、本法如レ此。若恐三大小相懸不二相称一者、稍以レ意均調レ之於レ理無レ失也。如レ是分竟復於二一重一一重分為二三分一。……其闊狭之量当二以レ意裁一レ之。趣得三稍通二座位一也。於二此界縁之内一作二三分一均分レ之。当下先定二諸尊座位内界分一了上。次定二行道供養中間界分一。如レ是第一重竟、次於二第二重一亦従レ外向レ裏漸次分レ之。次分二第三重一亦如レ是。②如二上文所一レ説、従二大日如来臍一以下光明、是此第三重位。自レ臍以上至レ咽所レ出光明為二第二重位一。自レ咽以上乃至頂相之光明為二第一重位一。其中胎蔵即是毘盧遮那自心八葉華。[15]

ここでは、①と②とが併記されていて、同一の漫荼羅と理解されても致し方ない感がある。なぜなら、①と②との差異が、共に三重から成立する、単に①「作壇・図位」②「観法」としての違いにのみあると見做すことが可能であるからだ。事実、このような理解が、今までの一般的な「胎蔵系漫荼羅」に対する理解であり、本稿が問題点として見出すところでもある。ちなみに、①が右記（二重傍線部）の如く、「師」の主導の下で「弟子」とともに「漫荼羅」を完成させる作業であることは、後の考察で重要となるため、ここで注記しておきたい。

いずれにせよ、①と②とを同じ役割の「漫荼羅」と見做し、その理念を示そうとすれば、傍線②にある「如二上文所一レ説」にその解が記されている。「上の文の所説」とは、『義釈』具縁品二の文章を指示していて、②に関係した教示となる。

経云、世尊一切支分、皆悉出現如来之身者、前現二荘厳蔵一時、普門一一身各遍二十方一随レ縁応レ物。今欲レ説二漫荼羅図位一、故還約二仏身上中下体一以二部類一分レ之。自レ臍已下、現二生身釈迦一示二同人法及三乗六趣種種類形・色像・威儀・言音一。壇座各各殊異及其眷属展転不レ同。普於二八方一如二漫荼羅本位一次第而住。自レ臍已上至レ咽、出二現無量十住諸菩薩一。各持二三密之身一与二無量眷属一普於二八方一如二漫荼羅本位一次第而住。然此中自有二三重一。従レ心已下、是持二大悲万行一十仏刹微塵諸大眷属。従レ心以上、是持二金剛密慧一十仏刹微塵諸内眷属。通名二大心衆一也。従レ咽以上至二如来頂相一、出二現四智・四三昧・果徳仏身一。[16]

この文章では、漫荼羅の図位を理解するために、本源に立ち戻って仏身の三支分（上・中・下）で諸尊の配置を説示している。そして、①「中胎漫荼羅」と②「支分漫荼羅」との違いを認めなければ、①も②も共に「果徳仏身」であると、一先ず言えるのである。ただし、次節から導き出されるところは、①と②は意味合いの異なった「漫荼羅」であり、そのことは以降で考察する「三部四処布字法」と「三部三処布字法」の教学的位置づけから理解され、それに付随して「果徳仏身」の意義も明らかとなる。

五　「三部四処布字法」と「三部三処布字法」

五の一　『義釈』における観法

『義釈』は、観法に多くの紙幅を費やしていて、殊に師資相承と、成仏とが二つの主軸として存している。[17] 別稿でも論じたように、布字法等の観法を考察するに際しては、観法を行う主体が重要となる。多くの場合、観法を行う主体は、概ね師僧である「阿闍梨」となり、[18]「三部四処布字法」も「三部三処布字法」も、以上の概要に則している。問題となるのは、「阿闍梨」が単独で行うか、或いは弟子も含めて行うかにある。以降では別稿にて論じた、観法における「灌頂」についての予備知識も必要となるので、適時解説を含めるが、そちらも参照されたい。また、以降でしばしば言及する「字輪」について少しく述べるに、「輪」は「チャクラ（cakra）」の意味があり、そこに「字を置く（布字）」行法を字輪観と称する。同時に、「輪」には「漫荼羅」の義や『義釈』巻一一、字輪品の記述の如く、「従二一字一転生二多字一、故名為レ輪也。[19]」とも定義され、文字の「転・生」、さらにそれらの布字をもって身体上に漫荼羅を生成することが、胎蔵法修行者にとっての一大目的となっていることを付言しておきたい。

五の二　「三部四処布字法」（「十二真言王法」）との関係

「三部四処布字法」と「三部三処布字法」は、『義釈』巻一一、字輪品の説示であるが、『大日経』巻五、字輪品十に見出される行法ではない。すなわち、善無畏・一行の生の声を伝える記述ということとなり、善無畏・一行の考えていた、実践論や成仏観の一端が窺える貴重な言説となる。先述のように、『義釈』具縁品と字輪品とには、一定の関係性が存在する。それもあってか、具縁品所説の漫荼羅と、字輪品記載の二つの布字観法にも深い繋がりが認められる。そこで本節では、「三部四処布字法」と「三部三処布字法」の意義を検討することによって、①「中胎漫荼羅」と②「支分漫荼羅」の『義釈』における教学的位置づけを考察したい。

そもそも「三部四処布字法」や「三部三処布字法」という行法の名称は『義釈』に存在しない。これ等の名称は、前者は安然撰『大日経供養持誦不同』にある肖似する行法名からの借用であり、後者は「三部四処布字法」という呼称を応用し、便宜上創ったものである[20]。

両行法には密接な関係性、或いは連続性が、註釈内容に見出される[21]。まず、『義釈』巻一一、字輪品では、その名の通り、具縁品でも説かれた三部の漫荼羅を、五字輪を用いて教示し、その後に、布字観法の方法と、観法の教学的位置づけを解説している。以下に引用する、相関性のある三つの文章は、ともに『義釈』字輪品に記述されるものである。

㈠　此字輪当レ作二三重一。於レ中而置二阿字一余字眷属在レ外也。又此阿字有二五種一。阿・阿長・暗・噁・噁引。又毎二字輪一初先有二三重帰命三宝真言之心一。謂阿字・娑字・嚩字、即是顕二三部一也。阿字是如来部。娑字是蓮華部。嚩字是金剛部。毎二三部一随二五字輪一而転随レ義相応也。前言漫荼羅今云レ輪者、即是漫荼羅義。前者壇法中心是。大日如来即同二此中阿字一。北辺置二蓮華及諸眷属一、皆在二一処一即是此中之娑字。南辺置二執金剛及諸眷属一即是此中之嚩字也。[22]

はじめに留意しなければならないのは、ここでの「三重」は「三重漫荼羅」「四重漫荼羅」のそれではなく、「余字眷属在レ外」とあることから、中央の「阿字」を第一重とし、それを取り囲む二重を含めた「三重」のことであろう。

ここで刮目すべきは三部を示す「阿字・娑字・嚩字」の三字が、それぞれ既に生じた「五字輪（意生身）[23]」に随じて転じることを説示することにあり、後述の二つの観法においての基調となる。[24]そこで、この基調となる「五字輪」については、別稿で詳説したものの、重要事項であるため、『義釈』巻一一、秘密漫荼羅品の文章を参照して要を述べたい。

当下先住二於瑜伽一而観中自身上。従レ臍以下当レ作二金剛輪一、其色黄而堅。次従レ臍以上至レ心当レ作二水輪一、其色白。次従レ心以上至レ咽当レ作二火輪一、其色赤。次従レ咽以上至レ頂当レ作二風輪一、其色黒。復次、地輪正方、水輪案円、火輪三角、風輪半月輪形。最上虚空作二一点一、具二種種色一在二於頂十字縫上一置也。此是輪形。正与二身分一相称也。此五位者、即是前説五字。方中置二阿字一、円中置二鑁字一、三角中置二覧字一、半月中置二憾字一、点中置二欠字一。当更検二前巻中一也。師既自観二其身一次第如レ是方色加二持自身一並観二置種子字一已。……又観二所度弟子一亦当下如レ是而安二立之一準中於師法上。[25]

ここでは、身体の支分と五輪、五字の対応を明らかにするため、秘密漫荼羅品から引用をしたが、『義釈』巻一二、入秘密漫荼羅法品では、右記のような観法を「内護摩」・「灌頂」として定義づける。「内護摩」は「弟子」の煩悩や身体を焼き尽くすことであり、「灌頂」とは「五字輪」或いは「意生身（意成身・中有身）」として再生させることを目的とする。[26] 行法としては「五字輪観」や、五字を身体上にたもつことから「五字持身観」とも呼ばれている。

ここで本題に立ち返り引用文㈠の続きを検討したい。そこには、右記の「五字輪」を拠りどころとした、二つの観法の説示がある。これら二つの観法とは、すなわち「三部四処布字法」と「三部三処布字法」である。両者は一見すると相似しているものの、教学的位置づけとしては大きく異なっている。そこで、記載される順序に基づき「四重漫荼羅」に関係する「三部四処布字法」の実践論を考察し、次に「三重漫荼羅」を標榜する「三部三処布字法」のそれを検討したい。先ず、「四重漫荼羅」を用いる「三部四処布字法」については以下のような記述となる。

㈡　然布字時当三分為二四分一。即是四重漫荼羅也。頭成二初分一。是阿字菩提心位。従迦・佉・伽・䞧・仰等乃至奢・娑・訶。凡是第一声者皆属二菩提之心一也。次従ㇾ咽以下為二第二分一属二阿長字門一。亦当ㇾ中与二白毫一上下相直、右行布ㇾ之一匝相接。此是菩提行也。次従ㇾ心以下為二第三分一属二暗字一。亦従二心上一布二於暗字一、以ㇾ次右旋一匝相接。次従ㇾ臍以下属二噁字門一。是大涅槃。亦従ㇾ中而置二噁字一、以ㇾ次右旋一匝令遍也。頭為二上分一咽心為二中分一臍為二後分一。私謂。発菩提心為ㇾ初、行果為ㇾ中、大寂為ㇾ後也。行第五噁引字遍一切処随ㇾ意所作皆得也。此在下身外如二仏身一光上、随ㇾ意而用不ㇾ在二身内布字之位一也。師既如ㇾ是成身已、其漫荼羅亦如ㇾ是布ㇾ之。亦当下想二弟子一令中如ㇾ是作上之。三事皆成是名二秘密漫荼羅一也。[27]

さて、㈠の内容を継承し㈡では、具体的に布字を行うときには、身体を四分（頭〜喉・喉〜心・心〜臍・臍〜臍以下）して「四重漫荼羅」と見做し、観想する旨が記されている。では、この布字観法が意味するところが何かといえば、「三事皆成」の「秘密漫荼羅」であり、これは師僧の主導で、師僧である阿闍梨、漫荼羅、弟子の三事が皆等しく成立し「秘密漫荼羅」の状態に入ったことを示す、すなわち師資相承、師僧から弟子への伝法の意味合いを有することが諒解される。(28) そしてこの「三事」は、本稿冒頭で引用した①「中胎漫荼羅」が、「師」の主導の下、「弟子」とともに「漫荼羅」を造る作業と一致することが指摘できるのである。

また、㈠の文章を引き継ぎ㈡の文章があることは、その文脈から「三部四処布字法」とは、「五字輪」をより堅固にし、荘厳する観法である「十二真言王法」と類似することが推測される。『密教大辞典』では、事実、「三部四処布字法」と「十二真言王法」との相似性も示唆されていて、(29) 布字の方法は、詳細においては異なるが、ともに「仏部・蓮華部・金剛部」の三部を基準とするのである。いずれにせよ、積極的に両者の同一性を首肯することはできないが、一定の類似性が、特に役割、或いは教学的位置づけにおいて確認できることは、是として良いのではなかろうか。

とは言うものの、「十二真言王法」と「三部四処布字法」とは、その位置づけにおいて全く同じ行法とは言い難い。確かに「十二真言王法」も、「灌頂」儀礼で用いられる観法ではあるが、この観法に二つの役割が存することはあまり知られていない。第一は「三部四処布字法」と同様に、師資相承において、「師」が「弟子」を「阿闍梨」として堅固にする役割である。そのことは、『義釈』巻一二、入漫荼羅法品で以下のように記されていて、「師」が弟子の身体を「五字輪」と成した直後に続くものとなる。

> 復為ㇾ欲ㇾ令堅二固如ㇾ是意生身（五字輪）一故、更有二方便一。由置二十二字一復同二十二支縁一。謂十二支句也。此即是前説十二字真言王。……然作二此方便一有二三等一。一者師自布ㇾ之。二者用作二漫荼羅一。更問。布字云何起。三者加二弟子身一。(30)

要を言えば、初めに「師」が「弟子」の煩悩を焼き払い、それを再生させ、「弟子」の身体を「五字輪」、或いは「意生身」とし、その「五字輪」をさらに堅固にするのが、「十二真言王法①」となる。これが「三事皆成」の「秘密漫荼羅」の成就を目的とすることから、その点においては「三部四処布字法」と同じ役割、師資相承のための方法たる意義を有している。

第二の「十二真言王法②」は、『義釈』巻一一、秘密曼荼羅品の記述に基づく。そこでは、「十二真言王法②」の役割として「秘密漫荼羅」や「三事皆成」のみに止まらず、「是故一切如来各各申レ手而摩二其頂一也。越者超入之義也。如下毘盧遮那於二阿迦尼吒天一坐中於道場上」(31)と記されるように、「摩頂授記」「成道」への修法にまで及ぶ。『義釈』では、この後者の「十二真言王法②」について「須二此真言王一也。以二本三昧一持レ身已。先知二識瑜伽道一然後随レ意作二諸事一也。然以レ秘釈レ之、此十二真言王即是金剛三昧也。必菩薩坐二道場一入二於金剛界一故、則蒙三十方諸仏同時灌頂所二共加持一得レ入二仏位一。入仏位者、即是成二就大悲蔵生大漫荼羅究竟一義也。(32)」と説示するのである。このような後者の「十二真言王法②」、換言すれば「金剛三昧」としての「十二真言王法」のあり様は、事実、次の「三部三処布字法」に結びつくものとなる。

いずれにせよ、「三部四処布字法」の観法としての役割と、「十二真言王法①」との役割には、共通点が認められ、「三部四処布字法」の定義を明確化するために比較した。すなわち、「三部四処布字法」と「十二真言王法①」の両行法において、ともに、「秘密漫荼羅」「三事皆成」を得るという目的があり、それを象徴したものが「四重漫荼羅」或いは①「中胎漫荼羅」であると認められるのである。

五の三　「三部三処布字法」（「十二真言王法」と「百光遍照王観」との関係）

観想上で「四重漫荼羅」を用いる「三部四処布字法」の文章を引き継いで、「三部三処」を「三重漫荼羅」として観じる旨が述べられている。「三部四処布字法」と「三部三処布字法」との実践法としての違いの一つは、「三部四処布字法」では「師」が自身と「弟子」の身体に「漫荼羅」を観じる布字法であるのに対して、「三部三処布字法」では、「行者」自身の布字法であることが、大きな、かつ重要な相違点である。そのような「三部三処布字法」の実践法における特徴を押さえつつ、「三部三処布字法」の役割を以下で検討していきたい。

(三)　凡布二漫荼羅一亦為二三重一。第一重迦字乃至訶、周二匝内重一名為二金剛輪一也。此金剛輪持二一切法一猶三如世中金剛之輪持二於世界一也。即是行者最初菩提心、謂欲二堅固菩提心一故、先作二内重一也。次第二輪。謂二此是阿長及暗二輪一同二是中分一。……次第三輪用二悪字輪一。亦従レ中如レ上布レ之令二環合一也。其伊等十二字在レ外散布。猶三如光焰一也。此即是三転法輪之義也。如レ是布已持誦者即成[33]二持明之身一。猶二如大日如来神力加持等無一レ有レ異。此輪亦名二因縁輪一也。師及弟子並漫荼羅輪皆作二如レ是秘密之輪一。

この文章は、まさしく本論冒頭に引用した『義釈』具縁品二之二での②「布字漫荼羅」、つまり「②如二上文所一レ説、従二大日如来臍一以下光明、是此第三重位。自レ臍以上至レ咽所レ出光明為二第二重位一。自レ咽以上乃至頂相之光明為二第一重位一。」[34]に近似すると言えよう。同じく、「十二真言王法②」でも「三処者、謂如レ上所レ説仏身上分出二一切諸如来一。中分従レ心至レ臍、出二一切菩薩一。下分従レ臍至レ足。出二一切八部天神等一。」[35]と身体を三分することは、「三部三処布字法」との共通点となる。

さて、重要事項として検討すべきは、「三部三処布字法」を行じる意義を「因縁輪」[36]と称し、またその結果として、「持明之身」を獲得する、ということにある。ちなみに、「秘密之輪」とは「師及弟子並漫荼羅輪」であるから「三事皆成」「秘密漫荼羅」であり、「三部四処布字法」や「四重漫荼羅」を指し示すことが容易に理解される。しかし、「因縁輪」「持明之身」という術語はともに顕要であるにもかかわらず、そもそも『義釈』においては詳細な解説が記されていないこともあり、意味の詳細を理解するのに困難を伴う。そのため、他の類似する言説との比較検討が必要となる。そこで次に「因縁輪」や「持明之身」という術語を押さえて「三部三処布字法」、所謂、観想における「三重漫荼羅」の教学的位置づけを検討したい。

「因縁輪」「持明之身」という語彙の意味と「三重漫荼羅」の意義を考究するために、二つの段階を経なければならない。第一には、「三部四処布字法」と「三部三処布字法」との関係性を確認し、第二に、「因縁輪」「持明之身」という語彙を起点とし、「三部三処布字法」の教学的側面を考えていく。

既述のように、「三部三処布字法」は『義釈』字輪品の所説であり、その冒頭部には次のような文章が認められる。

即此字輪法門是遍一切処法門也。

i　菩薩若住二此字輪法門一者、始従二初発妙菩提心一乃至二成仏一於二是中間一、所有一切自利・利他種種事業、由レ入二此法門一故一切皆得二成就一無レ有二罣礙一也。

ii　又上来所説阿闍梨住二於仏地一者、義由未レ了。謂二此中字門一即是也。最初阿字即是菩提之心。若観二此字一而与相応即是同二於毘盧遮那法身之体一也。謂レ観二此阿字之輪一是猶二如孔雀尾一輪光明圍繞。行者而住二其中一即是住二於仏位一也[37]。問更

右記 i と ii の文章の示すところが異なることは、i の文章は「始従二初発妙菩提心一乃至二成仏一於二是中間二」であ

るのに対して、iiの文章は「又上来所説阿闍梨住二於仏地一者、義由未レ了」、「行者而住二其中一即是住二於仏位一也更問」と記すことから理解される。iiではさらに、「若観二此字一而与相応即是同二於毘盧遮那法身之体一也」という記述が認められ、iとiiの性質は根本的に異なると言えよう。iの指示する行法は、師僧が弟子に「五字輪」を獲得せしめるための「五字持身」の行法から始まり成仏以前までの「中間」で、師資相承の「秘密漫荼羅」「秘密之輪」、つまりiが「三部四処布字法」を指し示す。その理由は、「初発妙菩提心」に求められるのであるが、初地・初住位と前後する行位との問題を孕み、断定的な定義がここでは困難なため、初地・初住位の近辺とするにとどめたい(38)。

さて、iiの文章を検討するに、そこから言えることとして、iiは「三部三処布字法」についての説示であることが、先述の「大日如来神力加持等無レ有レ異」である「因縁輪」と「相応即是同二於毘盧遮那法身之体一也」という文言との相似からも推測される。一見すると「大日如来神力加持」と「毘盧遮那法身之体」との間に違いが存しているかのようであるが、「毘盧遮那法身之体」もまた「如来神力加持」の併存がなければ、そもそも衆生・行者が認知しえないし、法身との一体化とはならないので、内容に齟齬はないと言える(39)。そうは言っても、一行が『義釈』を筆記していた段階でiiが不明瞭であったことは、「義由未レ了」「更問」という文言から窺い知れよう。このことは『義釈』の編纂や『大日経』の漢訳が行われた状況の一端を示すものであり、『義釈』がそもそも経典漢訳の叩き台であったことに由来する(40)。しかしながら、この「義由未レ了」「更問」という問題は、具縁品註釈の推敲（次に引用する文章）で解決されている。

それでは、どのような「行者」であれば「住二其中一即是住二於仏位一」ことが可能となるのであろうか。そこで参考となるのが「一生補処菩薩」に関わる説示であり(41)、先述の「持明之身」の意味も自ずと明らかとなるのである。『義釈』における一生補処菩薩の解釈については、既に別稿で(42)「百光遍照王観」、つまり「大空三昧」との繋がりから論じたため、関連する行法の実践論も含め詳説は避けるが、『義釈』具縁品二之三の文章を参考のため引用する。

次秘密主一生補処菩薩住仏地三昧道離於造作知世間相住於業地堅住仏地者、此是最上灌頂位故先明レ之。如二余経所レ明此是一生所繋菩薩。従二此上生兜率天宮一次紹二仏位一故名二一生補処一也。(43)

『大日経』の経文である「住於業地堅住仏地（業地に住まり堅く仏地に住す）」(44)とは、先に言及した肖似する「十二真言王法②」の言葉を借用すれば、「是故一切如来各各申レ手而摩二其頂一也。越者超入之義也。如下毘盧遮那於二阿迦尼咤天一坐中於道場上」(45)という「色究竟天」における成道であると言える。そして、右の引用文に従えば、「三部三処布字法」で記される「又上来所説阿闍梨住於仏地者、義由未レ了」や「行者而住二其中一即是住二於仏位一也」という文章が、経文の「住於業地堅住仏地」、及び然る「最上灌頂位」に昇った「自受用身」たる「一生補処菩薩」の地位であることが認められよう。(46)つまり「持明之身」とは「一生補処菩薩」を指示するのである。(47)また「因縁輪」とは、「一生補処菩薩」となり、そして「住於業地堅住仏地」ための原因であり条件となる「字輪観」であることも理解される。すなわち、ここに「三部三処布字法」の教学的意義も見出されるのであり、さらに言えば、「三重漫荼羅」或いは②「布字漫荼羅」にも同様の位置づけがなされるのである。(48)

最後に、第五節をまとめると以下の通りとなる。

①「三部四処布字法」は「四重漫荼羅・中胎漫荼羅」の支分における観法であり、「秘密輪」、つまり師資相承の布字観想に相当する。特にその役割は「十二真言王法①」のような、「五輪」を堅固にするための方法となる。

②「三部三処布字法」は「三重漫荼羅・支分漫荼羅」の支分における観想であり、「因縁輪」、すなわち「一生補処菩薩」である「持明之身」の獲得となる。換言すれば「阿迦尼咤天」で成道するための観想と言える。

六　結語

本稿では、今まで等閑視にされてきた、『義釈』巻三、具縁品に説示される「具縁品漫荼羅」の類型である『義釈』巻一一、字輪品所載の漫荼羅（「四重漫荼羅・中胎漫荼羅」「三重漫荼羅支分漫荼羅」）の位置づけと役割を、中国密教史、漫荼羅の発達史、という枠組みで検討した。事実、胎蔵系の漫荼羅の教学的な位置づけをするためには、『義釈』具縁品と字輪品との説示が唯一の手掛かりなのであり、詳細な検討が必要なのである。この二種類の胎蔵漫荼羅を理解するためには、『義釈』字輪品で解説される同じく二種類の観法（「三部四処布字法」「三部三処布字法」）を介して理解が可能であることを、初めに論証した。さらには、両観法の位置づけを明瞭にするため、同じく『義釈』で教示される「十二真言王法」と「百光遍照王観」との比較検討を行ったのである。

考察の結果、「三部四処布字法」は『義釈』具縁品所載の①「中胎漫荼羅」を師が自身と弟子の支分上で観想する実践法であり、師資相承の機会に行われる行法であることが認められた。したがって、「四重漫荼羅」の役割として意味するところは、伝法に際して、「五字輪」・「意生身」となった弟子の身体が、師によって荘厳されることにある。この行法は「十二真言王法①」と役割上は同じであると言える。特に『義釈』で教示される「四重漫荼羅」の定義は、四重構成の胎蔵系漫荼羅に関する唯一の言説と評価せざるを得ないため、やはり『義釈』における教説の意味するところは多大である。一方の②「支分漫荼羅」そのものである「三部三処布字法」は、「持明之身」を獲得する、つまり「阿迦尼咤天」において「一生補処菩薩」として、「業地」に留まりながら成仏することを目的とする役割があることを論証した。この行法は「十二真言王法②」と「百光遍照王観」と類似することも指摘した。ゆえに、「三部三処布字法」或いは「三重漫荼羅」を、「衆徳」における「果徳」を獲得するための役割である、と見做すことが可能なのである。[49]

以上、「四重漫荼羅」を観想する「三部四処布字法」と「三重漫荼羅」に連なる「三部三処布字法」を考察し、「胎蔵系漫荼羅」の根本にある教義の一端を見出した。ただし、ここで忘れてはならないことは、他方で『大日経』の教理や『義釈』住心品を中心とする教義、特に「毘盧遮那遍一切処」等の文言に重きを置けば、勝義智によって認識される現象世界は直ちに大日如来の「漫荼羅」なのであり、「四重漫荼羅」や「三重漫荼羅」は直ちにそこへ昇華されることである。[50]とは言え、本稿で取り上げたそれぞれ二種の漫荼羅と観法は、経典の漢訳を行った、善無畏と一行の漫荼羅観を知る上で有意義な記述であり、漫荼羅発達の経緯を知るのみならず、中国密教史においても注目の必要な言説であることは否定しがたい事実であろう。

称名寺蔵「三部四処字輪観図」
（井上久美子氏撮影）

註

（1）石田尚豊「恵果・空海系以前の胎蔵曼荼羅」『東京国立博物館紀要』一号、一九六六。三一〜一四七頁。

（2）以下では、「教理」は経典で示される言説、「教義」「教学」は経典の解釈や解釈に基づいた学僧達の言説として使用する。

（3）濱田隆『曼荼羅の世界（密教絵画の展開）』

美術出版社、一九七一。一一七頁、一二二頁。その他、大村西崖氏（『密教発達志』国書刊行会、復刻版、一九七二）にも胎蔵漫荼羅に関する言及はあるが、「胎蔵旧図様」等の当時の新資料紹介の側面が強いため、ここで言及するにとどめる。

（4）中世日本において「具縁品漫荼羅」という術語の使用は、宥範記『大日経疏妙印鈔』巻五七（大正五八・四七二頁中）、杲宝撰『大日経疏演奥鈔』巻五三（大正五九・五二七頁下）、仁空撰『遮那業安立草』巻一一（大正七七・二四六頁上）で確認される。

（5）栂尾祥雲『曼荼羅の研究』高野山大学出版部、一九二七。六六頁。

（6）『菩提心義抄』巻三（大正七五・五〇五頁上）。一例を示せば、「四重漫荼羅」「三重漫荼羅」について、「此中云二四重曼荼羅一者、是約二都会壇一唯換二中台本尊一而説。若約二別壇一或作二三重一。」と記述している。

（7）濱田隆『曼荼羅の世界（密教絵画の展開）』美術出版社、一九七一。一一七頁。

（8）『大日経義釈』巻三（続天全、密教１・八三頁上）。

（9）『義釈』中での「教道法門」と同義とする。『大日経義釈』巻五（続天全、密教１・一七七頁上）。

（10）八田幸雄「胎蔵法よりみた胎蔵マンダラ」『密教文化』九四号、一九七一。四一～五八頁。

（11）この名称は、安然の『大日経供養持誦不同』（註（20）を参照）に認められる「三部四処布字法」を応用したものである。ちなみに、栂尾氏の前掲『曼荼羅の研究』（一〇〇頁）での指摘に「現図漫荼羅」という呼称の初出は、安然『胎蔵界釈迦会不同記』に見出されるとある。

（12）『大日経義釈』巻四（続天全、密教１・一五九頁上～一六〇頁下）。

（13）三﨑良周『台密の研究』創文社、一九八八。四九八～四九九頁。

（14）『大日経義釈』巻六（続天全、密教１・二一八頁下）。対応する経文は、『大日経』巻五（大正一八・三〇頁中）。

（15）『大日経義釈』巻四（続天全、密教１・一三六頁下～一三八頁上）。前掲『台密の研究』で三﨑氏が指摘するところとして、身体を三処に分けることも以下の『蘇悉地経』巻上（大正一八・六〇三頁下）からの影響の一つと考えられている。「復次上中下成就法、如二別経中説一欲レ求二成就一者、須レ解二真言上中下法一。此経通摂二三部所作曼荼羅

法一。仏部真言・扇底迦。観音真言・補瑟徴迦。金剛真言・阿毘遮嚕迦。従レ腋至レ頂為二上品一。従レ臍至レ腋為二中品一。

従レ足至レ臍為二下品一。於二真言中一亦応三分二別三種成就一。於二此三部一各分為レ三。」

(16)『大日経義釈』巻三（続天全、密教１・八五頁上下）。

(17)『大日経』と『義釈』は言わずと知れた胎蔵世界の構格となる経典・註釈書ではあるが、実践の位置づけは、胎蔵世界へ至るための金剛界の円成を目的とする行法と見做すことが出来る。註（32）を参照。

(18)本稿で「師」「阿闍梨」と表記する場合は、基本的に「智業円満」の「深行阿闍梨」と「普現悲生漫荼羅」の「深秘阿闍梨」を示すこととする。『大日経義釈』巻三（続天全、密教１・八七頁上）。

(19)『大日経義釈』巻一一（続天全、密教１・四八六頁下）。

(20)そもそもこの行法の名称自体にも問題が存している。なぜなら、唐代の中国で翻訳、或いは述作された文献にこの術語を見出すことができないからだ。様々な儀軌行法を整理した安然の著作においては、二種類の類似する行法名がある。一つは「四処輪布字法」と名付けられ、安然の『胎蔵大法対受記』巻五（大正七五・九三頁上～九七頁中）に記録されるものである。行法の根拠となっているのは、主に『玄法寺三巻儀軌』（安然によって「広本」とされるも不明）、『摂大儀軌』巻三（大正一八・八二頁下）、『大日経義釈』巻九、巻一〇、転字輪品（続天全、密教１・四四三～四五九頁）となる。「四処輪布字法」の特徴として、「伊字」等の布字が三部において「身外」に及ぶことにある。もう一つの行法は、安然の『大日経供養持誦不同』巻五（大正七五・三二七頁上）において「三部四処布字法」と名付けられ、『義釈』の「字輪品」所説に基づいている。後者の呼称の方が、本稿で取り扱う行法の特質（布字が「身内」等）を端的に表しているため、本稿はこれを採用した。ただし、『義釈』字輪品では第一「阿字」から第四「噁字」の観想は「身内」ではあるものの、第五の「噁引字」のみは「随意」で「身外」としている。さらに、中世日本にあっては、東密で「三部四処輪観」等の名称が使用され始めることも付記しておきたい。

(21)ちなみに、中世の密教聖教類で、「三部字輪観」は「百光遍照王法」との組み合わせで実践される例が多く確認されている（真鍋俊照「三部字輪観図像の成立」『印度学仏教学研究』五〇‐二、一九七七）。真鍋氏の論攷は、「三部字輪観」を取り扱った、ほぼ唯一のものである。真鍋氏が紹介した図像の実物（稿末掲載の図像）を見る限り

「三部四処布字法」、しかも『義釈』の「字輪品」での布字観に依ったものであることが確認される。いずれにせよ、真鍋氏が「三部四処布字法」を「除障」のための行法と位置づけたことは誤りである。

(22) 『大日経義釈』巻一一（続天全、密教１・四八六頁下）。

(23) 拙稿「『大日経義釈』・『大日経疏』における観法の一側面」『天台・真言　諸宗論攷』法藏館、二〇一五。二六六～二七八頁。

(24) 『大日経義釈』巻一一（続天全、密教１・四八六頁下～四八七頁上）。「娑字・嚩字」において第五「嗢引字」に相当するものは、第五が方便であるために「無きなり」とする。「娑字」からの三字は「娑長・糝・索」、「嚩字」からは「嚩長・鑁・嘆」となる。また『義釈』では、以降で関連する布字法を説示する場合、「娑字・嚩字」或いは、「蓮華部・金剛部」は省略される場合がある。

(25) 『大日経義釈』巻一一（続天全、密教１・四九八頁下～四九九頁上）。

(26) 拙稿「『大日経義釈』・『大日経疏』における観法の一側面」『天台・真言　諸宗論攷』法藏館、二〇一五。二六六～二七八頁。『義釈』巻一二、入秘密漫荼羅法品（続天全、密教１・五四六頁）では、「阿・嚩・囉・訶・欠」の五字であり、「鑁・覧・憾」のように「嚩・囉・訶」には「空点」、つまりアヌスヴァーラが付いていない。この区別について明確な言及を『義釈』に見出すことはできない。本稿での論証は避けるが、秘密漫荼羅品での「阿・鑁・覧・憾・欠」は主に師僧の「自灌頂」のための「五字輪観」で、入秘密漫荼羅法品での「阿・嚩・囉・訶・欠」は師僧が「弟子身」上で行う「五字輪観」と見做すことができまいか。

(27) 『大日経義釈』巻一一（続天全、密教１・四九一頁上）。ここでの「上分・中分・後分」は「私謂。発菩提心為レ初、行果為レ中、大寂為レ後也。」と割註され、「三部三処布字法」のそれとは、異なった意義が与えられている。註（35）の引用文も参照。

(28) 『大日経義釈』巻一二（続天全、密教１・五四七頁上）。文脈から「三事皆成」は以下の『義釈』巻一二、入秘密漫荼羅品の文章と同じであると考えられる。「然作二此方便一有二三等一。一者師自布レ之。二者用作二漫荼羅一字云何起更問。布。三者加二弟子身一。此是瑜伽秘密加持也。如レ是作已即能成二於法器一。故云レ作二彼器一也。如レ是作已即是成二就三昧耶一。

所謂三昧耶者、是等義。」
(29)『密教大辞典・縮刷版』法藏館、一九八三。八八二頁中。
(30)『大日経義釈』巻一二（続天全、密教1・五四六頁下～五四七頁上）。（五字輪）は、筆者による挿入。
(31)『大日経義釈』巻一一（続天全、密教1・五〇一頁下）。
(32)『大日経義釈』巻一一（続天全、密教1・五〇九頁下）。
(33)『大日経義釈』巻一一（続天全、密教1・四九一頁下～四九二頁上）。
(34)『大日経義釈』巻四（続天全、密教1・一三七頁上～一三八頁上）。
(35)『大日経義釈』巻一一（続天全、密教1・五〇二頁上）。「十二真言王法」と「蘇悉地経」の三種悉地と成立の前後関係については、今後の課題としたい。註（15）も参照。また、中国での丹田説との関係性も問題となる。これもまた今後の課題となるが、現時点では三処の布字法は善無畏の説示であり、その三処を一行が道家・神仙術の三丹田説に「翻訳」したと考える。
(36)「因縁輪」について織田得能『仏教大辞典』（『仏教大辞典』大蔵出版、一九五四、再刊。九二頁中）によると、「阿等の十二摩多を縁覚の住に因縁観に約して因縁輪と称す。［義釈十二］に細説す。」とある。これは「十二真言王法①」に連関する言説から導いたものと推測されるが、そこには所謂、十二因縁に関連して「因縁輪」という術語は用いられず、本来の『義釈』での「因縁輪」の意味とは異なっている。「十二真言王法①」は「秘密之輪」と見做す方が適切である。本論で後述することとして、「三部三処布字法」の類型である「十二真言王法②」の方にこそ「因縁輪」という側面があることには注意が必要となろう。いずれにせよ、織田得能の洞察力は凄まじい。「十二真言王法①」が「十二因縁観」の「順観」に相当することについては、拙稿（「『大日経義釈』・『大日経疏』における観法の一側面」『天台・真言　諸宗論攷』法藏館、二〇一五。二七〇頁）を参照。また、「四処布字法」と「十二真言王法」との類似性が『密教大辞典』（『密教大辞典・縮刷版』法藏館、一九八三。「三部字輪観」の項目、八二三頁中～八二四頁上・「十二真言王法」の項目、八八二頁中下）で指摘されていて、事実、ともに三部・四処の布字法となっている。しかしながら、「十二真言王法」は「十二真言王法①」として「三事皆成」「秘密漫荼羅」

の用途もあるが、「色究竟天」での「成道」を目的とする観法、「十二真言王法②」でもあり、「四処布字法」は「三事皆成」「秘密漫荼羅」のみであることから、少しく異なっている。さらに、「十二真言王法②」では身体を「三処」に分けるという記述があることにも注目すべきであろう。註（35）を参照。それはさておき、「秘密之輪」と「因縁輪」とは別物であることには注意しなければならない。

(37)『大日経義釈』巻一一（続天全、密教1・四八六頁上）。

(38)『大日経義釈』巻一、住心品（続天全、密教1・一五頁下～一六頁上）では、「初発妙菩提心」について以下のように記載される。「復次行者初発心時得レ入二阿字門一。即是従二如来金剛性一生レ芽。当レ知、此芽一生運運増進更無レ退義、乃至成二菩提一無二行可一レ増。然後停息。故云二次第此生満足一。此中次第者、梵音有二不住義・精進義・遍行義一。謂初発心欲レ入二菩薩位一故、於二此真言法要方便一修行得レ至二初地一。」であれば「初地・初住位」の前位とも理解することが可能であり、また、実践論から見た場合には、「妙芽」を生じるのは、「種子」すなわち「如来金剛性」である「阿字」が発現した以降であるため、「第二地・二住位」と認めることも出来る。

(39)「毘盧遮那・如来」の意味については、拙稿（「『大日経義釈』・『大日経疏』における百光遍照の行法と一生補処菩薩」『天台学報』五六号、二〇一四）を参照。

(40)拙稿「漢訳『大日経』註釈書の成立に関する考察―経典漢訳との関係から―」『論叢アジアの文化と思想』二五号、二〇一六。三四～一二二頁。

(41)大久保良峻『台密教学の研究』法藏館、二〇〇四。三七頁、五八頁。

(42)拙稿「『大日経義釈』・『大日経疏』における百光遍照の行法と一生補処菩薩」（『天台学報』五六号、二〇一四）。

(43)『大日経義釈』巻五（続天全、密教1・一七五頁下）。

(44)『大日経』巻二（大正一八・九頁下）。

(45)『大日経義釈』巻一一（続天全、密教1・五〇一頁下）。

(46)「一生補処菩薩」が「自受用身」「如来地」であることは、拙稿（「『大日経義釈』・『大日経疏』における百光遍照の行法と一生補処菩薩」『天台学報』五六号、二〇一四）で論じている。

(47) 「持明之身」は、その意味からおそらく『義釈』の他所で言及される「陀羅尼身」と同じであろう。「陀羅尼身」については、拙稿（「『大日経義釈』・『大日経疏』における百光遍照の行法と一生補処菩薩」『天台学報』五六号、二〇一四）で少しく論じているが、そこでの「陀羅尼身」の解釈が不適切であるため、訂正が必要である。「陀羅尼身」も「持明之身」と同様に、「一生補処菩薩」を指示するものと考えるのが適切と言える。

(48) 那須政隆氏は、字輪品の註解説において「その如来地に住する修観として三部四処輪を説き、無碍自在の字輪三昧なる遍一切処の法門に証入すると保証せられている。」と述べている。（『国訳一切経』経疏部一五・一〇八頁。）氏による「如来地」の具体的な行位上での定義は不明である。証道の法門で解釈すれば、氏の解釈は、或いは妥当かもしれないが、ここでの文脈は教道の法門にある。したがって、この「如来地」が「妙覚位」「等覚位」のいずれであれ、註（37）・（43）の引用文から見れば「三部四処布字法」を「如来地に住する修観」と見做すことには無理がある。

(49) 或いは、一連の議論から言えることとして、『大日経』の漢訳にあたり、初期においては訳経の叩き台であった『大日経釈義』や『義釈』をはじめとする類本では、「十二真言王法」の意義や具体的な行法の手段を、善無畏が一行に解説した際に、その解説が不明瞭であったのかもしれない。したがって、「十二真言王法」とは関係づけられずに、名称もない二つの観法として残存した可能性も否めない。これについては、『摂大儀軌』等のより深い考察が必要なため、断言は控えることにしたい。

(50) 心と体の関係については、大久保良峻『台密教学の研究』法藏館、二〇〇四。四八～五二頁、を参照。

※ 稿末図像（称名寺蔵「三部四処字輪観図」井上久美子氏撮影）この図像の中心に描かれるのは、「大日如来」であり「五字輪」ではない。安然の『胎蔵界大法対受記』（大正七五・五八頁中）では、「是内法性五大与二外五大一無二無別。此法界身転成二率観波一。率観波即法性也。諸仏如来悉有二其中一。此率観波変成二大日如来一坐二大宝蓮華一。」という文言が見出されるので、斯様な背景があるのかもしれない。他にも東京国立博物館所蔵の「三部字輪観図」があ

り、金沢文庫所蔵の図像と若干異なっている。そのことを含め、「三部字輪観」の日本的展開は別稿で論じることにする。

〔謝辞〕図像の使用にあたって、神奈川県称名寺から、県立金沢文庫撮影写真の使用許可をいただいた。ここに謝意を表したい。

四明系の銭塘への進出について

弓場苗生子

一　はじめに

一般に山家山外の争とは、北宋の時代、中国天台宗の分派間に生じた対立を契機に展開した教学論争を言う。ここに言う山家とは四明知礼（九六〇～一〇二八）を筆頭に明州（現在の浙江省寧波市）延慶寺をその主要拠点とした一派を指し、山外とは後年知礼の法脈に連なる者たちが論敵である銭塘（現在の浙江省杭州市）の学匠らを貶称してこのように呼んだものである。四明と銭塘とはいずれも江南地域における交易の要衝を担う都市であり、直線距離では各々の中心市街地までおおよそ一五〇㎞程を隔てた位置関係にある。

そもそも四明派が明州に栄えた端緒を求めるならば、高麗出身の宝雲義通（九二七～九八八）が天台山にて螺渓義寂より嗣法したのち、帰郷の船に乗るため立ち寄った四明において郡守の銭惟治に引き留められ、当地の伝教院へ止住したことがその始まりと言える。その後義通の門下に知礼と慈雲遵式（九六四～一〇三二）の両師が出たことで官府からの支持を背景に四明の系統は大いに繁栄し、ついには累代の皇帝から帰依を受けるにまで至った。知礼の在世中に延慶寺が十方住持の寺と定められたこともその権勢を裏付ける証左の一つと言えよう。一方、銭塘派が杭州において師承を繫いだのは、余杭の慈光院に慈光志因が住したことに遡るようである。この志因は前出の義寂と同じく高論清竦の門下であり、山家・山外両派の系譜上の分岐はこの時点に認められる。そして志因の後を受けたのが慈光晤恩、さらにその門下に出たのが奉先源清（?〜九九八?）である。銭塘派側の主たる論客としてはこの源清門下の梵天慶昭（九六三〜一〇一七）や孤山智円（九七六〜一〇二二）を中心に、慶昭の弟子である永福咸潤（生没年不詳）や永嘉継斉（生没年不詳）等が挙げられる。四明・銭塘の両派の間では『金光明玄義』広略二本の真偽問題に始まり、知礼の『十不二門指要鈔』に説かれる別理随縁説や智円の『請観音経疏闡義鈔』における理毒性悪判、さらには色心具不具三千義等、種々の争点を巡って多年に亘る論諍が繰り広げられた。

このように、当初における山家山外の対立は飽くまでも拠点をそれぞれ別の都市に置く分派間の抗争と評するべきものであったが、論争によって両派が対立を深める最中に知礼と同門の遵式が銭塘の天竺寺に入住したことを発端として、地域の異なりに基づく境界は徐々に薄れていく。その後も知礼の門弟である霅川仁岳（九九二〜一〇六四）や南屏梵臻（生没年不詳）といった四明の系統に連なる学匠が銭塘へ活動の拠点を移し、剰え法脈を後世に繫いでいる点は注目に値する事実と言えよう。なお、前述の如く山家派・山外派という呼称は天台教学の正統を自認する山家派（四明派）とこれに反発した異端派たる山外派（銭塘派）という対立構図を前提とするものであり、そのため知礼の法流に出ながら山家教学批判を展開した仁岳や神智従義は後山外派とも呼び慣わされる。しかるにここでは、敢えて「四明系」の呼称を用いることで論争上の敵対関係に拠らない、法統のみに照らした師承の系譜を強調し、知礼門下から離反した仁岳もまたこれに連なる学匠として数えることとする。

本論文においては、これら三師の銭塘進出に関する伝記史料を再度検討し、同じく杭州の地に集った諸師諸賢の関係性や交流の記録を主軸として整理することを目的としたい。北宋代以降における山家派の相承に関しては既に先学の研究により、法脈の次第に随った系統的・包括的な形でもって明らかにされているが、[1]遠隔地との交通や連絡が容易でなかった時代における人と人との交渉を考えるに当たっては、地縁の要素を排除することは出来ない。ここでは四明系を受けた遵式・仁岳・梵臻の三師が相次いで銭塘へ進出した事実につき、転入時点における銭塘派との論争の状況や当地を治めた地方官吏との関わりといった周辺の事情をも踏まえつつ改めて考察したいと思う。

二　慈雲遵式

まず注目されるのは、知礼の弟弟子に当たる慈雲遵式（九六四～一〇三二）がその晩年銭塘の天竺寺に住持したという記録である。知礼が四明において天台教学研究の気運を開いたことと対照的に、遵式は江南地域を広く遍歴しつつ懺法や浄土行の弘通等、主に実践方面につき顕著な功績を遺した僧侶として知られる。また文章の才に恵まれ数多くの著作を遺し、その文集としては今に伝わる『金園集』・『天竺別集』に『霊苑集』（佚書）を加えた三書があったという。「杭州武林天竺寺故大法師慈雲式公行業曲記」（『鐔津文集』巻十二所収、以下「行業曲記」）は、雲門系の禅僧である契嵩（一〇〇七～一〇七二）によって作られた遵式の行状記であり、[2]このなかには四明の義寂門下に学んだのち台州東掖山にて活動していた時期の出来事として次のように見える。

初杭之人欲下命二法師一西渡講上法、雖三使者往還歴二七歳一而未二嘗相従一、及二昭慶斉一者率レ衆更請一乃来、至レ是已十有二歳矣。先レ此法師嘗夢下在二母之胎一十二年上、校二其出レ台而入レ杭、迺其夢之効也。至レ杭始止二乎昭慶寺一、講説大揚レ義。[3]

これによると杭州の人々は予てより遵式に講経を依頼していたが果たされず、台州に住すること十二年を経たある時、俄に夢告を得たことによって遂に来杭が実現したという。すなわち、遵式と銭塘との縁はまずここにおいて始まったものと思われる[4]。このなかで杭州より衆を率いて遵式の許を訪れたと記される斉一なる人物については伝が見えず不詳であるが、その所属を昭慶寺としている点が注意される。ここに見える昭慶寺とは円浄大師省常（九五九〜一〇二〇）が住し、宋代初の念仏結社とされる浄行社を創始した寺院である[5]。省常は銭塘の出身であり、大分時代は下るものの元の大徳九年（一三〇五）に編まれた『廬山蓮宗宝鑑』巻四の伝に「師諱省常、字造微、顔氏子、銭塘人。十七歳出家受具、戒行謹厳。通二大乗起信一、習二天台止観法門一、続二廬山遠公遺風一。[6]」と見え、また遷化に当たっては銭塘派の智円が碑文を寄せていることから[7]、或いは銭塘系の学匠から天台の教観を学んでいた可能性もある。そして省常の浄行社には真宗の宰相を務めた王旦（九五七〜一〇一七）を始め、蘇易簡（九五八〜九九六）ら政府の要職を担う有力官吏までもが参加していたとされる。『仏祖統紀』巻四三には淳化二年（九九一）の記事として「杭州西湖昭慶寺沙門省常、刺レ血書二華厳浄行品一、結レ社修二西方浄業一。宰相王旦為二之首一、参政蘇易簡百三十二人、一時士夫皆称二浄行社弟子一。比丘預者千衆人、謂二廬山蓮社莫レ如二此日之盛一。[8]」とあり、僧俗を問わず衆望を集め非常な盛況であったことが窺える。遵式を杭州へ招いた人々が直ちに省常や浄行社と関わりを持つか否かは定かでないとは言え、遵式が銭塘の地において最初に錫を止め法筵を開いた寺院にて、同時期に官吏を主体とした大規模な念仏結社の活動が行われていたことは一定の意味を持つであろう。浄行社の中心人物であった王旦は所謂北人官僚として王欽若（九六二〜一〇二五）ら江南出身勢力による台頭に抗ったのち、天禧元年（一〇一七）に逝去している。その後を承けて真宗の側近となった王欽若は同じく南人の丁謂・林特・陳彭年・劉承と組んで権勢を振るい、後世にはこれら五人を奸臣と見なして五鬼とも貶称した[9]。すなわち遵式が銭塘と縁を結び活動の中心を移したのは、折しも北人官僚から南人官僚へと政権の重心が移行する過渡期に当たるのである。

「行業曲記」の記載に基づけば、昭慶寺での弘法により杭州における支持を獲得した遵式は、その後蘇州開元寺にて講経したのち大中祥符八年（一〇一五）に杭州へと戻り、刺史薛顔の命により霊山の庵に住したとある。[10] これは遵式の『天竺別集』巻三に収録される「天竺寺十方住持儀」のなかで、自ら大中祥符八年（一〇一五）から廃絶していた天竺寺の遺構を再建し法筵を開くようになったと回顧していることとも一致し、[11] 銭塘の地へ本格的に居を定めたのはこの時期であると考えられる。またここに見える薛顔については『乾道臨安志』巻三に「大中祥符七年三月癸卯、以二司封郎中薛顔一為二太僕少卿知杭州一[12]。」とあり、遵式が杭州に招かれたのは大中祥符七年（一〇一四）に始まる知杭州としての在任期間中のことであったと知られる。

ここで当時の四明・銭塘両派による論争の情況に目を向けると、遵式の銭塘進出に先立つ景徳元年（一〇〇四）には、知礼が『十不二門指要鈔』を著したことを発端とし、その所説に反発した銭塘派との間で別理随縁義を巡って論難の応酬が行われた。長きに亘る論争を通して、両派の間で争われた種々の議論に遵式が直接的に参加したという記録は伝わらないが、ただし『十不二門指要鈔』の発表に当たっては「東山沙門遵式」の署名とともに知礼を賛美する内容の序を寄せている。その中には次のように言う。

釈籤十不二門者、今昔講流以為二一難文一也。或多二註釈一、各陳二異端一。……公覧レ之再歎、豈但釈文未レ允、奈何委二乱大綱一。……教門権実今時同味者、於レ茲判矣、別理随縁其類也。観道所託連代共迷者、於レ茲見矣、指要所二以其立一也。……式忝同学也、観者無レ謂二吾之亦有レ党乎一。取二長其理一、無レ取二長其情一。文理明白、誰能隠乎云也。[13]

ここにおいては知礼が本書を著した動機として、源清の『十不二門示珠指』を始め先行する『十不二門』註釈における釈義がいずれも不適当であることを述べ、また末尾の部分では同門である自身がこのような序を寄せることは人情から兄弟子を援護する訳ではなく、飽くまでも道理に従った結果であると強調している。このように遵式もまた両派の論争に全くの無関係ではなかったことを考え合わせるに、杭州へと渡る以前に講経依頼を長く断り続けていた一因として、四明派と銭塘派との反目が存在していたとも推測し得るかもしれない。何故ならば、当時における両派の対立は穏当な書簡の遣り取りに留まるものではなく、論敵の住処へ進出するならば相応の気構えを要したことと思われるためである。これについて一例を挙げるなら、『四明十義書』には知礼門下の広智尚賢（生没年不詳）に師事した扶宗継忠（一〇一二～一〇八二）が熙寧九年（一〇七六）に著した序が付され、そこにおいては『金光明玄義』諸本の真偽を巡る論争の際に知礼が門人の本如を銭塘へ差し向け、智円らと直接対決するに至った一件を次のように伝える。

景徳四年。孤山円師、為二昭師輪下之席端一也。法智遣レ住二東掖山一神昭大師本如、在二輪下一日馳二、十義書幷二百問一、往二銭唐一詰レ之。会稽什公、希二望輔レ之翼レ之共辨一矣。孤山観下二公之論辨如二面敵一、必重レ席也上、自謂、義龍安肯伏レ鹿。遽白二銭唐守一、答以二公拠一、不レ為レ遣也。(14)

ここでは景徳四年（一〇〇七）の出来事として、後年遵式の跡を承け東掖山の嗣となる本如が慶昭一門の本拠地である銭塘へ会稽什公と共に乗り込み、『四明十義書』及び『観心二百問』の主張に基づき目の当たりに破斥したことを記している。この時の論戦は本如らによる難詰の勢いを怖れた智円が銭塘守へと訴えたためにそこで取り止めとなったとあるが、当時における両派の対立が官府を巻き込む程に熾烈であったことを示す記録と言えよう。また遵式が天竺寺に転住したのちの天禧元年（一〇一七）には、知礼が「対闡義鈔辨三用一十九問」及び「消伏三用章」を作って智円の『請観音経疏闡義鈔』における所説を批判したことを切っ掛けとして理毒性悪論争へと発展している。[15] すなわちこのように知礼が銭塘派との間で活発に論争を行っていた時期にも関わらず、同門の弟子である遵式は杭州市街に程近い場所に位置する天竺寺を復興し、天台の道場として整えたということになる。前述の如く、山家山外論争における銭塘派側の主たる論客としては、源清門下の慶昭や智円がまず挙げられる。遵式が銭塘へと遷った当時両師は未だ存命であったため、これらの人々との間で衝突は起こらなかったのかという疑念が生まれるところであるが、遵式の遺文や伝記においては銭塘派の学匠との交流の記録自体多くは見えない。『釈門正統』巻五・智円伝には王欽若が杭州を訪れた際、共に出迎えに行こうと遵式が智円を誘ったという逸話が見えるものの[16]、遵式・智円の今に伝わる著作中において互いに対する言及は極僅かであり、両人の関係が実のところ如何なるものであったかは窺い知れない。なおこの逸話の中に登場する王欽若は遵式と深い親交を結んだことで知られ、天竺寺の再建に関しても便宜を図ったという。[17] 真宗の天禧元年（一〇一七）に初めて宰相の位に就いた欽若は、その後天禧三年（一〇一九）六月に同職を罷免され杭州に赴任したと伝わる。「行業曲記」にはその際遵式の高名を耳にした欽若が接見を求めたことにつき次のように記す。

逮二王文穆公罷レ相撫レ杭、聞二其高風一、因二李明州一要レ見二于府舎一。既見、王公奇レ之。不二数日一、率二其僚属一訪二法師於山中一、即命二之講一。乃説二法華三法妙義一。其才辯清発、衣冠属目。王公曰、此未二始聞一也。即引二天台教之本末一欲二其揄揚一。王公唯然。[18]

これによると、初めの庁舎における接見後、数日と置かずに部下を引き連れ寺を訪ねてきた欽若に対し、遵式は要望に応じて法華三法妙義を講論したという。その爽やかな弁舌に欽若一行は大いに感服し、さらに遵式は彼らのために天台法門の概略を明かし称揚したと記される。宗派を問わず多数の寺院が存在した当時の杭州において、自宗の教説が持つ特長や他宗義に対する優位性を端的に述べ、為政者の支持を勝ち取る技能が求められたことは想像に難くない。ともすれば難解とされる天台教学の要旨を理路整然と説明することが出来、加えて詩作や書道にも堪能であった遵式は仏教に関心を寄せる士大夫からの後援を得るに当たり正しく好適な人材であり、その存在は四明系が銭塘に進出するための足がかりとして非常に大きかったものと思われる。遵式は晩年を銭塘にて過ごし、天聖十年（一〇三二）に示寂してのちは弟子の明智祖韶（生没年不詳）が天竺寺の法席を継いでいる。さらにその門下には海月慧辯（?～一〇七三）や辯才元浄（一〇一一～一〇九一）等が出て、杭州の地において慈雲系の法脈を形成するに至ったのである。

三　霅川仁岳

続いて、山家山外論争では知礼の高弟として師説を援護し大いに活躍を見せながら、後に四明派を離反して銭塘へと遷った霅川仁岳（九九二～一〇六四）について扱いたい。霅川とは仁岳が出生した呉興郡（現在の浙江省湖州市）に属する地であり、ここを陸路で南に進むと銭塘、そこからさらに南東へと行けば四明に至る。『釈門正統』巻五の仁岳伝には四明の知礼門下に学ぶまでの経歴を「師二開元行先一、十九進具。学二律於銭唐択悟一、能達二持犯一。聞三法智最明二天台教観一、徑往依止。[19]」と伝え、十九歳で出家したのち銭塘の択悟の許で律を学んでいた時期があるとしている。この択悟とは南山律の系統を承け、智円と深い友誼を結んだことでも知られる兜率択梧（梧は或いは悟につくる）（生没年不詳）を指すと思われ[20]、この記述に基づくならば仁岳は知礼に師事する以前、既に銭塘の地と縁を結んでいたということになろう。

その後知礼の下に参学した仁岳はそこにおいて頭角を現し、数多の門弟らの中に在って取り分け重要な地位を占めていたと見られる。そもそも山家山外の論争においては、銭塘派側は源清門下の慶昭や智円を主軸に慶昭の門人の咸潤や継斉、また別理随縁論争に限っては天台元頴・嘉禾子玄を立てて論陣を張る等、比較的多数の学匠が議論に参加していた。これに対して四明派側は基本的に知礼が自ら前線に立って論弁に当たることが常であったが、別理随縁や理毒性悪・色心具不具三千の論争において並み居る高弟の中から反論の役を任されたのは他ならぬ仁岳であった。このように知礼から篤い信頼を得ていた仁岳はのちに四明派の教説に疑義を抱き、ついに師と袂を分かつこととなった。仁岳が知礼門下を去るに至った直接的な原因に関して、『教行録』巻六の伝には同門の尚賢との間で「観心観仏」につき議論となり、これについて知礼に裁定を乞うたところ「約心観仏」を以て判釈したことに不満を覚えたためであるとし、『仏祖統紀』知礼伝における記事もこれを受け継ぐ[21]。そして四明の地を離れた仁岳が身を寄せたのは、銭塘の天竺寺に住する遵式の許であった。仁岳が四明を退去した正確な時期は判然としないが、『教行録』巻一に収められる仁岳作の「勅延慶院放生池碑銘」に「天聖三年歳次乙丑七月十五日霅渓僧仁岳書[22]」の記述が見えることから、少なくとも天聖三年（一〇二五）七月のこの時点では未だ四明門下に在ったと考えられる。また銭塘へ移住した後には「十諫書」を知礼に送り生身尊特判につき論じているが、その冒頭では「伏自二去年十月一、拝レ別二座隅一、言旋二淛右一。……仁岳今棲二武林天竺寺一、蒙二慈雲大師法裔相摂一。[23]」として、前年十月に四明を離れ、その後天竺寺の遵式門下へ迎え入れられた旨を告げている。「十諫書」に対する反論として知礼は「解謗書」を作って応じ、仁岳がさらにこれへの返信として著したものが「雪謗書」である。この「雪謗書」の中で仁岳が「十月二十七日」の日付で署名しながら前書に当たる「十諫書」の送付を「今年春三月[24]」としていること、かつ天聖六年（一〇二八）正月に知礼が没していることに鑑みるに、仁岳が銭塘へ遷ったのは天聖三年（一〇二五）十月から同四年（一〇二六）三月、或いは同四年（一〇二六）十月から同五年（一〇二七）三月までの間と推測されよう。

仁岳が四明時代に論難した銭塘派の学匠を挙げれば、まず『金光明玄義』を巡る論争においては慶昭に対し「問疑」を送って知礼を援護したといい[25]、また別理随縁論争では慶昭門下の継斉に加え元頴・子玄の論を「十門析難書」において対破し、理毒性悪論争では智円の『請観音経疏闡義鈔』を批判対象としたという過去がある。しかるに、慶昭は天禧元年（一〇一七）四月に、智円は乾興元年（一〇二二）二月にそれぞれ死没しているため、銭塘派の中核を担った両師は仁岳が未だ四明に在る時分に世を去っているということになる。そのほか銭塘派の一員として論争に関与した学匠としては慶昭門下の咸潤があり、かつて知礼の『観無量寿経疏妙宗鈔』の所説に対し心具三千・色不具三千を主張して「指瑕」を作り、また理毒性悪論争に際しては「籤疑」を送って論難したが、知礼に代わってこれらに応戦したのが四明時代の仁岳であった。このように咸潤と仁岳の間には浅からぬ因縁があったと言えるが、『仏祖統紀』巻十・咸潤伝に「天聖三年、徙二居会稽永福[26]一。」とあることから、咸潤は天聖三年（一〇二五）に会稽（現在の浙江省紹興市）の永福寺へと転住したものと見られる。仮に仁岳の銭塘への転入を天聖四年（一〇二六）或いは同五年（一〇二七）の三月頃とするならば、それよりも以前に咸潤は杭州を去っていた可能性がある。したがって仁岳が銭塘に居を定めた時期に在って、山家山外論争において舌鋒を交わした銭塘派の学匠らの多くが杭州から姿を消していたことになり、このような情況も仁岳の当地への進出に対し有利に働いたものと想像される。

知礼と道を違えたのちに仁岳が銭塘の遵式を頼った経緯については明らかでないが、既に遵式が天竺寺を拠点としてから十年程が経過し、杭州における地位を盤石にしていたからこそ有り得た選択であったと見ることも出来よう。『釈門正統』巻五には仁岳が遵式の門下に加わった際と後日昭慶寺へ迎えられて遵式の許を離れる際に、両者が詩文によって交流したことを伝えて次のように記す。

十諫序云、夫何大師未レ察二忠素一、再樹二義門一、以二安養生身一抑同二弊垢一、娑婆劣応混二彼舎那一。又曰、豈図、拾二其短一、隠二其長一、沽二出藍之名一、起二逆路之見一、自墜二塗炭一。良可レ悲哉。道不二我合一、譏由レ是興。将下事二四方之游一、以諧中平昔之志上。造二天竺慈雲一、摂以二法裔一。曰、吾道不レ孤矣。師献レ詩曰、十載事二遊歴一、茲辰竊自矜、愛レ山逢二鷲嶺一、問レ道得二牛乗一、貝葉秦翻偈、蓮華晋社僧、如何稚川子、向レ此学二飛昇一。会有二昭慶請一、慈雲以レ詩送レ之曰、黄鸝鳴二谷口一、受レ請近二重城一、鷲嶺雲初背、石函僧過迎、陞猊百子会、揮麈四隣驚、自喜千年後、吾家有二道生一。慈雲門人従者大半。移二石壁・霊芝・慧安・清修一。凡五道場皆当路所レ屈。[27]

ここでは仁岳が四明を退去した経緯を明かすに「十諫書」序文を引き、知礼との間で仏身相好の問題を巡って意見の齟齬を生じ、これを契機としてついに門下を離脱するに至ったとする。そして諸方遊歴の旅に出た仁岳は、当時既に銭塘の天竺寺に住持していた遵式に迎えられて「吾道不レ孤矣」との感慨を得、文中に見える詩を作り献呈したという。その後仁岳が昭慶寺に招かれ転住する折には遵式門下の大半がこれに従ったとあるが、この時遵式が贈ったとされる送別の詩からは仁岳へ向けた壮行の意が見て取れ、両者の円満な関係を窺わせる。さらにこの箇所の末尾には昭慶寺へ遷って以降、仁岳が「石壁・霊芝・慧安・清修」に歴住したと見える。このうち「霊芝」とは西湖辺に存したという霊芝寺を指し、『教行録』巻六所収「妙悟法師輔二四明一作二評謗書一」には論争の最中に知礼が逝去したことを報された仁岳の反応として「雪川時住二霊芝一而紿レ之曰、只因難二殺四明師一、誰向二霊芝一敢開レ口。[28]」と記されることから、知礼が示寂した天聖六年（一〇二八）正月の時点では霊芝寺に在ったことが知られる。また知礼の没後から少しく時を隔てた明道年間（一〇三二～一〇三三）には、四明の延慶寺にて知礼の法統を継いだ尚賢に対し霊芝寺から書状を送り、改めて唯仮三千義を主張した上で自説に賛同するよう求めたとも伝わる。これに対して尚賢は仁岳の要請に応ずることなく知礼所説の三千倶体倶用義を墨守する立場を表明したという。[29]

晩年の仁岳について、『釈門正統』巻五の伝には「在二霊芝一日、為二温之仁行人請一住二浄社一、居僅十載、緇素敬仰。

……永嘉法道中興、実師力也。徳臘既高、雪師請主二祥符（雪王芳菲園）[30]一。」と見え、時期こそ詳らかにしないものの、永嘉での約十年に亘る活動を経たのち老後には故郷の雪川に戻ったとしている。しかるに仁岳の『楞厳経熏聞記』巻五末尾には「慶暦四年赴二請永嘉一、住二西山蘭若一、初講二法華一、至二五年一復講二斯典一。[31]」として慶暦四年（一〇四四）に転住したことを伝え、これは同じく仁岳の『十不二門文心解』の自注に「自二天聖六年冬十月一寓二銭唐石室蘭若一随レ講私解。至二皇祐四年秋八月一、於二呉興西渓草堂一、因二門人請一、勤版次方再治定。[32]」と、天聖六年（一〇二八）においては銭塘に、皇祐四年（一〇五二）においては生地である呉興に在ったと述べていることとも矛盾しない。ただし永嘉に遷ったのが慶暦四年（一〇四四）であるとして『釈門正統』の如くその居住期間を「僅十載」とするなら、皇祐四年（一〇五二）八月に既に呉興に住していたとする記述とは若干のずれが生じることになる。この点については少しく注意が必要であろう。

　仁岳の弟子としては、呉興子昉（生没年不詳）・銭唐可久（生没年不詳）・超果霊照（一〇二八～一〇八二）等の伝が存し、うち子昉については呉興の出身とされるが何処に活動の拠点を置いたか、どの時期において仁岳に師事したのかは明らかでない。遵式及び本如に学んだ神悟処謙（一〇一一～一〇七五）を師とし、律学の大家としても著名であった元照は、生前交流があったという縁から可久・霊照両師の行状記（「杭州祥符寺久闍梨伝」・「華亭超果照法師塔銘」）を遺しており、これらは『芝園集』巻二に収録されている。このなか、まず可久の伝においては詩文によって銭塘に名を馳せ、蘇軾（一〇三六～一一〇一）を始め当代の賢哲が挙ってその草庵を訪れたと記される。[33]また霊照の塔銘にはもと銭塘の香厳蘭若にて湛法師[34]より天台を学び、同師の紹介を受けて呉興に赴き晩年の仁岳に師事したと伝える。その後は雲間（現在の上海市松江区）の超果寺に遷っていた湛法師に継嗣として指名され、当地において浄土結社の活動に力を尽くしたという。[35]

四　南屏梵臻

最後に、知礼の高弟であり四明三家の一である南屏系を開いた南屏梵臻（生没年不詳）の記録について検討する。『仏祖統紀』巻十二の伝においては梵臻の経歴を次のように述べる。

法師梵臻（初名有臻、真宗特改）、銭唐人。具戒之後即問二道四明一、見二法智一最為二晩暮一。聞レ講二妙玄・文句一大有二啓発一。及レ還二郷邑一、以レ不三親授二止観一為二之恨一。乃焚レ香礼レ像、閲読二十過、以表二師承一。皇祐三年、初居二上竺一。明年、有レ旨遷二金山一。熙寧五年、杭守呉侍読聞二師名一以二南屏興教一延レ之。[36]

初めに梵臻の旧名について記したのち、もと銭塘の出身であり、四明の地において晩年の知礼に師事した後に郷里に帰ったと伝える。その後について、ここでは皇祐三年（一〇五一）に上天竺寺に入住したとしているが、『釈氏稽古略』巻四には皇祐五年（一〇五三）の記事として『上天竺紀勝』を引用し、「知制誥呂溱出知二杭州一。首請二法智下第一世実相法師梵臻一、以二天台教観一主二天竺看経院[37]一。」と載せる。また『杭州上天竺講寺志』巻十二には「宋呂溱皇祐三年、以二起居舎人一守二杭州一。謂、天竺住持甲乙相承為レ不レ称、特奏以聞。仁宗乃詔二南屏法師梵臻一、弘二天台教観[38]一。」と見え、皇祐三年（一〇五一）に梵臻を上天竺寺に迎えた際に同寺を十方住持制へと改めたとも記している。いずれにしても、知礼の没年が天聖六年（一〇二八）であることを考え合わせると皇祐年間における上天竺寺入住までにはかなりの期間があるが、伝の記述に従うならその間梵臻は生地の銭塘において活動していたとも捉え得る。再び『仏祖統紀』梵臻伝に目を戻すと、上天竺寺に住した明年に金山[39]へ移ったのち、杭守の呉侍読なる人物[40]に招かれて熙寧五年（一〇七二）から銭塘の南屏山興教寺に居したという。

弘法の場を銭塘に移した梵臻は、士大夫層からの支持を背景に大いに天台の教旨を宣揚した。なかでも特に梵臻との関わりが伝えられる文人官吏としては、まず蘇軾の名が挙げられる。熙寧四年（一〇七一）に杭州通判として赴任した蘇軾は、三年の在任期間において梵臻と親交を持ったという。『釈門正統』巻六・梵臻伝には「東坡云、与レ師語二群籍一、有レ所二遺忘一、則応レ口誦レ之、衰衰不レ休。文祭二辨才一、有下請有二辨・臻一句上。観二行業碑一曰、此文甚工、倶未レ道二此老太過処一。[41]」と、両者における友誼の深さを窺わせる記事が存する。ここに引かれる辨才への祭文とは蘇軾の晩年に著された「祭龍井辯才文」を指し、このなかには「我初適レ呉、尚見二五公一。講有二辯・臻一、禅有二璉・嵩一。後二十年、独余二此翁一。今又往矣、後生誰宗。[42]」と嘆じて往年における交遊を回顧する部分が見える。遵式と祖韶に師事し上天竺寺に住持した辯才元浄[43]への追悼として作られた同文においては、梵臻とともに遵式の法孫で下天竺寺を嗣いだ慧辯、また雲門系の禅僧である大覚懐璉（一〇〇九～一〇九〇）や契嵩の名が列ねられ、宗門の異なりや教学上の対立に頓着することなく広く交際関係を結んでいたことが知られる。このほか熙寧五年（一〇七二）四月、『参天台五台山記』の作者成尋らが日本から海を渡って杭州を訪れた折には都督府の紹介を受けて南屏山興教寺に滞在し、「大教主老僧」らによる接遇を受けたことが伝えられている。[44]これもまた当時通判を務めていた蘇軾との私的な交流に基づき為された差配であるとすれば、南屏系が官府との間に緊密な関係を築いていたことを示す一例とも言い得よう。

このように官吏との強い結びつきが見て取れる一方、『釈門正統』及び『仏祖統紀』所載の梵臻伝においては南屏門下の学風につき、当時他の四明系の門流に連なる学匠らから激しい批判を受けたと記している点が注目される。『釈門正統』巻六には興教寺にて開かれた法筵の様式について、その背景に在った知礼一門における類集の活動に言及しつつ次のように伝える。

銭塘通守呉侍読革二興教禅一居二請之一。学者朋来講次、分レ文折レ理、貫二穿始終一。挙二一義一則衆義路通、窮二一文一則諸文允会。強記者集二成類例一、類例者仁師録二其五一。浄覚増レ二、括蒼聰加レ三。仏慧才重葺、永嘉吉銓次。広智嘗曰、類集之行、得失相半。得在三学者揀尋知二其綱要一、失在レ昧二其本文義勢起尽一。学者文外更求、不レ可レ謂二秖此耳一。興教之盛、群峰泰初銓二次高座緒余一、超果会賢別立二懸叙消文一。一一文下開二来意・正釈・観心一、号二南屏一家一。[45]

この文中に記されるのは、今日にも尚賢の門弟である四明如吉（生没年不詳）による再編集版が断片的に伝えられる、『天台諸文類集』の原型が作られた経緯である。[46]ここでは本書の成り立ちについて、元来は知礼の講義において引用される諸経論の文証を門人らが分類整理し十から成る「類集」としてまとめたことに始まるとしている。[47]このなか「仁師」とあるのは四明門下において首座を務め、『教行録』に収録される「教門雑問七章」や「四教四諦義」において答者の役を担った崇法自仁（生没年不詳）を指し、[48]当時未だ知礼門下に在った仁岳もまた編集に携わったとしている。ただしこのような「類集」の制作に対して高弟の一人である尚賢は慎重な姿勢を示し、学習者が前後の文脈を汲むことなく取り上げられた一文のみで満足してしまうことを誡めたという。対照的に、梵臻の門下においては祖文に対する消釈を寧ろ積極的に推し進め、興教寺の法筵においては集まった聴衆のために門弟の群峰泰初が内容の整理を行い、さらに超果会賢が概説と解釈を付すといった懇切なる手法が採られたとある。さらに続く箇所には次のように言う。

古集序云、矧今之日、教肆多点二読斯文一、豈不下失二於元本一唯求中枝葉上。但教典不レ有之処可二温故知新一、不レ唐二学問一。果由レ是而識二大略一、固不下以二椎輪一為上レ貴矣。天竺韶観レ之、掩レ巻而慟曰、砕二骨法身一、訛二誤後学一去。櫨菴厳、知レ為二後学患一、書寄二無相昕一幾二千言、力勉切勿二伝授一。至レ有下醍醐化二糟粕一、法蔵変二鬼火一語上。其慮㆓後世㆒深矣。鎧菴曰、此雖㆓人師㆒、務欲㆓短販㆒。枝㆓蔓其説㆒、以媚㆓後進㆒。然作俑之罪、必有㆓当㆑之者㆒。[49]

初めに引かれる「古集序」とは『天台諸文類集』の旧版に寄せられた序文と見られ、ここにおいても枝葉末節に囚われて根本を見失うことに対する警句が見て取れる。その後には遵式門下の祖韶や本如の門弟である櫨菴有厳（一〇二一～一一〇一）による痛烈な批判の文言が列挙され、「類集」の普及や梵臻門下の講経に代表される当時の風潮が、他の門流に属する学匠から非常な反発を受けていたことが窺われる。さらに末尾に付された『釈門正統』の編者である鎧菴（呉克己、一一四〇～一二一四）の梵臻評においても、徒に祖説を細分化して初学者に媚びる悪習を開いたなどと辛辣な詞が連ねられる。このほか、南屏門下の学風に関しては南宋の官吏である王十朋（一一一二～一一七一）が処厳（一〇五九～一一一二）の塔銘として寄せた文章の中で、処厳が一時梵臻門下に参学した時の出来事を記して「遂之㆓銭塘㆒、依㆓南屏臻公㆒、聴㆔天台大部明㆓法華諸経㆒。時学者尚㆓編録㆒、務相詰難。師聴㆑法罷、端然黙坐。同輩問㆑之、発㆓明師説㆒、了無㆓遺誤㆒。因謂㆑之曰、文字分別、馳㆓騁法相㆒、吾不㆑能㆑為。遂遠游㆓禅林㆒、訪㆓先輩老宿㆒、叩㆓撃玄旨㆒。[50]」と述べ、南屏一門における編録重視・弁論奨励の学風に対する否定的な姿勢を示している。前述の如く杭州を統治する官吏らと深い繫がりを持っていたという部分を考慮するならば、南屏一門がこのような様式を用いて天台教学の布演を図ったことは、或いは仏教に関心を寄せ聴講に訪れる士大夫の要望に応じた結果であったとも推測される。しかるに、当時において南屏系の学究方法に対し批判の声が上がっていたという事実は、諸派間の学風の相異や関係性を考察する上でも注目に値するものである。『釈門正統』巻五・遵式伝には四明にて広智系を承けた草菴道因（一〇九〇～一一六七）の言として次のように載せる。

故艸菴与㆓寂照㆒書云、切念、在昔慈雲・法智同学㆓宝雲㆒、各樹㆓宗風㆒、化行㆓南北㆒、更相照映、克㆓于一家㆒。而法智宗伝方今委弊、分㆑肌析㆑体、壊爛不㆑収、中下之材、固難㆓扶救㆒。切聆、慈雲法道、淳正之風、簡易之旨、綿綿尚存。斯由二代不レ乏レ賢、謹守不レ失。是以賊馬所レ及、宝界蓮宮巍然独存留、為二邦家植福之地一。固其験矣。[51]

初めに本書状の受取人として名が見える寂照とは、祖韶の法孫に当たり天竺寺に住した慧日寂照（生没年不詳）を指すとも考えられる。ここで道因は同じく義通の下に出た知礼と遵式の門脈を比較しつつ、自らが属する知礼の系統における頽廃の風を嘆いて「肌を分かち体を析く」ものとする一方、遵式の系統に在っては「簡易の旨」が正しく継承されているとして賞賛する。ここに見える道因の評は当時における法流ごとの特徴を知る上で重要と言えよう。

また、梵臻伝においては四明離反後の仁岳との間で激しい舌戦を展開していたとも載せている点が注意を引く。『釈門正統』の同伝には次のように記録する。

師与二浄覚一辨二教門一、陳二詞有司一、乞下集二高台一竪中赤旛上。倣下天竺聖師与二外道一捔勝、以レ旛標二顕処一、義堕者断レ首截レ舌懸上之。府君覩二師法戦勇鋭一、就二判詞一分二解之一曰、行文製作、臻不レ及レ岳。強記博聞、岳不レ及レ臻。師雖二弭レ兵後一レ之、聞レ之凜然毛立。[52]

これによれば、梵臻は知礼の教説を批判し門下を離脱した仁岳と教学論争を行うに当たり、官吏に向けてあたかも死闘を行うかのような会場の準備を求めたため、府君によって取りなされる事態にまで及んだとある。仁岳との間でこのような議論が交わされた時期については明らかでないが、前出の『楞厳経熏聞記』の記述[53]に基づき仁岳が銭塘を離れた年を慶暦四年（一〇四四）とするなら、梵臻は上天竺寺に入住する皇祐三年（一〇五一）より以前に杭州に拠点を移しており、知礼が没した天聖六年（一〇二八）以降、仁岳と同じく銭塘に住していた期間において論戦を重ねていたとも推測される。

五　おわりに

以上、四明系の遵式・仁岳・梵臻の銭塘転住につき考察した。遵式による天竺寺の再興に始まり、四明を離反して遵式の許に身を寄せた仁岳、南屏山に拠点を構え士大夫らとも積極的に交遊した梵臻というように、四明系を受けたこれらの学匠たちは少しく間隔を置きつつも漸次に銭塘の地へと定着していった。最初に遵式を杭州へと招請した昭慶寺の官吏との結びつきや王欽若による天竺寺復興に対する後援、また梵臻については上天竺寺への入住を命じた呂溱及び興教寺転住に関わった呉侍読、さらには蘇軾との厚い友誼等々の記録に鑑みても、これら四明系諸師の銭塘進出が果たされた背景に政治的事情や俗世の要求が深く影響していることは疑い得ない。今に伝わる断片的な記録から当時の情況について正確に読み取ることは叶わないものの、現存する史料に示される内容を整理し考察に供することには一定の意義があると考える。今回は僧伝類を中心とした基本的な検討のみに終始してしまったが、今後機会を改めて漢籍史料を用いた補完を行いたい。

註

（1）　大久保良順「延慶寺等の継紹と四明法智大師の門流」（『大正大学学報』三五・一九四二）、安藤俊雄『天台性具思想論』（法藏館・一九五三）、同『天台思想史』（法藏館・一九五九）、同『天台学—根本思想とその展開—』（平楽寺書店・一九七三）、Koichi Shinohara "From Local History to Universal History: The Construction of the Sung T'ien-t'ai Lineage" (*Buddhism in the Sung*, University of Hawaii Press, 1999)、林鳴宇『宋代天台教学の研究』（山喜房佛書林・二〇〇三）等参照のこと。

（2）『金園集』等の成立について、嘉泰二年（一二〇二）の作とされる『四明尊者教行録』（以下『教行録』）の序文には「慈雲生二乾徳二年一、終二明道之初一、歴一百二十載、五世孫慧観師、裒二其遺文一、成二金園三集一、行二於世一。」（大正四六・八五六頁中）と伝え、遵式が生きた乾徳二年（九六四）から明道元年（一〇三二）の頃より百二十年を経て、法裔の慧観（生没年不詳）がその所著を集めて三書を編纂したとする。また続蔵に収録される『金園集』巻下及び『天竺別集』巻下の末尾には「聖宋紹興辛酉」の刊板と記されるため、現行の両書が上梓されたのは紹興十一年（一一四一）ということになる。しかるに、嘉祐八年（一〇六三）の撰述とされる「行業曲記」の文中に「法師閑雅、詞筆篇章、有二詩人之風一。其文有下曰二金園集一者、天竺別集者、曰中霊苑集上。」（大正五二・七一五頁上）と遵式の文集について題名を挙げていることから、慧観が遵式の遺文を編集する以前に基となる三書が既に存在していたと推測される。『金園集』・『天竺別集』の巻頭において慧観が「住持伝天台教観五世法孫慈明大師慧観重編」（傍点は筆者による、以下同）と署名している点に鑑みても、恐らくは遵式の在世中か没後間もない時期にその文集三書は世に出ていたのではなかろうか。

（3）大正五二・七一四頁中。

（4）遵式伝についての近年の研究としては釈果鏡「慈雲遵式与天竺寺」（『法鼓仏学学報』一・二〇〇七）等がある。なお「行業曲記」には遵式が四明を出て台州に遷った年を咸平五年（一〇〇二）としているため（大正五二・七一四頁上参照）、前出の箇所（註（3）参照）の記述に基づき遵式が台州に住した期間を十二年とするなら、昭慶寺での講経は大中祥符七年（一〇一四）となり、『仏祖統紀』もこれに同ずる。また、遵式は杭州へ遷る以前、空席となる台州東掖山の法脈を繋ぐため知礼の門下から神照本如（九八一～一〇五〇）を指名し後継として迎えているが、これを伝える『仏祖統紀』巻十二・本如伝には「祥符四年。慈雲遷二霊山一、親往二法智会下一、求レ可レ為レ継。法智曰、当下於二衆中一自択上レ之。慈雲閲視至レ師即云、斯人可也。師至二承天（東山能仁旧名）一、大振二法道一。」（大正四九・二一四頁上）と見える。この記事に拠るならば、大中祥符四年（一〇一一）の時点で遵式は天竺寺を再興し新たな拠点とすべく既に決意を固め、知礼との間で銭塘進出につき合意が成されていた可能性もある。

（5）省常および浄行社については佐藤成順『宋代仏教の研究―元照の浄土教―』（山喜房佛書林・二〇〇一）、同『宋代仏教史の研究』（山喜房佛書林・二〇一二）に詳しい。

（6）大正四七・三二四頁中。

（7）『閑居編』巻三三所収「故銭唐白蓮社主碑文」参照。これによると、省常が没した年の冬に門人の上首であった虚白が智円の許を訪れ、故人の遺志として碑文の制作を請うたという。（「其年冬、門人之上首、曰二虚白一者、克荷二師道一、自状二其事一、再欵二吾廬一、請二吾之辞一、伝二師之美一、以勒二豊碑一。且言、先人之遺旨也。吾辞不レ得レ命、乃文而序レ之。」（続蔵二―六・七四丁左上））

（8）大正四九・四〇〇頁下。

（9）このなか丁謂（九六六～一〇三七）については景徳三年（一〇〇六）に浄行社へ「西湖結社詩序」を寄せる等、仏教との関わりも多く伝えられる。

（10）大正五二・七一四頁中。

（11）「天竺寺十方住持儀」には「吾早観二銭唐一、寺宇数百、無二一処山家講院一。……于レ時域レ心便欲二創置一、乃偏訪二名迹一、唯古天竺寺遺藍尚在。隋大法師真観所レ造。……自二大中祥符八年乙卯一、旋建二舍宇一、略可二安存一。便聞二講席一、于レ今十有七載、廊廡尚欠。」（続蔵二―六・一五四丁左下右上）と見え、遵式が訪れた当時銭塘には数百にも及ぶ寺院がありながら四明系に連なる天台寺院が一つも存在せず、そうした情況を憂えて天台と所縁ある天竺寺の再興を決意したと語られる。なお天竺寺に関する先学の研究としては石川重雄「宋代杭州上天竺寺に関する一考察」（『社会文化史学』二一・一九八五）、同「宋代上天竺寺と住持僧」（『立正史学』六一・一九八七）、永井政之「南宋における仏教信仰の一側面―上天竺寺・法恵（慧）寺・明慶寺―」（『駒澤大学仏教学部論集』一九・一九八八）等がある。

（12）四庫全書史部十一・地理類三。

（13）大正四六・七〇五頁上。

（14）大正四六・八三一頁下～八三二頁上。

（15）『教行録』巻二所収「対闡義鈔辨三用一十九問」には天禧元年（一〇一七）の著と記される。大正四六・八七三頁上参照。

（16）この時遵式からの使者に対し、智円は笑って「（そんなに大挙して出迎えに行っては銭塘に僧侶が居なくなってしまうので、）私一人位はここに留まりましょう」との旨答えたという。（「時王文穆（欽若）与二慈雲一為二法喜友一。因至二銭塘一、郡僧悉迎二於関外一。慈雲遣レ使邀二師同往一、師以レ疾辞。笑謂二使者一曰、為レ我致二意慈雲一、銭塘且駐二却一僧子一。聞者笑而敬レ之。」、続蔵二乙―三・四一六丁右上）

（17）遵式と王欽若の関わりについての近年の研究としては小林順彦「王欽若とその周辺―特に遵式との関係を中心に―」（『仏教文化学会紀要』三二・二〇二三）がある。

（18）大正五二・七一四頁下。

（19）続蔵二乙―三・四二一丁右下。なお『仏祖統紀』巻二一の仁岳伝及び『教行録』巻六所収の「四明門人雪川浄覚法師」には該当の文は見えない。

（20）兜率択梧は銭塘に生まれ、昭慶寺に住持したのち保寧寺等に歴住したという。智円の遺文集である『閑居編』には択梧への言及が多く見出され、両者における親交の深さが窺われる。また仁岳の著作には「南山祖師礼讃文」一篇（続蔵二乙―三・九九丁右上～一〇〇丁右下）が存することから、過去に南山律を受学していたとしても不思議は無い。因みにこの南山礼讃については智円によって作られたものが当時既にあり、霊芝元照（一〇四八～一一一六）は元符三年（一一〇〇）に著された「集南山礼讃序」の中で、仁岳が南山礼讃を改めて撰述した由縁を「昔孤山法師首事秉レ筆、蓋酬二兜率択梧律師之請一。其次雪渓法師患二其事儀尚闕音韻有一レ所レ未レ便、継有レ作レ焉。」（続蔵二乙―三・九七丁左上）と伝える。

（21）「師後与二広智一辨二観心観仏一、求二決於四明一。四明以二約心観仏一、拠二乎心性一、観二彼依正一、双二収二家一。師聞レ之且不レ悦也。」（大正四六・九一六頁中）、『仏祖統紀』の該当箇所は大正四九・一九三頁中参照。仁岳の四明離反に関しては以前少しく扱ったことがある、拙稿「趙宋天台における仏身を巡る議論について―丈六尊特合身の解釈を中心に―」（『天台学報』六二号・二〇二〇）参照。

（22）大正四六・八六五頁下。仁岳が四明を離れた時期については、安藤俊雄「雪川仁岳の異義」（『天台学論集　止観と浄土』（平楽寺書店・一九七五）所収）に考察が存する。

(23)『四明仁岳異説叢書』巻一所収、続蔵一‐九五・三八二丁右下。

(24)『四明仁岳異説叢書』巻三所収、続蔵一‐九五・四〇一丁右上。

(25)『教行録』巻六所収「四明門人霅川浄覚法師」に「時銭唐有二慶昭法師一、開二光明玄義一、略二去観心之文一。師輔二四明一、撰二問疑一徴レ之。」（大正四六・九一六頁中）と見える。

(26) 大正四九・二〇五頁中。

(27) 続蔵二乙‐三・四二一丁上下。

(28) 大正四六・九一六頁中。

(29)『仏祖統紀』巻十二・尚賢伝「明道中（仁宗）浄覚居二霊芝一、致二書於師一、論下指要解二三千一之義上、秖是心性所具俗諦之法、未二是中道之本一、請三師同反二師承一。師援二荊渓三千即空仮中之文一謂、何必専在二於仮一。以輔二四明三千倶体倶用之義一、学者頼レ之。（往復二書並見二広智遺編一。）」（大正四九・二一三頁下～二一四頁上）

(30) 続蔵二乙‐三・四二一丁左下。

(31) 続蔵一‐一七・三四〇丁右下左上。字が疑わしい箇所については私に傍点を付した、以下同様。

(32) 続蔵二‐五・一〇一丁左上。

(33) 続蔵二‐一〇・二九二丁右上下。

(34) 経歴上の共通点から、『芝園集』巻一「秀州超果惟湛法師行業記」（続蔵二‐一〇・二九二丁右下左下）及び『釈門正統』巻六（続蔵二乙‐三・四二九丁右下左上）・『仏祖統紀』巻十三（大正四九・二一七頁中）に伝が見える超果惟湛（一〇〇九～一〇七三）を指すか。これらの伝によれば、惟湛は知礼門下の本如・尚賢に師事し天台の法門を受けた学匠であったという。

(35) 続蔵二‐一〇・二九〇丁左上～二九一丁右下。

(36) 大正四九・二一四頁下。

(37) 大正四九・八六九頁中。呂溱（生没年不詳）は『乾道臨安志』巻三（四庫全書史部十一・地理類三）によれば皇祐三年（一〇五一）六月から同五年（一〇五三）四月まで知杭州を務めたという。

(38)『杭州上天竺講寺志』（『中国仏寺史志彙刊』第一輯二六冊、明文書局・一九八〇）三二九頁。

(39)『釈門正統』巻六の梵臻伝には一時金山（現在の江蘇省鎮江市）の龍游寺に住したとある、続蔵二乙−三・四二五丁左下参照。ただし可祥氏は禅籍及び龍游寺志に梵臻が入住したという記録は見えないと指摘する。（「南屏梵臻及其思想」五二頁〜五三頁、『中国仏学』四五・二〇一九）

(40)「呉侍読」についてはこの他にも『釈門正統』梵臻伝に「初呉公多於二休沐一請レ講、垂レ紳正レ笏、立二于門外一、師未レ登レ座、不二敢輒入一。」（続蔵二乙−三・四二六丁右下）と見え梵臻の熱心な支持者であったことが窺われるが、藤善眞澄氏は当時の知杭州に呉姓の者は見えないと指摘する。（「成尋と杭州寺院—『参天台五台山記箚記』三−一」（『関西大学東西学術研究所紀要』三三・二〇〇〇）三四頁参照）なお『武林西湖高僧事略』（宝祐四年（一二五六）序）の伝には呉公の官名について「侍読呉公倅都」（続蔵二乙−七・二三九丁右上）とも記す。

(41) 続蔵二乙−三・四二六丁右下。

(42)『東坡全集』（四庫全書集部三・別集類二）巻九一所収。

(43) 元浄に関する先行研究としては春日礼智「辯才大師元浄の伝幷に浄土教」（『大谷学報』二〇−一・一九三九）等がある。

(44)『参天台五台山記』巻一、仏全一一五・三二七頁〜三二八頁。ここでは興教寺における講経の様子についても描写され、講堂内には百余人もの聴衆が着座していたとある。またこの杭州訪問に際し成尋らの対応に当たった官吏については藤善眞澄「成尋をめぐる宋人—『参天台五台山記箚記』二−一—」（『関西大学東西学術研究所紀要』二六・一九九三）において検証されている。

(45) 続蔵二乙−三・四二五丁左下〜四二六丁右上。

(46)『天台諸文類集』の成立については林鳴宇『天台文類・天台法数校釈』（上海古籍出版社・二〇〇五）、同「『天台諸文類集』から見た宋代天台教学の諸課題」（『印度学仏教学研究』五四巻一号・二〇〇五）参照。

(47)『教行録』巻六「記四明門下纂成十類」（大正四六・九一六頁下〜九一七頁上）にもこの箇所と同じ内容が伝えら

れる。

(48)『仏祖統紀』には「仁首座」とする。また同書巻十二の自仁伝にも「類集」の編纂が自仁に始まることを伝える。（大正四九・二一六頁上中）

(49) 続蔵二乙-三・四二六丁右上。

(50)『梅渓前集』（四庫全書集部三・別集類二）巻二十所収「潜澗厳闍梨塔銘」。

(51) 続蔵二乙-三・四一九丁右下。

(52) 続蔵二乙-三・四二六丁右上下。

(53) 註（31）参照。

智顗の教学における菩薩の階位と章安灌頂

――初地の異名――

日比　宣仁

一　はじめに

『涅槃経』には、菩薩の五行（聖行・梵行・天行・嬰児行・病行）の内、聖行と梵行を行ずることによって住することができる階位として、不動地・堪忍地・無所畏地・極愛一子地・空平等地の五地が説かれる。聖行によって住することができる階位は、不動地・堪忍地・無所畏地の三地であり、梵行は極愛一子地・空平等地の二地とされる。天・嬰児・病の三行に対応する階位は説かれない。聖・梵両行は修因である。よって、これらの両行では修因に対する結果としての地が論じられる。一方、天行は証する対象そのものであり、嬰児・病両行は修行の果に従って応化を起こすことである。故に、天・嬰児・病の三行に結果としての地は論じられない。このことは、次の『法華玄義』巻四上の問答から知られる。

問。聖行証二三地一。梵行証二両地一。天行・病行・嬰児行何不レ証レ地。

答。聖・梵両行名二修因一故論二証地一。天行正是所レ証、病・児両行従レ果起レ応故不レ論レ証耳[1]。

さて、『涅槃経』の五地については、智顗（五三八〜五九七）や章安灌頂（五六一〜六三二、以下、灌頂）以前に、同経を研究した法瑤・僧宗・宝亮等の涅槃宗の学匠がそれぞれの見解を示した。それらの理解は、不動等の三地乃至五地が不共十地の何れかに該当する、という共通認識の上でなされたようである。つまり、涅槃宗の学匠は三地乃至五地を果地として捉えていた。

智顗は五行を別教の十信位乃至初地に配当し、独自の観点から聖行の三地（不動地・堪忍地・無所畏地）を用い、前二地を別教の地前に、無所畏地を別教の初地に配した。すなわち、智顗は無所畏地のみを果地として捉え、それ以下の不動・堪忍両地は因位での通過点と看做したと言える。このことは、智顗の晩年の思想を見出すことができる大本『四教義』や『維摩経玄疏』等の『維摩経』註釈書類[2]から読み取れる。

後に言及することになるが、『涅槃経』には五行の他に「如来行」[3]が説かれている。智顗の説示で押さえておくべき点は、五行が別教の地前乃至地上に当てられ、如来行が円教の初発心住位に相当せられていることである。つまり、智顗の教説では五行は別教、如来行は円教という線引きが明確になされている。

一方、灌頂はこの区別を忠実に踏襲するよりも、円教の観点を強調することに力を注いだと考えられる。すなわち、『大般涅槃経疏』では「証道同処」[4]という義によって、智顗の説で別教地前に想定される筈の不動・堪忍両地が、初地に引き寄せて理解されている。換言すれば、灌頂の説では別教（次第）と円教（不次第）の立場が合論され、五地を具に初地と見る教説が打ち出されている。このような灌頂の説では別・円両者の弁別が、智顗のそれに比べると、曖昧になっていると考え得る。

別・円両者の混同という問題は、『法華玄義』で展開される五行・如来行の説示にもある。[5]前引の『法華玄義』巻四上では不動地乃至空平等の五地を「証地」[6]と呼び、該当記述の後には、「経顕ニ別義一従ニ地前一各入レ証。経顕ニ円義㆒登地同一証。[7]」と説かれている。ここでは、別教の立場では地前より各々入証し、円教では登地すれば同一に証することが示されている。円教の登地同一証に問題はなかろうが、別教の地前に入証すると述べている点は、必ずしも『涅槃経』の説や智顗の説とは合致しない。『涅槃経』では「住㆓於初不動地㆒[8]」等と説かれ、初不動地を証するとは説かれていない。また、智顗は不動・堪忍の両地を別教の地前に想定しているのであり、その場合、地前に証するという説は可能であるかどうか、という問題もある。証すると住するとでは若干の差異があるであろう。

本稿では、以上に述べたような、『涅槃経』所説の不動地等の三地、あるいは五地に対する、天台以前の涅槃宗の学匠乃至智顗による理解を確認する。そして、それらの思想を背景として、灌頂が円教の立場を強調しつつ、智顗とは異なる観点から五地を天台教学に採り入れたことを明らかにする。

また、聖行と梵行によって五地に住するとする『涅槃経』の説が、『法華玄義』では五地を証するとされるに到ったことを検討する。更に、直ちに断定はできないが、経文の字を換えた人物は、同書の筆録者である灌頂と考え得ることも述べておきたい。その際に、住すると証するという概念の相違を把握する必要があろう。

二　『涅槃経』の五地

先ず、『涅槃経』の五地に関する基本的事項を確認する。『涅槃経』聖行品・梵行品では、それぞれ品題の通り菩薩が行ずる修行としての聖行と梵行が詳説される。各々の行の内容について、『大般涅槃経集解』（以下、『集解』）巻二七には僧宗の説として、「案、僧宗曰、大分㆓聖行㆒可㆑為㆓六段㆒。第一明㆑戒、第二明㆑定、第三明㆑慧。此三段明㆑体既竟。[9]」とあり、梵行品の経文には、「復、次善男子、復有㆓梵行㆒。謂、慈・悲・喜・捨。[10]」と説かれている。すなわち、聖行の内容は戒・定・慧の三学であり、梵行は慈・悲・喜・捨の四無量心をその体となす(11)。戒・定・慧の三聖行にはそれぞれに対応する地がある。梵行の体である四無量心は、慈・悲・喜の三無量心と捨無量心に二分され、これらにも各々に対する地が想定される。つまり、聖行・梵行によって住することができる階位には合計五地があることになる。聖行品・梵行品で五地が説かれる経文を抜粋して羅列すると、次のようになる。

①善男子、菩薩摩訶薩修二持如レ是清浄戒一時、即得レ住二於初不動地一。（聖行品、大正一二・六七五頁上、戒聖行の果）

②菩薩爾時、作二是観一已得二四念処一已、則得レ住二於堪忍地中一。（聖行品、大正一二・六七六頁上、定聖行の果）

③善男子、是菩薩摩訶薩得二是行一已、則得レ住二於無所畏地一。（聖行品、大正一二・六九〇頁上、慧聖行の果）

④復、次善男子、菩薩摩訶薩、修二慈・悲・喜一已、得レ住二極愛一子之地一。（梵行品、大正一二・七〇一頁上、三無量心の果）

⑤菩薩摩訶薩修二捨心一時、則得レ住二於空平等地一。（梵行品、大正一二・七〇三頁下、捨無量心の果）

『涅槃経』では五地が一つの箇所にまとめて説かれず、広い範囲に亙って示されている。そこで、五地を一箇所に記す湛然（七一一～七八二）撰『法華玄義釈籤』巻四上の記述を参照する。

経中、戒聖行文末結云、即得レ証二於初不動地一。定聖行文末結云、証二堪忍地一。慧聖行文末結云、証二無所畏地一。……梵行者、慈・悲・喜。文末結云、証二一子地一。次、捨文末結云、証二空平等地一(12)。

この記載によって、聖行・梵行と五地の関係が明快に把握できよう。しかし、ここでも『涅槃経』の「住」の字が「証」に書き換えられている。これは『法華玄義』の説をそのまま受けているからであろう。

三　涅槃宗の学匠の五地理解

涅槃宗の学匠[13]による五地理解の傾向は、二つに大別できる。第一は、五地を段階的に理解する傾向。第二は、五地全てを同等の位と見る傾向である。二通りの理解があると雖も、彼等は共通して、五地を歓喜地等の十地の中に見出したようである。

第一の傾向にあると考えられる学匠の解説を検証する。『集解』巻三四には、慧聖行によって住することができる無所畏地について、劉宋期（四二〇～四七九）に活躍した法瑤（四〇〇～四七五頃）が、菩薩の十住（十地）を前提として次のように述べたことが記録されている。

法瑤曰、得二上戒・定・慧行一則入二此初住地一也。離二五怖畏一故曰二無畏地一也。畏二貪・恚、病・死等一者、即不二死・不活畏一也。闡提等者、離二悪名畏一也。不レ畏二三悪道一、無二悪道畏一也。不レ畏二沙門乃至波旬一、無二大衆畏一也。前不動地、是入二初地之始一也。堪忍地、是初地之中。此無畏地、是初地之終、亦可二七住一。七住、三界結尽、始無二三《ママ》《界カ》畏之畏一也。[14]

ここでは、聖行品の経文に沿って、無畏地に到達した菩薩が死畏・不活畏・悪名畏・悪道畏・大衆威徳畏の五怖畏を離れることが説明されている。[15]すなわち、法瑤は無畏地の名称の根拠を離五怖畏としているのである。ここで着目すべきは、法瑤が戒・定・慧の三聖行を得れば、初住地に入ることができるとし、初住地を始・中・終の三段階に分けていることであろう。法瑤の説によれば、『涅槃経』で戒聖行・定聖行の果として説かれる不動地・堪忍地はそれぞれ、初地の始・初地の中に配当され、慧聖行の果である無畏地は初地の終に位置づけられる。更に、法瑤が無畏地に相当する初地の終を第七住に配当しようとする記述も見られる。法瑤は不動地等の三地を初地の始・中・終、あるいは、初住地乃至第七住地の間の階位と見ていたと言えよう。極愛一子地と空平等地に関する法瑤の説示は『集解』にはない。

無所畏地を第七住地に位置づける理解は、僧宗（四三八～四九六）の説に共通する。『集解』巻三四の記載を挙げる。

> 僧宗曰、無畏地者、七地也。前結二戒果位一云、初不動地。次結二定果一云、第三堪忍地。今結二慧果一、指二第七地一也。所三以爾一者、示三行有二浅・深一結果亦異。言三無畏為二七地一。依二常釈一七地為二遠行地一。今乃云、無畏者、謂不レ畏二三界果報一。故偏称也。(16)

僧宗は、戒果を初不動地、定果を第三堪忍地、慧果を第七無畏地と看做し、三地を段階的に捉えている。常釈では不共十地の第七地は遠行地である。僧宗は、無畏地での三界の果報を畏れざる点を、第七遠行地に結び付けているのであろう。

『集解』巻三八には五証地の第四極愛一子地に対する僧宗の釈解が見られる。

> 僧宗曰、第四、結二三無量果一也。言二極愛一子一者、此是第七地也。言三七地菩薩見二衆生在レ苦乃至血流灑レ地。此愛是深二於前一為レ勝也。八地以上一心具二万行一。息二空・有二相一。是故没二其愛一、名受二空平等之称一也。(17)

慈・悲・喜の三無量心の果（極愛一子地）も無畏地と同様第七地と僧宗は見ている。この記述によれば、第七地の菩薩は衆生が苦境にある様子を見るのであり、その菩薩の愛は前よりも深い。前とは第六地以前を指すと考えられるが明確ではない。捨無量心の果である空平等地は八地以上に位置し、そこでは空と有の二相が息み、一心に万行を具し、第七地における愛が没する。以上の法瑤と僧宗の説は、三乃至五地を段階的に理解する傾向にあると言える。

第二に、五地を同等の位地に見出す傾向にある学匠として、霊味寺宝亮（四四四～五〇九）が挙げられる。宝亮が示した不動・堪忍・無畏の三地に対する説明は『集解』巻二七に見られる。

宝亮曰、第六結果也。戒・定・慧悉結在二初地一。夫不レ脩則已、脩則俱脩。豈、容但、戒而無レ定耶。所三以結有二前後一者、逐二義勢一耳。爾時、戒心堅固所以結二之不動一耳。定以二静摂安忍一即結二堪忍一也。慧以二照了一離レ畏即結二無畏一也。戒是定因、因レ定発レ慧、以二次第一也。(18)

宝亮は、三学相互の因果関係を認めつつ、それらを一具と見ている。結に前後が有るのは、各々の義勢（特徴）を反映した所以であると説き、三学を修する者にとって戒・定・慧は一揃いであり、結は悉く初地に在ると解している。宝亮が使用する「結」という語は、完結とか結実という意味で理解でき、その場合、これは『法華玄義』の「証」に近い意味合いであると思われる。つまり、三学各々の修行が結実する場所は初地に在る、と宝亮は述べているのであろう。但し、後に論ずるように『法華玄義』では別教地前に証を認めるのであり、この点は、地上の証（結）を論ずる宝亮説とは異なる。

また、『集解』巻三四には、「宝亮曰、無畏果者亦同二是初地一。(19)」とある。そして、慈・悲・喜の三無量心の果に対する宝亮の理解は、同書巻三六に「第四、且略結二三無量果一、在二初地一。(20)」と見出せる。捨無量心の果である空平等地については、同書巻三八に次のように記されている。

宝亮曰、第五段結二捨果一也。亦、同在二初地一。夫、四無量行本相関渉不レ得二相離一。今言レ得二平等地一者、是登二初地一日得二真無漏一也。見二法体空一故以二空平等一為レ名。而所三以別結一者、欲レ使下人楽二此空法一而修行上耳。(21)

宝亮は空平等地も初地に在るとする。捨無量心の果である空平等地では真無漏を得て、法体空を現ずる故に空平等地と名付ける。また、四無量行は本より互いに関渉し、相離しない。そのことは、三無量心の果（極愛一子地）と、捨無量心の果（空平等地）が共に初地に割り当てられることと契合する。しかし、両者の結実を別々に論ずる所以は、衆生をして空法を楽《のぞ》ましむ為である、ということが引用末尾に説明されている。

四　智顗の教学における三地（不動地・堪忍地・無畏地）

涅槃宗の学匠が『涅槃経』の五地の具体的な位置を不共十地中に見出そうとした一方、智顗は独自の観点から不動・堪忍・無畏の三地を咀嚼し、別・円両教の菩薩の階位に織り込んだ。それは、『涅槃経』に説かれる五行と、如来行を、それぞれ化法四教の別教と、円教の階位の説明に採用する作業の一環としてなされた。

如来行の名称は、五行と共に南本『涅槃経』巻一一・聖行品の冒頭に見られる。

爾時、仏告二迦葉菩薩一。善男子、菩薩摩訶薩応下当於二是大般涅槃経一専心思中惟五種之行上。何等為レ五、一者、聖行。二者、梵行。三者、天行。四者、嬰児行。五者、病行。善男子、菩薩摩訶薩常当レ修二習是五種行一。復有二一行一。是如来行。所謂、大乗大涅槃経。(22)

円教の修行としての如来行の位置が具体的に分かる記述は、大本『四教義』巻一一にある。

第四、約二円教一明レ位、……第二、正明二円教位一者、……二、明二十住一者、……二、明下諸大乗経明二初発心住一名義不上レ同者、華厳経(23)云、初発心時便成二正覚一、……。大涅槃経(24)云、発心・畢竟二不レ別、如レ是二心前心難。即是涅槃経、復有二一行一是如来行。所謂、大乗大般涅槃。初住、分証二真涅槃一也。如レ此等諸大乗経悉是円教、明二初発心住一也。(25)

円教の立場では如来行は初発心住位に相当する。また、智顗の教学では如来行は飽くまで円教の修行であり、別教菩薩が修する五行とは一線を画されることは注意すべきである。この大本『四教義』の説が『法華玄義』の円教行妙の説と異なることは、後述の通りである。

さて、智顗は別教行位と五行の関連を大本『四教義』巻九で次のように説いている。

総明㆓別教菩薩位㆒者、即三意。一、約㆓瓔珞経㆒明㆓位数㆒。二、約㆓大品経三観㆒明㆓断伏㆒。三、約㆓涅槃経㆒対㆓法門㆒弁㆑位。……三、約㆓涅槃経㆒明㆓五行㆒合㆑位者、初戒聖行・定聖行・生滅四諦慧聖行即是十信位。次、無生四真諦聖行即是十住位。次、無量四聖諦即是十行位。次、明㆑修㆓一実諦無作四聖諦㆒即是十迴向位。次、若発㆑真見㆓一実諦㆒証㆓無作四聖諦㆒即是聖行満位無畏地。得㆓二十五三昧㆒、能破㆓二十五有㆒。名㆓歓喜地㆒五行具足。(26)

ここでは、五行の第一聖行が戒聖行・定聖行・生滅四諦慧聖行・無生四諦慧聖行・無量四諦慧聖行・無作四諦慧聖行に六分割されている。その上、無作四諦慧聖行はそれを修する段階と証する段階の二段階に分けられ、合計七段階の聖行が別教の地前乃至初地に配当されている。この分割は智顗の思考に基づくものであろう。以上の配当を次の如く図示できる。

戒聖行・定聖行・生滅四諦慧聖行	十信位		
無生四諦慧聖行	十住位		
無量四諦慧聖行	十行位		
修無作四諦慧聖行	十迴向位		
証無作四諦慧聖行	初歓喜地	聖行満位無畏地	五行具足

無畏地は、『涅槃経』では慧聖行を得ることによって住することができる階位である。智顗は無畏地と、聖行満

位の別教初地を同等に見ていることが分かる。

ところで、この智顗の基本説（後の便宜の為、当節冒頭からの智顗説を基本説と呼称する）を念頭に、大本『四教義』巻九の別教十信位の説明で戒聖行が説かれる箇所を見ると、そこには必ずしも明瞭ではない説示が含まれている。それは、別教十信位所修の戒聖行によって住することができる初不動地の「初」をどのように捉えるべきか、という問題に起因する。

菩薩、善能護三持諸戒一得レ入二於初不動地一。菩薩住二不動地中一、不動・不退・不堕・不散。是名三菩薩修二戒聖行一。(27)

この記述によれば、諸戒を護持した菩薩は初不動地に入ることができる。(28)これを菩薩が戒聖行を修することと名付く。ここには、『涅槃経』聖行品の「善男子、菩薩摩訶薩、修三持如レ是清浄戒一、即得レ住二於初不動地一。云何名為二不動地一耶。菩薩住二是不動地中一、不動・不堕・不退・不散。(29)」という経文が意を取って引かれている。智顗が戒聖行の果としての初不動地を初歓喜地と同視したかどうかはよく分からない。

もしも同視したのであれば、それは大本『四教義』では例外的な説として指摘できる。というのは、同書では定聖行以降の聖行とそれらによって住することができる階位が、基本説に沿って論じられているからである。基本説で戒聖行と同様に十信位に配当される定聖行と生滅四諦慧聖行については、次のように説かれている。

菩薩、住二背捨・勝処諸禅定中一修二四無量心・六波羅蜜・四摂法・神通変化一。即是共念処。又因レ受三持読三誦大乗方等一於二禅定中一思三惟名義一修二四無礙弁一。即是縁念処。若念処成就、即得レ住二於堪忍之地一。是名三菩薩修二定聖行一。此二念処、若未下与二性念処一相応上、猶レ属二停心初賢位一也。

大本『四教義』巻九（大正四六・七五四頁上）
定聖行に関する記述

正用二生滅四諦一伏下界内属二見・愛一一切煩悩結集上皆、是性念処智慧力也。性念処義具如二前説一。[30] 若菩薩得二是性念処一与二前共・縁念処一合、即是堪忍地。智慧善根増長従二初信心一乃至二願心一十心成就、即是鉄輪外凡乾慧伏忍也。

同（大正四六・七五四頁上）

生滅四諦慧聖行に関する記述

右の両引用に共通していることは、性・共・縁の三念処が用いられていることと、結果としての階位が堪忍地とされている点であろう。定聖行に関する記述では、三念処の相応が堪忍地に至る為の条件となっている。共・縁の二念処に性念処が相応しない場合は五停心（初賢位）に属し、三念処が成就すれば堪忍地に至る。初賢位は、大本『四教義』巻九の「今略釈二初信心義一、即為二二意一。一者、発菩提心。二者、行菩薩道。発心即是目、修行即是足。目・足備故入二清涼池一。即是別教初賢善直之義也。[31]」という記述からも分かるように、第一信心を指す。すなわち、別教菩薩が定聖行を行ずるも、三念処不相応の場合、その菩薩は初信心位に留まってしまうのであろう。

次に、生滅四諦慧聖行に関する説示では、三念処が合すればそれは堪忍地であることが説かれている。そして、そこでは生滅四諦の智慧が増長し、初信心から第十願心までの十心が成就し、即ち是れは鉄輪外凡、乾慧地、伏忍に該当するとされている。大本『四教義』巻九で別教菩薩位を明かす箇所の冒頭に、「初十信心、即是外凡。別教乾慧地伏忍之位也。[32]」とあるので、生滅四諦慧聖行の果が外凡十信位とされることには問題はなかろう。

無生四諦慧聖行以降、無作四諦慧聖行までの説明も、基本説に沿っている。同書巻九の十住位から十地位までの行位についての記述を、中略を入れつつ挙げる。なお、紙数の制限がある為、ここでは該当箇所を挙げるに留める。

二、明二十住位一者、即是十解習種性。初入二内凡十賢之位一也。……会理之心名レ之為レ住。故仁王般若経云[33]、入理般若名為レ住。此即体仮入空観成二発真無漏一見二通教真諦之理一、断二界内見・思惑九十八使一故名二発心住一也。

此有㆓二義㆒。一、発㆓真解㆒住㆓偏真法性之理㆒。二、生㆓中道似解㆒住㆓第一義仏性之理㆒。若生㆓偏真之解㆒、即是通教八人地・見地。智・断斉生㆓中道似解㆒。是初得㆓別教善有漏五陰㆒入㆓別教内凡性地㆒柔順忍之位也。所以者何、是菩薩、因㆓前持戒・禅定・生滅四諦智慧㆒調㆑心観㆓無生四諦㆒、断㆓界内見・思煩悩㆒。是声聞経説。……。

三、明㆓十行位㆒者、即是性種性。内凡十賢。……行以㆓進趣㆒為㆑義。前既発㆓真悟理㆒。従㆑此加㆑修㆓従空入仮観㆒無量四諦㆒。……故知、此属㆓別教菩薩之所㆒㆑学也。菩薩住㆓此無量道諦㆒学㆓十波羅蜜㆒、一切諸道断㆓塵沙・無知・十品㆒十行成就、従空入仮平等観成也。得㆓道種慧法眼清浄㆒。相似中道之解、転更分明。即是別教頂法之位。菩薩住㆓此位中㆒遊戯神通浄㆓仏国土㆒成㆓就衆生㆒也。

四、明㆓十廻向位㆒者、即是道種性。内凡位十賢也。……正修㆓中道第一義諦観㆒従㆓無量四諦㆒学㆓無作四諦㆒也。約㆑実説㆓四実㆒不㆑作㆑四故名㆓無作之四㆒。観㆓四得実㆒故名㆓四実㆒。因名㆓無量㆒得果名㆓無作㆒。証果断㆓苦・集㆒有㆓道・滅㆒。非㆓円教之無作㆒也。……若菩薩、学㆓無量・無作四諦観㆒、観㆓知如来蔵無量生死種子恒沙仏法断㆓恒沙下品煩悩㆒伏㆓無明㆒。別見㆓相似中道之解㆒更転増㆑明。法界願・行、事・理和融。成㆓別教一切智㆒得㆓六根清浄㆒。即是別教忍法・世第一法位也。

五、明㆓十地㆒者、此是聖種性位。従㆓此位㆒見㆓仏性㆒発㆓中道第一義諦観㆒双㆓照二諦㆒心心寂滅、自然流㆓入薩波若海㆒証㆓無作四諦㆒。一実平等法界円融。従㆓初地㆒至㆓仏地㆒皆断㆓無明㆒。……大涅槃経[34]云、菩薩聖行満即是住㆓於無所畏地㆒。即是初地。……以㆑得㆑入㆓此地㆒故則具㆓二十五三昧㆒破㆓二十五有㆒顕㆓二十五有之我性㆒。我性即是実性。是名㆓慧行成就㆒。得㆓王三昧㆒、即五行成就住㆓於無畏之地㆒。即得㆓初地之名㆒也。就㆑此即為㆓五意㆒。一、明㆘得㆓二十五三昧㆒聖行成㆖。二、明㆓梵行㆒。三、明㆓天行㆒。四、明㆓嬰児行㆒。五、明㆓病行㆒。[35]

以上のように、大本『四教義』では定聖行・生滅四諦慧聖行乃至無作四諦慧聖行が、十信から初地までの行位に段階的に配当され、正しく別教の立場から『涅槃経』の聖行が採用されている。よって、十信位に相当する筈の初不動地が初歓喜地を含意すると捉えることは、別教分際の行位論の文脈としては例外的と言えるのである。あるいは、智顗は初不動地に初歓喜地の意を包含していなかったと見ても問題はなかろう。しかし、何れにせよ、戒聖行の果を初不動地とすることによって、それを初歓喜地と捉える余地を残してしまうことは否めないであろう。

『維摩経玄疏』巻三[36]での別教菩薩の行位の説明では、大本『四教義』と同様に十信から十地に、戒聖行乃至無作四諦慧聖行が漸次に当て嵌められている。『維摩経玄疏』の該当箇所には不動地・堪忍地・無所畏地の名称が用いられていない点に、大本『四教義』との相違点が認められる。また、極愛一子地・空平等地に対する智顗の見解は『維摩経』註釈書類には見られない。

五　章安灌頂による五地理解

灌頂は『大般涅槃経疏』（智顗没後約二十年、六一七年頃の完成とされる）[37]で不動乃至空平等の五地を説明する際に、次第と不次第、次第と円という両様の観点から聖・梵両行を解説する。つまり、『大般涅槃経疏』で展開される聖行と梵行の説明は、『涅槃経』の経文に沿ってなされるのであり、経文自体が次第と不次第（円）に割り当てられる構造になっている。例を挙げれば、次の聖行品の経文は灌頂によって円の定聖行に相当するとされる。

迦葉菩薩白レ仏言、世尊、菩薩未レ得レ住二不動地一。浄持レ戒時頗有二因縁一得レ破レ戒、不。

善男子、菩薩未レ得レ住二不動地一、有二因縁一故可レ得レ破レ戒。

迦葉言、唯、然世尊、何者是耶。

仏告二迦葉一、若有二菩薩一知下以二破戒因縁一則能令四人受三持愛三楽大乗経典二、又、能令中其読二誦通三利書四写経巻一広為レ他説不上退二転於阿耨多羅三藐三菩提一、為レ如レ是故、故得レ破レ戒。菩薩爾時応レ作二是念一。我寧一劫若減一劫堕二阿鼻地獄一受二此罪報一、要令二是人不レ退二転於阿耨多羅三藐三菩提一。迦葉、以二是因縁一菩薩摩訶薩得レ毀二浄戒一。[38]

ここでは、迦葉菩薩と釈迦仏の間で、浄戒を持つ菩薩が因縁によって毀戒をするかどうかという問答がなされている。答文では、人をして大乗経典を受持し経巻を読誦・通利・書写し、不退転ならしめる為ならば、阿鼻地獄に堕ちようとも菩薩は破戒する、ということが説かれている。これは、護持正法思想であり、扶律談常経に位置づけられる『涅槃経』の標準的な考え方である。[39]ここで問題となることは、この問答が説かれる経文上の位置であろう。『涅槃経』の中、同問答は定聖行が説かれた後にある。定聖行が説かれた後にも拘わらず問答の内容が持戒に関連するものになっていることは、問題点として他師によって指摘される。この経文に対する『大般涅槃経疏』巻一四の註釈を挙げる。

迦葉白仏下、第二明二円定行一。

他云、是料二簡破戒一。応レ在二戒行後一。而在レ此説者、解為レ三。

一云、出経者、誤。

二云、欲下会二両地一令上無二異体一。前名二不動一、此云二堪忍一。只、是一地。

三云、直爾持レ戒、未レ能レ見レ機、不レ得レ行レ殺。[40]定能見レ機、可レ為二毀戒事一。

此義不レ然。此中正是、明二円定意一。

問。此文云二未入不動地時得破戒不一。云何乃言二是円定一耶。

答。若非二円戒一何得二即レ毀而持一。既持・毀自在、例レ定亦然。即レ散而静。不下起二円定一而行中於殺上。仍是円定。戒既可レ解、即レ戒而定、不二復煩一レ文。是故、指レ此名二円定行一。
問。前明二円戒一竟、乃明二戒果一。今明二定果一竟、方明二円定一、何也。
答。前後不定、弥顕二円定一。[41]

灌頂は、戒聖行の説示の後に在るべき筈の破戒に関する経文が、定聖行の教説の後に説かれることに対する三人[42]の他師の見解を並べている。そして、それらの義は然らずとし、同経文で円定の意が明かされる旨を二つの問答によって説いている。

第一問答では、護持正法の教説を「持・毀自在」の語で示し、そこに円戒の要素を見出している。円戒に例して円定を論じ、これは散に即して静なる状態であると説明している。また、「円定を起ちて殺を行ずるにあらず。[43]」という説示は、その後の戒・定相即の理論を示唆していると考えられる。つまり、円定は散に即して定であり、かつ、戒とも相即する。菩薩が正法を護持する為に破戒（殺）をすると雖も、それは円戒と相即する円定より起たずに行じられることである、ということであろう。ともかくここでは、円戒を前提として戒に即す定なる立場を以って円定行が定義されている。

第二問答での灌頂の意見は興味深い。すなわち、戒聖行の経文では円戒が明かされた後に戒果が明かされる。[44]一方、定聖行が説かれる経文では定果が明かされてから円定が明かされる。[45]灌頂は、こういった経の説示の前後不定なる性質こそ弥々円定の顕現としているのである。

以上のことは、灌頂が『涅槃経』の経文から円（不次第）の立場にある定聖行を抽出した一例に過ぎないが、彼はこのように聖行・梵行から次第・不次第の両面を見出し、両観点から聖・梵両行の結果としての五地を論ずる。

その上で証道同処の理論を使い、次第・不次第両観点を統合するのであり、ここに灌頂独自の五地に対する理解を見出すことができると考える。[46]『大般涅槃経疏』巻一四には次の論説が見られる。

次従二菩薩修治[47]一下、第二双明二戒果一。若論二報因一応下招二報果一近感中人・天勝報上。若論三習因招二於習果一遠感二常住法身一。今、不近不遠。以二不動地一為レ果者、旧有二三釈一。一云、十地中第八、是不動地。二云、初地真解成就名二不動地一。三云、約四地経[48]明三尸羅配二一地一、此言二不動者即是二地一。

今明不レ爾。前、双明二次第・不次第行一如二上分別一。今、合論二其果一必取二証道一。証道同処。言二同処一者、即是初地。

若単就二次第三学一明レ果、則入理名レ住。住即不動、十住是戒果。住生二功徳一名為レ行。行以二自在一為レ義。十行是定果。地能生載。無所畏地即是慧果。此次第意。

若就レ円明二戒果一者、初住是也。文意不レ単宜須二合弁一。正是初地証道処同、以明二戒果一於レ双義便。至二解釈中一其義自顕[49]。

これは、戒聖行の果である不動地について論ずる記述である。ここでは、不動地の具体的な位置に対する旧説の見解として、三釈が挙げられている。灌頂の説としては証道同処が提示され、次第・不次第両者を統括した立場から不動地が初地とされている。つまり、単に次第三学に就けば、十住が戒果、十行が定果、無所畏地が慧果となる。[50]そして、円（不次第）の観点から戒果を明かせば不動地は初住を示す。灌頂が『涅槃経』の文から次第・不次第両様の意を見出し、それらを合弁して証道処同（証道同処）の立場を新たに設け、不動地は初地に相当すると述べていることが分かる。合弁する点は、智顗の基本説からの進展と言えよう。

証道同処の義は『大般涅槃経疏』巻一四にある定聖行の果の解釈にも用いられている。

従二菩薩爾時一[51]去、是第二明二定果一。此中明二倶解脱人所一レ修。定・慧双修故、言下作二是観一已得中四念処上。念処、能断レ結入レ位。位即堪忍地。文有レ標有レ釈。旧云、第五地禅波羅蜜備是堪忍地。今明不レ爾。若各就二別・円一別論、定果已如二前釈一。若円・別合論、還是初地。[52]

ここでは堪忍地を第五地とする旧説が挙げられ、その後で別論・合論という語によって堪忍地の位置づけがなされている。すなわち、別（次第）・円（不次第）を別論すれば前釈のように定果は十行となる。合論すれば堪忍地は初地に相当する。合論は合弁と同じ意味であり、証道同処と同様の概念と言えよう。

慧聖行によって住することができる無畏地に対する『大般涅槃経疏』巻一六の註釈は次の通りである。

善男子是菩薩下、[53]二明二慧行果一文為レ五。一、倡二地名一。二、釈二地義一。三、明二地体一。四、明二地用一。五、結二下地一況二上地一。……善男子若有菩薩、[54]是第二釈二地義一。此文与二十地経一合。彼解三初地離二五怖畏一。今文亦然。在二名小異一意義則同。不畏貪恚下、無二不活畏一無二死畏一。不畏悪道下、無二悪道畏一。悪有二種下、無二悪名畏一。亦復不畏沙門下、無二大衆威徳畏一無二死畏一即常。無二不活・悪道畏一即楽。無二悪名畏一即浄。無二大衆畏一即我。具二四徳一無二五怖一。是故此地名二無畏地一。[55]

灌頂は『十住経』巻一・初歓喜地の説に基づき、菩薩が五怖畏を離れる無畏地を初歓喜地と等しい位地と規定している。この説は既に見た法瑤や、智顗（註（15）を参照）の説と同じである。

次に、梵行の果（極愛一子地・空平等地）に対する灌頂の釈が見られる『大般涅槃経疏』巻一七の記述を挙げる。

起巻、是第二明二四心果一又為レ二。

初明二三心極愛地果一。次明二捨心空平等地果一。旧二解。一云、三心未レ成但、共一果。一心已成独得二一果一。二云、三心同是有行故共一果。一心空行独得二一果一。義皆不レ然。三心未レ成、何以得レ果。又、四心同縁二衆生一同縁二於法一同是有行。同縁二無縁一同是無行。有・無既同、三・一応レ等。今亦、一往別・円両判。別者、即レ理而事。慈・悲・喜三与レ愛相扶故制二一果一。捨心扶レ空故独一果。若円判者、[56]上明下一慈即悲・喜・捨、円慈即遍二一切諸法一無中法不上収。果豈、隔別。特是文略。亦、是互現云云。

一子地文為レ二。初、明二地果一。後、論義。初、先倡二章門一。次、解釈。初文、旧云、是性地。二云、八地已上。三云、是初地。今明不レ然。先明二聖行一即是自行已云二初地一。此明二梵行一即是化他。先之自行已入二初地一。化他何容二但、是性地一。何容三超至二八地已上一。斯皆、若過若不レ及。正是初地証二化他果一。……。

第二明二捨心果一。……旧有二二解一。一云、七地。引四経云三七地能入二寂滅一。二云、八地。空・有並観故是平等。今云、初地与二一子地一理同能異。故立二別名一。何得二浅・深一。例下聖行中戒・定之果同在中初地上。[57]

右の引用は凡そ三つの内容に大別できる。

一つ目は、慈・悲・喜の三心果と捨心果の同・不同及び、夫々の無量心が縁ずる対象の同・不同である。灌頂はこの問題に対する二つの旧解を挙げた後、自らの見解として別・円両判を用いている。

第二の内容は、極愛一子地の位置である。ここでも旧解が挙げられている。その後で、先の聖行が自行であり初地に入っていることに対し、梵行では化他の果を初地で証すると述べている。要するに、灌頂は極愛一子地を初地とする。

第三は、捨心の果である空平等地についてである。旧解が挙げられた後で、空平等地は極愛一子地や戒聖行・定聖行の果と同様、初地であることが説かれている。ここで注目すべきは、灌頂が戒・定両聖行の果が初地であることに倣って、捨心果、即ち空平等地を初地と見ていることであろう。灌頂は聖行の説明に用いた次第（別）・不次第（円）の両観点を統合した、所謂、証道同処の概念を梵行の証地理解にも適用し、五地を具に初地と看做しているのである。こういった灌頂の視点から、不動地等の『涅槃経』の五地を初地の異名と呼べよう。

六　住すると証するについて

南本『涅槃経』巻一一・聖行品に、「得レ住二於初不動地一。[58]」等とあるように、同経では聖行・梵行を修行することによって不動地等の五地に住することが説かれている。

しかし、涅槃宗の学匠は共通して『涅槃経』の三地乃至五地を十地中に見出す。法瑤・僧宗・宝亮は三地乃至五地を果地と見た。故に、法瑤が「得二上戒・定・慧行一則入二此初住地一也。……前不動地、是入二初地之始一也。[59]」と、聖行の結果を論ずる上で初地に入ると述べた場合、この「入」は「証」と同じ意味で理解してもよい[60]。また、僧宗が、聖行によって到ることができる階位を指して、「戒果……定果……慧果[61]」と述べていることや、宝亮が此等の階位を「結果[62]」と呼んでいることにも問題はない。

一方、智顗は別教に約して『涅槃経』の五地の内、第一不動地、第二堪忍地を地前（十信位）に見出した。大本『四教義』巻九には、「菩薩住二不動地中一、不動・不退・不堕・不散。[63]」とか、「得レ住二於堪忍之地一。[64]」とあり、ここでは別教の地前では不動地・堪忍地に住すると説かれている。

このような別教の見方と、『法華玄義』巻四上の「経顕二別義一従二地前一各入レ証。[65]」という記述を如何様に理解すべきかが問題になる。つまり、基本的に、次第義に則れば地前で証することはない。一方、不次第義に準ずれば六即説の如く、地前にも地上にも証を認め得る。故に、右の『法華玄義』の文は地前の証を認めるものであり、不次第義に傾倒すると言える。

そこで確認しておくべきは、「住」と「証」にどのような概念的相違があるのか、ということであろう。例えば、『法華論』巻下で分別功徳品を釈す箇所には、「八生乃至一生得阿耨多羅三藐三菩提者[66]、謂、証二初地菩提法一故。八生・一生者、謂、諸凡夫決定能証二初地一故。[67]」とある。この場合の「証」は証入の意味であり、菩提法を悟ることである。一方、六十『華厳』巻二三・十地品には、「菩薩住二初地一、善知二諸地行一而無レ有二障礙一、能至二於仏地一。住二是初地中一、多作二閻浮王一、善知二於諸法一、常行二慈悲心一。[68]」とあり、この場合の「住」には必ずしも菩提を悟るという意味はなく、留まるという意味合いが強いであろう。

以上の如く、住すると証するは異なる概念を指すのであり、「地前の階位に住する」・「地前の階位を証する」と言った場合、それらの説示の間には誤差が生ずるであろう。特に、『法華玄義』のように経典の文字を変換して、「住」を「証」とした場合、そこには思想的な作意が予想できよう。このような思想的作意の根底には、前節で論じたような証道同処の思考（不次第義）があると考える。次節で見る『法華玄義』では『涅槃経』の五行説を論ずる際に、不次第義が全面に打ち出されているのであり、その要因は『法華玄義』の記者灌頂の思想に求めることができると思う。

七　『法華玄義』における五証地と円五行

『大般涅槃経疏』で灌頂が用いる証道同処の発想は不次第の考え方に立脚しているのであり、円教的な思考を強調しようとするものと言える。証道同処の概念を智顗の基本説と比較すると、その円教的な性格は顕著である。この点からすれば、証道同処の考えは智顗が示した円教如来行の立場に近い。しかし、次に挙げる『法華玄義』巻四上では証道同処の概念が、次第五行の説示に混入されているように看取できる。またそこでは、『涅槃経』と智顗説では五地に住すると表現されていた概念が、五地を証するという見方に変換されているのである。このような経典解釈の変容は、証道同処説に傾倒する思想が基礎になっていると考える。

……次第五行竟。

問。聖行証二三地一。梵行証二両地一。天行・病行・嬰児行何不レ証レ地。

答。聖・梵両行名二修因一故論二証地一。天行正是所レ証、病・児両行従レ果起レ応故不レ論レ証耳。

又有レ義。経顕二別義一従二地前一各入レ証。経顕二円義一登地同一証。又、地前非レ不レ修レ円。登地非レ無レ有レ別。互顕、令レ易レ解故。不レ煩レ文。

地前別者、戒行従レ浅至レ深証二不動地一。定行従レ浅至レ深証二堪忍地一。慧行従レ浅至レ深証二無畏地一。

地上去並同者、豈有二三地条然永別一。秖、登地時不レ為二二辺所一レ動名二不動地一。上持二仏法一下荷二衆生一名二堪忍地一。於二生死・涅槃一倶得二自在一名二無畏地一。無畏地従二我徳一立レ名、堪忍地従二楽徳一立レ名、不動地従二常徳一立レ名。浄徳通二三処一、登地之日四徳倶成則無二増減一。蓋、化道宜レ然。例如二朝三暮四之意一耳。

従二登地一去地地有二自行一地地有二自証一。自行秖、是修二天行一。自証秖、是証二天行一。故不三別説二天行証一也。若地前化他名二梵行一。慈・悲・喜是化他之事行。一子地是其証。捨心是化他之理行。空平等是其証。此二地亦不二条然一。登地慈悲故言二一子一。慈悲与レ体同故言二空平等一耳。地地有レ悲同レ悪名二病行一、地地有レ慈同レ善名二嬰児行一。

証道是同故不二別説一。仏地功徳仰信而已。豈可二闇心定分別一耶。略答如レ此云云。[69]

これは五行に約して行妙を明かす中、次第五行が説かれた後に見られる問答である。本稿冒頭での引用と一部重複するが、ここでは「又有義」以降の記載に注目する。該当記述では、聖・梵両行には証地が説かれる一方、天・

病・嬰児の三行では何故地を証さないのか、という問に対する返答がなされている。そこでは、『涅槃経』の五行説には別・円両義が顕れていることが述べられている。別義に約せば、修行者である菩薩は地前に各々、浅より深に至って不動地・堪忍地・無畏地を証し、円義の立場から見ると菩薩は登地の瞬間に同一の境地に証入するという。円義の立場は、「登地同一証」という言葉で象徴されている。また、地前の円と、地上の別が互いに顕れていることが主張されている。このような主張は、基本説が採る別教分際の五行と円教分際の如来行を弁別する立場とは軌を異にし、別・円両者の立場を混同する思考の顕れと捉えられよう。

引用文の中盤では、登地した時、二辺の為に動ぜられなくなることを不動地とし、上に仏法を持ち下に衆生を荷うことを堪忍地と名付け、生死・涅槃に自在を得ることを無畏地と呼び、この三地がどうして永別するであろうか、ということが説かれている。そして、これらがそれぞれ常徳・楽徳・我徳より名を立て、浄徳は三地に共通していると記されている。不動等の三地に関する略説と、それらを四徳に結び付ける説は大本『四教義』には見られない。

引用の後半には次のようなことが説かれている。すなわち、登地後にも菩薩は自行し、自証する。これらの行や証の対象そのものが天行であるので、別して天行所証の対象は説かれない。そして、梵行も地前に菩薩が修する化他の事・理行であり、地前では一子地と空平等地を証し、いずれ一子地・空平等地に登る。登地後に悲を以って悪に同ずることを病行、慈を以って善に同ずることを嬰児行と名付ける。ここに、智顗の『維摩経』註釈書類で具体的に扱われない一子地・空平等地の話が出てくる点は、該当箇所への灌頂の関与を臭わせていると言えよう(70)。また、「証道是同」という言葉は『大般涅槃経疏』の「証道同処」と通ずるであろう。

以上の『法華玄義』の記述では、別教の次第五行よりも、むしろ円教的な五行の考え方が際立っていると言える。また、不動地乃至空平等地の五地を同一に初地と看做す観点から、五地が「証地」と呼ばれているのであろう。

大本『四教義』の基本説や、『大般涅槃経疏』巻一四の十住を戒果、十行を定果、無所畏地を慧果に配する次第意の五行説と、『法華玄義』における円教的な登地同一証の側面が強調される五行説は不整合である。[71]

この問題について、日本の証真（一一三一頃〜一二二〇頃）は『法華玄義私記』巻四本で次のようなことを述べている。

問。依二涅槃疏一、戒・定両行果在二地前一。唯、慧聖行果在二地上一。故、彼疏云、十住是戒果、十行是定果、十地是慧果已上。云何疏相違。

答。今文亦云、経顕二別義一従二地前一各入証。経顕二円義一登地以同一証云云。別教次第故地前漸証五地格別。実証在レ地。大経疏七云[72]、十住是戒果乃至地是慧果、此次第意。若就レ円明二戒果一者、初住是也。文意不三単宜二須合弁一。正是初地証道同処以明二戒果一於レ双義便云云[73]。

『大般涅槃経疏』には戒聖行の果を十住に当て嵌め乃至慧聖行の果を初地とする説があり、これは『法華玄義』の登地同一証説と矛盾する、ということが論点となる。証真は、『法華玄義』が『涅槃経』の経文から別義と円義を見出すことを利用して、地前漸証・実証在地と述べ、地前・地上のどちらにも入証を認める立場を採っている。前者は次第意（別義）、後者は不次第義（円義）に当たる。そして、証真は両者の文意を単に合弁するのではなく、初地証道同処という概念を以って聖行の果を論ずることによって別・円両義の会釈が可能になると解説している。[74]なお、『法華玄義私記』の当該箇所には、証真による極愛一子地と空平等地に対する解説は見当たらない。

ともあれ、以上のように、『法華玄義』では『涅槃経』の文に別・円二義があるとし、それらを登地同一証（証道是同）という立場から併合し、聖・梵二行の五証地を同一に初地とする思想が議論の根底に据えられている。このような思想は、『大般涅槃経疏』の証道同処の考えと共通するであろう。つまり、智顗の段階では別教行位のみに適用されていた『涅槃経』の五行説から、灌頂が円教的な側面を引き出し、強めようとしたことが推測できる。

ここでは詳しく論じないが、『法華玄義』巻四下[75]では、『維摩経』註釈書類では説かれない円教の立場の五行（円五行）が『法華経』を経証として説かれ、それを「如来行」と呼ぶことも確認できる。こういった『法華玄義』における五行の扱いは、別教分際としての五行を説く大本『四教義』の基本説とはその性質を大きく異にする。

八　結　語

智顗以前に『涅槃経』を研究した諸学匠が、五地の位置を不共十地の範疇で解決しようとしたことに対し、智顗が聖行を地前・初地に当て嵌めて別教行位を論じたことは、五行説の飛躍的な展開と言える。また、智顗は如来行を以って円教の住前及び初住を論じたのであり、如来行と次第五行を区別して把握していた。

一方、灌頂は『大般涅槃経疏』で、次第五行を円教的な証道同処の立場から解釈し、五行を如来行と同一の行と見たと考えられる。もしそうであれば、『法華玄義』巻四下に見られる、「五行在㆓一心中㆒。具足無㆑欠名㆓如来行㆒。」[76]という記載や「円五行」[77]という語は、灌頂の思考によるものと見ることが可能になろう。

また、『涅槃経』において「住㆓於初不動地㆒。」等と説かれる教説を、不動地を証するという意で取ることは、灌頂が標榜した証道同処・登地同一証の思想にその根源を有すると考える。

註

（1）大正三三・七二四頁下。

（2）『維摩経』註釈書類から、智顗の晩年の思想を見出すことができることについては、佐藤哲英『天台大師の研究』（百華苑、一九六一）第四篇「経疏類の研究」第二章「維摩経疏」、大久保良峻『台密教学の研究』（法藏館、二〇〇四）第四章「『維摩経文疏』の教学―仏についての理解を中心に―」参照。

（3）南本『涅槃経』巻一一・聖行品（大正一二・六七三頁中）。

（4）『大般涅槃経疏』巻一四（大正三八・一二三頁中）。

（5）なお、ここでは『法華玄義』を、定説になりつつある通り（前掲『天台大師の研究』第三篇「天台三大部の研究」第二章「法華玄義」参照）、智顗没後、五九七年～六〇二年の間に、灌頂の手によって完成せられた現行修治本として扱う。現行『法華玄義』の成立は、『大般涅槃経疏』脱稿の約十五年前である。『大般涅槃経疏』の成立に関しては、註（37）参照。

（6）大正三三・七二四頁下。

（7）同右。

（8）南本『涅槃経』巻一一・聖行品（大正一二・六七五頁上）。

（9）大正三七・四七七頁下。

（10）大正一二・六九四頁下。

（11）梵行品の冒頭（大正一二・六九三頁中）には梵行の内容として、知法・知義・知時・知足・自知・知衆・知尊卑の七善法も挙げられている。但し、本論で扱う二地（極愛一子地・空平等地）の因である梵行は四無量心をその内容とする。

（12）大正三三・八一一頁下。

（13）涅槃宗という名称については、布施浩岳『涅槃宗の研究』前篇（国書刊行会、一九七三）総論二「涅槃宗の名称」を参照。以下、布施氏の研究に基づいて、本論で触れる涅槃宗の諸学匠について簡単に述べておく。小山寺法瑤（四〇〇～四七五頃）は、東阿（山東省）の慧静（三七五～四四〇頃）に師事した。慧静の学系は詳らかではないが、扱った文献が羅什（三四四～四一三）のものであることが指摘されている（前掲後篇一六頁）。僧宗（四三八〜四九六）の系統は、羅什―僧導―曇済（四一一〜四七五）―僧宗である。宝亮（四四四〜五〇九）は、涅槃宗大成者に位置づけられる人物であり、僧宗と同様、曇済門下と見られている（前掲後篇二一五頁）。弟子には光宅寺法雲（四六七〜五二九）がいる。

(14)　大正三七・四九二頁中下。

(15)　南本『涅槃経』巻一三・聖行品（大正一二・六九〇頁上中）には、「善男子、若有二菩薩一得レ住二如レ是無所畏地一、則不三復畏二貪・恚・愚癡、生・老・病・死一。亦、復不レ畏二悪道地獄・畜生・餓鬼一。善男子、悪有二二種一。一者、阿修羅。二者、人中。人中有二三種悪一。一者、一闡提。二者、誹二謗方等経典一。三者、犯二四重禁一。善男子、住二是地中一諸菩薩等、終不レ畏レ堕二如レ是悪中一。亦、復不レ畏二沙門・婆羅門・外道・邪見天魔波旬一。」という経文がある。因みに、『涅槃経』での無所畏地の説明には五怖畏の名称は採用されていない。このことに関連して、智顗は大本『四教義』巻一〇（大正四六・七五五頁下）で、「大涅槃経云、菩薩聖行満即是住二於無所畏地一、即是初地。初地菩薩離二五怖畏一。無二死畏一無二不活畏一無二悪道畏一無二悪名畏一無二大衆威徳畏一。涅槃経雖レ不レ作二此名一義推孱同。」と述べている。初地に離五怖畏することは、『十住経』巻一・初歓喜地（大正一〇・五〇〇頁下）の、「是菩薩摩訶薩、得二歓喜地一所有諸怖畏即皆、遠離。所謂、不活畏・悪名畏・死畏・堕悪道畏・大衆威徳畏。離二如レ是等一切諸畏一。」という経文が根拠となる。『華厳経』における該当箇所は、六十『華厳』巻二三・十地品（大正九・五四五頁上）。

(16)　大正三七・四九二頁下。

(17)　大正三七・四九八頁上。

(18)　大正三七・四七八頁下。

(19)　大正三七・四九二頁下。

(20)　大正三七・四九五頁中。

(21)　大正三七・四九九頁中下。

(22)　大正一二・六七三頁中。

(23)　六十『華厳』巻八・梵行品（大正九・四四九頁下）。

(24) 南本『涅槃経』巻三四・迦葉菩薩品（大正一二・八三八頁上）。

(25) 大正四六・七六〇頁上～七六三頁中。

(26) 大正四六・七五三頁上。

(27) 大正四六・七五三頁下。

(28) 智顗は『涅槃経』の「住」という言葉を「入」という語に置き換えている。「入」には「証」と同様に「真理を悟る」という意味もある。例えば、浄影寺慧遠（五二三～五九二）の『大乗義章』巻一（大正四四・四八一頁下）には、「証会、名レ之為レ入。」とある。しかし、大本『四教義』の該当箇所は、本論でも述べるように、地前因位である十信位の文脈なので、この「入」における「証」の意味は弱いと考える。

(29) 大正一二・六七五頁上。

(30) 大本『四教義』巻四（大正四六・七三四頁中～七三七頁下）を指す。該当箇所では、三蔵教声聞乗の別相四念処位を明かしている。そこでは、性・共・縁の三念処について、『雑阿毘曇心論』巻五（大正二八・九〇八頁中～九〇九頁中）や、『大智度論』巻一九（大正二五・二〇〇頁下～二〇一頁上）等の説を以って詳説されている。

(31) 大正四六・七五三頁上。

(32) 大正四六・七五二頁下。

(33) 『仁王般若経』巻上・菩薩教化品（大正八・八二七頁中）。

(34) 南本『涅槃経』巻一三・聖行品（大正一二・六九〇頁上）。

(35) 大正四六・七五四頁中～七五六頁上。

(36) 大正三八・五三八頁下～五三九頁中。

(37) 越尾圓僴「章安尊者小伝」（『比叡山専修院研究会学報』四、一九三二）、佐々木章格「灌頂伝についての一考察」（『印度学仏教学研究』二五–一、一九七六）、清田寂天「章安灌頂研究序説」（『天台学論集』一、一九八四）参照。

(38) 大正一二・六七六頁上。

(39) 望月良晃『大般涅槃経の研究—教団史的考察—』（春秋社、一九八八）参照。

(40) 大正蔵三八所収本と本純分会『涅槃経会疏』巻一一（続蔵一-五七・三七丁右上）には「殺」と表記されている。一方、道暹撰『涅槃経疏私記』巻五（続蔵一-五八・八三丁右上）では、「後」になっている。ここでは、「殺」と表記した。横超氏は「殺」の字を採っている（『国訳一切経』経疏部一三・一五二頁）。

(41) 大正三八・一二四頁上中。

(42) 道暹撰『涅槃経疏私記』巻五（続蔵一-五八・八三丁右上）には、「出経者誤者、他云、此文応レ在二戒聖行文一」とだけあり、「他」に関する具体的な説明はない。

(43) 「不起円定而行於殺」の読みに関して、本論では横超氏に従った（『国訳一切経』経疏部一三・一五二頁）。一方、『涅槃経会疏』巻一一（続蔵一-五七・三七丁右上）では、「不レ起二円定一而行二於殺一」と、返り点が附されている。本論では該当箇所に続く「仍ち是れ円定なり。」という記述との文脈的整合性を考慮に入れて、横超読みを採った。続蔵本の読みであると「殺」という破戒行為が稍強調される感が拭えないであろう。但し、両者の意味には大きな違いはないと思う。

(44) 南本『涅槃経』巻一一・聖行品（大正一二・六七四頁上）では次第戒として、四禁・僧残・偸蘭遮罪・捨堕・波夜提・突吉羅戒が説かれる。その後（大正一二・六七四頁上～六七五頁上）、これらの次第諸戒を「微小諸戒律」と呼び、灌頂によって「円戒」に位置づけられる五支諸戒と護他戒が説かれ、最後に戒果である初不動地が明かされる。以上の教説に対する註釈は、『大般涅槃経疏』巻一四（大正三八・一二二頁下～一二三頁上）を参照。また、五支諸戒・護他戒に関しては別の機会に検討する。

(45) 本文に引用した、灌頂によって円定が説かれると看做される南本『涅槃経』巻一一・聖行品の該当箇所の前には、定聖行を修した菩薩が「堪忍地中」（大正一二・六七六頁上）に住することが説かれている。

(46) 証道同処の発想は、別教の初地と円教の初住を同等と見る、いわゆる証道同円説を根底に据えている。これは天台教学の根幹的な説であり、灌頂独自の発想ではない。同説は例えば、『維摩経文疏』巻一六（続蔵一-二八・七八丁左上）に、「若別教菩薩、得二初地無生一、入二受記位一、此同二円教初住一。」と見られる。また、後代には『止観輔行伝弘決』巻八之三（大正四六・四〇一頁下）に、「仏界亦可レ指二別初地一。以二別初地証道同レ円。」と記され、『法華玄義釈籤』巻一四（大正三三・九一五頁中）に、「以二別証道同一円教一故。」と説かれている。
(47) 南本『涅槃経』聖行品（大正一二・六七五頁上）。
(48) 鳩摩羅什訳『十住経』離垢地第二（大正一〇・五〇五頁下）。該当箇所では、第二離垢地の功徳として浄修持戒が説かれている。
(49) 大正三八・一二三頁上中。
(50) この次第意は智顗の基本説に近いが、智顗の説では戒・定両聖行は十信位に配当されていた。
(51) 南本『涅槃経』聖行品（大正一二・六七六頁上）。
(52) 大正三八・一二四頁上。
(53) 南本『涅槃経』聖行品（大正一二・六九〇頁上）。
(54) 同右。
(55) 大正三八・一三四頁下。
(56) 南本『涅槃経』巻一四・梵行品（大正一二・六九七頁上）の、「善男子、菩薩摩訶薩行二布施一時、於二諸衆生一慈心平等、猶如二子想一。又行レ施時、於二諸衆生一起二悲愍心一。譬如三父母瞻二視病子一。行施之時、其心歓喜。猶如三父母見二子病愈一。既施之後、其心放捨。」という経文を指すと考えられる。この経文に対して、『大般涅槃経疏』巻一七（大正三八・一三九頁下）には、「復次善男子下、第四、一心即四。顕二円慈相一。明レ行レ施時、具有二四等一。施時生レ慈及以起レ悲、施時心喜、施已是捨。」とある。
(57) 大正三八・一四〇頁下～一四一頁下。
(58) 大正一二・六七五頁上。
(59) 『集解』巻三四（大正三七・四九二頁中）。
(60) 「証」と「入」の意味の同異については、註（28）参照。
(61) 『集解』巻三四（大正三七・四九二頁下）。
(62) 大正三七・四七八頁下。

(63) 大正四六・七五三頁下。

(64) 大正四六・七五四頁上。

(65) 大正三三・七二四頁下。

(66) 『法華経』分別功徳品（大正九・四四頁上）。

(67) 大正二六・九頁下〜一〇頁上。

(68) 大正九・五四八頁中。

(69) 大正三三・七二四頁下〜七二五頁上。

(70) しかし、『維摩経』註釈書類が智顗教学の最終到達点とは限らないので、その点は注意すべきである。

(71) 因みに、『法華玄義』巻四下の位妙段大樹位（別教位）が説かれる所（大正三三・七三二頁中）には、「三、約二涅槃一明二聖行一合レ位者、初戒聖行・定聖行、即是十信位也。生滅・無生滅四真諦慧聖行、即是十住位。無量四聖諦慧、即是十行位。修二一実諦無作四聖諦一、即是十廻向位。次、若発レ真見二一実諦一、証二無作四聖諦一、即是聖行満住二無畏地一。」とあり、これは基本説と大同小異の説示であろう。但し、智顗の基本説では生滅四諦慧聖行は十信位に配当されていたが、ここでは十住位に置かれている。

(72) 大正蔵所収の『大般涅槃経疏』では、該当箇所は巻一四（大正三八・一二三頁中）にある。証真は異本を用いたのであろう。現行本は三十一巻本であるが、『伝教大師将来台州録』（大正五五・一〇五六頁中）には、「大般涅槃経疏一十五巻章安和尚撰四百八十三紙……大般涅槃経疏一十五巻荊溪和尚再治五百八十九紙」と記載されている。『法華玄義私記』巻三本（仏全二一・九七頁上下）には『大般涅槃経疏』の異本を引用して、「又、疏結云、……。未治疏云、……其再治疏多有二筆誤一。」等と書かれていることから、証真は最澄将来の十五巻未治疏と十五巻再治疏を参照していたと考えられる。

(73) 仏全二一・一五〇頁上。

(74) この点について、日蓮宗の日遠（一五七二〜一六四二）撰『玄義聞書抄』巻四（立正大学古書資料館蔵本、以下、立正本・四二丁右）には、「従地前各入証者、真記以レ之為下今文証地、安二地前一之証上。恐不レ可レ然。既云二従地前各入証一。是聖・梵両行、等各従二地前一来至二初地一入証故也。若如二彼義一、則応レ云下於二地前一各入証上也。況、縦如二涅

槃疏一。但、聖行中戒・定在二地前一、恵（ママ）行及梵行在二登地一入証。豈、従レ二而余三入証同安二地前一耶。况於下上結二証地一中上、終無二此義一。若至レ今別釈二其義一分明応二分別一矣思之。」と記されている。日遠は証真が地前での入証を認めている点を批判的に見ているのであり、日遠自身は地上での入証のみを認める立場にあるであろう。次に見る本純（一七〇二～一七六九）撰『法華玄義釈籤籤録』巻四上（身延山図書館蔵書・三五丁左）では証真説と日遠説の同異が指摘されている。すなわち、該当箇所には、「雖復立名（『法華玄義釈籤』巻九、大正三三・八八二頁上）。私記云、別教次第故地前漸証五地各別。実証在レ地故在二初地一。旧説（『玄義聞書抄』巻四、立正本・四二丁右左）云、文意云、地前戒・定二行雖下倶於二初地一立中証名上、而既為二地前機一各別説レ之。故似二三地条然一。若準二証道一応下与二慧行証地無畏一合同結上之也。今謂、此与二宝地説一同・異可レ見。未レ詳二孰是一。」とある。本純による指摘を受けて、慧澄癡空（一七八〇～一八六二）は、『法華玄義釈籤講義』巻四（仏教大系『法華玄義』三・一七四頁）で、「雖復立名、私記、不レ了下行在二地前一同期中入地果証上、為二地前漸証一。随聞、不レ了レ従二地前所期一、直為二入地所証一、倶不レ得レ意。籤録、迷二二説是・非一、昧矣。」と述べている。証真による地前・地上の両方に入証を認める説と、随聞（日遠の『玄義聞書抄』を指すと考えられる）が示した地上のみでの入証を想定する説、両説共に意を得ず、本純はそれらの是非に迷っている、ということが癡空の言わんとする所であろう。因みに湛然は、『法華玄義釈籤』巻九（大正三三・八八一頁下～八八二頁上）に、「従浅至深、三地至レ果各得二其名一。是故聖行三地各証。当レ知、地前戒・定両行、雖二復立レ名、未レ若下初地与二無畏一同結上故、云二至深一。次、明二登地同レ円者、即是融二前地・前諸行一。」と記している。すなわち湛然は、初地初住証道同円の観点に立ち、地前での行は地上の証に融せられることを述べている。

(75) 大正三三・七二五頁上中下。
(76) 大正三三・七二五頁中。
(77) 大正三三・七二五頁上、七二六頁上等。

宋代における『大仏頂首楞厳経』の経文解釈
――特に同経の位置付けをめぐる天台教判論について――

久保田正宏

一　はじめに

周知のように、『大仏頂如来密因修証了義諸菩薩万行首楞厳経』（『大仏頂首楞厳経』）は、特に宋代以降の華厳・禅といった中国仏教の諸宗に広く用いられた経典である。但し、同経の成立については、これまでの先学の研究によって種々の問題が指摘されてきたのであり、同経が唐代中国で作られた偽経であることには、ほぼ疑いがない。(1)しかし、経典としての成立の問題はあるとしても、同経は中国仏教諸宗において非常に重んじられたのである。そうした状況は、概ね宋代の天台においても同様であった。

さて、『大仏頂首楞厳経釈題』という文献は、宋代天台山家派の学匠である北峰宗印（一一四八～一二一三）による講述を、後に山家派の我庵本無（一二八五～一三四二）が略録したものである。同書からは、『大仏頂首楞厳経』の位置付けをめぐる、当時の中国仏教の教判論を垣間見ることができる。(2)『大仏頂首楞厳経釈題』で宗印が伝えるところによれば、宋代天台山外派の孤山智円（九七六～一〇二二）、後山外派の浄覚仁岳（九九二～一〇六四）等は、

『大仏頂首楞厳経』を法華涅槃時に判属させ、純円、醍醐味の経典と位置付けたとされる。[3] 唯心論的立場を取った山外派諸師や仁岳は、同経の唯心論的な教説を重んじ、同経を法華涅槃時（醍醐味）に判属させたと考えられる。[4]

注目すべきは、山外派の実相論を批判する山家派の宗印も、智円等の教判論を肯定していることである。宗印は『大仏頂首楞厳経釈題』[5]において、智円、仁岳、華厳系（賢首系）と天台山外派との両系統に属する長水子璿（九六五～一〇三八）、そして、華厳系（賢首系）の真際崇節（生没年不詳）による諸々の教判論を挙げ列ね、「今詳二諸説一、雖二文義少殊一、而判教大途並是法華之後、涅槃之前。一乗円頓無二異論一也。倶為二正説一。」と述べている。宗印は、上記の諸師による『大仏頂首楞厳経』の法華涅槃時への判属説を全面的に肯定し、同経が『法華経』の後、『涅槃経』の前に説かれた一乗円頓の経典であると裁定しているのである。よって、先行研究では、当時の山家派において、上記のような山外派の教判論を容認する傾向があったことが示唆されるが、[6] 山家派内の教判論の実態は明瞭であるとは言い難い。

そこで本稿では、天台を中心とした宋代の諸師による『大仏頂首楞厳経』の経文解釈に着目したい。本稿で主として取り上げるのは、定性声聞等が一乗寂滅場地を得るという主旨の経文である。その経文は、同経巻四に確認できる。

爾時世尊告二富樓那及諸会中漏尽無学諸阿羅漢一。如来今日普為二此会一宣二勝義中真勝義性一。令下汝会中定性声聞、及諸一切未レ得二二空一迴二向上乗一阿羅漢等、皆獲中一乗寂滅場地、真阿練若正修行処上。汝今諦聴。当二為レ汝説一。富樓那等欽二仏法音一黙然承聴。[7]

傍線部に記されるように、『大仏頂首楞厳経』の会座の中の定性声聞等は皆、一乗寂滅場地を獲得できるとされる。後述するように、会座の聴衆が一乗を獲得するという主旨のこの経文は、『法華経』の声聞授記・二乗作仏に匹敵する教説として注目され、宋代天台諸師が『大仏頂首楞厳経』を法華涅槃時に判属させる代表的根拠となる。しかし、同経が法華涅槃時に属するとして、『法華経』と同時・同味の『大仏頂首楞厳経』の会座に、決定性の声聞が在って良いのか否かといった問題は残る。よって、天台の立場からは、経文の中の「定性声聞」に対する会釈が必要になる。[8] 何れにしても、この経文に対する山家派諸師の多様な解釈を確認すると、実は山家派諸師の多くが、教判の上で『大仏頂首楞厳経』の説時を『法華経』の後に位置付け、『大仏頂首楞厳経』を法華涅槃時（醍醐味）に判属させていたことが浮き彫りになるのである。

宋代天台山家派においては、同経の教判的位置付けをめぐって、法華涅槃時判属説と方等時（生酥味）判属説との二説が並存していたと考えられ、後者の方等時判属説については既に拙稿で少しく論じた。[9] 本稿では、前掲の同経巻四の「令下汝会中定性声聞、及諸一切未レ得二二空一迴二向上乗一阿羅漢等、皆獲中一乗寂滅場地、真阿練若正修行処上。」という経文の解釈に関わる北宋・南宋時代の諸文献の記述を確認し、主として、宋代天台山家派内の法華涅槃時判属説の詳細を明らかにしたい。なお、本稿で取り上げる諸師を中心に宋代天台の略系図を示せば、次のようになる。

〈宋代天台略系図〉

……清竦
├（山外派）志因―晤恩
│　├源清―智円
│　└洪敏―子璿（＝華厳系）
└（山家派）義寂―義通―知礼→〈山家派略系図〉へ続く

〈山家派略系図〉

知礼
- 仁岳（＝後山外派）
- 尚賢—継忠—処元—道淵—道琛—慧詢—善月
- 本如—有厳
- 梵臻—従諌—択卿—可観—宗印
  - 覚先—允沢—性澄—本無
  - 呉克己
  - 元粋
  - 思坦（懐坦）
  - 法照—思恭—普容

二　北宋時代の諸説

（一）子璿

子璿は、宋代の華厳系の学匠であるが、山外派の霊光洪敏（～九八四～一〇〇七～）にも天台の教法を学んでいた。よって、智円と同様に、慈光晤恩（九一二～九八六）の法孫に当たるとも言える。子璿集『首楞厳経義疏注経』巻一之一[10]では、『大仏頂首楞厳経』が一乗の所摂とされ、その分斉が頓・円教を兼ねる終教と定められる[11]。一方で

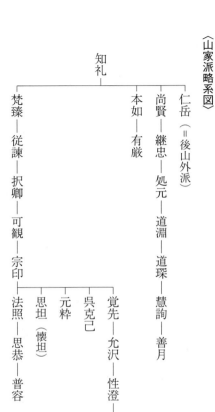

子璿は、同経巻四の「爾時世尊告二富樓那及諸会中漏尽無学諸阿羅漢一。如来今日普為二此会一宣二勝義中真勝義性一。」[12]という経文を『首楞厳経義疏注経』巻四之一において次のように註釈している。

如来常依二二諦説法一。謂、世俗諦・勝義諦。今所説者、異二乎常説一。謂、勝義勝義諦也。一真法界中道実相、無二法不レ収無二法不レ遍。上聖・下凡情与二非情一、皆成二仏道一。斯為二極唱最後垂範一也。[13]

子璿は、『大仏頂首楞厳経』の会座で「勝義中真勝義性」が説かれることに関連し、同経の説時について「斯為二極唱最後垂範一也」と述べている。子璿は、同経を釈迦一代の教化における最後の説法と位置付けるのである。そして、子璿集『首楞厳経義疏注経』巻四之一では、上記の経文に続く「令下汝会中定性声聞、及諸一切未レ得二二空一廻二向上乗一阿羅漢等、皆獲中一乗寂滅場地、真阿練若正修行処上。」[14]という経文を、次のように註釈する。

方便教説、定性二乗・無性闡提不レ得二成仏一。如二焦芽敗種等一。今此会通、咸帰二一乗一究竟涅槃。涅槃経云、我於二余経一説レ有二声聞不レ得二作仏一、非下於二此経一作中如レ是説上。涅槃仏性、即如来蔵。亦名二一乗一亦名二首楞厳一。二経同味不二亦宜一乎。斯則会二五性一融二三乗一、了義極談莫二斯為レ最。阿練若云レ無二諠雑一、首楞厳王即諸仏之大寂定。名下真無二喧《イ諠》雑一正修行処上也。[15]

子璿によれば、五性・三乗といった方便の教説においては、定性二乗や無性闡提が成仏することはあり得ないが、『大仏頂首楞厳経』の会座においては、こうした衆生が全て一乗に帰せられて成仏できるという。さらには、『涅槃経』で言われる仏性とは如来蔵であり、これを一乗とも首楞厳とも名付けることができるとし、同経と『大仏頂首楞厳経』とを同味の経典と断じるのである。

子璿は、『大仏頂首楞厳経』を釈迦一代における最後の垂範と定め、『涅槃経』と同味の経典と位置付けている。したがって、やはり子璿は天台教判において、『大仏頂首楞厳経』を法華涅槃時（醍醐味）に判属させているのであろう。このように、定性声聞等が一乗寂滅場地を獲得するという同経巻四の経文は、子璿の教判論において極めて重要な論拠なのである。

（二）首楞可度

首楞可度（生没年不詳）は、宋代の華厳系の学匠と考えられ、可度の著作には、一〇三七年の成立と推定される『楞厳経箋』がある。同書には、『大仏頂首楞厳経』を天台教判で考える上で重要な記述が確認できるのである。『楞厳経箋』巻七では、『大仏頂首楞厳経』巻四の「令㆘汝会中定性声聞、及諸一切未㆑得㆓二空㆒迴㆓向上乗㆒阿羅漢等、皆獲㆗一乗寂滅場地、真阿練若正修行処㆖。[16]」という経文が、次のように註釈されている。

> 箋云、定性声聞者、則法華会中迴㆓不定性者㆒。若是法華会上、舎利弗与㆓千二百比丘㆒皆当㆓授記㆒、迴㆓不定性㆒也。疏許㆔仏在世時化㆓定性声聞㆒。若是五性宗、不㆑許㆓定性成仏㆒。若定性成仏、則不㆑名㆓定性㆒。今則不㆑然。定性〔性〕若不㆓成仏㆒、法華経因㆑何云㆘更無㆓余乗㆒而得㆗滅度㆖。設諸教言㆑不㆓成仏㆒、但一期弾斥令㆓彼迴心免㆑成㆓沈滞㆒。若直言㆓凡夫倶成仏㆒、則凡夫妄将㆓有漏㆒欲㆑慕㆓帰真㆒。若直言㆓声聞成仏㆒、声聞之人沈㆑空者衆。所以褒揚不㆑定、呵□《斥カ》有㆑殊。今到㆓四十九年㆒方迴㆓定性㆒成仏。金口所説、凡情何疑。如㆓法華云㆒、余諸声聞衆、亦当㆑得㆑如㆑是。其不㆑在㆓此会㆒、汝当㆓為宣説㆒。[17]

右の記述では、『法華経』の会座における声聞授記との対比という形式で、『大仏頂首楞厳経』における定性声聞の成仏について解釈が施されている。可度によれば、同経の会座においては定性声聞を回して成仏せしめるが、『法華経』の会座における声聞授記とは、あくまでも舎利弗や千二百の比丘といった不定性を回して成仏せしめることであるという。そして、可度は、定性声聞の回心と成仏は、釈迦成道第四十九年の『大仏頂首楞厳経』の会座に至って初めてなされたと述べるのである。

このように、可度は、定性・不定性の回心と成仏という観点から、『大仏頂首楞厳経』が『法華経』よりも優れていると考えている可能性が高い。また、『大仏頂首楞厳経』の説時を釈迦成道第四十九年とする考えについては、宗印が『大仏頂首楞厳経釈題』で伝える智円の教説[18]と一致するのであり、当時において智円説が一定の支持を得ていた可能性も指摘できる。何れにしても可度は、『大仏頂首楞厳経』を天台五時判の法華涅槃時（醍醐味）に判属させていると考えられる。

なお、可度箋『楞厳経箋』巻一〇には、『大仏頂首楞厳経』巻五における持地菩薩の証経の場面についての註釈がある。同経同巻の「迴心今入二菩薩位中一、聞三諸如来宣二妙蓮華仏知見地一。[19]」という経文には、「箋云、法華云、爾時持地菩薩即従レ座起前白レ仏言、世尊、若有二衆生一聞二是観世音菩薩品一、当レ知、是人功徳不レ少。此則宣二妙蓮華一也。[20]」という註釈が付されている。すなわち、可度は、同経の持地菩薩の証経を、『法華経』観世音菩薩普門品の経文[21]と重ね合わせて解釈するのである。『楞厳経箋』にはこの他にも、『大仏頂首楞厳経』の経文を『法華経』の経文を用いて解釈する箇所が確認できる。[22]よって、こうした『楞厳経箋』の性格からも、可度が『大仏頂首楞厳経』を法華涅槃時に判属させていたことが窺えるのである。

（三）仁岳

『大仏頂首楞厳経』に関する仁岳の著作の中で現存するのは、一〇四五年に撰述された『楞厳経熏聞記』のみである。宗印が『大仏頂首楞厳経釈題』で伝えるには、仁岳は、『大仏頂首楞厳経』を純円の経典と看做し、断じて蔵・通・別の三教には該当しないことを強調したとされる。[23]但し、この仁岳説は、『楞厳経熏聞記』等の現存する仁岳の文献に確認することはできない。

同書巻二には、『大仏頂首楞厳経』巻四の「令下汝会中定性声聞、及諸一切未レ得二二空一迴二向上乗一阿羅漢等、皆獲中一乗寂滅場地、真阿練若正修行処上。」[24]という経文を註釈する部分がある。この中で、散逸文献である智円の『首楞厳経疏谷響鈔』の記述が「谷響云、五性者、三無・二有。祖二於弥勒一宗二於天親一、析二薪于玄奘一克二荷于慈恩一。立レ言垂レ範自為二極唱一。今準二此経一顕知二権説一。文鈔[25]」と伝えられている。

そして、仁岳述『楞厳経熏聞記』巻二には、『大仏頂首楞厳経』における定性声聞の回心・成仏について、次に示す二つの問答が記されている。

問。纂要云、法華与二勝鬘経一但迴二不定性二乗一。今経兼迴二定性一。是故最勝也。斯義可否。

答。甚不可也。且法華中生二滅度想一者、而於二彼土一求二仏智慧一。豈非レ迴二定性一耶。勝鬘云、羅漢・支仏自知レ当レ得二阿耨菩提一、此対二菩薩一説。其往昔元発二大心一後終帰レ大。非下対二二乗一彰灼開顕上。

問。今経定性皆獲二一乗一、為二現世獲一為下同二法華一彼土方獲上。

答。二義倶通。若爾、法華応レ無二現獲者一耶。此須三善会二経旨一。経云、若有二比丘一実得二阿羅漢一、若不レ信二此法一、無レ有二是処一。斯乃逼令二現世迴心一。従二除仏滅度後一方指二未来迴心者一耳。若解二此意一、勿レ謗三法華劣二於今経一也。[26]

第一の問では、不定性の二乗のみを回する『法華経』や『勝鬘経』に対して、定性をも回する『大仏頂首楞厳経』が優越するという「纂要」の説の可否が問われているが、仁岳は、この説を否定する答を出している。なお、この「纂要」が指し示す文献は不明である。仁岳は、特に『法華経』における定性の回心については、方便有余土と考えられる「彼土」において仏智慧を求めることと説明している。[27]

第二の問では、『大仏頂首楞厳経』に説かれる定性声聞の一乗寂滅場地の獲得について、現世において獲得するか、あるいは、『法華経』と同じように彼土において獲得するかということが問われている。仁岳は、現世・彼土の何れの義もあり得ると答えている。そして仁岳は、この答の中で、実には『法華経』にも現世における定性の回心があると述べているのである。仁岳が根拠として挙げているのは、『法華経』方便品の「当レ知、此輩皆是増上慢人。所以者何、若有二比丘一実得二阿羅漢一、若不レ信二此法一、無レ有二是処一。除二仏滅度後、現前無シレ仏。……」(28)という経文である。そして仁岳は、同経にも現世の定性の回心が説かれているから、同経は『大仏頂首楞厳経』よりも劣っているわけではないと重ねて主張するのである。

先述したように、『大仏頂首楞厳経釈題』には、『大仏頂首楞厳経』を純円の教えに位置付ける仁岳の教判論が伝えられていた。よって、仁岳が同経を法華涅槃時に判属させているのはほぼ確実である。その上で、右の『楞厳経熏聞記』の記述から明らかなように、仁岳は、『大仏頂首楞厳経』と『法華経』との間には優劣はなく、両経を完全に同等な経典と看做しているのである。

（四）有厳

宋代天台山家派の樝菴有厳（一〇二一～一一〇一）箋『法華経文句記箋難』巻四には、『大仏頂首楞厳経』の教判的位置付けに関わる記述が見える。

首楞厳経、孤山判在二法華部類一。而経中観音菩薩説二三乗法一如レ云、若諸有学寂静妙明勝妙現円、我現二独覚身一而為レ説レ法。若諸有学断二十二縁一、我現二縁覚身一而為レ説レ法。若諸有学得二四諦空一、我現二声聞身一而為レ説レ法。読者須下和‐二融之一令ム上無二相違一。(29)

この記述は、荊渓湛然（七一一～七八二）述『法華文句記』巻一〇下の釈普門品における「問。此経会レ三。何故云二応以三乗等一耶。答。形異法一。故妙音品云、種種変化説二是経典一。人不レ見レ之謂レ説二三乗一者、謬矣。(30)」という問答の傍線部に対する註釈である。要するに湛然は、『法華経』の旨は会三帰一であるが、同経の普門品に説かれる三十三身普門示現の中に三乗が含まれていても問題はないという見解を示すのである。

有厳は、こうした湛然の記述に対し、『大仏頂首楞厳経』を法華涅槃時に判属させる智円の教判論に触れた上で、同経巻六の「若諸有学寂静妙明勝妙現円、我於二彼前一現二独《イ縁》覚身一而為レ説レ法、令二其解脱一。若諸有学断二十二縁一縁断勝性勝妙現円、我於二彼前一現二縁覚身一而為レ説レ法、令二其解脱一。若諸有学得二四諦空一修道入滅勝性現円、我於二彼前一現二声聞身一而為レ説レ法、令二其解脱一。(31)」という経文を引用している。そして有厳は、「読者須下和二融之一令上無二相違一。」と述べているように、この経文と、『法華経』普門品の三十三身普門示現における三乗の示現とを同義と看做しているのである。よって、有厳が智円の教判論に批判を加えていないことも考えると、有厳は『大仏頂首楞厳経』を法華涅槃時（醍醐味）に判属させていた可能性が高いのである。

ところで、有厳の著作である『止観輔行助覧』巻三には、観不思議境の三境（性徳境・修徳境・化他境）に関する有厳の教説が記されている。有厳は、性徳境に独自の修相（修行の相）はないという、いわゆる性徳境不観説を批判し、修徳境だけでなく性徳境にも修相が確かにあることを主張する。(32)有厳は、当時の性徳境不観説を批判した後に、自説を述べる中で次のように『大仏頂首楞厳経』を引証している。

今試陳レ之。夫性徳者、衆生之性常、諸仏之果理、三世菩薩之妙依止地。或析レ骨書レ経。或剜レ灯乞レ偈。薬王焼レ手普明、刎レ頭只為レ求レ此也。十方如来千万億劫説不レ可レ尽者、蓋是此也。衆生久劫以二昏散一故、迷二於性徳一。今大師令下以二止観一観中於昏散上。昏散之性執若去、明静之性徳自彰。況復、昏散本無今有。

円覚経云、一切衆生、於二無生中一性徳妄見二生滅一性執。如来因地知二是空華一、即無二輪転一。亦無三身心受二彼生死一。非レ作故無推撿入レ空。本性無故本自空。況又修性之言散二在広文一。今且引二一十五文一以証二性徳須レ観。先引二仏言一。首楞厳経云、譬如下琴瑟・箜篌・琵琶五陰雖レ有二妙音一性徳、若無二妙指一、必不上能レ発修徳。若更開レ喩合レ法使二三境具足一者、琴声不二従レ絃生一、不二従レ指生一、不下従二絃・指共一生上、不下従二無因一生上。有二因縁一故亦可レ云従レ絃生、従レ指生等化他。

……[33]

有厳は、諸々の経論を挙げて三境を説明する中で、その冒頭に『大方広円覚修多羅了義経』（『円覚経』）とともに『大仏頂首楞厳経』を引用する。引用されているのは、『円覚経』の「一切衆生、於二無生中一妄見二生滅一。是故説名二輪転生死一。善男子、如来因地修二円覚一者知二是空花一、即無二輪転一。亦無三身心受二彼生死一。非レ作故無。本性無故。」[34]という経文と、『大仏頂首楞厳経』巻四の「譬如下琴瑟・箜篌・琵琶雖レ有二妙音一、若無二妙指一終不上能レ発。」[35]という経文である。

当時の宋代天台において活発な議論の対象となっていた観不思議境の解釈に、同経の経文が引証されているというのは、やはり有厳が同経を非常に重んじていることの証左とも言えよう。また、『円覚経』の引用については、先行研究において、有厳の唯心論的思想の一端を窺うことができる要素として注目されているのである。[36]確かに、有厳による同経を用いた性徳境・修徳境の説明に、三千諸法の常住を強調する四明知礼（九六〇～一〇二八）のような実相論を認めることは難しい。このような同経を用いた説明の後に、『大仏頂首楞厳経』の経文が引用されていることを考えると、有厳が唯心論的思想を有していたがために同経を法華涅槃時に判属させていたという状況が、より一層鮮明に見えてくるのである。

三　南宋天台山家派諸師の教説

（一）元粋

南宋時代の古雲元粋（～一二一四～一二六九）述『天台四教儀備釈』巻下には、元粋による『大仏頂首楞厳経』の教判的位置付けを窺うことができる記述がある。元粋は、別教の五十二位について説明する中で、『四念処』巻三の「瓔珞結二諸方等一、仁王結二般若一竟。法華在レ後不レ明二次位一、但決二了諸権一而入二於実一。涅槃亦不レ明二次位一、同開二仏性一入二秘密蔵一。[37]」という記述を引用し、この記述に対して、「前是一部之後故結。法華是一期之後故不レ結。具故二彼文一。有人欲下指二楞厳六十聖位一是結中醍醐純円修証上。其義似レ明、非二祖文意一。[38]」という註を付しているのである。

右の元粋の註には、『大仏頂首楞厳経』所説のいわゆる六十聖位[39]をもって醍醐純円の修証を結するという説が挙げられている。元粋はこの説について、明に似ているが、祖文（智顗の記述）の意ではないと評している。時代から考えて、天台智顗（五三八～五九七）は同経を参照できなかったのであるから、この元粋による評価は当然であろう。一方で元粋は、「其義似レ明」と述べているように、同経を法華涅槃時（醍醐味）の純円の教えとする考えに対して、決して否定的な態度を示しているわけではないのである。

さらに、元粋述『天台四教儀備釈』巻下における円教行位の説明には、「……又、楞厳明レ位有二六十一。前加二三漸次一名字即　及立二乾慧地一観行即　向後地前立二四加行一、幷二常五十二一共成二六十一。[40]」という記述が見える。この記述は、円教行位の八科五十七位を説明する記述の末尾に当たる。この記述で言われていることは、『大仏頂首楞厳経』所説の行位である三漸次・乾慧地・十信・十住・十行・十廻向・四加行（煖・頂・忍・世第一）・十地・等覚・妙覚を合計すれば六十になるということである。

注目すべきは、元粋によって、同経所説の三漸次の行位が名字即に、同経所説の乾慧地の行位が観行即に当て嵌められていることである。よって、元粋の考えを斟酌すれば、同経所説の十信以上の行位は、相似即以上に該当することになろう。このように元粋は、同経所説の六十聖位を、円教行位の六即に重ね合わせて理解しようとしている。上記のことを総合すれば、元粋は、同経を純円醍醐の経典と看做している可能性が高いと言えよう。

（二）『楞厳経集註』所収の『補遺』の教説

南宋時代末期の桐州思坦（懐坦、生没年不詳）集註『楞厳経集註』は、『大仏頂首楞厳経』の諸註釈書を類聚した文献である。『楞厳経集註』には、『補遺』という文献が収録されているが、思坦が『補遺』の著者の名を記していないこともあり、『補遺』の著者は判然としない。但し、清代の通理（～一七七六～）は、『補遺』の著者が竹庵可観（一〇九二～一一八二）である可能性を提示している(41)。可観は、知礼の法脈に連なる山家派の学匠であり、宗印の師である。

思坦集註『楞厳経集註』巻四には、『大仏頂首楞厳経』巻四の「令下汝会中定性声聞、及諸一切未レ得二二空一廻二向上乗一阿羅漢等、皆獲中一乗寂滅場地、真阿練若正修行処上。」(42)という経文に対する註釈の一つとして、『補遺』の記述も載せられている。

補遺云、定性不レ到二方等・法華一者、迴二向上乗一指二到法華一而未レ悟者二類、倶到二此会一。有レ以知二今楞厳開権之教一矣。所二以楞厳得レ開二定性一、在レ座蒙レ益者功二帰法華一。彼云、其不レ在二此会一、汝当二為宣説一。定性已蒙二法華得記一之人。豈与二已前定性一為レ比。但今従レ本受レ称云二定性一耳。是則楞厳座中定性不レ蒙二法華開顕一。豈得レ廁二於其間一哉。然此特言二練若一、蓋有レ謂而発。定性声聞久晦迹二山間辟世蘭若一。今来二法会一辞以闢レ之耳(43)。

右の記述によれば、『大仏頂首楞厳経』の会座には、方等時や『法華経』の会座に至らなかった定性声聞の者と、上乗に回向し『法華経』の会座に至ったにも拘らず未だ悟っていない者との二類がいるという。そして、『大仏頂首楞厳経』は開権の教えであるとし、同経の会座で定性声聞を開権することができるのは、定性声聞が既に『法華経』の得記を被っているためであるとの主張がなされている。つまり、右の『補遺』の記述に従えば、定性声聞は『法華経』の会座にはいなかったが、同経の得記は被っていたことになり、さらに、同経の開顕は被っていないからこそ『大仏頂首楞厳経』の会座で開権されたということになる。右の記述では、こうした考えの根拠として、『法華経』五百弟子受記品の「其不レ在二此会一、汝当二為宣説一。(44)」という偈文も挙げられている。

このように、『補遺』の教説は、『大仏頂首楞厳経』を開権の教えと位置付け、同経の説時を『法華経』の後に定めるものと言える。よって、『補遺』の著者が、『大仏頂首楞厳経』を法華涅槃時（醍醐味）に判属させていた可能性は十分に考えられる。

さらに思坦集註『楞厳経集註』巻五には、『大仏頂首楞厳経』所説のいわゆる二十五円通(45)に関する諸説が収められている。諸説の中には、智円の教説も見える。智円は、二十五円通について、次のような考えを有していたようである。

孤山云、妙音密円者、密悟二円理一也。或曰、涅槃説二身因一而皆小聖。浄名入不二、則倶大士。唯此二十五聖、大・小相参而云二方便多門帰元無二一。且陳那・身子近悟二偏空一、普賢・弥勒久証二円理一。久・近両異、偏・円二殊。安得三円通其帰二一撥一。対曰、涅槃叙レ昔則小無二大分一、浄名方等則大隔二小乗一。其談二所証一、豈得二相混一。至下若今経二乗作仏与ニ法華一同塗、闡提有レ性将中涅槃共轍上、教以ニ開顕一偏即円融。故使三鹿苑之所証同成ニ一乗之頓理一。切三乎普賢諒無ニ慚徳一。此約ニ実行声聞一也。若乃内秘ニ大道一外現ニ小乗一、則鹿苑以来何嘗非レ大。既経発レ迹、一揆何疑。此約ニ権行声聞一也。悟理既同、誰拘ニ遠・近一。以レ此観レ之、則小・大相参之説、怡然理順。遠近・偏円之惑、渙然氷釈。(46)

この智円説は、智円の散逸文献である『首楞厳経疏谷響鈔』の所説と考えられる。(47) 右の智円説を要するに、『大仏頂首楞厳経』は、二乗作仏の観点からは『法華経』と等しく、闡提も仏性を有するという観点からは『涅槃経』と同等であるから、『大仏頂首楞厳経』に明かされる二十五円通では大乗・小乗が互いに交わり、また、二十五円通には遠近・偏円といった差別はないというものである。宗印が伝える智円説と照らし合わせれば、智円の教判論では、同経の説時が『法華経』と『涅槃経』との間に位置するため、(48)『大仏頂首楞厳経』は既に『法華経』の開顕を経ていることになる。したがって、『大仏頂首楞厳経』の二十五円通では、小乗の所証も同じく一乗の頓理を成就するということになろう。

さて、思坦集註『楞厳経集註』巻五には、上述のような智円説の後に、『補遺』の記述が次のように伝えられている。

補遺云、此下叙ニ二十五聖円通一。大・小難レ判。如ニ陳那等試云一、在レ小。今問ニ円通一試云、在レ大。叙レ昔之義、豈得ニ已大一。二説互有ニ不同一。観ニ孤山之説一、所レ得多矣。但以ニ妙音密円一以為レ悟。而呉興立義、多有ニ違戻一。一者、此経明ニ十八界一皆円通門。引ニ諸聖所レ入為レ証。若所レ入大・小真中有レ別、何以明ニ円通義斎一耶。前解結之法、左右偏掣、乃非レ解レ法。豈有三円通仍存ニ小解一。況円通之名実従レ大立。固不レ可下用ニ偏真一以定中斯目上。二、此経已聞ニ法華開顕一。故諸聖不レ問ニ大・小並入ニ円通一、開レ権非レ一。如レ云ニ汝諸声聞乗入菩薩乗一。又曰ニ定性声

聞皆獲一乗寂滅場地一。故謂二諸聖一。呉興反責二孤山一、以二菩薩・二乗橝一自開レ権。是何言レ与。三、法華已聞二師弟之本迹一。故此経大・小不レ妨下並従二本地一明中円通意上。如三身子等直叙二本地一、並云二従曠劫来等一。而呉興猶二欲レ従レ迹曲レ説[49]。

右の『補遺』の記述では、二十五円通に関する智円説と仁岳説に対し、論評がなされている。智円説は、先述の『楞厳経集註』巻五に伝えられるものを指していると考えられ、『補遺』ではこの智円説が模範的な説として扱われているようである。これに対して、仁岳説には誤りが多いとして、批判的に評されている。但し、『補遺』で言われる仁岳説は、現存する仁岳述『楞厳経熏聞記』に確認することもできず、説の内容は判然としない。何れにしても、仁岳は二十五円通について、先述の智円説を批判したようである。

そして、右の『補遺』の記述では、仁岳説の誤りを三つに整理して指摘している。この中で注目すべきは、傍線を付した第二と第三である。傍線部では、『大仏頂首楞厳経』の会座の聴衆が既に『法華経』の開顕と、同経に説かれる師弟の本迹とを聞いていることが強調されているのである。第二で言うところの『法華経』の開顕については、『大仏頂首楞厳経』巻四の「令下汝会中定性声聞、及諸一切未レ得二二空一廻二向上乗一阿羅漢等、皆獲中一乗寂滅場地、真阿練若正修行処上。[50]」という経文が引証されている。その上で、二十五円通では大乗・小乗が互いに交わっているという智円説の正当性を主張するのである。

このように、上述の『補遺』の教説では、『大仏頂首楞厳経』の会座の聴衆が既に『法華経』の得記を被り、あるいは、既に『法華経』の開顕や師弟の本迹を聞いていることが強調される。また、『大仏頂首楞厳経』を開権の教えと定め、智円の教説を肯定的に捉えている。したがって、『補遺』には、『大仏頂首楞厳経』の説時を『法華経』の後に位置付け、『大仏頂首楞厳経』を法華涅槃時（醍醐味）に判属させるという教判論を窺うことができるのである。前に触れた清代の通理が指摘するように、『補遺』の著者が可観であった場合、可観は、『大仏頂首楞厳経』を法華涅槃時に判属させる宗印の師であるから、可観が宗印と同様の教判論を有していたことは十分に考えられる。

（三）『釈門正統』の教説

鎧菴呉克己（一一四〇～一二一四）の原稿を、良渚宗鑑（生没年不詳）が編集して一二三七年に成立した『釈門正統』には、『大仏頂首楞厳経』に関わる教判論が確認できる。『釈門正統』巻一には、次のように記されている。

復次非頓非漸者、五法華涅槃時即七十二歳以後也。非二秘密一非二不定一、人・法倶合。妙経云、四十余年。大経云、臨二滅度一時。是実顕拠。蓋法華開二前四時・三教一悉入二一乗円教一、涅槃追説二四教一即施即廃。涅槃正顕二常住仏性一止明二根本戒一、扶二小乗律制一為二最後誡勗一。楞厳唯願二円頓一乗一。亦、止明二四根本戒一足レ顕二是同一。所二以然一者、楞厳[51]云、先持二声聞四棄・八棄一執レ身不レ動。後行二菩薩清浄律儀一執レ心不レ起。十輪経[52]云、若不三先学二小乗一、即学二大乗一無レ有二是処一。乃至無レ力レ飲二河池一詎能呑二大海一。是故未二開顕一前則或頓或漸、有レ所レ不レ同。一経二開顕一、則一切菩薩皆当三先学二声聞一。唯不三究竟証二小身一。是歳先説二無量義経一、次説二法華経一、後説二普賢行法経及首楞厳等経一。孤山謂三成道四十九年説二楞厳一。真際謂二四十五年一。未レ知レ所レ拠。七十八歳於二尼連河側一先説二方等泥洹経・四童子三昧経・大悲経・蓮華面経・延寿経一。然後説二大般涅槃経[53]一。

右の記述では、『大仏頂首楞厳経』の教えが「円頓一乗」の語をもって定義されている。また、『大仏頂首楞厳経』巻八や『大乗大集地蔵十輪経』巻六の経文をもって説明されるのは、小乗（声聞）の戒を持ち、あるいは小乗を学ぶことについての問題である。右の記述によれば、こうした小乗の修学は、開顕を経ていれば何ら支障はないという。したがって、天台教判においては、『大仏頂首楞厳経』が既に開顕を経た教えであることになる。そして、右の『釈門正統』の記述では、同経が法華涅槃時において、『無量義経』、『法華経』、『普賢観経』に次いで説かれた経典であるとされている。さらに傍線部の末尾には、『大仏頂首楞厳経』を釈迦成道第四十九年の説法とする智円説[54]と、第四十五年の説法とする崇節説が挙げられている。

これら二説に対しては、根拠が不明であるとの論評がなされているが、あくまでも四十九年や四十五年といった年次の根拠について不明と述べているまでであり、決して法華涅槃時判属説そのものが批判されているわけではない。何れにしても、『釈門正統』においては、『大仏頂首楞厳経』が円頓・一乗の教えと定義され、その説時も『法華経』と『涅槃経』との間、すなわち、法華涅槃時（醍醐味）に定められているのである。

（四）普容

太虚普容（一二五一～一三二〇）録『台宗精英集』巻二の「声聞正義」の項には、『大仏頂首楞厳経』の会座における定性声聞の成仏の問題について、次のような問答が記されている。

問。若謂二定性不レ至二法華一、何以楞厳経云二爾時仏告富楼那及諸会中漏尽無学諸阿羅漢如来今日普為此会宣勝義中真勝義性令汝会中定性声聞乃至云皆獲一乗寂滅場地一。且楞厳経乃法華後説。尚有二定性声聞一、何云二定性不レ至二法華一耶。

答。若決定性人、鹿苑出宅已後、便帰二山間一尚不レ至二方等一。況楞厳会経云二定性一者、乃不定性即是退大声聞。若雖レ経二法華三周開顕一、根鈍不レ入故至二楞厳会中一不レ妨二化意一。若見二経中定性之言一便謂二決定性一者、謬矣。若爾、涅槃玄那云下般若已後付二財定性一与記作仏上耶。此乃退大之人至二法華中一、定二天性父子一授記作仏。何関二決定性一耶。[55]

右の問は、定性声聞が『法華経』の会座には至っていないという前提のもとに設けられている。問われているのは、定性声聞が『法華経』の会座に至らなかったにも拘らず、なぜ『法華経』の後の説法である『大仏頂首楞厳経』に、定性声聞等が一乗寂滅場地を獲得すると説かれているかということである。つまり、同経巻四の「令下汝会中定性声聞、及諸一切未レ得三二空一迴二向上乗一阿羅漢等、皆獲中一乗寂滅場地、真阿練若正修行処上。[56]」という経文が問題とされているのである。

そして、この問に対する答では、『大仏頂首楞厳経』の会座には、実は定性声聞は在座していなかったという解釈が提示される。すなわち、決定性の人は鹿苑時（阿含時）より後、山間に帰して方等時の会座には至らなかったのであり、『大仏頂首楞厳経』の会座に在座する「定性声聞」とは、実には不定性の退大声聞であるというのである。普容によれば、こうした不定性の退大声聞は、法華における三周の開顕を経たものの、鈍根のために『法華経』の後の『大仏頂首楞厳経』の会座に至ったという。同経で言われる「定性声聞」を決定性と理解するのは誤りであるというのが、普容の主張の骨子なのである。

同経所説の「定性声聞」を不定性と解釈する普容の教説は、上来見てきた可度、仁岳、『補遺』の何れの教説とも異なるものであり、『大仏頂首楞厳経』巻四の「令下汝会中定性声聞、及諸一切未レ得三二空一迴二向上乗一阿羅漢等、皆獲中一乗寂滅場地、真阿練若正修行処上。」という経文に対する独特な会釈の一例と言える。しかし、何れにしても普容は、同経が『法華経』の後に説かれた経典であり、その会座の聴衆が既に『法華経』の開顕を経ていると認識しているのである。よって、こうした点において普容説は、智円や仁岳等、『大仏頂首楞厳経』を法華涅槃時（醍醐味）に判属させる多くの諸師の教判論と立場を同じくしていると言える。

四　結　語

本稿では、『大仏頂首楞厳経』巻四における、定性声聞等が一乗寂滅場地を獲得する旨の経文を、宋代の諸師がどのように解釈したかという問題を中心に、同経に関する教判論の思想史を見てきた。同経を法華涅槃時（醍醐味）に判属させる子璿にとって、やはりこの経文は重要な論拠であった。華厳系の可度は、定性と不定性との回心・成仏に関しては、同経が『法華経』に勝ると考えていたようである。また、可度は、天台山外派の智円と同様に、『大仏頂首楞厳経』の説時を釈迦成道第四十九年と定めていた。よって、智円の教説が、天台以外の諸師にも影響を及ぼしていた可能性がある。後山外派の仁岳は、同経と『法華経』との両経に、定性二乗の回心の義があるとして、『大仏頂首楞厳経』と『法華経』とが同等であることを強調していた。

そして、山家派において、山外派の智円や後山外派の仁岳のように、『大仏頂首楞厳経』を法華涅槃時に判属させたであろう諸師は、有厳、宗印、元粋、呉克己、宗鑑、そして普容である。思坦集註『楞厳経集註』所収の『補遺』の著者が可観であった場合、可観も同様の判属説を唱えたことになる。『補遺』の教説によれば、『大仏頂首楞厳経』の会座で定性声聞が成仏できるのは、定性声聞が既に『法華経』の得記を被っているからであるという。一方で普容は、『大仏頂首楞厳経』に説かれる「定性声聞」を不定性の声聞として解釈するのであり、その点において他の諸師による会釈と異なっている。

上述のように、上記の諸師は実に多様な経文の解釈を提示するが、『大仏頂首楞厳経』の説時を『法華経』の後に定めている点や、『大仏頂首楞厳経』の会座の聴衆が既に『法華経』の開顕・得記を被っていると主張している点では共通している。したがって、上記の諸師は『大仏頂首楞厳経』を法華涅槃時に判属させていると考えられる。本稿の考察によって、山家派内にも山外派の法華涅槃時判属説が浸透していたということの委細が明らかになった。しかしながら、本稿の冒頭でも述べたように、山家派内の『大仏頂首楞厳経』の位置付けをめぐる教判論は法華涅槃時判属説で塗り潰されていたわけではなく、柏庭善月（一一四九～一二四一）のように、方等時判属説を採る諸師も存在したのである。同経の判属をめぐって二分していた山家派内の教判論が、山家派諸師の実相論とどのように連関しているかという問題については、今後の更なる考究が必要である。

註

（1）望月信亨「大仏頂首楞厳経真偽問題」（『仏教学雑誌』三―一、一九二二）、同『仏教経典成立史論』（法藏館、一九四六。四九三～五〇九頁）、常盤大定『続　支那仏教の研究』（春秋社、一九四一。一～二四頁）等、参照。

（2）高峯了州「首楞厳経の思想史的研究序説」（『龍谷大学論集』三四八、一九五四。同『華厳論集』、一九七六に再録）、村中祐生「楞厳経の解釈にみる天台教義」（『天台学報』二六、一九八四）、大松博典「宋代における首楞厳経の受容」（『宗学研究』二九、一九八七）、岩城英規「藕益智旭の『首楞厳経』解釈」（『天台学報』四一、一九九九）、同「智旭の教判論―「通の五時重視」という特徴に焦点を当てて―」（『天台学報』四二、二〇〇〇）等の諸論攷において、宗印述、本無録『大仏頂首楞厳経釈題』の記述が取り上げられ、本稿で論じる宋代天台諸師を中心とした教判論も論じられている。

（3）続蔵一―一七・三丁左下～四丁右上。

（4）安藤俊雄『天台性具思想論』（法藏館、一九五三。二二九～二三二頁）、同『天台学―根本思想とその展開―』（平楽寺書店、一九六八。三三四～三三五頁）、同『天台学論集―止観と浄土―』（平楽寺書店、一九七五。四一九～四二二頁）参照。

（5）続蔵一―一七・三丁左下～四丁右上。
（6）村中前掲論文、岩城前掲論文（一九九九）参照。
（7）大正一九・一一九頁下～一二〇頁上。
（8）そもそも、いわゆる一乗家の立場を取る天台では、『法華論』所説の四種声聞の中、決定声聞に対する会釈がなされ、『法華経』の会座に決定声聞が在座するか否かという、いわゆる「決定在座」の問題に発展した。こうした決定声聞に対する会釈と「決定在座」の問題については、中国天台の基本説も含め、日本天台での議論を論じた諸研究がある。奥野光賢『仏性思想の展開―吉蔵を中心とした『法華論』受容史―』（大蔵出版、二〇〇二。二二一～二七四頁）、松本知己『院政期天台教学の研究―宝地房証真の思想―』（法藏館、二〇一九。九一～一四八頁）参照。なお、松本氏は同書の中で、方便有余土における定性二乗の廻心の問題、『法華経』以外の経典や不定教における二乗作仏の問題についても論じている。
（9）拙稿「宋代天台における『大仏頂首楞厳経』の教判的位置付け―方等時判属説について―」（『印度学仏教学研究』七一―一、二〇二二）参照。
（10）大正三九・八二四頁中下。「徴難弁析最明顕故、諸乗之中一乗所レ摂。」と記され、また、「若於二五中一顕二此経分斉一、正唯終教兼二於頓・円一。」と記されている。
（11）子璿による『大仏頂首楞厳経』の理解を扱う研究として、吉津宜英「華厳教学の与えた宋代禅宗への影響―首楞厳経信仰形成への要因―」（鈴木哲雄編著『宋代禅宗の社会的影響』所収、二〇〇二）が挙げられる。同氏は、子璿集『首楞厳経義疏注経』における『大仏頂首楞厳経』の註釈について、その特色や後代への影響を論じている。同氏はこの中で、子璿が天台教学に少なからず言及していることを指摘し、子璿による同経の教判的位置付けについても触れている。
（12）既出、註（7）。
（13）大正三九・八七四頁上中。
（14）既出、註（7）。

(15) 大正三九・八七四頁中。この記述は、小野嶋祥雄「中国仏教における『首楞厳経』の受容態度」（『印度学仏教学研究』六五‐二、二〇一七）で取り上げられている。
(16) 既出、註（7）。
(17) 続蔵一‐八八・二六丁右上下。
(18) 宗印述『大仏頂首楞厳経釈題』（続蔵一‐一七・四丁右上）には、『大仏頂首楞厳経』の説時に関する智円説が、「即是第四十九年説二此経一、第五十年説二涅槃一也。」と記されている。
(19) 大正一九・一二七頁中。
(20) 続蔵一‐八八・七〇丁右下。
(21) 大正九・五八頁中。「爾時持地菩薩即従レ座起、前白レ仏言、世尊、若有二衆生一聞二是観世音菩薩品自在之業、普門示現神通力一者、当レ知、是人功徳不レ少。」という経文である。
(22) 例えば、可度箋『楞厳経箋』巻一〇（続蔵一‐八八・七二丁右上）には、『大仏頂首楞厳経』巻五（大正一九・一二七頁下）の「仏問二円通一。我以レ観二察風力無一レ依悟二菩提心一入二三摩地一、合《イ令》三十方仏伝二一妙心一。斯為二第一一。」という経文に対する「箋云、風無レ形故無レ依也。伝一妙心、法華云、十方世界中唯有二一乗法一。乃一乗中道理。」という註釈がある。可度は、経文の傍線部を、『法華経』方便品（大正九・八頁上）の「十方仏土中、唯有二一乗法一、無レ二亦無レ三。」という偈文と同義と看做している。
(23) 続蔵一‐一七・四丁右上。
(24) 既出、註（7）。
(25) 続蔵一‐一七・二九八丁右下。
(26) 続蔵一‐一七・二九八丁右下～左上。
(27) 「彼土」を方便有余土と理解することに問題はないであろう。松本前掲書（一一九頁）参照。また、方便有余土における定性二乗（声聞）の廻心の問題については、同書（一一七～一三三頁）参照。
(28) 大正九・七頁下。

(29) 続蔵一-四六・二七六丁左上。
(30) 大正三四・三五七頁中。
(31) 大正一九・一二八頁下。
(32) 有厳の三境解釈については、安藤俊雄『天台思想史』（法蔵館、一九五九。七三～八〇頁）、拙稿「宋代の観不思議境解釈に関する一問題―性徳境不観説について―」（『天台学報』六一、二〇一九）等、参照。なお、安藤前掲書（一九五九）は、知礼没後の宋代天台における観不思議境の三境解釈について網羅的に論じる研究であり、「性徳境不観説」という用語は、安藤氏が同書で使うものである。
(33) 続蔵二-四・二五九丁左下～二六〇丁右下。
(34) 大正一七・九一三頁下。
(35) 大正一九・一二一頁上。
(36) 安藤前掲書（一九五九。七八～八〇頁）参照。安藤氏は、有厳による『円覚経』の引用について、「上に引用した円覚経の文に、しきりに性徳境を無性、或は本自二空と規定するところから見れば、むしろ三千自体を泯亡するのが、修得境の目的であると考へたのではないかと思はれる。」と評している。また同氏は、有厳による『円覚経』と『大仏頂首楞厳経』の引用や、有厳の伝記の記述から、有厳が宋代の禅宗の思想から多大な影響を受け、唯心論的な禅宗思想を有していた可能性を指摘している。
(37) 大正四六・五六七頁中。
(38) 続蔵二-七・九八丁右上。
(39) 『大仏頂首楞厳経』所説の行位については、望月前掲書（五〇五～五〇七頁）、常盤前掲書（一〇～一一頁）に概説がある。
(40) 続蔵二-七・一〇〇丁右上下。
(41) 通理述『楞厳経指掌疏懸示』（続蔵一-二四・八二丁左上）における宋代の『大仏頂首楞厳経』の註釈書の一覧には、「法界庵主神智諱可観、補註。雲間竹庵、補遺。」と記され、「此二本、灌頂疏別開。按蒙鈔云、南渡已後、稟㆓学台宗㆒者。竹庵可観、得㆓法於車渓㆒、大慧称為㆓教海老龍㆒。拠㆑此、則竹庵可観似㆓是一人㆒。而補註・補遺、或亦一書。」という註が付されている。通理は、「補註」と「補遺」なる文献がどちらも可観の著作である可能性があるとし、この「補註」と「補遺」が実は同一の文献である可能性も指摘する。因みに、『大仏頂首楞厳経釈題』（続蔵一–一七・五丁左上）に記載される「首楞厳経釈題北峰印法師引用文目」には、「法界菴主法師諱可観　補註。雲間補遺。」と記されている。

(42) 既出、註（7）。

(43) 続蔵一–一七・九三丁右。

(44) 大正九・二八頁下。

(45) 二十五円通とは、観音菩薩等の二十五聖が仏に対して答えた、各自の成道方便と真実円通の修習である。二十五円通については、常盤前掲書（八〜九頁）で概説されている。

(46) 続蔵一–一七・一三二丁右左。傍線部の教説については、高峯前掲論文が智円の教判論を論じる中で取り上げている。

(47) 宗印述、本無録『大仏頂首楞厳経釈題』（続蔵一–一七・五丁左上下）所収の「正経集註桐洲坦法師引用文目」には、「孤山　谷響。」と記されている。

(48) 既出、註（18）参照。智円は、『大仏頂首楞厳経』が『法華経』の後、『涅槃経』の前、釈迦成道第四十九年で説かれたとしている。

(49) 続蔵一–一七・一三二丁左。

(50) 既出、註（7）。

(51) 『大仏頂首楞厳経』巻八（大正一九・一四一頁下）の「先持㆓声聞四棄・八棄㆒執㆑身不㆑動、後行㆓菩薩清浄律儀㆒執㆑心不㆑起。」という経文が引用されている。

(52) 『大乗大集地蔵十輪経』巻六（大正一三・七五三頁上）、有依行品の「無㆑力㆑飲㆓池河㆒、詎能呑㆓大海㆒。不㆑習㆓二乗法㆒、何能学㆓大乗㆒。先信㆓二乗法㆒、方能信㆓大乗㆒。」という偈文が改変されて引かれている。

(53) 続蔵二乙—三・三六一丁左下〜三六二丁右上。
(54) 既出、註(18)参照。
(55) 続蔵二—六・二八三丁右下。
(56) 既出、註(7)。

円教行位の一考察

大嶋　孝道

一　問題の所在

古来、天台教学における円教の行位には、『菩薩瓔珞本業経』（以下『瓔珞経』）を基本とした説と、理即等のいわゆる六即説があるものとされている。偽経『瓔珞経』は、西暦四八〇～五〇〇年頃の時期に南朝の仏教を知る者によって編纂されたものと推定され、それまでの清談や玄学を背景とした悟りそのものの探求から、仏教修行の体系的理論を中心とした探求へと変化する契機となった経典と言われる。(1)

後述するように、『瓔珞経』の行位論すなわち十信乃至妙覚の五十二位説では、凡と聖の境界が初地に置かれる。そしてこのような説は、南朝から隋・唐にかけての中国仏教において一般的に受容された理論であった。(2)しかしながら、天台円教の行位論では初地ではなく初住から聖位とされるのであり、円教行位の形成には『瓔珞経』以外の経論も深く関与していたことが予想されるのである。智顗（五三八～五九七）の教学は、独創のものとして研究対象とされてきたが故に、中国仏教史の中での位置付けに関してはあまり顧みられてこなかったきらいがある。そこで本稿では、天台教学の独創的な要素の一つと考えられる円教行位に着目し、少しく考察を試みたい。

二　『瓔珞経』の十住と十地

そもそも天台の行位説において、『瓔珞経』の五十二位が重んじられることについては、『四教義』巻九に次のように説明されている。

資料一

華厳頓教、多明二円位四十一地一、又不レ出二十信之名一。……今謂、瓔珞経明二五十二位一名義整足、是結二成諸大乗方等別円之位一也。[3]

これによれば、『華厳経』所説の四十一地も円教の位を明かすのであるが、十信の名を出していない。その点『瓔珞経』の五十二位は、大乗方等別円に通ずる整った体系とされるのである。また、いま問題とする十住・十地それぞれの特徴が最も明確に表れているのは、初住と初地においてであると考えられる。特に天台教学の基本説では、別教の初地と円教の初住が等しいとされる（初地初住証道同円）ことも踏まえ、[4]まず『瓔珞経』に説かれる内容を確認したい。

十住については、次のような記述がある。

資料二

仏子、汝先言二名字一者、所謂銅宝瓔珞。菩薩字者、所謂習性種中有二十人一。其名二発心住菩薩・治地菩薩・修行菩薩・生貴菩薩・方便具足菩薩・正心菩薩・不退菩薩・童真菩薩・法王子菩薩・灌頂菩薩一。[5]

ここでは、銅宝瓔珞すなわち習性種（習種性）の中に十人有りとして、十住の名称が列挙される。『瓔珞経』の説では菩薩は六の種性に分けられ、最初の習種性に当たる行位は十住であり十信ではない。すなわち『瓔珞経』においても十信という行位が明確に規定されているわけではなく、あくまでも初住を解説する中で、初住の前段階として十心を行ずること、その行者を信想菩薩や仮名菩薩と呼称すること等について関説しているに過ぎないと考えられる。(6)

資料三

仏子、発心住者、是上進分善根人。若一劫・二劫・一恒・二恒・三恒仏所。行二十信心一信二三宝一、常住二八万四千般若波羅蜜一、一切行・一切法門皆習受行。常起二信心一、不レ作二邪見・十重・五逆・八倒一、不レ生二難処一常値二仏法一、広多聞・慧多求二方便一、始入二空界一住二空性位一。故名為レ住。空理智心習二古仏法一、一切功徳不二自造一、心二生一切功徳一故、不二名為一レ地、但得レ名レ住。(7)

資料三には、「空界に入り空性位に住す。故に名けて住と為す。」と説かれることから、十住における思想基盤は空であると考えられる。さらに、「空理智心もて古の仏法を習い、一切の功徳は自ら造らず、心に一切の功徳を生ずるが故に、名けて地と為さず、但だ住と名くるを得。」とあるように、十住では一切の功徳を自ら造らず、あくまでも心に生ずるだけであることが十地との違いであるとされる。

次に十地については、「初地已上有三三観心入二一切地一。三観者、従二仮名一入レ空二諦観、従レ空入二仮名一平等観、是二観方便道、因二是二空観一得レ入二中道第一義諦観一。(8)」、「一歓喜地、住二中道第一義諦慧一。(9)(10)」などと説かれ、中道第一義諦がその思想基盤となっている。この点が、『瓔珞経』における十住と十地の最も大きな差異であろう。

資料四

仏子、初地一念無相法身・智身、成二就百万阿僧祇功徳法一、双二照二諦一心二心-寂-滅法流水中一。不レ可下以二凡夫心識一思中量二種法身上。何況二地・三地乃至妙覚地。但就二応化道中一、可レ以下初地有二百身・千身・万身乃至無量身一有レ縛有上レ解。其法身処二心心寂滅法流水中一、上不レ見二一切仏法・一切果報可一レ求、下不レ見二無明諸見可レ断、衆生可一レ化。但以二世諦一応化法中、見二仏可レ求、諸見可レ断、衆生可一レ化。仏子、亦可レ得レ言下修二三賢[11]法一入中聖人位上。但法流水中心心寂滅、自然流二入妙覚大海一。仏子、乃至三賢・十地之名、亦無名無相。但以二応化一故、古仏道法有二十地之名一。仏子、汝応下受二持一切仏法一等、無上レ有レ異[12]。

また、十住では一切の功徳を自ら造らないとされていたのに対し、十地では法身の応化によって一切の功徳を持ち一切の因果を成ずることが資料四に説かれ、つまりこれが功徳を自ら造るということであると理解されよう。このような説示から、『瓔珞経』では十住と十地を明確に区別している。それは資料四の「三賢の法を修して聖人の位に入る」という記述や、また別の箇所に「仏子、地名レ持。持二一切百万阿僧祇功徳一。亦名レ生。成二一切因果一故名レ地。仏子、捨二凡夫行一生二在仏家一、紹二菩薩位一入二聖衆中[13]一」とあり、初地からが聖位であると認識されていることからも見て取れる。そして、こういった『瓔珞経』の行位論はそのまま天台において別教の行位となるのであるが、別教の考察は本稿では割愛する。

三　円教の十住と十地

さて、『四教義』巻九（資料一）において、『瓔珞経』の五十二位が諸大乗方等別円の位を結成すると述べられていたように、円教にも十信乃至妙覚の行位が適用されるのであるが、その内容は『瓔珞経』とは異なっている。十住と十地に着目すると、次のような記述がある。

資料五

所㆑言発心住者、三種心発故名㆓発心㆒、住㆓三徳涅槃㆒名為㆑住也。云何名為㆓三種心発㆒。一者縁因善心発、二者了因慧心発、三者正因理心発。……二住㆓三徳涅槃㆒、名㆑之為㆑住者、一法身、二般若、三解脱。……若住㆓三徳之理㆒、即是住㆓不思議解脱㆒、即是住㆓於大乗㆒、以㆔不住法㆒住㆓於般若㆒、即是住㆓首楞厳三昧㆒、修㆓持於心㆒猶如㆓虚空㆒、即是住㆓法性㆒、即是住㆓実相㆒、即是住㆓如如㆒、即是住㆓如来蔵㆒、即是住㆓中道第一義諦㆒、……挙㆑要言㆑之、即是住㆓真応二身・一切仏法㆒也。(14)

『四教義』巻一一において円教の十住を説く箇所では、正釈初発心住・明経説不同・略弁功徳・類釈九住という四項目が立てられることからも、とくに初発心住の解説に重きを置いていることがわかる。その正釈初発心住に該当する箇所が資料五である。『瓔珞経』では初地から中道第一義諦を修すとされていたのに対し、円教では初住から中道第一義諦に住すことが資料五に説かれている。

一方、円教の十地は次のように説かれる。

資料六

五明㆓十地㆒者、無漏真明入㆓無功用道㆒、猶如㆔大地能生㆓一切仏法㆒、荷㆓負法界衆生㆒、普入㆓三世仏地㆒。広大如㆓法界㆒、究竟如㆓虚空㆒。又進破㆓十品無明㆒、成㆓就十品智・断㆒。約㆑此以明㆓十地㆒也。(15)

十地に関しては、別教では初地についての説明に『大正蔵』の凡そ四頁を充て、(16)それとは別に十地全般に関わる説明が加わるのに対し、円教では資料六に示す通り簡略な説明しかなされない。また『四教義』巻一一では、円教の第二住以下を明かす類釈九住から十廻向までの記述も次の通り簡便なものとなっている。

資料七

四類釈九住者、如レ此初住三観現前、無功用心念念断二法界無量品無明一、不レ可二称計一。一往大分略為二十品智・断一、即是十住。故仁王経云、入理般若名為レ住。即是十番進発二無漏真明一、同入二中道仏性第一義諦之理一。以二不住法一従レ浅至レ深、住二仏三徳涅槃之理一。即是十品、住二一切仏法一故名二十住一也。

三明二十行一者、即於二仏性第一義諦一無漏真明一心具二一切行一、念念進趣流二入平等法界海一。故破二十品無明一成二十品智・断一。一切諸行・諸波羅蜜、不レ可二思議一。増二長・出三生自行化他功徳一、与二虚空法界一等。故名二十行一也。

四明二十廻向一者、無功用不可思議無漏真明念念開発、増二長一切法界願行一、事理和融心心寂滅、自然廻二入平等法界薩婆若海一、又進破二十品無明一証二十品智・断一。故名二十廻向一也。(17)

資料七は資料六の直前に接続する箇所である。この類釈九住より十地に至る一連の記述では、十住・十行・十廻向・十地はいずれも十品の無明を破して十品の智断を成就し、それぞれに一切仏法を成就することを説いている。また資料七によれば、無明は無量であり数え切れないものであるが大分すると十になるとされ、つまり十住にせよ十地にせよ所破の対象となる十品の無明には一切の無明が摂められているとみなし得る。したがって、円教の十住乃至十地というのはそれぞれに独立して完結する十段階と言え、十住から十地へと次第する体系ではないものと考えられよう。(18)そしてこのことは、『華厳経』との関係を考える上で示唆的な意味を持つ。

四　円教の初住と『華厳経』

前節で見たように、円教の十住乃至十地において重要視されるのは初住であり、第二住以後はいわば任運に増道損生するものであって詳説はされないのである。それは『四教義』のみならず『法華玄義』等においても変わらない。

改めて資料五を参照すると、初住の内容として三種発心や三徳涅槃を説いているが、これが『瓔珞経』から導き得るものでないことは、資料三に徴して明らかである。先にも触れたように、『四教義』巻一一では円教の十住を四項目に分けて解説する。その中の明経説不同という項目には、次のような経証が挙げられている。

資料八

二明㆘諸大乗経明㆓初発心住㆒名義不㆖同者、華厳経云、初発心時便成㆓正覚㆒。了㆓達諸法真実之性㆒、所有聞法不㆑由㆑他悟、是菩薩成㆓就十種智力㆒。究竟離㆓虚妄㆒、無染如㆓虚空㆒。清浄妙法身湛然応㆓一切㆒。当㆑知、即是発㆓真無漏㆒断㆓無明初品㆒也。即是此経明、一念知㆓一切法㆒是道場、成㆓就一切智㆒故。又即是此経明、入㆓不二法門㆒得㆓無生法忍㆒也。是大品経明、従㆓初発心㆒即坐㆓道場㆒転㆓法輪㆒度㆓衆生㆒、当㆑知、此菩薩為㆑如㆑仏。又大品経明、菩薩従㆓初一日㆒行㆓般若智慧㆒猶如㆓日光㆒、仮使舎利弗・目連満㆓閻浮提・四天下㆒如㆓稲・麻・竹・葦㆒、智慧欲㆑比㆓菩薩㆒、如㆘満㆓閻浮提・四天下螢光㆒欲㆖比㆓日月光㆒也。又即是大品経明、阿字門所謂一切法初不生也。即是法華経云、為㆑令㆔衆生開㆓仏知見㆒。又法華経説、龍女於刹那頃発㆓菩提心㆒成㆓等正覚㆒、即往㆓南方無垢世界㆒坐㆓道場㆒転㆓於法輪㆒。即是大涅槃経云、発心・畢竟二不㆑別、如㆑是二心前心難。即是涅槃経、復有㆓一行㆒是如来行所謂大乗大般涅槃、初住分㆓証真涅槃㆒也。如㆑此等諸大乗経悉是円教、明㆓初発心住㆒也。(19)

ここでは、『華厳経』・『維摩経』(20)・大品『般若経』(21)・『法華経』(22)・南本『涅槃経』(23)の中から、初住を説くものとされる記述を挙げている。(24)今その一々を取り上げることはできないが、結論から言えば、初住について明示的に述べるのは『華厳経』のみであり、他の経文は直接に初住を説明しているのではない。円教の初住は、五十二位の中の初住というよりも、三種発心と三徳涅槃の境界に対して初発心住と名付けているのであり、それは経証とされる文に示される「知一切法」・「得無生法忍」・「行般若智慧」・「成等正覚」・「転法輪」・「如来行」といった功徳に対応するものと考えられる。

一方、『華厳経』に関しては経文の原意としても初住の説明として説かれたものが、そのまま円教の初住の経証として用いられている。今その箇所を確認してみよう。

資料九（巻八・梵行品）

又復修二習増上十法一。何等為レ十。所謂是処非処智・去来現在諸業報智・一切諸禅三昧正受解脱垢浄起智・衆生諸根智・随諸欲楽智・種種性智・至一切処道智・無障礙宿命智・無障礙天眼智・断習気智、是為レ十。如レ是観二察如来十力甚深無量一、具二足長三養大慈悲心一、悉分二別衆生一而不レ捨二衆生一、亦不レ捨二寂滅一行二無上業一、不レ求二果報一、観二一切法如レ幻、如レ夢、如レ電、如レ響、如レ化。菩薩摩訶薩如レ是観者、以二少方便一疾得二一切諸仏功徳一。常楽観二察無二法相一、斯有二是処一。初発心時、便成二正覚一、知二一切法真実之性一、具二足慧身一不二由レ他悟一。[25]

資料一〇（巻九・初発心菩薩功徳品）

一切諸世界、無量難二思議一。菩薩能於二彼一念一悉周遍。遠二離虚妄想一、其心如二虚空一。清浄法身一、普応二一切世一。湛然常不動、十方無レ不レ現。分二別一切法一、不レ取二諸法相一。[26]

六十『華厳経』の全三十四品は、いわゆる七処八会に分けられる。このうち第三忉利天宮会乃至第六他化自在天宮会にかけての主題が、十住乃至十地に対応している。そして、今『四教義』（資料八）に引用された梵行品（資料九）と初発心菩薩功徳品（資料一〇）は、いずれも十住を説く第三会に属している。

その『華厳経』第三会の主部は、やはり十住について体系的に説く菩薩十住品第一一と考えられる。菩薩十住品には長行と偈文が含まれ、特に偈の部分では、十住に関する九十二偈半のうち凡そ半数に相当する四十六偈が初住（初発心住）を明かすものとなっている。つまり、それだけ初住を重んじているということであり、その中には次のような偈頌が含まれている。

資料一一（巻八・菩薩十住品）

能知二是処及非処、若我・非我如レ是等一、欲レ解二平等真実義一、菩薩因レ此初発心。

過去・未来・現在世、一切善悪諸業報、欲三善観二察悉平等一、菩薩因レ此初発心。

諸禅三昧及解脱、随順正受無レ所レ著、欲三善分二別垢・浄起一、菩薩因レ此初発心。

随二諸衆生根利鈍一、種種勤二修精進力一、悉欲二了達分別知一、菩薩因レ此初発心。

一切衆生種種欲、心好楽著二諸希望一、悉欲二了達分別知一、菩薩因レ此初発心。

一切衆生種種性、無量無辺不レ可レ数、悉欲二了達分別知一、菩薩因レ此初発心。

一切諸道所レ至処、八正聖路向二無為一、悉欲三了達知二其実一、菩薩因レ此初発心。

一切世界衆生類、流二転五道生死海一、欲下得二天眼一悉明達上、菩薩因レ此初発心。

於二過去世一切事一、如レ其体性所有相、悉欲三随順達二宿命一、菩薩因レ此初発心。

世間一切諸煩悩、所有結縛余習気、悉欲二覚知究竟尽一、菩薩因レ此初発心。[27]

この十偈は、先に挙げた資料九に説かれる十智と同様の内容を説いている。従って、十住の菩薩について論じる梵行品の中でも特に資料九の箇所は初住に関する記述とみなすことができ、それ故に「初発心時便成正覚」という名文句へつながるものと理解できよう。資料一〇の初発心菩薩功徳品も、言うまでもなく初住の功徳を述べた品であるから、つまるところ『四教義』に引用された資料九・一〇の記述は、『華厳経』の原意としても初住について説かれたものなのである。

『瓔珞経』と異なり、十住・十行・十廻向・十地がそれぞれ独立して完結する体系とも考えられる『華厳経』の場合は、[28]「初発心時便成正覚」という言葉に代表されるように、初発心住が仏の境界を知りその功徳を備えはじめる位と見なされている。そしてこのような『華厳経』の初住理解は、まさに円教の初住理解に他ならないと言えよう。したがって、円教初住の直接的指南は『華厳経』に拠ったのではないかと考えられ、それは智顗が『瓔珞経』の十住と『華厳経』の十住を全く別のものと捉えていたことを意味するであろう。

五　五品弟子位と十信位の関係

『法華玄義』巻五上に迹門十妙の位妙を説く中には、『法華経』薬草喩品に基づく六種の草樹に喩えて人天乗から円教人に至るまでの各位が解説され、円教に関しては初住に先立って五品弟子位と十信位が説かれる。五品弟子位と十信位をめぐっては、その関係について古来議論がなされてきた。いま扱っている『法華玄義』位妙段にて「今於二十信之前一、更明二五品之位一、云云。[29]」とあるように、十信位の前に五品弟子位を位置付けるのが基本説ではあるが、『摩訶止観』巻七下には「若依二普賢観一、即以二五品一為二十信五心。[30]」とあり、五品弟子位が十信位に摂められる場合もあるのである。この問題は、いわゆる「判摂の五品」として、日本天台においても種々の見解が提示されることとなった。[31]いまこれについて深く立ち入ることはしないが、佐藤哲英氏の説によれば、智顗は晩年に自ら五品弟子位にあることを体認していながら、終生円教行位としては五品弟子位を用いずに『瓔珞経』の七位説（十信乃至妙覚）に拠ったのであり、五品弟子位を加えた八位説が形成されたのは灌頂の手によるところが大きく、その成果が示されたのは智顗滅後に現行本へと修治された『法華玄義』であったと考えられている。[32]

改めて『法華玄義』位妙段を参照すると、「論二諸次位一非二徒臆説一。随二順契経一、以二四悉檀一明レ位無レ妨。還約二七種一以明二階位一。謂十信・十住・十行・十廻向・十地・等覚・妙覚。[33]」として、円教の行位は四悉檀の因縁を以て解種々に論じられ、臆説するのでなくあくまでも契経に随順するものであるとして、十信乃至妙覚の七位に約して解説することを宣言している。ところがその直後に、「今於二十信之前一、更明二五品之位一。云云。[34]」とあって、宣言した七位に含まれていない五品弟子位の解説が唐突に始まるのである。そして五品弟子位の解説の最後には、「私謂、……大意如レ此。云云。[35]」という灌頂の私記が添えられている。

佐藤氏は、この「今於……云云。」という導入と、「私謂、……云云。」という末尾の部分が灌頂によって書き加えられたものと見ているが、五品弟子位そのものが灌頂によって組み込まれたものだとしたら、その解説部分（大正三三・七三二頁上～下）が丸々灌頂の加筆である可能性も否定できないのではなかろうか。というのも、五品弟子位に続いて十信位を解説するにあたり、その冒頭に「一明二十信位一者、……[36]」とあって、最初の宣言通り十信位を一番目の行位として扱っているのである。そして、当然ながら次の十住の冒頭は「二明二十住位一者……[37]」となっている。

こういったことを考慮すると、十信位の前に五品弟子位を加えるというのは、少なくとも智顗の意図するところではなかった可能性が高い。そして先に見たように、円教行位は契経に随順し徒に臆説するものでない、という大前提に立ち返ると、『瓔珞経』に基づく十信位と、『法華経』に基づく五品弟子位をつなぎ合わせることは、その意に反するものとも考えられる。

また、『法華玄義』位妙段には次のようにも説かれる。

資料一二

此経分別功徳品明二初心五品弟子之位一。文甚分明。法師功徳品明二六根清浄相一。方便品云、諸仏為二一大事因縁一故出二現於世一。為レ令三衆生開二仏知見一。四句南岳師解云、開仏知見是十住位、示仏知見是十行位、悟仏知見是十廻向位、入仏知見是十地・等覚位。皆言二仏知一者得二一切種智一也。皆言二仏見一者悉得二仏眼一也。又経云三是為二諸仏一大事因縁一者、同入二一乗・諸法実相一也。又云三唯仏与レ仏乃能究二尽諸法実相一者、即是妙覚位也。又譬喩品、諸子門外索レ車、長者各賜二等一大車一。是時諸子乗二是宝乗一遊二於四方一、嬉戯快楽、自在無礙、直至二道場一。言二四方一者、即譬二開・示・悟・入四十位一也。直至二道場一、即是究二尽実相一妙覚位也。序品中、天雨二四華一、表二此四十因位一也。如二上所レ引衆経為レ証。及引二今文一明二四十二位一炳然。皆是無次位之次位、達二於実相一増道損生論二次位一耳。(38)

ここでは南岳慧思の解釈を引用する形で、四仏知見が十住乃至十地・等覚に対応していると明かされる。慧思がこのような説を唱えていたのか定かではないが、少なくとも智顗は、大白牛車の宝乗に乗じて四方に遊ぶという譬喩品の記述(39)を開・示・悟・入の四十位（厳密には等覚までであれば四十一位であるが）と解していることからも、このような対応関係を認識していたのであろう。資料一二において四仏知見に先立って言及している五品弟子位と六根清浄は、どちらも『法華経』に基づく行位であるため、契経に随順するという円教行位の原則からしても、四仏知見とは縦の関係にあるものと考えられる。一方で、四仏知見と四十位が対応することを踏まえれば、五品弟子位および六根清浄は十信に対応するものと見るべきであろう。

要するに、『法華経』に基づく五品弟子・六根清浄・四仏知見の行位と、『瓔珞経』（あるいは『華厳経』）に基づく行位の系統は、並列に対応する横の関係であり、前後に位置する縦の関係ではないと考えられる。したがって、十信位の前に五品弟子位を組み入れてしまうのは、智顗の行位論としては不合理に思われるのである[40]。

また、位妙段の五品弟子位を明かす箇所では、「若人宿殖深厚、或値二善知識一、或従二経巻一円聞二妙理一。謂一法一切法、一切法一法、非一非一切、不可思議、如二前所一レ説。起二円信解一、信四一心中具下十法界上如三一微塵有二大千経巻一。欲レ開二此心一而修二円行一。円行者、一行一切行。略言為レ十[41]。」という導入文に続いて十乗観法が説かれる。同じく位妙段の十信位を明かす箇所でも、「一明二十信位一者、初以二円聞一能起二円信一、修二於円行一善巧増益、令二此円行五倍深明一。因二此円行一得レ入二円位[42]。」という導入文に続いて十乗観法が説かれる。この二つの導入文を比較すると、円聞によって円の信解を起こし円行すなわち十乗観法を修す、という一連の流れが全く共通している。そして円行を修すことによって、五品弟子位の場合は「開此心」、十信位の場合は「得入円位」という境地に至るとされ、今までの考察を踏まえれば、この「開此心」は開仏知見と、「得入円位」は初住に入ることと対応していると考えられよう。また、十信位では円行を五倍に深明ならしめて円位に入るとあり、つまり初信から第十信までの間に円行が五倍に深まっていくものと読み取れるが、同様に五品弟子位においても第一品から第五品にかけて十乗観法が五倍に深まることが張堂興昭氏によって指摘されている[43]。

これらのことからも、五品弟子位と十信位は本来並列した横の対応関係にあり、五品弟子位は四仏知見と縦の関係にあること、十信位は十住位と縦の関係にあることを窺い知ることができる。そして、初住や開仏知見を目指す十信位および五品弟子位の行として十乗観法が関わっていることは、『摩訶止観』の主題を考える上でも注意される。

六　止観の果報としての初住

これまで見てきたように、十信位や五品弟子位の者が十乗観法を修すということを踏まえると、その十乗観法を基軸とする『摩訶止観』の修道論も、十信位や五品弟子位の者が、円教の初住・開仏知見に至るためのものであると考えられる[44]。そのことは、『摩訶止観』巻七下で陰入界境の十乗観法を説き終えた後に、「今止観進趣方便斎レ此而已。入住功徳今無レ所レ論、後当二重弁一。是十種法名二大乗観一。学二是乗一者名二摩訶衍一。[45]」とあって、入住の功徳は今に論ずるところ無し、としていることからも窺い知ることができよう。

また、『摩訶止観』巻二下には止観の果報を明かして、「第三為レ明二菩薩清浄大果報一故、説二是止観一者、若行違二中道一即有二二辺果報一。若行順二中道一即有二勝妙果報一。……今論二果報一隔在二来世一。[46]」とあり、行が中道に違えば二辺の果報があり、行が中道に順ずれば勝妙の果報があること、そして今論ずる果報というのは今世ではなく来世にあることが説かれている。この勝妙の果報というのが具体的に何なのか、この記述のみでは知ることができないが、おそらく初住に入るということではないかと考えられるのである。

まず注目されるのが、「三賢十聖住二果報一、唯仏一人居二浄土一。[47]」という伝鳩摩羅什訳『仁王般若経』巻一の文である。三賢十聖は十住乃至十地のことであるから、つまりこれを以て果報とは初住以上の行位であるとも言えよう。そしてこの経文を、智顗はしばしば引用しているのである。

例えば、『摩訶止観』巻五上、陰入界境の観不思議境を明かす中には、「別・円菩薩惑未レ尽者、同二人天・方便等一住。断レ惑尽者依二実報土一住。如来依二常寂光土一住。仁王経云、三賢十聖住果報、唯仏一人居浄土。[48]」とある。

別教および円教の菩薩のうち、惑の未だ尽きぬ者は人天・方便（凡聖同居土および方便有余土）等に同じく住し、惑を断じ尽くした者は実報土に住し、如来のみは常寂光土に住すとされ、このことを示す経文として先の『仁王般若経』の「三賢十聖住果報……」という箇所を挙げている。この観不思議境の記述は、先に見た止観の果報を明かす記述と通ずるものと思われる。すなわち、惑の未だ尽きぬ者というのは先の中道に違う行者に、惑を断じ尽くす者というのは先の中道に順ずる行者にそれぞれ対応し、来世の果報として前者は凡聖同居土や方便有余土に、後者は実報無障礙土にそれぞれ生を受ける、と解釈できるのではなかろうか。

そして、この実報無障礙土は円教初住以上の者の住する国土であることが、『維摩経文疏』巻一に説かれている。

資料一三

三明二果報国一者、即是因陀羅網蓮華蔵世界、純諸法身菩薩所レ居也。以三其観二一実諦一能破二無明一、顕二法性一、得二真実果報一而無明未レ尽、猶為二無明一潤二無漏業一、受二法性報身一。報身所レ居、依報浄域即是国也。以下観二実相之理一発中真無漏上所レ得果報故名為レ実、修レ因無二定報一得二色心果一、所レ居依報無礙自在故名二果報一。亦得レ言二実報無障礙土一也。言二無障土一者、一世界摂二一切世界一、一切世界亦如レ是、此名二世界海一、亦名二世界無尽蔵一。別教依二初地一入二此世界一。……若円教義、初住已上生二実報土一。出二何経説一。答。仁王般若経云、三賢十聖住二果報一。当レ知、以二果報一為レ土也。[49]

ここでも『仁王般若経』の「三賢十聖は果報に住す」という文を引用し、実報無障礙土が円教の三賢十聖の国土であることを述べている。また、実報無障礙土が蓮華蔵世界や報身と関連付けられていることも注目される。『華厳経』の蓮華蔵世界と天台教学との関連については、既に安藤俊雄氏によって考察されているが[50]、このような蓮華蔵世界の有り様は初住において証悟されるものであるならば、初住に到達せねば体得できないということになる。

しかしその初住は、実報無障礙土に往生した境界であるから、結局のところ今生とは隔絶された世界であると言えよう。そのことは、『維摩経文疏』巻一一の文からも知ることができる。

資料一四

若至二法華開仏知見一、即是得二無生法忍一入二初発心住一。捨レ命之時則不レ生二有余之国一、即生二果報浄土華王世界一、為二盧舎那眷属一。唯聞二円教之説一、心心寂滅自然流二入薩婆若海一也。[51]

ここでも明らかなように、初住に入り果報浄土華王世界、すなわち蓮華蔵世界に生じて盧舎那仏の眷属となることは、父母所生の身すなわち今生の命を捨てて、[52]凡聖同居土から実報無障礙土に往生するということであり、それを資料一三では「法性報身を受く」と表現していたのである。

円教の初住は、生死（分段身）を捨てた法性報身の世界（実報無障礙土）における始点（初発心）と言えるが、衆生が住する生死の世界（凡聖同居土）から見れば終点としての意味を持つ。[53]その終点としての意味を考える時、現実的に目指すべき行位は未来世の初住というよりも今生での六根清浄ということになろう。すると、天台の修道として本質的に目指すべき円教行位も、初住というよりも六根清浄なのではなかろうか。そもそも六根清浄は、『法華経』法師功徳品に、『法華経』を受持・読・誦・解説・書写することによって、善男子・善女人は六根の清浄を得ることが説かれていることに由来する。[54]ここで重要なのは、清浄を得る六根というのがあくまでも父母所生の身体を前提としていることで、つまり未来世の果報としてではなく、今生の肉身において清浄を得るということである。法師功徳品の意根清浄を説く箇所では、次のように述べられている。

資料一五

若善男子、善女人、如来滅後受二持是経一、若読、若誦、若解説、若書写、得二千二百意功徳一。以二是清浄意根一、乃至レ聞二一偈一句一、通二達無量無辺之義一。解二是義一已、能演二説一句一偈一、至二於一月・四月乃至一歳一。諸所レ説法随二其義趣一、皆与二実相一不二相違背一、若説二俗間経書・治世語言・資生業等一、皆順二正法一。三千大千世界六趣衆生心之所行・心所動作・心所戯論、皆悉知レ之、雖レ未レ得二無漏智慧一、而其意根清浄如レ此。是人有所思惟・籌量・言説、皆是仏法無レ不二真実一。亦是先仏経中所レ説。[55]

これによれば、『法華経』の五種法師行によって意根清浄を得ると、実相と相い違背せず仏の法を説くことができるというのである。このことは法師品に、「若聞二是深経一、決二了声聞法一。是諸経之王、聞已諦思惟。当レ知此人等、近二於仏智慧一。[56]」とあることともつながっているだろう。要するに、『法華経』を読んで仏と同様の力用を発揮できるという真実を知るか知らないかが、六根清浄になるかならないかの差ということになる。そしてこの真実こそ、あるいは一仏乗と言うべきものと考えられる。『摩訶止観』を筆頭とした天台の修道体系も、今生において一仏乗の真実をいかに体得するかということを主眼とするものと考えられ、それは智顗独創の円教行位とされる六即においてより明瞭に看取される。

七　六即について

そもそも六即が説かれる意義というのは、卑下心と増上慢心を対治することにある。[57]『四教義』巻一一に「円教詮二因縁即中道・不思議仏性涅槃之理一。菩薩稟二此教門一、理雖二非浅非深一而証者不レ無二浅深之位一。[58]」と説かれるように、円教によって明かされる理は浅深があるものではないが、行人がそれを証するにあたっては浅深の位が無いわけではない。これを履き違えてしまうのが卑下心や増上慢心であり、『摩訶止観』巻一下には次のように説かれている。

資料一六

約二六即一顕レ是者、為二初心是一後心是。答。如レ論二焦・炷一。非レ初不レ離レ初、非レ後不レ離レ後。若智・信具足、聞二一念即是一、信故不レ謗、智故不レ懼。初後皆是。若無レ信高三推聖境非二己智分一、若無レ智起二増上慢一謂二己均レ仏。初後倶非。為二此事一故、須レ知二六即一。[59]

信が無い場合は聖境が自分と隔絶された境界であると思い込み（卑下心）、智が無い場合は己が仏に均しいと思い込んでしまう（増上慢心）。そこで六即は、卑下心に対しての「即」の面と増上慢心に対しての「六」の面によって、円教の教理と行人の証との関係を示しているのである。

六即に関してはこれまでも多くの研究者が言及してきたが、五十二位や五品弟子・六根清浄位との関係について、必ずしも明らかとは言い難い[60]。議論が錯綜してしまう要素は大きく二つあるように思われる。一つは十信位と五品弟子位の関係性についてであり、もう一つは十信位そのものを指す場合と十信を満たした位を指す場合の混同である。

一つ目の問題に関しては、既に考察したように十信位と五品弟子位は縦の関係と考えるべきでなく、行位としては横並びに捉えるべきということである。例えば『四教義』巻一一、円教における十乗観法の第八識次位を明かす箇所では、「因二此観行分明一成二五品弟子一。即是観行即。得二六根清浄一名二相似即一。[61]」とあって、五品弟子位が観行即とされる。一方、同じく『四教義』巻一一、円教の十乗観法と十心（十信心）を修すことの対応を明かす箇所では、「是以菩薩知二生死即涅槃一、知二煩悩即菩提一。故能巧修二此十法一。即是修二十信心一。名二観行即一。[62]」とあり、十信心を修すことすなわち十信位が観行即にあたることを示している。これらは矛盾するものでなく、五品弟子位と十信位が横並びであるから、どちらも観行即と解釈されるのである。また『摩訶止観』巻六下の横竪不二の破法遍を明かす箇所では、「第五品転入二六根清浄一。名二相似位一。」[63]とあることからも、第五品の次が六根清浄位であり、それがまた相似即であることが知られる。

一方、十信位の次は十住位である。『摩訶止観』巻一下には、「分真即者、因二相似観力一入二銅輪位一。初破二無明一見二仏性一、開二宝蔵一顕二真如一。名二発心住乃至等覚一。」[64]とあり、初住乃至等覚の四十一位は分真即であることが知られる。では相似即はどう対応するのかと言えば、先と同じ『四教義』巻一一、円教の十乗観法と十心の対応を明かす箇所には、「若得二三昧陀羅尼門一、得レ入二初信心位一。如レ此一信有レ十。十信有レ百。成二鉄輪十信心位一。住二此信中一、得二六根清浄功徳不可思議一。」[65]とあるように、十信心（十乗観法）を十回成し終えた、つまり十信を満たした境界を鉄輪十信心位と称し、この鉄輪十信の中に住して六根清浄の功徳を得るとされる。このことから、鉄輪十信が六根清浄位と対応することが知られ、これを以て相似即とみなすべきであるのだが、鉄輪十信が十信位そのものを指すと捉えてしまうと辻褄が合わなくなる。これが二つ目の問題である。『摩訶止観』巻七下には「五品之位在二十信前一。」[66]といった記述もあり、やはり五品弟子位は十信位と前後の関係にあるのではないか、という指摘もあるだろうが、この「十信」というのも十信を満たした鉄輪十信のことと解せば、「五品弟子位は鉄輪十信（つまり六根清浄位）の前に在り」という意味に読み取ることができ、整合性が取れるものと考えられる。以上のことをまとめると、観行即は五品弟子位および十信位と対応し、相似即は六根清浄位および鉄輪十信と、分真即は四仏知見および初住乃至等覚の四十一位と対応するということになるであろう。[67]

さて、六即の六が理・名字・観行・相似・分真（分証真実）・究竟であることは言を俟たないとしても、これらが何と即であるかということは今一度考える必要があろう。これに関して参考になるのが、『維摩経玄疏』である。

『維摩経玄疏』巻二では、三観を明かす中に成諸乗義という項目が立てられ、別相（三乗について）と一心（一仏乗について）に分けて乗の義が解説される。これを四教の分別で言えば、別相は蔵教乃至別教の教理、一心は円教の教理ということになる。このうち別相の段では、「今通明㆓乗義㆒有㆓六種不同㆒。一理乗、二教乗、三行乗、四相似乗、五分証真実乗、六究竟乗。[68]」とあるように、六即の六にあたる六乗の不同について説かれている。一方、一仏乗を明かす一心の段には次のような記述がある。

資料一七

今明㆓一心三観㆒会㆓成大乗㆒者、大名㆓不可思議㆒、乗以㆓能運㆒為㆑義。一心三観境・智並是不思議法、能運㆓菩薩㆒至㆓於道場㆒故名㆓大乗㆒。此須㆘約㆓六即㆒明㆗円教一仏乗㆖。即是六種大乗義也。一明㆓理即大乗㆒者、涅槃経云[69]一切衆生皆是大乗也。[70]

ここで、大は不可思議、乗は能運の義とされ、一心三観の境・智が不思議の法であり能く菩薩を道場に至らしめることから大乗と称されている。そして、六即に約して一仏乗を明かすというのも六種の大乗義ということであるとされ、円教の立場では六乗の一々が大乗であること、すなわち六乗即大乗を六即と言い表していることが知られる。したがって、資料一七に続く箇所では理即大乗乃至究竟即大乗について説かれている。

これを要するに、まだ仏教を見聞すらしない段階の理乗においても一切衆生は大乗に即している、つまり一仏乗であり、これが六乗全ての段階において一貫しているのである。そして、『維摩経玄疏』における六即の解説の中で最も詳しいのが観行即についてであり、引用は略すがここでも円教の十乗観法が説かれている。このことは、これまでの考察とも符合するだろう。

ところで、十乗観法は十法成乗とも称される。これについて『維摩経玄疏』巻二では、「今採㆓経論㆒撰㆓十意㆒以成二乗義一者、為レ欲レ令三一家義学禅坐之徒知二仏法大小乗経論所レ明入道正意一。[71]」と説かれ、十意を以て乗の義を成じ、大小乗の経論に明かすところの入道の正意を知らしめるとしている。したがって、十乗観法というのは乗の義を成ずる為の体系ということであり、円教で言えばそれは大乗・一仏乗の義を体得していくことに他ならないだろう。

そしてこのような観行即の前提となるのが名字即である。名字即大乗について『維摩経玄疏』巻二には、「二名字即大乗者、縁レ理即発二大乗心一也。[72]」とあって、（大乗・一仏乗という）理を縁じて大乗心を発すものとされる。この「理を縁ず」ということについて、『摩訶止観』巻一下には、「或従二知識一或二従経巻一、聞二上所レ説一実菩提一、於二名字中一通達解了、知二一切法皆是仏法一。是為二名字即菩提一。[73]」と説かれ、すなわち善知識や経巻に従ってことばの上で一切法はすべて仏法であることを理解するのが名字即であり、それを『維摩経玄疏』では「理を縁じて大乗心を発す」としていたのである。このように、名字即にて大乗・一仏乗を理解してから観行即での行が始まるのであり、換言すれば、円教の行は大乗・一仏乗であるという真実が起点となっているのである。

いずれにしても、一切衆生はどの段階においても大乗・一仏乗に即している。このことを明確にする行位が智顗の独創とされる六即であり、経典に基づく五十二位説や五品弟子位等を適宜用いながらも、『摩訶止観』巻一下に「円観二諸法一皆云二六即一。故以二円意一約二一切法一悉用二六即一判レ位。[74]」と説かれる所以であろう。

八　小　結

以上、『瓔珞経』の行位と円教行位の差異といった基本的な問題に始まり、天台行位論の目指すべき境界はいかなるものか、それが『華厳経』や『法華経』等とどういった関係にあるのか、といったことを考察してきた。『瓔珞経』と『華厳経』の行位は同一視されがちであるが、『瓔珞経』の初住と『華厳経』の初住では呼称は同じでも意味内容に違いがあり、天台としてはそれを別教と円教の違いとして受容したと考えられる。

『華厳経』の影響が大きいと考えられる円教の初住は、円教の教理を説く中で重視される一方、『摩訶止観』等の記述では行者にとっての未来世の果報として描かれている。そのことを踏まえると、行者自身の行位として重視されるべきは十乗観法を修す五品弟子位・十信位・観行即であり、『摩訶止観』の修道論というのは、これらの行者が今生での六根清浄・相似即を目指す体系であると考えられる。その点、智顗が晩年に自ら五品弟子位にあることを自認したとされることは興味深い。智顗が『華厳経』から初住の行位を、『法華経』から六根清浄の行位を構築したことは、すなわち『華厳経』が始点としての立場（悟りの世界を説き明かすこと）を、『法華経』が終点としての立場（現実世界をいかに捉えるかということ）を重視していることを示す。そして、天台修道論の主眼は後者にあり、法華の実践法門とされる所以もそこに存すると思われる。

註

（1）船山徹『仏教の聖者　史実と願望の記録』臨川書店、二〇一九、八二頁。
（2）船山徹『仏教の聖者　史実と願望の記録』臨川書店、二〇一九、九三頁。
（3）『四教義』巻九（大正四六・七五二頁中）。
（4）福田堯頴『天台学概論』中山書房仏書林、二〇〇五（初版は一九五四）、一九五頁。
（5）『瓔珞経』巻上（大正二四・一〇一二頁下）。
（6）『瓔珞経』巻上（大正二四・一〇一一～一〇一二頁）および巻下（一〇一七頁）を参照。
（7）『瓔珞経』巻下（大正二四・一〇一七頁上中）。

(8)『瓔珞経』巻上（大正二四・一〇一四頁中）。

(9)大正蔵の校訂註に従う。

(10)『瓔珞経』巻上（大正二四・一〇一四頁下）。

(11)大正蔵の校訂註に従う。

(12)『瓔珞経』巻上（大正二四・一〇一六頁上）。

(13)『瓔珞経』巻下（大正二四・一〇一七頁下）。

(14)『四教義』巻一一（大正四六・七六三頁上）。

(15)『四教義』巻一一（大正四六・七六四頁上）。

(16)『四教義』巻一〇（大正四六・七五五頁下〜七五九頁上）。

(17)『四教義』巻一一（大正四六・七六三頁下〜七六四頁上）。

(18)ただし、『法華玄義』巻五に円教の行位を明かす箇所では、「三明二十行位一者、即是従二十住一後……」（大正三三・七三四頁中）、「十廻向位者、即是十行之後……」（大正三三・七三四頁下）などとあって、十行は十住の後に、十廻向は十行の後にそれぞれ位置することが述べられているため、十住乃至十地の扱いについては今後更なる検討を要する。

(19)『四教義』巻一一（大正四六・七六三頁上中）。

(20)『維摩経』巻上（大正一四・五四三頁上）および巻中（五五一頁下）を参照。

(21)大品『般若経』巻二（大正八・二二六頁上中）、巻一（二二一頁下〜二二二頁中）および巻五（二五六頁上）を参照。

(22)『法華経』巻四（大正九・三五頁中下）を参照。ここに説かれる龍女成仏は、特に日本天台における即身成仏論の中で非常に重要なものとなるのであり、そのような視点からは、既に大久保良峻博士が『最澄の思想と天台密教』法藏館、二〇一五、三三〜五二頁において考察を行っている。こういった後世の議論を呼び起こしたのも、龍女成仏が初住の教証として扱われているからであろう。

(23) 南本『涅槃経』巻三四（大正一二・八三八頁上）および巻一一（六七三頁中）を参照。
(24) 初住を明かす経文については、大久保良峻博士も詳しく論じている。大久保良峻「初住位尊重に関する安然の円密一致観」（『平安・鎌倉の天台』山喜房佛書林、二〇二一、一三〇～一四一頁）を参照。
(25) 六十『華厳経』巻八（大正九・四四九頁下）。
(26) 六十『華厳経』巻九（大正九・四五五頁上）。
(27) 六十『華厳経』巻八（大正九・四四六頁下～四四七頁上）。
(28) 船山徹『仏教の聖者　史実と願望の記録』臨川書店、二〇一九、八五～九〇頁。
(29)『法華玄義』巻五上（大正三三・七三三頁上）。
(30)『摩訶止観』巻七下（大正四六・九九頁上）。
(31) 大久保良峻『台密教学の研究』法藏館、二〇〇四、一九九～二〇五頁、および張堂興昭「大蘇開悟の証位と「判摂の五品」――最澄教学からのアプローチ――」（大久保良峻教授還暦記念論集刊行会編『天台・真言　諸宗論攷』山喜房佛書林、二〇一五所収）などを参照。
(32) 佐藤哲英『続・天台大師の研究』百華苑、一九八一、四三三～四三五頁。
(33)『法華玄義』巻五上（大正三三・七三三頁上）。
(34)『法華玄義』巻五上（大正三三・七三三頁上）。
(35)『法華玄義』巻五上（大正三三・七三三頁下）。
(36)『法華玄義』巻五上（大正三三・七三三頁下）。
(37)『法華玄義』巻五上（大正三三・七三四頁上）。
(38)『法華玄義』巻五上（大正三三・七三五頁上中）。
(39)『法華経』巻二（大正九・一四頁下）。
(40) このことに関連して若杉見龍氏は、『四教義』に十信位の説明として説かれる内容が、『法華玄義』では五品弟子位の箇所と十信位の箇所に分けて説かれていることを指摘している。若杉見龍「五品弟子位について」『棲神』五

一、一九七九、一六〜二〇頁参照。
(41)『法華玄義』巻五上（大正三三・七三三頁上）。
(42)『法華玄義』巻五上（大正三三・七三三頁下）。
(43) 前掲注（31）張堂興昭「大蘇開悟の証位と「判摂の五品」――最澄教学からのアプローチ――」、一〇八頁。
(44) このことについては安藤俊雄氏も指摘をしているが、安藤氏は具体的に『摩訶止観』の記述からそのことを論証しているわけではない。安藤俊雄『天台学　根本思想とその展開』平楽寺書店、一九六八、一四〇頁および一五二頁。
(45)『摩訶止観』巻七下（大正四六・一〇〇頁上）。
(46)『摩訶止観』巻二下（大正四六・二〇頁上中）。
(47)『仁王般若経』巻一（大正八・八二八頁上）。
(48)『摩訶止観』巻五上（大正四六・五三頁上）。
(49)『維摩経文疏』巻一（続蔵一―二七、四三三丁右上下）。
(50) 安藤俊雄『天台学　根本思想とその展開』平楽寺書店、一九六八、一四七頁。
(51)『維摩経文疏』巻一一（続蔵一―二八・三〇丁右下）。
(52) このような生身の捨・不捨については、即身成仏に関する問題と結びつき特に日本天台において議論されるようになった。大久保良峻『台密教学の研究』法藏館、二〇〇四、一一五頁参照。
(53) このことに関連して船山徹氏も、インド仏教では始点として捉えられていた初地が、中国仏教の修行論では事実上終点の扱いへと転換したことを指摘している。船山徹『仏教の聖者　史実と願望の記録』臨川書店、二〇一九、九三〜九五頁参照。
(54)『法華経』巻六（大正九・四七頁下）。
(55)『法華経』巻六（大正九・五〇頁上）。
(56)『法華経』巻四（大正九・三二頁上）を参照。この「近於仏智慧」という文言は、『法華文句』巻八上にて、「今言レ近者、正近二初住菩提一。又望二円果一而修二円因一、得二似解一者。名レ之為レ近。」（大正三四・一一〇頁下）と解説され、初住に近い相似の解を得る境界であることが分かり、これも六根清浄が相似即であることの証左となる。

(57) 大久保良峻『天台教学と本覚思想』法藏館、一九九八、七九頁、および大野栄人『天台止観成立史の研究』法藏館、一九九四、六〇八頁を参照。

(58)『四教義』巻一一（大正四六・七六〇頁上）。

(59)『摩訶止観』巻一下（大正四六・一〇頁中）。

(60) 例えば宮部亮侑「天台智顗と六即」『印度学仏教学研究』第五九巻第二号、二〇一一では、『四教義』の記述に基づくと十信位が名字即・観行即・相似即と様々に解釈され得るものとしている。

(61)『四教義』巻一一（大正四六・七六二頁中）。

(62)『四教義』巻一一（大正四六・七六二頁下）。

(63)『摩訶止観』巻六下（大正四六・八五頁上）。

(64)『摩訶止観』巻一下（大正四六・一〇頁下）。

(65)『四教義』巻一一（大正四六・七六二頁下）を参照。また、この「如レ此一信有レ十。十信有レ百。」という記述は、一信位ごとに十心（信心・念心・進進心・慧心・定心・不退心・廻向心・護法心・戒心・願心）を修すということであり、これは『瓔珞経』巻上（大正二四・一〇一一頁下）に、「未レ上レ住前有二十順名字一。菩薩常行二十心一。所謂信心・念心・精進心・慧心・定心・不退心・廻向心・護心・戒心・願心。仏子、修二行是心一、若経二一劫・二劫・三劫一、乃得レ入二初住位中一。住二是位中一、増二修百法明門一。所謂十信心。心心有レ十。故修二行百法明門一。」とあるに基づく考え方である。『四教義』巻一一では、この十心を修すということが十乗観法に対応するものとされるので、従って十信位では一信位ごとに十乗観法を修して第十信ではいわば百乗観法となる。そしてこのことは、『摩訶止観』の構造とも興味深い共通点がある。すなわち『摩訶止観』の正修止観章では、陰入界境乃至菩薩境の十境に対してそれぞれ十乗観法を修すことが説かれるのであり、十境のいずれか一境に対して十乗観法を修すのが第一信、二つの境に対して行うのが第二信……という対応関係にある可能性も考えられるのではなかろうか。

(66) 大正四六・九九頁上。

(67) 本稿で提唱する円教行位をまとめると左の通りとなる。

【七位説】	【六位説】	【六即説】
		理即
		名字即
十信		
第一信〜第十信の在位	五品弟子	観行即
十信を満たした境界（鉄輪十信）	六根清浄	相似即
十住	開仏知見	分真即
十行	示仏知見	
十廻向	悟仏知見	
十地・等覚	入仏知見	
妙覚		究竟即

(68) 大正三八・五三〇頁上。

(69) ここで引用される南本『涅槃経』の文は、巻二三の「菩薩了㆔知一切衆生皆帰㆓一道㆒、一道者謂大乗也。」（大正一二・七五九頁中）という箇所と思われる。

(70) 大正三八・五三〇頁下。

(71) 大正三八・五三〇頁中。

(72) 大正三八・五三〇頁下。

(73) 大正四六・一〇頁中。

(74) 大正四六・一一頁上。

最澄・徳一論争における報身常無常論

武本宗一郎

一　はじめに

報身仏に関する問題には、自受用身との関係性において、所居の仏土や色相の有無など、いくつかの論点が存在する。就中、報身仏、およびその智が常住か無常かという論点は、中国仏教や海東仏教において、仏身論の脈所として盛んに議論された。その影響は日本仏教にも波及し、報身常無常論は、奈良時代に三論宗と法相宗間の論争で争点の一つとなる。そして平安時代初期には、天台宗の最澄と法相宗僧の徳一との間で交わされた教理論争でも議論され、後代に至るまで、天台宗と法相宗の教理的角逐の代表的な争点となっていく。

仏身論に関する主要な先行研究を概観すると、まず、その提要を述べた田村芳朗氏の論考がある。[1] 自受用身に関する研究では、天台教学の視座からは大久保良峻氏、[2] 法相唯識学の視座からは長谷川岳史氏の諸研究が挙げられよう。[3] また、最澄・徳一論争における報身常無常論については、浅井円道氏[4]や田村晃祐氏[5]による解説があるほか、因明学の視座からも検討が加えられている。[6]

従来、最澄・徳一論争における報身常無常論は、「有為報仏、夢裏権果、無作三身、覚前実仏。」や「三支之量、何顕二法性一。」といった有名な一節が含まれる点で注目されてきた。「無作三身」について、最澄自身の意図としては「円教の三身」という簡明な意味しか付与されていなかったが、のちの天台本覚法門では種々の含意を加えられることになっていく(7)。さらに中世には「有為報仏、夢裏権果」を詞書に詠んだ和歌が出るなど、日本文化に与えた影響も見逃せない(8)。また、「三支之量、何顕二法性一。」という一節は、因明の三支作法によって、法性の理を明かすことはできない、という意であり、後代の天台宗の因明軽視の立脚点となった(9)。

最澄・徳一論争における報身常無常論は、如上の本覚思想や因明学に多大な影響を残した一部分を中心に解明が進んできたのである。それらの研究が、重要な価値を有することは贅言を要しない。ただ、最澄・徳一論争における報身常無常論の議論内容や最澄が構想した仏身論についての考究は、必ずしも十分でないようであり、前後の時代の思想動向を踏まえて、検討を行う余地が残されていると思われる。

そこで本論文は、最澄・徳一論争を視座として、その前後の報身常無常論を整理することで、最澄が法相教学を超克するために構想した仏身論を思想史的に検証する。第一に、報身常無常論の前提となる三身説の概要を説明し、天台教学・法相唯識学における仏身論の基本説を確認する。その後、最澄・徳一論争の議論の基盤となっている、中国唐代の法宝と慧沼の説を吟味した上で、最澄・徳一論争の議論内容を考察する。最後に、最澄・徳一論争がその後の天台宗に及ぼした影響を確認する。

二　基本説の確認

①三身説の概括

そもそも報身とは、『十地経論』等に説かれる㊀法身・報身・応身の三身説の一身である。[10] 概して、「法身」は仏が証得した真如・理法としての身体とされ、「応身」が衆生を教化するために応現した身体とされるのに対して、「報身」は、仏が因時に修行した功徳の果報として得られた身体と定義される。

田村芳朗氏の区分に拠れば、[11] 三身説には㊀の類型に加えて、㊁『金光明経』に説かれる法身・応身・化身の三身説[12]や、㊂『摂大乗論』等に説かれる自性身・受用身・変化身の三身説[13]といった類型がある。㊁の説の特色は、法身に関して、証得される理としての側面である「如如」と、証得する智としての側面である「如如智」とに細別される点であり、それぞれ「理法身」、「智法身」と通称される。[14] 他方、㊂の説では、『大乗荘厳経論』巻三に示されるように、三身それぞれに自性常・無間常・相続常という常住の様態が規定されている。[15] また、受用身から、仏の内証の境地に在って自受法楽を享受する「自受用身」と、浄土において高位の菩薩に法を説く「他受用身」とが開出される点にも特徴がある。[16]

ここまで略説した三身をめぐる三説の内容を図示すると、次頁のようになる。

㊀㊁㊂の三身説が経論に明示される以上、東アジア仏教では、各三身間の関係性を整序し、統合的に把握することが仏身論の根本課題となった。その中でも、まず問題となるのが、㊁㊂における法身・自性身観の相違である。すなわち、㊁法身は、不変の真如（理法身）であると同時に、活動性を有する智（智法身）でもあるが、不変の理

である㊂自性身には活動性が無く、智のはたらきが発揮されるのは受用身とされる[17]。次に、法身・自性身観の相違に伴って、㊁㊂の応身・受用身観にも違いが生じている。㊁応身は、法身に相応して応現するのに対して[18]、㊂受用身は、自性身を所依として顕現する[19]。つまり、応身では、理・智の法身との一体性が強調され、活動性を持つ受用身（智）では、不変の自性身（理）との分離が強調されるのである。

この仏身観の相違は、報身常無常論と密接に関連する。なぜならば、報身を常住と捉えるか、無常と捉えるかの差異は、㊀法身・報身を、㊁法身・応身と㊂自性身・受用身との関係性の中でどのように把握するかという点に連動するからである。㊁法身・応身に引き付けて把握するならば、報身は理智の法身・応身に関説されることで、法身の常住性を保有するという結論に至る。一方で、㊂自性身・受用身に引き付けて把握するならば、報身は受用身に関説されることで、智としてのはたらきのみを有するので、無常であるという結論に帰着するのである。

以下には、㊀㊁㊂の三身説の関係性を簡便に図示する。なお、点線部が㊁㊂の仏身観の関係性において問題となる箇所である。

㊀『十地経論』など	㊁『金光明経』		㊂『摂大乗論』・『大乗荘厳経論』など		
法身	法身	如如（理法身） 如如智（智法身）	自性身		自性常
報身	応身		受用身	自受用身 他受用身	無間常
応身	化身		変化身		相続常

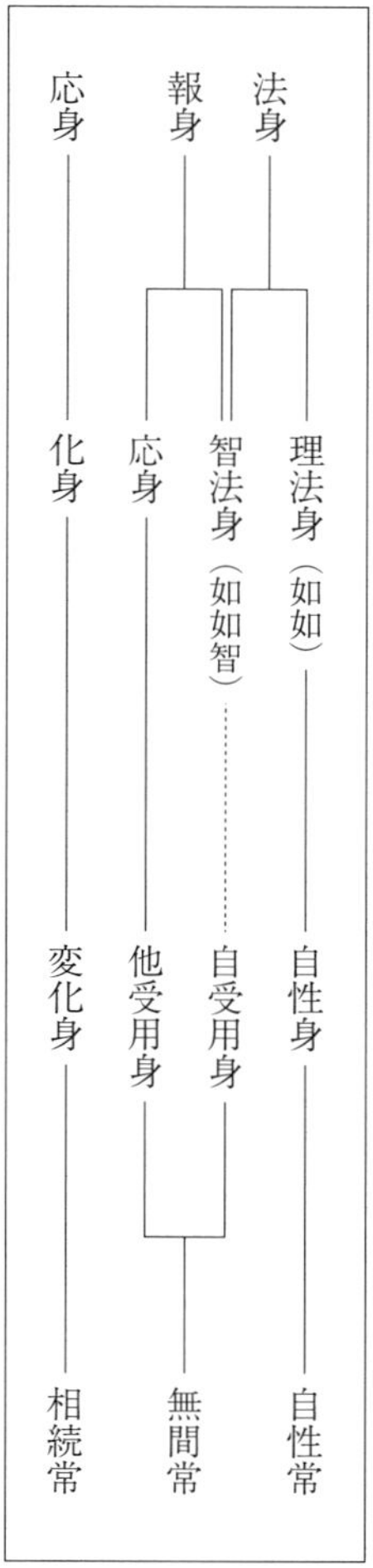

以降は、天台教学、および法相唯識学の報身常無常論に関する基本説を確認する。第一に天台仏身論について見ていく。

②天台仏身論の概括

言うまでもなく、天台教学における仏身論の綱格は三身即一に存する。その上で報身は、『法華文句』巻九下に「法如如智、乗二於如如真実之道一来、成二妙覚一。智称二如理一。従レ理名レ如、従レ智名レ来。即報身如来。[20]」と記されるように、仏が修行によって獲得した、理・智契合の身体と定義される。そして、その常住の様態は、以下のように説明されている。

詮二量報身如来一、以二如如智一、契二如如境一。境発レ智為レ報、智冥レ境為レ受。境既無量無辺、常住不滅、智亦如レ是。函大蓋大。文云、「我智力、如レ是。久修レ業所レ得。慧光照無量、寿命無数劫」。此是詮二量報身如来智慧命一也。[21]

ここでは、報身について、境（理）・智が契合しているので、恰も箱が大きければその蓋も大きいように、[22]境が常住であれば、報身智も常住であると述べられる。つまり、理・智の両側面を有する報身の常住の様態とは、智としての活動性を持つと同時に、理としての不変性も兼ね備えているのである。[23] ここで言われる理・智とは、『金光明経』の第一身である理法身・智法身と考えてよい。[24] このように天台教学では、報身を㈡法身・応身の関係性に引き付けて把握することが基調となっている。

なお、天台の仏身論において受用身が位置づけられるのは、湛然に至ってからである。「自受用報」・「他受用報」と言及されるように、[25] 湛然は自他の受用身を報身と結び付けて理解している。しかし、報身常無常論に関して言えば、報身と受用身の関係性の考究は十分なものではなかった。とりわけ、理として側面を併せ持つ報身の常住の様態と、後述する受用身の無間常という常住の様態との乖離に対する論及を欠いている点は、会釈すべき課題として後代に残されることになる。

以上、天台教学における仏身論の基本説を概観してきた。天台の仏身論における報身は、三身の一体性を前提としつつ、真如の理と契合する智としての側面が強調され、活動性と不変性を兼ね備えた常住の様態をしているのである。

③法相唯識学における仏身論の概括

次に法相唯識学の仏身論を確認していく。法相唯識学において、大円鏡智は自受用身智であり、これが報身智に当たる。[26] このため法相唯識学の報身常無常論は、『成唯識論』巻一〇に説かれる、四智の常住性に関する次の記述を基軸にして議論される。なお、文頭の「此れ」とは、「転依の果」[27]を指す。

此又是常。無㆓尽期㆒故。清浄法界、無㆑生無㆑滅。性無㆓変易㆒故、説為㆑常。四智心品、所依常故、無㆓断・尽㆒故、亦説為㆑常。非㆓自性常㆒。従㆑因生故。生者帰㆑滅、一向記故。不㆑見㆔色心非㆓無常㆒故。[28]

ここでは、同じ常住であっても、「清浄法界」（真如）と四智では、常住の在り方が異なることが示される。真如は、変易が無い自性常という不変の様態であるのに対して、四智は、その不変の真如を所依とするために、存在に間断が無く、また尽きることが無い。四智は、この無断・無尽という意において常住なのであって、真如のように不変常住ではないのである。この箇所について、基は『成唯識論述記』巻一〇末において、「其四智品体、無レ断及無レ尽故、説レ常。無断常者、是不断常義、報身也。無尽常者、是化身、相続常義。」[29]と註解し、報身を無断常（不断常）、化身を無尽常（相続常）と規定している。なお、無断常（不断常）・無尽常（相続常）は、先述の無間常・相続常と同じ意である。

さらに『成唯識論』では、四智が自性常ではない理由として、(1)四智が因より生じるから、(2)生じる者が必ず滅することは一向記であるから、(3)色心が常住であると現に観察されないから、という三因を挙げている。ここで示される「一向記」とは、四記答（一向記・分別記・返問記・捨置記）の一種であり、問いに対して全面的に断定できる際の返答法である[30]。すなわち、生じる者は必ず滅するかという問いには、どういった場合でも生じる者は必ず滅すると断定される。このため、生滅する四智は自性常ではないと言うのである。

また基撰『大乗法苑義林章』巻七では、四記答について、生数（衆生の範疇に属する者）に関する「人四記」と、法数（法の範疇に属する存在）に関する「法四記」とに分けて[31]、以下のように詳説している。

記有二四種一。一、一向記。二、分別記。三、返問記。四、捨置記。此記有レ二。一、人四記。二、法四記。人四記者、一、問二生者皆死耶一。答言、如レ是。応二一向記一。二、問二死者復生耶一。答言、応二分別一。有二煩悩一者、死而復生、無二煩悩一者、死而不レ生。応二分別記一。……法四記者、一、問二生者皆滅耶一。答言、如レ是。是一向記。二、問二滅者復生耶一。答言、此分別。有二因縁一者、滅而復生、無二因縁一者、滅而不レ生。二乗五蘊、無二大悲縁一。無余依滅、而更不レ生。如来之身、但堕二法数一、不レ堕二生数一。有二大悲一故、本願未レ尽。有二因縁一故、滅而復生。是分別記。……仏受用身、既堕二法数一、生者能滅。是一向記。故不レ可レ説二是本性常一。許三従レ因生、説二是常一者、違二比量一故。金光明中説、「法身者、非二是行法一。無レ有二異相一。異無レ有故、是自本故、是故説レ常」。如如法身、非二是行法一、無レ有二異相一。如如智法身、是自本故、理智広大、冥三合無相一、猶如二虚空一。是故説レ常。……如如智身、是不断常。衆生無レ尽、本願不レ窮。復不レ入二涅槃一、中間無二間断一。与レ智冥合、如二空無一レ限。亦離二分別及諸戯論一。是故説レ常。唯説二如如一、為二法身一者、唯自性常。……[32]

ここで注目すべきは、受用身が法四記の分別記において論じられている点である。

「分別記」とは、死・滅した者は再び生じるかという問いのように、賛否を場合ごとに区別する必要がある問いに対する返答法である。この問いの場合、煩悩・因縁がある者は再び生じるが、煩悩・因縁が無い者は再び生じることは無いという答えになる[33]。

さらに、この命題を人・法に分けて考えると、「人四記」では、死者が再び生じるか否かについて、煩悩の有無によって場合分けをして答え、「法四記」では、滅した法が再び生じるか否かについて、因縁の有無によって場合分けをして答えることになる。要は、人四記は衆生の一期の生死に関する問答であり、法四記は法の刹那の生滅に関する問答であると言えよう。

基は、受用身が法数であるという前提を踏まえて、二乗には大悲という縁が無いため、無余涅槃に入れば再び生じることは無いが、仏には大悲があり、一切の衆生を度脱させるという願が尽きることが無いため、この因縁によって、滅しても再び生じることができる、と説く。したがって、受用身智は、生じると必ず滅し（一向記）、大悲という因縁によって再び生じる（分別記）のであって、存在に生滅があるため、厳密には無常と規定できるのである。このため、受用身（報身）は、不変の常住の様態を示す自性常（本性常）とは異なり、存在に間断が無い無間常（不断常）という様態をしているのである。

上記のことを『金光明経』の三身説に準じて理解するならば、自性身を理法身、自受用身を智法身として把握することになる。(34)しかしながら、法相唯識学における自受用身の定義と、『金光明経』の智法身に関する記述とは、全面的に一致するわけではない。前者は、真如を所依として、存在に間断が無い点で常住であるものの、厳密には生滅があり、不変ではない。一方、後者では、智が真如と合一しているのであり、功用を発揮しながらも、不変常住の性質を有することが想定される。

智法身について、基は、虚空に限りが無いように、理・智が冥合していると表現しつつ、自受用身の定義に引き付けて、無間常であると解釈しているが、この説明では、両仏身の関係性が判然としない。このため、智法身・自受用身の常住の様態に不変性を認めるか否かという点は、次項で確認する法宝と慧沼の議論のように、唐代の唯識学者の間でも見解が分かれている。

三　法宝と慧沼の報身常無常論

報身仏の常住の様態に関する唐代の唯識学者間の見解の相違は、法宝と基の弟子である慧沼との論争において顕著に見られる。法宝が、報身の常住の様態に不変の側面があることを想定し、報身常住論の立場を採るのに対して、慧沼は、存在に間断が無い（無間常）という限られた意味において、報身は常住なのであり、厳密には報身は無常であるとする報身無常論に立つ。この論争は、のちの日本仏教において、最澄と徳一の議論の下敷きになっている

だけでなく、三論宗・法相宗間での報身常無常論にも多大な影響を与えた重要な議論である。(35)

まずは、報身・自受用身に不変性を認める法宝撰『一乗仏性究竟論』巻四の説から確認する。

然迷心違レ理、悟智順レ真。帯レ迷即頼耶無常、悟レ理即八識常住。密厳経中巻云、「阿頼耶識、是意等諸法習気所依、為三分別心之所二擾濁一。若離二分別一、即成二無漏一。無漏即常、猶如二虚空二」。楞伽第四云、「無漏習気、非二刹那法二」。准二密厳経一、亦是第八、無漏習気。第八識、既仏地、転成二大円鏡智一。故至二仏地一、方得レ名レ常。又金光明云、「法心〔身カ〕是常、応・化無常」。此経、説下仏証二真如一智上、以為二法身一。故知、自受用仏、定是常住。……成唯識論、限二已〔己カ〕見聞一、貶二量大聖一、妄以二三因一、証二仏無常一。一向記故。従レ因生故。不レ見三色心非二無常一故。対曰、此之三因、証三仏有二刹那壊一、違二自教一失。密厳経云、「密厳土中人、一切皆同レ仏、無レ有二刹那壊二」。又涅槃経云、「雖レ不二常住一、非二念念滅二」。四記論云、一切生皆死、是論二一向記一。若人死復生、是応二分別記一。有二煩悩一者、死而復生。若以二一切生皆死一故、即合三仏智、有二生必滅一。無二煩悩一者、死而不レ生、亦応二仏智、有レ滅而不二レ生。不レ可三一向記、即説二刹那一。分別記、即是分段。若謂下無二煩悩一者、死而不上レ生、不レ説二仏果一。一切生皆死、因レ何即説二如来一。復無二文証一、而違二聖教一。又因位、未レ見二仏性一。従レ因、是無常。果位、已見二仏性一。如境故、常住。……又金光明経、唯説二応・化一、亦常・無常。言二無常者一、不レ説レ従レ因。又答二外道難二云、「我、因無常、果是常也」。故知、不レ可下以二従レ因生一故、定証中無常上。又涅槃経云、「捨二無常色一、獲二得常色一。受想行識、亦復如レ是」。自受用身、唯仏能知。豈得下以二已不二レ見、即謂中生滅上。……自受用仏、即無二生滅一。非二三世一故。如二虚空一故。無二刹那一故。同レ如常故。後無レ滅故。惣説三仏智非レ常、非二無常一、如二金光明経・入楞伽経常無常品説一。雖レ説二一身、亦常・無常一、如智法身、唯非二行法一。雖三応・化身、有二念念滅一、如智不レ爾。

……(36)

法宝は、「阿頼耶識が無漏の大円鏡智に転依すれば、虚空のごとく常住である」という地婆訶羅訳『大乗密厳経』巻下の経文等を引いて[37]、自受用身（報身）が常住であることを主張する。要するに、因位の阿頼耶識は無常であるが、転依後、果位にある大円鏡智（自受用身智）は、真如と合一しているため常住であると言うのである。

ここで法宝が言う常住は、虚空のような不変性を備えた様態を想定しているのであり、自受用身智が無常であることを三因によって論証する『成唯識論』の説と背馳する。そこで、次に法宝は『成唯識論』の三因の一々に対して、反論を展開していく。

まず、⑴生じる者が必ず滅することは一向記であるから仏智は無常であるという第一因に対してである。法宝は、『大乗密厳経』巻上の「密厳浄土の人は、仏と同じく刹那滅が無い」という経文などを引く[38]。そして、もし一切の生じる者が必ず滅する（一向記）ならば、仏智にも生滅があるはずであり、また、もし煩悩が無い者は再び生じない（分別記）ならば、仏智もまた滅して再び生じないはずである、と述べる。そうであるならば、一向記は、仏に刹那滅が無いという『大乗密厳経』の説と相違するのであり、分別記は、仏の常住の様態を説明しているのではなく、分段生死を説明しているに過ぎないと批判している。

法宝の分別記批判はややわかりづらいが、煩悩が無い者が再び生じないのは、二乗の灰身滅智に限られるのであって、変易身や仏身を説明できていないということであろう。ここで注意すべきは、分別記に対する法宝の批判には、人四記と法四記を区別した『大乗法苑義林章』の説が踏まえられていないという点である。法宝の論証では、煩悩の有無によって場合分けされている（人四記）だけで、因縁の有無による場合分け（法四記）は考慮されていない。ただし、法宝が『大乗法苑義林章』の説を見ていなかったかは、この箇所からだけでは判断できない。

続いて法宝は、⑵四智は因より生じるから無常であるという第二因について、仏は因位では無常の存在であるが、果位では常住の存在であることを示す、北本『涅槃経』巻三九の経文等を引証して、[39]因より生じるからといって、必ずしも無常とは論定できない、と述べる。加えて、⑶色心が常住であると現に観察されないから仏智は無常であるという第三因についても、自受用身は唯仏与仏の境界であり、色心が常住であると観察されないからといって、無常とは言えない、と断じている。

上来、法宝による三因批判を確認した。法宝は、自受用身を智法身の常住の様態に引き付けて理解し、その仏身に生滅が無いことを重ねて述べている。[40]しかし法宝の見解は、先に紹介した法相唯識学の基本説に照らせば、自受用身の常住の様態である無間常の定義に反する理解である。

そこで次に、報身常住論への批判を展開した慧沼の説を確認する。慧沼は『成唯識論了義灯』巻七末において、下記のように、道証の『成唯識論要集』（逸本）を引いて論述を行っている。

> 常・無分別、要集云、「相伝二釈。一云、自性・法身、体凝然常。受用・変化、皆是無常。一云、三身皆凝然常。説二無常一者、拠二化相一故。二家、皆広道理成立。後断云、上来二釈、皆為レ応レ理」。今謂、必無二二倶応レ理。互相違故。本説雖レ略、以明レ理尽。応下依二摂論・金光明経・無上依経・楞伽経等一、説中報・化無常上。以為レ尽レ理。[41]

『成唯識論要集』には、仏身の常無常論に関する二説が示される。一つは、法身・自性身を凝然常住、受用身・変化身を無常とする説であり、もう一つは、三身をみな凝然常住とする説である。無論、慧沼は法相唯識学の基本説に則り、前者を道理に適う説としている。慧沼の立場から見れば、常住の中でも、不変常住（自性常）は法身・自性身に限られ、報身は無間常である。したがって、法宝の報身常住論は、慧沼の批判対象となる。

それでは、慧沼は法宝の報身常住論をどのように論難したか。『能顕中辺慧日論』巻二では、以下の通りに記されている。なお、慧沼の批判は長大であるため、一部を割愛して引用する。

此亦不レ然。若云二報仏是相続常一、立已成失。若凝然常、即有二四失一。

一、違レ教失。……又若是常、云何因生。涅槃第十三云、「若有二諸法、従レ縁生者一、則知二無常一」。又云、「以二是義一故。従レ因生法、不二名為一レ常」。下文云、「善男子、虚空、非レ生非レ出、非レ作非レ造、非二有為法一。如来亦爾。非レ生非レ出、非レ作非レ造、非二有為法一。如二如来性一。仏性亦爾」。非レ生非レ出非レ造、非二有為法一者、此説二真如法身一。非二報身一也。不レ爾、如何報仏、名二修得一。……

二、違レ理失。仏性論第二、解二三如来蔵一。「三、能摂為レ蔵者、謂下果地一切過二恒沙数一功徳上。如来、応得性時、摂レ之已尽故。若至二果時一、方言レ得レ性者、此性、便是無常。何以故。非二始〔如カ〕得一故。故知二本有一。是故言レ常」。此説二自性・法身一。若是報身、豈応得因時、已得二円満一、云二摂已尽一。准知、四智心品、若因已満、不レ仮二更修因一。大円鏡智、至レ果方生。即是始得。故是無常。……

三、妄引二聖教失一云、……。

四、不レ悟二四記一失、……解二斯四記一、猛難便息。何者、生者必死、一向記。不レ論三刹那、与二一期一。死者生耶、分別記。刹那・一期、倶分別。若不二分別一、何名二分別記一。今為二分別一。若約二一期一、無二煩悩一者、死必不レ生。若拠二刹那一、有或〔惑カ〕・無或〔惑カ〕、倶須二分別一。無二煩悩一中、且拠二如来現起之智一、望二更生一レ種、名為レ生二現起一。滅已不レ熏レ種、即死者不レ生。若拠三種子生二現行一、不レ妨二滅、余種起一。雖レ無二煩悩一、死復生。挙二一例余一、二乗定性、無二煩悩一人、一期滅已、必不二復起一。若拠二刹那一、現起智心、還熏成レ種。雖二復現滅一、新種更生。不定性人、倶有二刹那滅一、無二一期滅一。不レ捨二此身一、更受レ身故。若論二回心一、無学果人、捨二分段一已、更受二変易一。如何得レ言下無二煩悩一死、死不中復生上。論レ仏即仏不死。更有二何人一、名二死不一レ生。……若従二旧種一論、雖二死還復起一、是

報仏、既有レ生已、必定有レ滅。不レ須三分二別刹那・一期一。死者生耶、則須二分別一。若如レ是知、名レ解二四記一。仏、
自定説二生者皆死、是一向記一。如何今者、更為二分別一。[42]

慧沼は、四点の過失を列挙して、報身の常住の様態に生滅を認めない法宝の説を批判する。

第一には、教えに違う過失を挙げている。慧沼は、南本『涅槃経』巻十三の経文に拠って、修行という因によって得られる報身が無常であることを示す。[43]その上で、如来の常住を説く経文は、法身を説明しているに他ならない、と述べる。

第二に、慧沼は理に違う過失を挙げる。ここでは『仏性論』巻二の記述を引いて、[44]如来蔵が法身であることを示し、修得の報身智（大円鏡智）は、因から生じるのでやはり無常である、としている。凝然常住の報身を否定する慧沼説の基調には、常住とは無始無終の不変の存在であって、因より生じるものは有始であり、無常であるという原則が通底している。なお、第三の過失については、紙幅の関係上、ここでは説明を省略する。

最後に、慧沼は、法宝の説には四記答を正確に理解していない過失があると指摘し、「一期〔の生死〕」と「刹那〔の生滅〕」の区分を導入して、法宝の批判に応答する。この区分は、前述の『大乗法苑義林章』の説と同内容であり、前者が人四記、後者が法四記に該当する。すなわち、生じる者は必ず滅するかという問いは、一向記であるので、一期の生死と刹那の生滅とを場合分けせずともよい。しかし、滅した者が再び生じるかという問いは、分別記であるので、煩悩の有無によって場合分けして答える必要がある上、さらに一期の生死と刹那の生滅とに場合分けして答える必要がある、と言うのである。

この中でも、煩悩が無い者の場合を解説するならば、一期の生死に関して、煩悩が無い者が死ねば、再び生じることは無い。二乗の灰身滅智は勿論のこと、仏・菩薩や不定性の二乗が煩悩を断じれば、報身・変易身を得て、分

段身で生じることが無いからである。報身・変易身は法数に含まれ、法としての生滅があるだけなので、もはや一期の生死は無い。他方、刹那の生滅に関して、報身・変易身を有する仏・菩薩には、法としての生滅がある。現行の智が種子を熏習し、種子から再び現行が生じることを妨げなければ、報身智は滅したのちに再び生じることになる。廻心向大した不定性の二乗（菩薩）の変易身においても、同様のことが言える。

ただ、ここで注意が必要なのは、慧沼が定性二乗の煩悩が無い者について、刹那の生滅を認めている点である。一見、灰身滅智して智を完全に滅した者に、生滅する智心を想定しているようにも思えるが、ここでは灰身滅智以前の有余涅槃の時点が想定されているのであろう。いずれにせよ、慧沼は、『大乗法苑義林章』の「人四記・法四記」を「一期・刹那」に言い換えて、報身の無常を主張するのである。

慧沼の報身無常論の骨子は、法相唯識学の基本説に沿ったものである。報身を無間常と捉え、智法身に関しても、基と同様、自受用身に引き付けて理解している。法宝と慧沼の報身常無常論争では、報身の常住の在り方について、不変性を有する智法身の常住の様態に引き付けて理解するか、或いは、無間常という自受用身の常住の様態に引き付けて理解するかが、問題の根幹であった。前者を採れば、自受用身の常住の様態（無間常）に違反し、後者を採れば、智法身の記述をどのように理解するかが課題となってくる。

四　最澄・徳一論争の報身常無常論

日本の仏教思想において奈良時代・平安時代初期は、中国唐代の仏教界の思潮を受容することに注力した時期であり、報身常無常論についても、法宝・慧沼論争を先蹤として、まず三論宗と法相宗の間で論鋒が交わされるようになる。法相宗が、基や慧沼の説に拠って報身無常論を唱えたのに対し、三論宗は、法宝の説に立脚して報身常住論を主張した(45)。そのような思想動向の中で、徳一が『中辺義鏡』を著し、最澄は、それに対する反論書として『守護国界章』を撰述する。無論、最澄・徳一論争における報身常無常論も、法宝・慧沼論争を踏まえて議論される。ただ、三論宗と異なり、最澄の報身常住論は法宝の説ではなく、天台の仏身論に立脚して論じられる。同じ報身常住論とはいえ、三論宗と天台宗の違いはこの点に存する。

以下では、やや長い引用になるが、『守護国界章』巻下之中の報身常無常論を見ていく。この箇所では、最澄による総説、徳一の論説、それに対する最澄の論説という順に論が次第する。

最澄の総説

有為報仏、夢裏権果、無作三身、覚前実仏。夫真如妙理、有㆓両種義㆒。不変真如、凝然常住、随縁真如、縁起常住。報仏如来、有㆓両種身㆒。夢裏権身、有為無常、覚前実身、縁起常住。相続常義、亦有㆓両種㆒。随縁真如相続常義、依他縁生相続常義。今真実報仏、摂㆓随縁真如相続常義㆒。麁食所㆑執凝然真如、定為㆓偏真㆒。以㆓三獣同渉㆒故。不㆑具㆓随縁㆒故。縁起不㆑即故。教有㆓権実㆒故。権教三身、未㆑免㆓無常㆒。実教三身、倶体倶用。四記之答、幻智所㆑用、三支之量、何顕㆓法性㆒。今為㆓仏機㆒、開㆓方便教㆒、廃㆓偏真理㆒、除㆓如幻智㆒、破㆓三乗執㆒。即伝㆓真実教㆒、顕㆓中真理㆒、用㆓寂照智㆒、示㆓一乗観㆒。云爾。

弾㆘執㆓未開権教報仏無常㆒義㆖。

徳一の論説

麁食者曰、有執、「成唯識論、限㆓己見聞㆒、貶㆓量大聖㆒、妄以㆑従㆑因、証㆓仏無常㆒。一向記故。従㆑因生故。不㆑見㆔色心非㆓無常㆒故。対曰、此之三因、有㆓仏刹那壊㆒、違㆓自教㆒失」。今謂、不㆑爾。若云㆓報仏、是相続常㆒者、是立已成失。若云二凝然常一者、即有二三失一。一、違レ教失。二、違レ理失。三、不レ悟二四記一失。

一、違レ教失者、……。

二、違レ理失者、違二比量道理一故。量云、報仏色心、是無常。従レ因生故。如二余色心一。密厳経云、「密厳土中人、超二過刹那壊一故」。此亦不レ然。密厳土人有レ二。一、性。二、相。若密厳土人性、是凝然常故、超二過刹那壊一。若密厳土相、是具二刹那壊一故、是無常。然摂レ相帰レ性、云三「超二過刹那壊一」。此復云何。由二所依如性一、超二過刹那壊一故、能依仏・人、随二所依如一、云三「超二過刹那壊一」。……報仏智、皆必従レ因生故、無常決定。何更成立。

三、不レ悟二四記一。……又彼、会二勝鬘経道諦無常文一云、「有作四諦道諦、無常。無作四諦道諦、常。従レ如有レ常。不レ可下以二道諦無常、仏定生滅上」。此亦不レ然。若従レ彼、経応レ云二四諦皆常一。既云二三諦無常、唯滅諦常一。無常、是有為壊滅。常、是無為、非二滅壊一。報仏智、是道諦収。故是無常。然無作四諦是常、約レ何而説。為二一期一、為二刹那一。若一期者、立已成失。若刹那者、不レ然。違二教理一故。仏地論第七、引二荘厳論一説。……然以二三因一、証二仏報身無常一、非二唯唯識論師一。瑜伽・荘厳等諸論師、皆共同証見。云何汝、偏嫌二唯識論師一。

最澄の論説

弾曰、麁食者所レ備四失、都不二正義一。麁食者立已成失、不レ関二天台一。何者、山家円教、不レ立二不即相続常一故。豈執二夢裏之報仏一、難二覚前如報仏一哉。又麁食所レ引涅槃第二十二・第十三文、所レ望不レ同。都不レ関二天台一。何者、山家、指二報仏一、以不レ為二凝然一。何有二違レ教失一。又従レ縁生法者、有二四種義一。望二凡夫・二乗・新発菩薩等一、為二麁無常一、亦説為レ空。望二菩薩一時、是細無常、亦名為レ仮。若望二円教一時、即是中道義。諸法不二自生一、亦不二従レ他生一。不レ共、不二無因一。是即為二報仏一。既不二四性生一。何以二麁縁生一、毀二破妙仏智一。……又麁食者違レ理失、都不レ応レ理。偽計度故。立レ量云、「報仏色心、是無常。従レ因生故。如二余色心一」。破云、此量多有二過失一。且示二一両等一。宗有二自教相違一。違二密厳一故。因有二法差別一。喩所立不成。麁食者会二密厳経文一云、「密厳土人有レ二一。一、性。二、相」。此会釈者、専違二経旨一。麁食者、未レ見二新経一、有二此妄会一。新経文云、「密厳土之人、一切同二仏相一、超二越刹那壊一」。既云二「仏相二」。豈作二性・相会一哉。此経正文、如二日照レ闇。更不レ可レ疑。麁食者不レ悟二四記一失、勝鬘道諦、証二仏地・荘厳三種常一等、準二密厳経一、可二会釈一。……(46)

まずは徳一の論説から確認する。徳一は、「有執」の説として法宝の『一乗仏性究竟論』を引き、報身を凝然常住とするならば三つの過失があると論じる。この三つの過失は、前掲した『能顕中辺慧日論』で列挙される過失と重複する。このため詳しい解説は行わないが、要点のみ端的に述べると、徳一は、如来の凝然常住を説く経文が法身の説明に他ならない点や、因より生じるものは無常である点、四記答を「一期」と「刹那」とに区分して理解する点に、論の比重を置いている。

徳一の説は、慧沼説を全面的に承けていると言っても過言ではない。ただ、その中でも、徳一によって増補された解釈がある。一つは、仏に刹那滅が無いことを示す『大乗密厳経』巻上の経文に対する解釈であり(47)、二つ目は、無作の四諦の道諦が常住であることを示す『勝鬘経』の経文に対する解釈である(48)。どちらも法宝が報身常住論を説く際に用いた教証でありながら、慧沼によって批判・会通されなかった箇所である。よって徳一の論説は、慧沼の報身無常論を忠実に踏襲しつつ、慧沼の論及が不足している部分については、自身の手で解釈を補足していると評することができる。

次に最澄の論説を取り上げる。最澄は、天台の仏身論では、報身を凝然常住と規定しないので、徳一の指摘する過失がいずれも天台教学には当てはまらない、と主張する。その上で、蔵・通・別・円の四教によって、因縁より生じる法を区別している。すなわち諸法について、蔵教と通教の機根である凡夫や二乗、初心の菩薩は「麁の無常」を観じ、別教の熟練の菩薩は「細の無常」を観じる。他方、円教では中道において、諸法の実相が自・他・共・無の「四性」より離れていることを観じるとされ[49]、これこそが報身仏の様態であると述べている。このため最澄は、「麁の縁生」である徳一の論説によって、天台の報身智を毀損することはできないと断じるのである。たしかに、報身を凝然常住とする法宝説を批判し、報身の連続的な常住の様態（相続常）を主張する徳一の議論は、飽くまでも唯識学者間での仏身観の相違に関する議論なのであって、三身即一を前提とし、活動性と不変性を併せ持つ報身を説く天台の仏身論には関係が無いと言えよう。

しかし、最澄に法相唯識学の仏身論に対する目配りが無かったわけではない。むしろ最澄は、報身無常論を批判するために法相唯識の仏身論を参酌し、三身の常住の様態について、天台教学の視座から独自の仏身論を構想している。すなわち、最澄は総説の部分において、真如には「不変真如」と「随縁真如」との二義があるとし、報身の連続的な常住の様態には、「依他縁生の相続常」と「随縁真如の相続常」の二義があるとする[50]。言うまでもなく「依他縁生の相続常」は、法相唯識学の報身観を指す。その常住の様態は、不変の真如を所依とする無間常が想定され、真如の凝然常住の側面のみを捉えた「偏真」の説と評価されている。一方、「随縁真如の相続常」は、真の報身の常住の様態である天台の報身観を指し、そこでは、真如と相即した常住の在り方が想定されている。そして最澄は、これを真如の縁起性を捉えた「中真」の説としている。要するに、天台円教の三身は、真如がそのまま縁起するため、各仏身が当体であると同時に功用を備えている（倶体倶用）のであり、相即・一体であるということであろう[51]。

「随縁真如の相続常」の構想は、最澄の他の著作にも確認でき、『註無量義経』巻一・徳行品の仏身を讃嘆する偈頌への註釈では、次のように示されている。

言三「非レ出非レ没、非二生滅一」者、内証色身。離二四生一故、名レ非レ出。離二二死一故、名レ非レ没。三種常故、非二生滅一。三種常義、諸説不レ同。今約二法性三種常一故、三仏倶常、倶体倶用。(52)

この箇所で最澄は、仏の内証の色身について、「法性の三種の常」によって生滅が無い旨を述べる。そもそも、「三種の常」とは自性常・無間常・相続常である。前言した通り、法相宗における報身の常住の様態は無間常であり、最澄は、これを「依他縁生の相続常」と規定していた。それに対して「法性の三種の常」は、三身の常住と倶体倶用の根拠となっているのであり、「随縁真如の相続常」に似通った意義であると考えてよい。つまり、最澄は「三種の常」を換骨奪胎した「法性の三種の常」によって、天台円教の三身常住論の理論的な説明を試みているのである。ここまで見てきた最澄の仏身論を整理して、簡便に図示すると、以下のような構図となる。なお、点線部については後述する。

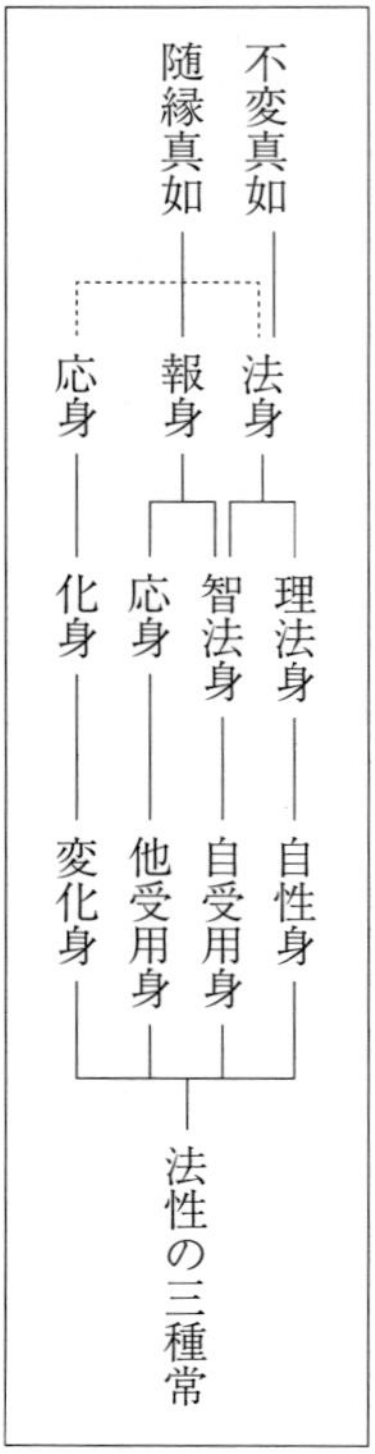

しかしながら、最澄の釈義には不十分な箇所もある。そもそも「三種の常」は、『成唯識論』に、真如を所依とすることが明記されているのであり、本来、真如と相即した常住の在り方を示す概念ではない。最澄の説は、天台

の三身即一の原理に準じた報身常住論を理論的に説明しようと試みているものの、結果として経論との整合性を欠いてしまっている。また、「随縁真如」と各仏身の説明も不明瞭なままである。「随縁真如」が三身の相即・倶体倶用の根拠であるとすれば、報身以外の、法身や応身も「随縁真如」と結びつくと考えてよいのだろうか（前掲図の点線部）。さらに最澄は、三身の縁起性を強調するために、報身を凝然常住と規定しないことを明言している。しかし、先に確認したように、天台の報身観では、不変性も併せ持つことが示されるのであり、このことを最澄が正しく理解していたとしても、説明不足の感があることは否めない。これらの問題点は、後世の天台宗に解釈の幅をもたらすことになる。

最澄・徳一論争における報身常無常論を総括する。徳一は、慧沼の報身無常論に立脚しつつ、その議論の不足を補って報身を凝然常住とする法宝説を批判した。それに対して最澄は、三身即一を原則とする天台教学では、報身を凝然常住としないため、徳一の批判は当てはまらない、と述べている。その上で最澄は、天台円教の報身の常住の様態として「随縁真如の相続常」を唱えた。その企図には、報身の常住の様態を理論的に定義している、法相唯識学の報身無常論の超克があったと思われる。同時に最澄の試みは、結果的にではあるが、最澄以前の天台の仏身論の課題であった、不変の理として側面を併せ持つ報身の常住の様態と、受用身の無間常という様態との乖離を解消する一つの解決策となっていると評価できる。

五　最澄・徳一論争以後の天台宗における報身常住論

多くの研究によって指摘されている通り、最澄没後、天台仏身論の眼目は、円密一致を基調とした台密の仏身論の確立にあり、[53]その問題の中心は、法身である毘盧遮那仏に関する解釈にあった。このような思潮において、円仁記『三身義私記』[54]や円珍撰『法華論記』巻八末、[55]安然『教時諍論』[56]といった述作では、報身常住論が議論されるが、最澄義が本格的に検討されることは殆ど無かった。[57]天台円教の報身常住論において、最澄の説が積極的に参酌され、分析されるようになるのは平安時代院政期頃であり、[58]その代表格の学匠が証真である。『法華疏私記』巻九本には、次のように記されている。

問。自受用智、為二是常住一、為二是生滅一。

答。是諸宗諍。具如二他章一。今更略作二三門分別一。一、引二無為文一。二、会二有為難一。三、詳二凝然義一。……

第三明二凝然義一者、問。仏智常者、為二凝然常一。若云レ爾者、守護章云、「真如有二両種義一。不変真如、凝然常住、随縁真如、縁起常住。報仏、有二両種義一。夢裏権身、有為無常、覚前実身、縁起常住。相続常住義、亦有二両種義一。随縁真如相続常義、依他縁生相続常義。今真実報仏、摂二随縁真如相続常義一」。又得一、破二仏智凝然一、出二違レ教失一。引二大経一云、「如来、非レ常。以二有智一故。常法無智、猶如二虚空一」。山家救云、「山家、指二報仏一、以レ不レ為二凝然一。何有二違レ教失一」云云。若非二凝然一者、既与レ境一。豈非二凝然一。故浄名疏第五云、「若別教者、弥勒法身、十品無明惑滅、住二無垢地一、坐二寂滅道場一、断二一品無明一。報身果満、常住凝然」。金光明疏云、「成二就智慧一、居二常寂光一。常寿湛然、五眼具足」。

答。不変真如、名二凝然常一。是法身也。随縁真如、名二縁起常一。報仏随縁故、非二凝然一。翻レ因感レ果、始顕得故。非レ因非レ果。是凝然故。故大経意、非二凝然常一故、云レ非レ常。浄名疏等、為二凝然一者、已帰二本覚凝然智一故、已冥二真如凝然境一故。然異三法身、非二因果法一、顕二凝然智一、名二縁起一。故観音玄云、「智是有為功徳満、亦名二円浄涅槃一。因雖二無常一、而果是常」云云。当レ知、報仏、是顕二得凝然一故、是縁起常。

問。仏智、離二生滅一。何名二相続常一。

答。或云、従レ因続レ果、名二相続常一。非二念念生滅一。涅槃玄、引二他義一云、「仏果、続・待二仮一」。暹記云、「由レ因感レ果、即相続仮」云云。私云、徳一、破二報仏智常一云、「若凝然常者、有レ違二教理一失。若相続常者、有二立已成失一」。守護章救云、「立已成失、不レ関二天台一。何者、山家円教、不レ立二不即相続常一故。豈執二夢裏報仏一、難二覚前真如報仏一耶」已上。故知、相続、同二法相義一。但以二即・不即一、為二其不同一也。今解二随縁真如相続常一者、別教仏智、依二縁生相続常一故、是無常也。境智別故。非二真如一故。円仏智者、即二彼相続一。是真如故。仏即レ彼、名二相続常一。此乃相続之名、是別仏智。常住之名、是円仏智。相続之常、名二相続常一。報仏慧体、雖二是一一、権教之依他起法、名二相続常一、亦名二不即相続常一也。円教、名二之随縁真如相続常一、亦名二相即相続常一也。非レ謂二智体、是相続一也。故他人、破二仏智常一、引二大経一云、「若有二諸法、従レ縁生者一、即知二無常一」。守護章救云、「従レ縁生法者、有二四種義一。若望二円教一時、即是中道義」具如二上引一。(59)

証真は、報身は凝然常住であるかという論点について、自ら二つの問答を設けて解説する。

第一に、最澄が徳一の指摘に対して、天台教学における報身智は凝然常住でない旨を述べる事に関して、証真は『維摩経略疏』巻五に報身が凝然常住であると示されるように、(60)報身智が境と合一しているのであれば、凝然常住なのではないか、と問いを立てる。これに対する応答では、飽くまでも凝然常住なのは法身であって、報身は縁起常住（相続常）であると答えた上で、『維摩経略疏』の記述については、仏が修行によって「本覚凝然」の智を「顕得」することで、凝然たる真如の境に冥合することを示す内容として理解している。つまり証真は、智が境である真如を証得した結果として、報身に不変性が具備され、境・智一体となるのであり、それ自体で凝然常住である法身とは異なると結論づけるのである。

ここで疑問になるのは、連続的な常住の様態（相続常）において、因縁より生じながら常住であることは可能かという点である。なぜならば、法相唯識学で既に指摘があったように、因より生じるものは無常と考えられるからである。この問題は、第二の問答で扱われている。すなわち証真は、灌頂撰『大般涅槃経玄義』巻上や道暹撰『大般涅槃経玄義文句』巻上を引きつつ[61]、相続常とは、単に因から果に相続することであって、そこに必ずしも刹那の生滅は想定されないと論じる。その上で、最澄が説いた相続常の二義を再説する。一つは、別教の所談である「不即の相続常」（依他縁生の相続常）であり、もう一つは、円教の所談の「相即の相続常」（随縁真如の相続常）である。ここで注意を払わなければならないのは、「依他縁生の相続常」について、最澄が通教的に位置づけていたのに対して[62]、証真は別教の分斉に位置づけていることである。報身常住論をめぐっては、円珍も三種の常を別教義と見做している点を考慮すると[63]、むしろ最澄の解釈が特異なものであったと考えてよいであろう。

以上、証真が最澄義に立脚していることは明白である。とりわけ、「依他縁生の相続常」と「随縁真如の相続常」という着想は、証真が天台円教の報身常住論を説く上で、重要な役割を担っている。また最澄の説では、報身を含めた三身の縁起性に議論の比重が置かれていたが、報身が凝然常住であるか否かという点は不明瞭であった。この点に関して、証真は最澄の説を補完し、包括的に天台円教の報身常住論を論じている。すなわち、凝然常住の法身と縁起常住の報身について、『維摩経略疏』などを会釈することで、飽くまでも別個の仏身として区別しつつ、縁起常住の報身が不変性を備えることを説くのである。

続いて、報身常住論を扱った論義を検討する。院政期以降の報身常住論は、「自受用有為無為」や「自受用智」といった宗要の算題として論義書類に収録される。報身が凝然常住であるかという論点について、証真は、縁起常住の中に不変性を認める立場を採っていたが、論義資料では見解が異なってくる。舜増談とされ、檀那恵光坊流の論草である『宗要光聚坊』巻上には、次のようにある。

問。自受用身如来智恵《ハ》、有為歟、無為歟。

答。自受用身《ノ》智恵、其義《ノ》幽玄《ニシテ》、雖レ難レ知、無為常住也、可二立申一。……

難云、……抑、自受用身《ノ》智恵常住《ト》云事《ハ》、縁起常住歟、凝然常住歟。若凝然《シ》常住《ト》云者、山家、「真実報《ノ》仏《ハ》、随縁真如相続常《ノ》義」等云《ヘリ》。若依レ之、爾云者、既《ニ》云三「本覚顕照、名為二智恵《ト》一」。凝然常《ト》可レ云也。所詮、何様《ニ》可二得レ意合一耶。

答。……次、自受用《ノ》智《ハ》、互二凝然・縁起《ニ》一歟《ト》云尋《ニ》至《テ》者、雖二異義一、互《ト》云《ハンニ》不レ可二相違一。解釈《ハ》、各挙二一辺一計也。

難云、……次、互二凝然・縁起《ニ》一云事、難レ思。凡自受用智《ノト》者、名二本有《ノ》智《ニ》一。本覚《ノ》智《ハ》、是凝然也。何《ソ》可レ云二縁起常住《ト》一耶。況《ヤ》智恵《ハ》是順《ノ》法也。ヤヤモスレハ、契レ境性《ニ》、有レ之。尤同二法身《ニ》一。可レ云二凝然《ト》一耶。サレハ、旧訳《ノ》経論、皆《ナ》以《テ》二凝然《ヲ》一為レ本《ト》見《タリ》。一家《ノ》本意《モ》、可レ然耶。山家《ノ》御釈《ハ》、破二他師《ヲ》一時《キ》、依他縁生相続常《トハ》、釈《ル》ナルヘシ。実《ニ》限《ト》二凝然《ニ》一、可レ得レ意耶。……

答。……次、互《ト》二凝然・縁起《ニ》一見事《タルハ》、凡自受用智《ノト》者、凝然・縁起、互《ニ》相即《シテ》、相離《スル》事、無レ之。サレハ、釈義《モ》両向《ニ》見《タリ》。一家《ノ》釈中《ニモ》、凝然・縁起《ノ》二《ノ》旨《ヲ》釈《ト》見《タリ》。所謂、「性相凝湛、不《ト》レ同二応報一」云《ヒ》、又「境発レ智、為レ報」文《ヲ》釈《トシテ》、引《クト》二経《ノ》「久修業所レ得」文《ヲ》一見《タリ》。此縁起常《ノ》義《ト》聞《タリ》。山家《ノ》釈《モ》、又二《ノ》旨《ヲ》釈《ト》見《タリ》。一辺《ニ》不レ可レ得レ意歟(64)。

第一重に説かれる通り、ここでの主要問題は、自受用身智（報身智）が有為無常であるか、無為常住であるかという点にあり、無為常住が結論となっている(65)。

第二重以降では、さらに自受用身智が縁起常住か、凝然常住かという論点も議論される。難勢は、最澄義や道暹述『涅槃経疏私記』巻一(66)を引用して、本覚の智である自受用身智は、法身と同一であり、凝然常住なのではないのかと質している。これに対する講答では、自受用身智は、縁起常住にも、凝然常住にも亙るので、双方の理解を持つべきであることが示される。すなわち、二種の常住は、互いに相即して不離の関係にあるので、どちらか一方のみを取り上げて理解するべきではないと言うのである。このように、報身の常住の様態が二つの常住を兼ねるという決答は、檀那流のみならず、慧心流の論義書にも広く確認され、中世天台宗の一般的な見解であったことが窺われる(67)。

ここまで、最澄・徳一論争以後の天台宗における報身常住論を検討してきた。その議論内容を吟味してわかるのは、中世天台宗における報身常住論が、最澄義を共通の基盤としている点である。証真説では、凝然常住（法身）と縁起常住（報身）の個別性が重視されるが、論義資料では、二種の常住の融通を着地点としている。これらの釈義は、いずれも最澄義の補完と会通を念頭に置き、その延長上に解釈を進展させていると論評できる。

六　おわりに

本論文では、最澄・徳一論争における報身常無常論について、その前後の時代の思想動向にも目配りしつつ、思想史的に検討してきた。その梗概を述べると、次の通りである。

報身常無常論の根底を為す報身観は、報身について、理智の法身・応身との関係性に引き付けて理解するか、受用身との関係性に引き付けて理解するかによって異なってくる。前者の立場を採るのは天台教学であり、後者の立場を採るのは法相唯識学である。

天台教学において報身は、理・智が契合した仏身とされ、三身相即の原理に基づき、活動性と不変性の両側面が併存する常住の様態をしている。ただ、報身の常住の様態と、受用身の無間常という様態の会釈が課題であった。

他方、法相唯識学において報身は、その所依である真如が不変常住であるため、常住であると定義される。ここで言われる常住とは、存在に間断が無く、尽きることが無いという意味の無間常であり、不変常住とは異なる。法相唯識学の報身観の問題点は、天台教学とは正反対に、智法身との関係性において発露する。すなわち、功用を発揮しながら、真如と合一して、不変性を備える智法身は、報身（自受用身）の無間常という様態から懸隔がある。法宝と慧沼の報身常無常論では、この問題が争点となっていた。

このような思想的背景を踏まえて、最澄・徳一論争では、報身常無常論が議論される。徳一は、慧沼の報身無常論を踏襲し、法宝の報身常住論を批判したのに対して、最澄は、天台円教における報身は凝然常住ではない旨を述べる。その上で、「随縁真如の相続常」や「法性の三種の常」といった教説を開陳し、天台の報仏常住論の問題点であった、受用身の常住の様態の会釈を試みている。

中世天台宗の報身常住論は、最澄・徳一論争の議論が起点となって展開した。証真は、最澄義を尊重して、報身が凝然常住ではなく縁起常住であることを強調する。これは、縁起常住でありながら不変性を備えているという見地に立つことで、報身が持つ活動性と不変性の両側面を理解しているということである。ただし、論義書によると、慧檀両流に共通して採られた解釈は、報身に縁起常住も凝然常住も認めるという見解であった。

以上、本論文の大まかな流れを確認した。最澄・徳一論争における報身常無常論を思想史的に分析し、天台教学史上、非常に高い価値を有することは検証できたように思う。しかし、報身常無常論は、しばしば「諸宗の諍論[68]」と呼ばれるように、日本仏教の諸宗派に跨る、仏身論上の一大論点である。日本仏教全体を俯瞰するとき、報身常無常論はどのような展開を見せるのであろうか。この解明には、三論宗や法相宗といった各方面からの考究が俟たれる。その考究は、翻って最澄・徳一論争の議論内容の特質や、日本仏教史上での最澄・徳一論争の位置づけを見定める上でも重要な作業となるであろう。

註

（1）田村芳朗『日本仏教論：田村芳朗仏教学論集　第2巻』第一篇第五章「法と仏の問題—仏身論を中心として—」（春秋社、一九九一）。

（2）大久保良峻『台密教学の研究』第一篇第四章「『維摩経文疏』の教学—仏についての理解を中心に—」、第二篇第六章「日本天台における法身説法思想」（法藏館、二〇〇四）。同『増訂天台教学と本覚思想』第二篇第五章「自受用身の基礎的考察」（法藏館、二〇二二）。同『日本天台における根本思想の展開』第一篇第三章「日本天台の仏身観に関する若干の問題—自受用身を中心に—」、第三篇第三章「自受用身に関する若干の問題—前後自受用を中心に—」、同篇第五章「自受用身に関する天台論義から見えるもの」、同篇第六章「日本天台における現実肯定思想と仏身に関わる若干の問題」（法藏館、二〇二四）。

（3）長谷川岳史「唯識説における仏身論と五法説」（『仏教学研究』五一、一九九五）。同「『大乗法苑義林章』における諸経論の仏身観に対する解釈—「三身義林」第一〈弁名〉・第二〈出体〉—」（『龍谷大学仏教学研究室年報』九、一九九六）。同「『摂大乗論』の法身説についての慧沼の見解」（『渡邊隆生教授還暦記念論集　仏教思想文化史論叢』永田文昌堂、一九九七）。

（4）浅井円道『上古日本天台本門思想史』第一篇第四章第二節第一項「無作三身」、同篇第六章第二項「真如随縁論」（平楽寺書店、一九七三）。

（5）田村晃祐『最澄教学の研究』第三部第二章第二節「立已成の失」（春秋社、一九九二）。

（6）三後明日香「平安・鎌倉期の論義の儀礼と実践—延久四年の法華会における「因明論義」論争—」（『東アジアの宗教文化：越境と変容』岩田書院、二〇一四）。吉田慈順「最澄の因明批判—思想的背景の検討—」（『天台学報』

五六、二〇一四）。吉田慈順「最澄・玄叡の因明理解とその背景—平安時代初期における報仏常無常の論争を通して—」（『龍谷大学アジア仏教文化研究センター二〇一五年度研究報告書』二〇一六）。

（7）柳澤正志『日本天台浄土教思想の研究』第一篇第六章第六節「無作三身」（法藏館、二〇一八）。註（2）大久保論文（二〇二四）参照。

（8）『新千載和歌集』巻九には、「有為報仏夢中権果といへる事を」という詞書で「ますかがみみがきてうつる影も猶おもへばかりの色にぞ有りける」という歌が詠まれる。

（9）註（6）参照。

（10）『十地経論』巻二（大正二六・一三八頁中）。この他に、『法華論』や『金剛仙論』等にも出る。

（11）註（1）田村芳朗論文参照。

（12）『合部金光明経』巻一（大正十六・三六二頁下）。『金光明最勝王経』では、巻二（大正十六・四〇八頁中）に当たる。

（13）世親造真諦訳『摂大乗論釈』巻十三（大正三一・二四九頁中下）、世親造玄奘訳『摂大乗論釈』巻一（大正三一・三二三頁上）。ただし、真諦訳本では受用身と応身とが併用される。自性身・受用身・変化身の三身は、この他に『成唯識論』や『仏地経論』、『大乗荘厳経論』にも出る。

（14）『合部金光明経』巻一「惟有㆓如如・如如智㆒。是名㆓法身㆒。」（大正十六・三六三頁上）。『金光明最勝王経』では、巻二（大正十六・四〇八頁中）に当たる。

（15）大正三一・六〇六頁下。なお、この「三種の常」は、『仏地経論』巻七（大正二六・三二六頁中）では、「本性常・不断常・相続常」、『成唯識論』巻一〇（大正三一・五七頁下）では、「自性常・無断〔常〕・無尽〔常〕」と呼称される。

（16）『成唯識論』巻一〇（大正三一・五七頁下～五八頁上）。

（17）『成唯識論』巻一〇（大正三一・五八頁上中）。註（3）長谷川論文（一九九五）参照。

（18）『合部金光明経』巻一「如来、相㆓応如如・如如智㆒願力故、是身得㆑現、具㆓足三十二相・八十種好、項背円光㆒。

是名二応身一。」（大正十六・三六三頁上）。『金光明最勝王経』では、巻二（大正十六・四〇八頁中）に当たる。

(19) 世親造玄奘訳『摂大乗論釈』巻九「此中自性身者、謂諸如来法身。一切法、自在転所依止故。受用身者、謂依二法身一、種種諸仏衆会所レ顕。」（大正三一・三七〇頁上中）。世親造真諦訳『摂大乗論釈』では、巻十三（大正三一・二四九頁下～二五〇頁上）に当たる。

(20) 大正三四・一二八頁上。

(21) 大正三四・一二八頁中下。

(22) 『大智度論』巻二（大正二五・七四頁中下）。

(23) 智顗は、報身の常住の様態が不変性を帯びることについて、『維摩経文疏』巻十六（続蔵一―二八・七五丁左下）では、「凝然」という語を用いて次のように述べている。

若別教明レ授二一生菩提記一者、弥勒法身、界内正習倶尽、界外十品無明之鄣亦滅、住二無垢地一。余、有二一品無明、及習在一。後身、応二生閻浮提一、寂滅道場、示下断二界外一品無明、及界外煩悩習一尽、報身果満、常住凝然上。即是別教菩提記也。

ここでは、別教位の一生菩提の記に関して、弥勒を例に挙げて説明している。すなわち弥勒は、最後身である等覚位において閻浮提に生じ、元品の無明を断じ尽くした後、常住凝然の報身を示現すると言うのである。同様の記述は、『維摩経略疏』巻五（大正三八・六三六頁中）にも見られる。なお、道暹述『涅槃経疏私記』巻五（続蔵一―五八・八四丁右上）にも、「若依二金光明経・摂論等一説、如来報身、是凝然常。無レ有二変易一。是無作道諦。」とあり、智顗以後の中国天台においても、報身が不変（凝然）の性質を帯びた常住であると明言する記述は確認される。

(24) なお、『金光明経』の第二身である応身については、『摩訶止観』巻六下（大正四六・八五頁上）に「又金光明、称為二応身一。境智相応也。」とあり、境智が相応する報身に当たると見做されているようである。

(25) 『法華文句記』巻一中（大正三四・一六三頁中）、巻七下（大正三四・二九〇頁下～二九一頁上）。

(26) 註（3）長谷川論文（一九九六）参照。

(27) 大正三一・五七頁中。

(28) 大正三一・五七頁下。
(29) 大正四三・六〇三頁上。
(30) 『阿毘達磨倶舎論』巻十九（大正二九・一〇三頁上中）。
(31) 基は、『瑜伽師地論略纂』巻六（大正四三・九〇頁中下）でも四記答を人四記と法四記に分けて解釈している。
(32) 大正四五・三六七頁中～三六八頁上。
(33) 註（30）参照。
(34) 註（3）長谷川論文（一九九六）参照。
(35) 寺井良宣「一乗・三乗論争における三論宗の位置―玄叡の『大乗三論大義鈔』と法宝の『一乗仏性究竟論』との関係を中心に―」（『北畠典生教授還暦記念　日本の仏教と文化』永田文昌堂、一九九〇）。小野嶋祥雄「三一権実論争における元興寺智光の位置」（『印度学仏教学研究』六八―二、二〇二〇）。
(36) 浅田正博「法宝撰『一乗仏性究竟論』巻第四・第五の両巻について」（『龍谷大学佛教文化研究所紀要』二五、一二二頁下～一二三頁下、一九八六）。なお、『一乗仏性究竟論』の草稿本と考えられる『一乗仏性権実論』には、報身常住論に関する言及は無い。久下陞『一乗仏性権実論の研究　上』第二篇第七章「破法爾五（性）章第七」（隆文館、一九八五）参照。
(37) 大正十六・七四一頁下。
(38) 大正十六・七二五頁中。
(39) 大正十二・五九三頁上。および大正十二・五九〇頁下。南本では、巻三五（大正十二・八四〇頁下～八四一頁上、八三八頁中）に載る。
(40) 済暹撰『四種法身義』（大正七七・五〇九頁下）には、法宝撰『大般涅槃経疏』の逸文が載り、そこでは、次の通り、不断常・相続常によって仏身の常住を論じることが批判されている。

宝師疏云、「涅槃経説、一切衆生、悉有仏性、是少分、一切如来常住、是相続・不断常等、令下衆生、謗二涅槃・法華・楞伽・密厳・法鼓・勝鬘経等一、為中不了義上。謗法之罪、広如二経説一。学二一乗仏性宗一者、亦漸同二他

見〔一〕。嗚呼、哀哉。可〔レ〕傷〔レ〕之甚」云云。

なお、この逸文は、師茂樹氏によって逸文「ネ」として紹介されている。師茂樹「法宝『大般涅槃経疏』逸文とその分析―済暹による引用文を中心に―」（『花園大学文学部研究紀要』第三六号、二〇〇四）参照。

(41) 大正四三・八一〇頁中。

(42) 大正四五・四二三頁下〜四二五頁中。

(43) 大正十二・六八七頁中。および大正十二・六八九頁中。

(44) 大正三一・七九六頁上。

(45) 註（35）小野嶋論文参照。

(46) 伝全二・五六七〜五七三頁。

(47) 註（38）参照。議論内容の解説は、註（5）田村晃祐論文（一九九二）参照。第二の理に違う過失を指摘する中には、徳一が三支作法によって報身無常の証明する比量を披露する箇所がある。吉田慈順氏は、三支作法によって『成唯識論』の三因を説くことは徳一から始まる旨を論じるが、如理集『成唯識論疏義演』巻二六（続蔵一―七九・四一九丁右上）の時点で、既に三支作法によって『成唯識論』の三因を説く例が確認される。よって、徳一は唐代の法相唯識学者に倣って、三支作法を用いたと考えるのが適切であろう。註（6）吉田論文（二〇一六）参照。

(48) 大正十二・二二一頁中下。議論内容の解説は、註（5）田村晃祐論文（一九九二）参照。

(49) 『中論』巻一（大正三〇・二頁中）。

(50) 「相続常」は変化身の常住の様態であり、本来の報身の常住の様態は「無間常（不断常）」とされる。にもかかわらず、最澄が報身の様態として「相続常」を用いるのは、徳一の論説において、「相続常」が「凝然常」に対置されていることを念頭に置いているからであろう。この語用法は、『能顕中辺慧日論』（前出）に見られる。なお、『守護国界章』巻中之下（伝全二・四八九頁）でも、最澄は「門外三車、依他縁生、所〔二〕造作〔一〕故、唯仮不〔レ〕実。露地一車、真如縁起、所〔二〕造作〔一〕故、唯実不〔レ〕仮。法身流転外、更無〔二〕他物〔一〕故。」と述べ、依他縁生と随縁真如を対置している。

(51)『守護国界章』巻中之下（伝全二・四七六頁）においても、「本論、八示現中、『第八、同一塔坐者、示下現化仏、非二化仏一法仏・報仏等上。皆為レ成二大事一故』。言二円教所レ説常住三身、倶体倶用一。為レ成二大事一故。」とあり、天台円教の常住の三身が倶体倶用であることが強調される。なお「倶体倶用」とは、湛然撰『法華玄義釈籤』巻十四の「三身並常、倶体倶用。」という記述の影響を受けた表現であり、のちに安然の法身説法思想の土台として尊重されていく。註（2）大久保論文（二〇〇四）、および大久保良峻『最澄の思想と天台密教』第二篇第四章「最澄の教学における成仏と直道」（法蔵館、二〇一五）参照。

(52) 伝全三・五八〇～五八一頁。

(53) 水上文義『台密思想形成の研究』第一篇「仏身論に見る円密一致思想の形成」（春秋社、二〇〇八）、および註（2）大久保論文（二〇〇四）参照。

(54) 仏全二四・九一頁下～九四頁上。浅井円道『上古日本天台本門思想史』第三篇第四章「本門思想」（平楽寺書店、一九七三）参照。

(55) 仏全二五・二五二頁下～二五五頁下。浅井円道『上古日本天台本門思想史』第四篇第四章第一節「仏陀論としての本門」（平楽寺書店、一九七三）参照。『授決集』巻下「三身仏決四十九」（大正七四・三〇七頁下～三〇八頁中）からも、円珍の天台円教における仏身観を窺うことができる。

(56) 大正七五・三六七頁中～三六八頁中。この箇所では、報身常無常論の細目として、「報仏常・無常諍」、「理智一体・各体諍」、「報仏有五蘊・無五蘊諍」、「報仏説法・不説法諍」の四項目が挙げられる。浅井円道『上古日本天台本門思想史』第五篇第四章第一節「教門としての本門」（平楽寺書店、一九七三）参照。

(57) 浅井円道氏は、円仁の『三身義私記』に示される報身常住論について、最澄義の翼賛であることを論じるが、人四記・法四記の依用や、自受用身を自性常としている点を勘案すると、むしろ基や慧沼の説の影響が色濃いことが示唆される。註（54）浅井論文参照。また、自受用身を自性常とする釈義については、註(3)長谷川論文（一九九六、一九九七）参照。

(58) 最澄の報身常住論は、伝源信撰『三身義私記』（仏全二四・三三六頁上下）においても検討されるが、本書は、

『仏書解説大辞典』で解説される通り、源信に仮託して後世に著されたと考えるべきである。

(59) 仏全二二・一六三頁上～一六七頁下。

(60) 註（23）参照。

(61) 大正三八・四頁下。および続蔵一‐五六・一五九丁右上。

(62) 最澄は、前出の『守護国界章』巻下之中において、法相唯識学に立脚する徳一の論説を「麁の縁生」（麁の無常）と評し、凡夫・二乗・新発菩薩といった初心の大乗の教説としている。註（46）参照。最澄が法相教学に対して、通教的な位置づけをすることについては、大久保良峻『最澄の思想と天台密教』第三篇第九章「安然と最澄」（法藏館、二〇一五）参照。

(63) 『法華論記』巻八末（仏全二五・二五四頁上）。

(64) 続天全、論草４・七八頁下～八〇頁下。

(65) 本算題では、自受用身智を無為常住とするという結論を提出するのが常道であるが、『等海口伝抄』巻十二（天全九・四九八頁下）には有為常住を結論とする口決が伝承されている。このことについては、註（２）大久保論文（二〇二四、第三篇第五章）参照。

(66) 続蔵一‐五八・一六丁右下。

(67) 『義科　盧談』「三身義（法華文句九）」（続天全、論草２・二五九頁下～二六三頁下）、および貞舜撰『宗要柏原案立』巻一（大正七四・四四四頁下～四四五頁下）。ただし、同じく貞舜の撰述である『天台名目類聚鈔』巻二末（天全二二・一五五頁上下）では「実ニハ縁起常ナルヘシ。」とも記され、厳密に見れば、報身を縁起常住に摂めるという理解を貞舜は有していたようである。

(68) 証真撰『法華疏私記』巻九本（前出）、『例講問答書合』巻五（天全二三・二八一頁上）。また、『宗要白光』巻一（天全十八・一四頁下）では「三国の諍論」とも呼ばれる。これらの表現は、『教時諍論』などに説かれる報身常無常論の歴史を踏まえている。註（56）参照。

第2部　諸宗教学

道綽浄土教と『観念法門』

成瀬　隆純

一　はじめに

唐代の中国浄土教家を代表する善導（六一三〜六八一）には、いわゆる五部九巻と総称される『観無量寿経疏』四巻、『法事讃』二巻、『観念法門』一巻、『往生礼讃』一巻、『般舟讃』一巻の著作が今日まで伝えられている。これらの書物はいずれも善導自身の浄土教思想や、師が実践していた行儀法が説かれていると想定されてきた。

しかし、ここに取りあげる『観念法門』については、本書の内容が師の主著である『観無量寿経疏』中に主張する本願他力の称名念仏思想とは異質な実践法が説かれており、その矛盾についてこれまで研究者によって種々検討されてきた。これらの議論は、おもに本書が説く内容について教義面から検討されてきたが、小論では従来の研究者が見落とした書誌学的視点から本書を検証し、先学たちとは異なる結論を導きだしてみたい。

すなわち、本書中には善導活躍当時の長安・建康を中心として編纂された隋唐代の経典目録には欠本と判定され、くわえて、中国開版の宋・元・明版の大蔵経に入蔵されることのなかった、一巻本『般舟三昧経』が長文にわたって引用されている事実を指摘することができる。こうした条件を考慮するならば、本書の成立地は当時一巻本が流布していたと想定される地域に限定されることとなる。その結果、本書の内容は善導が道綽の弟子として修行時代に、師僧の道綽が近隣の民衆を対象に行っていた、布教実態を伝える書物と判定されるのである。すなわち、本書は善導自身の浄土教思想を伝えた著作ではなく、師僧の道綽浄土教の実態を伝えた書物と理解すべきであると考えられる。

二　道綽像の再検討

道綽の人物像を求める手段としては、従来は同時代の仏教史家道宣の『続高僧伝』巻二〇幷州玄中寺釈道綽伝と、唐代の浄土教家、弘法寺釈迦才の『浄土論』巻下、「往生人相貌章」中の道綽伝の二伝が信頼できる基本的資料として研究者に重要視されてきた。

ところが、大正九年（一九二〇）中国仏教研究者、常盤大定博士を主任とする中国（支那）仏教史蹟調査の折、山西省太原近郊の永寧寺が曇鸞・道綽・善導ゆかりの、かつての石壁山玄中寺である事実が確認され、同寺境内で発見された「石壁寺鉄弥勒像頌碑」「石壁寺甘露義壇碑」の両碑に記録された碑文の内容が報告されることによって、それまでの文献による道綽像は一変することとなった[1]。とくに「鉄弥勒像頌碑」に記された、

太宗昔幸二北京一。文徳皇后不予。輦、過二蘭若一、礼二謁禅師綽公一。便解二衆宝名珍一、供養啓願。

の文言には、北京（太原）へ行幸した太宗皇帝が乗っていた輦を玄中寺に向かわせ、道綽禅師に礼謁して、文徳皇后の病気回復を祈願したという内容が語られ、先学たちは道綽の高名がすでに都長安に達しており、皇帝の玄中寺

参詣が挙行されたのではないかとの推測が広まって、道綽の人物評価を高めることとなった。

しかし、この事案を当時の史書で検証すると、本碑文の内容に疑義が生じるのである。すなわち、『旧唐書』巻五一・列伝第一の后妃上には、皇后の発病は貞観八年（六三四）太宗と共に九成宮へ行幸した時で、貞観十年六月には三十六歳の若さで立政殿にて崩御されたと記録されている。もしも、太宗の北京行幸があったとすれば、この期間に限定されることとなる。しかし、新・旧『唐書』にはこの間の太宗の行幸を一切伝えていない。また、皇帝の行幸のみを摘出して記録した、『冊府元亀』巻一一三・「帝王部巡幸」中にも、貞観九・十年の二年間の巡幸記事を見出すことはできない。その理由は、貞観九年五月に先帝太武帝が崩御され、同年十月献陵に埋葬されるという、太宗にとって長安を離れられない事情があったからである。その後、皇后の病気は回復することなく、翌十年六月に三十六歳をもって立政殿にて崩御された。唐代関係の史書がそろって貞観九・十年の太宗の行幸を伝えていないのは、こうした原因があったと考えられる。したがって、玄中寺に保存される「鉄弥勒像頌碑」に記録された太宗の行幸は、泰和四年（一二〇四）火災で焼失した玄中寺を再建した際頌碑を建立した寺主元釗が、同寺の威光を周囲の信徒に示すために行った捏造と判断されるのである。

常盤大定博士が発見した碑文が紹介されたことにより、一度は再評価され直した道綽像は、再度見直す必要があるのではなかろうか。すなわち、道宣が『続高僧伝』中に描写した「綽般舟方等歳序常弘。九品十観分レ時紹務」「或用二麻豆等物一而為二数量一。毎二一称レ名便度二一粒一」「纔有二余暇一口誦二仏名一。日以二七万一為レ限。声声相注弘二於浄業一」と記述された道綽像、あるいは、迦才が『浄土論』中に「従二大業五年一已来。即捨二講説一修二浄土業一。一向専念二阿弥陀仏一。礼拝供養。相続無間」と記録した文章こそ、玄中寺という一山寺の住職として、庶民に称名念仏を布教した真実の道綽像を伝えていると想定されるのである。

なお、『続高僧伝』巻一九幷州義興寺釈智満伝には、道綽が阿弥陀仏信仰に転向して間もないころの逸話が記録されている。[2]

貞観二年四月（中略）有二沙門道綽者一。夙有二弘誓一。友而敬奉。因諭レ満曰。法有二生滅一。道在二機縁一。観レ想易レ入二其門一。渉レ空頗限二其位一。願随二所説一進道有レ期。（中略）豈以二一期要法一。累却埋乎。幸早相辞。勿レ塵二妄識一。綽乃退焉。

と道綽は智満に浄土往生をすすめるも、智満が拒否したことを伝えている。また、同書巻二四幷州大興国寺曇選伝には、[3]

武徳八年（中略）吾命将レ尽何処生乎。名行僧道綽曰。阿闍梨。西方楽土名為二安養一。可レ願レ生レ彼。選曰。咄為レ身求レ楽。吾非二爾儔一。

と両人ともに道綽の説教に聞く耳をもたなかった様子が記録されている。両逸話から読みとれることは、道綽の説得が功を奏さなかった事実を伝えており、道宣が必ずしも好意的に道綽の行為を伝えていない事実である。

しかも、曇選伝で道宣は「名行僧道綽曰」として道綽を「名行僧」という表現で形容しているが、巻二〇の道綽伝では、附伝中に「沙門道撫名勝僧。京寺弘福逃レ名行赴」と道撫について「名勝僧」いう表現を使用している。ここに名前の出る道撫について、道宣は、巻一一弁義伝に「俊徳」「俊穎」と形容しており、いずれも好意的形容と理解される。また、同巻法侃伝には「有二道撫法師一者。俊穎標レ首、京城所レ貴」と表現して、道宣が道撫を高く評価していたことが分かる。これに対して、「名行」という用語は、「評判であった」という程度の軽い意味と理解され、道宣の道綽についての人物評価は高かったとはいえないのではなかろうか。

それでは、道宣はなぜ生存中の道綽を高僧伝に収録したのであろうか。『続高僧伝』巻二〇・習禅には、汾州光厳寺釈志超伝、蔚州五台寺釈曇韻伝、箕州箕山沙門釈慧思伝、并州玄中寺釈道綽伝の四師の伝が没年順（但し道綽は生存中）に連続して採録されている。これら四師はいずれも当時戒律厳守の教団として尊敬された慧瓚の門下であった事実が確認できる。しかも、道綽伝が立伝されたのは貞観十九年であった年時を考慮するならば、善導はいまだ長安へは入京しておらず、唐代以降隆盛となるいわゆる道綽・善導流の浄土教は、長安へは移入されていなかったことになる。すなわち、道宣は浄土教家としての道綽を収録したのではなく、慧瓚教団の一員としての道綽に着目して、『続高僧伝』に採録したと想定されるのである。

なお、道綽伝の最終部分に「西行広流、斯其人矣」という道綽の功績を称える表現があり、発言者を道宣とみる先学もいるが、前後の文脈からこの語は道宣の言葉ではなく、一連の文章に先行する「伝者」と表現された情報提供者の発言と理解すべきである。

玄中寺の碑文がもしも元剳による捏造であったと判定されるとするならば、道綽は太宗皇帝に尊敬されるほどの高僧であったとする従来の道綽像は大きく見直されねばならないであろう。道宣によって記録された道綽伝は、浄土教家として採録されたのではなく、慧瓚門下の一員として記録されたと解釈するならば、われわれは道綽伝から何を読みとるべきであろうか。それは、道宣が道綽伝の最後に綴った「沙門道撫名勝僧。京寺弘福逃レ名行赴。既達二玄中一同二其行業一。宣二通浄土一所在弥増[4]」という言葉にこそ、道綽・善導流の浄土教の長安への流入を暗示する重要な鍵が隠されていると理解すべきではなかろうか。

三　『観念法門』の書誌学的検討

『観念法門』は首題には『観念阿弥陀仏相海三昧功徳法門経』と記され、尾題には『観念阿弥陀仏相海三昧功徳法門経』と「経」の一字が追加されて表題されている。両題とも書題としては「功徳法門」と示されて、重い意味をもたせた、いかにもご利益のありそうな題名であるが、さらに尾題には「経」という一字を加えて、経典を意味するような題名となっている。こうした書名は、どのような理由から命名されたのであろうか。おそらく、本書はこうした題名をつけて、読者に特別な存在感を誇示したものと想定される。

ところで、本書はその構成形態が複雑で、性格実態を具体的に決定しがたいためか、先学たちはさまざまに議論を試みてきた。たとえば、江戸時代の真宗学者道振は本書について「一為誘引未熟機故。二為顕示信後味道故」と注釈して、「衆機誘引」とか「従仮入真」という説明を行ってきた。

近代では大谷大学の藤原幸章博士は、本書について「この書は道綽の門下に投じた善導が、その若き情熱をかたむけて『観経』浄土教の真に徹するべく、ひたすらに精進した求道時代を代表する著作であって、いわばそれは道綽直伝の思想信仰に貫かれた善導の『観経』体解の書であり、それ故にまたその『安楽集』領解の書であるといってよい。従って本書は五部九巻の中でも早く成立したものであり、もとより本疏『四帖書』に先立つ善導初期の作品であると推定することが出来る」と本書の性格を解釈されている。(5)

小論では、この藤原博士の解釈を書誌学的方法論を用いることによって、より具体的に論証してみたい。

『観念法門』について、従来の研究者は、本書が説く内容を他の善導の著作の思想内容と比較検討することによって、善導が説かんとする主旨を探り出そうと努力してきた。しかし、この方法は研究者の主観に左右されて、客観的理解が得られるとは限らなかった。

そこで、従来の研究者が見逃してきた本書のみに見られる一巻本『般舟三昧経』の引用という特徴に注目し、この点を書誌学的方法で追究することにより、『観念法門』という特異な書物が、なぜ成立することになったかを解明してみたい。

一巻本『般舟三昧経』については、かつては三巻本『般舟三昧経』の成立以前の般舟三昧思想を説く原初経典であるとの学説が有力であって高く評価されてきた。しかし、本経には翻訳者支婁迦讖の時代まで遡りえない新しい訳語が使用されているという矛盾が指摘され、本経は三巻本『般舟三昧経』の要約経典ではないかとの説が主張され、とくに最近では、オーストラリアの仏教学者ポール・ハリソン博士の研究によって、要約経典説が定説化して、一巻本『般舟三昧経』の評価は下ることとなった[6]。しかし、この一巻本『般舟三昧経』のみに使用されている「当念我名」という語句は、道綽の『安楽集』では「常念我名」、迦才『浄土論』では「常当専念仏名」と引用され、両師ともに三巻本『般舟三昧経』からの引用を試みながら、あえて一巻本だけに使用されている「当年我名」という語句を連想させる用語を追加挿入している事実は、『般舟三昧経』の念仏が称名念仏と解釈したものと理解される。

そこで、つぎに右に挙げた道綽・迦才両師の『般舟三昧経』の引用例を具体的に示し、一巻本、三巻本両『般舟三昧経』からの引用態度の考察の参考資料とする。

三巻本『般舟三昧経』

若持二是事一為レ人説レ経。使下解二此慧一至二不退転地一得中無上真道上。然後得レ仏号曰二善覚一。如レ是颰陀和、菩薩於二是間国土一聞二阿弥陀仏一数数念。用二是念一故見二阿弥陀仏一、見レ仏已従問。当下持二何等法一生中阿弥陀仏国上。爾時阿弥陀仏語二是菩薩一言。欲レ来二生我国一者、常念レ我数数。常当下守レ念、莫レ有二休息一。如レ是得レ来中生我国上。仏言。是菩薩用二是念仏一故当レ得レ生二阿弥陀仏国一。常当レ念如レ是仏身有二三十二相一悉具足、光明徹照、端正無比、在二比丘僧中一説レ経(7)。

一巻本『般舟三昧経』

汝持二是事一為レ人説レ経。使下解二此慧一至中不退転地無上真正道上。若後得レ仏号曰二善覚一。仏言。菩薩於二此間国土一。念二阿弥陀仏一専念故得レ見レ之。即問下持二何法一得上生二此国一。阿弥陀仏報言。欲二来生一者当レ念二我名一。莫

道綽『安楽集』

第五依二般舟経一云。時有二跋陀和菩薩一、於二此国土一聞レ有二阿弥陀仏一、数数係レ念因二是念一故見二阿弥陀仏一即見レ仏已即従啓問。当下行二何法一得レ生中彼国上。爾時阿弥陀仏語二是菩薩一言。欲三来二生我国一者常念二我名一莫レ有二休息一。如レ是得レ来二生我国土一、当レ念二仏身三十二相悉皆具足光明徹照端正無比(9)一。

迦才『浄土論』

第十般舟経云。仏告二跋陀和菩薩一。於二此間国土一阿弥陀仏数数念。用二是念一故見二阿弥陀仏一。見レ仏已従問。当下持二何等法一生中阿弥陀仏国上。爾時阿弥陀仏語二是菩薩一言。欲レ生二我国一者、常念レ我数数常当三専念二仏名一。所得功徳

㆑有㆓休息㆒則得㆓来生㆒。仏言。専念故得㆓往生㆒。常念㆘仏身有㆓三十二相八十種好㆒、巨億光明徹照、端正無比、在㆓菩薩僧中㆒説法㆖。(8)

諸行之中最為㆓勝㆒。(10)

『般舟三昧経』では現在仏悉在前立三昧を目的とした念仏思想において行われる念仏を、浄土三部経のいう称名念仏と同様なものと理解した道綽の念仏は、道宣が『続高僧伝』の道綽伝にいうごとく、「纔有㆓余暇㆒口誦㆓仏名㆒。日以㆓七万㆒為㆑限。声声相注弘㆓於浄業㆒」という口称念仏の実践に発展したものと思われる。

『高麗版大蔵経』を底本とするわが国出版の『大正新脩大蔵経』には、後漢の光和二年（一七九）大月氏国出身の支婁迦讖訳として、一巻本、三巻本の両『般舟三昧経』が前後して収録されている。しかし、既述のごとく一巻本については、隋・唐代の経録には欠本と判定され、宋・元・明の勅版大蔵経にも入蔵されることはなかった。ところが、いま問題とする『観念法門』には、六箇所にわたって一巻本から引用されている事実が確認される。この矛盾を解決できるならば、『観念法門』の成立地についての経緯が解明できるのではないかとの想定のもと、一巻本『般舟三昧経』のわが国への伝来記録を検討することとする。

本経について貴重な記録を残したのは、鎌倉時代の浄土宗の学者、三祖然阿良忠であった。良忠には『観念法門』の注釈書として、『観念法門私記』（以下『私記』と略す）が伝えられている。良忠は『私記』中に、一巻本の伝来について次のごとく記録している。(11)

此一巻経既欠本也。然仁和寺二品新王、長治二年乙酉五月中旬、従㆓太宰㆒差㆓専使㆒、被㆑請㆓釈論疏鈔於高麗㆒。高麗義天和尚、疏鈔送進之時、同献㆓一巻般舟経㆒。見㆓今所引㆒全以符合。

この記事によると、良忠が『観念法門』の注釈を計画した段階では、一巻本『般舟三昧経』は欠本であったことが分かる。しかし、当時京都で鎮西流浄土教の布教を行っていた弟子の良空・然空は師の指導をあおぐべく、良忠の入洛を切望した。弟子の庵居を訪問した良忠は、近接した仁和寺の経蔵を利用した折、そこで一巻本『般舟三昧経』を発見し、同経の貴重な来歴記録を残してくれている。

なお、右の良忠の註記にいう「釈論疏鈔」の写本が、高野山宝亀院に伝えられている事実を、大屋徳城博士が『高麗続蔵雕造攷』に写真版と共に報告されている。(12)

　釈摩訶衍論通玄鈔識語

寿昌五年己卯歳高麗国大興王寺奉宣雕造

正二位行権中納言兼太宰帥藤原朝臣季仲、依㆓仁和寺　禅定二品親王仰㆒遣㆓使高麗国㆒請来。即長治二年乙酉五月中旬、従㆓太宰㆒差㆓専使㆒奉㆓請之㆒。

金剛仏子性海書

弘安五年壬午九月六日於高野山金剛三昧院

良忠が『私記』中に記録した一巻本『般舟三昧経』に関する註記と、「釈摩訶衍論通玄鈔識語」とを検討してみると、両資料の具体的内容に共通点があることが分かる。この事実から、おそらく良忠が仁和寺にて参照した一巻経の巻尾にも同様の識語が付されていて、良忠はその識語にもとづいて注釈したと考えられる。ただし、かれは同経がいつ、どこで、雕造されたかの重要な記事を省略してしまったので、良忠の註記だけでは一巻本『般舟三昧経』伝来の経過を解明することはできない。もしも、本経が今日まで仁和寺の経蔵に保存されていたとするならば、再調査も可能であるが、残念なことに、仁和寺は応仁の乱の戦火によって被災し、経蔵も火災にあったため、現在となっては参照不可能である。また、東京・芝増上寺に蔵される、海印寺版『高麗版大蔵経』の一巻経には何らの識語もなく、版式、用紙、彫師名は三巻本『般舟三昧経』と同様であって、一巻本・三巻本両『般舟三昧経』の装丁上の相違を確認できない。ただし、良忠が記録した「高麗義天和尚、疏鈔送進時、同献二一巻般舟経一」という文言から、一巻経のわが国への流伝を暗示する意味内容が含まれているのではないかと想像することが可能と思われる。

すなわち、密教学者、仁和寺二品親王（覚行法親王）が太宰帥藤原季仲を高麗に派遣して「釈論疏鈔」を求めた際、当時義天和尚が『高麗続蔵経』を編纂する目的で遼国より移入した、志福・法悟の『釈摩訶衍論通玄鈔』『釈摩訶衍論賛玄疏』に合わせて、同国より寄贈された一巻本『般舟三昧経』も二品親王へ贈呈されたものと解釈される。とくに、この文章中に「献」の一字が用いられている背景には、当時遼国内で発見された一巻経が、従来の大蔵経に入蔵されなかった貴重経典であると判定され、特別に二品親王へ贈呈された意味が込められていたと判断されるのである。

現行の海印寺版一巻本『般舟三昧経』に記入された「己亥歳」とは、同経が開版された高宗二十六年（一二三九）の干支に相当し、良忠が『私記』中に記録したわが国への伝来の長治二年（一一〇五）とは、百三十年以上の年代差が存在する。この事実から、一巻経はわが国へは海印寺版開版の百三十年以前に伝来していたこととなる。

一方、遼の国内では興宗代（一〇三一～一〇五五）に『契丹大蔵経』の雕造が計画され、道宗代に完成した大蔵経を周辺諸国へ寄贈しており、高麗国へは清寧八年（一〇六二）に贈呈されたと記録されている。もしも、この『契丹大蔵経』に一巻本『般舟三昧経』が入蔵されていたとするならば、義天の時代に再度贈呈する必要はなかったと考えられ、『契丹大蔵経』開版後に一巻本『般舟三昧経』が遼国内で発見され、本経は単独で高麗へ伝来し、わが国へは二品親王の「釈論疏鈔」請来に合わせて贈呈されたと判断されるのである。

この一巻経が遼国内に流布していた事実を証明する証拠としては、遼国に代わって山西省一帯を支配した金の時代になって、尼僧崔法珍によって開版された『金刻大蔵経』の存在を指摘することができる。本経については、蔣唯心氏の『金蔵雕印始末考』に詳細が報告されており(13)、巻末の「広勝寺大蔵簡目」には一巻本『般舟三昧経』が入蔵されていたことが明記されている。これによって、唐代の経典目録には欠本と記録された本経が、山西省の一部の地域には流布していた事実が実証されるのである。

右の考察によって、一巻本『般舟三昧経』の流布地域が遼国内に限定されることとなり、本経を長短六箇所引用する、善導集記とされる『観念法門』の成立地も限定されることとなる。すなわち、道綽が『安楽集』中に一巻経を引用しているという事実は、師が住職をつとめた山西省太原の玄中寺を中心とした限られた範囲の地域で『観念法門』が成立したと想定するのが合理的な判断と思われる。

もしも、本書の成立地が山西省内に限定されるとするならば、それは善導が道綽の弟子として玄中寺での修行中と判断され、当時弟子であった善導が本書のごとく具体的実践法を組織した書物を著作することは不可能であったと考えられる。おそらく、本書の内容は師僧の道綽が玄中寺を中心に、地域の信者を対象に試みていた布教実態を書きとめて、教科書的指導書に編集した書物と想定される。したがって、本書の尾題に「経」の一字が用いられているのも、本書が当時の道綽教団にとっては「経典」に準ずる重みをもたせた指導書であることを位置づけた証拠と判断される。

そこで、次に本書中の実践論を検討してみることとしたい。『観念法門』の冒頭には、

依㆓観経㆒明㆓観仏三昧法㆒一
依㆓般舟経㆒明㆓念仏三昧法㆒二
依㆑経明㆓入道場念仏三昧法㆒三
依㆑経明㆓道場内懺悔発願法㆒四

と箇条書して実践法が規定されている。

第一の観仏三昧法については、まず結跏趺坐の坐法を示し、続けて『観仏三昧海経』の観相品の内容を要約して観仏法を述べている。しかし、内容は経文を恣意的に解釈して、受講信者が退屈することなく、観仏法を実践できる工夫が凝らされていると察せられる。ただし、この観仏三昧法は誰でもが修行可能な実践法ではなく、おそらく出家者を対象とした修行法であったと想定される。すなわち、「行住坐臥亦作㆓此想㆒、毎常住㆑意、向㆑西及㆓彼聖衆一切雑宝荘厳等相㆒。如㆑対㆓目前㆒」という実修法、あるいは、「上品往㆓生阿弥陀仏国㆒」とか「即失㆓定心㆒三昧難㆑成」という文句からは、この三昧法が一般凡夫を対象にした易行法ではなかったと判断されるのである。

これに対して、念仏三昧法には「月別四時佳、行者等自量㆓家業軽重㆒、於㆓此時中㆒入㆓浄行道㆒、若一日乃至㆓七日㆒」と指示されて、この実践法が在家者をも含んでいたと判断される。なお、ここに「若一日乃至㆓七日㆒」とあるのは、「浄土宗全書本」「大正蔵経本」であって、敦煌本には「人乃至㆓七人㆒」と人数制限が示されている。この文章の直前には、すでに「従㆓月一日㆒至㆓八日㆒、或従㆓八日㆒至㆓十五日㆒」のごとく日数が指定されており、重複することになるので、内容的には敦煌本の文章をとるべきである。また『観念法門』が依拠したと想定される、天台智顗の『摩訶止観』「半行半坐法」中にも「若能更進随㆓意堪任㆒、十人已還不㆑得㆑出㆑此、俗人亦許」[14]と人数制限を規定しており、敦煌本を正解とすべきである。

なお、『観念法門』と智顗の『摩訶止観』中の「半行半坐法」とを比較すると、両者に多くの共通点が存在し、あるいは、道綽はこの「半行半坐法」にヒントを得て、「入道場念仏三昧法」の修行法を創出した可能性が考えられる。続く「道場内懺悔発願法」には、病人対処法をはじめ具体的な内容が規定されており、おそらく、道綽の念仏教団内で実際に行われていた実践法を記録したものと想定される。したがって、本書は道綽浄土教を解明するための貴重な資料であり、『安楽集』理解にとって補助的材料を提供するものと考えられる。

さらに付言するならば、「五種増上縁義一巻」については、かつて望月信亨博士によって本章は独立した著作であって、本来善導の著書は五部九巻ではなく六部十巻と訂正されるべきとの主張がなされ、一部の研究者の賛同を得たが、本章中現生護念増上縁、見仏三昧増上縁にも一巻本『般舟三昧経』からの引用文が用いられており、観仏三昧法、念仏三昧法と緊密な関係に結ばれており、敢えて別本と分ける必要はないと判断される。なお、本書の後半部分には、流布本と敦煌本との間に顕著な差異が存在するが、流伝の間に混乱が生じたものと推測される。

五　結　語

弘法寺釈迦才は、その著『浄土論』の序文で「近代有二綽禅師一、撰二安楽集一巻一、雖下広引二衆経一略中中道理上、其文義参雑、章品混淆、後之読レ之者、亦躊躇未レ決[15]」と『安楽集』を未整理の書として批判し、自分が群籍を捜検して、文章をととのえ「使下覧レ之者宛如中掌中上耳」と述べている。まことに自信に満ちた言葉である。

しかし、『道綽教学』の著者山本仏骨氏は、「斯様にして迦才が『安楽集』を評して、文義参雑し章品混淆するが故に補正すると云って居る事も、内容を検すれば単に文義や章品の問題で無くて、実は教義思想の更改なのである。

そこに彼は道綽の影響を受けたと見られつつ、却って道綽に遠ざかって居ると考えられる。即ち一は曇鸞教学よりの伝承であり、一は廬山念仏の一般的浄土願生の思想に立場を占めて居ったもので、斯くて迦才は道綽の理解者とならず『安楽集』を更改せんと企て、却って退化したものと云わねばならない」と批判している[16]。しかしながら、迦才は同じ序文の文章に「然上古之先匠遠法師謝霊運等、雖㆔以僉期㆓西境㆒、終是独善㆓一身㆒、後之学者無㆑所㆓承習㆒」と慧遠および謝霊運の独善的立場に強烈に反論している。この文意からは迦才が目指した「凡夫是正生人、聖人是兼生人」の思想が読みとれて、迦才は道綽の提唱した称名念仏を発展させて、凡夫の往生を推進させた浄土教家といえるのではなかろうか。したがって、山本仏骨氏の「道綽は廬山慧遠の念仏思想を受容して、『安楽集』を更改せんと企てた」とする解釈は否定されねばならないと考えられる。

一巻本『般舟三昧経』は玄中寺が位置した山西省内にのみ流布していたとする書誌学的考察の結果、従来善導自身の浄土教思想の著作とみなされてきた『観念法門』は、かれが山西省の玄中寺で道綽の弟子としての修行時代、道綽浄土教の布教の実態を伝えた指導書であったと解釈されるのである。

右のごとく解釈するならば、本書の尾題に「経」の一字が付加されているのも、本書が道綽教団にとって、経典に準ずる書物に位置づけられていた証拠と考えられ、迦才『浄土論』と共に道綽浄土教を理解するための重要な参考資料となるのではなかろうか。

註

（1）常盤大定・関野貞編『中国文化史蹟』解説下（法藏館、一九七六）、第八巻（山西・河北）五八頁。
（2）『大正蔵』五〇・五八三頁bc。
（3）『大正蔵』五〇・六四一頁c。

(4)『大正蔵』五〇・五九四頁ａ。
(5) 藤原幸章『善導浄土教の研究』(法藏館、一九八五) 一三三頁。
(6)『浄土仏教の思想』シリーズ第二巻 (「般舟三昧経」、一九九二年) 二五一頁。
(7)『大正蔵』一三・九〇五頁ｂ。
(8)『大正蔵』一三・八九九頁ａｂ。
(9)『浄土宗全書』一・六九六頁。
(10)『浄土宗全書』六・六五〇頁。
(11)『浄土宗全書』四・二四七頁。
(12) 大屋徳城『高麗続蔵雕造攷』(大屋徳城著作選集第七巻、国書刊行会、一九八八)。
(13) 現代仏教学術叢刊編輯委員会編輯『大蔵経研究彙編　上』(現代仏教学術叢刊一〇、台北、大乗文化出版社、一九七七) 二二五頁。
(14)『大正蔵』四六・一三頁ｂ。
(15)『浄土宗全書』六・六二七頁。
(16) 山本仏骨『道綽教学の研究』(永田文昌堂、一九五九) 一四六頁。

〔追記〕敦煌本『観念法門』に関しては、佛教大学の齊藤隆信先生より貴重な情報を提供戴いた。記して謝意を表します。

親鸞の『往生要集』観

梯　信暁

一　はじめに

親鸞（一一七三〜一二六二）が法然の門を叩いたのは、建仁元年（一二〇一）二十九歳の時である。そこに至った経緯については種々の逸話が伝えられていて、諸先学が様々に論じている。山田雅教氏は、親鸞が法然を訪ねたのは、『往生要集』についての意見を求めるためだったと述べている。[1]確かに当時法然は『往生要集』研究の第一人者であり、親鸞が法然にその指南を仰いだことは間違いない。法然の師叡空は、大原の良忍（一〇七三〜一一三二）から『往生要集』を学んでいるので、良忍─叡空─源空（法然）─綽空（親鸞）という『往生要集』伝授の系譜が想定されよう。

親鸞の『往生要集』観については、すでにいくつかの論考がある。その中、本稿で特に注目したのは、淺田正博氏、ロバート・F・ローズ氏、貫名譲氏の論文である。

淺田氏によると、親鸞の著述中に言及される源信の書は『往生要集』だけであるという。親鸞は『往生要集』の著者源信を評価したのである。淺田氏はその全ての用例を拾い上げて検討し、ほとんどが法然の『往生要集』理解を継承するものであることを立証している。ただし唯一の例外として、「我亦在㆓彼摂取之中㆒、煩悩障㆑眼雖㆑不㆑能㆑見、大悲無㆑倦常照㆓我身㆒」の文についてだけは、法然の解釈を介することなく、源信の述意をすなおに受け取っていると言い、この文によって親鸞は源信の真意を捉えたと述べている[2]。

ローズ氏は、「正信念仏偈」源信章の出拠について詳細に検討した上、後半の四句において、摂取不捨の光明の働きを、特に極重の悪人の往生と関連させて述べている点に注目し、親鸞はこの二つの事柄のあいだに必然的関係を見出していたと述べている[3]。

貫名氏は、淺田氏の論考を承けて『教行証文類』「行文類」大行釈における『往生要集』からの五箇所の引用例を検討し、そこに法然思想の影響が顕著であることを確認している。さらに親鸞が大行釈に『往生要集』の文を列挙したのは、善導から源信への流れの中に、礼讃としての称名念仏の意義を捉えたためであると述べている[4]。

淺田氏・貫名氏の研究により、親鸞の『往生要集』理解に、師法然の影響が濃厚であることが明白となった。また淺田氏の指摘は、法然の見解を介入させない親鸞独自の『往生要集』理解が存在することを明示したものであり、ローズ氏の論述は、親鸞独自の『往生要集』観を求める際の着眼点を提供するものと言える。加えて貫名氏の主張からは、親鸞が『往生要集』の研究によって善導思想への理解を深めたという示唆を与えられた。

諸先学の論考に導かれつつ、本稿では、親鸞が、彼にしかできないような読み方で『往生要集』を読み、それによって源信の意図や法然の理解を越えた独自の思想を形成したということを検証したいと思う。

親鸞の源信に対する評価が最も端的に表明されているのは、『教行証文類』「行文類」の「正信念仏偈」源信章四行八句の文であると言ってよい。

源信広開二一代教一　偏帰二安養一勧二一切一
専雑執心判二浅深一　報化二土正弁立
極重悪人唯称レ仏　我亦在二彼摂取中一
煩悩障レ眼雖レ不レ見　大悲無レ倦常照レ我[5]

この文は、ローズ氏が詳細に分析されたところであり、また淺田氏が指摘された「我亦在彼摂取之中……」の文への言及を含んでいる。すべてが『往生要集』に依拠することは、先学の指摘通りである。冒頭の二句は、序文や大文第三「極楽証拠」の意を承けた一般的な『往生要集』観で、『高僧和讃』にも、次のように歌われている。

本師源信ねんごろに　一代仏教のそのなかに　念仏一門ひらきてぞ　濁世末代をしへける[6]

教理に関する特徴的な見解は、続く六句の中に捉えることができる。以下、順次検討してゆきたい。

二　専雑の得失

次の二句、「専雑執心判浅深　報化二土正弁立」は、『往生要集』大文第十「問答料簡」の第二「往生階位」の記述に依っている。「往生階位」は、九品往生人の行位を論じつつ、凡夫往生の根拠を究明する項目である。十二問答よりなるが、親鸞が依拠したのは第九問答で、次のように論ぜられた箇所である。

問。若凡下輩亦得二往生一、云何近代、於彼国土求者千万、得無二一二一。答。綽和尚云（『安楽集』巻上、『大正蔵』四七、一二頁上～中）、信心不レ深、若存若亡故。信心不レ一、不二決定一故。信心不二相続一、余念間故。此三不二相応一者、不レ能二往生一。若具二三心一、不二往生一者、無レ有二是処一。導和尚云（『往生礼讃』、『大正蔵』四七、四三九頁中）、若能如レ上念念相続畢レ命為レ期者、十即十生、百即百生。若欲三捨レ専修二雑業一者、百時希得二一二一、千時希得二三五一云云。言レ如レ上者、指二礼讃等五念門、至誠等三心、長時等四修一也。(7)

下輩の凡夫も往生できると言いながら、往生できる者がほとんどないのはなぜかと問い、答えて、道綽・善導の説を掲げている。道綽は、「信心が不深（『安楽集』では不淳）・不一・不相続だから往生できない。三心が具われば往生できる」と言い、善導は、「専修の者は往生できるが、雑修の者は往生できない」と言う。

末尾に付された註記は、善導が『往生礼讃』冒頭に往生人の心得として提示した、「安心・起行・作業」の教説を指している。安心とは『観無量寿経』上品上生段に説く「至誠心・深心・回向発願心」の三心、起行は『浄土論』所説の「礼拝・讃嘆・作願・観察・回向」の五念門、作業は「恭敬修・無余修・無間修・長時修」の四修を言う。

源信はその全体を「念仏」と捉え、その念仏に専念する者は皆往生し、それ以外の雑行雑修の者は滅多に往生できないと理解したのである。

上掲の文は、法然が『往生要集釈』に引用している。「広・略・要」の「要」の立場を示す最後の部分である。「広・略・要」の思想構造については、すでに別稿に論じ、法然の最も特徴的な理解が「要」の中に示されていることを確認した。(8) 法然は「要」の立場を示すに当たり、『往生要集』の三箇所の記述に注目している。第一に大文第四「観察門」の中、特に「三想一心称念」を説く文、第二に大文第八「念仏証拠」の文、そして第三に上掲「往生階位」第九問答の文である。

第三の引文に続いて、法然は次のように述べている。

私云。恵心尽レ理定二往生得否一、以二善導道綽一而為二指南一也。又処処多引二綽導一用二於彼師釈一、可レ見レ之。然則用二恵心一之輩、必可レ帰二道綽善導一也。依レ之先披二綽師安楽集一覧レ之、分二聖道浄土二門仏教一釈見レ之。次善導観経疏見レ之矣。[9]

源信が往生の得否を定めるのは、善導・道綽を指南とする。よって源信の真意を理解しようとする者は、必ず道綽・善導に帰依し、『安楽集』『観経疏』を読まなければならないと言うのである。『往生要集』「往生階位」第九問答の文は、法然が専修念仏を主張する文証の一つであったと言えよう。

ところで源信は、上掲の文に続く第十一問答において、懐感『群疑論』に依って、『菩薩処胎経』に見える「懈慢界」と呼ばれる国土についての教説を挙げている。[10]懈慢界とは、娑婆世界から西方十二億那由他の所にある楽しく美しい世界の名である。その快楽に魅了されると、極楽に向かうことができなくなってしまうと説かれている。懐感は、雑修の者は執心不牢固だから懈慢界すなわち化土に留まり、専修の者は執心牢固だから真実報土に往生すると述べている。

『往生要集釈』では、この『群疑論』の文にまでは言及されていない。また『選択本願念仏集』にも取り上げられていない。ただし法然の法語の中には引用例がある。たとえば『漢語灯録』巻一所収の「無量寿経釈」では、専雑の得失を論ずる中で、『往生要集』「往生階位」第九問答の文を掲げた後、『群疑論』所説の懈慢界にも言及している。[11]

親鸞は、『教行証文類』「化身土文類」や、『浄土三経往生文類』に、『往生要集』から懈慢界を説く文を引用して、方便化身土の文証としている。[12]また『高僧和讃』では、次のように歌っている。

霊山聴衆とおはしける　源信僧都のをしへには　報化二土ををしへてぞ　専雑の得失さだめたる

本師源信和尚は　懐感禅師の釈により　『処胎経』をひらきてぞ　懈慢界をばあらはせる
専修のひとをほむるには　千無一失とをしへたり　雑修のひとをきらふには　万不一生とのべたまふ[13]

このように親鸞は、『往生要集』には専雑の得失として報化二土の弁立が説かれていると見たのである。それが法然の『往生要集』に対する評価を継承するものであることは明白である。ここまでは、諸先学が示された見解の確認の域を出るものではない。

三　極重悪人の救済

次いで「正信念仏偈」源信章の後半二行四句の記述について考察する。

まず後半冒頭の一句、「極重悪人唯称仏」は、『往生要集』大文第八「念仏証拠」の文に依っている。「念仏証拠」は、往生の業として、諸行ではなく、ただ念仏だけを勧める根拠を示す章である。その中に、念仏が往生の業であることを説く経論の文を十文にわたって列挙する一節がある。その第四『観無量寿経』の取意文が、「極重悪人唯称仏」の出拠である。『往生要集』には次のように記されている。

四観経、極重悪人無㆓他方便㆒。唯称㆓念仏㆒得㆑生㆓極楽㆒。[14]

『往生要集』における十文の選定は、懐感『群疑論』巻五の説を承けたものである。『群疑論』には、『往生要集』と同じ趣旨で、やや異なる九文が挙げられている。そのことは早くから知られていて、すでに良忠（一一九九〜一二八七）の『往生要集義記』に指摘されている。[15]上掲の文は、『群疑論』に挙げられた第二の文に相当する。次のような記述である。

観経下品上生・下品中生・下品下生三処経文咸陳、唯念二阿弥陀仏一往二生浄土一。(16)

両者を比較すると着眼点の相違が浮き上がってくる。『群疑論』の「唯念」を、源信は「唯称念」と言い換えている。「称念」は称名念仏の意である。また「極重悪人無他方便」という文言は『群疑論』にはない。源信が『観無量寿経』の意を汲んで付け加えたものである。

十文を列挙した直後に源信は、第四・第七・第九の文を指して、「此中観経下下品・阿弥陀経・鼓音声経、但以レ念二名号一為二往生業一」と述べている。つまり第四の文は、『観無量寿経』下品下生段の取意文として示されたものである。『群疑論』の文から、「下品上生・下品中生・下品下生三処経文咸陳」という文言を削除したのはそのためであろう。源信は下品下生人を、称名念仏以外に救われる道のない「無他方便」の「極重悪人」であると言い、その「極重悪人」を救うための唯一の実践が称名念仏であると考えていたことがわかる。

法然は『往生要集釈』の、やはり「要」の立場を示す中に、「念仏証拠」のほぼ全文を引用した後、私見として次のように述べている。前節に触れた、「要」の第二の文である。

私曰。此中有二三番問答一。初問意者可レ見。唯勧語、正指二上観察門中行住坐臥等文一也。其故、尋二一部始末一、慇懃勧進、只在二観察門一。余門処全所レ不レ見也。答中有二二義一。一者難行易行。謂諸行難レ修、念仏易レ修。二者少分多分。謂諸行勧進文甚少、念仏諸経多勧二進之一。次問答中、問意可レ知。答中有二三義一。一者因明直辨。謂諸行専為二往生一説不レ説レ之、念仏専為二往生一撰説レ之。二者自説不自説。謂諸行非二阿弥陀如来自説一レ当レ修レ之、念仏仏自説レ当レ念二我名一。三摂取不摂取。謂諸行仏光不レ摂二取之一。念仏仏光即摂二取之一。次問意可レ知。答中有二一義一。如来随機四依理尽。謂諸行釈迦如来随二衆生機一説レ之、念仏四依菩薩尽レ理勧レ之。是即此集本意也。(17)

「唯勧の語」とは、『往生要集』「念仏証拠」第一問の、「何故唯勧二念仏一門一」という文言を指す。ただ念仏の一門のみを勧めたのが、「観察門」の「行住坐臥」の文であると法然は言う。それはこの直前、「要」の第一に引用した、「三想一心称念」の文に当たる。したがってここに法然が言う「念仏」は、称名念仏の意である。

次いで法然は、第一答以下の文に依拠して、諸行と念仏とを対比し、念仏だけを勧める根拠を列挙している。それによって念仏の優位を立証し、念仏を勧めることが『往生要集』の本意であると言う。つまり法然は「念仏証拠」を、専修念仏を勧める文として掲げたのである。

法然の意を承けて、親鸞は『教行証文類』「行文類」大行釈の中で「念仏証拠」の文に言及するが、源信が挙げた十文の中、第二・第三・第四の文だけを引用している。[18]『無量寿経』三輩段の文、第十八願文、そして『観無量寿経』下品下生段の取意文である。その中、特に『観無量寿経』下品下生段の取意文を「正信念仏偈」に依用して、「極重悪人唯称仏」と言ったのである。「正信念仏偈」において親鸞がこの一文に注目したのは、ここに源信の称名念仏に対する評価が最も端的に示されていると考えたからであろう。『高僧和讃』には、次のように歌われている。

極悪深重の衆生は　他の方便さらになし　ひとへに弥陀を称してぞ　浄土にうまるとのべたまふ[19]

四　摂取不捨の情景

続く三句、「我亦在彼摂取中　煩悩障眼雖不見　大悲無倦常照我」は、『往生要集』大文第四「正修念仏」の第四「観察門」の項、「雑略観」の中に説かれた、いわゆる「白毫観」の文に依っている。『往生要集』の文は次の通りである。

彼一一光明遍照二十方世界一、念仏衆生摂取不レ捨。我亦在二彼摂取之中一、煩悩障レ眼雖レ不レ能レ見、大悲無レ倦常照二我身一。[20]

阿弥陀仏の眉間の白毫から放たれた光明の中に自身を確認することによって、自身の上に仏の救済が実現していることを感得するのである。同じ文言が、源信が最初に著した浄土教典籍である『阿弥陀仏白毫観』にもあり、それが源信の阿弥陀仏信仰の原点とも言うべき文であることについては、すでに別稿に論じた。[21]『往生要集』に組織された念仏は、白毫観の成就を目指していると言っても過言ではない。源信が感得し、念仏行者に提示した、信心の情景を表す文だったのである。

親鸞も同じ情景を感受したのであろう。ただし「正信念仏偈」に採用したのは、その後半部分だけである。前半部分、「彼一一光明遍照二十方世界一、念仏衆生摂取不レ捨」は、『観無量寿経』第九観に依っている。[22]この文には、法然もしばしば言及している。『往生要集釈』では、上掲「要」の第二に引用された「念仏証拠」所掲十文の第六に当たる。

『選択本願念仏集』では、摂取章に、『観無量寿経』の「念仏衆生摂取不捨」の文と、それを釈した善導『観経疏』定善義および『観念法門』現生護念増上縁の文とを引用している。それによって法然は、仏の光明は余行の者を摂取せず、ただ念仏者だけを摂取することを主張する。それは念仏は本願の行であり、余諸行は本願の行ではないからであると言う。[23]「摂取不捨」は、法然教学の中枢をなす「選択本願念仏」の根拠となる、極めて重要な語句だったのである。

親鸞は当然その立場を継承している。『教行証文類』総序に、浄土真実の法門を指して「摂取不捨真言」と言う[24]など、随所に「摂取不捨」という言葉を使う。

「行文類」大行釈には、善導『往生礼讃』より、「唯観二念仏衆生一摂取不レ捨故、名二阿弥陀一」という文を引用し、[25]

その意を承けて『浄土和讃』「弥陀経意」冒頭に、「十方微塵世界の　念仏の衆生をみそなはし　摂取してすてざれば　阿弥陀となづけたてまつる」と歌っている。[26]「摂取不捨」をもって阿弥陀仏の名義とする善導の見解を受容しているのである。

また「行文類」大行釈の末尾近くに、行信の利益を述べて、「帰㆓命斯行信㆒者、摂取不㆑捨。故名㆓阿弥陀仏㆒。是曰㆓他力㆒」と言い[27]、大行釈結嘆には、信実行を顕す文言の中に、「選択摂取之本願」という言葉を用いている。その直後、親鸞は、「言㆓他力㆒者如来本願力也」と宣言して他力釈を展開するのである。[28]「摂取不捨」が、親鸞思想の中核をなす「本願力回向」の根拠となる教説であったことが知られよう。

あるいは現生における信心獲得の状態を指して、「摂取不捨のゆゑに正定聚の位に住す」と言う[29]など、「現生正定聚」の根拠ともなっていて、「摂取不捨」が親鸞思想の基盤となる教説であったことは明白である。

法然は『観無量寿経』の「摂取不捨」の文を、「選択本願念仏」の文証として用いたが、『往生要集』「白毫観」後半部分の「我亦在彼摂取之中……」という文言に絡めて議論することはなかった。法然が取り上げたのは『観無量寿経』第九観の文と、それを釈した善導の論説であり、『往生要集』「白毫観」の記述に注目したわけではなかったと言える。

一方親鸞は、「正信念仏偈」のほかでもしばしば「我亦在彼摂取之中……」の文に言及している。たとえば『尊号真像銘文』末には、「首楞厳院源信和尚銘文」として「我亦在彼摂取之中、煩悩障眼雖不能見、大悲無倦常照我身」の文を掲げ、それが「念仏衆生摂取不捨」の意を釈したものであると述べている。[30]『一念多念文意』にも言及され[31]、『高僧和讃』には次のように歌われている。

煩悩にまなこさへられて　摂取の光明みざれども　大悲ものうきことなくて　つねにわが身をてらすなり[32]

だからこそ浅田正博氏は、「我亦在彼摂取之中　煩悩障眼雖不能見　大悲無倦常照我身」の部分だけは、法然思想を介さずに、親鸞が源信の真意を直接汲んだと評価したのである。[33]その指摘は重視すべきである。ただし、それが源信の真意と言えるかどうかは再考の余地がある。

「正信念仏偈」において親鸞が、「白毫観」の前半部分を採用しなかったことや、それに代えて「念仏証拠」を出拠とする「極重悪人唯称仏」という一句を付け足して繋いだことについては、検討しておく必要がある。「念仏証拠」と「白毫観」とを別々に評価するのであれば、それぞれを一行二句ずつに要約するのが通常であろう。ところが親鸞は、「念仏証拠」の、「極重悪人無他方便、唯称念仏得生極楽」を一句にまとめ、「白毫観」後半の、「我亦在彼摂取之中、煩悩障眼雖不能見、大悲無倦常照我身」をほぼそのまま三句とした。それは、両者を繋いで二行四句一具の偈とするための意図的な操作であったと考えられる。

これについてロバート・F・ローズ氏は、この二つの事柄のあいだに必然的関係を見出した親鸞が、源信の思想を強く「誤読」し、表面的な読みだけでは得られない『往生要集』の深い解釈を行うことができたと言えると述べている。ローズ氏が用いた「誤読」という言葉は、誤謬の意でないことは勿論、恣意的な読み替えという意味でもない。「極重の悪人でも、阿弥陀仏の慈悲の光に照らされ、その摂取のなかにある、ということを強調せずにはいられなかった」親鸞の、強い信念に基づく読み方であると主張されている。[34]

本稿では、このローズ氏の主張を承けて、「念仏証拠」と「白毫観」とを繋いだ親鸞の意図を、さらに追求してゆきたい。

『往生要集』「白毫観」では、「我亦在彼……」の「我」は光明に摂取された衆生の一人としての自身を指す言葉であった。親鸞は、「白毫観」の前半部分を削除し、それに代えて「極重悪人唯称仏」の一句を置くという操作を加えることによって、「我」の意味を変えてしまったと言える。

この操作によって、称名念仏以外に救われる方法のない「極重悪人」こそが、「我亦在彼摂取中……」という境地を味わう者であるという解釈が生み出される。つまり「我」が「極重悪人」を指す言葉となったのである。ローズ氏はこの部分を、「極重の悪人でも、阿弥陀仏の慈悲の光に照らされ……」と解釈している。しかし親鸞はこの「極重悪人」を第三者としての悪人を指す言葉とは考えていなかったと思う。親鸞は、「極重悪人」と「我」とは同じく親鸞自身を指す言葉であると考えたはずである。よってこの部分は、「極重悪人である私親鸞が、阿弥陀仏の慈悲の光に照らされ……」と解釈するべきであろう。

「白毫観」に説かれた「摂取不捨」の状態を、親鸞は、「極重悪人」である自身の信心の情景として感受し、称名念仏は、その自身を摂取するために仏が用意した特別の法門であると理解したのである。それは源信の意を越えた解釈であると言わなければならない。そこからさらに、浄土真宗の所被の機類の全体を「極重悪人」と見る、親鸞独特の思想が導き出されたと言ってよい。

類似の描写が、「正信念仏偈」依経段にも見える。

摂取心光常照護　已能雖レ破二無明闇一
貪愛瞋憎之雲霧　常覆二真実信心天一
譬如下日光覆二雲霧一　雲霧之下明無上レ闇
獲レ信見敬大慶喜　即横超二截五悪趣一(35)

行者の側からは仏を正しく感得することができないけれども、仏が行者を確かに捉えているという安心感が表明されている。それが親鸞の捉えた「摂取不捨」の意であり、自身の信心の情景であった。

そのことを示す記述が、『浄土和讃』の異本左訓に見える。高田本山専修寺蔵国宝本などによると、前掲「弥陀経意」冒頭の、「十方微塵世界の　念仏の衆生をみそなはし　摂取してすてざれば　阿弥陀となづけたてまつる」の「摂取」の左に、「セフハモノ、ニクルヲオワエトルナリ」という註が書き込まれている。[36] 多くの先学が注目された、親鸞思想の特徴を示す記述である。親鸞は、仏に背を向けて逃げてゆく行者を、追いかけ摑まえて離さないという仏の働きを「摂取不捨」と言い、その働きのゆえにこの仏を阿弥陀と名づけると理解した。

「摂取不捨」を阿弥陀仏の名義とするのは、すでに述べたように「行文類」大行釈所引の善導『往生礼讃』の文意に依る。その「摂取不捨」を、極重悪人が救済されている情景と捉えたのは、親鸞独自の『往生要集』解釈に依るものである。親鸞は、善導の説く「摂取不捨」の意を、『往生要集』白毫観の情景に重ねて理解していたのかもしれない。

そのことを確認するため、善導思想との関連に注目して、もう一例、『教行証文類』「信文類」大信釈の文を検討しておきたい。『無量寿経』第十八願文・成就文をはじめとする経文と、曇鸞・善導・源信の著述からの引用文とに依拠して、「他力回向の行信」という親鸞独自の思想を提示した一段である。その引文の末尾に、『往生要集』「白毫観」後半の文が置かれ、続いて結論が示されている。

又云、我亦在二彼摂取之中一、煩悩障レ眼雖レ不レ能レ見、大悲無レ倦常照二我身一已上。爾者、若行若信、無レ有四一事非三阿弥陀如来清浄願心之所二回向成就一。非二無レ因他因有一也。可レ知。[37]

法然が提唱した「選択本願念仏」とは、阿弥陀如来は第十八願によって、一切諸行を選び捨て、称名念仏の一行を選び取って往生の正定業としたという思想である。よって法然の法語中には、「他力の念仏」という言葉を確認することができる。[38] それに対して親鸞は右掲の文に、行も信も共に如来から回向されたものであると述べている。

阿弥陀如来の清浄願心によって回向された信心、すなわち「他力の信心」という思想は、親鸞が提示した最も特徴的な見解であると言える。

その根拠として列挙された要文の冒頭が『無量寿経』第十八願文であり、最後が『往生要集』「白毫観」後半の文だったのである。加えて、全体の過半を占める善導『観経疏』散善義三心釈の引文も重要な意味を持つ。

善導は『観無量寿経』上品上生段に説かれる「至誠心・深心・回向発願心」の三心によって信心を説明している。法然はその立場を継承し、『選択本願念仏集』に三心章を立てて「念仏行者必可レ具二足三心一之文」とし、善導『観経疏』散善義三心釈の全文を引用している。親鸞も同じく「信文類」大信釈にその全文を掲げるのである。中でも親鸞が、深心釈に見える「二種深信」の教説を重視したことは、古来諸先学が指摘されたところである。

「二種深信」の文は次の通りである。

二者深心。言二深心一者、是深信之心也。亦有二二種一。一者決定深信二自身現是罪悪生死凡夫、曠劫已来常没常流転、無レ有二出離之縁一。二者決定深信下彼阿弥陀仏四十八願摂二受衆生一。無レ疑無レ慮乗二彼願力一定得中往生上。[39]

親鸞は『愚禿鈔』巻下に、上の文を掲げて、「今斯深信者、他力至極之金剛心、一乗無上之真実信海也」と評している。[40]これによって親鸞が「二種深信」を「他力の信心」と見ていることは明白である。ここに見える「金剛心」という言葉は、親鸞の著述中に頻出するが、たとえば「消息」には次のような記述がある。

御たづね候ふことは、弥陀他力の回向の誓願にあひたてまつりて、真実の信心をたまはりてよろこぶこころの定まるとき、摂取して捨てられまゐらせざるゆゑに、金剛心になるときを正定聚の位に住すとも申す。[41]

他力の信心を賜った時、摂取不捨の利益にあずかる。だから金剛心を得た時に、正定聚に定まると言うのである。よってここの「金剛心」は「他力の信心」と同意である。

親鸞は、決して救われるはずのない「罪悪生死の凡夫」が「阿弥陀仏の四十八願」によって救われるという「二種深信」が、「摂取不捨」の内容であり、それは極重悪人が煩悩具足のまま仏に摂取されているという状態であると理解したのであろう。その理解は、親鸞独自の『往生要集』解釈から導き出されたものと言ってよい。

このように親鸞は、『往生要集』研究の成果として善導思想への理解を深め、独自の境地を開いていったと考えることができるのである。

五　おわりに

「正信念仏偈」源信章の後半二行は、すべて『往生要集』から摘出された語句で構成されているが、意図的な操作によって、親鸞独自の思想すなわち「他力の信心」を表現する文に改変されている。一般的な『往生要集』理解を示した第一行、法然の立場を継承して専雑の得失を説いた第二行とは、趣きを異にしている。『教行証文類』の肝要を略示したとされる『浄土文類聚鈔』の「念仏正信偈」源信章では、専雑の得失を説くところまでで四行八句が構成されていて、「正信念仏偈」源信章の後半二行に対応する記述がない。[42]そのことからも、「極重悪人唯称仏」以下の二行には、親鸞の特別な思いが込められていることが推察されるのである。

称名念仏以外に救われる方法のない極重悪人が、他力回向の行・信を与えられて「摂取不捨」の利益にあずかり、煩悩具足のままで、大悲の光明に抱かれている。それは親鸞が『往生要集』の記述を手がかりとして捉えた自身の信心の情景であり、親鸞が、彼にしかできない読み方で『往生要集』から引き出した極意だったと言えるのである。「他力の信心」について、親鸞が法然の認可を得たという逸話が『歎異抄』後序に見える。

故聖人の御物語に、法然聖人の御とき、御弟子そのかずおはしけるなかに、おなじく御信心のひともすくなくおはしけるにこそ、親鸞、御同朋の御なかにして御相論のこと候ひけり。そのゆゑは、「善信が信心も聖人の御信心も一つなり」と仰せの候ひければ、勢観房・念仏房なんど申す御同朋達、もってのほかにあらそひたまひて、「いかでか聖人の御信心に善信房の信心、一つにはあるべきぞ」と候ひければ、「聖人の御知恵・才覚ひろくおはしますに、一つならんと申さばこそひがごとならめ。往生の信心においては、まったく異なることなし。ただ一つなり」と御返答ありけれども、なほ「いかでかその義あらん」といふ疑難ありければ、詮ずるところ、聖人の御まへにて自他の是非を定むべきにて、この子細を申しあげければ、法然聖人の仰せには、「源空が信心も、如来よりたまはりたる信心なり。善信房の信心も、如来よりたまはらせたまひたる信心なり。されば、ただ一つなり。別の信心にておはしまさんひとは、源空がまゐらんずる浄土へは、よもまゐらせたまひ候はじ」と仰せ候ひしかば、当時の一向専修のひとびとのなかにも、親鸞の御信心に一つならぬ御ことも候ふらんとおぼえ候ふ。(43)

親鸞が提唱した見解を法然が承認し、それを「如来より賜りたる信心」と名づけられたと言うのである。同じ話が覚如の『御伝鈔』巻上にも見え、そこでは「他力の信心」という言葉が使われている。(44) 勢観房源智（一一八三～一二三八）や念仏房念阿（一一五七～一二五一）等の上足の門弟が異議を唱えたという記述によって、法然がそれまでにこのような表現をしたことがなかったことが示唆されている。事実、法然の著述や法語の中には、人によって信心に浅深の違いがあるかどうかというような議論は見当たらない。「他力の信心」が親鸞独自の境地であり、しかもそれを法然が認可したことを主張するこの記事は、親鸞教学の基盤が法然の指導下で成立したことを伝える逸話であり、親鸞自身の体験談に基づくものと見てよかろう。

註

（1）山田雅教「六角堂夢告私考」『真宗研究』四九、二〇〇五。
（2）淺田正博「親鸞聖人の『往生要集』観」往生要集研究会『往生要集研究』永田文昌堂、一九八七。
（3）ロバート・F・ローズ「親鸞は源信をどう読んだのか―〈正信念仏偈〉に見られる源信―」大谷大学真宗総合研究所　親鸞聖人七百五十回御遠忌記念論集上巻『〈教行信証〉の思想』筑摩書房、二〇一一。
（4）貫名譲「親鸞における源信の念仏思想の受容と展開」『印度学仏教学研究』六七―一、二〇一八。
（5）『教行証文類』「行文類」（『大正蔵』八三、六〇〇頁中～下）。
（6）『高僧和讃』（『大正蔵』八三、六六三頁中、『註釈版聖典』五九四頁）。
（7）『往生要集』巻下（『大正蔵』八四、八一頁中）。
（8）梯信暁「法然の『往生要集』観」『大阪大谷大学紀要』五七、二〇二三。
（9）『往生要集釈』（『仏教古典叢書』所収『古本漢語灯録』巻六、一四～一五頁）。
（10）『往生要集』巻下（『大正蔵』八四、八一頁中～下）。懐感『群疑論』巻四（『大正蔵』四七、四三九頁下）に、『菩薩処胎経』巻二に説くと言うが実は巻三（『大正蔵』一二、一〇二八頁上）である。なお懈慢界については、①高田文英「『菩薩処胎経』の懈慢界」（『東洋の思想と宗教』二八、二〇一一）、②高田文英「懈慢界の解釈」（『真宗学』一二三・一二四、二〇一一）、③高田文英「『教行信証』報化二土の引文を読み解く―懈慢界説の歴史的帰趨―」（『真宗学』一三七・一三八、二〇一八）に詳しい。そのほか親鸞思想との関連で懈慢界について検討された論考として、註（3）所掲ロバート・F・ローズ論文や、伊東順浩「『往生要集』と親鸞教学との関連」（『印度学仏教学研究』四〇―一、一九九一）、内藤円亮「源信の浄土観」（『印度学仏教学研究』四六―一、一九九七）、樋口大慈「親鸞の源信観―「化身土巻・本巻」の展開を中心にして―」（『印度学仏教学研究』六七―二、二〇一九）等がある。
（11）『漢語灯録』巻一（『大正蔵』八三、一一二頁中～下）。
（12）『教行証文類』「化身土文類」（『大正蔵』八三、六二七頁中～下）、『浄土三経往生文類』（『大正蔵』八三、六七四頁上）。
⒀『高僧和讃』（『大正蔵』八三、六三三頁中、『註釈版聖典』五九四頁）。
⒁『往生要集』巻下（『大正蔵』八四、七七頁上）。
⒂良忠『往生要集義記』巻七（『浄土宗全書』一五、三三四頁下）。
⒃『群疑論』巻五（『大正蔵』四七、六〇頁上）。
⒄『往生要集釈』（『仏教古典叢書』所収『古本漢語灯録』巻六、一三〜一四頁）。
⒅『教行証文類』「行文類」（『大正蔵』八三、五九七頁上）。
⒆『高僧和讃』（『大正蔵』八三、六六三頁下、『註釈版聖典』五九五頁）。
⒇『往生要集』巻中（『大正蔵』八四、五六頁上）。
(21)梯信暁『奈良・平安期浄土教展開論』法藏館、二〇〇八、二三〇〜二三二頁。
(22)『観無量寿経』（『大正蔵』一二、三四三頁中）。
(23)『選択本願念仏集』（『大正蔵』八三、九頁上）。
(24)『教行証文類』「総序」（『大正蔵』八三、五八九頁上）。
(25)『教行証文類』「行文類」（『大正蔵』八三、五九四頁上）。
(26)『浄土和讃』（『大正蔵』八三、六五八頁下、『註釈版聖典』五七一頁）。
(27)『教行証文類』「行文類」（『大正蔵』八三、五九七頁中）。
(28)『教行証文類』「行文類」（『大正蔵』八三、五九七頁下〜五九八頁上）。
(29)親鸞「消息」（『末灯鈔』本、『大正蔵』八三、七一一頁上、『註釈版聖典』七三五頁）。
(30)『尊号真像銘文』末（『大正蔵』八三、六八四頁下）。
(31)『一念多念文意』（『大正蔵』八三、六九六頁上）。
(32)『高僧和讃』（『大正蔵』八三、六六三頁下、『註釈版聖典』五九五頁）。
(33)註（２）所掲淺田正博論文。

（34）註（3）所掲ロバート・F・ローズ論文。

（35）『教行証文類』「行文類」（『大正蔵』八三、六〇〇頁上）。

（36）『浄土和讃』（『大正蔵』八三、六五八頁下、『註釈版聖典』五七一頁）。異本註記は、『浄土真宗聖典』原典版、解説・校異二四一頁（本願寺出版部、一九八五）。

（37）『教行証文類』「信文類」本（『大正蔵』八三、六〇三頁下）。

（38）「念仏往生要義抄」に、「ただひとすぢに仏の本願を信じ、わが身の善悪をかへりみず、決定往生せんとおもひて申すを、他力の念仏といふ」とある（『和語灯録』巻二、『大正蔵』八三、一八五頁中）。

（39）善導『観経疏』散善義（『大正蔵』三七、二七一頁上～中）。

（40）『愚禿鈔』巻下（『大正蔵』八三、六五〇頁下）。

（41）親鸞「消息」（『末灯鈔』末、『大正蔵』八三、七一八頁下、『註釈版聖典』八〇二頁）。

（42）『浄土文類聚鈔』「念仏正信偈」源信章には、「源信広開二一代教一　偏帰二安養一勧二一切一　依二諸経論一撰二教行一　誠是為二濁世目足一　決二判得失於専雑一　回二入念仏真実門一　唯定二浅深於執心一　報化二土正弁立」とある（『大正蔵』八三、六四五頁下）。

（43）『歎異抄』（『大正蔵』八三、七三四頁上～中、『註釈版聖典』八五一～八五二頁）。

（44）『御伝鈔』巻上（『大正蔵』八三、七二五頁中～下、『註釈版聖典』一〇五〇～一〇五一頁）。

身延文庫蔵「大乗義章第十八抄」所収「涅槃義」翻刻

田戸　大智

一　解　題

身延文庫蔵「大乗義章抄」は、浄影寺慧遠（五二三～五九二）撰とされる『大乗義章』の各義科に関する論義をとりまとめた資料であり、十三帖が残存し確認できる義科数は五十三となる。但し、現存状況や『大乗義章』の諸本、例えば大正蔵本（定本は延宝二年版本、重複を除けば二二一義科）との対比から類推すれば、「大乗義章抄」の原本はほぼ全ての義科の論義を収載していた可能性が高い[1]。

「大乗義章抄」を集成したのは、顕密に通暁していた勧修寺法務寛信（一〇八四～一一五三）であり、様々な顕密の法会に出仕していた碩学であった[2]。従来の研究では密教関連や表白等の諸文献が知られていたが[3]、同書の発見により、寛信が三論の師である覚樹（一〇八一～一一三九）から継承した修学の実態がはじめて明らかになった意義は極めて大きいと言えよう。

同書は、平安時代以降に隆盛となった教学研鑽を背景に、密教との兼学が常態化した三論宗が吉蔵（五四九～六一二三）の教学を補う重要文献として、三論宗の拠点であった東大寺だけでなく勧修寺や醍醐寺等の密教寺院で修学された議論を集大成したものと考えられる。特に注目すべきは、院政期以降に諸法会で対論された三論宗関連の論義（二四〇題）をとりまとめた、東大寺図書館蔵『恵日古光鈔』十帖に同書が引用されている点である。『恵日古光鈔』については、東大寺新禅院の聖守（一二一五～一二八七？）が主導して編纂し門下の聖然（？～一三一二）が書写したとされるが、その周縁にて同書が参照されていた実態が判明したことにより、三論宗の論義を考究するうえで同書の解読が須要であることは首肯されるであろう。(4)

そこで、本稿では、「大乗義章第十八抄」に収録される「涅槃義・無上菩提義」の中、「涅槃義」の翻刻を行った。同書十三帖については、既に「大乗義章第八抄」と「大乗義章第九抄末」の二帖の翻刻が完了し、今後も継続的に研究を進めていく予定である。(5)

地論学派の涅槃義については、一般的に性浄涅槃と方便涅槃の二種涅槃で議論され、『大乗義章』ではさらに因果と体用という概念で二種涅槃を解釈していくのであり、慧遠とほぼ同時代の智顗（五三八～五九七）や吉蔵も持論師の義として二種涅槃に言及していることが既に指摘されている。(6)また、新羅の元暁（六一七～六八六）が『涅槃宗要』で涅槃と仏性の二門に大別し解釈する構成について、『大乗義章』が涅槃義と仏性義を別項する形式が踏襲され、内容も一部影響を受けていることが明らかにされている。(7)

日本に視点を移せば、醍醐寺を創建した聖宝（八三二～九〇九）の師である願暁（？～八七四）が『大乗法門章』巻二で『大乗義章』の涅槃義に関する十六の問答を記述していることは注目される。例えば、第三問答を示せば、次のとおりである。

問。六義意、何。

答。章云、言㆓常義㆒者、経云、譬如㆔有㆑人寿命無量名㆓大丈夫㆒。言㆓広義㆒者、其性広博故名為㆑広。徳別非㆑一故名為㆑多。淵奥難㆑測故名為㆑深。位分高出余人不㆑至故名為㆑高。諸法中勝故名為㆑勝。遊意亦同。[8]

ここでは、大般涅槃の「大」の字義をめぐり、『大乗義章』[9]が『涅槃経』[10]に依拠して六義（常・広・多・深・高・勝）を立項し、それが吉蔵の『涅槃経遊意』[11]の解釈と同じであることが述べられている。このように、吉蔵の見解が慧遠の教説に遡及できる事例が見られることには留意すべきであろう[12]。そして、これとほぼ同様の問題が議論されているのが、「大乗義章抄」の第一問答である。

このように、願暁の頃から議論されていた内容が継承され、それが次第に精緻な研究に大きく展開していった様相を示すのが、「大乗義章抄」の涅槃義であると言えよう。その詳細な内容分析は、後日に期したい。

二　凡例

一、本稿は、身延文庫蔵「大乗義章抄」十三帖の一である「大乗義章第十八抄」に収録される二義科（涅槃義・無上菩提義）の中、「涅槃義」の箇所を部分翻刻したものである。なお、「大乗義章第十八抄」は、「大乗義章第四抄上」と合帖されている。

二、本翻刻は、原則として新漢字を使用した。

三、底本には一部送りがなが付されているが、句読点のみ私に付した。

四、原文では、問答箇所が引用典拠箇所より一段下げになっているが、翻刻ではすべて行頭を統一した。

五、校訂者の解釈により、全体を問答ごとに分割し、冒頭に【】で問答番号を挿入した。

六、原文の異体字や略字、俗字等は基本的に現行の正字に改めた。

尒↓爾　畧↓略　㝵↓礙

七、以下の文字は本来別字であるが、慣用に合わせて置き換えた。

尺↓釈　廿↓二十　卅↓三十　卌↓四十

八、以下の仏教省文草体は、本来の形に還元した。

𦬇↓涅槃　𦬇↓菩薩　𦬊↓菩提　冗冗↓煩悩　耳耳↓声聞

九、脱字や誤記の註記は、原文どおり行間に記した。

十、中略の箇所は、原文と同じく〇で示した。

十一、虫食いや判読不能の箇所は、□を用いて示した。

十二、装幀の糊付けにより判読不能の部分は、□で示した。

十三、装幀の糊付けにより判読不能の部分で、引用典籍の原文から補える箇所は（　）を用いて記した。

十四、『大乗義章』や『涅槃経』（南本三十六巻本）等からの引用文は、原文との校異を行い註で示した。

十五、書誌的概要は、次のとおりである。

〔書写年代〕文和四年（一三五五）

〔書写者〕寥海

〔外題〕義章第十八抄

〔内題〕涅槃義　無上菩提義

〔尾題〕大乗義章第十八抄

〔奥書〕本云、保安五年（一一二四）四月七日始抄、同廿一日畢功
　御室御本、両校了。
　文和四年（一三五五）十月十三日、於桂宮院傍爐中火書写了
　　小比丘寥海　二十七通七

〔墨印〕身延文庫

粘葉装、表紙（茶）、楮紙、一帖、全二八丁、縦二七・五糎、横二〇・〇糎、一頁一一行、一行約二〇字前後

三　目次

涅槃義

【第一問】問。釈大涅槃有六義。且常義・広義引何喩乎。

【第二問】問。有人心、解涅槃義名惣万徳□体此義乎。

【第三問】〔不明〕

【第四問】問。釈滅度義、引法花日月灯仏事。爾者、何判滅度時分乎。

【第五問】問。引涅槃経離十相云云。爾者、十相者何等乎。

【第六問】問。成実心、尽無生智、何釈之乎。

【第七問】問。成実心、有余・無余二涅槃、前後得之歟。

【第八問】問。成実心、作尽無生智、有余・無余二涅槃同時得云云。爾者、無余涅槃者、即得無生智之時得之歟。

【第九問】問。付菩提義、爾者修因顕別可得修因義乎。
【第十問】問。地持論心、以六度如何分別福智乎。
【第十一問】問。付命常義、爾者、常恒二法者其体同乎。
【第十二問】問。釈浄徳門涅槃四種浄、爾者心浄者行断二徳中何乎。
【第十三問】問。付引地持四浄釈浄徳、且於二諦、如何分別乎。
【第十四問】問。付於十地、分別常楽我浄四徳。爾者、八地以前、具幾徳乎。
【第十五問】問。浄《常》徳可遍十地乎。
【第十六問】問。第十地菩薩、四徳共具乎。
【第十七問】問。小乗心、所得涅槃為具四徳、為当何。
【第十八問】問。涅槃意等智、断惑乎。
【第十九問】問。引十地経釈正・邪・不定三聚衆生。爾者、如何釈之乎。

四　本文

涅槃義

【第一問】
問。釈大涅槃有六義。且常義・広義引何喩乎。進云、常義如有人寿命無量。広義猶虚空云云。付之、見経文云、常義如八大河帰大海、広義如人寿量無量云云。何相違乎。

第一釈名。〇依彼具言名為摩訶般涅槃那。摩訶名大。大義有六。一者常義。故涅槃云、所言大者、名之為常。譬如有人寿命無量名大丈夫。二者広義。故涅槃云、所言大者、其性広博、猶如虚空無所不至。涅槃如是。故名為広。三者多義。(13)徳別非一。故涅槃云二十一、譬如大蔵多諸珍異。涅槃如是。多有種種妙法珍宝故名為大。四者深義。淵奥難測。故涅槃云、大者名為不可思議。一切世間声聞縁覚不能測量涅槃之義故名為大。五者高義。位分高出余人不至。故涅槃二十二二十三云、譬如大山一切世人不能得上故名為大。涅槃如是。凡夫二乗及諸菩薩不能窮到。故名為大。六者勝義。如世間中勝上之人名為大人。涅槃如是。諸法中勝故名為大云云。

涅槃経云、名字功徳品 所言大者、名之為常。如八大河悉帰大海。此経如是。降伏一切諸結煩悩及諸魔性。然後、要於大般涅槃放捨身命。是故名曰大般涅槃云云。

同経五云、四相品 所言大者、其性広博。猶如有人寿命無量名大丈夫。是人若能安住正法名人中勝。如我所説八大人覚。為一人有為多人有。若一人具八則為最勝。所言涅槃者、無諸瘡疣云云。）

【第二問】

問。有人心、解涅槃義名惣万徳□体此義乎。

章云、有人復云(14)、涅槃胡語名惣(15)万徳。此方更無一名能翻。故存胡本説為涅槃。涅槃之体実備万徳。涅槃一名非尽万徳。若使涅槃名尽万徳、是則宣説万徳之時、不応随徳更立名字、欲説常義更立常名以名彼義。如是一切。明知、涅槃名不尽徳。又設涅槃名(16)惣万徳、此方還以万徳惣(17)名翻彼涅槃。何為不得而言叵翻。又涅槃云、随其類音普告衆生。今日如来将欲涅槃、随類異告。云何叵翻。若正相翻、名之為滅。随義傍翻、名別種□。或言不生、或曰不出、或称(18)

無作、或謂無起、或名無為、或字無相、或言不燃、或曰不識、或称寂滅、或云安穏、或名解□、□字彼岸。如是種種悉如経□。云何得知是滅非惣[19]。今□□以四義験之、一准昔以求。如来昔於余契経中、毎常宣説煩悩滅無身亡智喪以為涅槃。今日涅槃名不異昔。何忽是惣[20]。二拠終以験。如来垂滅大音普告、今日如来将欲涅槃。○明知、涅槃是物[21]。三准定方言。外国之人、見人死滅咸皆称言、某甲涅槃。世人死滅何徳可惣[22]、○明知、涅槃是滅非惣[23]。四取文為証。如涅槃中、仏嘆純陀。○能知如来示同衆生方便涅槃。世間衆生何曾有彼万徳涅槃。○明知、涅槃是滅非惣[24]。[25]法花説、日月灯仏説法花[26]竟、於[27]夜後分入於涅槃。○明知、涅槃是滅非惣[28]云云。

【第三問】

般若云不可翻

仁王経疏上云、嘉祥　般若者、大智論有二釈。第四十三巻解般若、秦言智恵[29]。開善蔵師並用此翻。仏国[30]語般若、此翻智恵[31]。又第七十巻解般若不可称。般若定実相甚深極重、智恵軽薄[32]。是故不可称。荘厳旻師以此文云、般若名含五義智恵[33]。止是一條非正翻訳。二師各執即成諍[34]論皆不得般若意。問。論既有二文。今云何通釈。答。且依論解般若有二種。一方便門、二実相門。所言翻者、約方便門翻為智恵[35]。言不可翻者、般若非愚非智故云不可翻也云云。

大論四十三云、般若者、秦言智恵[36]。一切諸智恵中[37]最為第一。無上無比無等、更無勝者云云。

大論七十云、仏言、○般若波羅蜜○為不可称事起。須□□云何般若波羅蜜為不可称起[38]。○一切衆生中無有能思惟称仏法・如来法・自然人法・一切智人法。以是故、○般若波羅蜜為不可称事起。○釈曰、○不可称者、称名智恵[39]。般若定実相甚深極重、智恵[40]軽薄。是故不可称。又般若多智恵[41]少故不能称。又般若利益処広。未成能与世間果報、成已与道果報。又究尽(42)知故、名称般若波羅蜜。無能称知若常若無常若実若虚若有若無。如是等不可称義云云。

【第四問】

問。釈滅度義、引法花日月灯仏事。爾者、何判滅度時分乎。進云、於後夜分入於涅槃云云。付之、見経文長行引□

章云、又法花(43)説、日月灯仏説法（花竟、於後夜分入於涅槃。下）文重頌、仏此夜滅度如薪尽火滅。長行之中云言涅槃、偈言滅度。明知、涅槃是滅非惣(44)云云。

【第五問】

問。引涅槃経離十相云云。爾者、十相者何等乎。

章云、◯如経中説。離於十相名為涅槃。謂離色声香味触相・生住滅相・男相・女相云云。

尋云、

涅槃経二十五云、十相者、謂生死老歟病死、色声香味触無常。遠離十相名大涅槃云云。

同経二十八云、涅槃名為無相。◯無十相故。何等為十。所謂色相声相香味触相・生住壊相・男相・女相。是名十相。無如是相故名無相云云。

【第六問】

義詮問。成実心、尽無生智、何釈之乎。進云、尽生死因名尽智云云。当果不生名無生智云云。付之、論云、尽諸相名尽智、知相不生名無生智云云。是即如毘曇義。未分別因果断尽之文、如何。

【第七問】

問。成実心、有余・無余二涅槃、前後得之歟。進云、同時得之。或前後不定云云。付之、二涅槃必可在前後。何同時乎。又何不定乎。答云云。第二重進云、尽智断現因、無生智亡当果。此二智一時也云云。付之、二智、何同時乎。依之、先論文云、一切相違為尽智、知諸相不生名無生智。此即如

私云、成実心、断報如云及彼所起余報也。故能断道同時起、断煩悩因之辺名尽智、尽当報之辺名無生智。是即二涅槃、同時得之也。

【第八問】

問。成実心、作尽無生智、有余・無余二涅槃同時得云云。爾者、無余涅槃者、即得無生智之時得之歟。進云、彰名唯後云云。寿尽時得之也。付之、以命尽時云無余者、同時得二涅槃之釈、全以無益也。又再云得無余涅槃者、大不順道理、如何。

章云、毘曇法中涅槃体一。約対不同得二名字。言体一者、於此宗中、煩悩業思以道力故応起。不起数滅無為。是涅槃体。此体是一。約対身智得二名字。身智未尽説前涅槃以為有余。□□□有余身智故。身智尽竟向前涅槃転名無余。□後□無余身智故。○若依成実、涅槃体二。生死因尽是一涅槃。生死果尽是一涅槃。故有二種。○見修断故名為数滅。是数滅故、生死果尽得名涅槃。二種如是。此二涅槃得之不定。或在同時、或在前後。若断現因令其当果畢竟

不生、名曰無余。此無余滅与有余滅、得在一時。以一時中具両義故能尽之。智亦有二種。尽生死因名為尽智。断生死果令後不起名無生智。若無学人以辺際智促報取滅、名曰無余。此無余滅与有余滅、得在前後。報尽方説無余滅故。然無余滅得雖不定或前或後、彰名唯後。何故而然。現報未（滅障、其未報不生不顕故不与名云云。）

成実論十六云、十智品（知一切相尽名為尽智。知諸相不生名無）生智。学人断相尽已更生、無学相尽更不復生。若能令諸相尽滅更不復生。爾時名無生智云云。

十智義云、若依成実○彼尽無生同体義別。無学聖智能尽有因即名尽智、令苦不生即名無生云云。

三無為義云、成実法中、一切果報但使無漏断因報尽。皆是数滅。云何得知。如成実説、見道断者、謂示相慢及彼所起諸余法也。修断法者、不示相慢及彼所起諸余法也云云。

私云、以此文可答前難等也。可思之。

【第九問】

問珍海。付菩提義、爾者修因顕別可得修因義乎。進云、有之云云。付之、如来蔵本有功徳酬□善因顕其本故□□□□顕。何有修因生功徳乎。付之、金陵大師□□□□功徳修顕為報身云云。如何。私云、此論義未得心。方便浄修因生功徳之事、常作相也。

章云、次就性浄方便論二。○方便涅槃有其二種。一従因修得名方便浄、二従体起用名方便浄。為是釈名各有両義。方便浄者、従其初義、教行功徳本無今有。従因方便断障得浄、名方便浄。若従後義、作用善巧称曰方便。作用中浄名方便浄。○性浄涅槃有其二種。一本隠法性顕《成》今徳名為性浄。二涅槃性《体》浄説為性浄。於此門中莫問修生修顕功徳、対用論体斉称性浄。○従(45)其初義、無始法性名之為性。是性本為妄想隠覆、相以不浄。○後息妄染彼性始浄。□

又云、次弁其相。〇分別有五。一就方便修生徳中随義分二。二相云何。修生徳中有二種作。一者縁作縁修対治、熏発真心諸功徳生。其猶臘印印泥文生。二者体作、真随行縁集成諸徳。如金随縁作荘厳具。縁作義辺名方便浄、体作義辺説為性浄。二修生修顕相対説二。次前二種修生之徳悉名方便、無始法性顕成今徳、説為性浄。〇此二別分、修生功徳直名菩提、修顕功徳直名涅槃。如涅槃説。故彼経三十三中菩提必従生因所生、涅槃必由了因所顕。無有生義。摂相通論、倶是菩提。以円通故。如彼金剛般若中説。良以二種倶菩提故。須以性浄方便名別。修生菩提説為方便。修顕菩提名為性浄。又此二種倶名涅槃。以寂滅故。良以二種倶涅槃故。亦須性浄方便名別、修生涅槃説為方便。修顕涅槃名為性浄云云。余三門略之。

【第十問】
問。地持論心、以六度如何分別福智乎。
章云、対因別者、因有三種。一福、二智、三者苦報。如地持説。六度之中前三是福、波若是智、精進与禅亦福亦智。
義如上解云云。
尋云

【第十一問】
問。付命常義、爾者、常恒二法者其体同乎。
章云、総為一常。或分為二。〇略之。二始終分二。謂常与恒、（不生名常、不滅目恒云云。）
尋云

【第十二問】

問。釈浄徳門涅槃四種浄、爾者心浄者行断二徳中何乎。進云、行徳云云。付之、離諸煩悩名心浄故可云断徳。例如業浄離諸業名断徳云云。

章云、浄義不同一門説四。四有両門。一則如彼涅槃経説。四名是何。一是果浄、永断二十五有之果。二是業浄、亦名因浄。謂離凡夫一切諸業。此二断徳。三者身浄、遠離生滅常住不変。四者心浄、絶離諸漏。此二行徳云云。

涅槃経二十一云、浄有四種。何等為四。一者二十五有名為不浄。能永断故得名為浄。浄即涅槃。〇二者業清浄故。一切凡夫業不清浄故無涅槃。諸仏如来業清浄故。故名大浄。以大浄故名大涅槃。三者身清浄故。身若無常則名不浄。如来身常故名大浄。以大浄故名大涅槃。四者心清浄故。心若有漏名曰不浄。仏心無漏故名大浄。以大浄故名大涅槃云云。

義記云、初一果浄、第二因浄。此二断徳。第三身浄、第四心浄。此二行徳云云。

【第十三問】

問。付引地持四浄釈浄徳、且於二諦、如何分別乎。進云、第四智浄中、捨離一切無明穢汚者、真諦智浄。一切所知無礙自在者、世諦智浄云云。付之、案四浄廃立、第三心浄者、四住永亡、善根成就云云。□可云世諦智浄。今此智障者、捨離無明無碍自在者只是

章云、復㊿四門者、如地持説。一者身浄、煩悩習身捨離無余、得最上身生滅自在名為身浄。〇二境界浄、種種現化及所言説一切境界自在無礙名境界浄。種種現化是身境界、及所言説是口境界。〇三者心浄、煩悩悉離善根成就、

煩悩悉離四住永亡。善根成就功徳備也。功徳依心就主以彰故名心浄。四者智浄、捨離一切無明穢汚、一切所知無礙自在。捨離一切無明穢汚離無明地、真諦智浄。一切所知無礙自在除事無知、世(51)諦智浄云云。

地持論十云、四一切種清浄者、一者身浄、二者境界浄、三者心浄、四者智浄。煩悩習身捨離無余、得最上身生滅自在、是名身浄。種種現化及所言説一切境界自在無礙、是名境界浄。煩悩悉離善根成就(52)、是名心浄。捨離一切無明穢汚、一切所知無礙自在、是名智浄云云。

義記五末云、就四浄中、○煩悩摂唯二。謂身与心。前二身浄、後二心浄。身中初一、正明身浄、後一用時境中浄也。心中初一、功徳心浄、後一明其智恵。○解身浄中煩悩習捨離無余、得最上身、真身浄也。生滅自在、応身浄也。境界浄中、種種現化、身現化也。及所言説、口言説也。解心浄中、煩悩悉離、心体浄也。善根成者、心法浄也。解智浄中、捨離一切無明穢汚、除性無明故智浄也。

【第十四問】

問。付於十地、分別常楽我浄四徳。爾者、八地以前、具幾徳乎。進云、具浄一徳云云。付之、四徳可同。何只具浄一徳乎。既況八地已上、其徳已異、何同前七地乎。

【第十五問】

問。浄[常]徳可遍十地乎。進云、九地已上云云。付之、初地已[以]去、已顕法身常徳。何九地始具是[之]乎。論究竟者、又可在十地若仏果、如何。

【第十六問】

問。第十地菩薩、四徳共具乎。進云、具常浄、不具楽我云云。付之章云、次論通局。於中約就因果以弁。菩薩十地名之為因、仏名為果。依向同義常楽我浄、◯因果斉具。依前異義、常楽我浄随法各別。◯是義云何。浄者是其法宝之義。法義斉通上下同依。為是浄義統遍始終。故涅槃経宣説、地上二種五種、両種六種、一種七種、仏性之中悉皆有浄。常者是其法身之義。顕法成身名為法身。拠実通論、初地以上莫不皆悉顕法成身。故皆名常。随相別分、十地以上眼見仏性顕法成身。明常義顕。故十地上宣説常義。九地菩薩雖未眼見、聞見中極照実明了。無始法性現在観心説之為身。亦名為常。八地已還聞見不了法未現心、未説為身。故不名常。故涅槃経説。九地上二種六種、一種七種、仏性之中皆悉有常。余皆不論。（我是仏義。局唯在仏。以仏出障得自在故。楽者是其涅槃之義。通相論之、菩薩地中分断煩悩、分得涅槃。斯皆有楽。分相）言之、菩薩地中雖断煩悩不名涅槃。諸仏如来不生煩悩、方名涅槃。如涅槃説。良以涅槃偏在仏故、楽唯在仏。故涅槃経宣説、如来七種性中有我有楽、因中悉無云云。

涅槃経三十二云、如来◯仏性則有七事。一常二我三楽四浄五真六実七善。◯後身菩薩仏性有六。一常二浄三真四実五善六少見。◯九住菩薩仏性六種。一常二善三真四実五浄六可見。◯八住菩薩下至六住仏性五事、一真二実三浄四善五可見。◯五住菩薩下至初住仏性五事、一真二実三浄四可見五善不善云云。

仏性義云、如涅槃説。如来仏性義別有七。一常二楽三我四浄五真六実七名為善。後身仏性義別有六。一常二浄三真四実五善六少見。我是仏義。不得同仏究竟自在故不説我。楽涅槃義。分相涅槃唯在仏果。不得永安故。不説楽、理実通有。九地仏性義別有六。一常二浄三真四実五善六可見。六七八地仏性有五。一真二実三浄四善五者可見。然向九地、聞見之窮、十地眼見如来究竟。故説為常。八地已還、未得同彼。略隠常義、理実有之。従初歓喜乃至五地仏性有五。一真二実三浄四者可見五善不善。以其未得般若空恵(53)、但能除麁惑微障未遣、名善不善。地前仏性、略無分別。此則初地乃至如来、二種五□□浄者法義云云。

【第十七問】

問。小乗心、所得涅槃為具四徳、為当何。進云、具常・楽・浄三、不具我徳云云。付之、具者皆可具之。不具共不可具、如何。

答。如章也。第三重難云、涅槃経云但有常浄而無我楽云云。又具三徳有証文歟、如何。

章云、小乗涅槃有常・楽・浄、唯無有我。何故如是。涅槃無為四相不遷。故説為常。又復所断永滅不起。故亦名常。寂滅永安故次名楽。絶離垢染故得称浄。小乗涅槃以無(54)為体、未証有性故不名我。彼涅槃中身智倶亡用不自在。故不名我。問曰、涅槃初徳中説、声聞之人説仏涅槃但有常浄而無我楽、名煩悩習。彼声聞人自見涅槃具常・楽。何故説仏涅槃。釈曰、声聞自見涅槃有寂滅楽。類仏亦然。拠斯以論、不言如来涅槃無楽。但彼自見涅槃之中身智永亡無覚智楽、謂仏亦無。故説無楽。拠小説小、其義如是。拠大説小、義則不定。或時全奪。四義悉無。故涅槃経初徳中言、声聞所得無常無楽無我無浄。○如来或復随別奪之、宣説二乗所得涅槃但有楽浄而無我常。如涅槃経第七徳説。声聞縁覚以得無漏八聖道故、故有楽浄。又滅惑因故説有浄、離分段苦故言有楽。彼小涅槃体不真実、用不自在故不名我。所滅身智当復更生。故不名（常云云。）

涅槃経二十一云、（善男子、若凡夫人及以声聞、或因世俗、或因聖道。断欲界）結○能結(55)初禅乃至○非想非非想処結則得安楽。如是安楽亦名涅槃。不得名為大涅槃也。何以故。還生煩悩有習気故。〇声聞縁覚有煩悩気。所謂我身我衣我去我来我説我聴。諸仏如来入於涅槃、涅槃之性無我無楽唯有常浄。是則名為煩悩習気。仏法衆僧有差別相、如来畢竟入於涅槃、声聞縁覚諸仏如来、所得涅槃等無差別。以是義故。二乗所得非大涅槃。何以故。無常楽我浄故。常楽我浄乃得名為大涅槃也云云。

同経二十三云、復有六相。一者解脱、二者善性、三者不実、四者不真、五者安楽、六者清浄。〇云何六相。声聞縁覚断煩悩故名為解脱。而未能得阿耨〇菩提故、名為不実。以不実故名為不真。未来之世当得阿耨〇三菩提故名無常。以得無漏八聖道故、名為浄楽云云。

八倒義云、第二門中、約教弁定。教別大小、所説亦異。於中分別、凡有三種。一隠顕互論。小乗法中、唯説常楽我浄四倒。〇大乗法中、唯説無常・苦(56)・無我等無為四倒。〇二簡大異小。小乗法中、唯説常等有為四倒。大乗法中、具説八倒。〇三随義具論。小乗法中、具説七倒。大乗法中、具説八倒。小乗七者、八倒之中除無我倒説余七種。彼説、凡夫於有為中具起四倒、於小涅槃起於三倒。常見無常、□

□

者、何故経言、小乗涅槃唯有楽・浄無有常・我。釈言、有以。大乗法中、説小乗人雖入無余、未来心想当必更生。故説小乗涅槃無常。小乗法中、但説其滅隠生不説。故小乗人取小涅槃以之為常。又大乗中、説小涅槃是不満足、終須遷転趣向大乗。故名無常。小乗教中不云更生去。故説為常。〇又問、若使大乗法中説小涅槃更須遷転名無常者、須遷転故、応非楽・浄。釈言、斉類理亦応同。但以遷転是無常義故、不名常。随其所得寂滅離染故、云楽・浄。小乗如是云云。

私云、小乗有三徳無我徳事、章弁涅槃□□明重疑。涅槃経云、声聞縁覚諸[illegible]所得涅槃無差別。後有当体是別。依無覚知楽徳除楽徳也。章文無証拠者、尚以有難、如何。其難可略也。

【第十八問】

（三十講　寛勝）問。涅槃意等智、断惑乎。進云、断之云云。付之、彼経意等智、不断惑也。故傍（三無為義）章引涅槃先定動後以智抜之文、等智不断云云。

私云、此論義頗逆也。進三無為也。釈以此章文可疑。

章云、問曰、賢聖涅槃如是。凡夫涅槃、其義云何。涅槃経中説具八相。何者是其凡夫涅槃。経言、衆生依世俗道断煩悩者、是凡(57)涅槃。言八相者、一名解脱。離煩悩故。二名善性、違背諸（悪能順益故。三名不実、四名不真。仏自釈言、以無常故、不真不実。五名無常、六名無楽、七名無我、八名無浄。仏）自釈言、所断煩悩以還起故、無常無楽無我無浄云云。

章下文云、大乗法中、位別有五。一是外凡常没之位、得有等智断結涅槃。如涅槃説。凡夫涅槃八事者(58)是。二是外凡善趣之位、得有事識縁観無漏断結涅槃。以此位中修習事識無漏業因断煩悩故云云。余四位略之。可見之。

三無為義云、大乗法中、須有分別。若説世俗八種(59)等智以為有漏、彼但伏結。非是数滅。無漏永断。方是数滅。故地持云、若以世俗滅諸煩悩、彼非究竟、非解脱果。涅槃亦云、先以定動、後以智抜。若得涅槃不捨世間、証空随有、名為有漏亦能永滅。依実恵(60)起故能永滅。彼何所滅。□（著）有之見・迷空之闇、空観滅之。著空之執・迷有無明、有智能滅云云。

涅槃経二十三云、復有八事。何等為八。一者解脱、二者善性、三者不実、四者不真、五者無常、六者無余（楽）、七者無我、八者無浄。復有六相。○若有衆生依世俗道断煩悩者、如是涅槃則有八事解脱不実。何以故。以不常故、以無常故、則無有実。無有実故、則無有真。雖断煩悩以還起故、無常無我無楽無浄。是名涅槃解脱八事云云。
涅槃経二十九云、菩薩摩訶薩、具足二法能大利益。一定二智。○如抜堅木先以手動後則易出。菩薩定恵(61)亦復如是。
先以定動後以智

【第十九問】

観厳 問。引十地経釈正・邪・不定三聚衆生。爾者、如何釈之乎。進云、三乗聖為正定、内凡為不定、外凡為邪定云云。
付之、十地論釈経文云、一有涅槃法無涅槃法、三乗中一向定差別。此文者、以三乗発心人等為正定、闡提決定無涅槃法為邪。余之発心者、名不定性也。是以、仏性論引経説一闡提人堕邪定性決定無無涅槃性云云。十地論、又可此意、如何。
章云、次明通局。於中約就凡夫・二乗・菩薩及仏五人弁之。○略之。二簡聖異凡。聖有凡無。如地経説。三乗之中定有涅槃。名為正定。外凡定無。名為邪定。三乗内凡、形前名有、望後称無。名為不定云云。
私云、明涅槃有無出四義。可見之。
十地論十一云、論曰、衆生三聚行稠林差別有五種。一有涅槃法無涅槃法、三乗中一向定差別。如経是菩薩如実知衆生三聚、正定相・邪定相・離此二不定相故。二善行悪行因差別。如経正見正定相、邪見邪定相、離此二不定相故。三悪道善道因差別。如経五逆邪定相、五根正定相、離此二不定相故。四外道声聞因差別。如経八邪邪定相、正位正定相、更不作故、離此二不定相故。五菩薩差別示現。如経妬慳（惜）(62)悪行不転邪定相、修行無上聖道正

之五中、初句独就生死涅槃之果以分三聚。次二偏就生死之因。後二偏就涅槃之因。就初句中言有涅槃無涅槃者、三乗聖人定有涅槃、外凡定無、有名正定、無名邪定、内凡不定。今略不論。言三乗中一向定者、偏解正定、余二不釈。経言正定□有涅槃、邪定□無涅槃、不定一門向者、不解非是□前乗以挙之。次両句中、初就解或以分三聚解為善因、或為悪因。善因正定。悪因邪正。不定不論。経言正見是正定者、三善根中正見一種定起善業、説為正定。無貪無瞋不定起善、判為不定。遵言邪見是邪定者、諸煩悩中邪見一種定起悪業、為邪定。余名不定。善道悪道因差別者、正就業体名三聚也。善道之因名為正定、悪道之因説為邪定、不定不論。経言又五逆邪定相者、〇此之五逆定招悪道、説為邪定。五根正者、信等五根定招善道、説為正定。軽微善悪名不定。下両句中、外道声聞因差別者、邪正相対以分三聚。外道所修無想定等為涅槃因、判為邪定。声聞縁覚修無漏道為涅槃因、判為正定。不定不論。経言八邪定相者、□外道因播彼八正即八邪。正位正定、謂八聖道。更不作者、釈為定義於彼八邪、必竟不作故名為定。余名不定。菩薩浄者、直就大乗得失相対以分三聚。経妬慳

仏性論二云、分別因品　若楽著生死者、名一闡提。仏法内人堕定位者、亦同闡提。如是二人、堕在邪定聚中。若楽滅生死有者、是人堕非方便中、則在不定聚。若人楽滅生死有、是人堕方便中、及倶不楽。得前二者、修平等道。是人在正定聚中云云。

同巻云、顕果品　復有経説、闡提衆生[63]無般涅槃性云云。

私云、見仏性論已如章釈。何此疑一一非也。論云、仏法内人堕定位者、亦同闡提云云。既是凡人也。可思之。

註

（1）同書の概要や残存状況については、拙著『中世東密教学形成論』第五部（法藏館、二〇一八）参照。岡本一平『『大乗義章』のテキストの諸系統について」（国際シンポジウム報告書『東アジア仏教写本研究』国際仏教学大学院大学日本古写経研究所・文科省戦略プロジェクト実行委員会、二〇一五）によれば、現存する『大乗義章』の諸本には調巻や義科数の相違が見られ、大正蔵本の定本である延宝二年本にも別系統の写本が利用されていることが指摘されている。「大乗義章抄」の原本は、残存本の義科配列から延宝二年本に近いテキストを参照にしていたことが推測される。

（2）上川通夫「門流の成立と世俗権力―勧修寺流をめぐって―」（同『日本中世仏教形成史論』校倉書房、二〇〇七）には、寛信の経歴や出仕した各種法会が一覧化されている。

（3）土岐陽美「東京大学史料編纂所所蔵『康治二年灌頂記』」（『東京大学史料編纂所研究紀要』一四、二〇〇四）、山本真吾「勧修寺法務寛信による表白の製作」（同『平安鎌倉時代に於ける表白・願文の文体の研究』汲古書院、二〇〇六）等、参照。

（4）『恵日古光鈔』については、永村眞「論義と聖教―「恵日古光鈔」を素材として―」（『中世寺院史料論』吉川弘文館、二〇〇〇）、同「平安時代における東大寺の教学と法会」（『東大寺の思想と文化』法藏館、二〇一八）、拙稿「吉蔵撰『大般涅槃経疏』関連の論義について―東大寺図書館蔵『恵日古光鈔』を中心に―」（『印度学仏教学研究』七一―二、二〇二三）等、参照。なお、三康文化研究所付属三康図書館の椎尾文庫には同名の写本（椎和一八三〇―三）が所蔵されている。この写本の存在は、小野嶋祥雄氏がはじめて指摘され、武本宗一郎氏より所在情報を得ることができた。東大寺本と椎尾文庫本の対照は今後の検討課題であるが、椎尾文庫本には東大寺真言院にて聖然が書写した旨を記す奥書があることを付言しておきたい。

（5）同書の翻刻研究については、拙稿「日本における『大乗義章』の受容と展開―附　身延文庫蔵「大乗義章第八抄」所収「二種生死義」翻刻―」（金剛大学仏教文化研究所編『地論宗の研究』国書刊行会、二〇一七）、同「身延文庫蔵「大乗義章第九抄末」所収「一乗義」翻刻」（『日本古写経研究所研究紀要』第五号、二〇二〇）、同「身延

文庫蔵「大乗義章第八抄」所収「四有義・四識住義・四食義・五陰義」翻刻―」（同上第六号、二〇二二）、同「身延文庫蔵「大乗義章第八抄」所収「六道義・八難義・十二入義・十八界義」翻刻―」（同上第七号、二〇二二）、同「身延文庫蔵「大乗義章第九抄末」所収「滅尽定義・二種荘厳義・二種種性義・証教二行義」翻刻―」（同上第八号、二〇二三）等、参照。

（６）吉津宜英「浄影寺慧遠の涅槃義」（『吉津宜英著作集 第一巻』臨川書店、二〇一八）参照。

（７）布施浩岳『涅槃宗の研究 後篇』（国書刊行会、一九七三）、木村宣彰「元暁の涅槃宗要―特に浄影寺慧遠との関連―」（同『中国仏教思想研究』法藏館、二〇〇九）、金天鶴「新羅仏教における『大乗義章』の影響」（国際シンポジウム報告書『東アジア仏教写本研究』国際仏教学大学院大学日本古写経研究所・文科省戦略プロジェクト実行委員会、二〇一五）等、参照。

（８）新版日蔵、三論宗疏二・二一四頁上。願暁等集『金光明最勝王経玄枢』巻四（大正五六・五五九頁中）にも六義への言及がある。

（９）巻一八、大正四四・八一三頁下。同様の解釈は、慧遠『大般涅槃経義記』巻二（大正三七・六一三頁中下）にも見られる。

（10）『涅槃経』（南本）巻五、大正一二・六二四頁下。同巻五、同・六三一頁下。同巻二一、同・七四七頁上。同巻二一、同・七四六頁中。

（11）大正三八・二三三頁上。

（12）拙稿「東密論義と南都教学―三論宗との関係を中心に―」（楠淳證・野呂靖・亀山隆彦編『日本仏教と論義』法藏館、二〇二〇）では、五眼と十眼の対応関係について吉蔵の教説が実は『大乗義章』の五眼義に依拠していることを指摘した。

（13）『大乗義章』の原文では、「能」となっている。大正四四・八一三頁下。

（14）『大乗義章』の原文では、「言」となっている。大正四四・八一四頁上。

（15）『大乗義章』の原文では、「総」となっている。同前。

(16)『大乗義章』の原文では、「総」となっている。同前。
(17)『大乗義章』の原文では、「総」となっている。同前。
(18)『大乗義章』の原文では、「謂」となっている。同前。
(19)『大乗義章』の原文では、「総」となっている。同前。
(20)『大乗義章』の原文では、「総」となっている。大正四四・八一四頁中。
(21)『大乗義章』の原文では、「総」となっている。同前。
(22)『大乗義章』の原文では、「総」となっている。同前。
(23)『大乗義章』の原文では、「総」となっている。同前。
(24)『大乗義章』の原文では、「総」となっている。同前。
(25)『大乗義章』の原文では、「法花」が「又法華」となっている。同前。
(26)『大乗義章』の原文では、「華」となっている。同前。
(27)『大乗義章』の原文では、「夜後分」が「後夜分」となっている。同前。
(28)『大乗義章』の原文では、「総」となっている。同前。
(29)『仁王経疏』の原文では、「慧」となっている。大正三三・三一四頁中。
(30)『仁王経疏』の原文では、「国語」が「国土語」となっている。同前。
(31)『仁王経疏』の原文では、「慧」となっている。同前。
(32)『仁王経疏』の原文では、「慧」となっている。大正三三・三一四頁下。
(33)『仁王経疏』の原文では、「慧」となっている。同前。
(34)『仁王経疏』の原文には、「諍」はない。同前。
(35)『仁王経疏』の原文では、「慧」となっている。同前。
(36)『大智度論』の原文では、「慧」となっている。大正二五・三七〇頁中。
(37)『大智度論』の原文では、「慧」となっている。同前。

(38)『大智度論』の原文では、「称起」が「称事起」となっている。大正二五・五五一頁上。
(39)『大智度論』の原文では、「慧」となっている。大正二五・五五二頁上。
(40)『大智度論』の原文では、「慧」となっている。同前。
(41)『大智度論』の原文では、「慧」となっている。同前。
(42)『大智度論』の原文では、「竟」となっている。同前。
(43)『大乗義章』の原文では、「華」となっている。大正四四・八一四頁中。
(44)『大乗義章』の原文では、「総」となっている。同前。
(45)『大乗義章』の原文には、「其」がない。大正四四・八一八頁中。
(46)『大乗義章』の原文には、「縁作」がない。同前。
(47)『大乗義章』の原文には、「三十三」がない。大正四四・八一八頁下。
(48)『大乗義章』の原文には、「必」がない。同前。
(49)『大乗義章』の原文では、「之」となっている。大正四四・八二三頁中。
(50)『大乗義章』の原文では、「復四門」が「次門四」となっている。大正四四・八二四頁中。
(51)『大乗義章』の原文では、「真」となっている。大正四四・八二四頁下。
(52)『菩薩地持経』の原文では、「熟」となっている。大正三〇・九五六頁上。
(53)『大乗義章』の原文には、「恵」はない。大正四四・四七五頁下。
(54)『大乗義章』の原文では、「空」となっている。大正四四・八二五頁下。
(55)『涅槃経』の原文では「断」となっている。大正一二・七四六頁上。
(56)『大乗義章』の原文では、「苦・無我」が「無我・苦」となっている。大正四四・五七七頁上。
(57)『大乗義章』の原文には、「凡」はない。大正四四・八二六頁中。
(58)『大乗義章』の原文では、「者是」が「是者」となっている。大正四四・八二七頁下。
(59)『大乗義章』の原文では、「禅」となっている。大正四四・四九九頁上。

(60)『大乗義章』の原文では、「慧」となっている。同前。
(61)『涅槃経』の原文では、「慧」となっている。大正一二・七九三頁下。
(62)『十地経論』の原文では、「吝」となっている。大正二六・一八九頁上。
(63)『仏性論』の原文では、「生無」が「生決無」となっている。大正三一・八〇〇頁下。

※本翻刻の掲載にあたっては、身延山久遠寺、身延文庫に格別なるご配慮を賜った。ここに衷心より感謝申し上げる。

中世真言教学における『般若心経秘鍵』理解
――「顕中之秘」の解釈をめぐって――

林山まゆり

一　はじめに

『般若心経秘鍵』（以下、『秘鍵』）は、『般若心経』を空海（七七四～八三五）が独自に解釈したものであり、真言宗で重視される七部十巻の書物、「十巻章」の一つとされる。『秘鍵』は、平安時代より多くの真言僧により、講義録や注釈書が作成され、現在も、その注釈書類を元に解説書が出版され、講読されている。この『秘鍵』に関しては、いくつかの未解決の問題があり、近年、新たな研究成果が発表されている。

しかしながら、『秘鍵』の注釈書を作成した中世真言宗の学僧達の研鑽については、近年は『秘鍵』を読む際に参考とされるにとどまり、それぞれの学僧がどのように空海の教説や他の学僧の説を受容しながら自宗の教学を作り上げていったのか、という点については、未だ十分に検討されていない。

『秘鍵』に関しては、真言教学内における『般若心経』の位置づけに関する様々な問題、例えば、『般若心経』を顕密いずれの経典と見做すのか、また、『般若心経』を密教経典として認めた場合、それは雑密の経典であるのか、純密の経典であるのかといった問題があり、それは顕密観や教主の問題が絡むため、伝統的に様々な解釈がなされてきた。

この問題の先行研究としては、長谷宝秀『十巻章玄談』「秘鍵玄談」や松長有慶『訳注　般若心経秘鍵』などの『秘鍵』注釈書や下浦禅城「般若心経を密経とするに就て」がある。(1) また、苫米地誠一「『秘鍵』をめぐる一・二の問題」では、道範（一一七九〜一二五二）の『般若心経秘鍵開宝鈔』（以下、『開宝鈔』）において初めて『般若心経』を密教とする主張が述べられ、道範以降は多くの東密の学匠が『般若心経』を『陀羅尼集経』と同じく雑部の真言経であり、応化の説ではなく変化法身の所説であると位置づけていたこと、また、頼瑜（一二二六〜一三〇四）は『般若心経』を顕教の経典であると見做していたことを指摘している。(2) しかし、道範以降の諸学匠の具体的な解釈や、室町時代に高野山の教学を大成したとされる宥快（一三四五〜一四一六）の見解がそれまでの学匠たちの見解とどのように異なるのかについて、未だ詳細な検討がなされていない。

本論文では、筆者の既発表の論文(3)で検討した頼瑜・頼宝（一二七九〜一三三〇）・印融（一四三五〜一五一九）・宥快の解釈に加え、道範、杲宝（一三〇六〜一三六二）の解釈についても考察し、中世真言教学の形成の一端について改めて検討してみたい。

二　問題の所在

空海は『秘鍵』において『般若心経』の文を用いて、『十住心論』と同様に顕教諸宗から密教への階梯を解説している。空海の著作中『秘鍵』・『十住心論』と『二教論』では、説述される顕密観に大きな違いがある。例えば、

『二教論』では、顕教を「応化開説名曰二顕教一。」「如来変化身為二地前菩薩及二乗凡夫等一説二三乗経法一。他受用身為二地上菩薩一説二顕一乗等一。並是顕教也。(4)」と定義づけ、顕教は応化身、また変化身や他受用身が説くものとする。この『二教論』の説に対し、『秘鍵』では次のように述べている。

> 問。顕密二教其旨天懸。今此顕経中説二秘義一不可。医王之目触レ途皆薬。解宝之人礦石見レ宝。知与レ不レ知。何誰罪過。又此尊真言儀軌観法。仏金剛頂中説。此秘中極秘。応化釈迦在二給孤園一。為二菩薩天人一説二画像・壇法・真言・手印等一。亦是秘密。陀羅尼集経第三巻是。顕密在レ人。声字即非。然猶顕中之秘、秘中極秘。浅深重重耳。(5)

空海は『十住心論』において、密教は如来の三摩地法門を説き、顕教は諸菩薩の三摩地法門を説くとするが、『秘鍵』においても、『般若心経』を「大般若菩薩の大心真言三摩地法門」を説く経典とした上で、傍線部のように「顕中之秘、秘中極秘」と位置づけている。『般若心経』そのものに顕密の違いはなく、経典を解釈する人の能力によって顕密の違いができると解釈するのである。

さらに、『秘鍵』に見える空海の『般若心経』観をまとめると、以下の①～③のようになる。

①『般若心経』は説所が鷲峯山であり、対告衆は舎利弗である。

②『般若心経』は大般若菩薩の大心真言三摩地法門を説く。

③『般若心経』の末尾の陀羅尼は空海が雑密経典として『三学録』に挙げる『陀羅尼集経』第三巻に説かれる真言と同じである。(6)

これら①～③の内容により、『般若心経』は顕密いずれの経典としても解釈が可能となる。なぜなら、①に従うと、『般若心経』は生身仏が説法した顕教の経典であると見做すことができ、一方、②③に従うと、『般若心経』を密教の経典と見做すことができるため、『般若心経』の教主である応化身の釈迦が秘密の教えを説くと解釈することが可能となるからである。また、③に挙げた『三学録』には、『陀羅尼集経』は雑密の経典として経典名が記載されているが、『般若心経』は経典名の記載がないことが、さらに真言教学内における『般若心経』の位置づけを困難にしている(7)。

このことから、真言教学内で『秘鍵』の「顕中之秘、秘中極秘」という句をどう解釈するのか、また、『般若心経』を雑密の経典に含めるのか純密の経典とするのかといった様々な問題が生じたのである。

三　宥快以前の「顕中之秘」解釈

では、『秘鍵』の「顕中之秘、秘中極秘」の一句が中世の東密の学匠たちにどのように解釈されてきたのか。苫米地氏の論文によると、道範以降の諸学匠は多くが『般若心経』を変化法身が教主である密教経典と見做すようになったのであるが、その解釈は一様ではない(8)。そこで、苫米地氏の論文に導かれながら、まず最初期に変化法身が教主であるとした道範の解釈を確認したい。

道範は、『開宝鈔』において、十住心の解釈を用い、前九種心の学人は自らの教に固執するため、『金剛頂経』であっても顕教であると判断することがあると述べた上で、「顕中之秘、秘中極秘」について次のような解釈を行っている。

然猶顕中之秘・秘中極秘浅深重重耳者、是非㆓執見ノ顕密㆒作㆓重重ノ顕密㆒之意也。謂、顕カ顕、即三乗教。顕カ密是一乗教也。密カ顕、謂雑部ノ真言経也。密カ密、謂両部ノ大経也。二教論下云、顕密之義重重無数、若以㆑浅望㆑レバ深、深則

秘密、浅則顕略也。所以《ニ》外道《ノ》経書《ニモ》亦有二秘蔵名一。如来所説中《ニモ》顕密重重。若以三仏説二小教一望二外人説《ノ》一即有二深密之名一。以レ大比《レハ》レ小亦有二顕密一。一乗以レ簡レ三立二秘名一。総持択二多名一得二密号一。法身所説《ノ》深奥《ハ》。応化教《ハ》浅略。所以名レ秘。此法身・応化可レ有二二義一。一云、四種法身合為二法身一。釈迦生身云二応化一也。二云、四種法身中自性・自受為二法身一。変化・等流為二応化一也。如レ此重重《ノ》顕密中今釈《ニ》顕中之秘者、般若心経・陀羅尼集経等也。応化法身《ノ》所説対二自性法身《ノ》秘密一云レ顕也。又応化法身《ノ》所説対二生身所説《ノ》諸教一云レ秘也。仍機教相応《ノ》顕密重重也。顕中之秘者、陀羅尼集経第三巻、今心経是也。約《スレハ》レ部是顕、在二百億部中一故。約レ体是密、般若菩薩《ノ》大心真言故。[9]

ここでは、まず、顕密の浅深について、三乗教から両部大経までの四重の浅深を挙げて説明している。道範の四重の浅深は、『二教論』巻下所引の『聖位経』による分別、及び、『三学録』を元に作成される。四重の浅深の配当を表にすると次のとおりとなる。

顕の顕	顕の密	密の顕	密の密
三乗教	一乗教	雑部真言経	両部大経

また、続く箇所に『般若心経』と『陀羅尼集経』に関する法身・応化身の解釈として二義を挙げる。第一に、四種法身を合して法身とし、釈迦生身を応身とする説、第二に、四種法身の中、自性自受用を法身とし、変化・等流は応化身とする説である。

道範は、変化・等流などの応化法身の所説は、自性法身の説く秘密に対しては顕であり、生身所説の諸教に対しては密であることから、『般若心経』は部に約すると般若部で顕といえるが、体に約すると密であるといえると判じている。以上の解釈により、道範は、『般若心経』を分類としては顕教の経典とするが、その内容としては変化法身の説いたものであり、生身所説のものではないので、密教経典であると位置づけている。

次に頼瑜の解釈について見ていきたい。具体的にどのような解釈をしているのかを『般若心経秘鍵愚草』（以下、『愚草』）を中心に確認する。『愚草』には次のような問答が見える。

問。題中般若心経文今此経《ハ》可レ云二顕教一耶。答。可レ云二顕教一也。

問。若云二顕教《ト》一者、五分中已有二秘蔵真言分《ニ》一。何云二顕経《ト》一耶。依レ之下文釈《ニ》二今陀羅尼《ヲ》一畢。此尊儀軌観法等《ヲ》譲《テ》二金剛頂集経《ニ》一而判《セリ》顕密在人《ト》一。此意《ノハ》以二今経《ヲ》一非レ為二顕経《ト》一耶。若依レ之如レ此者下文釈《シ》二今此顕経《ト》一。○［又］真言所学［三学］録之中《ニ》於二三部中《ニ》一不レ出二今経《ヲ》一。応レ知顕経《ニシテ》非二密蔵《ニ》一云事。爾如何。

答。可二顕経一存申意《ハク》能説《ニ》二已顕教主《ヲ》一也。訳者亦非二密乗人《ノ》一。依レ之今疏中《ニハ》釈下仏在二鷲峯山中一為二鷲子等《ノ》一説《ヒタマフト》上之。彼録中雑部経不レ入二今経《ヲ》一之故《ニ》。今此顕経《ノ》判文不レ可レ成二実論一矣 但至レ難者、秘蔵真言分者、且約二翳眼《ノ》所照一。雖レ云レ然《リト》非二法身所説《ノ》秘蔵《ニ》一也。故下文釈《ニ》二顕密在人《ヲ》一。○［其］下然猶顕中《ノ》秘秘中之極秘浅深重重耳云云。此釈実明也《ニ》。次至二下釈《ノ》一者、此尊真言等又出レ有《ルコトハ》二金剛頂等一計《ナリ》。非三今経《ヲ》為二密経《ト》一也。仍無レ失。[10]

本問答では、まず、『般若心経』は儀軌や観法といった内容を金剛頂集経に譲っており、また、空海の『三学録』に経名が見えないため、顕教の経典であるのではないかと尋ねる。それに対して、『般若心経』の教主は顕教の教主であるとし、訳者も密教の人ではなく、秘密真言分については、医眼すなわち密教を理解することができるものが見ることによってはじめて密教であると解釈することができるので、法身所説の密教経典ではないと判じている。頼瑜は『般若心経』を密教経典ではなく、顕教の経典であるとするのであるが、教主である変化法身については、『愚草』において次のように述べている。

答。於二変化法身《ニ》一顕密教主《ノ》異也。所以孔雀経等変化法身説《ノ》故異二今経一也。故密厳院祖師釈云、守護経等変化法身《ノ》［説］云云　良以大日経四身中変化身説二真言《ヲ》一。金剛頂経三身中変化身説レ顕《ヲ》可レ悉レ之。次雑問答釈者、彼《ニ》有二二釈一。初釈《ニ》云、顕教《ハ》釈迦説。密教《ハ》大日説文　雖有《リト》二二身一、初説《ヲ》為レ正矣　［或］又密教釈迦説者変化法身歟。五分章已《ニ》是於二顕中一分二別顕密《ヲ》一故。望《ルニ》二長行顕句《ニ》一随レ分有二曼荼輪円之義一故云レ爾也。或又[illegible]等《ノ》神呪又伝二宜《スル》法身所説《ノ》呪《ヲ》一歟。猶如二守護経真言《ノ》一。或云陀羅尼集経《ノ》呪非二雑部真言経《ニ》一故云二顕中秘一。今経全《テ》彼同矣　下釈《ニ》云、顕密二教其旨懸。今此顕教中説二秘義一不レ可。翳（医カ）王之目触《ハ》レ途《ニ》皆薬《ナリ》云云(11)

引用した箇所は、釈迦所説の経典は密教経典ではないのではないかという問いに対する答えである。頼瑜は覚鑁や『雑問答』の釈(12)を用いて、『孔雀経』などの雑部真言経の説主である変化法身と『般若心経』の説主である変化法身とは異なるものであると述べ、『大日経』と『金剛頂経』の変化身はそれぞれ説く内容が異なると主張する。すなわち、『大日経』に挙げられる四身の変化身は真言を説くが、『金剛頂経』の三身における変化身は顕教を説くと述べている。また、『般若心経』に説かれる呪は、『陀羅尼集経』に説かれる呪と同様に他の雑部真言経中の呪とは異なるため、『般若心経』は「顕中秘」であり顕経であると判じている。

なお、頼瑜の『般若心経秘鍵開蔵鈔』（以下、『開蔵鈔』）では、『陀羅尼集経』に説かれる真言の顕密について次のように述べている。

陀羅尼集経等《ト》者、此《ノ》経《ノ》中《ノ》真言是《レ》顕中《カノ》秘《ナリ》耶。答。顕中《カノ》秘歟。所以《ニ》下《ニ》顕中《カノ》之秘秘中《カノ》極秘云云金剛頂説《ノハ》、既秘中《ニカノ》極秘也。心経幷《ニ》集経《ハ》可二顕中《カノ》秘《ナル》一。故《ニ》二経所説《ノ》大真言全同《ナルカ》故。又《ノ》義、集経《ハ》是雑部《ノ》真言経。変化法身説《ノナルカ》故可二秘中《カノ》秘《ナル》一。自性身所説《ノ》金剛頂《ハ》秘中《カノ》極秘《ナルカ》故。故《ニ》集経《ハ》秘中《カノ》秘《ニシテ》非二極秘《ニハ》一。故《ニ》云二亦是秘密《ト》一也。下《ノ》釈《ニテ》挙二二経《ヲ》一顕《ス》二集経《ヲ》一歟。故《ニ》知《ヌル》有二三重《ノ》秘一也。

本箇所では、第一の義として、『般若心経』と『陀羅尼集経』はともに顕中の秘である説を挙げ、「又義」として『陀羅尼集経』の教主を変化法身とし、秘に顕中の秘・秘中の秘・秘中の極秘の三重があるとして、顕中の秘に『般若心経』、秘中の秘に『陀羅尼集経』、秘中の極秘には般若菩薩の儀軌をあてる二義を挙げていることもうかがえる。

頼瑜は、『愚草』においては『般若心経』の教主を生身釈迦とし、『般若心経』を顕教の経典として見做していた。しかし、陀羅尼を説くという点に関しては、『開蔵鈔』の中に秘に含むという見解を見ることができる。なお、「『心経抄』〈初丁〉には変化法身と定む、一師の所訳両処不同なり。」として教主を変化法身とする説もあるという長谷氏の指摘もあるが、[13] 基本的に頼瑜は『般若心経』の教主はあくまで生身釈迦とし、顕教の経典であり、「顕中秘」に属するものと見做していたといえる。

次に東寺三宝の一人である頼宝による解釈を見てみたい。頼宝は、『秘鍵東聞記』「第五秘蔵真言」において、『般若心経』について「一云、此経総体《ノハ》是顕教《レ》也」「一云、今経是秘経《ノ》故」と顕密にそれぞれ一義を挙げており、『般若心経』については顕教・密教いずれの説もあるとする。[14] ただし、同じ『秘鍵東聞記』の「応化釈迦」を解釈した箇所においては、次のように述べる。

応化釈迦者、已下《ハ》陀羅尼集経《ノ》中《ニ》又説《ク》二此《ノ》尊《ノ》行法《ヲ》一。是経法歟。是《レ》応化一代《ノ》所説《ナルカ》故《ニ》顕《カ》中《ノ》秘也《ナリ》。問。若爾《ラハ》者今此《ノ》心経《ハ》同《スル》二何《レノ》秘密《ニ》一乎。答。此《ノ》経《ニ》有《リ》二顕密《ノ》二義一。若《シ》依《ラハ》二属《スル》レ密義《ニ》一即《チ》与二陀羅尼集経一同《ナリ》也。是《レ》般若菩薩《ノ》秘《ニシテ》而雑部《ノ》真言《ノ》所摂《ナルカ》故《ニ》。若《シ》依《ラハ》二属《スル》レ顕義《ニ》一、今此《ノ》二重《ノ》秘密《ノ》外《ニ》更《ニ》説《ク》二顕略趣《ノ》般若波羅蜜《ノ》義《ヲ》一。是《ヲ》為二今経《ト》一也。已上《ノ》二義《ノ》中《ニ》属《スル》レ密《ニ》義《ヲ》為《スル》レ正《ト》歟。謂《ク》当段《ノ》意《ハ》今《ノ》経《ハ》顕《カ》中《ノ》秘《ナリ》也。而難《ヲ》者為《ス》二唯顕《ト》一。是《レ》於《テ》二一経《ニ》一随《テ》二執見《ニ》一而《モ》釈《スルカ》故《ニ》。顕秘両辺《ハ》在《リ》二行人《ノ》意《ニ》一。経文声《ハ》字《ハ》不《ル》可《ラ》偏局《ナル》之旨釈二成《スルカ》之《ヲ》一故《ニ》。始終《ノ》所レ帰《スル》外《ニハ》説《キ》レ顕《ヲ》内《ニハ》説《ク》レ密《ヲ》。従顕入密《ヲ》為《スル》二一経《ノ》詮旨《ト》一歟。[15]

ここでは顕密二義ありとしつつも、『陀羅尼集経』と同じく密教の経典である義を正とする。『般若心経』は「顕中の秘」であるけれども「唯顕」と見做すことは誤りであり、経典としての顕・秘については行人の理解するところによるとし、「従顕入密」の経典と判じている。また、頼宝は『真言本母集』において、生身所説の陀羅尼に関する顕密の証文を挙げる中、密教の証文として、『秘鍵』(16)および『十住心論』第十(17)の文などを引用し、雑部真言経に説かれる陀羅尼・真言について、次のような見解を述べている。

私云、右文《ノ》意《ハ》雑部真言経《ノ》中《ニ》説二陀羅尼修行相一。即是変化法身《ノ》説《ニシテ》異《ナリ》二一代顕略《ト》一也。豈《ニ》不レ摂二密教一耶。弾云、雑部《ノ》真言経変化法身《ノ》説《ナルカ》故、所説《ノ》真言等《ハ》属二密教《ニ》一之義一往可レ然。但彼《ノ》最勝・孔雀等《ノ》経《ハ》顕教百億部随一《ナリ》也。其《ノ》中真言等寧《ロ》属二密教《ニ》一乎。加之法華・涅槃・華厳・般若等《ノ》経《ノ》中《ノ》所説《ノ》陀羅尼全《ク》非二変化法身説《ニ》一。偏《ニ》是顕教行者《ハ》所用《ノ》神呪也。何以レ之可レ云二密教一乎。明知《ヌ》仁王・孔雀等《ノ》雑部《ノ》真言経亦是顕教所摂《ナリ》也。彼仁王等儀軌《ノ》中《ノ》所説《ノ》行法《ハ》即是《レ》密教《ノ》故以二医眼一見《ルニ》レ之、彼等《ノ》経《ヲハ》属二密教一也。而実儀軌《ノ》説《ヲ》為二密教《ト》一。彼経等可レ為二顕教《ト》一也。約二相従門一取二彼等経一一往属二密教一釈文雖レ有レ之、約二実義一非二密経一。何以レ之為二定量一耶。

頼宝は一往の義として、変化法身所説の真言を密教の義とするという説を挙げるが、陀羅尼は顕教の経典にも説かれるものであり、すべてが変化法身の説いたものではないため、雑部真言経も陀羅尼を説いているだけでは実義では密経の経典ではないという。

次に杲宝は『般若心経聞書』において次のような四重の釈を挙げ、顕密の別を説いている。

次儀軌集経並《ニ》当経等重位分斉者、是又依読師了見《ニ》可レ有二一重二重三重四重《ノ》配立一也。先四重者、大般若経《ハ》是《レ》顕之中《ノ》顕也。説二常途空無相《ノ》法《ヲ》一故《ニ》。次《ニ》心経《ハ》是《レ》顕之中《ノ》秘也。謂《ク》唯明《シテ》レ呪《ヲ》、未レ説二三密相応《ノ》深旨《ヲ》一故《ニ》為顕之中《ノ》秘《ト》一也。次《ニ》陀羅尼集経《ハ》説二三密一故為二秘之中秘一也。後《ニ》般若菩薩儀軌《ハ》自性法身自受法楽《ノ》説《ナル》故《ニ》為《スル》二秘之中極秘《ト》一也。今顕中

之秘、秘中極秘者ト、又此ノ中ノ重位也。是レ依テ二顕密ノ人ニ一顕中之秘等ノ重位可レ有レ之為言。[18]

杲宝は、「顕之中顕」を顕教、「顕中之秘」から「秘中深秘（秘之中極秘）」までを密教とする。この四重の解釈の判断基準は経典中に三密を説くかどうかであり、『般若心経』は陀羅尼を説くが三密は説かないため「顕中之秘」であると判じている。『陀羅尼集経』は変化法身の説であり、三密を説くので「秘中之秘」、般若菩薩の儀軌は自性法身自受法楽の説であるので、秘中の極秘であるとする。これらを表にすると次のようになる。

顕中の顕	顕中の秘	秘中の秘	秘中の深秘（極秘）
大般若	心経	陀羅尼集経	般若菩薩の儀軌
顕経		密経	

また、『杲宝私鈔』「心経顕密分別事」では、『般若心経』の四重秘釈を挙げている。[19] 次は該当箇所を表にしたものである。

浅略	深秘釈	秘中深秘	秘秘中深秘
般若部	大般若菩薩の大心真言 『陀羅尼集経』	大日普門般若の心性 仏果の境界	衆生本有の三昧 即身成仏・即事而真の実義
変化身	加持身（他受用身）	本地身	行者平等智身

杲宝は右に挙げた四重秘釈について、次のように述べている。

次第二重釈為宗者、是又不レ爾。四重双存。若論二傍正一者、第四重可レ為レ正。就レ之有二二意一。一、秘鍵中既有二四意一。大般若菩薩釈其随一也。何必以二第二重一可レ云レ為レ本乎。二、陀羅尼集経、以二掲諦等真言一為二大般若菩薩大心真言一。就レ中秘鍵一部大宗、正以二此意一為二大帰一。若於二大般若菩薩一、約二影像一者、初重無相般若也。約レ用者第二重一門菩薩也。約レ相第三重中台普門尊也。約レ体者第四重行者自心也。於二此一尊一有二四意一。大般若菩薩大心真言釈。全非二四重随一第二重一也。今二義非二相違一、唯於二一尊一、即離二意也。可レ思レ之。(20)

『秘鍵』における空海の『般若心経』の解釈は第二重の釈を旨とするのかという問いに対して、杲宝は『秘鍵』には四重がすべて説かれるとし、傍正について言えば、第四重が正であるという。つまり、『秘鍵』においては深秘釈に挙げられる大般若菩薩の大心真言を四重の随一としているが、同時に、大般若菩薩は四つの働き（体・相・用・影像）を持っているため、即・離の二意があり、第二重に限定されないと解釈する。

最後に宥快以降の学匠の説として、印融の解釈にも触れておきたい。印融は『杣保隠遁鈔』第十九「般若心経教主事」において「問。般若心経教主生身法身中何也可レ云乎。答。法身教主也可二答申一也。(21)」また、「般若心経法身所説密経也可二成申一也。(22)」と述べ、『般若心経』を密教の経典であるとしている。

四　宥快の「顕中之秘」解釈

宥快以外の中世の学匠がどのように「顕中之秘」の語を解釈していたのかを確認した。宥快が講説、記述した『秘鍵』注釈書には、『般若心経秘鍵鈔』十巻、『般若心経秘鍵信力鈔』二巻、『般若心経秘鍵教童鈔』一巻、『秘鍵伊路波聞書』三巻があり、また、論義書である『宗義決択集』には、『秘鍵』に関して「心経教主」「秘鍵両部」

「色不異空」という宥快の名を付した算題が三題ある。

まず、宥快が宥快以前の学匠の解釈をどのように捉えていたのか。『般若心経秘鍵鈔』には次のように見える。

然猶顕中之秘文

上《ハ》一往《ノ》顕密分別《ナル》故《ニ》、重《テ》重々顕密差別《ノ》義《アルヲ》成《シタマフ》也。付レ之

一義云、顕中之秘者《ト》、今《ノ》般若心経也。大《ニ》顕密《ニ》分別《スレバ》是《レ》顕経《ナル》故《ニ》云レ顕《ト》。而《レトモ》顕経《ノ》中《ノ》心要《ナル》故《ニ》云レ秘。秘中《ノ》極秘者、先《ノ》金剛頂経也。

一義云、顕中之秘者《ト》、是《レ》心経及《ビ》陀羅尼集経也。是《レ》約レ部《ニ》者釈迦所説《ノ》百億部《ノ》内《ナル》故《ニ》云レ顕《ト》。然《トモ》変化法身所説《ノ》密教《ナル》故《ニ》云二顕中之秘《ト》一。顕中ノ極秘者《ト》前《ノ》金剛頂経也。是道範義也

一義云、今《ノ》文《ハ》総《シテ》顕密《ノ》重々《アル》事《ヲ》釈《シタマフ》。必般若心経《ヲ》非レ云二顕中之秘《ト》一。意《ハ》上《ニハ》釈《シ》二顕密在人声字即非《ト》一述二一往《ノ》義ヲ一。今《ハ》実《ニハ》能詮《ノ》声字《ニモ》顕秘重々《アル》事《ヲ》明《ス》。顕中之秘《ハ》、顕経《ノ》中《ノ》秘密也。秘中《ノ》極秘者、密教《ノ》中《ノ》秘也。今《ノ》心経《ハ》摂在《セハ》秘中極秘《ノ》中《ニ》可レ有レ之。自性《ト》変化《ト》一往本影不同《ナレトモ》、四種法身皆同自性《ノ》故《ニ》、可レ摂《ス》二秘中極秘《ノ》内《ニ》一。是宝性等義也

重々顕密《ノ》事、二教論《ノ》下、十住心論第十《ニ》見《タリ》。(23)

宥快は、「顕中之秘」の語の解釈には三義があるとする。第一義として『般若心経』を「顕経」とし、秘中極秘を『金剛頂経』の教えとする説を挙げる。この義については、誰の説であるかという記載がないが、頼瑜の『愚草』に近い解釈を見ることができることから頼瑜の説を挙げたものと考えられる。

次に、第二義として「顕中之秘」を『般若心経』と『陀羅尼集経』に当てる説を挙げる。ただし、第二義では『般若心経』の部を顕経、教主を変化法身としている。これは、割注にもあるように道範の義であり、『開宝鈔』の義と同じである。

そして、第三義として『般若心経』を秘中極秘に含み、教主を自性法身とする説を挙げる。これは、宝性院院主であった法性の説であると示されている。

この『般若心経秘鍵鈔』に見える三義について、宥快はいずれの義を正義とするのかを明言していない。しかし、宥快の名が記された『宗義決択集』「心経教主」や『般若心経秘鍵信力鈔』（以下、『信力鈔』）の記述によると、宥快は第三義の法性の説を正義としていたことが推測される。『宗義決択集』の「心経教主」の該当箇所は次のとおりである。

問曰。上来釈《シ》二三経説《ヲ》一畢《テ》作二此《ノ》釈《ヲ》一。何《ソ》云レ釈《スト》三総《シテ》有《ルコトヲ》二顕密重々一乎。

答。因便《ニ》釈《スルコト》三総《シテ》有《ルコトヲ》二顕密重々一不レ可二相違一。

一、道範阿闍梨《ノ》義《ニ》云《ク》。顕中之秘《ト》者、心経・陀羅尼集経也。是《レ》即《チ》約《スレハ》レ部《ニ》即《チ》顕教契経部有二百億一中《ノ》所摂《ナルカ》故《ニ》言レ顕《ト》也。然此経《モノハ》是《レ》変化法身所説《ノ》密教《ナルカ》故《ニ》為レ秘《ト》。故釈二顕中之秘《ト》一也。

私云、此《ノ》義似《タリ》レ不《ルニ》レ審。顕教契経部《ニ》有《ルハ》二百億一生身所説顕経《ナリ》。何以《ソ》二変化法身所説《ノ》密教《ヲ》一摂《センヤ》二之《ヲ》百億《ノ》中《ニ》一乎。[24]

ここでは、道範の解釈について言及し、道範の説は、変化法身の所説である『般若心経』および『陀羅尼集経』を生身所説である顕経の中に含めるものであり、「似《タリ》レ不《ルニ》レ審」と判じていたことが記されている。

また、宥快は『信力鈔』においても同様に道範の説を批判する見解を述べている。

然猶顕中之秘已下《ハ》対《シテ》二上《ノ》一往《ノ》分別《ニ》一述《ラルル》二実義《ヲ》一也。
顕中之秘《ト》者、説《ク》二顕経中《ノ》陀羅尼等《ニ》一也。秘中極秘《ト》者、両部《ノ》大経等也。心経・陀羅尼集経等《ハ》可レ摂《ス》二秘中極秘《カノ》所《ニ》一、道範等《ノ》義《ハ》心経《ヲ》可レ置二顕中之秘所一也。[25]

本箇所において、道範の解釈の矛盾点を指摘している。道範の解釈によれば、『般若心経』は変化法身を教主とする密教経典であると見做すことが可能となるが、それでは『二教論』の分類に従う場合、『般若心経』は顕教の経典の内におさめられてしまうことになるとする。

それでは、宥快自身は『般若心経』をどのような経典として位置づけるのであろうか。『宗義決択集』「心経教主」には次のように説明される。

問。若《シ》如《ナラハ》二此《ノ》義《ノ》一則心経・陀羅尼集経・金剛頂経、合《スルコト》二顕中之秘等《ニ》一如何。

答《テ》謂《ク》。顕密在人声字即非者、総《シテ》明《ス》二顕密不定《ノ》義《ヲ》一也。顕中之秘者《ト》顕経《ノ》中《ニ》所《ノ》レ説《ク》秘密《ナリ》也《ト》。秘中《ノ》極秘《トハ》者、初《ノ》秘《ハ》即心経・陀羅尼集経《ナリ》。両経同《ク》是《レ》変化法身《ノ》所説《ニシテ》、而題額《ニ》并所説《ノ》真言全同《ナルカ》故《ニ》、合《シテ》為《ス》二一種《ノ》秘《ト》一。故《ニ》上《ニ》云二亦是《レ》秘密《ト》一也。

修習般若《ノ》儀軌《ハ》、即自性法身《ノ》所説《ナリ》。故《ニ》云二秘中極秘《ト》一也。

宥快は「秘中極秘」という句について、「秘中」の「秘」及び「極秘」という二種の「秘」について解釈をする。『般若心経』と『陀羅尼集経』はともに変化法身所説の経典であり、題額と所説の真言が同じことから、「一種の秘」と見做し、はじめの「秘中」の「秘」の中に含むとする。また、「極秘」の部分には自性法身の説である儀軌を配当する。宥快によると、『般若心経』の教主は変化法身であるが、四種法身はすべて自性法身であるといえるので、両部大経と同じ秘中の極秘に入る密教経典であると判じている。

ここで、経典所説の真言に関する話題に関連して「生身所説の陀羅尼」についての宥快の見解に触れておきたい。先節で確認した杲宝の釈では、『般若心経』には陀羅尼はあるが長行では三密を説かないため、『般若心経』を顕之密（顕中之秘）に分類していた。しかし、宥快は、『二教論』の注釈書である『二教論興国鈔』において、『般若心経』には長行にも密教の教えが含まれるとする次のような考えを示している。

次般若心経是変化法身所説也。彼経《ハ》不レ限二真言一、長行《モ》亦秘密三昧也。人法総通分・行人得益分・総帰持明分、

又有二秘密義一。旁難レ成二例証一。《ト》(26)

本来、『二教論』の顕密分別では、法身の自境を密とし、他受用・変化等の生身所説は顕と見做している。それを受けて、宥快は、密の中に生身所説の陀羅尼はあるのか、という問いに対し、生身所説の陀羅尼は無いと答える。しかしながら、『般若心経』は変化法身の所説であり、かの経は真言に限らず、長行もまた秘密三昧であり、人法総通分、行人得益分、総持持明分にもまた秘密の義があると説明する。

宥快は『般若心経』の教主は変化法身であり、四種法身はすべて自性身であるといえるので、両部大経と同じ秘中の極秘に入る密教経典であると見做していることは確認したが、変化法身の教主も密教経典とする説以外にも、『秘鍵』および『般若心経』を密教に組み込む解釈を『宗義決択集』「秘鍵両部」で次のように述べている。

問。般若心経秘鍵可レ属《シヤス》二胎蔵部《ニ》一耶。　答。然《ナリ》。

（中略）

答云。今書《ノハ》約《トイウ》二胎蔵部《ニ》一。凡《ソ》般若菩薩《ハ》胎蔵《ノ》正法輪身《ニシテ》　而十三大院《ノ》中《ノ》一院《ノ》主《ナリ》也。又題言《ニ》二秘鍵《ト》一、鍵鑰《ノ》二字分別《スレハ》二　東西《ニ》一則約《スル》二胎蔵東漫荼羅《ニ》一之義可《シ》レ見。(27)

『秘鍵』が金剛部、胎蔵部のいずれに属する書物なのかについての問答であるが、答中で、般若菩薩を胎蔵部の大日の正法輪身とし、『般若心経』はその経典であるので、『秘鍵』は胎蔵部に属すると説明している。また、このような解釈は、『般若心経秘鍵教童鈔』（以下、『教童鈔』）「秘鍵両部　心経教主」においても確認することができる。

高祖《ノ》解釈題額般若心経秘鍵文　尓者所云秘鍵金胎両部中《ニハ》　但台蔵部也可《ト》云乎。所釈経《ノ》教主《ハ》生身法身《ノ》間《ニハ》　何也可《ト》云乎。

此《ハ》可二台蔵部一也。可二答申一扨彼此《ハ》可二反化法身《ナル》一也。扨彼此《ハ》可二台蔵部《ナル》一也。有二講答一進退難《ニ》レ思《イ》、若云二台蔵部一也《ト》者、披（被）解尺此尊真言儀軌観法仏金剛頂説文　明知《ヌ》金剛頂部也云《ト》事、若《シ》依レ之尓也云者般若菩薩者台蔵之正法輪身也。加レ之帰敬序中《ニハ》挙二字印形之三秘密《ヲ》一、豈非二台蔵之義門《ニ》一乎。尓者思難。扨彼此《モ》有二講答一両方有疑反化法身《ト》也云思《ハ》二所釈《ノ》経《ヲ》一大般若之心要也。可レ知能説教主生《ハ》身也云事《ヲ》若依レ之尓也云《ト》者尺二　経《トシテノ》大意《ヲ》一大般若菩薩大心真言三摩地法門文　明《ケシ》反化法身所説《ノ》尺経也云《ト》事尓者難思彼此云何。此《ハ》自元存申処台蔵部《ナル》　義《ヲ》答申処也。是則所レ任二三ヒ密《ノ》帰敬等分明《ルニ》一也。但至二一扁難一者雖二台蔵部也《ト》一引二金頂部証《ヲ》一事不レ可成難。尓者无レ失可二答申一、扨彼此本《モヨリ》存申処反化法身義《ヲ》答申処也。是則依レ説二般若心《ノ》真言《ヲ》一得二般若心之名《ヲ》一見《タリ》　全《ク》不レ云二大般若心要《トハ》一但至二一辺《ノ》難一者是顕家人師《ノ》意《ノ》也尓者不レ成二　成《衍字歟》難《ト》一如此存申者大既不レ可レ有二所背一也可二答申一。[28]

『教童鈔』でも般若菩薩が胎蔵の正法輪身であること、また帰敬序の中に字印形の三秘密を挙げているということを根拠として、『秘鍵』を胎蔵部に属する経典と見做している。さらに、「大般若之心要」という語に関しては、般若の心真言を説いているため般若心という名前を得ているのであって、大般若の心要とは言っていないという論理を展開して顕教の経典ではないと主張している。

なお、このような金胎への配当は『宗義決択集』「秘鍵両部」にも「又題言《ニ》二秘鍵《ト》一、鍵鑰《ノ》二字分別《スレハ》二東西《ニ》一則約《スル》二胎蔵東漫荼羅《ニ》一之義可レ見《シ》。」[29]と書名の解釈において見ることができる。また、『秘鍵伊路波聞書』にも「秘鍵」の字義に関連して次のように述べられている。

抑鍵《ト》鑰《トノ》　二字供《ハニ》カキ読《トム》也。サレハ大師秘鍵宝鑰《ノ》二章《ヲ》作《タマフ》。是《ニ》因縁《アリ》　唐土王城東西《ニ》各関《アリ》。東《ノ》関《ヲハ》　銀《ノ》鍵《ニテ》　開《ク》故《ニ》名二銀鍵関《ト》一。西《ノ》関《ヲハ》　金《ノ》鑰《ニテ》　開《ク》故《ニ》号二金鑰関《ト》一。然《ルニ》　東西《ヲ》司《トルニ》　習事《アル》（也）。謂《ク》胎蔵曼荼羅《ヲハ》　名二東曼荼羅《ト》一。金界曼荼羅《ヲハ》　号二西曼荼羅《ト》一。是《ヲ》東西《ノ》二《ノ》関《ニ》喩《ヘタリ》。開《レハ》　諸人自在也。如レ是東曼荼羅《ノ》胎蔵《ヲハ》　以《テ》二秘鍵《ヲ》一開レ是《ヲ》（共）《ニ》　施《シテ》二五相三密《ノ》財《ヲ》一諸人《ニ》自在《ヲ》与《ル》表示《ニテ》一　二章《ヲ》作《テ》宝鑰《ヲハ》　為二金（剛）界《ト》一。今《ノ》秘鍵《ヲハ》　為《ル》二胎蔵界《ト》一也。故《ニ》約《シテ》二両部《ニ》一作《タマヘリ》二　秘鍵・宝鑰《ヲ》[30]

ここでは、『秘鍵』の題名の解釈とともに、『秘鍵』という著作の制作意図が説明される。宥快は、『秘鍵』は金剛界を表す『秘蔵宝鑰』と対になるものとして制作されたとして、『秘鍵』を胎蔵界を表す著作と位置づけている。

五　おわりに

本論文では、『般若心経秘鍵』の一句をめぐる中世の東密諸師の解釈について検討した。空海の『秘鍵』は『般若心経』という本来密教経典ではない経典を、密教的に解釈した著作であり、空海以降多くの東密の学僧により講述されている。しかし、『秘鍵』は『二教論』とは異なる顕密観により著述されていることから、中世の学匠は『秘鍵』と『二教論』の整合性をとりつつ解釈を行わねばならず、『般若心経』をどのような経典として扱うのか、真言教学内での位置づけの必要が生じた。

先行研究による指摘にもあるとおり、東密の学僧における解釈は、教主を生身釈迦とし、あくまで顕経であると位置づけた頼瑜を除き、おおよそが『秘鍵』に倣って、教主を変化法身とし、密教経典と見做している。ただし、密経経典と見做す解釈の中でも、四重秘釈を用いて解釈した場合には、『三学録』で雑部真言経とされる『陀羅尼集経』と同等のものと扱う、または、あくまで顕経中に説かれた秘密であるとして『陀羅尼集経』より一段下のものとして扱うものなど、実はその解釈は一様ではない。

道範以降は多少の相違があるにしろ『般若心経』を変化法身説の雑密の経典であると解釈することが主流となっていた。そのような中、『般若心経』を両部大経や他の密教の儀軌類と同等と見做し、また、経中の長行や陀羅尼も法身の所説であるとした宥快の解釈は、他の東密の学匠の説と比べると際立つものとなっている。この宥快の解釈は、宥快が空海の思想をより密教として純化をすすめた一例であり、宥快が行った真言教学の整理の一端を示したものであると言えよう。

中世真言教学における顕密観の問題については、雑部真言経の位置づけや生身の陀羅尼をめぐる問題などまだ検討すべき内容が多く残されているが、それらは今後の課題としたい。

【参考文献】


吉祥真雄「心経秘鍵講話」『密宗学報』四七、一九一七。

下浦禅城「般若心経を密経とするに就て」『密宗学報』一一八、一九二三。

長谷宝秀「十巻章玄談」『長谷宝秀全集』第二巻、法藏館、一九九七。

福井文雅『般若心経の歴史的研究』春秋社、一九八七。

坂田光全『般若心経秘鍵講義』高野山出版社、一九九九。

苫米地誠一「『秘鍵』をめぐる一・二の問題」『智山学報』三十二輯、一九八三（→『平安期真言密教の研究』ノンブル社、二〇〇八、第一篇第二章に採録）。

松長有慶『訳注　般若心経秘鍵』春秋社、二〇一八（『空海　般若心経の秘密を読み解く』の改題新装版）。

註

（1）　長谷宝秀『十巻章玄談』（『長谷宝秀全集』巻二、法藏館、一九九七）の「秘鍵玄談」では注釈書、論義書を用いた詳しい解説がなされている。但し、宥快が参照している道範の見解などについてはほとんど触れていない。松長有慶『訳注　般若心経秘鍵』（春秋社、二〇一八）六二〜六五頁では、『般若心経』の所属についての論題が取り上げられ「心経教主」の内容が簡潔にまとめられている。下浦禅城「般若心経を密経とするに就て」（『密宗学報』一一八、一九二三）は『般若心経』の翻訳時の状況をもとに、いつごろから密教経典として認識されたのかを考察した論攷となっている。

（2）苫米地誠一「『秘鍵』をめぐる一・二の問題」註（4）『平安期真言密教の研究』四八頁〜五〇頁を参照。

（3）林山まゆり「『般若心経秘鍵』の諸解釈」『印仏研』七二―一、二〇二四。

（4）『弁顕密二経論』（大正七七・三七四頁下〜三七五頁上）。該当箇所の本文は以下のとおり。

夫仏有二三身一。教則二種。応化開説名曰二顕教一。言顕略逗レ機。法仏談話謂二之密蔵一。言秘奥実説。顕教契経部有二百億一。分レ蔵則有二一十五十一之差一。言レ乗則有二一二三四五之別一。談レ行六度為レ宗。告レ成三大為レ限。是則大聖分明説二其所由一。若拠二秘蔵金剛頂経説一。如来変化身為二地前菩薩及二乗凡夫等一説二三乗経法一。他受用身為二地上菩薩一説二顕一乗等一。並是顕教也。自性受用仏自受法楽故与二自眷属一各説二三密門一。謂二之密教一。此三密門者。所レ謂如来内証智境界也。等覚十地不レ能レ入レ室。何況二乗凡夫。誰得レ昇レ堂。故地論釈論称三其離二機根一。唯識中観歎二言断心滅一。如レ是絶離並約二因位一談。非レ謂二果人一也。

（5）『般若心経秘鍵』（大正五七・一二頁中下）。

（6）①〜③は松長有慶『訳注　般若心経秘鍵』を参考にまとめた。対応する原文はそれぞれ以下のとおり。①「此三摩地門。仏在二鷲峯山一、為二鶖子等一説レ之。」（大正五七・一一頁中）②「大般若波羅蜜多心経者、即是大般若菩薩大心真言三摩地法門。」（大正五七・一一頁上）③「応化釈迦在二給孤園一。為二菩薩天人一説二画像・壇法・真言・手印等一。亦是秘密。陀羅尼集経第三巻是。」（大正五七・一一頁下）。

（7）『三学録』（定弘全一・五五頁）。

（8）苫米地前掲論文参照。

（9）『開宝鈔』巻下（日本大蔵経二〇、般若経疏章二・一六八頁下）。

（10）『愚草』巻上（続真全二〇・五頁下）。

(11)『愚草』巻上（続真全二〇・六頁上下）。

(12)『雑問答』では「問、一代教主皆是釈迦。而何殊建二教主一。答、雖二一代教併釈迦説一、而於レ論レ此即有二二意一。問、其意如何。答、一云、顕教皆是釈迦説密教尽此大日説。一云、顕密教倶釈迦尊説。」（弘全四・一四九頁）と顕教はすべて釈迦の説であるという説と顕密はともに釈迦の説であるという二説を挙げる。

(13)『十巻章玄談』「秘鍵玄談」（『長谷宝秀全集』巻二）三六四頁。

(14)『秘鍵東聞記』の原文は次のとおり。「第五秘蔵真言等者《ト》、大文第五科名也。此中《ノ》有《ニ》二二段一。初《ハ》正釈当科。後《ニハ》問答余義也。初《ノ》中《ニ》有二長行偈頌一。如レ上《ノ》也。秘蔵真言者、指《ス》二下《ノ》[梵字]等陀羅尼一《ヲ》也。是有二二義一。一《ニ》云、此経《ノ》総体《ハ》是顕教《レ》也。其中《ニ》説《クハ》二陀羅尼一《ヲ》即権多実少《ノ》義也。依レ之簡《ニテ》前四分《ヲ》至《ニテ》二第五分一《ニ》立《ツ》二秘蔵称一《ノヲ》。最勝王経開題云、諸経中偈頌長行顕略趣《ナリ》。陀羅尼《ハ》是秘密趣《ナリ》取意　即此義《ノ》也《ナリ》。一云、今経是秘経故。始終皆是雖《トモ》二秘蔵真言一、於《テ》二其中一前《ノ》三分約《シテ》二句義一明レ摂《スコトヲ》二諸乗法門一《ヲ》。第四分以《ハ》二諸乗一帰《スヲ》二密蔵一《ニ》。第五分正説《ク》二真言体一《ヲ》。是故従レ朦《ニヘテ》　立《タルニ》レ名至《テテ》二第五分一《ヲテ》立《ニ》二秘蔵真言名一《リヲ》。例《セバ》如《シ》下大日経三劫建立雖《トモ》二皆是密教敢相一《ナリト》。前二劫専説《ハラキ》二顕略一《ヲ》第三劫初立中真言門称上《ノニルカ》也。」（巻三、続真全二〇・一七〇頁上下）。

(15)『秘鍵東聞記』巻三（続真全二〇・一七九頁下）。

(16)『秘鍵』（大正五七・一二頁下）。

(17)『十住心論』巻十（大正七七・三六二頁下）。

(18)『般若心経聞書』巻六（真全一六・一七九頁上下）。

(19)『杲宝私鈔』巻一二「心経顕密分別事」（続真全二二・一七七頁上～一七八頁上）。

(20)『杲宝私鈔』巻一二「心経顕密分別事」（続真全二二・一七八頁上下）。

(21)『杣保隠遁鈔』巻一九（真全二〇・四六八頁上）。

(22)『杣保隠遁鈔』巻一九（真全二〇・四六八頁上）。

(23)『般若心経秘鍵鈔』巻一〇（真全一六・三六九頁上下）。

(24)『宗義決択集』巻一七「心経教主」（真全一九・三九八頁下）。

(25)『信力鈔』巻下（真全一六・四〇五頁下）。

(26)『二教論興国鈔』巻二（真全一二・四二五頁下）。
(27)『宗義決択集』巻一七「秘鍵両部」（真全一九・三九九頁上～四〇〇頁上）。
(28)『教童鈔』一丁左～二丁左。（高野山大学図書館蔵、高野山持明院、天宝十五年写本）『教童鈔』一丁右には「明徳四年酉十一月三日於和州法華寺　秘鍵」と見え、『密教大辞典』にも「和州法華寺」と記されている。『信力鈔』の奥書などから、明徳四年十月二十五日より十一月十四日までは和州壺阪寺（南法華寺）で『秘鍵』本文の談義を行ったとあるため、『教童鈔』は壺阪寺で行われた談義の内容のうち、論義に関するものを記したものであると考えられる。
(29)『宗義決択集』巻一七「秘鍵両部」（真全一九・三九九頁上～四〇〇頁上）。
(30)『秘鍵伊路波聞書』巻一（続真全二〇・一八五頁下）。

〔付記〕本稿を作成するにあたり、高野山大学図書館に『般若心経秘鍵教童鈔』の本文引用をご許可いただき、様々なご高配を賜りました。心より感謝申し上げます。

信証の地上無惑思想

大鹿　眞央

一　問題の所在

平安後期の真言宗僧である堀池信証（?～一一四二）[1]は、堀池僧正・三宮僧正・法浄院僧正等と称され、常に西院に住したことからその法流は西院流と呼ばれ、広沢六流の一つに数えられる。主要著作には『大毘盧遮那経住心鈔』（『大日経干栗多鈔』）といった教相に関する文献や『阿字観抄』[2]といった事相書があり、事教両相に精通した学匠であると言える。

信証の教学に関しては、これまで智証大師円珍（八一四～八九一）・五大院安然（八四一～八八九～、一説九一五没）による空海への論難を始めとした東台両密の教判論諍といった観点から論じられることが多かった[3]。そうした先行研究の中において大久保良峻氏は、信証が台密への再批判を行った点や、徳一（～八一四～）撰『真言宗未決文』に対する詳細な論駁を展開した点に着目し、信証が「台密教判を批判しつつも濃厚な影響を受けていることが知られるのである。[4]」と言及している。また、同氏は教判論に紐付けて信証の行位論や成仏論の特色について分析し、信証が顕教に対して「真言では大機も小機も地位を経歴することなく頓証する点が異なる」と主張した点に論及するとともに、円珍撰『三部曼荼』を依用して、密教では地位を経歴せずに頓証するという自説を補強した点について指摘している[5]。

以上のように、信証の行位論・成仏論に関する研究は、教判論に紐付けられた大久保氏の論考を数えるのみであり、未だ検討の余地を残していると言える。よって本稿では、先行研究とは異なる観点から、信証の行位論・成仏論に関して分析を行う。特に密教では初地より上の階位には断ずべき惑品が無いという「地上無惑」の思想を信証が明確に打ち出した点に着目するとともに、『秘蔵記』における「越二三妄執一越二三僧祇劫一、是即十地究竟也。過レ此修二上上方便一、断二微細妄執一至二仏果一。故経曰二此四分之一度於信解[6]二」の記述（以下、本稿ではこの記述を「三妄十地」と呼ぶ）を特異な形で使用した背景について検討していく。

二　三妄十地の梗概

そもそも三妄十地の記述は、古来空海撰として重視された『秘蔵記』における『大日経疏』巻二所説の三種の妄執（麁妄執・細妄執・極細妄執）を解釈したものである。文中に登場する「微細妄執」という概念は、院政期以降の東密において、三妄執の断尽後、仏果に至る直前で真言行者のみが直に断じ得る「自宗不共」の特別な妄執と目されてきた。こうした真言宗における微細妄執解釈の変遷に関して、筆者は以前別稿にて、信証と同じく院政期に活躍した興教大師覚鑁（一〇九五～一一四三）・勝倶胝院実運（一一〇五～一一六〇）の著作に至って、微細妄執が「自宗不共」の妄執として重視されるようになった点を指摘し、鎌倉初期の金剛王院実賢（一一七六～一二四九）や正智院道範（一一七九～一二五二）(7)による更なる解釈の展開があった点に言及した(8)。

本稿における問題を理解する前提として、『大日経』・『大日経疏』・『秘蔵記』各々の内容を把握する必要があるため、以下に略説する。

まず『大日経』住心品三劫段の冒頭に当たり、行者の心中に生起する種々相を述べた「秘密主、一二三四五再数、凡百六十心。越二世間三妄執一、出世間心生(9)。」の記述について、『大日経疏』巻二では、行者が出世間心（浄菩提心）(10)を生ずるために越えるべき「世間の三妄執」とは「麁妄執・細妄執・極細妄執」の三種であると明示する。そして、一重の麁妄執を度することを「一阿僧祇劫を超越する瑜祇行」と名づけ、二重の細妄執を度することを「二阿僧祇劫を超越する瑜祇行」と名づけ、さらにまた極細妄執を度して仏慧の初心に至ることを「三阿僧祇劫の成仏」と名づけ、もし一生に「麁妄執・細妄執・極細妄執」の三妄執を度せば、一生成仏が可能となるという(11)。

次に、『大日経』住心品十地段の結びに当たり、三妄執（三阿僧祇劫）を度した境界を表現した「此四分之一、度二於信解一(12)。」の文について、『大日経疏』巻二では「就二前三句義中一、更開二仏地一為二上上方便一。至二此第四心一時、名二究竟一切智地一。故曰二此四分之一度於信解一也(13)。」と説明する。ここに出てくる「前三句義」とは、『大日経』における、如来の一切智智を獲得するための三要素を説いた「菩提心為レ因、大悲為レ根、方便為二究竟一(14)。」の所謂、三句の法門を指す。その第三句の方便を「方便心」と「上上方便心」とに開き、第四（四分之一）の上上方便心に至る時を「究竟の一切智地」と名づくと『大日経疏』は説明する(15)。

これら『大日経』・『大日経疏』の前提を踏まえた上で、改めて『秘蔵記』三妄十地の記述とその直前の箇所とを以下に示し、内容を確認する。

越二世間三妄執一出世間心生、三妄執、貪・瞋・痴。開者、百六十心乃至八万塵労。越二三妄執一越二三僧祇劫一、是即十地究竟也。過レ此修二上上方便一、断二微細妄執一至二仏果一。故経曰二此四分之一度於信解一。[16]

『秘蔵記』は、「世間三妄執」を「貪・瞋・痴」の三毒と定義するとともに、『大日経疏』所説の「麁妄執・細妄執・極細妄執」の意味にも解釈し、麁妄執（初劫）・細妄執（第二劫）・極細妄執（第三劫）の三妄執を越えて十地を究竟し（十地の極処に達して）[17]、それを過ぎて後に上上方便を修し、「微細妄執」を断ずれば仏果に至ると説く。なお、後述するように、この「十地究竟」という表現を如何に解釈するかを巡り、真言宗の学匠たちは様々な議論を展開することになる。

さて、先に確認したように、『大日経疏』では、上上方便心の境界を「究竟の一切智地」と呼んでいた。しかし、『秘蔵記』では、上上方便心の境界を仏果に至る直前の段階、即ち未悟の境界へと転換し、そこで断ずるべき最後の妄執として「微細妄執」という新たな概念を創出した。その結果、院政期以降の真言宗において『秘蔵記』の記述を重視する傾向が強まるにつれて、漸次的にではあるが、微細妄執は自宗不共かつ仏果に肉薄した高位の境界で断ずる特別な妄執という認識を持たれるようになっていくのである。

三　鎌倉・室町期の真言宗における三妄十地の扱い

近年の先行研究では、『秘蔵記』の成立年代の下限はおよそ十世紀初頭と推定され[18]、現在確認できる『秘蔵記』の註疏類では、鎌倉前期の貞応元年（一二二二）成立、遍智院成賢（一一六二〜一二三一）口述・醍醐地蔵院深賢（一一七九〜一二六一）[19]記『蔵中冶金抄』[20]が最古とされる[21]。

そこで、信証よりも後代の文献にはなるが、『蔵中冶金抄』における「四十六　越世間三妄執等事」の文章を以下に引用して、現存最古の『秘蔵記』註疏における三妄十地の解釈について確認しておく。

問。三妄執之外立二微細妄執一如何。

答。三妄執、煩悩也。一衆生所具悪心所也。心王毘盧遮那成二自然覚一之時、皆成二十九執金剛等一。然者、非二可断法一而常途断惑之余執相残。是云二微細妄執一。発二本有無垢菩提心一、至二仏果一之時、始断レ之。故曰二四分之一度於信解一文。

重尋云、断二微細妄執一至二仏果一者、断意、如何。

答。微細妄執者、実第八識也。於二此一識一発心大・信解大、二義有レ之。於二月下《ヨリ》一見レ霧、有二厭捨心一。是云二信解大一。於二月上《ヨリ》一見レ霧、信二入微細定果海一。是云二発心大一。上下而二之辺、雖レ似二可断義一、因果不二之辺、不可断也。[22]

冒頭に示されるように、これは三妄執と微細妄執を別立することについての問答である。ここでは三妄執と微細妄執の性質の違いを対照し、常途の断惑の余執がなお残る状態を「微細妄執」と呼び、本有無垢の菩提心を発起して、仏果に至る時に初めてこれを断じ得るという。その上で、微細妄執が第八阿頼耶識であって実には不可断なものであることを明かしている。なお、文中に霧と月の譬喩が出てくるが、これは実運の頃には既に微細妄執と関連ある妄執と目されていた「自性障」[23]の典拠である『金剛峰楼閣一切瑜伽瑜祇経』（以下、『瑜祇経』）一切如来大勝金剛心瑜伽成就品第七（以下、第七品）所載の「如二秋八月霧、微細清浄光一。常住二此等持一、是名二微細定一[24]」という表現に基づく。これは自性障が金剛薩埵の身を現じて解脱する際に説いた偈頌の中で、真言行者が愛染王の根本一字真言「𑖮𑖳𑖽」（吽）を自心中に観ずる等持（三昧）の境界を表現したものである。『蔵中冶金抄』では、月を以て仏果に喩え、月下に漂う霧を以て微細妄執に喩えている[25]。また「発心大・信解大」とは、『大日経』住心品九句段所説の「勝上大乗句、心続生之相、諸仏大秘密。[26]」の文中における「大（乗）」の語の具する七義について『大日経疏』巻一で、「二者、発心大故。謂、一向志二求平等大慧一、起二無尽悲願一、誓レ当三普授二法界衆生一。三者、信解大故。謂、初見二心明道一時、具二足無量功徳一、能遍至二恒沙仏刹一、以二大事因縁一成二就衆生一。[27]」と説明した箇所に基づく解釈である。要するに、微細妄執と仏果とは因果不二であるため、微細妄執は不可断であることを示している。

以上のように、鎌倉前期の『蔵中冶金抄』では、本有無垢の菩提心を発起してから仏果に至るまでの過程が明確に示されていない。つまり「十地究竟」に関する明確な言及が無いため、本有無垢の菩提心と仏果との距離（関係性）が不明瞭であると言わざるを得ない。

次に鎌倉末期の延慶二年（一三〇九）成立、自性上人我宝（〜一三一七）説、介法印（頼宝〈一二七九〜一三三〇?〉）記[28]『秘蔵記聞書』の「一　越三妄執事」の記載を以下に示す。

疏意云、三妄、地前断レ之。於二初地已上一不レ立二所断惑一見。今十地断二三妄一、仏地断二微細一也。是則疏家・宗家各挙二一義一也。又義云、十地有二浅深二義一。故疏家・大師、不レ可レ有二相違一也。其義、可レ悉レ之。（中略）

十地究竟者、是往二渉十住品一十地也。禅林義、指レ之、云二三乗共十地一也。[29]

上上方便者、十地究竟ノ上ノ一切智地也。

一切智地者、即真言表徳十地也。秘経相、断二微細妄執一、是金剛薩埵智品、初地浄心位也。故知、断二微細妄執一者、限二初地一也。故経云二此四分之一等一者、疏意与二今釈一甚以相違也。

四分之一者、疏約二能断智品一、云二上上方便一。今約二所断煩悩一、云二微細妄執一也。如レ此相違、詳可レ悉レ之。[30]

冒頭を読むと、まず『大日経疏』の文意として三妄執を地前に断じ、かつ地上に所断の惑を立てない旨が述べられる。次に「今」の意、即ち『秘蔵記』の文意として三妄執を十地に亙って断じ、かつ微細妄執を仏地で断ずる旨が明示されている。そして一義として、『大日経疏』巻二における「然此経宗、従二初地一即得二入金剛宝蔵一。故花厳十地経一一名言、依二阿闍梨所伝一、皆須レ作二二種釈一。一者、浅略釈。二者、深秘釈。若不レ達二如レ是密号一但依レ文説レ之、則因縁事相、往二渉於十住品一。若解二金剛頂十六大菩薩生一、自当二証知一也。[31]」の文章中に示される「浅略の十地・深秘の十地」の解釈を挙げて、『大日経疏』と『秘蔵記』とで主張が相違するわけではないと会通を行う義を紹介している。

この三妄執、即ち三劫を初地より前の段階で断尽する（三劫地前）か、それとも第二劫・第三劫を初地以上において断尽する（三劫地上）かという問題は、真言宗の論義書・宗義決択書において「三劫地前地上[32]」や「復越一劫[33]」という論題が設置されるように、古来論諍の議題とされてきた[34]。右記に見たように、『秘蔵記聞書』において、三劫地前かつ地上無惑が『大日経疏』の要旨として主張されている点、そして三劫地上が『秘蔵記』の要旨として主張されている点は注目に値する。

続けて文章を見ると、前掲『大日経疏』巻二の記述を踏まえて、「十地究竟」の十地とは、十住心の各品に往渉する、つまり顕教にも共通する十地を指し、禅林寺静遍（一一六六～一二二四）はそれを「三乗共の十地[35]」と呼んだと述べている。一方で、「上上方便」とはそうした浅略の十地を究竟した上で至る「一切智地」を指し、その一切智地は真言表徳の深秘の十地であると説く。さらに『瑜祇経』の所説として、微細妄執（正確には自性障が金剛薩埵の身を現じて解脱する）は金剛薩埵の智慧で断ずるとされ、それは初地位に限られるという。故に『大日経』所説の「四分之一」に関して、『大日経疏』では能断の智慧の観点から「（菩提心・大悲・方便心に続く四番目の）上上方便」と称し、『秘蔵記』では所断の煩悩の観点から「（麁・細・極細に続く四番目の）微細妄執」と称するといった相違が生ずると解釈するのである。

右記のように、『秘蔵記聞書』では、微細妄執の断位を初地に設定したために、「十地究竟」の文を会通する必要が生じ、浅深二種の解釈が導入されている。つまり顕教にも共通する浅略の十地を究竟して、上上方便即ち真言表徳の深秘の十地に至り、その中の初地にて微細妄執を断ずると会通するのである。このように、鎌倉末期『秘蔵記聞書』の記述から、三妄十地の記述が三劫地前・地上無惑の主張と背反する内容であり、疏家と宗家とで齟齬が生じぬよう会通が必要であると当時の真言宗僧が苦心していた様子が推察できるのである。

なお、右記のような三妄十地の記述に会通を要するといった解釈は、室町期以降の論義書や宗義決択書の中にも散見する。例えば、宥快（一三四五〜一四一六）門下が編纂したと目される『宗義決択集』巻一〇「三劫地前地上宥快記」には、三劫地上を主張する難者の文章中に三妄十地の記述を挙げて、「此意、越二三妄執一則十地究竟義故、後二僧祇地上、明矣。若三劫在二地前一者、可下越二三劫一即至中初地上。何可レ云二十地究竟一乎。(36)」と難じているのが見られる。要するに、難者は後二僧祇（第二劫・第三劫）を地上に配する根拠に三妄十地を用いているのであるが、これに対して答者は「大師越三妄執等文、釈意雖二実所レ難二測量一、就レ此多義。」と述べて以下の二義を示す。

一義云、越二三妄執一而十地究竟之義故、三妄、地前断レ之。十地、断二三妄一後証位故、無二相違一。一義云、此中十地究竟者、非二自宗十地一。以二大日経地前三劫一、擬二宜常途十地一之義也。過此修上上方便断微細妄執至仏果故者、当二自宗初地一。(37)

最初の一義は、十地とは三妄執を断尽した後に上る証位であるために相違無しというもので、果たして問題が解消できているのか不審が残る。ともあれ、ここで注目すべきは後の一義であり、それは前掲『秘蔵記聞書』にも見られた「十地究竟」の十地を顕教の十地と解釈するとともに、それを究竟した後に上上方便即ち深秘の十地に至り、その中の初地にて微細妄執を断ずる会通そのものであると認めるに贅言を要しないであろう。

また他にも、地上無惑の思想と親和性の高い内容で、初地位の悉地と仏果位の悉地を同等とみなすか否かを問う「初地即極」という論題においても、三妄十地は初地即極と背反する記述として多く登場する。一例を示せば、頼宝編『真言本母集』巻二〇「初地即極事」では、「初地不極」を主張する難者が誠証として三妄十地の記述を引用する。こうした難者の引用の意図を編者が解説し、また会通する文章を以下に引用する。

初心即極乎。

右文意、越二三劫一究二十地一、然後又断二微細妄執一者、則自証表徳十地也。是仏地所摂十地也。而断二微細妄執一断位、一生補処云事、疏第六釈分明也。若爾者、地上有惑之義、誰疑レ之。又雖二十六大菩薩生一猶帯二見惑一。何

会云、秘蔵記、越三妄執至十地者、如二上所判一、浅略門十地也。疏第二之三句義者、亦此分斉也。過此修上上方便者、深秘門十地也。而正断微細妄執者、初地金剛薩埵智力也。唯是初地一位断レ之、非二地地漸断一也。疏二、更開仏地者、是也。本自深秘十地横義、初地与二十地一無二高下一故、通名二初地一也。(38)

前半の難者の意図を解説した部分では、微細妄執を断ずる位が一生補処ということは明らかであり、地上有惑の義は疑いようもないと説く。そして、後半の会通の箇所では、前にも見た「浅略・深秘の十地」が説かれるとともに、『秘蔵記』における「是密教、所謂、横義也。初地与二十地一無二高下一故。(39)」の記述をもとに、深秘の十地は「初地与二十地一無二高下一」であって、十地を通じて「初地」と名づけるため、「十地究竟」とは称しても、初地で微細妄執を断ずる義に解釈しても問題は無いと言うのである。(40)

こうした三妄十地の記述に関する会通の必要性について、神林隆浄氏は『大日経講義』「二　初地即極」において「しかるにこの初地即極の思想を怪しむべき資料がある。」と述べて、『大日経疏』巻二の「就二前三句義中一、更開二仏地一為二上上方便一、至二此第四心一時名二究竟一切智地一。」の文及び三妄十地の記述を引用した上で以下のように

説明している。

これらの諸文によれば、初地から成仏に至るまでに因・根・究竟・上上方便の四心があって、これらの四心は信解地の中の分類で第三の方便究竟の中で、さらに一心を開出して上上方便心と呼び、この心が能越の主体となって、微細妄執を断捨して、信解地を超越し、そこで初めて究竟妙覚大牟尼となるというのが、『大日経』の本旨である。

これによってみれば、初地において無上覚を成じ、第二地以上は化他の普賢行であると見なすのは、一義としては成立しても、経の本旨とはみられず、従って初地即極の思想が、すなわち『大日経』の本旨であるか否やが疑わしくなる。（中略）

しかるに古来、相承の学説によれば、初地即極とは実証門の談であり、地上二劫説を容れて、十地満足の位において、成覚すると説くのは、即順常途の説き方であると『大疏第三重』第七巻（正蔵七九、七〇三）に説明してある。(41)

右記の神林氏の指摘が右に挙げてきたような論義書・宗義決択書における三妄十地の解釈に基づくものであることは論を俟たない。

以上に見てきたように鎌倉末期の『秘蔵記聞書』や室町期以降の論義書・宗義決択書からは、地上無惑や初地即極といった思想と、『秘蔵記』三妄十地とを如何に会釈するかが、当時の真言宗僧たちにとって重要な関心事であったことが確認できるのである。こうした背景を踏まえた上で、次節においては、信証における地上無惑の思想と三妄十地の解釈について考究していく。

四　信証の地上無惑思想

前述の通り、大久保良峻氏は信証の行位論・成仏論を教判論に紐付けて分析し、顕教に対して「真言では大機も小機も地位を経歴することなく頓証する点が異なる」と信証が主張した点に言及している。具体的には『大毘盧遮那経住心鈔』巻六における「顕密濫否」を論ずる中の「第二説処殊勝」の箇所、特に『法華経』所説の龍女成仏を用いて「約位・約惑・約身・約実」の四義において天台の成仏に対する真言の成仏の優位性について論じた中の「約位」と「約身」の文章に絞って論を展開している。本稿においては、同氏の研究では言及されなかった「約惑」の記述とそれに関連する箇所に基づいて、信証における地上無惑の思想について考究していく。

まず、「約惑」の記述を以下に引用する。

二約惑者、天台、四十二品無明、初住以上証位、令レ断レ之。華厳、論二一障一切障一故、雖下於二諸位一立中一行一切行上、実於二仏果一究竟断尽。真言所立三重妄執、於二地前一論レ之、地上無レ之。大小二機、初発心時一時頓断故也。(42)

右の文章を読むと、断惑・行位といった観点で顕密対弁が行われているのが分かる。天台・華厳が実には仏果に至った上で惑品を断尽しているのに対して、真言所立の三妄執は地前に断尽するため、地上に惑品は存在しないと説いている。即ち、信証が三劫地前を主張しているのが読み取れよう。そして、地上に惑品が存在しない理由は、真言は大小二機ともに初発心時に一時頓断するためであると説いているのが分かる。

次に同じく「第二説処殊勝」における約惑に関連した問答を以下に引用する。

問。真言大小二機、不レ経二十地一者、不レ可三建二立十地一哉。

答。初発心時頓証二仏果一。故無二顕教所立地地遷登之義一。所以仮二華厳十地一、暫表二教相一。依二実義一、金剛頂十六大菩薩之義。是謂二法仏現証菩提、毘盧遮那互体一云云。

問。真言十地無二所断惑一、何秘蔵記曰下越二三妄執一越二三僧祇劫一。是即十地究竟也上哉。

答。疏広約二六無畏・十地一、判二三妄執断・不断一也。今又於二地前六無畏一示二教相一故、十地立二断惑義一。亦真言教相、重重意趣。学者達レ之。[43]

ここには二種の問答が示されている。最初の問答では、先ほどの「真言大小二機は三妄執を地前に断尽する（ため、十地を経歴しない）」という主張に関して、十地という位階自体を建立しない意味かと改めて問うている。それに対して、真言は初発心時に頓に仏果を証するので、教相として表示するために華厳の十地という位階を仮借しているにすぎないのだと答えている。そして実義によれば、真言の位階は十六大菩薩生の義そのものであり、それは不空訳『金剛頂経金剛界大道場毘盧遮那如来自受用身内証智眷属法身異名仏最上乗秘密三摩地礼懺文』（以下、『三十七尊礼懺文』）における「如上金剛界大曼荼羅三十七尊、並是法仏現証菩提内眷属、毘盧遮那互体。」[44]の位階であるとして、実には地上無惑であると説明するのである。

次の問答では、『秘蔵記』三妄十地の記述を引用して、真言の地上無惑の義に疑問を呈しているのが分かる。それに対して、『秘蔵記』では地前の六無畏の段階における教相を示すために、「越二三妄執一越二三僧祇劫一、是即十地究竟也。」という十地に亙って断惑する義を立てると説明するのである。ここには同時代の覚鑁や実運が「自宗不共」として重視した微細妄執の記述を敢えて省略する様子が認められる。即ち、信証も『秘蔵記』三妄十地の記述について、地上無惑と齟齬をきたす記述であり、会通が必要であると考えていることが看取できるのである。

信証による地上無惑の解釈についてさらなる分析を加えるべく、『大毘盧遮那経住心鈔』巻五における「顕密所詮差別」の十義について説明した中の「第三行位差別」の箇所を引用する。

若依二真言一、亦有二浅深二義一。浅者、仮二三乗等行位・名義一、表二秘宗一。謂、見・修等名及十地等義是也。皆是因縁事相、往二互十住品一等。依二深秘一、可レ想二金剛頂十六大菩薩生一一尽虚空遍法界同一体性金剛界身一。説二名義次第一、付二順三乗等一。説二輪円具足一、付二順一乗一。又三乗・一乗、随縁法故、相違。亦大日経説二六無畏・十地一、教王経説二五相成身位一。仮二諸教説相一、示二一一行相一等、是付順義。(45)

前半を見ると、真言に浅深二義があることを挙げ、浅略は三乗等の行位・名義を仮借したもので、見惑・修惑等の名前および十地等の義がそれに当たるという。そして、前掲『大日経疏』巻二における「若不レ達二如レ是密号一但依レ文説レ之、則因縁事相、往二渉於十住品一。若解二金剛頂十六大菩薩生一、自当二証知一也。(46)」の文章を踏まえて深秘の説明が為されているのが分かる。さらに後半では、『大日経』所説の六無畏・十地、また『金剛頂経』所説の五相成身観の位階も、すべては顕教の説相に仮借して一一の行相を示したもので「付順」（即順常途）の義を示すものだと論じられている。

まとめると、信証において真言の深秘、即ち実義では地上無惑であり、真言の位階とは『三十七尊礼懺文』における「法仏現証菩提内眷属、毘盧遮那互体」であると解釈するのである。『秘蔵記』三妄十地の記述はそうした地上無惑思想と齟齬をきたす問題を含む記述であるとみなされ、それ故に同時代の覚鑁や実運が重用した微細妄執の記述を依用するわけにはいかず、敢えて黙殺したものと考えられるのである。

なお、右記に見られるような『秘蔵記』三妄十地の記述そのものを浅略の行相、また諸教に付順した義とみなす解釈と同様の記述が『顕密差別問答鈔』という文献に見られるため、以下に取り上げて紹介する。

この『顕密差別問答鈔』について、筆者は以前別稿にて[47]、暫定的に宝生房教尋（〜一〇六九〜一一四一）を撰者とし、また微細妄執を援用した特異な教説が見られる文献としてその内容を検討した。

『顕密差別問答鈔』の特色として、『秘蔵記』の教説を「三妄十地」と呼び、浅略・深秘・秘中の深秘・秘々中の深秘といった四重秘釈で解釈する点が挙げられる。詳説すれば、『顕密差別問答鈔』巻下に、「問。秘蔵記処説三妄十地、有二浅略・深秘一乎。答。其三妄十地、有二重々浅略一。有二重々微細深秘一也。[48]」とあり、三妄十地の記述を解釈するのに重々の浅略門と重々微細の深秘門とが存在する旨を説く。

重々の浅略門の中には三種あり、『大日経』所説の一道無為心に約した三妄十地・『大日経』所説の極無自性心に約した三妄十地・秘密荘厳心の浅略の三妄十地、以上の三種を「真言三妄十地の浅略[49]」と総称する。この秘密荘厳心の浅略の三妄十地を解釈した箇所を以下に引用する。

問。今挙二貪瞋痴一、為二麁細極細三重妄執一意、如何。
答。挙二貪瞋痴三毒一、為二十地所断妄執一。浅略・深秘倶有二甚深標趣一也。
問。貪瞋痴浅略意趣、如何。
答。入二初歓喜地一証二虚空無垢菩提心為因句一時、断二一切貪欲愛深・戯論分門一。従二第二地一至二第七地一証二大悲為根句一時、断二慈悲違背瞋恚・細妄執一。入二八・九・十地一証二方便為究竟一時、断二不思議善巧智相違愚痴・極細妄執一。過レ此修二上々方便一断二微細妄執一至二仏果一故、経曰二四分之一度於信解一。謂二之浅略次第行相[50]一。

右の文章では、まず貪瞋痴の三毒を十地の所断とみなす旨が説かれ、次に初歓喜地で「菩提心為因」の句を証得するときに貪愛・戯論を断じ、第二地より第七地までに「大悲為根」の句を証得するときに瞋恚・細妄執を断じ、第八・九・十地で「方便為究竟」の句を証得するときに愚痴・極細妄執を断ずと説く。そして『秘蔵記』三妄十地を引用して、こうした位々の次第を経て断惑・明昧を論ずる行程を「浅略次第の行相」と判じ、さらには「浅略十地ニハ論二断惑一、詮二明昧一。是則真言浅略十地也。擬二対顕教一故云二顕教分斉一也。[51]」と説かれるように、こうした浅略の行相は顕教に擬えたもの、顕教の分斉であるとまで断言するのである。

一方、重々微細の深秘門を確認すると、『顕密差別問答鈔』巻上において、真言三妄十地の深秘について以下のように説明している。

於二真言深秘十地一、能入所入本有平等一味無相十地故、智々平等、無二細惑一、無二明昧一、無二次第一、無二浅深一、無二高下一、無二勝劣一。於二此深秘十地一言レ十者、無尽荘厳蔵也。言レ地者、本有無垢心地也。[52]

右に見られるように、真言深秘の十地には細惑も無く、明昧も無く、次第も無く、浅深も無く、高下も無く、勝劣も無い平等一味の無相の十地である旨が説かれている。以上のように、深秘門において地上無惑を主張するために、微細妄執を含む解釈はあくまで浅略門に包摂され、顕教の分斉とまで表現されるのである。

筆者は以前別稿にて、平安期真言宗の教相研究における代表的な学匠たちを取り上げ、初地即極説の採否を調査した。その結果、般若寺観賢（八五三～九二五）・南岳房済暹（一〇二五～一一一五）・光明山寺重誉（～一一三九～一一四一～）・覚鑁は初地即極説を採用せず、あくまで妙覚位における即身成仏を説くのに対して、実運の著作や『顕密差別問答鈔』には、初地即極説を積極的に採用する記述が見られることが判明した。[53]なお、その論考中において、筆者は信証撰『住心決疑抄』[54]の「真言宗意、皆立二妙覚即身成仏一。[55]」の記述に依拠して、信証は「あくまで妙覚位において即身成仏することを念頭に置いている。[56]」と述べた。

この『住心決疑抄』の文は、その直後に「以二法花中龍女作仏一、此宗判為二妙覚成仏一。瑜伽観智儀軌中云二龍女得レ成二無上覚一故。故真言宗最為二殊勝一。[57]」と記述されるように、『法華経』所説の龍女成仏について、天台では初住位での成仏と捉えるが、真言ではより高尚な妙覚位での成仏と解釈するため真言を最も殊勝とみなすといった文脈であり、龍女成仏に対する天台・真言各々の評価を根拠に顕劣密勝を説くものである。

このように『住心決疑抄』では「龍女成仏を妙覚位での成仏と解釈する点を高く評価する」と主張する一方で、『大毘盧遮那経住心鈔』巻六「顕密濫否」中の「第二説処殊勝」における「約位」の箇所では、真言では大機も小機も地位を経歴することなく頓証する旨を主張し、「已龍女成仏、初住・初地成仏。六即六位雖㆓初後円融㆒、至㆓妙覚㆒得㆓成仏㆒。何濫㆓真言頓証義㆒哉。[58]」として、龍女成仏が妙覚位の成仏であるために真言の頓証の義には及ばないと逆に低い評価を下しているのである。このような信証の著作間における龍女成仏をめぐる解釈の相違、そして行位論・成仏論の相違が何に起因するのかは慎重な検討を要する問題であり、今後の課題としたい。

五　結語

本稿においては、信証の行位論・成仏論に関して、信証が『大毘盧遮那経住心鈔』において「地上無惑」の思想を明確に打ち出した点を確認するとともに、『秘蔵記』三妄十地の記述をいかに解釈したかという点について考究してきた。

鎌倉末期の『秘蔵記』註疏や室町期以降の論義書・宗義決択書からは、地上無惑や初地即極といった思想と、三妄十地の記述とを如何に会釈するかが当時の真言宗僧たちにとって大きな関心事であったことが確認できた。

これは平安後期の信証においても同様であったらしく、信証も三妄十地の記述について、地上無惑と齟齬をきたす記述であるため会通が必要であると考えていたことが看取できる。それ故に同時代の覚鑁や実運が重用した微細妄執の記述を依用するわけにはいかず、敢えて黙殺したのである。

重誉・覚鑁・実運と同時代の学匠である信証が、初地即極説に近似した思想である地上無惑を明確に打ち出している点、またそれに起因して『秘蔵記』三妄十地の記述を特異な形で使用することになった点は注目に値する。平安期の真言宗における初地即極説や地上無惑思想の採否の相違は、当時の成仏論・行位論において解釈の幅が存在したこと、言わば当時の真言宗における教相研究に豊かな多様性が生じていたことを示す証左と言えよう。

註

（1）信証の生年については寛治二年（一〇八八）・永長元年（一〇九六）・承徳二年（一〇九八）と文献に依って異なる。別所弘淳「信証の教主義」（『川崎大師郷学研究所紀要』一、二〇一六）では各説の典拠を逐一示して概説している。生年を確定する根拠を探し得ないため、本稿においても生年不詳としておく。

（2）『阿字観抄』については、北尾隆心「信証作『阿字観抄』解説」（『種智院大学密教資料研究所紀要』八、二〇〇六）において、種智院大学密教資料研究所の管理する長谷寶秀氏所蔵本（建久六年〈一一九五〉の書写本）の影印が紹介されていて、その翻刻・訳註は北尾隆心「信証作『阿字観抄』の研究（一）」（『仏教文化論集』一一、二〇一四）に収載されている。また北尾氏は「日本密教における宇宙観（一）—信証撰『密厳浄土依正観法』①—」（『密教学』三一、一九九五）において、信証撰述と記載されるも真偽未決の『密厳浄土依正観法』を紹介・翻刻するとともに、「『迷悟抄』について（一）」（『山崎泰廣教授古稀記念論文集　密教と諸文化の交流』永田文昌堂、一九九八）において、従来、醍醐三宝院座主覚済（一二二七～一三〇三）撰述と目されてきた『迷悟抄』の信証撰述の可能性を指摘している。

（3）円珍・安然による空海への論難を始めとした東台両密の教判論諍に関しては、多数の先行研究がある。主なものを挙げれば、獅子王円信「台東両密の教判史上に於ける論諍」（『密教研究』三九、一九三〇／『獅子王教授喜寿記

念　叡山仏教研究』永田文昌堂、一九七四）、神林隆浄「大師の判教に就て」（『密教研究』五一、一九三三）、福田堯穎『天台学概論』第二巻第六章「台東両密に於ける教判の論諍」（三省堂出版、一九五四）、那須政隆『那須政隆著作集』第一巻第三章「真言門への深般若心」（法藏館、一九九七）、大久保良峻『台密教学の研究』第五章「台密教判の問題点」・第十二章「信証と台密」（法藏館、二〇〇四）、橋本文子「東密における『教時義』受容の一考察―特に「十住心の五失」について―」（『密教文化』二一七、二〇〇六）等がある。

（4）大久保良峻『台密教学の研究』第十二章「信証と台密」（法藏館、二〇〇四、三一五頁）。

（5）大久保良峻『台密教学の研究』第十二章「信証と台密」（法藏館、二〇〇四、三一八頁～三一九頁）。

（6）『秘蔵記』（弘全二・三三頁）。

（7）道範の生没年に関しては、中村本然「覚本房道範の生没年について」（『山岳修験』六〇、二〇一七）に基づき、治承三年（一一七九）から建長四年（一二五二）とした。

（8）詳細は拙稿「東密『瑜祇経』註疏における自性障と微細妄執」（『印度学仏教学研究』六九―二、二〇二一）、同「東密における微細妄執の変遷」（『密教学研究』五四、二〇二二）、同「道範の微細妄執解釈」（『智山学報』七二、二〇二三）を参照。

（9）『大日経』巻一（大正一八・三頁上）。

（10）『大日経』住心品三劫段における「出世間心」を浄菩提心と解釈するか、もしくは仏慧の初心と解釈するかで三妄執を断尽する位階が異なる。即ち地前で断尽するか、第十地で断尽するかといった、所謂「三劫地前地上」の議論に関して、田戸大智氏は重誉撰『秘宗教相抄』の記述を手掛かりに、中国遼代の覚苑撰『大日経義釈演密鈔』で既に議論されている点を指摘するとともに、三妄執を第十地で断尽する覚苑の説を承けて、重誉が三劫地前説を熟知しながらも敢えてそれを選択しなかった点について言及している。詳細は田戸大智『中世東密教学形成論』第三部第七章「重誉における機根の問題」（法藏館、二〇一八、一六一頁～一六二頁）を参照。

（11）『大日経疏』巻二「越世間三妄執出世間心生者、若以㆓浄菩提心㆒為㆓出世間心㆒、即是超㆓越三劫㆒瑜祇行。梵云㆓劫跛㆒、有㆓二義㆒。一者時分。二者妄執。若依㆓常途解釈㆒、度㆓三阿僧祇劫㆒得㆑成㆓正覚㆒。若秘密釈、超㆓一劫㆒瑜祇行、即度㆓百六十心等一重麁妄執㆒、名㆓一阿僧祇劫㆒。超㆓一劫㆒瑜祇行、又度㆓一百六十心等一重細妄執㆒、名㆓二阿僧祇劫㆒。真言門行者復越一劫、更度㆓百六十心等一重極細妄執㆒、得㆑至㆓仏慧初心㆒。故云㆓三阿僧祇劫成仏㆒也。若一生度㆓此三妄執㆒、則一生成仏。何論㆓時分㆒耶。」（大正三九・六〇〇頁下）。

(12)『大日経』巻一（大正一八・三頁中）。

(13)『大日経疏』巻二（大正三九・六〇五頁中）。

(14)『大日経』巻一（大正一八・一頁中下）。

(15)松長有慶『大日経住心品講讃』（大法輪閣、二〇一〇、二五八頁）、福田亮成『現代語訳『大日経住心品疏』を読む　密教とは何か』（ノンブル、二〇一五、四九五頁～四九六頁）を参照。

(16)『秘蔵記』（弘全二・三三頁）。

(17)ここでは那須政隆「秘蔵記講伝」（『那須政隆著作集』七、一九九七、一八五頁／『成田山仏教研究所紀要』二、一九七七）の表現を採用した。

(18)『秘蔵記』の成立年代に関する先行研究については、大澤聖寛編『真言口訣大系一　秘蔵記』（四季社、二〇〇二、二頁）や細川真永「秘蔵記の成立問題」（『高野山大学大学院紀要』一一、二〇〇九）に概要がまとめられ、そこで取りあげられる先行研究の中で、向井隆健「『秘蔵記』成立考」（『密教学研究』一五、一九八三）を除く、全てが成立年代の下限を十世紀初頭と推定する。

(19)深賢の生年については、柴田賢龍『日本密教人物事典』巻中（国書刊行会、二〇一四、一九八頁）に基づき、治承三年（一一七九）とした。

(20)『蔵中冶金抄』（続真全一五所収。『深賢抄』とも呼ぶ）。

(21)以下の先行研究において『蔵中冶金抄』は最古の註疏に挙げられている。「蔵中冶金抄　解題」（続真全四二、一九八八、六二頁）、高岡隆心「秘蔵記」（一九一八年高野山大学での講義の記録。『大山公淳先徳聞書集成』二、東方出版、一九九五、一七三頁）、小田慈舟「秘蔵記講伝紀要」（一九七三～一九七六年講伝。『小田慈舟講伝録』二、東方出版、一九九〇、二〇一頁）、那須政隆「秘蔵記講伝」（『那須政隆著作集』七、一九九七、八頁／『成田山仏

教研究所紀要』二、一九七七)、甲田宥吽「秘蔵記　解説」(『定弘全』五、一九九三、三七三頁)、米田弘仁「『秘蔵記』の成立年代」(『密教文化』一八六、一九九四、七四頁)、上田霊城『秘蔵記講要』(種智院大学、二〇〇二、一頁)、大澤聖寛編『真言口訣大系一　秘蔵記』(四季社、二〇〇二、三頁)。

(22)『蔵中冶金抄』(続真全一五・二〇頁上下)。

(23)『瑜祇経』本文には「微細妄執」という語は出てこない。微細妄執が『瑜祇経』所説の「自性障」と同一視され、次第に『瑜祇経』が微細妄執の典拠と目されるようになった過程については、拙稿「東密『瑜祇経』註疏における自性障と微細妄執」(『印度学仏教学研究』六九-二、二〇二一)、同「東密における微細妄執の変遷」(『密教学研究』五四、二〇二二)を参照。

(24)『瑜祇経』第七品(大正一八・二五八頁上)。

(25)正和三年(一三一四)大覚寺仙洞御所における我宝進講の口説をもとに法資の道我(生没年不明)が添削・考証を加えて、暦応五年(一三四二)に成立したとされる『秘蔵記蔵勘抄』巻三「文四十五儀軌云観心等文」では、「今上人所存、以レ霧喩二微細妄執一、以レ月喩二能断[illegible]字一事、猶不二理尽一。(中略)霧更非二所断惑体一。(中略)霧、[illegible]字。[illegible]字、能観智体也。何喩二煩悩一乎。」(続真全一五・一三七頁上)として、『蔵中冶金抄』の説を批判している。

(26)『大日経』住心品(大正一八・二頁上)。

(27)『大日経疏』巻一(大正三九・五九一頁下)。

(28)この「介法印」について、『仏書解説大辞典』「秘蔵記聞書」の項では「介法印とは東寺宝厳院頼宝のことならん」(巻九・一〇五頁B)と推測する。また『続真言宗全書』「解題」では「我宝説　頼宝記」と明記し、「これは『諸宗章疏録』巻三の「東寺宝厳院頼宝」の条に、「秘蔵記秘聞鈔三巻　奥批云自性上人説介法印記」とあるものである」(続真全四二・六三頁)と説明する。また『密教大辞典』「頼宝」の項における「介《すけの》法印《ほういん》と云ふ。」(法蔵館、一九三一、二二二七頁下)との説明に基づき、本稿においても介法印を頼宝として論を進める。

(29)『秘蔵記聞書』は寛延四年(一七五一)の写本を底本とし、文久二年(一八六二)の写本を対校に用いている。底本では「大乗共十地」となっているが、本稿では対校本と『秘蔵記蔵勘抄』の記述に依って「三乗共十地」とした。

(30)『秘蔵記聞書』巻四（続真全一五・一〇六頁上下）。

(31)『大日経疏』巻二（大正三九・六〇五頁上～中）。

(32)「三劫地前地上」が論題として挙げられている論義書・宗義決択書で代表的なものを挙げれば、頼宝編『真言本母集』巻三二「三妄執断道限地前歟事」（続真全三一・三五二頁上～三五五頁上）、聖憲（一三〇七～一三九二）撰『大疏百條第三重』巻七「三劫地前」（大正七九・六九八頁下～七〇四頁上）、『宗義決択集』巻一〇「三劫地前地上宥快記」（真全一九・二二四頁下～二三一頁下）、印融（一四三五～一五一九）編『杣保隠遁鈔』巻一五「三劫地前地上事」（真全二〇・四一九頁下～四二一頁下）等。

(33)「復越一劫」が論題として挙げられている論義書・宗義決択書で代表的なものを挙げれば、頼瑜撰『大日経疏第二愚草』巻三上「復越一劫乃至仏智恵初心者可初地浄菩提心乎」（一六丁オ～三五丁ウ）、同巻七下「復越一行昇住此地文今此一劫者可云第三重極細妄執乎」（二四丁ウ～二八丁オ）、聖憲撰『大疏百條第三重』巻一〇「復越一劫」（大正七九・七四九頁下～七五一頁中）等。なお、『密教大辞典』では「復越一劫」の項（法藏館、一九三一、一八九五頁上～中）で『大日経疏愚草』所収の二種の論題については言及されず、「三劫地前地上」の項（同七九〇頁上～中）にその典拠として含められている。

(34)田戸大智氏は「この三劫・十地について、東密では、三劫を全て地前に配すべく会釈するのが通例であり、（中略）要するに、三劫地前説を密教の正意とするならば、第一劫の極位を初地とし、第二劫・第三劫を地上に置くことは否定されるのである。」（『中世東密教学形成論』第三部第七章「重誉における機根の問題」法藏館、二〇一八、一一六〇頁）と説明する。

(35)静遍が「三乗共の十地」の語を用いたとされる典拠として、静遍口・道範記『弁顕密二教論手鏡鈔』巻上における「但準二安然釈一存二一義一云、彼和尚云、是三乗共十地第七地文。」（続真全一八・二七九頁上）の文が想定される。しかし、文中に示されるように、これは安然撰『金剛峰楼閣一切瑜伽瑜祇経修行法』巻上「大日経五種三昧道中第四菩薩三昧道説、度二第七地性空彼岸一世称二観自在一者、則是三乗共行十地中第七地、是二乗地。菩薩到レ此多墮二沈空。為レ済二沈空一出仮利生、世人称二観自在一。是一切弁云、一切一作諸。出仮菩薩通名。此亦与二此観法清浄壊二乗心一、其義大同云云。」（新版日蔵、密教部章疏七・三五一頁下）からの引用であり、静遍が「三乗共の十地」という語を創唱した訳ではない。

(36)『宗義決択集』巻一〇（真全一九・二二六頁上下）。

(37)『宗義決択集』巻一〇（真全一九・二二八頁下）。

(38)『真言本母集』巻二〇（続真全二二・五二六頁下）。

(39)『秘蔵記』（弘全二・三四頁～三五頁）。

(40) こうした「初地与二十地一無二高下一」の記述を用いて「十地究竟」を会釈する例を挙げれば、聖憲編『大疏百條第三重』巻七「三劫地前」においても「次至二宗家釈一者、十地究竟者、即云二初地究竟一意也。自宗横十地故。為レ顕二初地与十地無高下之義一云二十地究竟一也。」（大正七九・六九八頁下）と論じられている。

(41) 神林隆浄『大日経講義』「二　初地即極」（『真言宗選書』九、高野山大学密教文化研究所内真言宗選書刊行会、一九八六、二六五頁～二六六頁／『大日経・理趣経講義』、名著出版、一九八五／仏教聖典講義刊行会、一九三五）。

(42)『大毘慮遮那経住心鈔』巻六（仏全四二・二九七頁中～下）。

(43)『大毘盧遮那経住心鈔』巻六（仏全四二・二九七頁下）。

(44)『三十七尊礼懺文』（大正一八・三三六頁下）。他にも『大毘盧遮那経住心鈔』巻六、第四「顕密濫否」における「第七十地殊勝」の箇所でも「第七十地殊勝者、如二真言門十地一者、金剛頂十六大菩薩位、是也。如二三十七〔考〕尊脱乎七下礼懺説一。尽虚空遍法界同一体金剛身乃至法仏現証菩提毘盧遮那互体云。」（仏全四二・三〇〇頁下）として、真言の十地が十六大菩薩生の義である典拠として『三十七尊礼懺文』が示されている。

(45)『大毘盧遮那経住心鈔』巻五（仏全四二・二八一頁下）。

(46)『大日経疏』巻二（大正三九・六〇五頁上～中）。

(47) 拙稿「東密における初地即極説の展開」（『東洋の思想と宗教』二九、二〇一二）、同「東密における微細妄執の変遷」（『密教学研究』五四、二〇二二）を参照。

(48)『顕密差別問答鈔』巻下（真全二二・五〇頁上）。
(49)『顕密差別問答鈔』巻下（真全二二・五三頁下）。
(50)『顕密差別問答鈔』巻下（真全二二・五一頁上下）。
(51)『顕密差別問答鈔』巻下（真全二二・四九頁下）。
(52)『顕密差別問答鈔』巻上（真全二二・三二頁下）。
(53)詳細は拙稿「東密における初地即極説の展開」（『東洋の思想と宗教』二九、二〇一二）、同「中世東密教学における『瑜祇経』解釈の展開―実運撰『瑜祇経秘決』の果たした役割を中心に―」（『印度学仏教学研究』六二―一、二〇一四）、同「初地即極説における第二地解釈の伝承と展開―東密の『瑜祇経』註疏類を中心に―」（『印度学仏教学研究』六七―一、二〇一八）を参照。
(54)『住心決疑抄』は、海恵の『密宗要決鈔』巻二（真全一七・二五八頁下）では信証と同時代の隆勝律師の著作とされている。こうした『住心決疑抄』の撰者の問題については、大久保良峻『台密教学の研究』第十二章「信証と台密」（法藏館、二〇〇四、三二五頁）や別所弘淳「信証の教主義」（『川崎大師郷学研究所紀要』一、二〇一六、八四頁）でも言及されている。
(55)『住心決疑抄』（大正七七・五一五頁下）。
(56)拙稿「東密における初地即極説の展開」（『東洋の思想と宗教』二九、二〇一二、七五頁上）。
(57)『住心決疑抄』（大正七七・五一五頁下～五一六頁上）。
(58)『大毘盧遮那経住心鈔』巻六（仏全四二・二九七頁上）。

実恵撰『摧邪興正集』における教理思想

庵谷　行遠

一　はじめに

日蓮（一二二二～一二八二）の思想の一つに、四箇格言がある。四箇格言は、念仏無間・禅天魔・真言亡国・律国賊と知られている。[1]特に念仏信仰者との折衝では、念仏無間の観点から痛烈に批判した。また、法然（一一三三～一二一二）の『選択本願念仏集』を批判した『立正安国論』に見出せるように、浄土教に対する批判的思想はとりわけ重要である。

但し、『選択本願念仏集』を批判したのは日蓮一人のみではない。例えば、公胤撰『浄土決疑鈔』・高弁撰『摧邪輪』・高弁撰『摧邪輪荘厳記』・定照著『弾選択』・作者不詳『顕選択難義抄』等がある。その詳細は、石井教道『選択集の研究』（註疏篇）・小澤勇貫「選択集の章疏論難書解説」『浄土宗全書』巻八等に詳述されている。『選択集の研究』には、日蓮宗の学僧による『選択本願念仏集』批判の書として、『難文』（日乾）・『無得道論』（日遠）・『折弁無得道論』（日叡）を挙げている。

一方、浄土宗側からの反駁としては、浄土宗沙門実恵（生没年不詳）撰『摧邪興正集』がある。浄土宗の立場から四箇格言の内、念仏無間について三五段の問答をもって反駁を加えた。

『摧邪興正集』の成立年代については、諸説があり確定していない。(2) また、実恵は『摧邪興正集』において「浄土沙門」等と記しているに過ぎず、生没年は不詳、人物の詳細について不明である。(3)

念仏無間は、日蓮が提起してより継続して論じられている事柄である。しかし、念仏無間に傾注した内容を持つ『摧邪興正集』の解明に踏み込んだ論考は、浄土宗・日蓮宗双方においてなされていないようである。そこで、『摧邪興正集』における教理思想を明らかにし、日蓮宗宗論研究の一端を漸進させる。

二　開会と妙義無殊

開会は『法華経』の教説に基づく教義である。『摧邪興正集』は、その開会の語を用いて日蓮教学を否定する。要するに、浄土教は大乗善根の境であり、一乗清浄の国であり、阿弥陀仏の名号を称えることは大乗広智の行であり、究竟一乗の法であるという。

『摧邪興正集』には次の様にある。


第十八、法華開会眼盲難者、凡此経大意、会二諸乗一而為二一仏乗一、開二万行一而成二三菩提一。是故或説二汝等所行是菩薩道一、小乗修行、猶明二大乗菩薩道一。或説下於二一仏乗一分別説上レ三、二乗・三乗即判二一仏乗種智一。依レ之処処解釈中、或云二法既本妙、麁由二物情一。或明下但除二其執一不上レ除二其法一。或判二此妙・彼妙妙義無殊一。或釈二声聞修行仏道遠因一。厥夫於二一金一、分為レ三迷、則見二三物一。悟則成二一金一。聞二一乗音一、各得レ解故。兎・馬・象三、渡二一水一故、一雨法故、一地法故。汝等乍レ号二法華法門一、而於二諸法一成二其差別一。豈非二法華開会眼盲一哉。縦雖下随二物情一暫教立中差別上、法既本妙。妙義無レ殊。何法体付レ疵、号二無間業一耶。失二法華玄旨一、勿二自迷迷他一。若敵者云、一乗法華開会機前、実以雖レ然、汝等所レ行、是非二仏因一、未レ捨二爾前権教執一故、若欲二成仏一、頓捨二権執一帰二入法華一応レ得二仏果一。此亦不レ然。凡我等所レ帰浄土者、大乗善根之境也。一乗清浄之国也。我等所レ行名号、大乗広智之行也。究竟一乗之法也。開二会弥陀超世願一故、三乗・五乗斉入、悉成二菩提一。成二就本願他力信一故、十悪・五逆直生、速証二仏果一。是故尋二我等開会一者、初在二法蔵発願昔一、次在二弥陀成覚之剋一、後在二釈迦開顕之今一。汝等遥待二法華一、後万法見レ妙。我等不レ待二法華一、前万行解レ妙。[4]

法既本妙とは『法華玄義釈籤』巻三の記述であり、[5]『法華玄義』巻一の「一切諸法、莫レ不二皆妙一。一色一香、無レ非二中道一。衆生情、隔二於妙一耳。[6]」という記述について解説している箇所である。

妙義無殊は、『法華玄義』巻二の「此妙、彼妙、妙義無レ殊。」に依るところである。[7]

浄土教を一乗となすことの経証は、『無量寿経』巻下に「究二竟一乗一、至二于彼岸一。[8]」の経文である。善導の『観経疏』玄義分に「我依二菩薩蔵、頓教一乗海一、説レ偈帰二三宝一、与二仏心一相応。[9]」とあり、浄土の教えを一乗としている。

また、『摧邪興正集』における究竟一乗・大乗善根之境・五乗斉入・法蔵発願等の術語は、聖聡の『徹選択本末口伝鈔』巻下[10]に確認できる。

三　法華念仏と浄土念仏

『法華経』所説の阿弥陀と浄土教の阿弥陀に対し、『摧邪興正集』には次の様にある。

第二十、自経所レ尊不レ知難者、法華七〈薬王品〉云、若如来滅後後五百歳中、若有二女人一聞二是経典一如レ説修行、於レ是命終、即往二安楽世界阿弥陀仏大菩薩衆囲遶住処一、生二蓮華中宝座之上一、已上。既法華行者所レ帰、阿弥陀也。何乍レ帰二其仏一、可レ嫌二其名号一哉。問。此文不レ然。今阿弥陀者、非二浄土経所説阿弥陀一。所以者何、彼法蔵比丘阿弥陀也。此大通仏十六王子阿弥陀也。諸仏中同名異体。豈無二其例一。三部経中、何説二大通仏十六王子弥陀一。法華経中、何説二法蔵比丘阿弥陀経一。説既異。何云二同体一。依レ之天台釈二此文一云、不レ指二観経一何云二汝等所レ帰阿弥陀一哉。答。此亦不レ爾。且法華経中、云二東方作仏一名阿閦一、已上。小経中雖レ説三東方亦有二阿閦仏一、而不レ云二大通仏十六王子阿閦一。是可レ云二別阿閦一哉。又浄土教中、雖レ説二釈迦牟尼仏一、而不レ云二大通仏十六王子釈迦一。是可レ云二別釈迦一歟。此若同者、弥陀何別哉。其外、此十六王子仏、十六体名号、諸経散在、雖レ明レ之、而無レ有三一処、称二大通仏十六王子一。如レ是不レ称故、其仏皆可レ云二別仏一歟。若又十六王子仏、可レ云レ不レ説二諸経一歟。若言二不説一者、不説由如何。若言レ説レ之者、何経説二大通仏十六王子仏一哉。若言下雖二如レ是不レ説、而各十六王子随一上者、浄土経阿弥陀亦爾。雖二強不レ称二大通仏十六王子仏一、而説二西方安楽阿弥陀一故、即是大通仏第九王子、有二何疑一哉。又法華挙二弥陀父一、名為二大通一。浄土経略二弥陀父一、不レ説二其名一。汝対二何父一、号二父各別一。既無二所対一。汝義何成。又浄土経、明二阿弥陀因位之名一、即説二法蔵一、法華経中、略二阿弥陀因位之名一、更不レ説レ之。汝対二何名字一、法蔵比丘、是云二別名一。既無二所対一。汝義何成哉。縦雖下父名与二因位名一各別説上レ之、而諸仏・菩薩、番番出レ世、何用二必同名一。如下仮二必同父一今釈迦上者、過去之父者、大通仏也。今日之父、浄飯王也。依二父各別一、豈釈迦別哉。其上往来娑婆間父母及名号、各別幾千万哉。薩埵王王子、饉虎投レ身、雪山童子、鬼神与レ命。須太拏太子、行二檀度一。忍辱仙人、行二羼提一。須陀摩王、守二不妄語戒一。尚闍梨仙人、修二禅那波羅蜜一。尸毘大王、身懸レ釿。太施太子、珠求レ海。依二如レ是説相一、各別。寧容レ云レ非二釈迦一体二哉。（中略）随レ縁依レ機、諸仏・菩薩名字住所、皆是不同。若是然者、二経阿弥陀、縦雖二説相異一、名二一体異名一。当レ有二何失一。何況両経弥陀説相無レ違。如下彼十六王子釈迦、与二悉達太子釈迦一、既無中別体上。此亦如レ此。十六王子弥陀、与二法蔵比丘弥陀一、全是一体、無二差別一者也。汝立二別体一、全無二一証一。（中略）爰知、天台意、法華与二浄土一、両経弥陀、全是同体矣。因レ論生レ論。抑法華一部之内、念仏之言、処処多レ之。或云二一称南無仏皆已成仏道一。或云二以深心念仏修持浄戒故一。或説二須独入時但一心念仏一。或明二若無比丘一心念仏一。所レ云念仏之言、強不レ指二一仏一。爰知、法華経中所レ挙十方諸仏、皆悉通二摂念仏之言一。道理分明也。汝勿レ所レ諍。若然者、化城品阿弥陀・薬王品阿弥陀、何不レ摂二念仏之言一。若摂者、法華阿弥陀・浄土阿弥陀、一体如レ先。当レ知、以二法華念仏一、若成仏者、浄土念仏亦同可二成仏一。[11]

このように、天台の意として、「法華与二浄土一、両経弥陀、全是同体矣。」と解釈している。その文証として『法華経』における念仏の文言[12]を挙げて、「法華経中所レ挙十方諸仏、皆悉通二摂念仏之言一。」と述べている。そして、ここでの結論として、「化城品阿弥陀・薬王品阿弥陀、何不レ摂二念仏之言一。若摂者、法華阿弥陀・浄土阿弥陀、一体如レ先。当レ知、以二法華念仏一、若成仏者、浄土念仏亦同可二成仏一。」とまとめている。ここでは法華と浄土は同体・一体であると主張し、その優劣については触れていない。

ところが、『摧邪興正集』には次の様な記述がある。

第二十八、九方仏土一乗難者、問。敵者云、法華方便品云、十方仏土中唯有二一乗法一、無レ二亦無レ三。除二仏方便説一、已上。唯有一乗法者、即指二法華一也。無二亦無三者、簡二余大小諸経一。皆是方便教故如何。答。此亦不レ爾。一乗法者、摂二法華及諸経之一乗一、同一味法故也。無二亦無三者、三乗之中、簡二第二縁覚・第三声聞一也。爾前之間、説二彼二乗所得之果一、為二真実一。有下今至二法華一嫌二彼二乗一、属中方便説上、故云二無二亦無三除仏方便説㆒也。依㆑之、荘厳論釈㆓法華㆒〈弥勒造〉云、令㆑捨㆓声聞下劣意楽㆒、記㆓大乗声聞㆒、当㆑得㆓作仏㆒、又説㆓一乗㆒、更無㆓第二㆒、已上。深密経会㆓一乗㆒云、依㆓諸浄道清浄者㆒、唯依㆓第一㆒、無㆓第二㆒故、於㆓其中㆒立㆓一乗㆒。非㆔有情性無㆓差別㆒、已上。既経論共置㆓第一之言㆒、明㆓一乗之義㆒。故知、所㆑簡唯限㆓声聞・縁覚二乗㆒。其故是諸菩薩等、行㆓菩薩行㆒非㆑為㆓虚妄㆒。既自余諸経、亦明㆓一乗体㆒。何応㆑言㆑嫌㆓諸大乗経㆒哉。就㆑中、浄土三部所説、西方或説㆓一乗究竟国㆒、或釈㆓大善根土㆒。況汝経、説㆔十方仏土皆有㆓一乗㆒。何局㆓南閻浮提釈迦一仏㆒、言㆑説㆓一乗㆒。若又言㆘余方雖㆑明㆓一乗㆒、而西方一土、不㆖明㆓一乗㆒者、当㆑言㆓九方仏土㆒。早刊㆓十之一字㆒、可㆑成㆓汝義㆒者哉。問。西方浄土所㆑説一乗者、唯是説㆓法華㆒也。十方浄土亦如㆑此、除㆓法華㆒之外亦無㆓一乗㆒。故如何。答。如㆓此義㆒者、念仏与㆓法華㆒、即為㆓一体㆒。然云㆓念仏無間業㆒者、法華亦可㆑為㆓無間業㆒。豈非㆓自害㆒哉。但彼法華即念仏者、最自宗所立也。凡不㆑限㆓法華一部㆒、一代八万経教、悉摂㆓弥陀名号㆒。非㆓唯釈迦一代之教㆒。十方三世諸仏・菩薩所説法蔵、皆悉摂㆓三字名号㆒。秘密神咒経云、阿字十方三世仏、弥字一切諸菩薩、陀字八万諸聖教、已上。若爾者、始従㆓法華㆒、至㆓于三世十方諸仏所説法宝功徳㆒、惣以摂㆓陀一字㆒。然法華者、八万之中是其随一也。猶如㆓巨海一滴㆒。所㆑残陀字功徳、如㆓四大海水㆒。陀之一字、既以如㆑此。何況於㆔弥字与㆓阿字㆒哉。当㆑知、以㆓法華功徳㆒、比㆓念仏功徳㆒、百分千分百千万億分、不㆑及㆓其一㆒。屋舎譬喩、誠有㆓所以㆒哉。爰知、雖㆔同名㆓一乗㆒、当㆑有㆓勝劣㆒者歟。又法華是在纒一乗也。三周得悟声聞未㆑断㆓所知障㆒故、念仏即出纒一乗也。弥陀覚王既除㆓二障現種㆒故、出纒・在纒因果差別。法華・念仏功徳、何等哉。依㆑之、飛錫禅師、釈㆓善之最上万行元首、故曰㆓三昧王㆒。智者大師、判㆘但専以㆓弥陀㆒為㆗法門主㆖。既以㆓弥陀名号㆒、万行之中為㆓王位㆒、法門之中為㆓主上㆒。若言㆑有㆘並㆓念仏㆒之法㆖者、世無㆓二仏㆒、国無㆓二主㆒之道理、難㆑会哉。然則、十方仏土中、以㆓西方㆒為㆑勝、一乗修行間、以㆓念仏㆒為㆑足。(13)

当初は法華・浄土は同体・一体であると説いていたにも拘らず、論が展開するにつれて次第に「浄土は優れ、法華は劣る」という主張に推移している。また、『摧邪興正集』「第三十一、法華観音全同難」には、「天台釈㆓普門品㆒云、一品之内不㆑云㆓妙法㆒。故知、観音・妙法体同、已上。妙楽云、観音・妙法眼目異名、已上。抑観音者、弥陀之弟子也。弥陀観音師也。若然者、法華者、即念仏之弟子也。念仏者、法華師也。道理顕著者歟。又竜樹礼㆓弥陀㆒云、観音頂戴冠中住、〈乃至〉故我頂㆓礼弥陀尊㆒、已上。観音為㆓師孝㆒、宝冠戴㆓弥陀㆒。既観音頂上、在㆓弥陀㆒。弥陀足下在㆓観音㆒。爾亦応㆑言㆘法華頂上在㆓念仏㆒、念仏足下在㆗法華㆖道理、文証分明[14]。」とあり、浄土教が優れ、法華はその下にあると主張している。

四　捨閉閣抛

捨閉閣抛とは、法然が『選択本願念仏集』[15]において浄土教を除いた諸経を否定するために用いた語を日蓮が整えた言葉である。日蓮の『立正安国論』[16]等に散見される。

それに対して『摧邪興正集』には次の様な記載がある。

第二十五、捨閉閣抛無㆑過難者、問。敵者云、念仏行者、談㆑可㆑堕㆓無間㆒、非㆔更無㆓其由㆒。善導・法然等、勧化之趣、以㆓法華・涅槃等㆒、悉号㆓雑行・雑修㆒。或云㆓千中無一㆒、或釈㆓万不一生㆒、或判㆓全非比校㆒、或勧㆓捨閉閣抛㆒。是皆謗法之言也。豈免㆓三途苦㆒哉。法華一〈方便品〉云、破㆑法不㆑信故墜㆓於三悪道㆒、已上。同二〈譬喩品〉云、若人不信、毀㆓謗此経㆒、則断㆓一切世間仏種㆒、〈乃至〉其人命終、入㆓阿鼻獄㆒、已上。既汝等祖師、依㆓謗法罪㆒、可㆑入㆓阿鼻㆒。其門徒謗法悪言、超㆓過祖師㆒。若非㆓阿鼻獄城㆒者、来世果報、何所在乎。乍㆑沈㆓自辺㆒、何求㆓他非㆒乎。答。今至㆓此段㆒、汝問難趣、亡㆓上来論談㆒、前後参差。夫此問答来意者、付㆓念仏法体㆒而致㆑諍。於㆓謗法罪体㆒、誰定遂㆓対決㆒。凡問答之法、先定㆓所別㆒、次諍㆓能別㆒。所別法、既前後相違。汝能別宗、何得㆓成立㆒哉。汝不㆑知㆓問答之骨法㆒者、自㆑本可㆑略㆓対決㆒。如㆓今難勢㆒者、於㆓念仏法体㆒、既承㆔伏非㆓無間業㆒竟。数重問答、爰已極。汝疑難、須㆓棄捨㆒者哉。雖㆑然付㆓浄土祖師㆒、有㆓謗法言㆒者、是則天鬼見別人鳥明闇歟。先改㆓汝僻見㆒、後見㆓此書籍㆒。凡我宗本意、誡㆓唯除五逆誹謗正法㆒故、停㆔止毀㆓謗余宗余行㆒。対㆓随自機㆒、雖㆑廃㆓諸行㆒、対㆓随他機㆒、悉勧㆓万行㆒。故序分義云、言㆓読誦大乗㆒者、此明㆘経教、喩㆑之如㆑鏡、数数読、数数尋、開㆔発智慧㆒、若智慧眼開、即能厭苦欣㆗楽涅槃㆖、已上。又云、為㆓此因縁㆒故、須㆓相勧㆒、已上。又云、三世諸仏、引㆑聖励㆑凡。但能決定、注㆑心必往無㆑疑、已上。散善義云、或有㆓人等㆒、三福倶不㆑行者、即名㆓十悪邪見闡提人㆒也。又云、或有㆓一人㆒三種無分、名㆘作著㆓人皮㆒畜生㆖、不㆑名㆑人也。選択云、願㆓西方㆒行者、各随㆓其意楽㆒、或読㆓誦法華㆒、以為㆓往生業㆒、或読㆓誦華厳㆒、以為㆓往生業㆒、〈乃至〉是則浄土宗観無量寿経意也、已上。開㆑目見㆓此等解釈㆒者、豈容㆑言㆔浄土祖師誹㆓謗万行㆒哉。但至㆓所出之釈㆒者、十方浄土通因。故云㆓雑修雑行㆒。約㆓不至心者㆒、云㆓千中無一㆒。〈万不一生亦同㆑之〉非㆓本願㆒故、云㆓全非比校㆒。又或為㆑成㆓専一㆒故、或非㆓本願行㆒故、或難劣行故、云㆓捨閉閣抛㆒。非㆑失㆓万行得益㆒。応㆑知、問。既云㆑捨重云㆑抛。是則非㆓誹法言㆒者如何。答。如㆑云、法尚応㆑捨。何況非法者、仏対㆓明眼之人㆒、豈可㆑勧㆑誹㆓謗諸法㆒哉。又如㆑云㆘棄㆑恩入㆓無為㆒、真実報恩者㆖。悉達太子、出㆓王宮㆒時、寧可㆑誹㆓謗父王㆒哉。又如㆘於㆓十身舎那㆒云㆗捨劣得勝㆖者、豈可㆔十地薩埵誹㆓謗報身如来㆒哉。又如㆑云㆓捨権取実㆒者、円実之機、争可㆑誹㆓謗権教㆒乎。又如㆑云㆘迦葉啼泣吼、振㆓三千㆒、善吉忘然、而抛㆗一鉢㆖者、迦葉・善吉、寧容㆑云㆑誹㆓謗衣鉢㆒哉。是顕㆔専一而無㆓他事㆒。如㆓世俗諺云㆑抛㆓万事㆒者、豈可㆑誹㆓謗諸事㆒哉。勿㆘以㆓管見㆒、計㆗大虚㆖耳[17]。

このように、浄土宗は万行を誹謗している訳ではないと述べる。

ここでは十方浄土の通因を用いて議論を展開している。往生浄土の因には、通と別の二つがある。通因は、結果に対する共通した要因をいう。

迦才撰『浄土論』巻上には次の様にある。

略出二其因一、自在二二種一。一、是通因・二、是別因。通因者、如二無量寿経中、三輩生人一、皆須レ発二菩提心一、及観経中、具修二三福浄業一、始得二往生一。此等並是通因。通因有二二種一。一、通感二十方浄土一。二、通感二三世浄土一。故観経云、故此三種業過去・未来・現在三世諸仏浄業正因也。(18)

このように、通因を十方浄土と、過去・現在・未来の三世浄土に分ける。

ここに見える三輩の発菩提心の典拠は、『無量寿経』巻下に次の様にある。

仏告二阿難一、其有二衆生一、生二彼国一者、皆悉住二於正定之聚一。所以者何、彼仏国中、無二諸邪聚及不定之聚一。十方恒沙諸仏如来、皆共讃二歎無量寿仏威神功徳不可思議一。諸有衆生、聞二其名号一、信心歓喜、乃至一念、至心廻向、願レ生二彼国一、即得二往生一、住二不退転一。唯除三五逆誹二謗正法一。仏告二阿難一、十方世界諸天人民、其有二至心一、願レ生二彼国一、凡有二三輩一。其上輩者、捨レ家棄レ欲、而作二沙門一、発二菩提心一、一向専念二無量寿仏一、修二諸功徳一、願レ生二彼国一。此等衆生、臨二寿終時一、無量寿仏、与二諸大衆一、現二其人前一。即随二彼仏一、往二生其国一、便於二七宝華中一、自然化生。住二不退転一、智慧勇猛、神通自在。是故阿難、其有二衆生一、欲下於二今世一、見中無量寿仏上、応下発二無上菩提之心一、修二行功徳一、願上生二彼国一。仏語二阿難一、其中輩者、十方世界諸天人民、其有二至心一、願レ生二彼国一、雖レ不レ能下行作二沙門一大修中功徳上、当下発二無上菩提之心一、一向専念中無量寿仏上。多少修レ善、奉二持斎戒一、起二立塔像一、飯二食沙門一、懸レ繒然レ灯、散レ華焼レ香、以レ此廻向、願レ生二彼国一、其人臨レ終、無量寿仏、化二現其身一。光明相好、具如二真仏一。与二諸大衆一、現二其人前一。即随二化仏一、往二生其国一。住二不退転一、功徳智慧、次如二上輩者一也。仏告二阿難一、其下輩者、十方世界諸天人民、其有二至心一、欲レ生二彼国一、仮使不レ能レ作二諸功徳一、当下発二無上菩提之心一、一向専レ意、乃至十念、念二無量寿仏一、願上生二其国一。若聞二深法一、歓喜信楽、不レ生二疑惑一、乃至一念、念二於彼仏一、以二至誠心一、願レ生二其国一、此人臨終、夢見二彼仏一、亦得二往生一。功徳智慧、次如二中輩者一也。(19)

また、三福浄業の典拠は、『観無量寿経』に次の様にある。

欲レ生二彼国一者、当レ修二三福一。一者、孝二養父母一、奉二事師長一、慈心不レ殺、修二十善業一。二者、受二持三帰一、具二足衆戒一、不レ犯二威儀一。三者、発二菩提心一、深信二因果一、読二誦大乗一、勧二進行者一。如レ此三事、名為二浄業一。仏告二韋提希一、汝今知不。此三種業、過去・未来・現在三世諸仏浄業正因。(20)

迦才はこれらの経文を典拠に、通因を十方浄土と三世浄土の二種に分けている。

この解釈に基づいて、『摧邪興正集』は万行を雑修雑行と称しているのである。但し、専一ならしめんがための故に、捨閉閣抛と述べているのであって、万行の得益を失うものではないと主張している。

ところで、『摧邪興正集』の記述には、雑修雑行・不至心・千中無一・万不一生・非本願などの術語が用いられている。

良忠撰『選択伝弘決疑鈔』巻二には次の様にある。

総而言レ之、雑行之中、有二其二種一。一、至心行。謂生二報土一。希得二一・二一之類是也。二、不至心。亦有二二類一。一、生二懈慢一、二、留二生死一。此二類倶不レ届二極楽一。以レ依二此義一故、判二万不一生一。是述二本文千中無一之意一。略二不至心言一者、譲二本文一也。若消二希得一・二之文一、雑修亦可レ言レ生二極楽一。故一論始終、盛申二諸行往生之義一。(21)

浄土教では、専修念仏以外、つまり雑修雑行では、千人あって一人も往生できない。しかし『摧邪興正集』は「若消二希得一・二之文一、雑修亦可レ言レ生二極楽一。故一論始終、盛申二諸行往生之義一。」の文をもって、雑修雑行も往生できるとする。

但し、良忠は念仏以外の諸行は非本願と主張する。[22] ここにおいては、『摧邪興正集』と良忠とでは主張に乖離がある。

五　是心作仏

実恵は『摧邪興正集』において、浄土教は小乗の教えではないと主張している。この点には「是心作仏・是心是仏」についての考察を要する。これは直接に『法華経』との対比や関係性を述べている箇所ではないが、六十『華厳』巻一〇の「心仏及衆生、是三無差別。[23]」の経説に基づき、心と仏と衆生の関係をめぐる記述に関連する。『観無量寿経』には、「仏告二阿難及韋提希一。見二此事一已、次当レ想レ仏。所以者何、諸仏如来、是法界身。入二一切衆生心想中一。是故汝等心想レ仏時、是心即是三十二相・八十随形好。是心作レ仏、是心是仏。諸仏正遍知海、従二心想一生。是故応三当一心繫レ念諦観二彼仏多陀阿伽度阿羅訶三藐三仏陀一。[24]」とあり、この経文解釈をめぐって種々の説が展開されている。

浄影寺慧遠撰『観無量寿経義疏』巻下には次の様にある。

一、就二仏観始終一分別。始学名レ作、終成即是。二、現当分別。諸仏法身、与レ己同体。現観レ仏時、心中現者、即是諸仏法身之体、名二心是仏一。望二己当果一、由レ観生レ彼、名二心作仏一。[25]

要するに、現に仏を観ずる時に、心中に現れたものは諸仏法身の体である。衆生の己心と諸仏の法体は同体であり、これを心是仏と名付ける。観に由り生じることを心作仏と名付ける。

一方、善導は『観経疏』定善義・巻三において次の様にいう。

言二是心作仏一者、依二自信心一、縁レ相如レ作也。言二是心是仏一者、心能想レ仏、依レ想仏身而現。即是心、仏也。離二此心一外、更無二異仏一者也。言二諸仏正遍知一者、此明下諸仏得二円満無障礙智一、作意・不作意、常能遍、知二法界之心一、但能作レ想、即従二汝心想一、而現似中如生上也。或有二行者一、将二此一門之義一、作二唯識法身之観一、或作二自性清浄仏性観一者、其意甚錯。絶無二少分相似一也。既言レ想レ像、仮二立三十二相一者、真如法界身、豈有レ相而可レ縁、有レ身而可レ取也。然法身無色絶二於眼対一。更無二類可一レ方。故取二虚空一、以喩二法身之体一也。又今此観門等、唯指レ方立レ相、住レ心而取レ境。総不レ明二無相離念一也。[26]

つまり、是心作仏とは、自らの信心に依って、相を縁ずることである。これを作とする。是心是仏とは、心が仏を想念し、想に依って仏身が現れることである。この心を離れて、外に更に異なる仏は無いという。浄土教ではこの解釈に基づき、是心作仏とは、阿弥陀仏の姿を凡夫が心に想うことと解釈し、是心是仏とは、仏が凡夫の想う心を知り、これに応じて心中に現れることと解釈する。

これらを踏まえて、『摧邪興正集』には次の様にある。

第二十七、属二小乗一者盲目難者、問。敵者云、浄土三部経、小乗教也。念仏行、即小乗法也。故不レ可レ成二仏因一。法華一〈方便品〉云、終不下以二小乗一済中度於衆生上。〈乃至〉若以二小乗一化二乃至於一人一、我則堕二慳貪一。此事為二不可一、已上。唯識論云、以レ離二大乗一、決定無レ有下得二成仏一義上、已上。然者如何。答。如レ此難勢者、僅伝二聞大小乗之名字一、未レ能レ弁二大小乗之体義一所レ致也。殊於二今疑難一者、是非二比校一、不レ及二対論一。（中略）汝等以二浄土経一、名二小乗教一、以二念仏行一、属二小乗法一。抑於下六義与二七義一中上、依レ闕二何義一、名二小乗法一哉。若不レ校二合七義・六義一、何可レ弁二大小一乎。今見二三部四巻一、具備二六義・七義大乗一、義理已成二立中道之修行一、亦円満。帰二入一乗究竟之名号体一、会二二空所顕之真如一。離レ心無レ仏、故云二是心作仏一。此心即仏也。故云二是心是仏一。観経第八観云、是故汝等心想レ仏時、是心即是三十二相・八十随形好。是心作レ仏、是心是仏。諸仏正遍知海、従二心想一生、已上。夫明二唯識之妙理一、説二中道之修行一、大《小イ》乗経中、無二如レ此説一。心外無レ仏故、不レ堕二外道・小乗実我実法之見一。即心即仏故、不レ同二清弁智光断見空見之執一。若即レ事談レ理、即浄土無レ外。弥陀非レ他。如来来、来無レ所レ来。衆生生、生無レ所レ生。月降、不レ降。水上、不レ上。一月高晴、影浮二万水一。如来不レ来、衆生不レ生、生・仏一体、全無二浄穢隔一。平等即湛然也。今談二従心想生一之時者、即証二解道理一。心・仏及衆生、是三無二差別一、亦此意也。若即レ理談レ事、則仏不レ離二衆生一、而安楽也。衆生不レ離レ仏、而苦患也。浄土不レ離二穢土一、而清浄也。穢土不レ離二浄土一、而不浄也。虚空無二辺際一、於二其中一而国邑聚落、各各不同也。法性無二際限一在二其内一、而浄土・穢土各各不一也。雖二不一一、而不レ礙二不異一。法性無レ差故。如幻事相故。諸法無二定相一故。雖二不異一、而不レ障二不一一。因果差別故。浄穢不同故。迷悟各別故。依レ之二而不二。不二而二。各各成立。共無レ有レ失。若不異為レ本時、法界法身、為レ面、如幻事相、為レ裏。若不一為レ本、則如幻事相、為レ面、法界法身、為レ裏。若不一・不異均等、則法性与二事相一平等。平等互無二表裏一。既今経文、或云二是心作仏一、或云二是心是仏一、或云二従心相生一。今以二此三句一、各成二上三義一。此永彼非二声聞・縁覚小乗教中所談之義一、即是至極大乗唯識、中道円融、実相教談也。但至二宗家一釈中、或云二惣不レ明二無相離念一、或云三絶無二少分相似一者、此釈嫌二離レ事唯理之観一、非レ遮二事理即之理一。又唯識観中、嫌二離レ事唯理之唯識一、非レ遮二不レ離レ理之事相唯識観一。対二末代罪濁凡夫一、先勧二事相唯識観一。其事相者、即心所変事相。全非二心外之事相一。故同釈中云、離二此心一外更無二異仏一、已上。既簡二心外仏一、豈非二心内之仏一哉。性相両宗雖レ異、大乗極談、納二万法心内一。此宗経釈、亦其旨分明也(27)。

ここにいう「離レ心無レ仏」とは、『大方広如来不思議境界経』(28)に典拠がある。

要するに、『摧邪興正集』に展開されている教理は、概ね善導の教説に基づいているようである。

六　おわりに

『摧邪興正集』の成立年代や、実恵の人物像については、不明な点が多い。書誌学的な解明はこれからの課題である。

『摧邪興正集』における教理思想を要約すれば次の通りである。

浄土教は無間地獄の業因ではなく、大乗善根の境であり、一乗清浄の国であり、阿弥陀仏の名号を唱えることは大乗広智の行であり、究竟一乗の法である。さらに、法華教学と浄土教との相互関係については、法華と浄土は同体・一体・互角であると述べる。一方、後半では浄土教を上位に、法華を下位に置く記述も見られ、浄土は優れ、法華は劣るとの結論に至る。

『摧邪興正集』の主張は、概ね善導の教説に基づいているようである。但し、良忠等の記述に連関する記載もある。しかし全面肯定的に用いているのではないことからも『摧邪興正集』における浄土教学の理解の一端がうかがえる。

日蓮教学と浄土教学との宗論において、『摧邪興正集』は重要な教理内容を持つことが指摘できる。

註

（1）念仏無間は、日蓮の遺文の中、『与建長寺道隆書』（定遺四三〇頁）・『諫暁八幡抄』（定遺一八四五頁）等に散見する。

（2）小野玄妙編『仏書解説大辞典』大東出版社、一九三三〜一九三六、四、四四頁・日蓮宗事典刊行委員会編『日蓮宗事典』東京堂出版、一九八一、一一〇頁—一一一頁・浄土宗大辞典編纂委員会編『浄土宗大辞典』山喜房佛書林、一九八〇、二、七頁・日蓮教学研究所編『日蓮宗宗学章疏目録改訂版』東方出版、一九七九、三七二頁等、参照。

（3）浄全二一・三六〇頁—三六五頁、参照。望月歓厚『日蓮宗学説史』（平楽寺書店、一九六八、三六九頁）に、「心性日遠撰『無得道論』に対して浄土宗の実慧は摧邪興正集二巻を出し、我が日奥は断悪生善論三巻を作ってこれを反駁せり。」とある。心性日遠の生没年は、一五七二〜一六四二年である。早稲田大学蔵写本『摧邪興正集』の識語には「明応六（一四九七）年」とある。

（4）浄全八・六三三頁上下。

（5）大正三三・八三四頁中。原文には、「法既本妙。麁由二物情一。故知、但開二其情一、理自復レ本。」とある。

（6）大正三三・六九〇頁中。原文には、「開権顕実者、一切諸法、莫レ不二皆妙一。一色一香、無レ非二中道一。衆生情、隔二於妙一耳。大悲、順レ物不二与レ世諍一。是故明二諸権実不同一。故無量義云、四十余年、三法・四果・二道不レ合。今、開二方便門一、示二真実相一。唯以二一大事因縁一、但説二無上道一、開二仏知見一、悉使レ得レ入二究竟実相一。除三滅化城一、即是決レ麁。皆至二宝所一、即是入レ妙。若乳教四妙、与二今妙一不レ殊。唯決二其四権一、入二今之妙一。是故文云、菩薩、聞二是法一疑網皆已除。即此意也。決二酪教四権、生蘇十二権、熟蘇八権一、皆得レ入レ妙。故文云、千二百羅漢、悉亦当二作仏一。又云、決三了声聞法一、是衆経之王。聞已諦思惟、得レ近二無上道一。方等・般若所レ論妙者、亦与二今妙一不レ殊。開権顕実、其意在レ此。」とある。

（7）大正三三・六九六頁下。原文には、「今待レ麁妙者、待二半字一為レ麁、明二満字一為レ妙。亦是常無常・大小相待、為二麁妙一也。浄名云、説法不レ有、亦不レ無。以二因縁一故、諸法生。即是明二満字一也。始坐二仏樹一、力降レ魔、得二甘露滅一、覚道成。即提二昔之半一、待出二於満一也。般若云、於二閻浮提一、見二第二法輪転一。亦是対二鹿苑一、為二第一一、待二般若一、為二第一一也。涅槃云、昔於二波羅奈一初転二法輪一、今於二屍城一復転二法輪一。衆経皆共、以二鹿苑一為レ半、為レ小、為レ麁。待レ此明二満・大・妙一、其義是同。今法華明、昔於二波羅奈一、転二四諦法輪、五衆之生滅一、今復転二最妙無上之法輪一。此亦待二鹿苑一、為レ麁、法華為レ妙。妙義皆同。待レ麁亦等。文義、在レ此也。問。斉二方等一来、満理無レ殊者、悉応レ称レ妙。答。今亦不レ克レ教定レ時。那忽云レ斉二方等一耶。縦令爾者、別有二所以一。何者、利根菩薩、於レ彼入レ妙、与二法華一不レ異。鈍根菩薩及二乗人、猶帯二方便一、諸味調伏。方等帯二生蘇一、論レ妙以待レ麁。般若帯二熟蘇一、論レ妙以待レ麁。今経無二二味方便一、純真醍醐、論レ妙以待レ麁。此妙、彼妙、妙義無レ殊。但以下帯二方便一、不上レ帯二方便一為レ異耳。」とある。

(8) 大正一二・二七四頁上。原文には、「仏語二阿難一。生二彼仏国一諸菩薩等、所レ可二講説一、常宣二正法一。随二順智慧一、無レ違無レ失。於二其国土所有万物一、無二我所心一、無二染著心一。去来進止、情無レ所レ係。随レ意自在、無レ所二適莫一。無レ彼無レ我、無レ競無レ訟。於二諸衆生一、得二大慈悲饒益之心一。柔軟調伏、無二忿恨心一。離蓋清浄、無二厭怠心一。等心・勝心・深心・定心、愛法・楽法・喜法之心。滅二諸煩悩一、離二悪趣心一、究二竟一切菩薩所行一。具二足成就無量功徳一。得二深禅定、諸通・明・慧一、遊二志七覚一、修二心仏法一。肉眼清徹、靡レ不二分了一。天眼通達、無量無限。法眼観察、究二竟諸道一。慧眼見レ真、能度二彼岸一。仏眼具足、覚二了法性一。以二無礙智一、為レ人演説。等観二三界空無所有一、志二求仏法一、具二諸弁才除一、滅二衆生煩悩之患一。従二如来一生、解二法如如一、善知二習滅音声方便一、不レ欣二世語一、楽在二正論一。修二諸善本一、志二崇仏道一。知二一切法皆悉寂滅一、生身・煩悩二余倶尽。聞二甚深法一、心不二疑懼一、常能修行。其大悲者、深遠微妙、靡レ不二覆載一。究二竟一乗一、至二于彼岸一。決二断疑網一、慧由レ心出。於二仏教法一、該羅無レ外。」とある。

(9) 大正三七・二四六頁上。原文には、「請願遥加備。念念見二諸仏一。我等愚痴身、曠劫来流転、今逢二釈迦仏、末法之遺跡、弥陀本誓願、極楽之要門一。定散等迴向、速証二無生身一。我依二菩薩蔵、頓教一乗海一、説レ偈帰二三宝一、与二仏心一相応。十方恒沙仏、六通照二知我一、今乗二二尊教一、広開二浄土門一。願以二此功徳一、平等施二一切一、同発二菩提心一、往二生安楽国一。」とある。

(10) 浄全七・一六〇頁下。原文には、「然則大乗意即一而多也等。私云、此文挙二宝珠無量徳一、合二大乗一多相入浅深無妨一。意夫一念名号、成二多善根一、満二足往生行一。是一多相入意也。亦有相凡夫、生二無生国一、凡夫色心、成二報刹器一。正是非二大乗義一何。如レ此有二妙益一耶。今此念仏、能詮経、他訳名二大乗荘厳一。此訳号二究竟一乗一。名号是阿弥陀仏究竟仏果無上名号也。大利功徳也。唱レ之故一念滅二衆罪一、五乗至二浄刹一。彼界大乗善根之境者、重無二二乗残欠名字一。無二三悪女人体一。是即摩訶衍、合下滅二諸罪一生中衆善上。」とある。

(11) 浄全八・六三四頁上—六三六頁上。

(12)『法華経』薬王菩薩本事品。大正九・五四頁下。原文には、「若如来滅後、後五百歳中、若有二女人一聞二是経典一、如レ説修行、於レ此命終、即往二安楽世界阿弥陀仏、大菩薩衆囲遶住処一、生二蓮華中宝座之上一。」とある。

(13) 浄全八・六四五頁上—六四六頁上。

(14) 浄全八・六五〇頁下。

(15)「捨」は『選択本願念仏集』（法全三一七頁）に、「私云、見二此文一弥須二捨レ雑修レ専。豈捨二百即百生専修正行一、堅執二千中無一雑修雑行一乎。行者能思二量之一。」とある。「閉」は『選択本願念仏集』（法全三四三頁）に、「故知、諸行非レ機失レ時、念仏往生、当レ機得レ時。感応豈唐捐哉。当レ知、随他之前、暫雖レ開二定散門一、随自之後、還閉二定散門一。一開以後永不レ閉者、唯是念仏一門。弥陀本願、釈尊付属、意在レ此矣。行者応レ知。」とある。「閣抛」は『選択本願念仏集』（法全三四七頁）に、「夫速欲レ離二生死一、二種勝法中、且閣二聖道門一、選入二浄土門一。欲レ入二浄土門一、正・雑二行中、且抛二諸雑行一、選応レ帰二正行一。欲レ修二於正行一、正・助二業中、猶傍二於助業一、選応レ専二正定一。正定之業者、即是称二仏名一。称レ名必得レ生。依二仏本願一故。」とある。

(16) 定遺二一六頁。原文には、「就レ之見レ之、引二曇鸞・道綽・善導之謬釈一、建二聖道浄土・難行易行之旨一、以二法華・真言、総一代之大乗六百三十七部、二千八百八十三巻、一切諸仏・菩薩及諸世天等一、皆摂二聖道・難行・雑行等一、或捨、或閉、或閣、或抛、以二此四字一、多迷二一切一、剰以二三国之聖僧十方之仏弟一、皆号二群賊一、併令二罵詈一。近背二所依浄土三部経唯除五逆誹謗正法誓文一。遠迷二一代五時之肝心法華経第二若人不信毀謗此経乃至其人命終入阿鼻獄誡文一者也。」とある。「唯除五逆誹謗正法」は、『仏説無量寿経』巻上（大正一二・二六八頁上）に、「設我得レ仏、十方衆生、至心信楽、欲レ生二我国一、乃至十念。若不レ生者、不レ取二正覚一。唯除二五逆誹謗正法一。」とある。「法華経第二若人不信毀謗此経乃至其人命終入阿鼻獄」は、『法華経』譬喩品（大正九・一五頁中）に、「若人不レ信、毀二謗此経一、則断二一切世間仏種一。或復顰蹙、而懐二疑惑一、汝当ㇾ聴ㇾ説二此人罪報一、若仏在世、若滅度後、其有ㇾ誹二謗、如ㇾ斯経典一、見下有四読三誦・書三持経一者上、軽賤憎嫉、而懐二結恨一、此人罪報、汝今復聴。其人命終、入二阿鼻獄一。具二足一劫一、劫尽更生。如ㇾ是展転、至二無数劫一。」とある。また『開目抄』定遺五九五頁等、参照。

(17)　浄全八・六四〇頁上―六四一頁上。

(18)　大正四七・八九頁中。原文には、「略出二其因一、自在二二種一。一、是通因。二、是別因。通因者、如二無量寿経中、三輩生人一。皆須ㇾ発二菩提心一。及観経中、具修二三福浄業一、始得二往生一。此等並是通因。通因有二二種一。一、通感二十方浄土一、二、通感二三世浄土一。故観経云、故此三種業、過去・未来・現在三世諸仏浄業正因也。別因者、乃有二無量一。要唯有ㇾ二。一、是所求。二、是能求。所求者、復有二二種一。一、須下別挙二一方一、標心有ト在。如下別標二西方極楽世界一、求中彼往生上。即是器世間浄也。二、別念二一仏一、以為二師範一、求為二弟子一、親承供養即是衆生世間浄也。二、能求者、正是其因復有二六種一。一、須三別念二阿弥陀仏名号一。二、須二礼拝一。三、須二讃歎一。四、須二発願一。五、須二観察一。六、須二廻向一。」とある。

(19)　大正一二・二七二頁中下。

(20)　大正一二・三四一頁下。

(21)　浄全七・二二五頁下。「千中無一」は、善導著『往生礼讃』（浄全四・三五七頁上）に「余比日自見二聞諸方道俗一、解・行不同、専・雑有ㇾ異。但使専意ㇾ作者、十即十生。修ㇾ雑不至心者、千中無ㇾ一。此二行得失、如二前已弁一。」とある。

(22)　『東宗要』巻二。浄全一一・五〇頁下。原文には、「成二諸行非本願義一者、則有二十由一。一、諸師不ㇾ立二諸行本願名一故。二、黒谷・蓮華谷・前後安居院・毘沙門堂・妙香院等先達、不ㇾ存二諸行本願義一故。三、十八願、選二捨諸行一、畢不ㇾ可二還取一故。四、二十願、選二取諸行一、選二捨念仏一、違二浄土経意一故。五、改二若不生者一、而云二不果遂者一故。六、念仏諸行、同本願行者、不ㇾ可ㇾ云二全非比挍一故。七、念仏独判二当知本願最為強一故。八、迴生雑善恐力弱之釈、難ㇾ属二本願行一故。九、十九・二十並願二諸行一、可ㇾ招二繁重咎一故。十、立二諸行本願人一、或就二十九一、或拠二二十一、而無二定属一故。」とある。

（23）大正九・四六五頁下。原文には、「爾時如来林菩薩、承二仏神力一、普観二十方一、以二偈頌一曰、譬如三工画師、分二布諸彩色一。虚妄取二異色一、四大無二差別一。四大非二彩色一、彩色非二四大一。不下離二四大体一、而別有中彩色上。心非二彩画色一、彩画色非レ心。離レ心無二画色一、離二画色一無レ心。彼心不二常住一、無量難二思議一。顕二現一切色一、各各不二相知一。猶如三工画師、不レ能レ知二画心一。当レ知、一切法、其性亦如レ是。心如二工画師一、画二種種五陰一。一切世界中、無二法而不一レ造。如レ心仏亦爾。如レ仏衆生然。心・仏及衆生、是三無二差別一。諸仏悉了二知一切従一レ心転一。若能如レ是解、彼人見二真仏一。心亦非二是身一、身亦非二是心一。作二一切仏事一、自在未曾有。若人欲三求知二三世一切仏一、応二当如一レ是観一、心造二諸如来一。」とある。

（24）大正一二・三四三頁上。

（25）大正三七・一八〇頁上。原文には、「所観是応身也。文中有レ三。一、結レ前生レ後、以為二起発一、見二前事一已、次当レ想レ仏。二、所以下、釈二勧所以一。三、是故応当一心念下、結二勧観察一。第二、段中所以何徴問起発仏身、出レ情所以勧レ想。下対二釈之一。仏法界身、入二於一切衆生心中一、故勧想レ之。是故已下、明下仏《依イ》心想即成中前仏入二衆生心一義上。於レ中四句。一、明二心是仏一。言二是故一者、乗レ前顕レ後。是仏法身、入二於一切衆生心一、故心想レ仏時、是心即是諸仏相好。二、明二心作仏一。成二前心是一。三、是心是仏。結二前初句一。四、諸仏遍知、従レ心想生。結二前第二一。云何名レ作、云何名レ是。両義分別。一、就二仏観始終一分別。始学名レ作、終成即是。二、現当分別。諸仏法身、与レ己同体。現観レ仏時、心中現者、即是諸仏法身之体、名二心是仏一。望二己当果一、由レ観生レ彼、名二心作仏一。」とある。その他、吉蔵『観無量寿経義疏』（大正三七・二四三頁下―二四四頁上）に、「仏告阿難下、第二、想二像仏・菩薩一。復為レ二。第一、想二法身仏一。第二、想二応身仏一。今即第一、想二法身仏一。法身仏者、文云二如来是法界身一。即是法身。一切皆是法界、一切皆是法身。故前作二此想一也。次云二是心即是三十二相、八十種好、是心作仏、是心是仏一。凡有二三是一。所三以明二三是一者、明二此三是一義足、是心即是。三十二相、即是応身。是心是仏、即是法身。是心作仏即明二二身因一也。且問二数論師一。若為言二是心仏即三十二相、是心即仏一耶。答。云二是心即仏、此是真諦一者、不レ然。真諦是頑境無知。云何是仏。仏名為レ覚、故真諦非レ仏。又真諦無心無仏。復何得レ言二心是真一耶。又心是心三十二相、是色。心心復何得レ即耶。若即真者、亦不レ然。即真無心無色、無レ論レ即。若是世諦、即不レ得レ即。両句不レ得レ解也。

爾時、無礙心即是仏。故華厳経云、心・仏及衆生是三無二異相一。中論云、生死及涅槃無二毫厘差別一。浄名云、観二身実相一観レ仏亦然。今亦爾。只心即是仏。只仏即是心。此心若成、法身則成。法身既成、応身即成。故心是三十二相、是即是仏也。是故応当一心下、第二、想二応身仏一。前作心即是仏観若成、不レ須三更作二此観一。何者、心即是仏。但於二鈍根者一、是成レ非。今還令レ識レ非者、是故須レ作二此観一也。然自有二時双除一。自有三時明二即是一。双除者、未二曾仏一、未二曾心一。由レ心故仏。心既不可得。仏亦不可得。此非二真諦一。雖二非心非仏一、始是大智也。作二即是観一者、明二只心即仏一。観心既然。観仏亦爾。此二観、並未レ堪。故所以更令レ作二応身観一也。」とある。伝智顗『仏説観無量寿仏経疏』巻下（大正三七・一九二頁中）に、「第八、明二像想一中、有レ三。初、汎明下諸仏法身自在従二心想一生上。二、是故応当下、偏観二彼弥陀、幷示観行一。三、作是観者下、明二修レ観獲レ利也。法界身者、報仏法性身也。衆生心浄、法身自在、故言二入衆生心想中一。如三似白日昇レ天、影現二百川一。即是三十二相、八十種好、明二仏身自在、能随レ物現レ前。明三仏・菩薩此顕二能随一也。又法界身、是仏身、無レ所レ不レ遍法界為レ体。入一切衆生心想中者、得二此観仏三昧一、解入相応、故言二入心想中一也。是心作仏者、仏本是無、心浄故有。亦因二此三昧一、心終成作レ仏也。是心是仏者、向聞仏本是無、心浄故有。便謂条然有レ異、故言二即是一。心外無レ仏、亦無二仏之因一也。始学名レ作、終成即是仏。若当現分別、諸仏法身、与レ己同体。現観レ仏時、心中現者、即是諸仏法身之体。名二心是仏一。望二己当果一、由レ観生レ彼、名二心作仏一也。正遍知海従心想生者、以二心浄一故、諸仏即現。故云レ生也。亦因二此観仏三昧一、出レ生作レ仏。」とある。

(26)　大正三七・二六七頁上中。

(27)　浄全八・六四二頁上―六四四頁上。

(28)　大正一〇・九一一頁下。原文には、「如レ是修習、初見レ仏時、作二是思惟一。為二真仏一耶、為二形像一耶。若知二所レ見是真仏一者、便於二仏前一、両膝著レ地、合掌恭敬、憶二念虚空毛端量処、及微塵中、一切諸仏無量威徳一。大慈悲故、来現二我前一、即応二啓請一。唯願世尊、為レ我演二説如来不思議境界大三昧法一。若聞二如来一切所説一、応二決定信一、勿レ生二疑惑一。即於二是処一、得二此三昧一。若先業障、不レ能レ問者、則応二思惟一。一切諸法、如レ幻如レ焔。如レ翳如レ影。如レ像如レ夢。如レ是諦観、法性空寂。然知三如来了二一切法一。皆如二幻夢一。如来自性、非レ幻非レ夢。猶如二虚空一。能以二智悲一出二現我前一。願為レ我放二大悲青光一、滅二除衆苦一。時仏即為放二眉間光一。名曰二青焔一。其光才照、諸苦銷除。即坐証得、法光明忍。悉能了二達無量三昧一。第七日夜、夢見二如来一、為授二阿耨多羅三藐三菩提記一。若知二所見一、是形像者、応レ思二諸仏及諸衆生皆亦如レ像。但随想見レ無二実体性一、既知二如来一。如レ幻如レ化。如レ夢如レ焔。如レ是自然現前見レ仏。亦如二夢中一。無レ実レ可レ得。非レ生而生。非レ滅而滅。非レ去而去。非レ識而識。非二有為一而現二諸行一。非二言説一而演二諸法一。非レ我非レ寿。非二衆生一、非二養育一、非レ趣レ生。非レ想非レ作。非レ知非レ食。非レ即レ蘊非レ在レ蘊而示二諸蘊一。乃至界処、亦復如レ是。一切非有亦復非無。是故諸仏及一切法、真実平等、皆同一相、如二陽焔等一。一切衆生、諸仏及土、皆唯自心識想所現。識想為レ縁。所生諸色、畢竟非レ有。如来已離二一切識想一。是故不レ応下以二色像一見上。知二所見像一、随想生故。乃至虚空毛端量処、一切真仏、皆亦如レ是。猶如二虚空平等無異一。若我分別、即見二於仏一。若離二分別一、即無レ所レ見。自心作レ仏。離レ心無レ仏。乃至三世一切諸仏、亦復如レ是。皆無所有。唯依二自心一。菩薩、若能了二知諸仏及一切法皆唯心量一、得随順忍、或入二初地一。捨レ身速生二妙喜世界一、或生二極楽浄仏土中一、常見二如来一、親承二供養一。」

とある。

珍海が会釈する浄影寺慧遠と吉蔵の仏性説

成瀬　隆順

一　はじめに

珍海撰述となる『決定往生集』は、平安時代後期の念仏思想の趨勢を知る上で貴重な資料である。その奥書に「保延五年三月二十一日、病中抄畢。(1)」とあることより、病を患っていた珍海が、保延五年（一一三九）に抄し終えたことが知られる。また、彼の三論の師とされる覚樹が同年二月に入寂したことは『本朝高僧伝』(2)によって知ることができる。自らの病と、やがて訪れる師僧の死に対し厭世感を深めたことは、三論教学とは一見異質とも捉えられる浄土教に関する本書を著述する契機として推察される。

珍海は、その『決定往生集』「第四種子決定」において、往生決定の種子として「中道仏性」と「宿善」の二つを掲げる。初の「中道仏性」に関しては、三論教学に基づく「中道仏性」が正因であり、聞法・発心等の縁を伴うことにより解脱が可能となるとし、この作仏の理があるからこそ浄土往生が可能になると述べている。ここで「正因」とされるのは吉蔵所説の正因仏性、「縁」とは縁因仏性のことを指すと考えられる。これについては以前、珍海撰述となる『三論玄疏文義要』（以下『文義要』）や『三論名教抄』（以下『名教抄』）を手がかりに別稿で論じたことがある[3]。本稿では、その際に明らかにすることができなかった、天台大師智顗とともに隋の三大法師と謳われる浄影寺慧遠と嘉祥大師吉蔵の仏性説、すなわち真識と中道仏性を会釈する珍海独自の立場を明らかにしてみたいと思う。

二　『名教抄』に説かれる仏性義

（一）「仏性略標義」の概観

珍海の仏性義に関する考察は、『決定往生集』以外にも『文義要』や『大乗玄問答』、そして『名教抄』に見ることができ、吉蔵選述の真偽問題が懸案である『大乗玄論』[4]を中心に仏性論が展開されている。『名教抄』は奥書等に執筆の記録がないため、著述年代が明らかになっていない。珍海の著作であることは、その奥書に「禅那院自筆草本、不慮外入二于手中一。[5]」とあることより判断できる。巻一「二諦義」中に「余義具如二文義要抄レ之。[6]」とあり、また「四業義」の割註にも「具如二文義要等抄レ之。[7]」とあることから、少なくとも保延二年（一一三六）、四十五歳の時に六年の歳月をかけて抄出し終えた『文義要』著述中、もしくは成立以後の著作となることは確かである。そのため、『文義要』より思想的に深化した仏性説が説かれている可能性も想定できるため、今回この『名教抄』を中心とした考察を試みることとする。『大正蔵』が用いた『名教抄』奥書には、文明十三年（一四八一）〜十五年（一四八三）に、室町時代の三論・真言僧、英憲によって書写された旨が記されている。残念ながら底本の誤写、もしくは『大正蔵』の誤植と思われる箇所が多く見受けられるため、吉蔵の著作や『文義要』等の重複する記述、また写本を参照しつつ適宜修正して考察を進めたい(8)。

その『名教抄』巻三の「仏性略標義（略標）」、「五仏性義」、「二河義」、「十二因縁義」、「八識義」の五項目に仏性の解説を分科している。「八識義」が「仏性義」に含まれるのは些か奇異にも感じるが、その理由は後述する慧遠の真識（第八阿梨耶識）仏性説と吉蔵の中道正因仏性説との会釈に関係していると考えられる。初の「略標」においては、『大乗玄論』巻三「仏性義」の冒頭に記される比較的短い「大意門」の文章が、ほぼ全文引用される。珍海はその文章に対し「意六道衆生本従二一味仏性中一出。鈍根謬取成二三乗異一。故六道・三乗随（除カ）レ迷還二識原一。悉当二成仏一云也(9)。」と「大意門」の要旨を簡潔に述べている。ここで「迷を除けば識の原に還る」と読んだのは、『文義要』をもとにしている。その『文義要』巻六「仏性義」の冒頭では、『大乗玄論』「大意門」に関し「問。仏性義難レ解。今先欲レ聞二大意一。爾者大師如何述二其大意一耶。答。失二中道正法一、方有二六道異一。除二無明一還レ原、良由二仏性力一。是其大意也(10)。」と、『名教抄』と同様の趣旨を述べている。これは『大乗玄論』に「少失二郷土一名為二弱喪一、不レ知レ反レ本称曰二無明一。蕩レ識還レ原目為二仏性一(11)。」とあるように、無明に覆われた識を蕩じる、すなわち洗い流せばみなもと（原）である一味の仏性に帰すことができるとの論旨を汲み取った記述である。迷いに随っていては「原に還る」ことはできず、やはり迷いは除かなければ齟齬をきたすであろう。

また、「原に還る」との記述に関して言えば、原文ならびに『文義要』とは異なり、『名教抄』では「識原」と表現している。これは以下で考察するように、仏性を蔵識、つまり阿梨耶識と看做す説示を意識して「識」の字が加えられたとも考えられよう。この仏性の大意に続いて、珍海は吉蔵撰『法華義疏』巻四「方便品之二(12)」の「仏種従縁起」を解説する文を引用し、以下のように私釈を述べている。

法花方便品疏釈二仏種従縁起文一云、種子有レ三。一以二一乗教一為二種子一。故譬喩品云、断二仏種一故。即是破レ教也。二以二菩提心一為二種子一。故花厳云、下二仏種字（子カ）於衆生田一生二正覚芽一。三以二如来蔵仏性一為二種子一。今初偈正以二菩提心一為二種子一云云。此以二中道仏性一為二如来蔵一。即名二蔵識一也。縁（統カ）略亦名二本有仏性、本有種子、本有一乗一也。（大正七〇・七一四頁上）

吉蔵の仏種に関する説示から「此以二中道仏性一為二如来蔵一。即名二蔵識一也。」と、唐突に中道仏性は如来蔵であり、蔵識を異名とするとの見解を導き出す。もっとも、続く一連の論述において慧遠と吉蔵の仏性説を会釈しているので、『名教抄』では序盤において明かされるこの仏性説の会釈が、珍海の本意として重要視されていると理解できよう。これに対し『文義要』では先の大意を略説した後、「五性仏性諍論」でいわゆる五性各別説を、「仏性十一家異説」で『大乗玄論』所説の十一家の異説を、そして「宗家正因仏性」において吉蔵の五種仏性説を解説した後に、漸く同趣旨の記述が認められる(13)。それでは逐次、『名教抄』「仏性義」略標における引用を確認してみたい。

（二）慧遠の正因仏性

吉蔵の仏性説に先んじて引用されるのは、慧遠述『大乗義章』巻一「仏性義」の文章である。『大乗義章』は「教聚」、「義法聚」、「染法聚」、「浄法聚」、「雑法聚」の五科から成り、そのうち具体的な教理内容の検討がはじまる「義法聚」の第一番目に「仏性義」があることからも、慧遠教学における仏性の重要性が窺知される(14)。慧遠は「仏性義」を「釈名」、「弁体」、「料二簡有無内外三世当現之義一」、「明因義」、「説レ性所以」の五門に分別している。その第一「釈名」中、「性」を四義に釈する第三「不改名レ性」の文章を引用した後に、五門分別の第二「弁体」中に示される「能知性」と「所知性」の解説を、珍海は以下のように引用している。

義章仏性義云、不改名レ性 仏因・仏果性不レ改故、衆生究竟必当二為レ仏、不レ作二余法一。経説二仏性一旨要在レ斯 文。

又云、能知性者、謂真識心。以㆔此真心覚㆓知性㆒故、与㆓無明㆒合便起㆓妄知㆒、遠㆓離無明㆒便為㆓正知㆒。○若無㆔真心覚㆓知性㆒者、終無㆓妄知㆒亦無㆓正知㆒。○此能知性局在㆓衆生㆒、不㆑通㆓非情㆒。故経説言、為㆓非仏性㆒説㆓於仏性㆒。非仏性者、所謂一切牆壁・瓦石。又経説言、凡有㆑心者悉是仏性。此等皆是能知性也。所知性者、謂如㆓法性、実際、実相、法界、法住、第一義空、一実諦等㆒。如㆓経中説㆒、第一義空名為㆓仏性㆒。或言、中道名為㆓仏性㆒。如㆑是等言、当㆑知皆是所知性也。此所知性該㆓通内外㆒。故経説言、仏性如㆑空遍㆓一切処㆒ 文。（大正七〇・七一四頁上中）

最初の引用では、経に仏性を説く旨要として、衆生が最終的に必ず仏となることが指摘されている。浄土思想に傾倒し凡夫の往生を希求する珍海にとって、往生後の得果となる衆生成仏の因としての仏性の重要性は、等閑視することができなかったのであろう。

次に引用されるのは、「性」の体状を分類する「弁体」中、能・所の二に分別される説示である。「能知性」としての真識心の解説にあたり『名教抄』の返点は「以㆔此真心覚㆓知性㆒故」と、「性」を真心覚知の対象とみている。しかし、ここは仏性の「性」の体状を解説する場面であるため、『文義要』[15]ならびに『大乗義章』の国訳[16]の通り「以㆓此真心覚知性㆒故」と読むべきであろう。すなわち真心の覚知するという「性」によって、真識すなわち第八阿梨耶識は無明と和合すれば妄知を起こし、無明を遠離すれば正知となるのである。もし仮に衆生にこの真心の覚知するという「性」がなければ、妄知も正知もないことになってしまうので、草木と同じになってしまうと省略箇所では述べられている。

おそらくここで示される「真心覚知性」は、阿梨耶識の「真」の側面を担う「解性」と関連していると思われる。

この説示は『文義要』の「仏性義」でも同じく引用され、「今案㆓義章大旨㆒、以㆓真心覚知性㆒為㆓仏性㆒也。[17]」と私釈が加えられている。ここで、第八阿梨耶識の異名である真識と言わずに「真心覚知性」を仏性と看做していることは、その「解性」の梨耶を意識しているのであろうか。この「解性」については後述する。

次に「所知性」として、「法性、実際、実相、法界、法住、第一義空、一実諦等」の名目を列挙している。実はこの箇所の『名教抄』の返点にも問題がある。岡本一平氏は『大乗義章』「仏性義」の註釈研究でこの部分を「如・法性・実際……」と読んでいる。岡本氏も指摘する通り『大乗義章』巻一「義法聚」には「如・法性・実際義」の項目があるので、そのように改めるべきであろう。[18] さらに、慧遠は『涅槃経』「師子吼菩薩品」[19]の経証を加え、第一義空と中道も「所知性」であると示すのである。おそらく「所知性」として中道が取り上げられていることも、珍海がこの箇所を引用する理由に含まれるのであろう。「能知性」としての真識心と「所知性」として示される中道との二者を引き合いに出すことは、真識と中道仏性を会釈する導入とも考えられる。

(三) 吉蔵の正因仏性

続いて引用されるのは、中道を正因仏性とする吉蔵の仏性説になる。逸書である『大般涅槃経疏』引用の後、以下のように『大乗玄論』巻三「仏性義」の骨子が簡潔にまとめられ引用されている。

涅槃疏十七云、仏性是霊智之法。異㆓於牆壁・瓦石等㆒要須㆓修習方得㆒。不㆑修不㆑得也 文。玄出㆓十一師釈㆒已云、但河西道法師与㆓曇無懺(ママ)法師㆒、共著(翻カ)[20]㆓涅槃経㆒、親承㆓三蔵㆒作㆓涅槃義疏㆒釈㆓仏性義㆒、正以㆓中道㆒為㆓正因仏性㆒。爾後諸師皆依㆓朗法師義疏㆒得㆑講㆓涅槃㆒、乃至釈㆓仏性義㆒。師心自作各執㆓異解㆒云云。又云、非真非作(俗カ)中道為㆓正因仏性㆒云云。又引㆓師子吼文㆒云、即是三菩提中道種子也。是故今明、第一義空名為㆓仏性㆒。不㆑見㆔空与㆓不空㆒、不㆑見㆔智与㆓不智㆒、無㆑常無㆑断名為㆓中道㆒。只以此為㆓中道仏性㆒也 云云。(大正七〇・七一四頁

中）

最初の『大乗玄論』「仏性義」の引用は、正因仏性に対する十一師の異釈が提示された後、「河西道法師」すなわち道朗の「中道を以て正因仏性と為す」との説を承けた「中道仏性」説を、吉蔵が正義としたことを示す箇所である。『文義要』で珍海は同文の引用に続き「今案、此文正取二朗師中道仏性義一為レ正也。[21]」と私釈を加えていることからも、そのことが理解できる。

次の「非真非作」との引用は、そのままでは『大乗玄論』中に見つけることができない。『文義要』でも『名教抄』と同様に、道朗の「以二中道一為二正因仏性一」との説を承けたことを示す箇所が引用されている。その直後に見られる引用では「非真非俗[22]」となっているので、「非真非俗中道為二正因仏性一[23]」と説く『大乗玄論』よりの引用であることがわかる。さらに「第一義空名為二仏性一。不レ見三空与二不空一、不レ見三智与二不智一、無レ常無レ断名為二中道一。只以此為二中道仏性一也。」と示す『大乗玄論[24]』の説示が引用される。この箇所は随所に仏性が説かれる『涅槃経』中にあって、吉蔵が正に経証とする「師子吼菩薩品」中の経文に対する解釈を総括した文言である。

（4）慧遠と吉蔵の仏性説の会釈

続いて、これらの慧遠と吉蔵両氏の仏性説に関して、次のような『大乗義章』と『大乗玄論』の異同を問いかける問答が交わされる。

問。浄影義章与二玄意一同歟異歟。

答。十一師中第三師云、以レ心為二正因一。故経云、凡有レ心者必定当レ得二無上菩提一云云。第六師云、以二真神一為二正因仏性一。第七師云、以二阿梨耶識自性清浄心一為二正因仏性一也。此等並非レ所レ用。義章大旨以二能知性真識之心一為二仏性宗一、以二中道第一義所知性一為二傍義一也。今以二中道第一義空一為二正因仏性一、其言顕矣。故知、是別。（大正七〇・七一四頁中）

この問答では、慧遠が「能知性」である真識心を仏性と看做すのに対し、『大乗玄論』で正因仏性の異説が列挙されるうち第三、第六、第七師の説、すなわち「心」、「真神」、「阿梨耶識自性清浄心」の三説を、慧遠の真識仏性説として珍海が想定していることが知られる。勿論、吉蔵はこれら三説を含む十一家それぞれを批判し中道を正因仏性とするので、慧遠と吉蔵の考えは別のものであると一応は答えている。

この問答を吉蔵の五種仏性説の独自性を見出すために引用しているのが、平井俊榮氏である。先の「能知性」としての真識心を仏性の「宗」、中道などの「所知性」を「傍義」とする慧遠に対し、吉蔵の独自性は「まさに中道第一義空をもって正因仏性となしたことであり、これをとくに〈正性〉と名づけて、『涅槃経』にいう五性を五種仏性説として確立した」ことに求めている。[25] 残念ながら、この問答に続く両氏の説示を会釈する箇所には触れられていない。

また、富貴原章信氏は『中国日本　仏性思想史』の中で珍海の仏性説に言及しているが、論の中心となるのは『文義要』に説かれる五性格別説である。珍海の仏性説は「その所説を見るに、多くはすでに前の時代に問題とされていることとである」とし、目新しいことは述べられておらず「かくて三論宗の仏性説も発展するところまで発展し、更にこれに加えるべき何者もなくなったようである。」と結んでいる。[26] 果たしてそうであろうか。以下の文章は、結びに「故明二正因一二師実同。[27]」と述べるように、慧遠と吉蔵の二師が明かす「正因仏性」は、実のところ同じであると論じている珍海独自の解釈である。

然勝鬘宝窟以二蔵識一為二仏性一也。宝窟下云、二明下約二仏性一不上約レ縁。染浄之興只由二蔵実一。○如二楞伽説一。○

蔵識受二苦楽一文。法花義疏云、種子有レ三。一以二一乗教一為二種子一。二菩提心。三如来蔵仏性為二種子一云云。縁（統カ）略上初云、衆生成レ仏亦具二二義一。一者縁因仏性〇即是菩提心。〇二本有種子。即是本有仏性、方得レ成二仏性一云云。縁（統カ）略但云二本有種子一以対二縁因一。本疏即云二如来蔵仏性一、宝窟云二蔵識一。故知、以二如来蔵識一為二正因仏性一。然此如来蔵識非二妄想所一レ染名為二中道第一義等一。玄一乗義云、如来蔵仏性中道為二不動乗一云云。故明二正因二師実同。余義具如二別抄レ之。（大正七〇・七一四頁中下）

ここで俄かに『勝鬘宝窟』では蔵識、すなわち阿梨耶識を仏性としていると、先程とは全く逆の論が展開される。吉蔵が蔵識を仏性とする根拠として、『勝鬘宝窟』巻下末の「二明下約二仏性一不上レ約レ縁。染浄之興只由二蔵実一。〇如二楞伽説一。〇蔵識受二苦楽一」との引用を用いるのである。「蔵実」は『勝鬘宝窟』[28]では「真如仏性」を意味する。縁ではなく仏性の立場で考えれば、染浄の縁起はただ蔵実である真如仏性のみに由っているのであり、それは「蔵識は苦楽を受ける」と『楞伽経』に説かれているとおりである、との意になろう。しかし、これだけでは省略が多いこともあって判然としない。この引用は、『勝鬘経』に「世尊、若無二如来蔵一者、不レ得三厭レ苦楽二求涅槃一。何以故。於二此六識及心法智一、此七法刹那不レ住、不レ種二衆苦一、不レ得三厭レ苦楽二求涅槃一」[29]とある経文を『勝鬘宝窟』で註釈するにあたり、「染浄縁起」を四句分別する以下の箇所にあたる。

然経論中釈二染浄縁起一要有二四別一。一約レ縁不レ約二仏性一。二約二仏性一不レ約レ縁。三亦約レ縁亦約二仏性一。四不レ約レ縁不レ約二仏性一。一約レ縁不レ約二仏性一者、只由二六七妄縁一、不レ由二如来蔵一。此小乗教及大乗教相中、彰二染浄縁一中因果自招感故有。都不レ言下由二蔵実一而有中如レ是一切上。二明下約二仏性一不上レ約レ縁。染浄之興、只由二蔵実一。不レ言二従レ縁而有一。此如二楞伽説一。六・七非レ受二苦楽一。非二涅槃因一。蔵識受二苦楽一。是涅槃因。如レ是一切。今此説二（亦カ）同レ彼也。（大正三七・〇八三頁下）

この記述は、八識説にもとづいて前記の『勝鬘経』中「六識及心法智」を解釈する「有人」、すなわち慧遠に対して、吉蔵が批判する箇所の直後に展開される。「染浄縁起」とは、ここでは苦を厭い涅槃を求めることの得不得によって、涅槃の因となるか否かということであろう。[30] その「染浄縁起」を、縁と仏性の四句分別により解釈している。鶴見良道氏によれば、第一の「約縁不約仏性」は小乗や大乗の一類の立場、第二の「約仏性不約縁」は『勝鬘経』の立場、第三の「亦約縁亦約仏性」は慧遠の立場、第四の「不約縁不約仏性」が吉蔵自身の立場であるとの解説がなされている。[31] そうすると、珍海による『勝鬘宝窟』引用箇所は吉蔵の真意ではないことがわかる。本来は、染浄縁起を解釈する四句分別の第二の分別に過ぎず、四句分別の最後に「泯二上三門一、帰二乎一絶一。」[32]と述べることからも、そのことが理解できよう。

しかしながら、珍海はこの「染浄縁起」に関する四句分別の第二「約仏性不約縁」の部分を、『名教抄』「仏性義」の第五「八識義」においても省略なしに再び引用した後、「此明三蔵実仏性如来蔵為二蔵識一也。」[33]とも述べている。つまり、慧遠と同じく吉蔵も仏性＝如来蔵＝蔵識と捉えていると看做すのである。慧遠によって真識が仏性であり如来蔵と同一視されていたことは、慧遠述『大般涅槃経義記』において「如来蔵者仏性異名、論二其体一也。是真識心於二此心中一該含二法界恒沙仏法一、故名為レ蔵。」[34]と述べていることからも窺知される。やや釈然としないが、経中の「若無二如来蔵一者、不レ得三厭レ苦楽二求涅槃一。」との説示は、裏を返せば「如来蔵があるから、苦を厭い涅槃を楽求することができる」ことであり、『勝鬘宝窟』の「蔵識受二苦楽一。是涅槃因。」との解釈と結びつければ、慧遠と同様に蔵識が仏性であり、如来蔵と同一視されているとの理解も可能であろう。加えて、『楞伽経』の経証は吉蔵による取意であり、原文と思われる『四巻楞伽』（求那跋陀羅訳『楞伽阿跋多羅宝経』）中では「大慧、七識不二流転一、不レ受二苦楽一、非二涅槃因一。大慧、如来蔵者、受二苦楽一与レ因倶。」[35]と記され、蔵識ではなく如来蔵となっている。珍海記『八識義章研習抄』[36]では、先の『勝鬘宝窟』において慧遠の説示を吉蔵が批判する箇所を論じる際に、この『楞伽阿跋多羅宝経』の経文を引用していることが確認できる。あくまで推論ではあるが、珍海は敢えて吉蔵が如来蔵を蔵識と言い換えたと捉え、このような理解となったと考えることもできよう。以上のように、『大乗玄論』所説の吉蔵による阿梨耶識仏性説の否定に対し、珍海は『勝鬘宝窟』を用いて吉蔵の祖述の中に蔵識が仏性であるとの解釈を導き出すのである。

続いて、吉蔵の『法華経』註釈書である『法華義疏』と『法華統略』の引用を結びつけ、その如来蔵と蔵識が正因仏性であるとの証明を試みる。『法華義疏』の「仏種従縁起」を註釈する引用は、先出の略標序盤では原文に忠実に引用されているため、ここでは略述されたのであろう。珍海がこれらの引用を用いる意図は、『法華義疏』引用中三番目の「如来蔵仏性」を正因仏性と看做すことにある。『法華義疏』に続いて『法華統略』を引用するのはそのためである。以下は『法華統略』巻一の原文になる。

> 蓮華得生、凡有二二義一。一者仮縁。二有種子。衆生成仏、亦具二両義一。一者縁因仏性。二本有仏性。所レ言縁因仏性者、即是菩提心。由二菩提心一、方得二成仏一。是故経云、諸仏両足尊、知二法常無性、仏種従レ縁起一。是故説二一乗一。二本有種子。即是本有仏性、方得二成仏一。雖レ発二菩提心一、若本無二仏性一、不レ得二成仏一。（卍続蔵一・四三・三丁右上下）

『法華統略』では、先の「仏種従縁起」を含む経中の偈頌を経証として、菩提心が縁因仏性であり、その縁因仏性に対する本有仏性として本有種子が示される。そうすると、『法華義疏』引用中第二の菩提心が縁因仏性となり、残る二者のうち「如来蔵仏性」を正因仏性であると珍海は捉え、『名教抄』でこの『法華統略』引用の後に「本疏即云二如来蔵仏性一、宝窟云二蔵識。一」と述べている。吉蔵が「如来蔵識」が正因仏性であると示唆している左証として、珍海は『法華義疏』に説かれる「如来蔵仏性」と『勝鬘宝窟』の蔵識を同一視するのである。加えて、「如来蔵識」と中道を結びつけるために「然此如来蔵識非二妄想所レ染名為二中道第一義等一。」と論を進める。この説示と併せて引用されるのが、「如来蔵仏性中道為二不動乗一」と記される、以下の『大乗玄論』巻三「一乗義」の記述である。


乗有二二種一。一者動乗。二者不動乗。万行為二動乗一。如来蔵仏性中道為二不動乗一。

問。乗以二運出一為レ義。中道仏性不二運出一。云何名為二乗体一。

答。以二其不動一故、能令二万善動出一、亦令下行者動二出生死一住中彼涅槃上。故名為レ乗。（大正四五・〇四三頁下～〇四四頁上）

この箇所では、乗に「動」と「不動」の二つの区別があるとし、「如来蔵仏性中道」を「不動乗」と示している。さらに「不動乗」の説明として、「中道仏性」は運出しないのにどうして「乗」を体とするのかとの問いに対し、不動であるからこそ万善を動出し、行者に生死より動出させ、涅槃に安住させるので「乗」と名づくとの解説がなされる。「不動乗」として如来蔵仏性と中道、もしくは如来蔵、仏性、中道が列挙されているので、如来蔵と中道を等しく捉えていると珍海は理解したのであろう。直接の論拠として示されてはいないが、楊玉飛氏の研究によれば以下の『勝鬘宝窟』には如来蔵を中道とする説示が確認できる。[37]

問。二乗之人、可レ無二不空智一。二乗知レ空、応レ有二空智一。答。二乗人亦不レ知二一切煩悩、従レ本已来、畢竟空一。是故亦無二空智一。又空如来蔵・不空如来蔵、即是明二如来蔵是中道義一。空蔵明二煩悩畢竟空一。故不レ可レ為レ有。不空蔵具二一切功徳一。故不レ可レ為レ無。非有非無、即是中道。故涅槃経云、仏性者、是三菩提中道種子。中道種子者、此挙二隠時一為レ言。故名二種子一。中道顕現、即是仏也。故涅槃経云、中道之法、名レ之為レ仏。得二空不空二智一、即是得二於中道一。故涅槃経云、得二中道一故、名二大法師一。（大正三七・〇七三頁中下）

ここでは、空如来蔵と不空如来蔵によって、如来蔵が中道であるとの理解が導き出されている。つまり、空如来蔵は「煩悩畢竟空」であるため、有となすべきでなく（非有）、不空如来蔵は一切功徳を具足するから、無となすべきでない（非無）ので、非有非無、すなわち中道であるとの意になる。このような如来蔵が中道であるとの『勝鬘宝窟』の理解も手伝って、「如来蔵識」と中道が結びつけられたとも推察されよう。

以上、これまでの『勝鬘宝窟』や『法華経』註釈書、『大乗玄論』の引用により、珍海は先出の「以二中道仏性一為二如来蔵一。即名二蔵識一也。」との解釈に至ったことが理解できたのではないだろうか。

三　第八阿梨耶識の真妄分別と「解性梨耶」

仏教における心識説に関する議論には、古来多くの異説が存在してきたことは周知の通りである。珍海としては、第八阿梨耶識を真と妄に二分する立場に立つ[38]。彼の祖述中においては、吉蔵の仏性説の矛盾を解消するために、その阿梨耶識の真妄二分説が用いられていることが確認できる。先出の『名教抄』の会釈の末尾に「余義具如二別抄レ之。」と記されているのは、このことを指すのかもしれない。まずは『大乗玄論』所説の阿梨耶識仏性説否定に対する、珍海抄『大乗玄問答』巻五「仏性義・玄巻第三之上」における一連の問答を見てみよう。

問。付レ明二正因仏性一、以二第八阿梨耶識一為レ体云義、大師許レ之乎。

答。乃至第八阿梨耶識、亦非二仏性一云云。

問。第八識是如来蔵識也。楞伽経云、阿梨耶識者、名二如来蔵一云云。如来蔵者、仏性異名。此師所レ申、専叶二経旨一。大師何不レ許レ之乎。

答。玄云、乃至第八阿梨耶識、亦非二仏性一。故摂大乗論云、是無名（明カ）母生死根本。故知、六識・七識乃至八・九、設使百千無量諸識皆非二仏性一。何以故。皆是有所得五眼所レ不レ見。

問。八識・九識何皆有所得耶。

答。若約二有所得一八・九皆妄識也。若分二別之一者、八・九是仏性也。

縁（統カ）略云、上二本有種子、即是本有仏性、方得二成仏一云云。又云、弟子品以三菩提四（心カ）種子、在二衆生心内一。天親論明二一切種子一、皆在二梨耶識中一文。窟下云、一約レ縁不約縁（不約縁＝×カ）不レ約二仏性一者、只由二六・七妄縁一。不レ由二如来蔵一云云。此明下以二第八一為中如来蔵上也。

仏性義云、涅槃経中名為二仏性一、即於二花厳一名為二法界一、於二勝鬘中一、名為二如来蔵自性清浄心一、楞伽名為二八識一云云。行品疏云〇楞伽経亦有二二文一。一云梨耶、是如来蔵。二云如来蔵、非二阿梨耶一云云。

玄下文云、涅槃経自説三仏性有二種種名一〇楞伽経名為二八識一云云。（大正七〇・五九二頁上）

前半の二つの問答では、第八阿梨耶識を正因仏性とする説示を否定する大師、すなわち嘉祥大師吉蔵の立場を示しつつ、その否定の理由として「是無明母生死根本」とする『摂大乗論』の証文を引き、たとえ「百千無量諸識」であろうと、全て有所得の識であるから正因仏性ではないと、『大乗玄論』を用いた回答がなされる。続いて、八・九識はどうして全てが有所得であろうかとの問いに、有所得の立場であるなら八・九識は妄識であるが、もしこれを分別すれば八・九識は仏性となると応じている。この場合「若分二別之一者」とはいかなる意味合いを持つのであろうか。続く文章中に『法華統略』や『勝鬘宝窟』を引用して「此明下以二第八一為中如来蔵上也。」と述べ、また、諸経の中には仏性に種々の名称が有ることを示しつつ、その中『楞伽経』では仏性を「八識」と名付けていることを意味しているとも理解できる。この疑問を解決する糸口として、これと同様の文章が『文義要』巻五「八識」の項目中、先出の『勝鬘宝窟』「染浄縁起」に関する四句分別に対する釈義、「染浄縁起四句事」に見ることができる。

仏性義云、乃至第八阿梨耶識、亦非二仏性一。故摂大乗論云、是無明母生死根本。故知、六識・七経（識カ）乃至八・九設使百千無量諸識、皆非二仏性一。何以故。皆是有所得五眼所レ不レ見故 文。

此明三有所得心所取八・九識非二仏性一。若論二実義一、解性梨耶、即是仏性、名二如来蔵一也。

（大正七〇・二七七頁下）

ここでは、第八阿梨耶識を仏性とすることを否定する『大乗玄問答』の問答と同趣旨の記述がなされた後、有所得の八・九識は仏性ではないが、「解性梨耶」は仏性であり如来蔵と名付けられるとの私釈が述べられている。この「解性梨耶」こそが慧遠と吉蔵の二師の相違を会通するために、重要な意味合いを持ってくる。『名教抄』「仏性義」を五門に分科する中、第五「八識義」では、第八阿梨耶識の真妄に関して、以下のような問答が交わされている。

問。第八識真妄義如何。

答。中論疏云、行品 又云、旧地論以二七識一為二虚妄一、八識為二真実一。摂大乗師以二八識一為二虚妄一、九識為二真実一。又云、八識有二二義一。一妄二真。有二解性義一是真。有二果報識一是妄用。起信論生滅無生滅合作二梨耶体一。楞伽経亦有二二文一。一云、梨耶是如来蔵。二云、如来蔵非二阿梨耶一 文。又云、八識有レ二等者、更出二摂論異義一也。中論因果品疏云、又摂論師云、梨耶体無二生滅一、名用生滅。亦是此義。（十又此義カ）違二楞伽一。楞伽明二八識滅義一也 文。此破二学者義一耳。玄教迹義釈二般若十八不共法是有為文一云、又摂論云、無常有二二種一 乃至 不レ同二因中生滅無常一。但是仏果上報梨耶八識五根等始起名二無常一耳 文。此文用二摂論一釈二般若経一。故知依用也。言二上報梨耶八識一者、因位有二果報梨耶一。於二仏果上一亦有二果報梨耶一。但可二是善一。此名二上報之梨耶一。言二八識一者、

此梨耶識上有㆓七識用㆒。総説㆓八識㆒。而体是第八如来蔵識中解性梨耶、顕為㆓真識㆒也。（大正七〇・七一九頁上）

阿梨耶識の真妄の分別を問われるのに対し、珍海は吉蔵の『中観論疏』(39)の説示を引用する。この引用で重要なのは、「八識有㆓二義㆒。一妄二真。有㆓解性義㆒是真。有㆓果報識㆒是妄用。」と示される、八識に二義ありとする「摂大乗師」、すなわち摂論学派の説である。『大乗玄論』の「教迹義」に見られる「仏果上報梨耶」を釈して、珍海は「言㆓上報梨耶八識㆒者、因位有㆓果報梨耶㆒。於㆓仏果上㆒亦有㆓果報梨耶㆒。但可㆓是善㆒。此名㆓上報之梨耶㆒。」と述べている。つまり、菩薩修行の位である因位と、仏果上にそれぞれ「果報梨耶」があり、仏果上の「果報梨耶」はただ善のみであり、これを「上報梨耶」と名付けるという。先の摂論学派の説に示される、解性の義を有している八識の真の部分と考えられる。であるから、続けて珍海は「而体是第八如来蔵識中解性梨耶、顕為㆓真識㆒也。」と述べ、第八如来蔵識中の「解性梨耶」を真識と看做すのである。この「解性梨耶」によって、阿梨耶識の真の側面であれば仏性であることが示され、それにより『大乗玄論』により否定される阿梨耶識は妄の側面であると、吉蔵の仏性説の矛盾が解消されるのである。

この説示の前半部『中観論疏』の引用は、『八識義章研習抄』中にも見ることができる(40)。また、『文義要』巻五「八識」の項目中にも、『中観論疏』の引用と「仏果上報梨耶」の文章も引用されている(41)。両書とも阿梨耶識の真妄説を詳しく論じているが、どちらも『名教抄』後半の「解性梨耶」を真識とする理解には至っていないようである。珍海の仏性説理解のためにも、『摂大乗論』等に説かれるであろう「解性梨耶」の検討は今後の課題としたい。

四　阿梨耶識仏性説の認否が分かれた背景

慧遠と吉蔵の仏性説を会釈しようとする珍海の思索は、吉蔵の説示に阿梨耶識を仏性とする説としない説が併存するという齟齬を来してしまった。珍海はその矛盾の背景を、『名教抄』巻三「仏性義」中の「八識義」末尾に綱領を弁じる際、以下のように論述している。その阿梨耶識仏性説の取捨不定を問う設問の前に、これまで見てきた重要な引用が再掲されていることは興味深い。

第三明意。仏性義云、乃至第八阿梨耶識亦非二仏性一。故大乗論云、是無明母、生死根本。故知、六識七識乃至八九、設使百千無量諸識、皆非二仏性一。何以故。皆是有所得、五根所レ不レ見故 文。又云、涅槃経中名為二仏性一、即於二花厳一名為二法界一、於二勝鬘中一名為二如来蔵自性清浄心一、楞伽名二八識一云云。宝窟下云、染浄之興只由二蔵実一。○如二楞伽説一、蔵識受二苦楽一。是涅槃因云云。

問。諸文或取或捨。何故不定耶。

答。宝窟下巻云、問。前言○見二涅槃常一。是為二常見一。今何故言下於二仏法身一起二常等想一名為中正見上。答。前抛二執著一故是常見。今約二信悟一故非二常見一。又前約二正道一、実不レ可レ説三其常為二無常一。而衆生於レ非二常無常一、横謂言レ常。故是常見。今明雖レ非二常無常一、無名相中強名相ヲ以説歎以為レ常、還如レ歎二信解一故是正見 文。又釈二無量四諦一云、明レ空即本性寂滅、弁レ有窮二如来蔵一云云。此明二因縁二諦之意一也。法花玄二云、涅槃・花厳無二梨耶之文一。則涅槃・花厳応レ未レ明二八識一 文。此破下他師法花未レ明二仏性一義上也。意云、涅槃・花厳未三分明説二八識一、而義実有レ之也。（大正七〇・七二一頁中下）

解答の前半部分では、阿梨耶識を仏性とすることを否定する吉蔵の『大乗玄論』の引用と、同じく『大乗玄論』に仏性の異名として「法界」、「如来蔵自性清浄心」、「八識」を挙げる箇所を引き、さらに『勝鬘宝窟』の蔵識を仏性とみなす根拠となった引用を引いて、吉蔵の諸説に阿梨耶識を仏性とする説としない説が併存することの矛盾を示している。そして、何故に取捨が不定なのかとの設問に対し、『法華玄論』を引用しつつ、「意云、涅槃・花厳未三分明説二八識一、而義実有レ之也。」と私釈している。『涅槃経』や『華厳経』に八識が詳しく説かれていないことが、その理由として挙げられるのである。

五　結　語

これまで『名教抄』を中心に、慧遠と吉蔵の仏性説、すなわち真識と中道仏性を会釈する珍海の姿勢を確認してきた。『大乗玄論』では、第八阿梨耶識、つまり蔵識を正因仏性とする説示は否定される。これに対し、珍海は『勝鬘宝窟』、『法華義疏』、『法華統略』の引用を用いて、蔵識を正因仏性とする説示を吉蔵の祖述から導き出したのである。さらに如来蔵と中道を同一視することにより、最終的に慧遠と吉蔵の考える正因仏性が同一のものであるとの認識に至った。この理解の根底にあったのが、珍海が用いる阿梨耶識を真妄に二分する立場である。つまり、阿梨耶識が妄の状態であるなら善のみではない有果報識となり、『大乗玄論』の説示のように仏性としては否定される。その逆に、真の側面であるならば「解性梨耶」、つまり真識となり、仏性と同一視される『勝鬘宝窟』の立場になる。加えて、このような吉蔵の仏性説の矛盾の背景に、『涅槃経』や『華厳教』に八識が詳細に説かれていないことを挙げているのである。

また、「仏性義」に関して言えば、『名教抄』とほぼ同趣旨の記述を『文義要』にも多く確認することができた。それはまとまった議論の中ではなく、種々の解説の中に散見する。それをまとめ、さらには「故明二正因一二師実同。」とまで言い切るのは、『名教抄』の仏性説を構成するにあたり思想的深化があったからと思われる。その主張の中心となったのが、慧遠と吉蔵の仏性説の会釈、つまり真識と中道仏性を会釈する珍海独自の立場であることが、確認できたのではないだろうか。このことは、仏性とは別箇に説かれていた八識の解釈が、『名教抄』においては「仏性義」に内包されることからも理解できよう。また、八識の解釈が「仏性義」の一部となったことは、珍海が吉蔵の中道を正因仏性とする仏性説よりも、慧遠の真識説を重視した結果とも受け取れる。ただ、残念なことに『大正蔵』所掲の『名教抄』には誤記、誤植と思われる箇所も多く、決して良質な資料であるとは言えない。このことが、これまで珍海の三論教学に対する研究の障壁になってきたことは想像に難くない。

最後に、珍海は何故に以上のような真識と中道という、一見すると同一視し難い二者の会釈を試みたのであろうか。この動機の解明には、さらに広範な思想の考究と、東大寺、醍醐寺に関する歴史的分析も必要となろう。

註

（1）大正八四・一一六頁上。

（2）仏全六三・〇八六頁。

（3）拙稿「珍海の捉える中道仏性と浄土教」（『印度学仏教学研究』七一・二、二〇二三）参照。

（4）『大乗玄論』に関しては、宇井伯壽氏も「然るに又現存五巻本中の八不義は均正の作である為に五巻全部が必ずしも嘉祥大師の作でなく又二智義の如きは浄名玄論にあるものと全く同一である為に、大乗玄論は恐らく後人が要義を集めて一部と為したものであろうともいはれて居る」と述べ、古来、その全てを吉蔵選述とするのには異論が多い（『国訳』和漢撰述部・諸宗部一「大乗玄論解題」（大東出版社、一九三七）〇六八～〇六九頁参照）。その他にも伊藤隆寿「『大乗玄論』八不義の真偽問題」（『印度学仏教学研究』三八、一九七一）、伊藤隆寿「『大乗玄論』八不義の真偽問題（二）」（『駒澤大學佛教學部論集』三、一九七二）、奥野光賢「『大乗玄論』に関する諸問題―

「一乗義」を中心として―」（『駒澤大學佛教學部研究紀要』七〇、二〇一二）等を参照。

（5）大正七〇・八三二頁中。

（6）大正七〇・六九四頁中。

（7）大正七〇・七三四頁下。

（8）奈良国立博物館所蔵（https://www.narahaku.go.jp/collection/1230-3.html）、嘉禎二年（一二三六）の写本は確認できる限りでは返点はない。三康図書館所蔵の写本（江戸時代に東大寺大勧進であった金珠院庸訓による書写本）にも返点は見られない。その他、龍谷大学図書館所蔵（https://da.library.ryukoku.ac.jp/page/230630）、享保一〇年（一七二五）の写本は所々に返点が記されている。そのため、『大正蔵』の返点は後代に付記されたものと考え、本研究においては数箇所改めている。また、他文献や写本による資料の文字修正は括弧中に記す。

（9）大正七〇・七一四頁上。

（10）大正七〇・二九〇頁上。

（11）大正四五・〇三五頁中。

（12）大正三四・五〇五頁下～五〇六頁上。

（13）『文義要』巻六「仏性義」、大正七〇・二九三頁下には「宝窟下明下無餘二乗遂得二成仏一義上云、其人内有二仏性一、外値三諸仏説二法華経一、得二迴レ小入上レ大。此時名レ覚　文。又云、二明下約二仏性一不上レ約レ縁。染浄之興。唯由二蔵実一。〔＋如二〈甲〉〕楞伽説一。蔵識受二苦楽一云云。法華義疏方便品云、仏種従レ縁起者、種子有レ三。一以二一乗教一為二種子一。故譬喩品云、断二仏種一故、即是破レ教也。二以二菩提心為二種子一。故華厳云、下二仏種子於衆生田一生二正等覚芽一。三以二如来蔵仏性一為二種性〔性＝子〈甲〉〕一。今初偈、正以二菩提心一為二種子一云云。此以二中道仏性一為二如来蔵一也。亦即名二蔵議〔議＝識〈甲〉〕一也。統略釈二同文一云、縁因仏性従レ縁而起。本有仏性則本有一乗　略抄　上巻初云二本有種子一云云。」と『名教抄』とほぼ同文が見られるも、慧遠と吉蔵二師の説が同じであるとの表現は見られない。

（14）慧遠の仏性説に関する近年の研究に、吉津宜英「慧遠の仏性縁起説」（『駒澤大學佛教學部研究紀要』三三、一九七五、後に『吉津宜英著作集』第一巻「浄影寺慧遠の思想史的研究」（臨川書店、二〇一八）所収）、藤井教公

『涅槃経』における一、二の問題—浄影寺慧遠と吉蔵における仏性の理解—」（『印度学仏教学研究』二七・二、一九八〇）、織田顕祐「浄影寺慧遠における「依持と縁起」の背景について」（『佛教学セミナー』五二、一九九〇）、岡本一平「『大乗義章』の研究（二）：「仏性義」註釈研究」（『駒澤短期大學佛教論集』一二、二〇〇六）、「浄影寺慧遠の仏性思想（上）」（『駒澤大學佛教学部研究紀要』六五、二〇〇七）、「浄影寺慧遠の仏性思想（下）」（『駒澤大學佛教學部論集』三八、二〇〇七）、耿晴「浄影寺慧遠における「仏種姓」と「仏性」」（『東アジア仏教学術論集』一、二〇一三）等がある。

(15) 大正七〇・二九二頁中。

(16) 『国訳』和漢撰述部・諸宗部一〇（大東出版社、一九四一）〇二七頁参照。

(17) 大正七〇・二九二頁下。

(18) 岡本一平「『大乗義章』の研究（二）：「仏性義」註釈研究」（『駒澤短期大學佛教論集』一二、二〇〇六）〇五六頁参照。また、〇七二頁の註（92）の指摘の通り『大乗義章』巻一「義法聚」（大正四四・四八七頁中）には「如・法性・実際義」の項目がある。

(19) 『涅槃経』（南本）巻二五「師子吼菩薩品第二十三之一」、大正一二・七六七頁下、『涅槃経』（北本）の該当箇所は巻二七「師子吼菩薩品第十一之一」、大正一二・五二三頁中。

(20) 『大乗玄論』巻三「仏性義」、大正四五・〇三五頁下に「但河西道朗法師与二曇無讖法師一、共翻二涅槃経一、親承二三蔵一作二涅槃義疏一、釈二仏性義一、正以二中道一為二仏性一。爾後諸師、皆依二朗法師義疏一、得レ講二涅槃一乃至レ釈二仏性義一。師心自作各執二異解一。悉皆以二涅槃所レ破之義一以為二正解一。豈非二是経中所レ喩解象之殊一哉。雖レ不レ離レ象、無レ有二一人得レ象者一也。是故応レ須二破洗一。」とある。また、この箇所を『文義要』巻六「仏性義」、大正七〇・二九二頁下では「玄出二十一家釈一已云、但河西道朗法師、与二曇無讖《ママ》法師一共翻二涅槃経一、親承二三蔵一、作二涅槃義疏一、釈二仏性義一。正以二中道一為二正因仏性一。爾後諸師皆依二朗法師義疏一、得レ講二涅槃一乃至レ釈二仏性義一。師心自作。各執二異解一云云。今案、此文正取二朗師中道仏性義一為レ正也。又云、問。破レ他可レ爾。今時何者為二正因一耶。答。一往対レ他則須二併反一。彼悉言レ有。今則皆無 乃至 故云三非真非俗中道為二正因仏性一也云云。」と解釈している。「共著二涅槃経一」は原文通り

「共翻㆓涅槃経㆒」と記すべきである。

(21) 註（20）参照。

(22) 同じく註（20）参照。

(23) 大正四五・〇三七頁上。

(24) 大正四五・〇三七頁中。

(25) 平井俊榮『中国般若思想史研究—吉蔵と三論学派—』（春秋社、一九七六）六二六頁参照。

(26) 富貴原章信『中国日本 仏性思想史』（国書刊行会、一九八八）四四二～四四三頁参照。

(27) この箇所の『大正蔵』の返点は「故明㆓正因㆒二師実同㆓余義㆒。具如㆓別抄㆑之。」となっているが、意味が通り易いとは言い難い。『名教抄』巻一「二諦義」（大正七〇・〇六九頁中）において、慧遠と吉蔵の説示の異同を問う際に「就㆑理実同。余義具如㆓文義要抄㆑之。」と、同形の構文が見られる。この例に倣い「故明㆓正因㆒二師実同。余義具如㆓別抄㆑之。」と読むこととした。

(28) 大正三七・〇六八頁下。

(29) 大正一二・二二二頁中。

(30) 慧遠述『大乗義章』「仏性義」（大正四四・四七二頁下）の五門分別の第二「弁体」では、「能知性」と「所知性」の分別に先立ち、「染」を生死、「浄」を涅槃とする「染浄縁起」が説かれる。慧遠の染浄縁起については、吉津宜英「慧遠の仏性縁起説」（『駒澤大學佛教學部研究紀要』三三、一九七五）一七六頁参照。

(31) 鶴見良道「勝鬘宝窟の染浄依持説—浄影寺慧遠『勝鬘義記』と比較しつつ—」（『駒澤大學佛教學部論集』六、一九七五）一三七頁参照。

(32) 大正三七・〇八四頁上。

(33) 大正七〇・七一九頁下。

(34) 大正三七・六九二頁下。

(35) 大正一六・五一二頁中。

（36）大正七〇・六八七頁中。
（37）楊玉飛「空・不空如来蔵について―隋唐時代における『勝鬘経』諸注釈書を中心にして―」（『印度学仏教学研究』六八・一、二〇一九）二七〇～二七一頁参照。
（38）阿梨耶識を真妄の二種に分かつといえば、摂論学派のいわゆる真妄和合説が想起されるが、慧遠の真識説にも第八識の真妄和合が用いられる。詳しくは吉津宜英『浄影寺慧遠の「妄識」考』（『駒澤大學佛教學部研究紀要』三二、一九七四、後に『吉津宜英著作集』第一巻「浄影寺慧遠の思想史的研究」（臨川書店、二〇一八）所収）等を参照。珍海には『大乗義章』「八識義」の註釈となる『八識義章研習抄』があり、慧遠の説示にも精通している筈である。果たしてこの説示が摂論学派のものか慧遠の「八識義」に説かれるものかは、俄かには判断できない。今後の検討課題としたい。
（39）大正四二・一〇四頁下。
（40）大正七〇・六五〇頁下。
（41）大正七〇・二七二頁下。

『金剛錍論』をめぐる宋代華厳宗の議論

櫻井　唯

一　はじめに

中国仏教における仏性の分類法では、三因仏性や理仏性・行仏性のように、一切衆生に備わる理としての悟りの性質と、衆生が現実に発心修行し成仏するという心的・身体的なはたらきを促す作用とを分けて捉える説がある。しかし、華厳教学における「仏性」という語は「開覚仏性」、すなわち、それ自身が発心修行の主体となって成仏するという意味を含む。たとえば、法蔵（六四三〜七一二）撰『華厳経探玄記』（以下、『探玄記』）には「若三乗教、真如之性、通二情・非情一、開覚仏性、唯局二有情一故。(1)」とあり、三乗教の立場では真如は一切に遍満しているが、悟りを開くことができるのは有情だけであるとする。また、同じく法蔵の『大乗起信論義記』（以下、『起信論義記』）には「法性者、……即顕下真如、遍二於染浄一、通二情・非情一、深広之義上。『論』云、在二衆生数中一、名為二仏性一。在二非衆生数中一、名為二法性一。(2)」とある。ここで法蔵は、全ての存在が具有する悟りの性質を「法性」と呼び、「仏性」とは区別している。このように、華厳教学における「無情仏性」という語は「無情成仏」の意味を内包する場合があるのである。

華厳円教の立場において、草木国土といった無情にも仏性を認めるか否かということは、智儼（六〇二～六六八）や法蔵の段階ではそれほど問題とならなかった。対して、唐代中期の澄観（七三八～八三九）の著作には無情仏性を否定するような記述が見られる。澄観が無情仏性に関心を寄せた背景には、同時代の湛然（七一一～七八二）が『金剛錍論』で展開した無情有仏性説の影響があると指摘されている。(3)『金剛錍論』に関する先行研究は多いが、本書の理解については、その批判対象を唐代華厳宗の諸師とする宋代天台の解釈が後世に大きな影響を与えた。

本稿では、宋代天台の『金剛錍論』理解を受けて生じた南宋の華厳宗の無情仏性説を考察の対象とし、宗派的対立が思想形成に及ぼす影響を明らかにする。本論の構成は以下の通りである。第二章において、『金剛錍論』の所破を唐代華厳宗の諸師とする説が生じた理由を検討する。続いて第三章では、宋代天台の『金剛錍論』理解に反論した南宋華厳宗の笑庵観復（?～一一四四～一一五二～?）の無情仏性に対する態度を明らかにする。第四章においては、観復と対立した可堂師会（一一〇二～一一六六）と頤菴善熹（一一二六～一二〇四）の主張を取り上げる。そして第五章では、南宋の無情仏性説が宗教的環境の異なる中世日本仏教においてどのように受容されたのかを考えてゆく。

二　『金剛錍論』の批判対象についての言説

（一）宋代天台における『金剛錍論』の所破に対する理解

湛然撰『金剛錍論』は、「野客」の論難に応えるという形式によって、天台の立場から仏性を論じた書である。

本書に関しては、古くからその論敵である「野客」を華厳宗の法蔵や澄観と見做す説がある。(4) このような見解は、北宋の神智従義（一〇四二〜一〇九一）に始まると考えられる。従義は四明知礼（九六〇〜一〇二八）の一派と対立した浄覚仁岳（九九二〜一〇六四）の弟子で、宋代天台の系譜では後山外派に位置づけられる。(5) 従義はその著書『止観義例纂要』において、「是知、金錍之作、正為レ破二於清涼観師一、傍兼斥二於賢首蔵師一耳。(6)」と、『金剛錍論』は澄観および法蔵に対する論難を目的に撰述されたと主張した。このような言説は、当時の中国天台における山家・山外の論争によって生じたものであろう。すなわち、従義は『止観義例纂要』巻三(7)の中で、山外派の孤山智円（九七六〜一〇二二）が記した『金剛錍顕性録』（以下、『顕性録』）に言及し、『金剛錍論』の無情仏性説についても山家・山外の間で解釈の相違があったことを伝えている。それによると、『金剛錍論』が説く無情仏性を、智円は「有情の体が遍在している（有情体徧）」という観点から説明したのに対し、知礼は直ちに「外色に性がある（外色有性）」と論じて智円を破したという。その後、多くの学者が知礼の説を支持したが、従義は『金剛錍論』の所破を唐代華厳宗の諸師とするならば智円の説にも理があると考え、『金錍寓言記』四巻（逸書）を撰述するに至ったと述べている。

宋代天台において『金剛錍論』の批判対象を唐代華厳宗の諸師とする根拠は、湛然が『金剛錍論』の中で以下のように述べていることによる。

僕曽聞。人引二『大智度論』一云、「真如在二無情中一、但名二法性一。在二有情内一、方名二仏性一。」仁何故立二仏性之名一。

余曰、親曽委読、細撿二論文一、都無二此説一。或恐謬引二章疏之言一。世共伝レ之、汎為レ通レ之。(8)

傍線部の「真如は無情の中にあれば法性といい、有情の中にあれば仏性という」の文言について、湛然は「『大智度論』の文とされるが典拠不明である」と断じている。傍線部の文と類似する一節は法蔵や澄観の著作にも引用されていることから、これを根拠に「湛然は華厳宗を暗に批判した」と理解されてきた。しかし、この『大智度論』のものとされる文の典拠に関する記述は、法蔵と澄観の著作とで若干異なっている。このことは先行研究(9)でも夙に指摘されるところであるが、法蔵撰『起信論義記』では傍線部の文を単に「論云」として引用するのであり、その典拠を『大智度論』とする最も早い例はむしろ湛然の『金剛錍論』なのである。これを勘案すれば、『金剛錍論』の直接の批判対象が法蔵や澄観であったとは言い難い。加えて、従義の著作に先行する『金剛錍論』の註釈書でも、『金剛錍論』の「野客」を具体的な人物にあてはめる説は見えない(10)。したがって、『金剛錍論』を華厳宗に対する批判の書とする言説は、知礼・智円以降の宋代天台宗内の論争の過程で成立したと考えられる。

（二）従義の『金剛錍論』解釈の意図

従義が『大智度論』のものとされる文と華厳宗の諸師とを結びつけて問題としたのは、天台の無情仏性説が経論に根拠のある教えであることを強調し、華厳との違いを闡明しようとしたためと考えられる。このような『金剛錍論』解釈は、従義の弟子の草堂処元（?～一一〇三～?）の『止観義例随釈』にも受け継がれている。処元は『金剛錍論』の批判対象を法蔵と捉え、次のように述べている。

応レ知、『金錍』而談二無情有仏性一者、正破下蔵師割二一真如一而為中両派上。彼云、「真如随縁、在二有情辺一名為二仏性一、在二無情辺一名為二法性一。」法名二不覚一、仏名為レ覚。故謂二有情有仏性一。故而能修行至二於成仏一。無情無レ知無レ覚、不レ能二修行一、不レ能二成仏一。此正所謂、情想分別、心慮不レ亡。故為二荊谿之所破一也(11)。

法蔵は一真如を仏性と法性とに分割し、無情には仏性が無いと説いたので、湛然はこれを破したと処元は主張する。「彼云」として傍線部に引かれる文言は、具体的には法蔵撰『起信論義記』の「『論』云、在二衆生数中一、名為二仏性一。在二非衆生数中一、名為二法性一。」[12] を指すと考えられ、処元は法蔵がこの文に基づいて無情の修行成仏を否定したとする。しかし、『起信論義記』の文脈では、この文は「真如が有情と非情とに通じている」ことの根拠として引用されるに過ぎず、これをもって法蔵は無情の仏性を否定したとは言えない。では、従義や処元がこのような批判を行った意図はどこにあるのだろうか。このことについて、同時代の華厳教学の状況から考えてみたい。

宋代における華厳教学の本格的な復興は、元豊八年（一〇八五）に高麗の義天（一〇五五～一一〇一）が入宋して晋水浄源（一〇一一～一〇八八）に師事し、失われていた華厳宗章疏を再び中国にもたらしたことを契機とする。これは従義や処元の活動年代とも重なるので、彼らが当時勢いを取り戻しつつあった華厳教学の流れを意識していた可能性はある。ただし、宋代の華厳宗における無情仏性についての理解は一様ではない。たとえば、浄源の師にあたる北宋の長水子璿（九六五～一〇三八）は、むしろ天台教学の影響を受けて無情成仏を肯定していたことが知られる[13]。また、本稿第三章で詳説するが、無情成仏を強く否定する立場が華厳宗から出てくるのは南宋時代に至ってからである。それゆえ、従義や処元の華厳批判は、同時代の華厳宗に対するものというより、あくまで天台宗内における解釈の相違を会通することを主な目的として行われたと推測される。

以上のように、従義や処元は天台宗の思想的立場を明確化するため、「天台」対「華厳」という構図を意図的に作り出していた側面があると考えられる。ところが、南宋時代に入り、高麗より復還した華厳宗章疏が流布し教学が成熟してくると、今度は華厳宗側から宋代天台の『金剛錍論』解釈に反論する人々が現れる。そこで以下では、宋代天台宗の解釈を華厳の立場から批判した南宋の学僧たちに光をあてたい。

三　笑庵観復の無情仏性説

（一）宋代天台からの論難に対する華厳宗の反論

宋代の華厳教学は北宋の浄源によって中興した後、それまでの澄観、宗密（七八〇～八四〇）中心の教学理解を、杜順（五五七～六四一）、智儼、法蔵より続く祖統の観点から見直す機運が高まってゆく。そして南宋時代には、笑庵観復の思想を可堂師会が批判したことで、華厳宗内でも教学的立場の相違が表面化した(14)。

あまり注目されないが、観復と師会の著作には、それぞれ宋代天台の『金剛錍論』解釈を踏まえた記述がある。それらを見ていくと、天台宗からの批判を受け止めた華厳宗の諸師にとっての課題は、主に次の二点にあったと考えられる。すなわち、一つは『大智度論』のものとされる文の典拠の問題を解決すること、そしてもう一つは、華厳教学に基づく無情仏性説を明らかにすることである。これを前提として、以下では南宋華厳宗の諸師が天台宗からの批判にどう応えたのかを見ていく。

観復の無情仏性説に関しては、『五教章折薪記』（以下、『折薪記』）に宋代天台からの批判に対応する部分があることを紹介したい。本書は現存しないが、複数の文献に逸文がある。そのうち、次の逸文からは、観復が宋代天台の華厳批判に応えていたことが窺える。

『折』云、「吾宗若真如・法性等名、通二一切法一。若一心・如来蔵・仏性等名、唯在二有情一。今種性約二内六処一、即在二衆生一也。諸祖皆云、『智論』云「在二有情数中一、名為二仏性一。(15)非情数中、名為二法性一。」故『涅槃』云「仏性除二墻壁瓦礫一。」而天台謂「『智論』本無二此文一、涅槃瓦石無情、自是権教縁了不遍之説。」然『智論』実無二此文一、今云何通。清涼・圭山皆云、『纂霊記』説下「賢首於二文明年中一、親二聞日照三蔵一、凡所レ引文、多云中『智度論』説上。」而『金錍』中、亦云野人曰、如聞人引二『智度論』一云等。如レ是則知。然師亦知三賢首聞二日照諸説一、理無礙也。[16]」

右の傍線部中の「天台謂」以下の文は、従義撰『三大部補注』の「況涅槃瓦石無性、自是権教縁了不遍之説。[17]」の引用と考えられる。ここで観復は、従義が指摘した「在二有情数中一……」の典拠の問題に関して、慧苑（六七三?～七四三?）の『纂霊記』（逸書）に「法蔵は日照三蔵（地婆訶羅、六一三～六八八）より諸々の学説を聞いたのであり、その説の多くは『大智度論』に基づくものであった」とあることを引く。そして、湛然もこれを知っていたので、「在二有情数中一……」の文の典拠を『大智度論』としたのではないかと観復は推測している。つまり、観復は問題となっている文の典拠を『大智度論』とする最も早い例が『金剛錍論』であることを踏まえ、湛然がそう考えた根拠を『纂霊記』に求めたのである。この後、観復はさらに続けて華厳教学に基づく無情仏性を論じていくが、その部分も『三大部補注』の批判を前提とした内容となっている。そのため、観復の説を考察する前に、従義の説およびその批判対象となった澄観の無情仏性説を確認する。

（二）澄観の無情仏性説と従義の論難

従義は『三大部補注』において、澄観の著作から無情仏性を否定する記述を抽出し、これを批判した。[18] 従義が問題としたのは、澄観撰『大方広仏華厳経疏』（以下、『華厳経疏』）の中で八十『華厳』十廻向品の「譬如二真如無レ有四少法、而能壊乱、令三其少分非二是覚悟一。[19]」という経文を解釈する部分である。[20] これを註釈した『華厳経疏』では、真如が一切に遍在するということの意味が二つの観点から論じられている。

①如遍㆓非情㆒、則有㆔少分非㆓是覚悟㆒。況『経』云、「仏性除㆓於瓦石㆒」、論云、「在㆓非情数中㆒名為㆓法性㆒、在㆓有情数中㆒名為㆓仏性㆒。」明知。非情非㆑有㆓覚性㆒故。応㆔釈言、以㆑性従㆑縁、則情・非情異、為㆓性亦殊㆒。如㆓『涅槃』等㆒。泯㆑縁従㆑性、則非㆓覚・不覚㆒、本絶㆓百非㆒、言亡㆓四句㆒。

②若二性互融、則無㆑非㆓覚悟㆒。『起信』云、「以㆓色性即智性㆒故、説名㆓智身㆒。以㆓智性即色性㆒故、説名㆔法身遍㆓一切処㆒。」『論』云、「菩提・菩提断、倶名為㆓菩提㆒。説㆓智及智処㆒、倶名為㆓般若㆒。」亦可㆑証㆑此。既二性相即、縁復即㆑性故。「無㆔少分非㆓覚悟㆒」者、況心為㆓総相㆒、又融㆔摂重重㆒哉。[21]

澄観は、①無情に覚性は無いと説く一方で、②覚性を持たない存在は無いとも説いている。第一説（①）では、真如は非情にも遍在するので、覚性を持たない部分があることを、『涅槃経』[22]や『大智度論』のものとされる文によって論じている。ただし、無情に仏性がないというのは、「性を以て縁に従う」という観点から有情・非情を区別する場合である。それゆえ、「縁を泯し性に従う」のなら、覚と不覚との区別は無くなるという。続いて、第二説（②）では『起信論』[23]等を引き、色性と智性とが融通しているという観点から、覚性を持たない存在は無いとする。以上をまとめると、右の『華厳経疏』において澄観は無情の無仏性・有仏性の両側面を説いていると言える。しかし、この部分を釈した澄観撰『華厳経随疏演義鈔』（以下、『演義鈔』）には、「然此段疏、為㆑遮㆑妄㆓執一切無情有仏性義㆒。」と、この段は無情有仏性に対する妄執を断つために説いたとある。おそらくこの『演義鈔』の記述の意図は、「〔真如に〕覚悟でない部分は無い。（無㆔少分非㆓覚悟㆒。）」という経文の解釈において、あえて第一説（①）を説いた理由を説明することにあると思われる。つまり、無情と有情の区別を完全に否定してしまえば、相と性の区別もなくなる。性相決判の立場から自らの教学を確立した澄観にとって、有情と無情を安易に同一視するような説を立てることは許されなかったのだろう。そのため、無情仏性を肯定する立場だけでなく否定する側面も同時に説くことで、相・性の区別がある現象世界と円融の境界とが表裏一体であることを表現したものと思われる。

上記の澄観の説を、従義は『三大部補注』において次のように批判した。

余謂、経文其意只是談乎。真如無レ非二覚悟一。豈有四少法壊レ之令三此真如非二覚悟一耶。経意顕然。而清涼『疏記』、作下「如遍二非情一、則有三少分非二覚悟二」一釈上者、豈其然乎。況涅槃瓦石無性、自是権教縁了不遍之説。『智論』真如在二無情一等、其文本無、何可二援拠一乎。故知、『疏』文従二「①如遍非情」二已下、恐為レ未レ允。従二「②若二性互融」二已下、義与レ前違。余準二本宗一、敢茲評品。観者恕レ之。吾宗学人、釈二『金剛錍』一、不レ可レ不レ知二此中之説一。故知、賢首・清涼、未三善談二性円頓一、安在二彼既落一。非二吾宗学者一、何得二諂附一哉。(24)

従義は澄観の『華厳経疏』の説について、第一説（①）は縁因・了因仏性に普遍性がないとする権教の説および典拠不明の文に基づくため充分でなく、第二説（②）は第一説と矛盾すると評した。そして、法蔵と澄観の仏性説はともに「性円頓」を談じていないとする。

（三）無情仏性説に対する観復の態度

従義の批判を受けて、観復は『折薪記』において次のように華厳の無情仏性説を明らかにした。

而清涼約二三蔵一釈レ之、「以レ性従レ縁、則情・無情異、為二性亦殊一。如二涅槃説一。泯レ縁従レ性、則非レ覚非二不覚一、本絶二百非一、言亡二四句一。若二性互融、則無レ非二覚性一。」今文（①）、約二以レ性従レ縁故、揀二去無情一也。如レ下（②）、円教通二依及正一、通二三世間一、収二一切一等、約二二性互融一説レ之。若謂三無情実有二開覚性一者、無情反レ情、此大邪見。(25)已上

右の『折薪記』の中では、『華厳経疏』の第一説（①）は、「三蔵」＝日照三蔵の説に基づき「以レ性従レ縁」の観

点から仏性を説いたものと解釈する。また、第二説（②）については、傍線部で智儼や法蔵の著作に見える「円教では仏性は依報・正報に通ずる」という説(26)を取り入れ、「二性互融」の観点を説いたものだとする。さらに、後者に関して、無情に仏性があるとは言っても、それは開覚性を持たない、すなわち無情が現実に成仏することは認められないと述べる。無情に開覚性が無いという説は澄観の『演義鈔』に基づくものであり、観復は以下の『華厳経大疏玄文随疏演義鈔会解記』（以下、『会解記』）でも同様の立場を表明している。

『鈔』「言被非情」等者、此約二情・非情法性円融一故、説二非情有性一為二所被一。非下是非情自有二仏性一、今得中作仏上。故下『鈔』云「無情成仏、是約二性相融一。」乃至「非レ謂下無情亦有二覚性一、同レ情成仏上。若許二成仏一、此成二即能修因一、無情変レ情、情変二無情一、便同二邪見一(27)。」

前に見てきたように、澄観の『華厳経疏』には無情仏性を認めない説だけでなく、それを認める立場も合わせて説かれていた。ところが、従義が華厳宗の説として取り上げたのは前者のみである。そのため観復は、澄観の無情仏性説には「以レ性従レ縁」という現象世界の差別の側面と、「二性互融」「性相融」という平等の側面があることを明らかにしようとしたと考えられる。その上で、無情成仏が成立するのは平等の観点に立つ場合だけであって、彼此の区別がある現象世界における有情の修行成仏とは異なることを強調する。

観復が無情成仏を明確に否定していたことは、以下の『五教章纂釈』所引の『折薪記』からも窺い知ることができる。観復は澄観撰『華厳経疏』(28)を引用し、『華厳経』普賢行品の「刹説」あるいは「国土説」(29)は、国土が有情と同じように成仏して説法することではないと説く。

『折薪記』具引二此疏抄文一竟云、「釈曰、此刹及三世無情有説者、由二上三所以一故、説レ非レ為下無情有二仏性一亦得二成仏一故能説法上。近人引二新経疏一、明二無情説法一。観二彼意一証二無情有仏性義一。此不レ審二吾宗一之甚也。○故清涼云「有云、無情成仏是約二性相相融一、以二情・情性一、融二無常相一。以二無常相一、随レ性融三同有情之性一故、説三無情有二成仏義一。融情之相、亦得三説言二一切衆生不成仏一也。以下成与二不成一、情与二無情一、無中二一性上故。法界無限故。仏体普周故。色空無二故。法無二定性一故。十身円融故。縁起相由故。生界無尽故。因果周遍故。遠離断常故。万法虚融故。故説二一成一切成一也。非レ謂下無情亦有二覚性一、同レ情成仏上。若許二此義一、則能修因、無情変レ情、情変二無情一、便同二邪見一。」上皆祖文 評曰、此明由二十所以一、方説二無情成仏一。便揀云、非三是無情亦有二覚性一。故知、吾宗不レ問二終教・円教一、並不レ説下無情有二於仏性一、而得中成仏上。但縁性互融故爾。吾宗学者、不レ可二不審一。」已上(30)

右の引用の傍線部では、「近人」が「新経疏」を引用して無情説法を主張したが、華厳宗の立場では三乗終教と一乗円教とを問わず、無情の仏性や成仏は説かないとする。この「新経疏」とは澄観撰『華厳経行願品疏』を指すと考えられ、その巻一では無情の説法に関して『華厳経疏』巻八とはやや異なる説明がなされている(31)。観復の言う「近人」が具体的に誰を指すのかは不明だが、無情説法の問題は唐代以降、禅宗においてよく論じられたので(32)、あるいは禅の立場から華厳教学を理解しようとした人物であったかもしれない。また、初めの傍線部の後の「故清涼云」以下の文は、『会解記』でも引用されていた澄観撰『演義鈔』であるが、ここで「邪見」とされる波線部の「無情が有情に変じ、有情が無情に変ずる」という言説は、天台を意識している可能性がある。すなわち、灌頂撰・湛然再治『涅槃経疏』巻十七(33)には「一師」の主張として、「衆生を転じて非衆生（＝草木）と為す、あるいは非衆生を転じて衆生と為す」という説を挙げる。この『涅槃経疏』の「一師」とは智顗を指すという説があり(34)、もし観復がこのことを知っていたとすれば、この『演義鈔』の引用は天台批判とも考えられよう(35)。観復にとって無情成仏とは、有情と無情を区別しない円融の観点からのみ認められ、現実世界の無情の仏性は明確に否定される。

観復が無情仏性を認める立場に対して厳しい姿勢をとるのは、同時代の他宗の人々を意識してのことであったと推測される。そして、この無情仏性説に対する観復の態度は、澄観とも通ずる部分がある。すなわち、坂本幸男氏は澄観の著作に無情仏性に否定的な記述が多い理由について、湛然の『金剛錍論』の行き過ぎた有情・無情の平等視を是正するためであったと推察している。[36]もしそうであるならば、澄観が『金剛錍論』に対する批判の意味を込めて述べた無情仏性についての見解を、観復は宋代天台からの批判によって再発見したと捉えることも可能であろう。

四　可堂師会および頤菴善熹の無情仏性説

（一）師会述『復古記』の無情仏性説

師会は当時の澄観・宗密中心の教学傾向に一石を投じ、智儼・法蔵の思想を重んじたことで知られる。師会は観復の『折薪記』に対し『焚薪』を著してその立場を批判し、晩年には『華厳一乗教義分斉章復古記』（以下、『復古記』）の撰述に取り掛かった。しかし、『復古記』の執筆中に病のため入寂したので、弟子の頤菴善熹がその後を継いで本書を完成させたという。そのため、現行本『復古記』の撰号は、巻一と巻二では「玉峯沙門師会述」、巻三では「螽沢沙門善熹述」となっているが、善熹によって全般に潤色が加えられた可能性も指摘されている。[37]『復古記』巻二には、『大智度論』に典拠がないと天台宗から批判を受けた文について、観復の『折薪記』とは異なる反論が見える。

此在二無情数中一、即諸法自性也。在二有情数中一、名二涅槃性一。涅槃即所証仏性也。論文甚明。或謂、今学者遍執二論文一、並無二此義一者、悞矣。[38]

右の『復古記』は、法蔵撰『五教章』所詮差別の「故智論云、白石有㆓銀性㆒、黄石有㆓金性㆒、水是湿性、火是熱性。一切衆生有㆓涅槃性㆒。」[39]という一文に対する註釈である。ここでは、法蔵や澄観が引用する「真如在㆓無情中㆒、但名㆓法性㆒。在㆓有情内㆒、方名㆓仏性㆒。」を、「白石有㆓銀性㆒……」という『大智度論』の文の取意と捉え、その典拠の明白さを強調している。なお、法蔵が『五教章』で引用する「白石有㆓銀性㆒……」の文も『大智度論』に全同のものはなく、巻三十二の「法性者、法名㆓涅槃㆒。不可壊不可戯論。法性名為㆓本分種㆒。如㆘黄石中有㆓金性㆒、白石中有㆗銀性㆖。如㆑是一切世間法中、皆有㆓涅槃性㆒。」[40]等の取意と考えられている。師会が『大智度論』の文の典拠の問題に言及するのは、宋代天台の『金剛錍論』解釈を受けてのことであろう。加えて、右の『復古記』傍線部には「今の学者は『大智度論』の文章に固執して典拠がないとするが、それは誤りである」とある。ここで言う「今の学者」とは、宋代天台の諸師だけでなく、『大智度論』に典拠がないことを前提にこの問題を論じた観復をも指すのではないだろうか。

『復古記』では前の引用に続けて、真如は非情の中にあれば法自性（＝法性）であり、有情にあっては涅槃性（＝仏性）であるという『大智度論』の文の意義を、真如随縁の思想によって捉えていく。

良以㆓真如随縁㆒、而成㆓妄識㆒、妄識従㆑縁、無㆑有㆓自性㆒、皆帰㆓真性㆒也。故『論』曰、「以真如法、常熏習故。妄心則滅、法身顕現。」「凡是有心、定当㆓作仏㆒。」『涅槃』云、「若説㆔草木有㆓仏性㆒者、是外道説。」『孔目』云、「仏性者、拠㆓覚時㆒語。所以知者、為㆘随㆓其流処㆒、成㆗種種味㆖、法身流㆓転五道㆒、名曰㆓衆生㆒。」則在㆓有情位中㆒、名為㆓仏性㆒。仏者、覚也。口称㆓無情㆒、復言㆑有㆑覚、是知㆑不㆑暁也。須㆑知、以㆑性従㆑縁、則成㆓差別㆒、以㆑縁従㆑性、方帰㆓一体㆒。[41]

真如随縁の観点から言えば、妄識によって生じた現象世界の存在に自性は無い。それゆえ、『大乗起信論』に

「妄心が滅すれば法身が顕現[42]」し、『涅槃経』に「心を持つ者はみな成仏する[43]」と説く。それは裏を返せば、心を持たない者は成仏しないということであるので、『涅槃経』には「草木に仏性があるとするのは外道の説」だとある。この後、『復古記』は智儼撰『孔目章』を引用し、有情と無情の区別がある状態において無情に開覚性があると捉えるのは誤りだと主張する。『復古記』において引用される『孔目章』の文は、具さには次に引く「三種仏性章」の一部である。

仏性者、諸仏所レ師、所謂法也。其性平等、猶二如虚空一。於二諸凡聖一、無レ所二限礙一、名為二仏性一。既無二限礙一。何故偏云二仏性一。仏性者、拠二覚時一語。所以知者、為下随二其流処一、成中種種味上、法身流二転五道一、名曰二衆生一。拠二此因縁一、不レ名二仏性一、今対二声聞淳熟人一、説レ有二其仏性一。為下声聞人、先向二無余一、不上レ求二作仏一。今迴声聞、並堪二作仏一、故説二仏性一。教興如レ此。……仏性義者、当二三乗義一。具弁二差別一、広在二『抄』中一。若為二一乗一、所目即入二一乗円教所摂一。余義可レ知[44]。

『孔目章』において智儼は、本来平等である法をあえて区別し、「覚時に拠りて」、つまり悟りの立場からそれを表現したのが仏性であり、因縁生起の世界にある衆生の場合は、本来それを仏性とは呼ばないとする。では何故、諸経において「一切衆生に仏性がある」と説くのかと言えば、それは小乗より大乗に廻入した声聞を、無余涅槃ではなく成仏に導くためである。ゆえに、仏性は廻心した声聞のための三乗教の言葉であって、一乗の立場では、「仏性」の語が名指すところのものは円教に包摂される。すなわち、あらゆる教えを包摂する華厳一乗の円教の中にあっては、仏性を持つ者と持たない者という差別も無いのである。以上のような『孔目章』の仏性の定義を受けて、『復古記』では「以レ性従レ縁、則成二差別一、以レ縁従レ性、方帰二一体一。」と、現象世界の差別相を離れた境界では、仏性の有無を論ずることもないと説く。

『復古記』の無情仏性説は、前章で取り上げた観復の説と大きく異なるものではない。しかし、仏性と法性とを区別する根拠となる文の出典を『大智度論』の「白石有二銀性一……」に求めた点と、観復ほど無情成仏を強く否定せず、現象世界のあらゆる存在が同一の真性に帰すという側面を強調した点に特徴があると言える。

（二）善熹撰『評金剛錍』の無情仏性説

善熹撰『評金剛錍』は湛然の『金剛錍論』を批判的に註釈した書であり、南宋の紹熙五年（一一九四）に成立した。本書の撰述意図については、善熹自ら序文において次のように述べている。

嘉禾語渓常楽教寺住持伝教苾蒭 善喜、因観二『金錍』説二無情仏性義一、始曰「不レ覚寱《牛世反》云二無情有性一。」終曰「忽然夢覚、所問所答、都無所得。」前代諸師、乃見二始終寐語一故、不レ弁也。近代有作二『顕性録』一、或為二注解一。孟軻曰、「子誠斉人也。知二管仲・晏子一而已矣。(45)」

『評金剛錍』の執筆当時、善熹は嘉禾（現在の浙江省嘉興市）の語渓にあった常楽教寺の住持であった。善熹は『金剛錍論』において野客との論争が夢中の出来事として描かれることを挙げ、前代の諸師は『金剛錍論』の内容を寝言と捉え、これを論じなかったとする。しかし、近代のある人が『顕性録』を撰述したと述べ、『孟子』公孫丑篇の「あなた（＝公孫丑）は本当に斉の人だ。斉の偉人である管仲と晏子しか知らないとは。」という孟子の言葉を引く。その意味するところは、智円の『顕性録』が天台宗の立場からしか無情仏性を論じていないという非難であろう。それは、続く『金剛錍論』冒頭の註釈において、法蔵と澄観が自著の中で慧思や智顗を称賛したことを引き合いに出し、「故知。作者之難、寧容二一家之見一、斥二他宗一為レ非。余雖二不敏一、当下為二剖陳一、略伸二一両一、令中其自悟上耳。(46)」とあることからも明らかである。

宋代天台からの批判に応えた観復、そして師会の解釈を経て、善熹が『評金剛錍』において提示したのは、仏性を「相」と「性」の関係によって捉える説であった。言うまでもなく、この善熹の説は澄観の説に基づくものである。すなわち、『評金剛錍』では、諸存在を一心の所変と見る「性」の立場と、現象世界の差別相を見る「相」の立場とによって、以下のように無情仏性を解釈する。

評曰、然仏性要義、不レ可レ不レ知。②今此涅槃宗二於法性一。故以二法性一而為二仏性一。則非内非外、随二物迷悟一、強説二昇沉一。宗二法性一者、以二無障礙法界一為レ宗。則法性即仏性、知二一切法即心自性一。若以三心性無二仏性一者、無三法非二心性一、則不レ隔二内外一、而体非二内外一。内外属レ相、性不レ同レ相。何有二内外一、然迷一性而変成レ外。外既唯心。何有レ非二仏所変無一上レ実。故説二墻壁一言レ無二仏性一、**以レ性該レ相**、無レ非レ性矣。如二煙因上レ火、煙即是火。如二水成上レ波、波即是水。境因二心変一、境不レ異レ心。心若二有性一、境寧非レ有。況心与レ境、皆即真性。真性不二、心境豈乖。①若**以レ性従レ相**、不レ妨二内外一。若以二外境一、而例二於心一、令レ有二覚知修行作仏一、即是邪見外道之法。故須二常照一、不即不離、不一不異、無レ所レ惑矣。[47]

『評金剛錍』の説く無情仏性における性相の二側面は、説明の順序こそ逆であるが、第三章で確認した澄観撰『華厳経疏』における第一説（①）と第二説（②）の立場と等しい。つまり、法性をもって現象世界の諸存在を摂する場合（②）は、仏性＝法性であり、外境は心と等しいので、無情にも仏性はあると言える。一方、現象世界の差別相に従う場合（①）は、外境に修行作仏などのはたらきがあると見るのは誤りであるという。

第二章で述べたように、『金剛錍論』を「華厳に対する批判の書」と捉えたのは従義であったが、その批判の矛先が向けられたのは同時代の華厳宗ではなく、唐代の法蔵や澄観の思想であった。しかし南宋の時代になると、観復が従義の説に反論し、師会はその見解を批判しつつも引き継ぎ、善熹は華厳宗の無情仏性説を『金剛錍論』の註釈という体裁をとって明らかにしようとした。

五　南宋の無情仏性説の中世日本への影響

（一）日本華厳宗における草木成仏論

日本仏教では草木等の無情は成仏するか否かという問題が関心を集め、しばしば諸宗の論義でも取り上げられてきた。日本における草木成仏論の端緒は平安時代初期に遡る。天台宗では円仁（七九四～八六四）が早くに草木の自発心成仏を認めたと伝わり、安然（八四一～八八九～?、一説九一五没）の『斟定草木成仏私記』や『菩提心義抄』には、かつて華厳宗の人々が説いたという草木成仏についての見解が紹介されている。(48) 華厳宗側の資料で早くに草木成仏を論ずるものとしては、十～十一世紀頃に成立した『華厳十玄義私記』や親円撰『華厳種性義抄』がある。(49) また、聖詮（?～一一七九～一二三〇～?）撰『五教章深意鈔』でも無情仏性に言及する部分があり、この問題が東大寺の華厳学の中で伝統的に論じられてきたことを窺わせる。さらに、鎌倉から南北朝時代にかけて、東大寺以外の寺院で成立した文献においても無情仏性説が論じられ、それぞれに特徴的な論が展開された。(50) このように東大寺を中心に発展してきた日本華厳宗の草木成仏論では、その根拠は基本的に中国華厳の諸師の著作に求められた。そのため、諸師の見解が一致している三乗終教の立場はあまり問題にならないが、円教における草木成仏をどう捉えるかについては見解の相違が生じた。

本稿で取り上げた南宋の華厳宗文献は、鎌倉時代には日本に伝来していたが、その無情仏性説が日本の草木成仏論に与えた影響は限定的であったと思われる。その理由の一つは、中世の日本仏教では、平安時代から独自に発展してきた草木成仏に関する見識が蓄積されていたことにある。宋代における無情仏性に関する論争は、そこから新たな理論が構築されるような性質のものではなく、各人の立ち位置の違いによって、唐代の諸師の著作を如何に解釈するかという点で対立が生じていた。ゆえに、宋代華厳の諸師の著作を受容した中世日本の華厳宗の人々も、宗教的環境の異なる日本において、その立ち位置までは継承し得なかったのだろう。

（二）湛睿撰『教理抄』と北宋の子璿撰『筆削記』の立場

本章で取り上げる本如房湛睿[51]（一二七一～一三四七）の場合も、南宋の華厳宗の無情仏性説を参照してはいるが、その思想的立場を継承してはいない。湛睿撰『起信論義記教理抄』（以下、『教理抄』）巻七では、法蔵撰『起信論義記』の「論云、在㆓衆生数中㆒、名為㆓仏性㆒。在㆓非衆生数中㆒、名為㆓法性㆒。」の文について、その典拠に関する善熹撰『評金剛錍』および観復撰『会解記』の説を引用する[52]。既に見てきたように南宋の観復と師会・善熹との間には、この文の典拠に関する理解に相違があったが、湛睿は両説を併記しつつ若干の補足を加えるのみである。つまり、湛睿においては南宋の諸師の対立はほとんど意識されていなかったと考えられる。

湛睿の『教理抄』では、むしろ北宋の子璿撰『起信論筆削記』（以下、『筆削記』）を依用し、無情仏性を認める立場を明かしている。子璿は宋代に華厳宗を中興させた浄源の師であるが、天台山外派の洪敏の弟子でもあったため、その思想には天台教学の影響が認められる。浄源以前の北宋期には華厳宗という宗派的な意識は希薄であり、また従義が『金剛錍論』を華厳批判の書と規定する以前でもあるので、『筆削記』では仏性と法性とが同一であることの根拠の一つに『金剛錍論』の説を挙げている[53]。その記述は湛睿の『教理抄』にも引用されているので、ここでは『教理抄』に沿って子璿の意図を探ってみたい。

問。仏性・法性者、為二其体同一、為当如何。

答。体同義異也。

問。若体同者、何在二有情一名二仏性一、在二非情一名二法性一。不二互通名一乎。

答。『筆』云、「『智論』[54]下引レ証。今則一往随レ名定レ義。故有二斯文一。若知二三名一体一、情与二非情一倶仏性也。只是真如一法、随レ相異レ名。既名随レ相異、則法性語通、仏性語局也。以レ仏亦即是法、以レ法未二即是仏一。由レ此仏性・法性、同而不同。故『金錍』云、然雖二体同一、不レ無二少異一。凡有二性名一者、多在レ凡在レ理。無二性名一者、多通二凡聖等一。応レ知、名雖レ有レ異、其体元同。」已上 意云、約二得名之増相一、一往釈レ之。若知二実体是一一、則非情名二仏性一無レ妨。為言[55]

ここでは、「在二衆生数中一、名為二仏性一。在二非衆生数中一、名為二法性一。」の文に関連して、もし仏性と法性の体が同一であるなら、何故異なる二つの名称を持つのかが問われている。その答えとして引用される子璿の『筆削記』においては、『大智度論』のものとされる文の典拠の問題には触れず、有情にも無情にも仏性がある（情与二非情一倶仏性也。）という結論を導いている。この子璿の立場は、無情仏性を認めることに慎重であった澄観や、その影響を受けた南宋の諸師とは異なり、むしろ『金剛錍論』に近いと言える。そもそも、『金剛錍論』における『大智度論』の文に対する批判の論点は、典拠がないことそれ自体ではなく、「野客」が不確かな根拠に基づいて非情の法性と有情の仏性とを峻別しようとしたことにある。そのため子璿は『筆削記』において、法蔵等が引用する『大智度論』のものとされる文は、仏性と法性の同一性を必ずしも否定しないと解釈することで、『金剛錍論』との会通を図ったのではないだろうか。先行研究では、子璿が無情仏性に肯定的な態度をとった理由として、洪敏より承けた天台教学の影響が指摘されている。[56]

湛睿は『教理抄』において、右の『筆削記』の説に続けて以下の如く無情仏性に関する三説を挙げる。[57]

1　始覚門では仏性は有情に限るが、本覚門では無情にも仏性を認めるとする説。
2　一味真心が具する寂照二徳の観点から、有情の仏性と無情の法性の区別を論ずる説。
3　草木は衆生の妄心の所現であるので、開覚性を具すことはないとする説。

『教理抄』の記述は結論を一つに絞り込むことを目的としていないが、無情仏性を肯定する見解を複数出している点からも、湛睿が無情仏性説に対して寛容な態度をとっていたことが了解される。

(三) 湛睿の無情仏性説形成における否定説の意義

中世華厳宗の無情仏性説を考察した高田悠氏によれば、湛睿の著作には、他の華厳宗文献にはない、無情の主体的な成仏を積極的に認める説が見えるという。[58]たとえば、暦応三年（一三四〇）の奥書を持つ湛睿撰『演義鈔纂釈』巻二八（三下之二）には、円教の立場では草木に「能観之智」や「縁慮分別」を認めるという主張が展開される。[59]湛睿が無情仏性に関して独自の説を構築した理由について、詳細な考察は別稿に譲りたいが、ここでは天台宗との接点について一言しておきたい。湛睿が長老を務めた称名寺には円種（生没年未詳）を始めとする天台教学に造詣の深い僧も住し、また湛睿自身、比叡山神蔵寺に一時逗留し教えを受けたことがある。[60]さらに、湛睿が日本天台宗における草木成仏論も視野に入れていたことを示す資料として、湛睿筆「非情成仏否事」[61]（仮題、称名寺聖教四四一函九号）を紹介したい。本資料は冒頭二紙を残すのみの断簡で、筆跡から湛睿の手になる写本と推定されている。第一紙目の文首に「非情成仏否事」という見出しが付され、次の行に「証真止観抄第一〈世人云宝地坊私記者是也〉云……」とあり、そこから第二紙目の終わりまで証真撰『止観私記』巻一の文が引用されている。[62]現在までのところ本資料の後欠部分は発見されていないため、この後どのような論が展開されたのか、あるいはこれが湛睿自身の著作なのか、既存の文献の転写本なのかについては残念ながら未詳である。それゆえ、今後の調査の進展に期すところが大きいが、湛睿が証真の草木成仏論を参照していたことは確実であり、その影響についても考慮する必要があるだろう。

証真は『止観私記』において草木の主体的な成仏を認めないという結論を出している。ただし、大久保良峻氏も指摘するように、証真が自説の根拠として引用する経論は、解釈によっては草木成仏を肯定する立場の教証になり得る[63]。湛睿が華厳教学に基づく無情仏性説を模索する中で、証真の説を参照した理由もこの点にあると思われる。そして、円教であっても無情仏性を認めないと説いた南宋の観復等の説も、湛睿は無情仏性を肯定する説の中に取り入れたと考えられる。すなわち、湛睿が『演義鈔纂釈』で草木に「能観之智」があるとする説を述べる際、次のような問いを立てている。

問。凡能観智者、縁慮分別之心法也。更於二非情草木一、不レ可レ有二縁慮分別之義一。縦雖二円経意一、争下以二草木等一為中能観智上乎。若強云レ有二此義一者、何分二情・非情等一別乎[64]。

ここでは、たとえ『華厳経』の立場であっても、草木に主体的な心のはたらきを認めることについては争いがあり、強いて草木の心を認めるならば、何故、有情と非情という区別があるのかと問うている。この後、湛睿は様々な文献を引用しこれに答えていくのであるが、その中で『起信論』の「従レ本已来、色心不二、以二色性即智一故、色体無形、説名二智身一。以二智性即色一故、説名三法身遍二一切処[65]。」の文を根拠の一つとして引用する[66]。この文は、本稿第三章（二）で挙げた澄観撰『華厳経疏』における第二説（②）、すなわち性相相融の観点から無情仏性を認める立場でも教証とされていた。つまり、湛睿は南宋の華厳宗の議論において争点となっていた澄観の説を、『演義鈔纂釈』では、無情に仏性があるという側面に着目して読み解いたのである。

六　おわりに

北宋の天台宗で提唱された『金剛錍論』の所破についての言説は、やがて南宋の華厳宗における無情仏性説に影響を与えた。すなわち、華厳宗復興以前の北宋の時代、子璿は『金剛錍論』の批判対象を法蔵や澄観とは捉えず、無情にも仏性を認めるという湛然の立場に近い理解を示していた。ところが、南宋時代に至って『金剛錍論』を華厳批判の書とする説が知られるようになると、天台に対抗し、華厳円教にあっても無情仏性を強く否定する観復のような立場が現れた。そして、観復の説は華厳宗内における教理的対立の深まりに伴い、師会や善熹の再批判にさらされることとなった。南宋の華厳宗における無情仏性説の争点は、結局のところ、澄観の無情仏性説のいずれの側面を強調するかという点に収束する。すなわち、観復は性相融の観点からであれば無情成仏を説くことができるとし、また師会と善熹も、有情と無情の区別がある現象世界において無情に心があることは認めなかった。つまり、両者の用いる理論に大差はないのであるが、各々何に対抗意識を向けたかによって、無情仏性に対する態度に差異が生まれたと考えられる。当時の華厳宗は教学復興から宗派性を確立していく時期にあたり、そうした環境が宗内外の対立を惹き起こしたのだろう。それゆえ、南宋の無情仏性説に関する議論は、宗教的環境の異なる日本仏教においてはそれほど依用されなかった。たとえば、鎌倉から南北朝時代の湛睿は華厳教学に基づく無情仏性義を模索した。また江戸時代に至ると、無情仏性を否定した澄観の説を誤りとし、それを承けた『折薪記』の立場を「錯中之大錯」(67)と評した鳳潭（一六五四～一七三八）のような学僧も登場する。このようにして、『金剛錍論』は湛然の本来の撰述意図から離れ、宋代以降の東アジア仏教において無情仏性に関する多様な解釈を生み出したのである。

上に見てきたように、思想系譜を同じくする人々の間でも無情仏性についての見解には相違があり、同じ文献に対して異なる解釈を与え、別の結論を導くことが行われていた。その違いは国や時代、個々人の置かれた状況の差に起因するのだろうが、単純な図式に置き換えられない複雑さがある。本稿では、各人の思想形成において自説とは異なる立場の意見が刺激となり、旧套墨守に終始せず新たな説が生成されていく過程を追ってきた。宋代以降、様々な立場から論じられてきた無情仏性説は、東アジア仏教において宗内外の対立関係が教理形成に及ぼした影響を示す好例と言えるだろう。

註

（1）法蔵撰『華厳経探玄記』巻一六（大正三五・四〇五頁下）。

（2）法蔵撰『大乗起信論義記』巻上（大正四四・二四七頁下）。なお、大正蔵のテキストは「狂衆生数中……狂非衆生数中……」であるが、後世の末註や中世の和版（称名寺聖教一〇二函二号、湛睿加点本）等では「狂」を「在」につくることから、本稿では「在」に改めた。

（3）坂本幸男『大乗仏教の研究』（大東出版社、一九八〇）三八四～三八六頁、参照。

（4）安藤俊雄『天台性具思想論』（法藏館、一九五三）後編・第二章「天台哲学の復興―湛然の教学―」一五二～二五四頁において、「華厳哲学との対決」の一例として『金剛錍論』の仏性説を取り上げ、本書を澄観の説を批判したものと見ている。これに対して、坂本幸男『大乗仏教の研究』（大東出版社、一九八〇）Ⅳ・二「非情における仏性の有無について」三八四～三八七頁では、『金剛錍論』の所破を法蔵や澄観とする見解を誤りとし、「湛然が攻撃の目標としたのは、法蔵の華厳一乗の思想ではなくて、如来蔵思想に立って仏性を論ずる大乗学者（同書三八六頁）」であると論じた。その他、『金剛錍論』の所破に関する先行研究については、池田魯山「『金剛錍論』の問題

（その1）」（『駒澤大学仏教学部研究紀要』三二、一九七四）一八二～一八六頁に詳しい。
(5) 宋代天台の系譜と従義の位置については、安藤俊雄『天台性具思想論』（法藏館、一九五三）一七二～一七三頁、および安藤俊雄『天台思想史』（法藏館、一九五九）八八～九一頁、参照。
(6) 従義撰『止観義例纂要』巻三（続蔵二-四・三三七丁右上）。
(7) 従義撰『止観義例纂要』巻三（続蔵二-四・三三〇丁右上）。
(8) 湛然撰『金剛錍論』（大正四六・七八三頁上）。
(9) 坂本幸男『大乗仏教の研究』（大東出版社、一九八〇）三八四～三八七頁。
(10) 中国天台における『金剛錍論』の「野客」理解については、鎌田茂雄『中国華厳思想史の研究』（東京大学東洋文化研究所、一九六五）第二部・第四章・第三節「非情仏性説の形成過程」四六六～四七四頁にまとめられている。それによると、湛然の弟子である唐の明曠や北宋の智円の註釈においては、「野客」を特定の人物とする説は見えない。しかし時代が下り、従義・処元・竹庵可観（一〇九二～一一八二）・晦岩法照（一一八五～一二七三）・時挙（生没年未詳）といった北宋後期から南宋の学匠においては、「野客」を法蔵や澄観と見做しているという。
(11) 処元撰『止観義例随釈』（続蔵二-四・四三九丁右下）。
(12) 法蔵撰『大乗起信論義記』巻上（大正四四・二四七頁下）。
(13) 吉田剛「長水子璿の無情成仏説」（『印度学仏教学研究』通号一〇一、二〇〇二）、参照。
(14) 観復と師会の事跡や両者間の論争については、吉田剛『宋朝華厳教学史の研究』（博士学位論文〈駒澤大学〉、二〇〇〇）第六章「観復の教学」および第七章「師会の教学」に詳しい。
(15) 大日本仏教全書（鈴木学術財団版）所収の『五教章纂釈』には「権教了不遍之説」とあるが、大日本仏教全書（旧版）および従義の『三大部補注』に従って「権教縁了不遍之説」に改める。
(16) 湛睿撰『五教章纂釈』下巻第五（仏全一二・五九四頁上／〈鈴木版〉三五・三六頁上）。
(17) 従義撰『三大部補注』巻一（続蔵一-四三・四五〇丁右下）。
(18) 従義撰『三大部補注』巻一（続蔵一-四三・四五〇丁右上～右下）。

(19)　八十『華厳経』巻三十・十廻向品（大正一〇・一六四頁上）。
(20)　従義が批判する澄観の十廻向品の解釈における無情仏性説については、坂本幸男『大乗仏教の研究』（大東出版社、一九八〇）三九四～三九五頁、参照。
(21)　澄観撰『華厳経疏』巻三十（大正三五・七二六頁中）。
(22)　『涅槃経』迦葉菩薩品（北本巻三七：大正一二・五八一頁上／南本巻三三：大正一二・八二八頁中）。
(23)　真諦訳『起信論』（大正三二・五七九頁下）。
(24)　従義撰『三大部補注』巻一（続蔵一-四三・四五〇丁右下）。
(25)　湛睿撰『五教章纂釈』下巻第五（仏全一二・五九四頁上／〈鈴木版〉三五・三六頁上）。
(26)　智儼撰『五十要問答』巻上（大正四五・五一九頁下）に「依二一乗義一、一切衆生、通二依及正一、並皆成仏。」とあり、また、法蔵撰『探玄記』巻十六（大正三五・四〇五頁下）には「若円教中、仏性及性起、皆通二依正一。」とある。
(27)　観復撰『会解記』巻八。納冨常天校訂「華厳経大疏玄文随疏演義鈔会解記」（『金沢文庫研究紀要』五、一九六八）二一九頁。
(28)　澄観撰『華厳経疏』巻八（大正三五・八七一頁下）に「刹説等者、略有二三義一。一、約二通力一。二、約二融通一。一説一切説故、一塵即摂二一切一。何刹中無レ説。三、約二顕理一。是説二菩薩触レ境、皆了知故、則触類成レ教。如二香飯等一。」とある。
(29)　六十『華厳』巻三十三・普賢行品（大正九・六一一頁上）では「刹説」、八十『華厳』巻四十九・普賢行品（大正一〇・二六二頁中）では「国土説」とあることを指す。
(30)　湛睿撰『五教章纂釈』上巻第十五（仏全一一・三〇二頁／〈鈴木版〉三四・二九〇頁下）。
(31)　澄観撰『華厳経行願品疏』巻一（続蔵一-七・二四〇丁右下）に「此無情等而能説者、略有二四意一。一者、業用。仏菩薩力。二者、徳相。諸仏法爾、能如レ是故。三者、顕理。則常是説。四者、性融。以二法性力一、一無レ不二具足一故。一説即一切説。是以、以レ性従レ相、有説不説。会レ相帰レ性、都無レ所レ説。以レ性融レ相、一説一切説、無レ説無レ不レ説。若約二観心一、但随二自心一、有レ説不レ説。」とある。

(32) 中国禅宗における無情説法説については、鎌田茂雄『中国華厳思想史の研究』（東京大学東洋文化研究所、一九六五）四六一～四六五頁、および齋藤智寛「唐・五代宋初の禅思想における無情仏性・説法説」（『集刊東洋学』八一、一九九九）、参照。
(33) 灌頂撰・湛然再治『涅槃経疏』巻十七（大正三八・一三九頁中）。
(34) 湛然の弟子である行満や道邃は、『涅槃経疏』の「一師」を智顗のこととしている。台門研究会「宝地房証真撰「三大部私記」の研究（二）」（『論叢アジアの文化と思想』一一、二〇〇二）一四〇頁・註八、参照。また、源信撰『六即詮要記』には、ある本では「一師」を「大師」とする説が紹介される。柳澤正志『日本天台浄土教思想の研究』（法藏館、二〇一八）六四頁・註一六、参照。
(35) なお、南宋・嘉泰二年（一二〇二）成立の宗曉編『四明尊者教行録』巻四（大正四六・八九三頁上）には、世間一般における有情が無情に変ずる、あるいは無情が有情に変ずることについて、禅宗の清泰と知礼との間で交わされた問答が収録されている。観復はこのような宋代天台の説を通して、天台の無情仏性説を理解していた可能性もあるだろう。
(36) 坂本幸男『大乗仏教の研究』（大東出版社、一九八〇）三八六頁、参照。
(37) 吉田剛『宋朝華厳教学史の研究』（博士学位論文〈駒澤大学〉、二〇〇〇）三九三頁、参照。
(38) 師会撰『復古記』巻二（続蔵二―八・二三二丁右上）。
(39) 法蔵撰『五教章』宋本巻四・所詮差別（大正四五・四八六頁中）。
(40) 『大智度論』巻三十二（大正二五・二九八頁中）。その他の典拠については、鎌田茂雄『仏典講座 28 華厳五教章』（大蔵出版、一九七九）三四七頁、湛睿撰『五教章纂釈』巻下第四（仏全一二・五七二頁下～五七三頁下／〈鈴木版〉三五・二六頁上～下）、参照。
(41) 師会撰『復古記』巻二（続蔵二―八・二三二丁右上）。
(42) 『大乗起信論』（大正三二・五七九頁上）。
(43) 「凡是有心、定当作仏。」は、『復古記』では直前の『大乗起信論』の文に続くかのように引用されているが、これは『涅槃経』師子吼菩薩品（北本巻二七：大正一二・五二四頁下／南本巻二五：大正一二・七六九頁上）の「凡有心者、定当レ得二成阿耨多羅三藐三菩提一」の引用と考えられる。

(44) 智儼撰『孔目章』巻二・三種仏性章（大正四五・五四九頁中）。

(45) 善熹撰『評金剛錍』（続蔵二―八・四四三丁左上）。

(46) 善熹撰『評金剛錍』（続蔵二―八・四四三丁左上～下）。

(47) 善熹撰『評金剛錍』（続蔵二―八・四四五丁左上）。

(48) 安然の著作に引用される華厳宗と法相宗の草木成仏論については、拙稿「平安初期における南都諸宗の草木成仏論―華厳宗と法相宗を中心に―」（『仏教学』六一、二〇二〇）、参照。

(49) 『華厳十玄義私記』と親円撰『華厳種性義抄』（一〇九〇年成立）の草木成仏論については、金天鶴『平安期華厳思想の研究―東アジア華厳思想の視座より―』（山喜房佛書林、二〇一五）二六七～二六九頁、および二七五～二七七頁、参照。なお、金天鶴氏は『華厳十玄義私記』の撰述年代について、天暦年間（九四七～九五七）に成立した増春『一乗義私記』より以前と推定している（同書一五八～一六〇頁）。

(50) 高田悠『湛睿教学の研究』（博士学位論文〈龍谷大学〉、二〇二一）第五章「「非情成仏」解釈の展開」（三二一～三九五頁）では、中国華厳教学から日本中世の華厳宗に至るまでの非情仏性に関する見解が整理されている。

(51) 湛睿は鎌倉後期から南北朝時代にかけて下総東禅寺や金沢称名寺の長老を務めた学僧で、東大寺の凝然（一二四〇～一三二一）や泉州久米田寺の禅爾（一二五二～一三二五）からも教えを受けた。湛睿の行跡については、納冨常天『金沢文庫資料の研究』（法藏館、初版一九八二）第四篇「湛睿の研究」、参照。

(52) 湛睿撰『教理抄』巻七（仏全九四・一四六頁／〈鈴木版〉二八・二一六頁下～二一七頁上）。

(53) 子璿撰『筆削記』巻四（大正四四・三一七頁下）。ここで子璿は仏性と法性が同一であることの根拠として、『金剛錍論』（大正四六・七八三頁中）の他に、『円覚経』（大正一七・九一七頁下）および『大乗起信論』（大正三二・五七五頁下）を引く。

(54) 法蔵撰・宗密録『大乗起信論疏』巻一（乾隆大蔵経〈新文豊出版〉一四一・九〇頁）。法蔵撰『起信論義記』の

「及彼身体相、法性真如海、無量功徳蔵。」に対する宗密の挟註のうち「智論云、在二衆生数中一、名為二仏性一。在二非衆生数中一、名為二法性一。……」以下の文言を指す。

(55) 湛睿撰『教理抄』巻七（仏全九四・一四七頁／〈鈴木版〉二八・二一七頁上）。

(56) 吉田剛「長水子璿の無情成仏説」五八〜五九頁、参照。

(57) 原文は、湛睿撰『教理抄』巻七（仏全九四・一四七頁／〈鈴木版〉二八・二一七頁上中）、参照。なお、ここに挙げた第2説と第3説については、湛睿撰『五教章纂釈』巻下第五（仏全一二・六〇五頁／〈鈴木版〉三五・四〇頁下〜四一頁上）「従理遍情門如終教説事」にも類似の説が見える。『五教章纂釈』の該当箇所は、仏性と法性を峻別する三乗終教の立場を説明したものであるので、最終的には無情に開覚仏性はないという結論を出している。

(58) 高田悠『湛睿教学の研究』三二四頁、および三五六〜三七一頁、参照。

(59) 湛睿撰『演義鈔纂釈』巻二十八／鈔三下纂釈二（大正五七・二八一頁中）。

(60) 湛睿と神蔵寺の関わりについては、拙稿「新出の全海写『山家要略記』類について」（『金沢文庫研究』三五一、二〇二三）三〇頁および三三頁・註一八、参照。

(61) 称名寺蔵「非情成仏否事」の書誌情報は、神奈川県立金沢文庫編『称名寺所蔵聖教（断簡類）史料調査報告書』（神奈川県立金沢文庫、二〇一五）一六五〜一六六頁、参照。なお、同書では本資料の名称を「華厳疏抄」とするが、内容からは『華厳経』注釈書か否かの判別はできないと考えられるため、本稿では第一紙目冒頭の標目を仮題とした。

(62) 「非情成仏否事」の引用は証真撰『止観私記』巻一本の「無情成仏者、具如二『金剛錍』説一。（仏全二二・七九八頁／〈鈴木版〉三七・五八頁下）」より始まり、第二紙の文尾は「又説二法身相好一。亦云二三十二相一。云云『中陰経』文、准例可レ知。〇草木（同七九九頁下／五九頁中）」である。

(63) 台門研究会「宝地房証真撰「三大部私記」の研究（一）」（『論叢アジアの文化と思想』一一、二〇〇二）一一八頁参照。

(64) 湛睿撰『演義鈔纂釈』巻二十八／鈔三下纂釈二（大正五七・二八一頁中）。

(65) 真諦訳『起信論』（大正三二・五七九頁下）。
(66) 湛睿撰『演義鈔纂釈』巻二十八／鈔三下纂釈二（大正五七・二八一頁下）。
(67) 鳳潭撰『華厳五教章匡真鈔』（大正七三・四〇六頁中）。

本研究はJSPS科研費（22K12995）の助成を受けたものです。

了誉聖冏の二蔵二教判における後分教説の背景について

佐伯　憲洋

一　はじめに

浄土宗鎮西白旗派第七祖に数えられる了誉聖冏[1]は、祖師の記述を楷定し、門徒育成の基盤を確立させるなど、浄土宗の中興として位置付けられている。というのも、聖冏が活躍した南北朝・室町期、宗内では宗義継承の正統性をめぐる論争が行われ、宗外では禅宗の学匠等から宗義の劣等性を非難される状況にあった。そのため、聖冏はこのような状況を刷新するべく、祖述を楷定し宗義を統一させ、他宗義を参照し宗義の顕揚に尽力したのである。

この宗義顕揚に際して、聖冏は二蔵二教判という独自の教判を創設している[2]。この教判では、先ず一代の教法を声聞蔵・菩薩蔵の二蔵に大別し、前者を小乗教、後者を大乗教とする。そして、菩薩蔵の中に漸教・頓教の別を設け、更に漸教を初分教・後分教に、頓教を性頓教・相頓教に細分している。この内、相頓教に浄土宗義を対配させ最上位に位づけているのである。このため、先行研究等では、聖冏の教判では相頓教の教趣や構造の解明に主眼が置かれるのは当然の趨勢と言える。

ただ、性頓教や漸教との差異を明確にしなければ、相頓教の優位を立証し得ない。従って、相頓教の教趣や構造を論じるためには、性頓教や漸教に対する思想背景の検討が必須となる。例えば、服部淳一氏は「聖冏教判では相頓＝浄土宗を顕示することが目的であり、当然廃されるべきものであるが、浄土宗義を通仏教的に位置づけることからすれば、漸教の意味は大きいと云うことができる。」と指摘している。(3) この指摘は先学の指摘を継承すると同時に、漸教に重点を置くと言う意味で重要な視座を呈している。

ところが、現状では相頓教以外の教説に関して、典拠となる思想や、他宗義との思想交渉について言及がなされていない。そこで、本稿では漸教に含まれる後分教説を取り上げ、その背景とされている教説について少しく検討を試みたい。

二　天台別教説との関連について

聖冏は菩提流支造とされる『麒麟聖財立宗論』（以下、『聖財論』）に準拠して教判を構成したと述べている。(4) ただ、『浄土略名目図見聞』（以下、『略名目図見聞』）巻下(5)や、江戸期に活躍した成誉大玄(6)の『浄土頌義探玄鈔』（以下、『探玄鈔』）巻中等の記述を参照すると、天台の四教判との関連性が注目される。殊に、大玄の『探玄鈔』では声聞蔵・初分教・後分教・性頓教を、蔵教・通教・別教・円教に配当していて、天台の四教判との関連をより強いものとしている印象を受ける。

五、摸㆓後師釈㆒者、此中有㆑四。一、摸㆓天台㆒。二、摸㆓嘉祥㆒。三、摸㆓光明㆒。四、摸㆓吉水㆒。一摸天台者、借㆓彼四教㆒以為㆓小・初・後・頓㆒。謂、取㆓彼蔵教㆒為㆓声聞蔵㆒。七賢・七聖・三道・四果・縁覚・十二因縁・菩薩七位等、全是彼三蔵教。次取二彼通教一為二初分教一。謂、三乗共十地等、全是彼通教。次取二彼別教一為二後分教一。三賢・十地等、全是彼別教。次取二彼円教一為二性・相両頓一。[7]

冒頭の「摸二後師釈一……」とは、『聖財論』[8]以降に成立した教判を模倣するという意味である。[9]この『探玄鈔』では、天台の四教判・吉蔵の三法輪・善導の二蔵二教判・法然の選択摂取の四種の模倣を指摘している。[10]今引用したのは、その内、天台の四教判に関する記述である。これを見ると、確かに声聞蔵・初分教・後分教・性頓教を、蔵教・通教・別教・円教に配当していることが確認できる。

しかし、厳密な意味で天台四教との関連を論じ得るかについては検討する。というのも、聖冏の『略名目図』では、声聞蔵・初分・後分・性頓の仏座を事座と法座の両座に分けている。そればかりか、声聞蔵・初分を茅草、天衣・大蓮華を後分教・性頓教の事座としているのである。[11]これは天台四教が草・天衣・七宝・虚空を蔵教・通教・別教・円教の座とするにことに比せば、厳密に対応しているとは言い切れない。今はこの問題について保留するが、聖冏の認識において、天台別教説を後分教説の一基準として用いていることは間違いない。

問。当教断惑証理、其相如何。

答。後分大乗談二俗諦恒沙法門一。故、機類千差断証万別。且、天台別教、全今当教。然、彼言下初住断二見惑一、従二二住一至二七住一断二思惑一、八・九・十住断二上品塵沙一、十行位中断二中品塵沙一、十廻向中断二下品塵沙一。塵沙者、当二不染無知一也云云。[12]

この『略名目図見聞』巻下の記述は、後分教における断惑の階梯を述べた箇所である。これに依ると、冒頭に「且、天台別教、全今当教。」とあり、後分教における断惑の階梯は、天台に準じるならば別教に該当すると言っている。その内訳を確認すると、初住位にて見惑を断じ、第二住から第七住の六位で思惑を断じ、第八住から第十住、十行位、十廻向位にて、上・中・下品の塵沙惑を順に断じるとしている。ここでは地前の断惑について述べているので、無明については言及されていないが、天台別教説における断惑の階梯と同じであることがわかる。

　この直後には、続いて三論・法相の階梯が併記されている。日本天台では最澄以降、法相宗を通教に収める。しかし、中国天台の認識では、八識・二無我等を別教説として扱う(13)。従って、天台別教・三論・法相の行位が併説されていることに問題はない。

　また、三論に関して言えば、聖冏は教判を創設するにあたり、吉蔵の二蔵三法輪を参照している(14)。そのため、聖冏の教判において三論説が重要な視座となっている可能性もある。ただ、聖冏の三論説に対する理解がどの程度であったかについては、今後の検討課題として残したい。

又、三論宗、全今当教。彼言下初住断二レ見一処住地一、二住已後九住断二欲愛住地一、十行位中断二色愛住地一、十廻向中断中有愛住地上。有愛住地者、是無色界思惑也。

又、法相宗、専是当二当教一。然、彼不レ許二地前断惑一、但許二伏惑一也。取レ其、煩悩障中、見所断現起与二修所断現起一、従二初住一伏二初之一、至二十廻向満位一伏レ之畢。断レ之、見所断種、初地入心真見道位断レ之。故於二地上一、彼現起用全不レ可レ有レ之。所以、論云(15)下初地以上能頓伏尽、令二永不一レ行如中阿羅漢上此謂也。然而、以二自在力意楽一、於二前七地中一暫現二レ起之一。八地已上永無レ之也。所以、論云下由二故意力一前七地中雖二暫現起一、而不レ為レ失。八地以上畢竟不上レ行此之謂也。其修所断種、金剛喩定現在前時断二レ尽之一也。

又、所知障中、見所断現起与二修所断現起一、従二四加行初明得定一伏二初之一。但、見所断現起、於二第四無間定一伏レ之畢。断レ之、見所断種如二煩悩障見所断一於二初地一断レ之。故於二地上一、彼現起用永不レ可レ有レ之。其修所断現起従二四加行初定一乃至第十地・等覚漸漸伏レ之。断レ之修、所断種初地乃至十地等覚漸漸断レ之云云。

如レ是所立、雖二是不一レ同、当教一途所談、十信未レ断二見思一、十地・等覚即断二無明一也。故合而為二一教一。[16]

先ず、三論との対照では、初住位にて見一処住地を断じ、第二住から第九住までにて欲愛住地を断じ、十行位・十廻向位にて順に色愛住地・有愛住地を断じるとしている。これは四住地（見一処住地[17]・欲愛住地・色愛住地・有愛住地）に基づいて断惑を論じている。見一処住地は見惑に相当し、残りの三住地は思惑に相当する。従って、ここでは地上に登る前で、見惑と思惑を断じるということになる。

次に、法相との対照を確認する。ここでは煩悩障と所知障に分けて論じている。煩悩障とは我執（人執）により引き起こされる障害で、所知障とは法執により引き起こされる障害である。煩悩障における見所断現起と修所断現起は地前までに伏し終わって、地上より徐々に断ぜられるとしている。そして、所知障の方では四加行位（四善根位）の明得定（煖位）より順に伏し始めるとする。そして、第四の無間定（世第一法位）までに伏し終わり、地上より徐々に断ぜられるとしている。難解な部分もあるが、要するに法相説では、地前は惑を伏すのみとなるのである。聖冏はこれを天台別教説や三論説と異なるものとし、『伝通記糅鈔』（以下、『糅鈔』）巻二〇で次のように述べている。

初地已上同断二二執一等者[18]、師仰云[19]、問。地前断二人執一顕二人空理一、地上断二法執一顕二法空理一。何云三初地已上同断二二執一耶。又、相宗意、初地至二七地一、亦分段亦変易也。何但変易也云耶。

答。凡、断惑次位、随レ宗不レ同也。若相宗意、地前伏位也、地上断位也。若依二三論宗所談一、地前断二人執一見二人空理一、地上断二法執一顕二法空理一。天台別教同レ之耳。此之断道、通漫説也。今、初地已上断二二執一云、若法相宗無二相違一也。若三論宗、若天台別教意、地前断二人執一見二人空理一。初地断二法執一見二法空理一。前・後通合、地上二執断云也。況、一家釈義、順二三論一。前・後補摂、其義無レ妨云云[20]。

註にも付したように、冒頭の「初地已上同断二執」とは、良忠の『伝通記』玄義分・巻五にある記述である。そして、この『糅鈔』では「師仰云……」とあることから、白旗派祖寂慧良暁の『伝通記見聞』巻五の記述をそのまま引用している。この「初地已上同断二執」とは、天台別教・三論・法相では何れも初地以上で人・法二執を断じているということを意味している。先に示した『略名目図見聞』巻下では、法相との対比において煩悩障や所知障など複雑な議論を展開していたが、ここでは大雑把に地前と地上で状況が異なるということのみを述べているようである。そして、「地前断二人執一見二人空理一、初地断二法執一顕二法空理一」という三論説を、天台の別教説と併せて「通漫説」と位置づけている。この「通漫説」とは、広く認識されている説示という意味であると考えられる。よって、聖冏は三論説と天台別教説を一般的な理解とし、そこに法相説を会通しているとも考えられるのである。何故法相を会通する必要があったのかということについてはこの資料から推知し得ない。ただ、何れにしても、天台別教説・三論説・法相説は準拠される教説と言うより、比況される教義として扱われているに過ぎない。従って、天台別教説は後分教説に比せられる教説として引用されていると考えられる。

三　等覚の立・不立について

この後分教説が初分教や性頓教に比して特徴的なのは、等覚の立・不立を問題とし、仏の十地を引用しているという点にある。これ等は後分教説以外には確認できないばかりか、三論・天台別教説とも異なる部分である。そこで、等覚の立・不立と仏の十地という二つの観点から後分教説の背景について考えていきたい。

さて、等覚の立・不立について言及する前に、改めて後分教内における階位を確認したい。『略名目図見聞』巻下等を参照すれば、後分教には「六位六十一地」の階位が設定されている。ここでは、ひとまず『略名目図見聞』巻下の記述を掲出することにする。


問。何故名二後分教一耶。

答。此教独菩薩所被教故、勝二初分教三乗共学一故、名二後分教一也。凡、当教中、明二菩薩地位一、於二六位一立二六十一地一也。

問。六位者、是何等乎。

答。一、十信相位。二、十発趣位。三、十長養位。四、十金剛位。五、十聖種性位。六、十妙覚位。若於下十聖与二妙覚一中間上而立二等覚一位一者、即応言二七位一。今以二不立等覚意一、且云二六位一也。

問。六十一地者、是何等耶。

答。於二六位大綱中一、有二六十一地小目一也。謂、六位各有二十地一故、六十地也。若不レ立二等覚一地一者、雖三但応レ云二六十地一、今且以二立等覚意一云二六十一地一也。此乃、大綱云二六位一令レ知二不立等覚義一、小目云二六十一地一令レ知二立等覚意一。綱・目影略互顕、応レ用二立・不立二義一。彼仁王経中不レ立二等覚一。瓔珞経中而立二等覚一故。但、若依二一家大師意一、以二立等覚一而為レ正云云。[21]

これを見ると、この後分教では大綱として「六位」、小目として「六十一地」がある。その「六位」とは「十信相位・十発趣位・十長養位・十金剛位・十聖種性位・十妙覚位」を指す。これ等は十信・十住・十行・十廻向・十地・妙覚と同義である。そして、これ等一々の位に、また十位が想定され「六十地」を成す。そして、この「六十地」に等覚を加算して「六十一地」となるのである。ここで問題となることは、等覚を位として立てないが、地として数えているということである。

聖冏が参照したとされる『聖財論』や、法然選述とされる『建暦法語』[22]等を参照すれば、確かに「六位」の大綱を立てることはできるかもしれない。しかし、「十信相位・十発趣位・十長養位・十金剛位・十聖種性位」という名目を導き出すことまではできない。そのため、これ等の著述以外からの思想的影響を受けていると考えるべきである。

そこで、聖冏の周辺から詮索すると、これ等の名目は名越派の聖観良天による『開題考文抄聞書』を参照している可能性が考えられる。その『開題考文抄聞書』の該当箇所には、「大乗後分者、名目云、二漸教後分者、此大乗後教菩薩、経二歴五十二位僧祇無百千万劫一。万劫外凡、三企内凡也。此間経二六十一地一也。六十一地者、一、信相是十信。位也二、発趣位名二習種姓一。十住位也三、長養位是名二性種姓一。十行位也四、金剛位十廻向。位也五、十聖位十地。位也已上菩薩十地也。六、仏果十地云云。私云、加二等覚一地一云二六十一地一歟。[23]」と記されている。この『開題考文抄聞書』の文では、『略名目図見聞』の表記と同じであるばかりか、等覚を立てないという点でも一致している。しかも、『開題考文抄聞書』の成立は『略名目図見聞』の成立よりも早い[24]。そのため、聖冏が『略名目図見聞』を著すにあたり、『開題考文抄聞書』を参照した可能性は十分に考えられる。

また、一つの可能性として、これ等の名目が『梵網経』巻上[25]に由来することも考えられる[26]。というのも、江戸期の学匠である懐山の『浄統略讃』では、聖冏が晩年に円頓戒を承けていると指摘している[27]。そのため、天台智顗の『菩薩戒義疏』等から引用した可能性も否定できない。ただ、十分な確証が得られないため、今はその可能性を指摘するに留める。

さて、等覚の立・不立という観点を踏まえれば、「六位六十一地」という表記は立・不立の二義を折衷させた表記と言える。聖冏がこのような表記を用いた理由を考えた場合、聖冏は等覚を第十地に含めるという認識を有していたことが考えられる。例えば、『糅鈔』巻六を見ると、等覚を第十地の出位に充てるという記述が確認できる。

三賢九地乃至第十地満等者、師仰云、問。今何除二等覚一耶。
答。仁王経説二五十一位一不レ立二等覚一。瓔珞経説二五十二位一。是則、第十地中於入・住・出説故。出位開立二等覚一位一。故、立・不立非二相違一。然、今文、十地・三賢云故、今記亦約二十地一也云云已上師仰。
今私云、是只挍二当文一。非レ謂二究竟一家御釈不レ立二等覚一。下云二妙覚及等覚一故云云[28]。

聖冏はここでも良暁の『伝通記見聞』玄義分・巻一[29]の説示をそのまま引用している。傍線を付した箇所を見ると、第十地の出位を等覚に充てるという趣旨が確認できる。この傍線部の箇所では、等覚を第十地の出位に充てているので、等覚を説かない『仁王経』と、等覚を説く『瓔珞経』とが相違しないと述べている。ここで引用されている『伝通記見聞』の文は、「三祇各有満与未満等者……」という箇所について註釈したものである。この「三祇各有満与未満等者……」とは、良忠の『伝通記』玄義分・巻一の「満未満者、三祇各有三満与二未満一。究竟而論、三賢・九地是未満位。第十地是満位。此約二因満一。若約二果満一、十地已還是未満位。仏地唯満。故、下文云二如来智行已窮時劫已満一。」[30][31]という部分を指している[32]。従って、ここで用いられている『伝通記見聞』の文は、良忠の『伝通記』の記述を継承と判断したものと言うことになる。そのため、等覚を第十地の出位に充てるという認識は、良忠による釈義を継承したものと言うことになる。ここで重要なのは、第十地を因位における満位と認識していることである。つまり、第十地を仏地に隣接する位とし、因位における最高位と位置づけているのである。

このような説示は、他の良忠の著述にも確認できる。例えば、『観経疏略鈔』散善義・巻一に「灌頂之位已証」を解釈する箇所がある。この「灌頂之位已証」とは、善導の『観経疏』散善義に「念天者、即是最後身十地之菩薩。此等、難行之行已過、三祇之劫已超、万徳之行已成、灌頂之位已証。」[33]とある部分を指したものである。

問。灌頂者、何事哉。

答。灌頂源輪王作法也。譲㆓位於太子㆒時、四海水太子頂灌、授㆓聖王職位㆒也。仏准㆑之、以㆓権智御手㆒法性智水灌㆓菩薩実頂㆒、授㆓法王職位㆒也。

難云。若爾、灌頂最初正覚時也。何十地菩薩名㆓灌頂㆒哉。十地後有㆓等覚㆒。是猶因位也。故至㆓等覚後心㆒可㆑有㆓灌頂㆒如何。

答。一義云、十地・等覚、開合異也。故、等覚・十地合、十地判㆓灌頂㆒也。実、等覚可㆑有也常義。

難云。瓔珞経中、第十地灌頂説畢。次説㆓今釈十地菩薩当体㆒、灌頂云。知、灌頂以後、猶菩薩也云事如何。

答。有㆓宝地房法印勘文㆒。法苑珠林、灌頂有㆑二見。一、立太子灌頂。二、即位灌頂也云云。菩薩灌頂可㆑有㆑之。[34]

傍線を付した箇所を見ると、灌頂を受けるのは最初に正覚を成す時であるとする。そのため、第十地の後に等覚があるのに、何故第十地を灌頂と名付けるのかと難じている。この「十地後」とは、「第十地の出位」を指すものではなく、単に「第十地の後に来る位」という意味である。これに対して、第十地と等覚は「開合異」であると答えている。つまり、第十地と等覚を合わせれば、第十地が因位の最上となるというのである。この「一義云……」の典拠を特定することができないが、良忠が等覚を第十地に含めるという認識を有していたことは確認できる。この記述は同じく良忠の『徹選択抄』巻下における「世間灌頂・出世間灌頂」の箇所と同趣のものである。[35]

問。其委細相如何。

答。世間灌頂、輪王灌頂也。出世灌頂、菩薩灌頂也。世間灌頂者、輪王終《ニ》王子《ニ》国譲《ヲル》時、其《ノ》表示《トシテ》、東・西・南・北《ノ》四海ノ水《ヲ》クミテ、自取㆑水灌㆓王子頂㆒。是四海之内、皆朕領也。灌㆑頂、譲意也。彼《ノ》出世法王子《ノ》菩薩成《ズル》㆑覚《ヲ》時、法性智水《ヲ》酌ミ、以㆓如来《ノ》権智《ノ》御手《ヲ》㆒自法性智水取《ヲリ》、灌《ギ》㆓菩薩《ノ》実智《ノ》頂《ニ》㆒、授《グ》㆓法王《ノ》職位《ヲ》㆒也。但、瓔珞経乍㆑説㆓等・妙二覚一、第十地明二授職灌頂ノ道理一。等覚後《ノ》心《ニ》欲《ル》二成仏《セント》一之時、可レ授二灌頂一也。是大《ナル》論議也。或義《ニハ》、第十法雲地也。従《リ》二法雲名《ノ》一説二灌頂一也云《トエリ》。或義《ニハ》、十地・等覚《ヲ》合《ル》意也云《トエリ》。宝地房験二伝義一、世間灌頂有レ二。一《ニハ》立太子灌頂位、二《ニハ》即位灌頂也。出世灌頂准レ之可レ有二両度一。第十地灌頂、如二立太子灌頂一。正覚《ノ》時《ノ》灌頂、如二即位時灌頂一。

非二論議一事也云云。

傍線を付した箇所に、灌頂とは授職灌頂のことで、因位を満たし成仏する時に授けられるものであるとしている。そして、『瓔珞経』を引用し、第十地を授職灌頂の位としていることがわかる。「等覚後心」をどのように解釈するかが問題となるが、これは第十地の出位と同義として理解すれば良いのではないかと考えられる。また、先に示した『観経疏略鈔』の中に「宝地房法印勘文」とあった。これの典拠を特定することはできないが、『徹選択抄』の「宝地房験二伝義一、世間灌頂有レ二。……」という箇所と同じである。灌頂については様々な問題もあるが、ここで重要となることは第十地を因満位として位置づけ、それを灌頂位としているということである。この第十地を因満位とする釈義は聖冏も『釈浄土二蔵義』（以下、『二蔵義』）巻八において示している。

念不退者、八地已上証浄心菩薩、更無二念退一也。已上十地、若立二七（ママ）輪一名二瑠璃輪一。若依二仁王一、即経二百万阿僧祇劫一。若依二持地・唯識等一、即逕二三大阿僧祇劫一。一家且依二諸論之説一判二三僧祇一。散善義云、即是、最後身十地之菩薩。此等難行之行已過、三祇之劫已超、万徳之行已成、灌頂之位証已上[36]。

これは四不退説の念不退について言及した箇所である。ここでも良忠と同じく善導の『観経疏』散善義の文を引用している。

また、聖冏は第十地（法雲地）を「法雲灌頂地」と呼称することもある[37]。これについて、聖冏は「法雲」を『成唯識論』巻九の「十法雲地。大法智雲含二衆徳水一、蔽二一切如レ空麁重一、充二満法身一故[38]。」という記述に準じて解釈し、

「灌頂」を六十『華厳』巻六の「若十地種自在力、皆悉究竟得二解脱一。授記荘厳悉具足、無量法門得二自在一。若記荘厳悉具足、無量法門得自在。尽為二一切十方仏一、皆与授記無レ有レ余。若為二一切十方仏一、皆与授記無レ有レ余。甘露法水灌二其頂一、十方諸仏授記竟。(39)」という偈文を用いて解釈している。これ等の記述により、聖冏は第十地を因満位とし、灌頂を承ける位として認識していることが確認できるのである。従って、聖冏は第十地に等覚を含めるという認識に則って、等覚を第十地の出位と認識している。そのため、「六位六十一地」という表記を用いて、等覚の立・不立の二義を表しているのである。

尚、等覚と第十地の関係については、中国の隋・唐代から様々に議論されている。そのため、遡れば諸学匠により多種多様な見解が提示されていると考えられる。しかし、聖冏の教判への影響という点で考えた場合、上述のような良忠の説示が基準とされていると考えられる。

四　仏の十地の引用について

上述のように「六位六十一地」の「六十一地」では、妙覚位にも十地が設定されている。これは仏の十地と言われるものである。聖冏の『二蔵義』巻八の記述に従えば、この仏の十地は闍那耶舎訳の『大乗同性経』（以下、『同性経』）巻下(40)から引用したものであることがわかる。

問。所レ言十地実有二浅・深一耶。

答。化道之前、且有二浅・深一。内証之日、但是一仏。故、同性経云、初地甚深、後皆利他已上。又云、初地自証、後地果後方便已上。

問。化道之日、如何差別。

答。同性経云、仏有二十地一。十地所レ現已上。且、甚深難知広明地乃至毘盧遮那智蔵地、如レ次、歓喜地乃至法雲地能化也。一一名字、以二十地菩薩所行・所得一、可レ得二其意一而已。同性経云、一切自地従（ママ）二仏地一生已上。[41]

ここでは一々の地の名称が列挙されていないが、「甚深難知広明地乃至毘盧遮那智蔵地」とあることから、『同性経』から引用していることは確かである。『同性経』では声聞・縁覚・菩薩・仏の四種の十地を説くことが特色の一つとされている。日本天台では、この声聞・縁覚・菩薩・仏の十地を蔵教・通教・別教・円教に配当させるという特色がある。そして、仏の十地について、修行の階梯ではなく、仏徳を表したものとして認識しているようである。[42]傍線を付した箇所を見ると、仏の十地は菩薩の十地に対する能化とされている。そして、「一切自地従（ママ）二仏地一生」とあることから、この後分教説においても修行の階梯というよりは、仏の特質により分類したものと考えた方が妥当である。次に示す『略名目図見聞』巻下には、仏に十地があるとしても、それは方便として設けられた階位であり、仏における階級差を表すものではないと言う趣旨の記述が確認できる。

問。妙覚地中、十地名義如何。

答。除二細習気一得二自在一、是名二甚深自証仏一。転二正法輪一顕二深義一、是名二説戒方便仏一。顕二説三乗差別法一、是名二説定方便仏一。説二八万法一降二伏四魔一、是名二降魔方便仏一。摧二異邪法一伏二悪行一、是名二伏外方便仏一。現二大神通無辺事一、是名二神変方便仏一。為二諸菩薩一顕二菩提一、是名二無著方便仏一。為二諸菩薩一授二記莂一、是名二授記方便仏一。為二諸菩薩一現二方便一、是名二善現方便仏一。能説二一味平等法一、名二無所有方便仏一。

如レ是、十地有二次第一、是機感レ仏仮位也。初地甚深、後皆方便。是仏対レ機実位也。十地階次即二機見一。即、此十地次第中、自証方便是仏智。当レ知、十地与二初地一、浅・深、高・下有二階差一。亦知、初地与二十地一、畢竟平等、無二高・下一云云。[43]

それで、次に考えるべきことは、典拠は『同性経』であるとしても、どのような経緯で仏の十地を引用するに至ったのかということである。というのも、上述したように、聖冏の教判で仏の十地が引用されているのは後分教のみで、初分教・性頓教・相頓教には引用されていない。従って、聖冏は祖師の記述に準じて引用している可能性が高いと考えられる。

そこで、聖冏以前の学匠の著述に目を向けると、先ず良暁の『伝通記見聞』玄義分・巻六[44]に引用が確認できる。紙幅の都合上、全文を提示することができないが、これは良忠の『伝通記』玄義分・巻六の記述[45]を引用した箇所である。ここでは善導の『観経疏』玄義分の「第六会二通二乗種不生義一者、問曰。弥陀浄国、為当是報、是化也。答曰。是報非レ化。云何得レ知。如二大乗同性経説一、西方安楽阿弥陀仏、是報仏・報土。[46]」という文を註釈した箇所である。この文は「是報非化」という、阿弥陀仏と西方浄土を報身・報土と規定する際に根拠となる文である。尤も、善導は仏の十地について言及していない。仏の十地が引用され始めるのは、良忠の『伝通記』にある「復有二阿弥陀如来・蓮花開敷星王如来・龍主王如来・宝徳如来一。有下如レ是等生二浄仏刹一所二得道一者上。彼諸如来得二初仏地一。[47]」という記述以降のことである。そして、十地の名称が初めて列挙されるのは、前述の『伝通記見聞』である。従って、この阿弥陀仏を初地の仏とするという趣旨の記述から、仏の十地全体の引用へと展開していることが推測される。

ところで、良忠・良暁以前の浄土教祖師の記述に遡り、仏の十地を説く文献を探してみると、懐感の『釈浄土群疑論』（以下、『群疑論』）巻三の記述のみが該当する。この『群疑論』巻三では、「命終之後、還生二阿鼻大地獄中一。如何念仏功徳、一声・十声即得三罪滅往二西方也一。釈曰、由二五勝一故、雖三復暫念二仏名一、滅レ罪生レ信、過下彼十万億歳如レ救二頭燃一修レ道滅上罪。言二五勝一者、一発心勝、二求生勝、三本願勝、四功徳勝、五威力勝。……[48]」とあり、下品下生の往生について、最後の一念の殊勝なることを論じている。この内、第五の「威力勝」について述べた箇所に、「五威力勝者、同性経説、仏有㆓十地㆒。阿弥陀仏是仏初地。功徳威力稍異㆓常徒㆒。故、威力加㆓持念仏修行者㆒定得㆓往生㆒不㆑同㆓余類㆒也。[49]」とあり、『同性経』の語が確認できるのである。ここを註した円乗房道忠の『釈浄土群疑論探要記』（以下、『探要記』）巻七を見ると、次のように記されている。

> 第五威力勝者、阿弥陀仏是仏初地功徳威力稍異㆓常徒㆒。以㆓彼威力㆒、加㆓持行者㆒。故能成㆑勝。加謂㆓加被㆒。持謂㆓護持摂取義㆒也。第三願力。今是威力。故為㆓差別㆒。五種力中、願力・威力其躰異故。
> 問。就㆓於仏位㆒、有㆓十地㆒者、豈非㆔果満有㆓不平等㆒。
> 答。彼経意者、従㆓仏徳別㆒論㆓於十地㆒。非㆔初地劣、乃至十地勝㆓於前仏㆒。謂、仏智徳尽㆓細習気㆒、於㆓諸法中㆒得㆓最自在㆒名為㆓初地㆒。今、威力者、自在力也。是極仏境、非㆓諸菩薩・二乗等之所行処㆒。故云㆓異常徒㆒。故、経下云、仏有㆓十地㆒。一切菩薩及声聞・辟支仏等所㆑不㆑能㆑行。何者為㆑十。一、名㆓甚深難知広明智徳地㆒。
> ……（中略）……
> 又云、海妙深持自在智通菩薩復問言、世尊、唯願世尊、現㆓初仏地㆒住㆓彼初地㆒顕㆓現一切如来境界㆒、令㆓諸声聞・辟支仏等歓喜踊躍㆒……（中略）……復有㆓阿弥陀如来・蓮華開敷星王如来・龍主王如来・宝徳如来㆒、有㆓如㆑是等㆒生㆓浄仏刹㆒。所㆓得道㆒者、彼諸如来得㆓初仏地㆒抄略。
> 明知、初地功徳、亦通㆓諸仏㆒乃至十地亦復如㆑是。然、形㆓別徳㆒。故以㆓一仏㆒擬㆓於一地㆒。於㆑中、顕㆓現自在力㆒故、於㆓浄仏刹㆒成㆑覚利㆑物名為㆓初地㆒。更非㆑不㆑具㆓余地徳㆒也。[50]

途中に「従㆓仏徳別㆒論㆓於十地㆒。非㆔初地劣、乃至十地勝㆓於前仏㆒。」とあり、仏の十地が仏徳を表したものであることがわかる。そして、「何者為㆑十。……」以降では、地々の名目と説明が続いている。今注目するのは「明知……」以降である。この箇所は道忠自身による解釈が示されている。仏の初地について、『同性経』の中では「仏初地者、一切微細習気除故。復一切法得二自在一故。[51]」と記されているのみであった。しかし、この『探要記』では、「於二浄仏刹一成レ覚利レ物名為二初地一。」や、「更非レ不レ具二余地徳一也。」という記述が追加されている。聖冏の著述を見ると、ここで追加された記述が引用されている形跡が確認できるのである。試みに、『二蔵義』巻八の記述を示せば次の通りである。

問。何故名二甚深難知広明地一耶。

答。為二初地菩薩一説二甚深無量施一、具令レ証二二空智徳一。広自利利他、説二如レ是法一。以二能化仏一故云二甚深難知広明智徳地一也。亦、是除二一切微細習気一。諸仏自証故名二甚深自証仏一也。[52]

「除二一切微細習気一」という部分は、『同性経』に同じである。ところが、「為二初地菩薩一説二甚深無量施一、具令レ証二二空智徳一。広自利利他、説二如レ是法一。以二能化仏一故云二甚深難知広明智徳地一也。」という部分は道忠により追加された文と同趣であると考えられる。従って、聖冏は『探要記』を介して『同性経』を引用していると考えられる。[53]

五　結　語

さて、最後に本稿での考察を纏める。本稿では、聖冏の教判における後分教説の背景となる思想について少しく考察を試みた。上述のように聖冏や大玄の著述、そして諸先学による研究等を踏まえれば、この後分教説が天台別教説を雛型としているとも考えられる。しかし、断惑に関する記述のように、天台別教説は三論説・法相説等と併記されていて、比況されている一教説に過ぎないと考えられる部分があった。更に、等覚の立・不立や仏の十地の引用等、天台別教説では導き得ない釈義が織り込まれていることも問題となる。そこで、本稿ではこの二つの観点から、後分教説の背景について考察を試みた。

まず、等覚の立・不立について考えた場合、聖冏は「六位六十一地」という表記を用い、等覚の立・不立の両義を用いていた。これは等覚を位として立てず、第十地の出位に充てるという理解を示すものである。そして、仏の十地について考えた場合、この直接的な典拠は『同性経』である。しかし、引用されている文言から判断すれば、『群疑論』や『探要記』を介して引用していると考えられる。つまり、聖冏は孫引きしているのである。また、この『同性経』について言えば、元々は阿弥陀仏を報身とする典拠の文としてのみ引用されていた。しかし、良忠以降、徐々に仏の十地説全体の引用へと展開していったとも考えられる。

このように、等覚の立・不立や仏の十地に関する記述を確認すると、何れも基本的に良忠・良暁の説示が基本に置かれている。そしてまた、『瓔珞経』や『同性経』等、諸経典を引用する場合においても、良忠・良暁の引用に準えて引用している[54]。仏の十地に際して『群疑論』・『探要記』を引用したのも、結局、良忠にとって重要な著述であったために、聖冏も引用したと考えられる。従って、後分教説は良忠・良暁説を継承して構成していると言える。

註

（1）一三四一（暦応四）年一〇月一五日〜一四二〇（応永二七）年九月二七日。『了誉上人行業記』（浄全一七・四一二頁上）、参照。

（2）望月信亨『浄土教之研究』第五四章「聖冏上人の事蹟及び其の教義」仏書研究会、一九一四。遠藤円乗「冏師の

浄土判教観」『浄土学』一二、一九八〇。服部英淳「了誉聖冏の教学体系に関する述作　解説」『浄全』一二、一九九〇（第三刷）。／『浄土宗典籍研究』一七、一九七五。吉水義浩「聖冏上人の教判について―大玄『探玄鈔』を中心に―」『仏教論叢』四〇、一九九六。深貝慈孝「了誉聖冏の浄土思想」『日本仏教学会年報』四二号、一九七七。服部淳一「聖冏教学における無生而生の論理」『印度学仏教学研究』二九‐一、一九八〇。服部淳一「生即無生の系譜」『高橋弘次先生古稀記念論集浄土学仏教学論叢』一、二〇〇四。服部淳一「聖冏教学における性頓と相頓」『仏教論叢』二三、一九七九。服部淳一「聖冏教学における往生の展開」『仏教文化研究』四六、二〇〇二。服部淳一「聖冏頓教判の成立について」『印度学仏教学研究』三五‐一、一九八六。服部淳一「冏師の三法輪」『仏教論叢』二一、一九七七。服部淳一「聖冏教判成立考―随他扶宗の構成―」『佐藤良純教授古稀記念論文集インド文化と仏教思想の基調と展開』二、二〇〇三。服部淳一「聖冏教判の構成漸教―漸教について―」『仏教論叢』三一、一九八七。

（3）この指摘は先学の指摘を継承すると同時に、相頓教の優越性を立証するために、漸教について考察する必要を指摘する点で首肯できるものである。服部淳一「聖冏教判の構成漸教―漸教について―」『仏教論叢』三一、一九八七。ここで言う先学の指摘については、前掲出註（2）を参照。

（4）『伝通記糅鈔』巻四八（浄全三・一〇三二頁下）には、「具如㆓二蔵頌義㆒。此乃、聖財論義故云云。」とある。

（5）『浄土略名目図見聞』巻下（浄全一二・七一一頁上）。

（6）一六八〇（延宝八）年～一七五六（宝暦六）年八月四日。大玄は速蓮社とも言い、芝増上寺の第四五世に数えられる学匠である。法脈としては白旗派の聖冏・聖聡・西仰と次第し、顕誉祐天の直弟子にあたる。聖冏から数えるならば一三代後の学匠となる。

（7）大玄『浄土頌義探玄鈔』巻中（浄全一二・六一四頁下）。

（8）『麒麟聖財立宗論』については、鈴木英之氏が翻刻をしている。鈴木英之「菩提流支三蔵所造『麒麟聖財立宗論』解題・翻刻―中世浄土教における仮託文献について―」『論叢アジアの思想と文化』二〇、二〇一一。

（9）大玄の『浄土頌義探玄鈔』巻中（浄全一二・六一三頁上）「二、麒論者、問。麒麟聖財論為㆑真為㆑偽。答。是偽非㆑真。其証有㆑六。一、本伝不㆑挙。二、諸録不㆑載。三、諸師不㆑引。四、和文非㆑漢。五、模㆓後師釈㆒。六、解有㆓邪謬㆒。……」。

(10) 前掲出註（6）、参照。
(11) 『浄土略名目図』（浄全一二・六六五頁下～六六八頁上）。
(12) 『浄土略名目図見聞』巻下（浄全一二・七一一頁上下）。
(13) 大久保良峻『最澄の思想と天台教学』「安然と最澄」・「最澄と徳一の行位対論」法藏館、二〇一五。
(14) 服部淳一「冏師の三法輪」『仏教論叢』二一、一九七七。
(15) 『成唯識論』巻一〇（大正三一・五四頁上）。
(16) 『浄土略名目図見聞』巻下（浄全一二・七一一頁上下）。
(17) 中村元『仏教語大辞典』では「見一切住地」の名称で拾っている。
(18) 良忠『伝通記』玄義分・巻五（浄全二・一七四頁上）。
(19) 良暁の『伝通記見聞』玄義分・巻五（続浄全三・一三五頁上下）では、「初地已上同断等、問。地前人執断、顕二人空理一。地上法執断、顕二法空理一。何初地已上同断二一執一云哉。又、相宗心。初地至二七地一。又、分段、又、変易、何唯変易云哉。答。凡断惑次位。随レ宗不レ同也。若相宗、地前伏位也、地上断位也。若依二天台別教所談一、地前断二見思一見二人空理一、地上断二法執一顕二法空理一。此断道、通慢説也。今初地已上断二一執一云、依二法相心一。無二相違一也。若天台別教心、地前断二人執一見二人空理一、初地断二法執一見二法空理一。合二前・後一地上断二一執一云也。次、変易生死。……」とある。
(20) 『伝通記糅鈔』巻二〇（浄全三・四五六頁下～四五七頁上）。
(21) 『浄土略名目図見聞』巻下（浄全一二・七〇八頁下）。
(22) 聖冏は『建暦法語』を法然の著述として用いているが、先行研究等を参照すると、法然の偽撰とする説が有効である。また、望月信亨氏は、聖冏が自身の思想体系を論じるために書き表したと指摘している。望月信亨『浄土教之研究』第四二章「法然上人の著作法語並に其の真偽」仏書研究会、一九一四。
(23) 『開題考文抄聞書』（続浄全一〇・二九八頁下～二九九頁上）。
(24) 『開題考文抄聞書』は一三四九（正平四／貞和五）年五月二四日に記されたことが明らかとなっている。『浄土略名目図』の正確な成立年代はわかっていないが、『浄土略名目図見聞』が一三九二（明徳三）年に記されている。そのため、『浄土略名目図』は、その前後に著されたものであろうことが推測される。ただ、一三四九年の時点では聖冏が八歳である。よって、少なくとも、『浄土略名目図』は『開題考文抄聞書』より後の成立であると考えられる。聖冏の教判説における名越派の影響については稿を改めて論じたい。

(25)　『梵網経』巻上（大正二四・九九七頁下～九九八頁上）。

(26)　これ等の名目は『梵網経』の他に、不空訳の『大乗瑜伽金剛性海曼殊室利千臂千鉢大教王経』（大正二〇・七五九頁上～七六〇頁上）にも確認できる。

(27)　懐山『浄統略讃』（続浄全一七・三七九頁上下）の蓮勝上人について記した箇所では、「此師ハ白旗ヨリ〔綱維義九丁〕三国伝来ノ奥旨ヲ面受シテ、了実又ハ了誉ニ伝エ玉ウ。本ト了実ハ直弟也。了誉ハ孫弟也。故ニ冏師自ラ、愚ハ蓮勝ノ孫弟也ト〔頌義見一廿三丁〕称ス。然レトモ、本師了実ノ仰ヲ受テ、冏師又直ニ此蓮勝ニ宗教ヲ受玉ウ也。略云。相伝ノ冏師ハ又此蓮勝ノ仰ヲ受テ、箕田ノ円頓大戒ヲ伝エ玉ウト云ウ。但シ、此師〔蓮勝〕円戒未伝ノ故ニ非ス。箕田〔定慧〕又宗脈未伝ノ師ニ非ス。蓋シ互ニ冏師ノ偉器ヲ見テ、具ニ衆美ヲ兼シメント欲スル故也。」とある。この中で、箕田の定慧が聖冏に円頓戒を授けたと記されている。

(28)　『伝通記糅鈔』巻六（浄全三・一五五頁下）。

(29)　良暁の『伝通記見聞』玄義分・巻一（続浄全三・二七頁下）には、「三祇各有満与未満等者、問。今何除二等覚一位一哉。答。仁王経説二五十一位一。不レ立二等覚一。瓔珞経説二五十二位一。此即於二第十地中一、説二入・住・出一故。開出位立二等覚一位一。故、立・不立並非二相違一。然、今文云二十地三賢一。故、今記亦約二十地一也云云。」とある。

(30)　この「満未満者……」とは、善導の『観無量寿経疏』玄義分（浄全二・一頁上）にある、「十地三賢海　時劫満未満」という箇所を指す。

(31)　浄全二・九五頁上。この『伝通記』の文中にある「如来智行已窮時劫已満」とは、善導の『観経疏』玄義分（浄全二・二頁下）の文を引用したものである。

(32)　この部分も、善導の『観経疏』玄義分の冒頭に説かれる偈文（十四行偈）の内、「十地三賢海　時劫満未満」の箇所を註釈している。

(33) 浄全二・六一頁下。この箇所は、畺良耶舎訳『観無量寿経』上品上生段（浄全一・四六頁）の「復有二三種衆生一当レ得二往生一。何等為レ三。一者、慈心不レ殺、具二諸戒行一。二者、読二誦大乗方等経典一。三者、修二行六念一。」という箇所があり、「三者、修行六念。」という部分に対する註釈である。「六念」とは仏・法・僧・戒・捨・天を念ずることで、最後の「念天」が引用文冒頭の「念天」に該当する。

(34) 『観経疏略鈔』散善義・巻一（浄全二・五八九頁下～五九〇頁上）。

(35) 浄全七・一二〇頁下。引用文中の小文字で付した送り仮名は、資料を解読する上で便宜的に追加した。

(36) 『釈浄土二蔵義』巻八（浄全一二・九七頁上下）。

(37) 『釈浄土二蔵義』巻八（浄全一二・九四頁下）。

(38) 玄奘訳『成唯識論』巻九（大正三一・五一頁中）。

(39) 仏駄跋陀羅訳、六十『華厳』巻六（大正九・四三四頁中）。

(40) 闍那耶舎訳『大乗同性経』巻下（大正一六・六四九頁上中）には、「爾時、海妙深持自在智通菩薩摩訶薩白レ仏言。世尊。仏地有レ幾。一切菩薩及声聞・辟支仏、所レ不レ能レ行。作二是語一已、仏告二海妙深持自在智通菩薩摩訶薩一言、善哉、善哉、善丈夫。汝今欲令一切菩薩、能作明了利益安楽顕現仏智。乃、能問二於如来此事一。汝善丈夫、諦聴、諦受、善思二念之一。吾当三為レ汝分別解説一。善丈夫。仏有二十地一。一切菩薩及声聞・辟支仏等所レ不レ能レ行。何者為レ十。一、名二甚深難知広明智徳地一。二、名二清浄身分威厳不思議明徳地一。三、名二善明月幢宝相海蔵地一。四、名二精妙金光功徳神通智徳地一。五、名二火輪威蔵明徳地一。六、名二虚空内清浄無垢焔光開相地一。七、名二広勝法界蔵明界地一。八、名二最浄普覚智蔵能浄無垢遍無礙智通地一。九、名二無辺億荘厳迴向能照明地一。十、名二毘盧遮那智海蔵地一。善丈夫。此地是如来十地名号。諸仏智慧不レ可二具説一。」とある。

(41) 『浄土略名目図見聞』巻下（浄全一二・九九頁下）、「一切自地」の「自」の文字について、『浄土宗全書』では何ら註記がなされていない。しかし、文脈から判断してこの「自」は「地」と直す方が適切である。

(42) 前掲出註(11)、参照。

(43)『浄土略名目図見聞』巻下（浄全一二・七一〇頁下～七一一頁上）。

(44)『伝通記見聞』玄義分・巻六（続浄全三・一五六頁下～一五七頁下）。

(45)『伝通記』玄義分・巻六（浄全二・一九九頁下～二〇一頁下）。

(46)善導『観経疏』玄義分（浄全二・一〇頁下）。

(47)『同性経』巻下（大正一六・六五一頁中）には、「復有二阿弥陀如来・蓮花開敷星王如来・龍主王如来・宝徳如来一。有下如レ是等生一浄仏刹一所二得道一者上。彼諸如来得二初仏地一。」とある。

(48)『群疑論』巻三（浄全六・四七頁下）。

(49)『群疑論』巻三（浄全六・四八頁上）。

(50)『群疑論探要記』巻七（浄全六・三三六頁下～三三七頁下）。

(51)『同性経』巻下（大正一六・六四九頁中）。

(52)『釈浄土二蔵義』巻八（浄全一二・九九頁下～一〇〇頁上）。

(53)因みに、「甚深難知広明智徳地」という名称について、良暁もこの名称を用いている。『伝通記見聞』玄義分・巻六（続浄全三・一五七頁上）の記述を見ると、「一、甚深難知広明智徳地。除二細習気一。得二自在一故也。」と記されている。当然、聖冏はこの『伝通記見聞』の記述を見ていると考えられる。しかし、初地の説明が『伝通記見聞』の記述よりも詳しく、『探要記』の説示に類似している。そのため、本稿では、引用元を『探要記』と考えた方が妥当であろうと考えている。

(54)村上氏は良忠が『伝通記』の執筆を開始した後、『探要記』の草稿なるものを同時進行的に著述し始めた。そして、『群疑論』を理解する上で、必要な知識を、弟子の道忠に学ばせ、それを自身で草稿に加筆したのではないかと指摘している。そのため、『伝通記』の初稿から『東宗要』・『往生要集義記』撰述の間に、『探要記』が撰述されたと述べている。村上真瑞「『釈浄土群疑論』の日本における受容の形体」『日本仏教学会年報』八五、二〇二〇。

道元の経論引用に関する考察
——特に孫引きと『華厳経』との関わりについて——

米野　大雄

一　はじめに

『正法眼蔵』をはじめとする、道元（一二〇〇～一二五三）の著作に対する出典研究は夙に行われ、修正も加えられてきた。禅籍を除いて、最も引用される経論は、『法華経』であり、道元と『法華経』の関わりについては、多数の論考が存在する。一方、中国禅において『法華経』に比して、尊重され、その思想に取り込まれた『華厳経』からの影響もその性起思想との関連で論及されているが[1]、正確な引用部分を確定することは清規的表現を除いて困難である。これは、中国における禅宗の思想と『華厳経』や華厳教学の結びつきの強さから[2]、道元の思想への影響が直接的に華厳教学によるものか否か判断がつかないからであろう。

道元と華厳との関連は、道元の祖父である源通親（一一四九～一二〇二）と東大寺との関連からも論じられている[3]。道元の名前も、『華厳経』に出る「信為㆓道元功徳母㆒[4]」の句にみえる。生来の道元と『華厳経』との接点を考えると、『華厳経』からの道元著作への引用頻度は極めて少ない。一方で信の仏教と称される道元の思想と、信満成仏を主張する華厳教学について、類似点を見つけることは容易であろう。また、禅籍からだけではなく、華厳教学の基礎的理解は当時の仏教界でも無視し得ないものであることは当然であるため、華厳教学と類似した表現がみえたとしても、道元が華厳教学から大きな影響を受けたとみるか、基礎的な華厳教学に対する教養知識によるものであるかの判断も、表現だけでは断言することは憚られるであろう。

その道元の『華厳経』に対する態度について考察を進める前に、道元の孫引きに関して洗い直す必要がある。なぜなら、道元の著作に経論の引用が多いといっても、その基調はあくまで禅にあり、道元と禅籍との関係を排して、経論引用について論ずるのは妥当性を欠くからである。

そこで、一度道元の経論引用について先行研究を再確認し、孫引きの経論引用について検討する。引用の確認だけでなく、『正法眼蔵』の示衆年代や『永平広録』の説示年代も合わせ、孫引きと考えられる文であっても、断定できるか否かについて考察を進める。

『華厳経』の引用について、発心に着目し、道元の『華厳経』引用の意図を考察する。そこで指摘される華厳教学との共通点が、禅文献にもみられる場合、どの程度、道元の著述に同様の表現がみられるかを探る必要がある。その共通点によって、道元の思想形成が華厳教学に直接由来するものなのか、禅籍に由来するものなのかについて探っていく。

二　孫引きによる経論引用について

道元の経論引用については、鏡島元隆氏によってまとめられているが、その中には、鏡島氏が指摘した(5)ような孫引きの経論も、直接引用としてまとめられ、後学により修正が施されている。(6) まず、次のように「帰依三宝」巻には、『仏説希有校量功徳経』や『増一阿含経』からの引用と明記されるものの、その実は『法華玄義釈箋』巻十の「三帰」に対する一連の註釈からの孫引きである記述が存在する。(7)

希有経曰、教二化四天下及六欲天一、皆得二四果一、不レ如下一人受二三帰一功徳上。

四天下とは、東・西・南・北洲なり。そのなかに、北洲は、三乗の化、いたらざる処、かしこの一切衆生を教化して、阿羅漢となさん、まことに、はなはだ希有なり、とすべし。たとひその益ありとも、一人をしへて三帰をうけしめん功徳には、およぶべからず。また六天は、得道の衆生まれなり、とする処なり。かれをして四果をえしむとも、一人の受三帰の功徳の、おほく、ふかきに及ぶべからず。

増一阿含経云、有二忉利天子一、五衰相現、当レ生二猪中一。愁憂之声、聞二於天帝一。天帝聞レ之、喚来告曰、汝可レ帰二依三宝一。即時如レ教、便免レ生レ猪。仏説レ偈言、諸有レ帰二依仏一、不レ墜二三悪道一、尽漏処二人天一、便当レ至二涅槃一。受二三帰一已、生二長者家一、還得二出家一、成二於無学一。

おほよそ帰依三宝の功徳、はかりはかるべきにあらず、無量無辺なり。(8)

右記の引用元と考えられる『法華玄義釈箋』巻十の記述を挙げると、以下の通りである。

三帰者、準二希有経中広校量三帰功徳一云、教二四天下及六欲天一、得二四果一、不レ如三一帰依二功徳多一。又如二増一中一、有二忉利天子一、五衰相現、当レ生二猪中一。愁憂之声、聞二於天帝一。天帝聞レ之、喚来告曰、汝可二三帰一、即時如レ教、便免レ生レ猪。仏説レ偈云、諸有レ帰二依仏一、不レ墜二三悪趣一、尽漏処二人天一、便当レ至二涅槃一。三自帰已、生二長者家一、還得二出家一、成二於無学一。(9)

右の『法華玄義釈箋』と「帰依三宝」巻の記述を比較すると、多少の差異が認められる。両者の相違する部分に波線を付した。『希有校量功徳経』の引用文における差異は、帰依三宝の功徳を強調するために、道元が「皆」や「一人受」といった語を追加したと考えられる。『希有校量功徳経』の引用文の後に続く説明では「四天下」について、特に「北洲」についての説明が中心となっていて、そこでの結論として、道元が加えた語句が、「受三帰」と熟した形で用いられている。『増一阿含経』の引用文との差異は、「三宝」を加えるといった語句の補充と、「言」と「云」、「道」と「趣」といった、同じ意味の語を用いた程度の違いのみである。『増一阿含経』の引用に対する道元の付言は、三宝の功徳が量り知ることができないことを強調する、「おほよそ帰依三宝の功徳、はかりはかるべきにあらず、無量無辺なり。」という一文に留まる。また、『希有校量功徳経』に対する提唱部分で阿羅漢についての説明が出ることは、引用文に「皆得二四果一」や「成二於無学一」とあることに依るが、『希有校量功徳経』の原文での北洲に相当する箇所に「満二中阿羅漢一」が出てくる(10)ため、道元が原文を読んでいた可能性も残る。また、簡便な引用文として『法華玄義釈籤』から孫引きしたか、『法華玄義釈籤』から、自身の強調したい箇所に引き付けて『希有校量功徳経』の引用箇所は、先行研究によると、この一例しかなく、『希有校量功徳経』を読んだ上で、簡便な引用文として『法華玄義釈籤』から孫引きしたか、『法華玄義釈籤』から、自身の強調したい箇所に引き付けて孫引きしたかは判断がつかない。但し、『希有校量功徳経』と『増一阿含経』を並べて引用していることから、『法華玄義釈籤』から孫引きしたことは確かである。加えて、先行研究で明かされるように、「帰依三宝」巻後半部には、「法句経云」や「未曾有経云」として、『摩訶止観輔行伝弘決』巻四からの孫引きがみられ、簡便な語でそれらの孫引きに説明を付している(11)ことから、「帰依三宝」巻は、湛然の著作を参照しながら作成されたことが分かる。

このように、鏡島氏の経論引用に関する研究は、既に多くが修正されている。『増一阿含経』の引用については、『知事清規』の「増一阿含第三云」(12)も『増一阿含経』からの直接引用ではなく、『摩訶止観輔行伝弘決』巻四之三(13)からの孫引きである(14)。また、「菩提薩埵四摂法」巻の「ほとけのたまはく」(15)も、『大宝積経』に近い表現がみえ(16)、出典は定かではない。なお、『増一阿含経』からの引用とされる経文のほとんどが、孫引きであることから、道元は『増一阿含経』から引用を直接していないかといえば、そうではない。「出家功徳」巻には『増一阿含経』巻二四[17]からの引用がみえる。[18]しかし、「出家」巻では「大論第十三曰」として、[19]『摩訶止観輔行伝弘決』巻二之五から孫引きをして、「酔婆羅門」についての記述を示しているが、[20]「出家功徳」巻では、『大智度論』巻一三[21]から直接引用していて、[22]道元には直接引用できる場合は直接引用をする意志を看取できる。但し、「出家功徳」巻は『大智度論』巻一三を広く引用することから、[23]道元に修正する意図はなく、流れで引用したともとれるが、「出家功徳」巻の示衆年代は不明である。

すなわち、経論からの孫引きは、意図的であるか否かは判断がつかない。また、孫引きは中国天台の典籍に留まらず、禅籍にもみることができる。道元による禅籍の引用は、鏡島元隆監修『道元引用語録の研究』にまとめられているが、[24]そこで示されない禅籍からの孫引きが、「安居」巻と『永平広録』巻二と巻七に確認することができる。まず、「安居」巻の次の記述が挙げられる。

世尊在㆓摩竭陀国㆒、為㆑衆説法。是時将㆑欲㆓白夏㆒、乃謂㆓阿難㆒曰、諸大弟子・人天四衆、我常説法、不㆑生㆓敬仰㆒。我今入㆓因沙臼室中㆒、坐夏九旬。忽有㆑人来問法之時、汝代為㆑我説、一切法不生、一切法不滅。言訖掩室而坐。

しかありしよりこのかた、すでに二千一百九十四年当日本寛元三年乙巳歳なり。堂奥にいらざる児孫、おほく摩竭掩室を無言説の証拠とせり。いま邪党おもはくは、掩室坐夏の仏意は、それ言説をもちいるはことごとく実にあらず、善巧方便なり、至理は言語道断し、心行処滅なり、このゆえに、無言・無心は至理にかなふべし、有言有念は非理なり、……これらのともがらのいふところ、おほきに世尊の仏意に孤負せり。いはゆる、もし言語道断、心行処滅を論ぜば、一切の治生産業、みな言語道断し、心行処滅なり。……通身ひとへに泥水し入草して、説法度人、いまだのがれず、転法拯物、いまだのがれざるのみなり。もし児孫と称するともがら、坐夏九旬を、無言説なり、といはば、還吾九旬坐夏来、といふべし。[25]

この引用文[26]は、『嘉泰普灯録』巻一〇、勝因咸静章の次に示す上堂に依るものである。

上堂。挙、世尊在二摩竭陀国一、為レ衆説法。是時将レ欲二白夏一、乃謂二阿難一曰、諸大弟子、人天四衆、我常説法、不レ生二敬仰一。我今入二因沙臼室中一、坐夏九旬。忽有レ人来問法之時、汝代為レ我説、一切法不生、一切法不滅。言訖掩室而坐。[27]

『嘉泰普灯録』巻一〇と道元の引用文は完全に一致する。道元はこの引用文によって、掩室坐夏を善巧方便とみなし、一切が言語道断であり、一切が心行処滅であることを主張する見解に対し、批判を施す。加えて、法を説いて人を度すことや、法を転じて衆生を救うことが避けられないことを説明し、九旬安居における坐夏を無言説とみなす論を退ける。この道元の解釈は『嘉泰普灯録』の記述には依っていない。そもそも、『嘉泰普灯録』の記述がすぐに次の示衆に移るため[28]、思想的な影響を見て取ることはできない。

続いて、『永平広録』巻二、第一四八上堂では以下のようにある。

上堂。古云、天地与レ我同根、万物与レ我同体。拈二起払子一云、遮箇是大仏払子、那箇是同二箇体一、那箇是同二箇根一。而今不レ惜二性命一、為二諸人一説。良久云、廬陵米価高、鎮州蘿蔔大。擲二下払子一下座[29]。

ここで示される古則は、『肇論』に「所以天地与レ我同根、万物与レ我一体[30]。」と示されるものである。道元の引用では「同体」となっているのが、「一体」となっている。この『肇論』の語は禅籍に多く用いられ、『圜悟録』巻一七にも「肇法師道」として引用される[31]。「同体」で語を揃えるために道元が改変したとも考えられるが、次に示す

『嘉泰普灯録』巻二六、仏海慧遠章に、道元の引用と一致する文が挙げられる。

挙。真浄和尚示レ衆云、天地与レ我同根、万物与レ我同体。脚頭脚底、横三竪四。北倶盧洲火発、焼二却帝釈眉毛一。東海竜王忍レ痛不レ禁。轟二一声霹靂一、直得二傾レ湫倒レ岳。雲暗長空、十字街頭廖胡子、酔中驚覚起来。[32]

また、『永平広録』において、最後に黙った後に説かれる米の価格と大根についても、[33]『嘉泰普灯録』巻四、真如慕喆章[34]に基づくもので、自己と万物の一体を説くに当たり、『嘉泰普灯録』の別々の上堂を利用したものである。

続いて、『永平広録』巻七、第五〇一上堂の記述でも、肇論とみられる以下の記述がみえる。

上堂。身心脱落功夫初、露柱懐胎豈弁レ無。弥二布密雲一山嶽静、上高、円月越二方隅一。独立卓卓、而不レ倚二一切一。仏身魏魏而不レ堕二諸数一。所以古徳道、聖人空二洞其懐一。万物無レ非二我造一。会二万物一為レ己者、其唯聖人乎。正恁麼時作麼生、還要二委悉一麼。良久云、月逐レ舟行江海広。春随レ陽転葵華紅。[35]

右記で、「所以古徳道」として述べられる文は、『肇論』の「是以聖人空二洞其懐一。[36]」と「夫至二人空洞無レ象、而万物無レ非二我造一。会二万物一以成レ己者、其唯聖人乎。[37]」との記述を合わせたものである。これは、道元が『肇論』の記述を合体させたものではなく、以下の、『宏智禅師広録』（以下、『宏智録』）巻四の記述から孫引きしたものであろう。

師乃云、四大無レ塵、清浄本然体具。六根亡偶、霊明廓爾神游。如二疾風之行一レ空、似二虚舟之駕一レ浪。在三波也元無二避就一、在二我也妙絶将一レ迎。所以道、聖人空二洞其懐一。万物無レ非二我造一。会二万物一為レ已者、其唯聖人乎。只如二崢崢嶸嶸磊磊落落一。作麼生会、得レ為レ已去、還相委悉麼。周遍二十方心一、不レ在二一切処一。[38]

この『宏智録』の記述と道元の孫引きは一致する。道元が古徳といっているのは、僧肇を指すのか、宏智正覚を指すかは判然とはしないが、先行研究で示される『肇論』の引用にも禅籍からの孫引きがみられることは確かである。但し、この『永平広録』巻七、第五〇一上堂の大部分が、『宏智録』巻四の他の上堂に、多くを依っているため、右の記述に従って、その上堂を道元が修正した可能性も残る。[39] いずれにせよ、『宏智録』からの孫引きであることは確かめられる。

但し、先行研究で示される『肇論』の引用が全て孫引きであるかと言われれば、そうではなく、『永平広録』巻七、第四八四上堂には、「肇公云」として、明確に『肇論』の記述が、次に示すように批判対象として、引用される。

上堂。云、肇公云、菩提之道不レ可二図度一。高而無レ上、広不レ可レ極。淵而無レ下、深不レ可レ測。今日永平、事不レ可レ得レ已、為二雲衆水衆一一一注脚。菩提之道、師云、騎レ牛修道。不レ可二図度一、師云、帰レ家卜度。高而無レ上、師云、黄鴬啼二柳上一。広不レ可レ極、師云、色到二極微一極。淵而無レ下、師云、金剛輪在二風輪上一。深不レ可レ測、師云、洪焔亙レ天玉不レ測。[40]

右の傍線部は『肇論』と完全に一致する。[41] 但し、『肇論』以外にも、澄観（七三八～八三九）の『華厳経随疏演義鈔』巻八〇にも「疏是謂二高而無レ上、広不レ可レ極者、顕高広義。此及レ下大包二天地等一。皆是肇公涅槃無名論位体中文。彼云、経言、菩提之道不レ可二図度一。高而無レ上、広不レ可レ極。渕而無レ下、深不レ可レ測。大包二天地一、細入無レ間。[42]」とあり、引用元を確定させることは難しい。先に挙げた二つの『永平広録』巻七の上堂は、ともに建長四年（一二五二）の道元晩年の上堂であることから、[43] 建長二年（一二五〇）の大蔵経を寄進されて[44]以降のことである。片方は『肇論』に基づいて、片方が基づいていないのは、引用の簡便のためであろうか。

道元の孫引きによる経論引用をみていくと、孫引きか否かを完全に判断することは、原典とされる経論と孫引きに使われた典籍の記述が大きく異ならない限りは困難である。また、「帰依三宝」巻と『法華玄義釈籤』との比較でみたように、既に孫引きであるとされる文であっても、孫引きをした典籍と道元の引用文が異なることがあるため、どこから引用をしたのかは、ある程度の分量がない限り、完全に一致しなければ断言することが憚られる。また、新しく孫引きを『肇論』のものとされる引用部分から見つけることができた。但し、これは、孫引きと道元の引用が完全に一致したからであるとともに、道元の引用自体に『肇論』の数が少ないことも理由となるであろう。では、道元による引用数が多く、道元思想の中心部分にみえる引用については、どう扱えばよいであろうか。

三　道元の著作中にみえる『華厳経』の引用について

道元の経論引用では、『華厳経』は明確な引用が清規的表現を除いては存在していないが、一見すると、引用文にはみえない表現や熟語に、『華厳経』や華厳教学からの影響が強いことは、石井公成氏によって明らかにされた。(45)その中で、発心についての言及がみえる。そこでは、道元の同時成仏に相当する思想として、智儼（六〇二～六六八）の『華厳経孔目章』巻四の「一乗法義、成仏共二一切衆生一、同時同時同時同時同時同時同時同時同時成仏。」(46)の箇所が挙げられる。道元の同時成道は、禅籍からの引用をもとに説明をされているが、(47)確かに、『華厳経』と似通っている。(48)道元において同時成道の理論は広く適用され、(49)その思想の中心をなしているといっても過言ではない。

道元の思想と『華厳経』の思想に共通点がみられることは、夙に論じられたことではあり、語句の面からもそれが明らかにされた。そこで一つの疑問が生じる。それは、発心について説かれた「発菩提心」巻に『涅槃経』の引用がなされるものの、『華厳経』の引用がなされないのはなぜか、という問題である。特に、発心や同時成道について『華厳経』と共通性がみられるのであれば、(50)尚更である。石井公成氏は、以下に挙げる、「発菩提心」巻で、

『涅槃経』による自未得度先度他の発心を重ねることで至る境地について説かれた箇所が、華厳教学に依るものであるとする。

この心、われにあらず、他にあらず、きたるにあらずといへども、この発心よりのち、大地を挙すれば、みな黄金となり、大海をかけば、たちまちに甘露となる。これよりのち、土石砂礫をとる、即菩提心を拈来するなり、水沫泡焔を参ずる、したしく菩提心を担来するなり。しかあればすなはち、国城・妻子・七宝・男女・頭目・髄脳・身肉・手足をほどこす、みな菩提心の鬧聒聒なり、菩提心の活鱍鱍なり。[51]

右の傍線部が、澄観の『華厳経疏』巻一一の「初一即八地已上、攪二大海一為二酥酪一、変二大地一為二黄金一。以レ染為レ浄、以レ浄為レ染。自在摂生、故十自在中有二刹自在一。」に依るものであるとする。道元の記述とは、「大海」と「大地」の順序が逆になっているが、これは先行研究で典拠とされる[52]、『圜悟録』巻一三の「方可下攪二長河一為二酥酪一、変二大地一作中黄金上。都盧混成二一片一、而一亦不レ立。[53]」と比較して、『華厳経疏』が近いからであろう。但し、『圜悟録』巻五には次のような記述がみえ、『圜悟録』を典拠とみなすことも可能である。

李典御作年斎上堂云、大衆、如来涅槃心、菩薩大解脱、祖師正法眼、衲子金剛鎚、有照レ有レ用有レ権有レ実、有レ縦有レ擒有レ殺有レ活、尚在二向上関捩一。子上、是箇人向二箇裏一出没、向二箇裏一拈提。終未レ能二全機剔脱一。若也全機剔脱去、変二大地一作二黄金一、攪二長河一為二酥酪一。改二禾茎一為二粟柄一、易二短寿一作二長年一、不レ為二分外一。[54]

『圜悟録』巻五では、順序も道元の記述と一致する。また、この『圜悟録』と全く同じ形は、禅籍に多くみられ、『宏智録』巻四[55]や『嘉泰普灯録』巻二五[56]、『聯灯会要』巻一四[57]といった、道元が用いる典籍にも見え、正確な引用元を指摘することは不可能ではあるが、禅籍由来であることは確かめられる。もちろん、これらの禅籍の由来は『華厳経疏』巻一一の記述であり、この引用例だけでも、禅思想と華厳思想の融和性の高さを再確認することができる。

この融和性が、道元の思想から、『華厳経』や華厳教学の思想的影響を、具体的に看取することを困難にしているのであろう。加えて、この『圜悟録』の記述では、「全機剔脱」することによって、大地が黄金となり、長河が酥酪となることが主張される。

「全機」の語について、『正法眼蔵』では、「全機」巻が存在し、『華厳経』と関係する題名である「三界唯心」巻にも「子也全機現」の語が出る[58]。道元が引用する「全機」の語の典拠はこの『圜悟録』巻五の記述ではない。「全機」巻や「身心学道」巻によると、『圜悟録』巻一七である[59]。「生死去来真実人体」について説明するために、「身心学道」巻の引用では、中略して左記の通りに拈提している。

圜悟禅師いはく、生也全機現、死也全機現。闔二塞太虚空一、赤心常片片。

この道著、しづかに功夫点撿すべし。圜悟禅師かつて恁麼いふといへども、なおいまだ生死の全機にあまれることをしらず。去来を参学するに、去に生死あり、来に生死あり。生に去来あり、死に去来あり。去来は、尽十方界を両翼三翼として飛去飛来す、尽十方界を三足五足として進歩退歩するなり。生死を頭尾として、尽十方界真実人体は、よく翻身回脳するなり。翻身回脳するに、如一銭大なり、似微塵裡なり。平坦坦地、それ壁立千仞なり。壁立千仞処、それ平坦坦地なり。このゆえに、南州・北州の面目あり、これを撿して学道す。非想非非想の骨髄あり、これを抗して学道するのみなり[60]。

この「身心学道」巻の記述では、圜悟がまだ生死が全機に余るほど大きいことを知らないとして、圜悟の語に更なる説明を加え、生死去来について、生と死に去来があり、去と来に生死があり、尽十方界を第三の翼や、第三の足、第五の足として、尽十方界に自在であることを示す。これは、「阿羅漢」巻の、「心得自在の形段、これを高処自高平、低処自低平と参究す。このゆえに、墻壁瓦礫あり。自在といふは、心也全機現なり[61]。」での「全機」の用法と共通し、「全機」が自在な状態を表現する用語であることが分かる。更に、「身心学道」巻では、「全機」巻では採用していない、「闔㆓塞太虚空㆒、赤心常片片。」も引用している。「赤心片片」は、「身心学道」巻で、発菩提心と同等のものとされ[62]、「赤心片片といふは、片片なるはみな赤心なり。一片・両片にあらず、片片なるなり。荷葉団団団似㆑鏡、菱角尖尖尖似㆑錐。かがみににたりといふとも片片なり、錐ににたりといふとも片片なり。[63]」と説明される。つまり、「身心学道」巻では、自在であることを、一つ一つの赤裸々な心であると示される。これは、「行仏威儀」巻で「しるべし、三世諸仏は火焔の説法を立地聴して諸仏なり。一道の化儀、たどるべきにあらず。たどらんとするに、箭鋒相拄せり。火焔は決定して三世諸仏のために説法す。赤心片片として鉄樹華開世界香なるなり。[64]」と、世界を現成する際に、「赤心片片」であることが付随されることからも分かる。ここでの「鉄樹華開世界香」は「全機」とも表現し得るであろう。

また、この「身心学道」巻の説明は、『圜悟録』や『華厳経』と関連する。道元の『華厳経』との接点として、『弁道話』の「この法は、人人の分上にゆたかにそなはれりといへども、いまだ修せざるにはあらはれず、証せざるにはうることなし。[65]」が挙げられる[66]。この「人人の分上」について、『圜悟録』巻九に注目すべき記述がみえる。

解夏小参云、年豊歳稔道泰時清。唱㆓太平歌㆒、楽㆓無為化㆒。護生既満、蠟人愈氷。秋色澄澄、金風払払。正当恁麼時、説㆓什麼釈迦・弥勒、文殊・普賢、徳山・臨済㆒。向上向下有事無事。直下一時坐断、直得㆓風颯颯地㆒。人人分上壁立千仞、各各面前飛㆓大宝光㆒。且不㆑落㆓窠縁㆒一句、作麼生道。麓峰頭倒㆑卓、石笋暗抽㆑枝。[67]

右記では[68]、「身心学道」巻で「全機」である生死を拈提するに当たってみえる「壁立千仞」が、「人人分上」にもいえるものとして表現される。この「人人分上」は「片片」と言い換えることは可能であろう。加えて、道元と同時代の人物であり、道元がその著作を見ていないが、華厳と禅を結びつけるものとして、琮湛集解『註華厳経題法界観門頌』巻二では、「阿誰無㆓作用㆒。便是死了底漢。猶棺槨中瞠眼。此頌人人分上活潑潑地、皆有㆓作用㆒。」[69]と、華厳禅の文献にみえる。「人人分上」に具足することについては、『宏智録』巻五など[70]の禅文献にもみえる。「活潑潑地」については、先に示した「発菩提心」巻の、「発無上心」巻の内容を要約した文において、菩提心が「活潑潑」であることが示される。「梅華」巻にも、「いまこの古仏の法輪を、尽界の最極に転ずる、一切人天の得道の時節なり。乃至雲雨・風水、および草木・昆虫にいたるまでも、法益をかうぶらずといふことなし。天地・国土も、この法輪に転ぜられて活鱍鱍地なり。[71]」とあるように、一切人天の得道の時節において、天地・国土が法輪によって、転ぜられるという、「発菩提心」巻に近い表現がみえる。「身心学道」巻で、「赤心片片」が発菩提心と並置されることから、全機現の状態で、「赤心片片」が「活潑潑」であるとも言い得る。「鬧聒聒」についても、『圜悟録』巻十九にみえる語[72]である。従って、引用した「発菩提心」巻の記述は、中国禅思想の軌跡を踏まえた上で、同様の経路を示したとも考えられ、華厳教学によって、道元の思想が決定付けられたとは言い切ることは難しいであろう。これは、圜悟の思想に華厳教学の影響が指摘されることからも明らかである。

また、「発無上心」巻の最後に引用される文が、『摩訶止観』巻一からの引用であることは以前論じたが[73]、「発無上心」巻では諸仏の身心中で発心することを説いていて、石井公成氏の論の如く、華厳教学と道元思想の共通点と合致する。但し、「発無上心」巻でも、『華厳経』や華厳教学は、その存在を明記されることはない。また、「発無上心」巻では、その諸仏の身心を、草木や仏塔として実体視する。華厳教学から発展して仏身を実体視した思想とも考えられる。諸仏の身心を実体視することについて道元は、「安居」巻や『永平広録』巻八、第六小参で、典拠を『円覚経』に求めている[74]。道元の『円覚経』に対する否定的な態度を勘案すると、道元がもし『華厳経』の思想を熟知していれば、『円覚経』を使用せず、『華厳経』を拈提して、その説明中に仏身を実体視すれば問題はない。

つまり、『円覚経』にみえる仏身の実体視が、「発無上心」巻の発心の論を構成するには必要だったのである。

それでは、発心を定義するに当たって、道元にとって重要な経典である『涅槃経』の記述を確認するため、「発菩提心」巻の記述を以下に示す。

> この発心、この修証、はるかに迷悟の辺表を超越せり。三界に勝出し、一切に抜群せる、なほ声聞・辟支仏のおよぶところにあらず。迦葉菩薩、偈をもて釈迦牟尼仏をほめたてまつるにいはく、
>
> 発心畢竟二無レ別、如レ是二心先心難。自レ未レ得レ度先度レ他。是故我礼二初発心一。初発已為二天人師一、勝二出声聞及縁覚一。如レ是発心過二三界一。是故得レ名二最無上一。
>
> 発心とは、はじめて自未得度先度他の心をおこすなり、これを、初発菩提心、といふ。……いはゆる畢竟とは、仏果菩提なり。阿耨多羅三藐三菩提と初発菩提心と格量せば、劫火・蛍火のごとくなるべしといへども、自未得度先度他のこころをおこせば、二無別なり。(75)

右記を『涅槃経』の原文と比較すると、原文で、「発心畢竟二不レ別」(76)とあるのが、「発心畢竟二無レ別」となっているが、『涅槃経』の発心に関する有名な句であり、「不」が「無」になった形として使用されることもある。ここでは、発心が畢竟と同じことを示すのであるが、「初発心時便成二正覚一」を引用してもさして問題はなさそうである。道元の『涅槃経』引用については、七十五巻本『正法眼蔵』に比して、十二巻本『正法眼蔵』への引用数が倍以上となり、反対に、『法華経』の引用はほとんどが七十五巻本に集中していることから、十二巻本における、道元の経典引用態度の特徴ともいえる。この『涅槃経』尊重の態度は道元に特異なものではなく、鎌倉新仏教の親鸞や日蓮と共通の姿勢である。(77) この傾向をもって、『涅槃経』を引用したともいえるが、初発心の重要性を示すために、重ねて『華厳経』を引用することも可能であり、『華厳経』を引用していないことを考えると、その他にも三

つの理由が挙げられる。

一つ目は、石井公成氏も述べているように、道元が『正法眼蔵』を通じて、一貫して否定的に扱う大慧宗杲（一〇八九～一一六三）や、批判対象となる宋朝禅者が『華厳経』を尊重することや、道元が否定的に扱う『円覚経』や『楞厳経』が、『華厳経』に近い経典であるからである。しかし、道元は「洗浄」巻や「洗面」巻、『弁道法』といった、実践的な性格の著作で、六十『華厳』浄行品を引用する。また、道元による語録の引用数が多く、『華厳経』を尊重した禅者として、大慧の師匠である、圜悟克勤がいる。大慧への批判は、その思想内容に加え、尊重する圜悟の法嗣にもかかわらず、正しく法を伝授していないことも合わさり、厳しく行われるものであろう。加えて、『永平広録』巻七、第四九一上堂には、次の記述にあるように、『華厳経』尊重の態度がみえる。[78]

可レ哀可レ哀、邪魔魍魎・野獣畜生、猥号二禅宗一、而謬論二雌雄於法華・華厳等之宗一、所二以澆李無一レ人也。仏祖単伝、唯是我釈迦牟尼仏之正法也、阿耨多羅三藐三菩提也。所以須レ知、仏法之中有二法華・華厳等一、非三法華・華厳等各各之中有二各各之仏法一也。然則法華・華厳等八万四千法蔵、悉是仏祖単伝也。非三法華・華厳等外別有二祖師道一也。所以不レ可下与二諸宗一比肩上也、唯如二国之得一レ王也。為二無上菩提一求レ道之輩、不レ可下以二仏祖単伝直指無上正法一而称中禅宗上者歟。[79]

ここでの『華厳経』の扱いは、『法華経』と同等であり、等には『涅槃経』などの諸経典も含まれているであろうが、『華厳経』について明言を避けることに、『華厳経』を使用した禅者が理由となるならば、ここでも代表的な経典として、『華厳経』を避けるべきであろう。

二つ目は、『涅槃経』の「如レ是二心先心難」に道元が重きを置いていたとみなすことである。[80] これは、「発菩提心」巻において、道元は発心の内容について前半で述べ、発心した状態についての説明は「発無上心」巻に比べて少なく、発心を退転させず、発心を発すべきであると繰り返し述べていることから推察される。発心を発すために労力が必要であることを強調するために、発心を畢竟に比して難しとして、早急に発しようとすることが必要で、『華厳経』の「初発心時、便成二正覚一」の記述が、繰り返しの発心を説くとともに、発心を発することを強く要請する道元の姿勢に合わなかったとみなすことは、可能ではあろう。但し、「発心畢竟二無レ別」や「自レ未レ得レ度先度レ他」、「勝二出声聞及縁覚一」、「如レ是発心過二三界一」についての説明を加えているのに対し、「如レ是二心先心難」に関しては、道元は言及せず、「阿耨多羅三藐三菩提と初発菩提心と格量せば、劫火・蛍火のごとくなるべしといへども」として、無視しているようである。

三つ目は、道元の『華厳経』引用の態度に由来するものである。道元が引用する『華厳経』浄行品からの引用について、「洗浄」巻では、「華厳経浄行品云」として、偈を引くとともに、次の説明がみえる。

華厳経浄行品云、左右便利、当レ願衆生、蠲二除穢汚一、無二婬怒癡一。已而就レ水、当レ願衆生、向二無上道一、得二出世法一。以レ水滌レ穢、当レ願衆生、具二足浄忍一、畢竟無垢。[81]

水、かならずしも本浄にあらず、本不浄にあらず。身、かならずしも本浄にあらず、本不浄にあらず。諸法、またかくのごとし。……しかあれども、水をもて身をきよむるにあらず、仏法によりて仏法を保任するに、この儀あり、これを洗浄と称す。仏祖の一身心を、したしくして正伝するなり、仏祖の一句子を、ちかく見聞するなり、仏祖の一光明を、あきらかに住持するなり。……身心に修行を威儀せしむる正当恁麼時、すなはち久遠の本行を具足円成せり。[82]

すなわち、水によって身を清めるのではなく、六十『華厳』浄行品にあるような仏法を保任することによって、本浄・本不浄ではない、水や身体、諸法といった、仏の身心を正伝することにつながり、修行する行仏の身心が本現するのである。この記述からは、未発心であっても仏の教えに従っての行履を求める、「身心学道」巻の主張[83]が想起される。

ここでは、明らかに『華厳経』の主張を仏説として承認し、それに基づく仏としての行動を要請している。その他の六十『華厳』浄行品からの引用は、「洗浄」巻[84]で「以レ水盥レ掌、当レ願衆生、得二上妙手一、受二持仏法一。」[85]を、トイレでの手を洗う方法として、「洗面」巻[86]と『弁道法』[87]で、「手執二楊枝一、当レ願衆生、心得二正法一、自然清浄。」[88]を、洗面の法において、楊枝を手に取り、唱えるべき呪文として、同じく「洗面」巻[89]と『弁道法』[90]で、「晨二嚼楊枝一、当レ願衆生、得二調伏牙一、噬二諸煩悩一。」[91]を、楊枝を咥えて誦すべき偈として引用し、「洗面」巻[92]で、「澡二漱口歯一、当レ願衆生、向二浄法門一、究竟解脱。」[93]を、口を漱ぐ際に密誦すべき文として示している。

このように、「洗浄」巻では仏説の作法として六十『華厳』浄行品を用い、「洗面」巻と『弁道法』では、仏道に適った日常の行履の中で、誦すべき偈とされている。これらは全て、仏道修行の実践面における引用といえ、この「行」に際して、明確に『華厳経』を引用していることは、『華厳経』の「行」の面については認めていたといえる。

この「行」の面に関しては、伊藤秀憲氏が、『正法眼蔵』での祖師評価について、「法」の面と「行」の面での評価がそれぞれ下されていることを論じている。その中で、両面で高い評価を得た祖師として、圜悟克勤が挙げられる。一方、大慧宗杲に対して、『正法眼蔵』においては厳しい批判を加えるが[94]、『正法眼蔵随聞記』では、「行」の面から称賛している[95]ことを指摘している[96]。これは、『華厳経』を道元が「法」の面で低く評価していた、ということではない。石井公成氏も指摘するように、『華厳経』の用例が『正法眼蔵』に多く見え、「法身長養」や「為レ法捨レ身」のような、「行」に関する語句も指摘されているが、「法」の面からの語句も指摘されている[97]。

道元にとって、『華厳経』は、日々の修行道場において、坐禅や看経といった修行ではなく、仏道に則って行うべきである営為の中で、欠かさず誦すべき経典であったことは想像に難くない。この日常的な実践との結びつきにより、道元にとって『華厳経』は「行」の経典としての側面が大きくなっていったのではないか。故に、「法」を示衆するに際し、使用することが少なく、明記されない形で、道元著作中に登場するといった可能性もあろう。加えて、道元の思想の大部分が禅によることから、『華厳経』の「法」と禅における「法」の融和性に従い、禅を優先したとも考えられる。

また、禅文献において華厳教学が広く用いられていることから明らかであるように、華厳教学と共通点がみえる思想であっても、禅籍や道元の著述について辿っていくと、「全機」に関してのみではあるが、中国禅思想の軌跡を踏まえた上で、同様の経路を示したとも考えられ、華厳教学によって、道元の思想が決定付けられたとは言い切れない記述が存在する。

四　おわりに

以上、道元の著作、主に『正法眼蔵』と『永平広録』に引用される経論に焦点を絞って論を進める中で、『肇論』が孫引きである可能性は指摘し得るが、完全ではない。それは、既に孫引きとされる文も、道元が同一に引用しているとはいえず、蓋然性は高いが、ある程度の分量がない限り断言することが憚られるからである。

更に、『華厳経』や華厳教学との関連を、発心を中心としてみていくと、華厳教学的な思想であっても、禅籍による影響も考慮する必要を、「全機」の思想に関連して看取することができる。加えて、道元の『華厳経』の引用態度が、「行」の面から『華厳経』を評価していたことによる可能性が浮かび上がる。但し、「法」の面で『華厳経』を評価していない訳ではなく、『華厳経』と華厳禅では、華厳禅を優先しているだけであるとも考えられる。

註

（1）高崎直道『古仏のまねび〈道元〉』第一部、三章「現成公案」（角川ソフィア文庫、一九九六）一六五頁では、現成の記述や、「諸法実相」巻の記述が、華厳の重々無尽の法界縁起、帝網の錯綜に近く、性起の世界であるとする。新野光亮「三界唯心の一考察―「正法眼蔵三界唯心」巻を中心として」（宗学研究一二、一九七〇）でも、性起と現成について、軌を一にするものとみている。

（2）禅籍における華厳教学の影響については、鎌田茂雄『禅典籍内華厳資料集成』（大蔵出版、一九八四）にまとめられている。

（3）Frederic Girard,《Did Huayan's Teachings Influence Dogen's Thought ?: Dogen's Treatment of Huayan's Concepts of "Mind-Only" and "One-and-Allness" 1 (Part 1: The Intellectual Relationships between Dogen and Huayan)》, Toyo University Oriental Studies n°57, 2020.

（4）六十巻本は、巻六（大正九・四三三頁上）、八十巻本は、巻十四（大正一〇・七二頁中）に出る。

（5）鏡島元隆『道元禅師の引用経典・語録の研究』第四章、第一節「道元禅師と法華経」（木耳社、一九六五）一二四頁に、『止観輔行伝弘決』からの孫引きが多いことを示している。

（6）鏡島元隆監修、曹洞宗宗学研究所編『道元引用語録の研究』春秋社、一九九五。

（7）石井修道訳註『原文対照現代語訳・道元禅師全集』巻九、補注（春秋社、二〇一二）一九八頁に、『法華玄義釈籤』の引用として挙げられている。

（8）道元禅師全集（春秋社、一九八八〜一九九三〈以下、道全〉）二・三七六頁〜三七七頁。

（9）大正三三・八八四頁上。

（10）『仏説希有校量功徳経』（大正一六・七四八中）に「爾時世尊復告二阿難一、且置二閻浮提、一瞿陀尼、一弗婆提。

仮使北方鬱単羅越、縦広十千由旬、其地形状四方端直、周匝斉整。満㆓中阿羅漢㆒、諸漏已尽、無㆓復煩悩㆒。心得㆓自在㆒、具㆓正解脱㆒、正智得㆓解脱㆒、其心調伏人中大竜。所作已弁、捨㆓棄重担㆒。逮得自利、不㆑受㆓後有㆒。……如㆑是善男子善女人、以㆓淳浄心㆒作㆓如㆑是言㆒。我今帰㆓依仏㆒、帰㆓依法㆒、帰㆓依僧㆒、所得功徳於㆓前福徳㆒、百分不㆑及㆑一、千分不㆑及㆑一、百千分不㆑及㆑一、百千億分不㆑及㆑一。乃至算数譬喩所㆑不㆑能㆑及。」とあり、阿羅漢の説明は、『正法眼蔵』「阿羅漢」巻冒頭（道全一・四〇三頁）で引用される『法華経』序品の文（大正一・九頁下）が想起される。

(11) 道全二・三八三頁～三八五頁。
(12) 道全六・一四〇頁。
(13) 大正四六・二六七頁上。
(14) 小坂機融、晴山俊英、岩永正晴、角田泰隆、伊藤秀憲訳註『原文対照現代語訳・道元禅師全集』巻一五・三一六頁、補注、春秋社、二〇一三。
(15) 道全二・五一一頁。
(16) 大正一一・四二頁上。
(17) 大正二・六七六頁中。
(18) 道全二・二八九頁。
(19) 道全二・二六二頁。
(20) 大正四六・二一四頁中。
(21) 大正二五・一六一頁中。
(22) 道全二・二六八頁。
(23) 大正二五・一六〇頁下～一六一頁中までを「出家功徳」巻の始め（道全二・二六六頁～二六八頁）に引用し、そこから論を展開している。
(24) 『永平広録』巻五、第三九七上堂（道全三・二六六頁）にみえる語を、鏡島『道元禅師の引用経典・語録の研究』第五章「引用出典一覧」二一七頁では、『金剛般若経』としているが、『道元引用語録の研究』では、『宏智録』巻一（大正四八・六頁下）からの引用と改めている。

(25) 道全二・二一九頁〜二二〇頁。

(26) 道全では出典不明とされ（道全二・二一九頁）、鏡島『道元禅師の引用経典・語録の研究』第五章「引用出典一覧」二二二頁は『諸仏要集経』（大正一七・七五六頁下）を示しているが、異同があるとしている。

(27) 続蔵二乙—一〇・七九丁左下。

(28) 続蔵二乙—一〇・七九丁左下〜八〇丁右上。

(29) 道全三・九四頁。

(30) 大正四五・一五九頁中。

(31) 『圜悟仏果禅師語録』巻一七（大正四七・七九五頁中）に「挙。陸亘大夫問二南泉一、肇法師道、天地与レ我同根、万物与レ我一体。也甚奇怪。南泉指二庭前華一、召二大夫一云、時人見二此一株華一、如レ夢相似。師拈云、陸亘手攀二金鎖一、南泉八字打開、直得二七珍八宝羅二列目前一。乃竪二起払子一云、天地一指万物一馬、通身是眼分疎不下。」と「所以」を除いた形で引用される。

(32) 続蔵二乙—一〇・一八八丁右下。

(33) 鏡島元隆訳註『原文対照現代語訳・道元禅師全集』巻一〇、補注（春秋社、一九九九）二五二頁では、「米価」について、『景徳伝灯録』巻五、青原行思章（大正五一・二四〇頁下）に、「僧問、如何是仏法大意。師曰、廬陵米作麼価。」とある文を挙げ、「蘿蔔」について、『聯灯会要』巻六、趙州従諗章（続蔵二乙—九・二六七丁右下）に、「承聞和尚、親見二南泉一是否。師云、鎮州出二大蘿蔔頭一。」とある文を示す。次註に挙げる、『嘉泰普灯録』巻四、真如慕喆章の記述は、鏡島氏の挙げるこれらの語が流布した末のもので、道元は、簡便にまとまっている『嘉泰普灯録』巻四の上堂語を利用したと考えられる。

(34) 「上堂。不レ用レ思而知、不レ用レ慮而解。廬陵米価高、鎮州蘿蔔大。」（続蔵二乙—一〇・四八丁左下）。

(35) 道全四・八四頁〜八六頁。

(36) 大正四五・一五七頁上。

(37) 大正四五・一六一頁上。
(38) 大正四八・四〇頁中。
(39) この『永平広録』巻七の「独立草草」から「不堕諸数」までの典拠として、鏡島元隆訳註『原文対照現代語訳・道元禅師全集』巻一二、補注（春秋社、二〇〇〇）二三五頁に示される『宏智録』巻四の上堂（大正四八・四八頁上）には、脚注に補うところがあり、それに従うと、「師乃云、蕭然一念未レ萌初、露柱懐胎弁得無。風掃二余雲一月未レ上、霽虚廓浄絶二方隅一。道無レ根神無レ寄、心無レ像智無レ縁。独立卓卓而不依。一切自照霊霊、而不レ堕二諸数一。所以道、聖人空二洞其懐一、万物無レ所レ不二已会一。万物為レ已者、其唯聖人乎。正恁麼時作麼生、体悉還会麼。月逐レ舟行江練浄。春随二草上一焼痕青。」となる。二重傍線部が註によって補った部分であり、一重傍線部は、該当の『永平広録』に関係する部分である。ここで引かれる『肇論』の語は、道元の引用とは異なるが、道元の上堂語自体は、この記述に基づいている。
(40) 道全四・六四頁～六六頁。
(41) 大正四五・一五八頁下。
(42) 大正三六・六二八頁下。
(43) 伊藤秀憲「『永平広録』説示年代考」『駒澤大学仏教学部論集』一一、一九八〇。
(44) 『永平広録』巻五、第三六一上堂（道全三・二三二頁）に「雲州大守応下書二写大蔵経一安中置当山上之書到上堂。挙。僧問二投子一、一大蔵教還有二奇特事一也無。」と、檀越、波多野義重による、大蔵経寄進に因んだ上堂がある。
(45) 石井公成「『正法眼蔵』の基本構造―『法華経』と『華厳経』の役割に注意して―」（『駒澤大学研究所年報』三五、二〇一三）では、道元が目の前の自然を道場として肯定する、「山水経」巻に代表される現実肯定思想を『華厳経』性起品によるものとしている。
(46) 大正四五・五八六頁下。石井公成氏（前掲論文）は、『弁道話』（道全二・四六四頁）の「ここをもて、わづかに一人一時の坐禅なりといへども、諸法とあひ冥し、諸時とまどかに通ずるがゆえに、無尽法界のなかに、去・来・現に、常恒の仏化道事をなすなり。」は、華厳の事事無礙を時時無礙として道元が解釈し直したものとする。

(47) 道元の同時成道は、「発無上心」巻に詳しく説かれ、『建中靖国続灯録』巻三、廬山の開先善暹章（続蔵二乙—九・三六丁右下〜左上）の開堂語を引用し、行持道環を成道に読み込んで説明している。拙稿「『正法眼蔵』「発無上心」巻における草木心について」（『印度学仏教学研究』七一—一、二〇二二）で論じた。

(48) 石井公成氏（前掲註（45）論文）は行持道還についても、六十『華厳』「性起品」（大正九・六二七頁上）と道元の発心・修行・菩提・涅槃の行持道環とが似た表現であり、また、「性起品」の思想が、「しかも如来の身中で、つまりは如来の知慧の世界につつまれ、その働きを受けて修行者たちがこの過程を実現していくことが説かれているのだ。大乗仏教にあっては、仏は修行者を教化して仏にしてこそ仏なのだから、自分がこの過程を推し進めて仏とならねば、以前の仏を完全な仏とすることができず、また自分が次の仏を生み出す活動をしなければならないのであって、菩提を得れば終わり、自分が仏であることに気づけば終わり、といってすますことはできない。」ことに道元が気づき、大疑団を解決したと推察している。

(49) 例えば、「出家功徳」巻（道全二・二六三頁〜二六四頁）で、同時の出家が説かれる。拙稿「道元の『法華経』引用に関する一考察」（『曹洞宗総合研究センター学術大会紀要』二五、二〇二四）参照。

(50) 『華厳経』における発心について、田上太秀氏（『菩提心の研究』第六章、第二節「『華厳経』における菩提心思想」東京書籍、一九九〇）は、六十『華厳』では、発菩提心＝菩提であり、八十『華厳』では菩提心＝菩提となり、六十『華厳』においては、「発」という行為が重視され、八十『華厳』においては、如来性としての本覚心と菩提心を同一視して、衆生の発心が如来性心の出現とされることを論証している。

(51) 道全二・三三五頁。

(52) 水野弥穂子訳註『原文対照現代語訳・道元禅師全集』巻一、補注（春秋社、二〇〇二）二七六頁。

(53) 大正四七・七七三頁中。

(54) 大正四七・七三五頁下。

(55) 大正四八・五四頁中。

(56) 黄龍死心章（続蔵二乙—一〇・一七四丁左下）。

(57) 雲峰文悦章（続蔵二乙―九・三二八丁左下～三二九丁右上）。

(58) 「三界唯心」巻における「全機」の語については、拙稿「『正法眼蔵』「三界唯心」巻と『圜悟録』」（『曹洞宗総合研究センター学術大会紀要』一三、二〇一二）で少し論じた。そこでは、「身心学道」巻についても触れている。

(59) 「挙。道吾漸源至二一家弔慰一。源撫二棺木一云、生耶死耶。吾云、生也不レ道死也不レ道。源云、為二什麼一不レ道。吾云、不レ道不レ道。行至二中路一。源云、請和尚為二某甲一道。若不レ道則打二和尚一去也。吾云、打即任レ打。道即不レ道。師拈云、銀山鉄壁有二什麼階昇処一。山僧今夜錦上鋪レ華、八字打開、商二量這公案一去也。生也全機現。死也全機現。不レ道復不レ道。箇中無二背面一、直下便承当、不レ隔二一条線一。逼塞大虚空、赤心常片片。」（大正四七・七九三頁中）。

(60) 道全一・五二頁。

(61) 道全一・四〇三頁。

(62) 道全一・四五頁。

(63) 道全一・四八頁。

(64) 道全一・七三頁。

(65) 道全二・四六〇頁。

(66) 上山春平『無限の世界観〈華厳〉』「はしがき」（角川ソフィア文庫、一九九六）一六頁で、『弁道話』のこの文と『華厳経』の共通性を指摘する。鎌田茂雄『無限の世界観〈華厳〉』第一部、第一章「華厳思想の形成」七四頁～七五頁では、「即心是仏」巻（道全一・五七頁）の「一心一切法、一切法一心」や、「発無上心」巻（道全二・一六三頁）の経巻について、華厳の立場が説かれているとする。「発無上心」巻については、拙稿「『正法眼蔵』に引用される『華厳経』について」（『曹洞宗総合研究センター学術大会紀要』一四、二〇一三）で少しく触れた。石井公成氏（前掲註（45）論文）は行持道還についても、六十『華厳』「性起品」（大正九・六二七頁上）の「仏子、如来身中、悉見下一切衆生発二菩提心一、修二菩薩行一、成中等正覚上。乃至見二一切衆生寂滅涅槃一、亦復如是。」と道元の発心・修行・菩提・涅槃の行持道環とが似た表現であり、また、「性起品」の思想が、「しかも如来の身中で、つまりは如来の知慧の世界につつまれ、その働きを受けて修行者たちがこの過程を実現していくことが説かれているのだ。大乗仏教にあっては、仏は修行者を教化して仏にしてこそ仏なのだから、自分がこの過程を推し進めて仏とならねば、以前の仏を完全な仏とすることができず、また自分が次の仏を生み出す活動をしなければならないのであって、菩提を得れば終わり、自分が仏であることに気づけば終わり、といってすますことはできない。」ことに道元が気づき、大疑団を解決したと推察している。

(67) 大正四七・七五五頁上。

(68) 『圜悟録』巻六（大正四七・七四〇頁上中）にも、仏祖の拈華や面壁などの行や、棒喝といった機関などが、宗旨のためではないから、個々人に、万尋の壁が立っていることが示される。

(69) 大正四五・七〇〇頁上。

(70) 『宏智録』巻五（大正四五・六六頁中～六六頁上）や『大慧録』巻一八（大正四七・八八八頁上）にみえる。両者の差異については、石井修道「仮名『正法眼蔵』の成立過程と編集」（『禅文化研究所紀要』三四、二〇一九）に詳しい。

(71) 道全二・七〇頁～七一頁。

(72) 「挙。僧問二趙州一、見レ説二和尚一親二見南泉一是否。州云、鎮州出二大蘿蔔一、鎮州出二大蘿蔔一。猛虎不レ食二伏肉一、直饒眼似二流星一。争免レ持レ南作レ北。老趙州逈二殊絶一、片言本自定二乾坤一。返使二叢林閙聒聒一。」（大正四七・八〇二頁中）とあり、叢林を閙聒聒させるとの用例がみえる。

(73) 拙稿「『正法眼蔵』に引用される『華厳経』について」『曹洞宗総合研究センター学術大会紀要』二四、二〇二三。

(74) 「安居」巻（道全二・二三七頁～二三八頁）や『永平広録』巻八、第六小参（道全四・一一八頁）に、『円覚経』巻一（大正一七・九二一頁上）を引用し、仏の身心を実体視する。

(75) 道全二・三三三頁～三三四頁。

(76) 南本『涅槃経』巻三四（大正一二・八三八頁上）、北本『涅槃経』巻三八（大正一二・五九〇頁上）。

(77) 関戸堯海『日蓮聖人教学の基礎的研究』山喜房佛書林、一九九二。石川力山「鎌倉新仏教における『涅槃経』受容の諸相―特に道元の十二巻本『正法眼蔵』を中心として―」『道元思想大系』思想篇五、同朋舎出版、一九九四。

(78)『永平広録』に『華厳経』尊重の態度がみえることは、第二四回曹洞宗総合研究センター学術大会において、石井清純氏よりご教授を賜った。
(79) 道全四・七四頁。
(80) 角田泰隆『道元禅師の思想的研究』第五項「発菩提心」（博士論文、二〇一四）三一一頁では、この句をそのまま道元の思想と受け取っている。
(81) 六十『華厳』巻六（大正九・四三一頁上中）。
(82) 道全二・八一頁。
(83) 道全一・四五頁。
(84) 道全二・八八頁。
(85) 大正九・四三一頁中。
(86) 道全二・四三頁。
(87) 道全六・三二頁。
(88) 大正九・四三一頁上。
(89) 道全二・四四頁。
(90) 道全六・三二頁。
(91) 大正九・四三一頁上。
(92) 道全二・五一頁。
(93) 大正九・四三一頁中。
(94) 特に、「自証三昧」巻の後半（道全二・二〇一頁〜二〇七頁）では、大慧への批判を中心に論が展開される。
(95)『正法眼蔵随聞記』には、大慧の話を取り上げて、「古人の心、如レ是。病を受ては、弥、坐禅せし也。今の人の、病なからん、坐禅ゆるくづべからず。」（道全七・一四三頁）や「示云、大恵禅師の云、学道は須く、人の千万貫銭を、おえらんが、一文をも、もたざらん時き、せめらん時の心の如くすべし。若し、此の心ろ有らば、道を得ること易し、と云へり。」（道全七・一四四頁）と説示する。

(96) 伊藤秀憲『道元禅研究』第五章、第五節「『正法眼蔵』における祖師評価」大蔵出版、一九九八。なお、伊藤氏は道元の祖師評価は流動的で、「春秋」巻（道全一・四一五頁）や「深信因果」巻（道全二・三九三頁）で、圜悟に対して批判する記述があることも指摘している。

(97) 石井公成、前掲註（45）論文。

第3部　周辺領域

八幡神を応神天皇とする祭神説の形成

佐藤　眞人

はじめに

八幡三神の主祭神である八幡大神の祭神名は応神天皇（誉田別尊）とされる。八幡の祭神を応神天皇とすることについては、既に拙論「人を神に祀る神社の起源—香椎宮を中心として—」[1]に取り上げているが、神功皇后を祀る香椎宮の考察が主眼であるため紙幅が限られ十分な考察が出来なかった。そこで稿を改めて論じてみたい。したがって前稿と重複する部分があることをおことわりしておきたい。

今日の宇佐神宮や石清水八幡宮において、八幡神（主祭神である八幡大神）の祭神名は応神天皇（誉田別尊）であるとされる。しかしながら、八幡神が当初から応神天皇を祭神としたのではないことは、多くの研究者が認めるところである。八幡神を応神天皇とする説がいつ頃形作られたのかについて、先学の所説は一定していない。八幡信仰研究の大家である中野幡能氏の提唱する応神天皇祭神説が六世紀まで遡るとする学説も支持されることが多いが、検討すべき余地があるように思われる。

一　応神天皇祭神の六世紀形成説について

伴信友「八幡考」[2]・栗田寛「八幡神の考」[3]をはじめ、諸家の研究においては、八幡の祭神が元から応神天皇を祀ったものではないという点で一致している。

八幡神を応神天皇とするに至った事情については、今日の八幡神研究に大きな影響を与えた中野幡能氏の学説から検討してみたい。中野氏は『八幡信仰史の研究』において、八幡神を応神天皇と結びつけたのは大神比義であるとしている。すなわち承和十一年（八四四）の奥書のある「宇佐八幡宮弥勒寺建立緑起」[4]冒頭において、大神比義が欽明朝に八幡神を宇佐に奉斎したことが記されているが、中野氏はその中で八幡神が宇佐に来臨する以前に「大和国胆吹嶺」に座したと見える記事に注目する。この胆吹嶺を大和国宇陀郡宇陀村に比定する吉田東伍『地名辞書』の説を根拠に、そこに大字「大神」の地名があることから、ここが大神比義の出身地であると推測する。さらに六世紀に比義が大和から八幡神を奉じて宇佐の地に入り「原始八幡信仰」を奉じる辛嶋氏との闘争のうえ屈伏させ、応神天皇を祭神とするに至ったとし、そこには蘇我馬子の政治的意思が働いていたとする。また『筑前国風土記』逸文に神功皇后が筑前夜須郡に大三輪神を迎え祀ったと見えることを根拠に、大神比義が応神天皇を奉じた背景には大三輪氏の同族である大神氏が神功・応神信仰に深い関係を有していたからであると指摘する。[5]

中野氏の論点は多岐に亘るが、応神天皇祭神説の要旨は以上の如くである。大神比義が欽明朝に八幡神を祀ったという伝承や、八幡神が各地を巡って宇佐の地に鎮座したとする伝承などに何ら批判を加えずに歴史的事実と認定して立論しており、また、大神氏（大三輪氏）が応神天皇を奉じたとすることも、『日本書紀』神功皇后摂政前紀や『筑前国風土記』の記事を挙げるのみで、きわめて根拠薄弱である。

近年は逵日出典氏も『八幡宮寺成立史の研究』(6)において中野氏説を基本的に継承している。逵氏は敏達朝に捕虜となった蝦夷が三輪山に向かい天地諸神と「天皇霊」への服従の誓いを立てたとする『日本書紀』の記事(7)をもって、大神氏に応神天皇信仰があったことの裏付けとしている。しかしながら、この記事には「天皇霊」の祭祀に大三輪氏や大神氏の関与したことが見えず、「天皇霊」が応神天皇という特定の天皇と結びつくべき根拠も示されていない。両氏ともに憶測を重ねた危うい論証と言わざるを得ない。

そこで戦前の宮地直一氏による八幡宮研究に立ち戻ってみたい。宮地氏は応神天皇祭神説について次のような疑問点を示している(8)。

一、八幡を応神天皇であると記したものは平安朝以後のものであり、奈良朝においては見られない。

二、宇佐の地は三韓征伐になんらの関係がなく、応神天皇と相関することがない。

三、古来応神天皇を八幡大菩薩として祀る理由に関して、母后神功皇后の胎中にあって三韓を鎮めたことによるとされるが、それならばむしろ神功皇后こそ祀られるべきであり、応神天皇が祀られるべき理由がない。

四、古来、神社には歴代の天皇を奉祀するものが極めて稀であり、祀られる場合でも、怨霊を鎮めるためであることが多く、応神天皇のみ奈良朝の初めに祀られたとするのは不可解である。

ここで指摘するように八幡神が応神天皇であるという説は、奈良時代までの確かな史料の中には見えないのであるが、平安時代以降においても、いつ頃こうした祭神説が提唱されたのかについては、不確かな点が多い。

八幡神を応神天皇とする説の形成について、宮地氏は弘仁六年（八一五）の神主の解状に注目する。『東大寺要録』巻第四に引く弘仁十二年（八二一）八月十五日付の太政官符に左のように見える。

太政官符　大宰府

　応令大神・宇佐二氏　八幡大菩薩宮　奉

右得二大宰府解一偁、撿二案内一府去弘仁六年十二月十日解偁、得二神主正八位下大神朝臣清麿等解状一偁、件大菩薩亦太上天皇御霊也。即磯城嶋金刺宮（欽明天皇也）御宇天国排開広庭天皇御世、於二豊前国宇佐郡馬城嶺一始現坐也。(9)（下略）

この中に引く弘仁六年の神主・大神清麿による解状に「件大菩薩是亦太上天皇御霊也」とある。

また承和十一年（八四四）の奥書のある「宇佐八幡宮弥勒寺建立縁起」（以下「建立縁起」）の冒頭にも、

　定二大神朝臣・宇佐公氏一任二大少宮司一以二辛嶋勝氏一為二祝禰宜一

右大御《菩薩》神者、是品太天皇御霊也。磯城嶋金刺宮御宇天国排開広庭天皇欽明天皇也御世、於二豊前国宇佐郡馬城嶺一始顕坐。（略）以上弘仁六年十二月十日神主正八位下大神清麻呂解状也(10)

とあるように『東大寺要録』と同じ弘仁六年の解状を引いているが、ここでは八幡大菩薩を「品太天皇御霊也」すなわち応神天皇であるとしている。

宮地氏によれば『東大寺要録』に見える「太上天皇」が誰であるのか不明確であるが、「建立縁起」に「品太天皇」とあるのは前者の「太上天皇」を改めたもので、この段階で応神天皇説を認められるとした。ただし宮地氏はこの時に応神天皇説がにわかに起こったものではなく、すでに奈良朝末期に胚胎し、道鏡事件の際の託宣にもこの思想が表れていたのではないかと推測している。また八幡神を応神天皇と定めたのは神功皇后を祀る香椎宮を意識したもので、神功皇后の皇子である応神天皇を八幡神として位置付けたと論じている。

そこでまず両書の成立年代について押さえておきたい。「建立縁起」は承和十一年という年代が明記されたものとして最古の縁起とされる。ただしこれが正しく承和年間の成立と見ることができるかについては、平野博之氏が疑問を呈している。その第一点は「宇佐八幡宮弥勒寺建立縁起」という表題であり、これを弥勒寺の縁起の意とするならば弥勒寺は「弥勒寺」あるいは「八幡弥勒寺」であり、宇佐八幡宮と弥勒寺の両者の縁起とすれば「宇佐八幡宮幷弥勒寺」とあるべきであり、「宇佐八幡宮弥勒寺」の呼称は「石清水八幡宮護国寺」の称に倣ったものではないか。また石清水八幡宮が創祀される以前の時代であり、当時宇佐の八幡宮は「八幡太神宮」「八幡大菩薩宮」と呼ばれ「宇佐八幡宮」と地名を付ける例はないこと。第二点として「嵯峨天皇」の名が記されているが、この諡号は天慶三年（八七九）撰上の『文徳実録』から見えるものであり、承和年間には早すぎること。第三点として「判物」の語が見えるが、これも同様に早すぎること。第四点として宇佐公池守を「造宮押領使」に任じたと見えるが、「押領使」の官職が登場するのは九世紀終わり頃であること。第五点として放生会の起源に関する記事が『八幡宇佐宮御託宣集』に拠っていることが疑われること。第六点としてこの縁起が弥勒寺の再建を意図した豊前国司の撰であるなら、六年前の弥勒寺の火災について全く言及していないこと。以上の六項目を挙げて承和年間の真撰であることに疑問があるとしている。

その上で「建立縁起」の記事は大神氏が大宮司であることを前提としており、大神氏について批判的に書かれている点に注目し、大宮司が大神氏から宇佐氏へ転換する時期が寛平元年（八八九）以降のことから、この頃が成立の上限であるとし、「建立縁起」が「宇佐縁起」として『宮寺縁事抄』に引かれていることから寛弘六年（一〇〇九）が成立の下限であるとしている。(11)

これに対して『東大寺要録』の成立時期は序によれば嘉承元年（一一〇六）であり「建立縁起」より遅れる。ただし「建立縁起」の解状は短い抄録であるので、『東大寺要録』の解状の文章が「建立縁起」から引用されたとは当然のことながら考えられない。

同日付の同一人物による解文でありながら『東大寺要録』に「太上天皇」とあり「建立縁起」には「品太天皇」とあるのは、いずれかが変改を施していると見ることができよう、宮地氏は『東大寺要録』に引く解文が本来のものであり、弘仁六年から二十三年後に作られた「建立縁起」で「太上天皇」の表記を「品太天皇」に改めたと理解しているようである。

『東大寺要録』に見える「太上天皇」の意味について宮地氏は明言していないが、中野幡能氏はこれを応神天皇としている。[12] これに対し飯沼賢司氏は聖武天皇を指すとしている。[13] 生前に退位したこともなく、太上天皇の制度がない時代の応神天皇を指すことはあり得ないことで、応神天皇説に結びつく証拠とはならない。『東大寺要録』に「太上天皇」とあるのは東大寺に由縁のある聖武天皇を意味すると取るのが素直な解釈であり、飯沼氏の説に従うべきだろう。

いずれの論者も『東大寺要録』に示された弘仁二年の解文が本来の形であり、承和十一年に「建立縁起」が書かれた段階で「品太天皇」と改められたと推定している。しかしながら、『東大寺要録』の「八幡宮」の条の冒頭には三歳の小児が大神比義の前に現れ「我是日本人皇第十六代誉田天皇広幡八幡麿也」と託宣を下したとの記事が見え、前後の記事に矛盾があるのは理解し難い。書写の際に品太天皇の「品太」の意味がわからず「太」の字に引かれて「太上天皇」と誤写した可能性も十分考えられることである。

また『東大寺要録』も十二世紀の書であり、引用された太政官符も、そもそも宇佐の社伝縁起の正統性を主張するために官符に仕立て上げた偽作である可能性も否定できない。

応神天皇祭神説の見える弘仁六年の解状は、それ自体偽作であると断定する材料には欠けるので、宇佐宮内で神主が祭神として主張していた可能性は否定できない。しかしこの当時実在した人間を神社の祭神として祀るという宗教意識は未発達であった。神亀元年（七二四）頃、神功皇后を祀る際には香椎廟として神社ではなく中国の廟としての格付けを与えられ、弘仁年間に皇后を宇佐八幡に併祀する際も「大帯姫命廟神社」と「廟」の字を加えていることにも、実在の人間を神社の祭神とすることへの抵抗感が窺える。弘仁六年（八一五）は宇佐八幡宮への神功皇后の奉斎と近い時期であり[14]、この機運に乗じて宇佐八幡宮が主祭神を神功皇后の皇子・応神天皇であると主張して祭神の権威を高めようとしたという可能性は考えられなくはないが、当時の人神信仰のあり方に照らして時期的に早いように思われる[15]。

また解文の冒頭に「大御神者、是品太天皇御霊也」（「建立縁起」）あるいは「件大菩薩亦太上天皇御霊也」（『東大寺要録』）とありながら、八幡の祭神が天皇であることのいわれや根拠がその後の文中に何ら触れておらず、いわば取って付けたような形であることも不自然であり、後世の加筆とも見られ疑わしいものがある。

二　『住吉大社神代記』の八幡神に関する記事をめぐって

中野幡能氏は、応神天皇説の見える古い史料として「建立縁起」に引く弘仁二年の解状に加えて、『住吉大社神代記』を挙げている。

『住吉大社神代記』は天平三年（七三一）の奥書があるが、その成立については諸説ある。最も古く遡らせる田中卓氏は現存の社蔵本の『神代記』は延暦八年（七八九）の写本であり、天平三年成立の原本をこの時に書写したものと見てよいとしている[16]。これに対し坂本太郎氏は田中説を批判している。第一に『神代記』に仲哀天皇、神功皇后という奈良朝当時に使用されていない漢風諡号を用いていること、第二に延喜十七年（九一七）撰とされる

『聖徳太子伝暦』や同時期の『先代旧事本紀』と同様、国風諡号を諱と称しており、これは天平時代には存在しない例であること、第三に当時「大倭国」が「大和国」と記されており、天平三年時点での表記ではあり得ないこと、第四に神祇官に進上する解文として書式や内容に不備が多いこと等を指摘している。坂本氏は『類聚三代格』巻一に見える元慶三年（八七九）七月の住吉社に神財管理が疎かであることにより神主を解任し、神社の遷替の度に神財帳を作成すべき太政官符があることを踏まえ、この一件が起こる以前に神財目録は存在しなかったであろうことが窺われ、さらに『住吉大社神代記』に見える神財目録はこの時以降のいずれかの遷替時に作られた神財帳をもとに作成したものであることを指摘している。従って『住吉神代記』の成立は元慶三年を遡ることはないとする。(17)

また西宮一民氏も坂本氏より先に田中説を批判し、特殊仮名遣の検討によって天暦元年（九四七）から長保六年（一〇〇四）の間の成立としている。(18)すなわち『住吉大社神代記』の成立は元慶三年が上限であり、仮名遣の点から見れば十世紀半ばから十一世紀初頭頃までに成立したということになろう。

『住吉神代記』の神功皇后に関する事績を述べた文中に八幡への言及があり、次のように見える。

于時也、適当皇后之開胎。皇后、則取石二枚、挿御裳腰、而、祈之曰、事竟還日、産於茲土。宣賜事在験。（一云、田裳見足尼取石、搓御裳挿御裳腰、祈曰、産吾広国美土賜。爰脱石落。因耶波多佐波奈良波佐志止白、強挟挿支。仍、八幡止皇子白。随祈賜止、誉田天皇止号申。故、改名手搓宿禰止詔賜。）(19)

※（ ）内は細注

原文とともに、田中卓氏の書き下しも次に掲載しておきたい。

時に適《たまたま》、皇后の開胎《うむがつき》に当たれり。皇后則ち石二枚を取りて御裳腰《みものこし》に挿《さしはさ》みて祈《いは》ひて曰さく、「事竟《をは》りて還らむ日に茲土《ここ》に産れたまへ。」宣《の》り賜ふこと験《しるし》あり。（一に云ふ。田裳見足尼《たもみのすくね》、石を取りて、御裳《みも》を搓《たも》み、御裳腰《みものこし》に挿《さしはさ》みて祈《うけ》ひ白《まを》さく、「産《はら》みませる吾《あれ》に広田美土《ひろきうましきみくに》を賜はれ。」と。爰《ここ》に石脱落《ぬけおち》たり。因りて耶波多佐波奈良波佐志《やはたさはならはさじ》と白《まを》して、強《しひ》て挟挿《さしはさ》みき。仍《かれ》、八幡《やはた》と皇子《みこ》を白《まを》す。祈《うけひ》の随《まにま》に賜ふと、誉田《ほむたの》天皇と号《なづ》け申す。故《かれ》、名を改めて手搓宿禰《たもみのすくね》と詔《みことのり》し賜う。[20]）

これによれば、神功皇后が臨月にあたり石二つを裳の腰に挿み、三韓征伐より戻って後、この地において出産することを祈ったところ、無事産まれるという霊験があったという。これとほぼ同様の内容は『日本書紀』の神功皇后摂政前紀に見えている。この文に付いた細注に、一説によるとして八幡への言及がある。すなわち住吉大社神主の祖である田裳見足尼が皇后の腰に石を挿み、自分に広く立派な土地を賜わらんこと祈ったところ石が脱落した。そこで「耶波多佐波奈良波佐志《やはたさはならはさじ》」と申して無理矢理石を挿んだ。それゆえ御子を「八幡」と称した。また田裳見足尼が土地を賜わるよう祈った言葉である「広田美土《ひろきうましきみくに》」という誉め言葉にちなんで「誉田天皇」と名付けた。また自身の名である田裳見足尼を改め、手搓宿禰の名を詔により賜ったのだという。

「耶波多佐波奈良波佐志」の意味は難解である。田中氏の訓解の中では、石を腰に差し挟むのに八繒《やはた》を用いたならば「さは」（「前のようには」あるいは「何度も」の意）習わさじ、という意味であろうかとしている。[21]

すなわちこの記事においては、応神天皇に「八幡皇子」という称があるのは神功皇后が臨月に八枚の繒（絹布）を身に着けたことによるもので、八幡の神明は応神天皇の皇子時代の名に由来するとともに、誉田天皇の名も住吉の神主の祖である手搓宿禰の祈願の言葉に由来すると説明付けており、住吉大社およびその社司である津守氏を八幡神すなわち応神天皇と結びつけて権威を高めようという意図が見て取れる。応神天皇が八幡の名を称する由来は他の文献には見えないので、これを説明付けるために生み出された話だろう。

以上のように『住吉大社神代記』にも応神天皇祭神説が語られるが、先ほど述べたように、成立が元慶三年（八七九）を遡ることはあり得ず、中野氏が主張するような奈良時代の古伝承ではないと思われる。

三　八幡神を応神天皇する説の形成時期

それでは他の文献史料によって応神天皇説は何時頃に形成されたかを検討していきたい。

まず『続日本紀』によれば天平勝宝元年（七四九）十二月に八幡大神が宇佐から入京し、禰宜尼大神杜女が東大寺を拝した時に、大神に一品、比咩神に二品の神位を奉られている。(22)

中野幡能氏はこの時に品位が奉授されたことについて、八幡神を皇室の祖先、すなわち応神天皇と考えられていたことによるとしている。また比咩神が後に二品から一品に昇叙されたことについても、比咩神が神功皇后に擬せられていたことによるとしている。(23)

官位令において品位は親王に授けられる位階であり、人臣の位階と区別される。神にも神階を授けるが、品位を奉るのは八幡神が最初である。

品位は八幡のみならず後世にも例がある。一つは『文徳天皇実録』仁寿二年（八五二）二月に備中国吉備津彦命神に四品を授け官社に列したという記事がある。(24)この神に対しては承和十四年（八四七）に無位から従四位下に、翌年に従四位上を奉授されているが、この時はじめて品位の叙位と列官社があった。その後も吉備津彦神は天安元年（八五七）に三品、天安二年に二品に昇叙されている。(25)この吉備津彦神は現在の吉備津神社の祭神であり、祭神は第七代孝霊天皇の皇子とされ四道将軍の一人でもある。欠史八代の天皇の皇子であり実在性は疑わしいが『古事記』では吉備上道臣の祖とされ、吉備氏の祖神という性格の神であった。天皇の皇子ということで品位が奉られたのであろう。

もう一つは『日本三代実録』に見える天安三年正月に淡路国の伊佐奈岐命に一品を奉授したという記事であり、この時同時に吉備津彦命にも三品が奉授されている。伊佐奈岐命はこの時無品から一品にいきなり昇っている。記紀において伊弉諾尊が皇祖神・天照大神の上祖であるということから品位が授けられたのであろう。九世紀半ばにおいて神に対する品位奉授が二例見られることは興味深いが、いずれも皇子であり、あるいは皇祖神の系譜上の祖神にあたることによるのである。

そもそも位階は天皇から臣下に授けるものであり、天皇や皇后が位階を持つことはあり得ない。神社においても皇祖神である天照大神に対して位階を授けることはない。また八幡大神・比咩神に品位が授けられても、弘仁年間に創祀された宇佐八幡宮の第三殿・大帯姫廟神社の祭神・神功皇后には品位が奉られた記録がない。同じく神功皇后を祀る香椎宮（香椎廟）も神階は授けられない。皇后であり、あるいは皇室の祖先神という位置付けによるものであろう。(26)

したがって天平勝宝元年の品位奉授は、むしろこの段階では八幡神が応神天皇とも、その他の天皇であるとも考えられていなかったことを証拠立てるといえよう。天平勝宝三年の品位奉授は、聖武天皇が八幡神を東大寺大仏の造立を主導する神として位置付け、一般の人臣の位階をもつ他社の神々とは隔絶した存在であることを表明するためのものだったと考えられる。

それゆえ中野氏らが主張する応神天皇説が六世紀に成立したとするのはあり得ないことであり、また八幡神が応神天皇であることを示唆する『住吉大社神代記』の記事も、先述のように天平時代に遡る古伝とは言えないことが判明する。

八幡神が応神天皇であることを明言したものは、九世紀に至っても確かな史料には登場してこない。貞観十二年

（八七〇）新羅が来寇し朝廷は諸社・諸陵への祈禱を行ったことが『日本三代実録』に見えるが、その時の宇佐八幡宮に対する清和天皇の告文が注目される。この中に「我朝乃顕祖止御座天」とあるように、応神天皇とは明言されていないが「顕祖」という語が見える。(27)「顕祖」とは中国において祖先の敬称や皇帝の廟号として用いられており、ここでは天皇の先祖を意味する語として使われていると見てよいだろう。ただし具体的に応神天皇とは明言はされてはいない。

この時、宇佐八幡宮の他に香椎廟、宗像社、甘南備社に告文が奉られたが、他に仁明天皇の後深草山陵、文徳天皇の田邑山陵、神功皇后の楯列山陵にも告文が奉られている。仁明・文徳天皇は清和天皇にとって父・祖父に当たることによるのだろう。その他に神功皇后への告文が加わっていることは、香椎宮への奉幣に対応しているものであろう。もし、この時代に八幡が応神天皇とされていたならば、恵我藻伏崗陵（誉田陵）も対象になっているはずであるが、そうでないことは少なくとも朝廷においては八幡神を応神天皇と認めるには至っていなかったと見ることができる。

八幡の告文に見える「顕祖」の意味するところは明確にし難いが、これより十年前の貞観二年（八六〇）に石清水八幡宮が京都の南の男山に勧請されており、朝廷にとってより身近な神となったことが影響を及ぼしているのだろう。石清水八幡宮の勧請には、奈良時代末の宇佐八幡宮神託事件を経て八幡神が皇室守護の神としての性格を強めていったことを背景に、幼帝清和天皇を擁護する藤原良房の意向が関わっていたとされる。(28)こうした情勢の中で八幡を「顕祖」とする表現が生み出されたのであろう。同じく貞観年間の行教の作と伝える『石清水八幡宮護国寺略記』にも応神天皇を祭神とすることについて何ら言及はなされていない。

それでは八幡神を応神天皇とする説はいつ頃登場するのだろうか。『宋史』日本伝に永観元年（九八三）渡宋した奝然が滞在中に著した「王年代記」が引かれているが、その中に天御中主神以来の神代・人代の系譜を列記しており、応神天皇について「今号二八蕃（幡カ）菩薩一」と見えている。[29]これが管見による限りの確実な初見となるだろう。

そこで貞観の九世紀後半から永観の十世紀末にかけての時期に、さらに手がかりを探ってみるに、注目すべき点が二つある。一つは宮地直一が指摘しているところであるが、朝廷による畿内の諸社奉幣における賀茂社と石清水八幡宮の序列の変化である。[30]宮地氏が著書の中で表にして示すように貞観十二年十一月から仁和元年（八八五）九月までの間の四度の奉幣において、序列の第一位は賀茂社であり第二位が松尾社であった。石清水八幡宮においては第三位から第五位の間を変動しているのである。ところが、延喜十六年（九一六）六月の奉幣では位置が逆転し石清水八幡宮が賀茂社より上位に記され、天慶二年（九三九）十一月の奉幣においても同様であった。以後は石清水八幡宮が賀茂社の上位となることがほぼ恒例となる。[31]これにより石清水八幡宮は伊勢神宮に次ぐ社格を有することになり、この延長上に平安末期には伊勢・八幡を「二所宗廟」と見なす思想が生まれてくるのだろう。[32]

以上のように仁和元年から延喜十六年の間に石清水八幡宮の序列が伊勢神宮に次ぐものとして位置付けられたことが注目される。八幡が伊勢に次ぐ地位を獲得したということは、応神天皇祭神説の形成と関連性があることが推測される。

もう一つは俗体八幡神像の出現である。八幡神像に関する研究の蓄積は多いが、津田徹英氏の論文[33]を踏まえた長坂一郎氏の研究[34]に従って紹介したい。まず行教の作とされる『石清水八幡宮護国寺略記』の中に、八幡宮が造立された時、「六字宝殿。三字正殿。三字礼殿。奉二安三所御体一」と記され、八幡三神に対応する三体の御体が奉じられたという。次いで真言僧・真雅の手により東寺の八幡三神像が貞観二年（八六〇）～元慶三年（八七九）に東寺八幡宮に安置されたとする。

続いて薬師寺休ヶ丘八幡宮の八幡三神像など、女神二体は俗形であるが八幡大神を僧形とする神像が制作されていく。(35) 初期の単体の八幡神像も同様に僧形として表現されている。このように僧や寺院の主導によって僧体の八幡神像が先行したようである。

ただし今日に伝わる八幡神像には、僧形神像の他に、嘉暦元年（一三二六）の銘記のある島根県の赤穴八幡宮の三神像など、俗形神像が伝わっている。俗形神像に関する古い記録として『古事談』巻五に次のように見える。

敦実親王奉レ造二立大菩薩御影二体一一体僧形、一体俗形、奉レ備二御供一、被レ致二祈請一之後、被レ奉二拝見一之処、僧形ノ御供ニ立二御箸一云々。依之以法体為二御体一、奉レ安二置外殿一、多被レ寄二進田園一云々。件御体保延炎上之時、不レ奉二取出一焼失云々。

件御体、権俗別当兼貞、不レ堪二不審一供御供之次奉レ礼二白檀僧形一、首載二月輪一、御手令レ持レ翳給云々。兼貞此事之故不運而止。(36)

すなわち、宇多天皇第八皇子の敦実親王が石清水八幡宮に二体の御影を造立し、その一体は僧形、一体は俗形であったという。御供を供えて祈請したところ僧形の御供に箸が立ったため僧形を御体と定め、これを創建時の御体を納める内殿ではなく外殿に安置し、合わせて田園を寄進したという。(37) その御影は保延の火災（保延六年・一一四〇）で焼失したという。(38) また、この御体は権俗別当の兼貞が御供を供えるついでに見たところ、首に月輪を載せ、手に翳を持つ姿であったと付注に記される。敦実親王の神像の造立時期は『石清水八幡宮幷極楽寺縁起之事』によれば、延喜十四年（九一四）八月二十三日のことであったとされる。(39)

ここで注目されるのは僧形の神像とともに俗形の神像が造られたことである。八幡神像が伝統的に僧形とされてきたなかで、延喜十四年に（結果的に採用されなかったものの）俗形で表現された神像が出現した事実には、八幡神が応神天皇であるという説の形成と関連するものとして捉えることが出来るように思う。

八幡神は史書に登場した当初から仏教的な神格であった。天平勝宝元年（七四九）に酒宍や殺生を禁断する形で宇佐から平城京に迎えられ(40)、東大寺大仏の造立を助成し、平安時代以降も空海・行教・真雅などの僧侶の宗教活動と密接に関わるなかで、平安時代には大菩薩と称され、受戒出家した僧の姿で表現されてきた。

しかし、八幡神が応神天皇であるという説が登場すると、天皇を僧形で表現することに矛盾が感じるようになったのではなかろうか。応神天皇は欽明朝の仏法伝来よりはるか時代が遡る人物であり、在世中に出家を遂げたとすることには無理がある。欽明朝に神として顕現した際は「鍛冶翁」や「三歳少児」の姿であったとする。神となって以降、菩薩号を名乗っても受戒出家したという記録は見当たらない(41)。応神天皇説に立つ限り、八幡神が僧であることを説明付けるのは難しく、応神天皇の受戒出家のことをあからさまに説くことは中世の『八幡愚童記』や『八幡宇佐宮御託宣集』にも見えない。美術史方面からのさらなる検討が必要ではあるが、俗体の八幡神像の登場が応神天皇祭神説の形成と密接に関わる可能性を指摘しておきたい。

このように僧体の神と天皇としての神とは実のところ融和し難いのであろうが、それを曖昧に包み込んでいったのが八幡信仰の実態であったとも言えるのではなかろうか。同様に殺生禁断の慈悲の神でありながら、殺生を生業とする武家の守護神であることも、矛盾を含み込む八幡信仰の特色なのだろう。

五　結　び

八幡神を応神天皇とする説は、中野幡能氏や逵日出典氏の提唱するような六世紀に遡ることは到底あり得ない。

また「宇佐八幡宮弥勒寺縁起」や『東大寺要録』所引の弘仁六年の神主の解状も疑わしい点がある。『住吉大社神代記』もその成立年代が平安中期まで下ることが有力視されており、これを応神天皇祭神説の形成の証拠とすることも出来ないだろう。

清和天皇の告文において八幡神を「顕祖」とした貞観十二年がその萌芽と見ることが可能であるが、未だ応神天皇と関連付けられた証拠は見いだせない。永観元年（九八三）に渡宋した奝然の「王年代記」に応神天皇が八幡であることが明記されていることは、この祭神説形成の下限として押さえることができる。

その間において八幡を伊勢の次位に位置付けた延喜十六年の奉幣や、延喜十四年の敦実親王による俗形八幡神像の造立されたことが、この祭神説の形成を考える上で有力な材料になるだろう。平安初期に宇佐八幡宮内で八幡神を応神天皇とする説が発生した可能性は完全には否定できないが、朝廷や社会全体が応神天皇と認めるようになる時期は平安中期まで下るのではなかろうか。

八幡神が応神天皇とされた宗教的・政治的背景については今後さらに掘り下げるべき課題が残る。八幡信仰には様々な要素が絡み合っており、関係する資料や研究蓄積も膨大であるため見落としがあることを危惧するが、一つの見通しとして示しておきたい。八幡を源氏の氏神とすることは応神天皇祭神説の成立を前提としてのことであり、応神天皇祭神説によって八幡信仰は新たな展開を見せたと言えよう。

註

（1）拙稿「書物の時代の宗教─日本近世における神と仏の変遷─」『アジア遊学』二八七（勉誠社、二〇二三）。なおこの中で、神亀年間の香椎廟の創建が新羅の毛伐城の築城など、新羅との軍事的緊張関係を背景としていたことを論じているが、飯沼賢司『八幡神とはなにか』（角川書店、二〇〇四）四三頁において既に同様の指摘がなされていたことを見落としていた。お詫び申し上げるとともに、ご参照願いたい。
（2）『伴信友全集』（ぺりかん社、一九七九）第三巻所収。
（3）『栗里先生雑著』巻一（続日本古典全集『栗里先生雑著一』現代思潮社、一九八〇）所収。
（4）本文は後掲。
（5）中野幡能『八幡信仰史の研究』（増補版）上巻（吉川弘文館、一九七五）第一部第二章「応神八幡宮の成立」に拠る。なお、後に中野氏はこの自説を訂正し、大神比義は豊前大神氏など北部九州地域の大神氏の出身であろうとしている（中野氏の所説の変化については、次註の逵日出典氏の著書一七〇～一七一頁にまとめられている）。
（6）逵日出典『八幡宮寺成立史の研究』（続群書類従完成会、二〇〇三）第二章「辛嶋氏系八幡神顕現伝承に見る大和神幸―応神霊の付与をめぐって―」。
（7）『日本書紀』敏達天皇十年閏二月条。
（8）宮地直一『八幡宮の研究』（『宮地直一論集』4、蒼洋社、一九八五、初出一九〇八）七七頁により要約した。
（9）筒井秀俊校訂『東大寺要録』（国書刊行会、一九七一）一一七頁。
（10）『神道大系　神社編四七　宇佐』四頁。引用文の見せ消ちと、それに付された細注は省略した。
（11）平野博之「承和十一年の宇佐八幡宮弥勒寺建立縁起について」（竹内理三編『九州史研究』御茶の水書房、一九六八）。
（12）中野幡能『宇佐宮』（吉川弘文館、一九八五）二九頁。
（13）飯沼賢司『八幡神とはなにか』（角川書店、二〇〇四）一二六頁。
（14）弘仁年間の宇佐八幡宮第三殿の神功皇后の創建については、「建立縁起」の後半に引く弘仁十一年（八二〇）と同十四年（八二三）の太政官符が参考になる。詳しくは土田充義『八幡宮の建築』（九州大学出版会、一九九二）第二章第二節「宇佐八幡宮の本殿」参照。
（15）この時期の人神信仰の展開については註（1）の拙稿参照。

(16)『田中卓著作集』第七巻（国書刊行会、二〇一七）所収「再考・住吉大社神代記」（初出一九五二）。
(17)坂本太郎「住吉大社神代記について」（『坂本太郎著作集』第四巻、吉川弘文館、一九八八、初出『国史学』八九、一九七二）。
(18)西宮一民『日本上代の文章と表記』（風間書房、一九七〇、初出一九六七）。
(19)『田中卓著作集』第七巻所収「校訂・住吉大社神代記」八四～八五頁（初出一九六三）。
(20)同右、一五六～一五七頁。
(21)また沖森卓也・佐藤信・矢嶋泉編著『古代氏文集』（山川出版社、二〇一二）の『住吉大社神代記』の注釈によれば、「やはた」は感動詞、「ならはさじ」は「なる」を再活用させた「ならふ」の未然形、最後に尊敬の「す」が付いたもので、「そのようにはなれないだろう」の意であろうかとしている（一二八頁）。
(22)『続日本紀』天平勝宝元年十二月丁亥条。
(23)中野幡能『宇佐宮』二七頁。なお八幡比咩神が一品を授けられたのは天安二年（八五八）五月十一日（『続日本紀』同日条）である。
(24)『文徳天皇実録』仁寿二年二月丁巳条。
(25)『文徳天皇実録』天安元年六月戊辰条。『日本三代実録』天安三年正月二十七日条。
(26)また住吉大社は延暦三年（七八四）に正三位になって以降延暦二十五年（八〇六）に従一位に昇叙されるまでの記録がある。住吉には四座の祭神があるが、もとは三座であった。神功皇后が後に第四殿に祀られているが、神功皇后が住吉の祭神であることを記す古い史料は『住吉神代記』であり、前稿「人を神に祀る神社の起源―香椎宮を中心として―」で述べたように神功皇后が祭神に加わったのは平安中期以降である可能性が高い。
(27)『日本三代実録』貞観十二年（八七〇）二月十五日条。
(28)小倉暎一「石清水八幡宮創祀の背景―九世紀前後の政治動向を中心として―」（竹田聴洲博士還暦記念会編『日本宗教の歴史と民俗』隆文館、一九七六、のち『民衆宗教史叢書第二巻　八幡信仰』雄山閣出版、一九八三にも収載）。

(29) 石原道博編『新訂　旧唐書倭国伝・宋史日本伝・元史日本伝』（岩波書店、一九八六）一三六頁。
(30) 宮地直一『八幡宮の研究』一六二〜一六三頁。
(31) ただし藤原師輔の『九暦』において天慶四年（九四一）八月九日と天暦四年（九五〇）八月九日の奉幣記事では賀茂社の名が石清水八幡宮より先となっている。ただし編年体の史書を見る限りにおいては石清水八幡宮を優先するのが定着するようである。
(32) 二所宗廟については吉原浩人「八幡神に対する「宗廟」の呼称をめぐって—大江匡房の活動を中心に—」（『東洋の思想と宗教』一〇、一九九三）がある。
(33) 津田徹英「僧形八幡神像の成立と展開—神護寺八幡神像と東寺八幡三神像をめぐって—」（『密教図像』一八、一九九九）。
(34) 長坂一郎『神仏習合像の研究』（中央公論美術出版、二〇〇四）第五章第二節「八幡神・女神像の手勢と坐法についての若干の考察」。
(35) 薬師寺八幡宮神像についての近年の研究には、近藤将人「薬師寺僧形八幡三神像の成立事情について」（『名古屋大学人文科学研究』四二、二〇一四）がある。
(36) 新日本古典文学大系『古事談・続古事談』（岩波書店）四三四頁。
(37) 石清水八幡宮の本殿建築については註（14）の土田充義『八幡宮の建築』に詳しい。
(38) 敦実親王の造立した御体がこの時焼失したことは『百錬抄』保延六年二月二十一日条にも見える。
(39) 『大日本史料』第一編之十一、八七六頁。
(40) 『続日本紀』天平勝宝元年十一月甲寅条。
(41) 日吉山王神が受戒したという説がある。平沢卓也「山王の受戒—中古天台における神祇観の一班—」（『東洋の思想と宗教』二二、二〇〇五）。

明治仏教の「公認教」論と一九世紀フランスの宗教制度

――藤島了穏の『政教新論』（一八九九）を中心に――

ベルナット・マルティ・オロバル

一　はじめに

本稿では本願寺派の藤島了穏（一八五二〜一九一八）と彼の仏教公認教運動への主な貢献である『政教新論』（一八九九）を分析する。戦後、明治期の政教関係に対する関心が高まり、多くの研究成果が見られるが、仏教公認教運動に関する研究はまだ少ないといえる[1]。中でも、藤島に関する研究はないに等しい。本願寺派の僧侶であった藤島は、日本における公認教制度の導入を提唱した先駆者の一人であるが、これまで彼の役割は見過ごされてきた[2]。一八八二年から一八八九年にかけてフランスに留学した藤島は、当時のフランスの宗教制度であったコンコルダート制度に注目し、これを日本に適用しようと考えたと思われる。以下、彼のフランス留学から『政教新論』を上梓するに至るまでの政教関係に関する活動と業績を概観する。先ず、フランスのコンコルダート制度と第一次仏教公認教運動（一八八九〜一八九〇）の関係に触れる。続いて藤島が第二次仏教公認教運動（一八九七〜一八九九）にどのように貢献したかを探るが、この運動の背景となった一八九九年に予定されていた内地雑居実施についても説明する。[3] 次に『政教新論』の分析を行い、そこで論じられている宗教と政治の関係性、及び政教関係の四種類の体制について紹介する。更に、藤島が執筆に影響を与えた海外の学者にどんな人物がいるのかを探究し、『政教新論』の最終章において言及されている「宗教法」の必要性とその展開を解説する。

二　藤島の生涯――フランスの留学期を中心に――

藤島は嘉永五年（一八五二）八月一五日に生まれた。留学前の活動については、今の段階では殆ど資料は見つけられていないが、周知の通り、一八八一年に『耶蘇教の無道理』を出版し、反耶蘇運動の先頭に立っていたのは確かであり、留学前から既にキリスト教の容認・布教への懸念を持っていたといえる。一八八二年一〇月一四日に藤島は他の本願寺派僧侶、菅了法（一八五七～一九三六）及び藤枝沢通（一八六一～一九二〇）と共にヨーロッパへ向けて出発した。出発の時点で、藤島は欧州の宗教事情を視察し、キリスト教と相容れない西洋哲学（資料で「哲理」を用いている）を研究したいと考えていた（『明教新誌』一四五〇（一八八三年一月二六日）、四～五頁参照）。[4] 哲学の研究以外にも、留学期間中にフランス語の論文でフランス人に仏教を紹介したり、[5] サンスクリット語とヨーロッパの仏教学について学んだりしていた。その中で、著名なインド学者で当時のコレージュ・ド・フランスの教授シルヴァン・レヴィ（Sylvain Lévi　一八六三～一九三五）との出逢いは特筆すべきである。その時のことを藤島自身が語っている資料は見つかっていないが、レヴィの書いた文章が残っている。少なくとも、『仏教を研究するための日本の資料（*Matériaux japonais pour l'étude du bouddhisme*）』（一九二七）、及び『フランス・日本（France-Japon）』巻一二～一三（一九三五）の雑誌に載せた短い記事「古い思い出（*Vieux souvenirs*）」の二つがある。一つ目の著作によると、一八八七年に、「Fujishima（Ryôon）」及び「Fujiéda（Takutsuû）」という二人の日本人が彼のサンスクリット語の講座に出席し始めた（二頁参照）。しかし、「古い思い出」の中では、「Ryauon Fujishima」及び「Takutsu Fujiyéda」との出逢いは一八八七年ではなく、翌年であったと記されている。そして、レヴィは、「彼らは私の将来を大きく決定し、彼らの期待に応えるために私は特に仏教の研究に専念した」（二四〇頁）と述べ、『十二宗綱要』の仏訳を行っていた藤島を手伝ったことがきっかけとなり、中国の資料と文字に初めて触れることになったと説明している。(6)

哲学に関しては、留学中に書かれた資料に見られるように、フランス滞在中は、西洋の著名な哲学者、アルトゥール・ショーペンハウアー（Arthur Schopenhauer　一七八八～一八六〇）とエドゥアルト・フォン・ハルトマン（Eduard von Hartmann　一八四二～一九〇六）に着目していることが分かる。(7) 残念ながら、藤島自身による文献で体系的に西洋哲学と仏教の関係を論じているものは今のところ見つかっていないが、その整合性を主張している文章は幾つか残されている。(8) 哲学を学ぶために当時ソルボンヌ大学哲学教授であったポール・ジャネ（Paul Janet　一八二三～一八九九）の講義に出席していたことも資料から分かる。(9)

藤島がフランスに滞在していた頃、井上円了（一八五八～一九一九）も渡仏している。円了は一八八八年六月九日から一八八九年六月二八日にかけアメリカ合衆国及びヨーロッパの諸国を訪れ、西欧における哲学・宗教・政教事情を視察した。そして、彼は、一八八八年一二月にアメリカ・イギリスからヨーロッパ大陸に渡った際、パリを拠点とし、藤島と共に活動した。西洋の宗教事情を視察していた円了は、その頃にコンコルダート制度に着目した可能性が高い。一八八九年に帰国した際、仏教公認教運動の指導者となった円了がその運動の象徴的存在になったが、それは藤島から紹介されたのか、それとも円了自身が独自にそれに着目したのかについて新たな資料を発見しない限り断定的な結論を出すことはできない[10]。

三　フランスのコンコルダート制度と「公認教」論の始まり

コンコルダート制度とは、一八〇一年七月一五日から一九〇五年一二月九日までフランスにおいて実施されていた宗教制度である。もともとは一八〇一年に当時のフランスの統領ナポレオン・ボナパルトとローマ教皇が結んだ「政教条約（コンコルダート）」から誕生した。そして、翌一八〇二年に、カトリック教に加え、キリスト教の他の宗派、ルター派とカルバン派にこの制度の適用範囲を拡大し、一八〇七年には他の宗教、ユダヤ教も承認された。公認された宗教は政府の援助を受けていた。例えば、フランス政府は公認された各宗教の聖職者に、公務員と同様俸給を支払っていた。しかし、それと引き換えに、教会はそれぞれ聖職者を自由に任命することができず、行政当局の承認を得る義務を負った。一方、公認教と認められていなかった宗教については、信教の自由を保障されてはいたが、支援の対象にはならなかった。

『大日本帝国憲法』の発布に伴い、第二八条によって信教の自由が保障されることになった。この条項や他の法令においてキリスト教に関する具体的な記載がなかったため、キリスト教はまだ正式に容認されたとは言えないが、その一方で事実上の容認、少なくとも黙許されたと言える。ともかく、このような状況に直面した仏教界は緊急性を感じて対応しようとした。この状況に対処するため、西欧諸国から帰国したばかりの井上円了は一八八九年九月にフランスのコンコルダート制度やハプスブルク帝国の政教関係を参考にし、公認教制度の導入を提案する『日本政教論』を上梓し、その運動の代表的な人物となった[11]。この提案によって仏教界は「キリスト教問題」を解決しようとした。すなわち、日本特有の宗教である神道と日本仏教のみを「公認教」として認め、政府の保護・援助を受ける一方、キリスト教に対する信教の自由を認めながらも、「非公認教」と定めることで、その拡大を制限することを目指した。この考えは仏教界に広まり、理論から運動に展開し、政府に対してこの制度を採用するように求めた。具体的には、一八九〇年一月に仏教界が団結して政府に建白書を提出する計画が立てられた[12]。

仏教界にとってこの制度にはどんな利点があったのか。先ずこれによってキリスト教の拡大を抑制することで、治安維持と国家の独立性を守ることが可能だと主張された。加えて、日本の宗教（神道・仏教）のみが公認されることになれば、明治初期からの国家イデオロギーの基盤となった神道と同等の地位を仏教が得ることになる。また、公認教制度は厳密な政教分離の観点から見ると、宗教界への政治的干渉があるとは言えるが、同時に承認した諸宗教に対して政府は中立性を保ち、信教の自由を保障しているとも言える。但し、公認教制度がキリスト教に対する防衛策として提案されたことは明らかであり、制度の適用方法によっては信教の自由が損なわれる恐れもあったであろう。更に、仏教界にとってのもう一つの重要なメリットは、この制度が日本特有のものではなく、西洋列強、特にフランスの制度に類似していたことで、文明的であると主張することができた点である。これらの特徴を考え合わせると、キリスト教布教の拡大や国家神道政策等の問題に直面していた仏教界が、この制度の採用に、仏教の復興の望みを託していたことが理解できるであろう。

藤島に話を戻すと、彼は留学した当初、政教に無関心だったという訳ではないが、『大日本帝国憲法』の準備、発布をきっかけに、藤島の政教関係への関心が高まったのであろう。ただ、この頃は藤島の帰国直前に当たり、そのためかどうか不明であるが、彼の資料は殆ど見つかっていない。円了が『日本政教論』を発表する直前の一八八八年八月の始めに、藤島はヨーロッパの諸政治制度を視察していた当時の外務大臣、山縣有朋（一八三八〜一九二二）と共に船に乗り、一〇月二日に帰国した。帰国後、幾つかの祝宴が開催され、そこで日本の仏教界にフランスの宗教制度を紹介していることが窺える（『明教新誌』二六一三〈一八八九年一〇月二〇日〉七頁、『令知会雑誌』六七〈一八八九年一〇月二三日〉三六頁参照）。筆者が知る限り、その直後に執筆された論文はなく、確認されているのは、約一年後に『令知会雑誌』に掲載された政教関係に関する論文のみである。具体的には、第七六号（一八九〇年七月二三日）に「政府ノ宗教ニ対スル責任」という論文が載っている。しかし、この論文が刊行された際、第一次仏教公認教運動は既にその勢いが弱まっていた。一八九〇年一月に仏教界は公認教として仏教を認めるように建白書を準備していたのだが、政府による説得を受け、建白書の提出が見送られてしまっていたのである[13]。

つまり、第一次の仏教公認教運動（一八八九～一八九〇）が行われた際、藤島のその運動への貢献の度合いは明らかではない。しかし、当時藤島を公認教の先駆者として紹介している資料が見られる。例えば、一八八九年一〇月五日の『東京朝日新聞』の記事では以下の内容が記されている。

> 国教一定の請願　仏教を我国の国教と定むることを其筋へ請願せんとの相談ハ彼の僧侶被選権云々の請願に続いで奉仏者社会に起り既に井上円了氏の如きハ頻りに其事の取調べに着手し又一方にハ此事に関して某政党の領袖たる人々が或る内約を結びたりなど云ふ説を聞きたることもありしが今回山縣内務大臣に随つて帰朝したる真宗の藤島了穏氏ハ同件に関し欧米巡回中に各宗僧侶に就き取調べ来たれることあり旁々近日同宗各管長へ協議連合の上にいよ〳〵其筋へ右の請願書を持出す筈なりと云ふ（一頁）

また、本願寺派系の雑誌、『奇日新報』（一一三六、一八八九年一〇月九日）では、仏教界がこの頃政府に提出しようと準備していた公認教に関する建白書について、以下のように記述されている。

> ◎公認教の請願　前号にも記載せしが井上円了氏は先は海外諸宗教の実況を歴観中藤島了穏氏と深く協議を遂

げ山縣大臣の帰朝を待て各宗管長連合して右の請願を内務省に差出す事に約して井上氏は帰朝ありしが今度藤島氏も山縣大臣に倍〔陪?〕随して帰朝せしに付近日右の請願に及ぶ手筈なりといふ（四頁）

これらの資料で藤島は円了と並べられ、公認教運動の指導者として紹介されている。

その後、一八九一年五月に藤島は本願寺派の学校である文学寮の寮長に任命された。翌年、彼は政教に関する論文、「羅馬法王と仏国政府との間に締結したる条約」を『伝道新誌』（一八九二年五月二一日、一六～一七頁）に掲載した。これはフランスのコンコルダート制度の元となった一八〇一年のバチカンとフランス政府との間の政教条約を和訳したものである。しかし、学生との対立や文学寮教頭であった中西牛郎（一八五九～一九三〇）との摩擦により、藤島を含む文学寮の全教員は一八九二年七月に解雇された。

翌年、内村鑑三不敬事件を巡る議論が多くメディアで行われ、内村批判の先頭に立っていた井上哲次郎の記事が『教育ト宗教ノ衝突』（一八九三）にまとめられた。キリスト教側からの反論が多数あった一方で、仏教界も議論に加わり、井上の立場を支持した。その一環として、藤島は一八九三年に『耶蘇教末路』を発表し、キリスト教を批判した。但し、彼は内村事件そのものではなく、ショーペンハウアーをはじめとするヨーロッパの思想家のキリスト教批判を引用し、キリスト教が日本文化に馴染まない、国家統一を妨げる等の理由から、その輸入に反対論を唱えた。

四　内地雑居と第二次仏教公認教運動

長らく続いた条約改正交渉が終わり、一八九四年七月一六日に日英通商航海条約が結ばれ、それを契機に一八九四～一八九五年の間に他の西洋列強とも同じ内容の条約が結ばれた。その結果、一八九九年七月からこの新しい条約が実施されることになっていた。この条約により外国人の内地雑居が認められることとなり、仏教界では緊張感が高まり、大きな運動の展開につながった。しかし、内地雑居に関する懸念は新たなものではなく、条約改正の交渉が始まって以来、国内で議論され、問題視されていた。反対論者の中で有名な例として、井上哲次郎が挙げられる。彼はドイツに留学していた頃、井上円了の要請に応じて『内地雑居論』（一八八九）を執筆し、帰国後『内地雑居続論』（一八九一）を刊行した[14]。また、政界では、内地雑居に反対していた議員たちが一八九二年に「内地雑居講研究会」を結成し、異議を唱えた[15]。

日英通商航海条約に戻ると、その第一条の中で「両締盟国の一方の臣民は他の一方の版図内に於て良心に関し完全なる自由、及法律、勅令及規則に従て公私の礼拝を行ふの権利、竝に其の宗教上慣習に従ひ埋葬の為め設置保存せらる、所の適当便宜の地に自国人を埋葬するの権利を享有する」と記されており、外国人の「信教の自由」、「公私の礼拝を行ふの権利」等が認められることになる。これによって外国人、特にキリスト教宣教師が自由に日本に滞在し、自由に宣教活動を行うことになれば、仏教、天皇制、日本の国体の将来が危難にさらされると多くの仏教家が恐れていた。それを防ぐため、仏教系の積極的な反対運動が開始された。また、その運動の一環として公認教運動が再開し、仏教界はこれで「キリスト教問題」を解決しようとした。つまり、日本特有の宗教である神道及び日本仏教のみを「公認教」として認め、政府の援助の対象とし、一方、キリスト教に対しては、信教の自由を認めながら、これを公認はせず、拡大を制限するよう求めた。柏原祐泉（一九五六）が言うように、これをきっかけに雑居準備護法大同団（一八九七年、於京都結成）、内地雑居準備会（一八九七年、於名古屋結成）、雑居準備護法会（一八九八年、於大阪結成）、雑居準備仏教護法団（一八九七年結成）等の団体が結成された（一六九頁）[16]。

藤島の活動について述べると、彼はこの運動に積極的に関わったことが分かる。一八八九年に設立された仏教各宗協会は一八九七年六月三日から九日まで大会を開催しているが、参加した二七名の委員中に藤島も含まれていた。前年、一八九六年四月二七日に発布された民法（法律第八九号）の第三四条により、「祭祀、宗教、慈善、学術、技芸其他公益ニ関スル社団又ハ財団ニシテ営利ヲ目的トセサルモノハ主務官庁ノ許可ヲ得テ之ヲ法人ト為スコトヲ得」と定められたため、宗教団体が法人格を取得することが可能となった。この背景には、仏教界が内務省と以前から交渉し、宗教法案の準備を進めていたことがある。民法の公布を受けて、仏教各宗協会は寺院法案に着手した。その後、東京の真宗本願寺派浅草別院で仏教各派の委員が集まり、七月末に提案が完成した。これを第一一回帝国議会に提出する予定であったが、八月の議会解散により、提出は見送られた[17]。

更に、一八九七年から仏教各宗協会は『仏教各宗綱要』の編纂を始めていたが、これを巡る宗派の対立が生じ、翌年の七月には協会の解散に至った[18]。この時、藤島は協会の副議長であった[19]。また、一八九八年九月二八日の『読売新聞』によると、「真宗の石川舜台、藤島了穏、臨済宗の前田誠節、真言宗の土宜法竜、曹洞宗の弘津説三等の諸師ハ過日来数々会合して密議せり之ハ寺院法変更に関する」（二頁）議論が行われたと報じられている。これにより、藤島が本願寺の代表として交渉に参加していたことが分かる。柏原によると、一八九八年一〇月には、「仏教各派代表の浄土・曹洞両宗管長から板垣退助内務大臣に対し、宗教法案中にこれらの案文を加味するよう申し入れ、さらに翌十一月にも各宗総代として藤島了穏・土宜法竜が法制局長官に同様の申し」（柏原祐泉『日本仏教史近代』吉川弘文館、一九九〇、一四五頁）入れを行った。しかし、藤島は単に交渉者として参加しただけでなく、理論面でも仏教の公認運動に積極的に参加し、一八九九年の『政教新論』刊行は、その成果の一つである。

五　『政教新論』

明治時代では政教関係は重要な問題であったため、それに関する書籍が多く刊行された。その中で、プロテスタント系の思想家で牧師であった小崎弘道（一八五六〜一九三八）は一八八六年に『政教新論』を発表し、キリスト教の視点から政教関係を論じ、その優越性を主張した。当時影響力のあるキリスト教系の学者であった小崎自身は一八八八年に『政教新論』の増補二版を出版した。藤島は当時留学中であったが、小崎の著作の存在を知っていた可能性が高い。しかし、藤島が自身の『政教新論』を一八九九年に刊行した際に題名の重複に気づいていたかどうかは不明である。いずれにしても、藤島は仏教者であり、小崎の著作とは異なる視点と内容を持っている。藤島は「藤島瞻岳」の名で、『政教新論』を一八九九年四月三〇日に興教書から出版したが、その内容は主として一八九七年から一八九九年にかけて本願寺派の機関雑誌『教海一瀾』（後の『本願寺新報』）に掲載された自身の論文に基づいている[20]。この書籍で藤島は西洋の学術論文を参考に四つの主要な政教関係モデルを解説し、公認教制度を日本政府に採用するべきであると提唱した。仏教と政治の関係を多角的に論じ、日本の政教関係を国際的な視点から考察している点がこの書籍の特徴の一つである。

藤島は政教関係について「詳論したる著書あるを見ず」（藤島、同書、序論二頁）と指摘し、その不足を補うために『政教新論』を執筆したと説明している。当時、宗教法案の準備が進行中で、仏教公認運動の全盛期であった。こういった状況であったから、当該書籍は政教関係に関心を持つ学者や仏教徒に向けた学術論文というだけでなく、当局へのメッセージやマニフェストとしても解釈できる。こういった見方が当時からあったことは、『政教新論』

が刊行された翌月、一八九九年五月八日の『東京朝日新聞』の書評でも確認できる。書評では『政教新論』の内容が簡単にまとめられた後、「時議切迫に過ぎたるやの感なきにあらざるも政府当局者ハ勿論政治家の一読を要すべき書なり」（二頁）と記され、政府や政治家にこれを読むことを促している。藤島は、当時の日本における政教問題の緊急性や重大性を強調し、条約の実施が迫っていることをその理由として挙げ、条約により「本年七月以後は、基督教も、亦黙許の範囲を脱して仏教と同一の権利を享有」（藤島、同書、一頁）することになると説明している。

『政教新論』の序論では「教法は、政務の外に立ちて、深く人心に透徹し、広く国運を裨補す、国家の存立を維持する為め、必要欠く可らざるの霊器にして、強力の大機なり」（藤島、同書、序論一頁）としている。ここで宗教（「教法」）は政治と異なるものとしつつも、国家維持のためには重要な手段であると強調されている。また、当時の文化国家論に基づき、各国家が独自の歴史・文化を持ち、それに適合する、あるいは適合しない宗教を前提に、宗教と政治との関係が論じられている。宗教と政治は異なるものではあるが、「宗教は無形の霊器にして〔中略〕国政に利害の波及する」（藤島、同書、序論二頁）ものと述べ、宗教が国政に影響を及ぼすことを強調し、そのため両者は「相離る可からず」（藤島、同書、三頁）と主張している。

この文脈で宗教は「霊器」あるいは「無形の霊器」という特異な用語で定義されている。これは、正に明治時代の仏教家が繰り返し主張していた宗教の政治的な役割、つまり政治補助説の一環として理解できる。例として、円了は欧米の旅行から帰国した際に執筆した『欧米各国：政教日記（下編）』（一八八九）で、宗教・言語・歴史を「国家の独立を維持するの三大機関」（『井上円了選集』巻二三、東洋大学、二〇〇三、一四六頁）と位置付けている。この考え方は仏教界に限らず、明治時代の幅広い社会に浸透し、多くの知識人や官僚は宗教を道徳基盤や国民統一の手段と見なしていた。すなわち、宗教が国民の心に根付いていることから、治安維持や富国強兵の実施・保護に役立つとされた。

藤島の議論に戻ると、彼は政府の宗教への支援が「国家を組織する一大要素にして、教育工芸と併行併存せざる可からざる」（藤島、同書、四九頁）ものとの理由から必要であると訴えている。それにも拘わらず、政府が教育や工芸と異なり、宗教を支援していないと藤島は嘆いている。国家は物質的進歩のみならず、それを支える精神的進歩も重要視すべきであり、宗教支援を通して「行政立法の応援者にして、また社会の秩序を維持する」（藤島、同書、五一頁）役割を果たすべきだと論じている。また、当時の普通教育では道徳が重視されず、唯一の道徳的教えが教育勅語に限定されていると批判している。その上、教育勅語の普及は仏教各宗が活動してこそ得られた成果であるが、その勅語は、少数派の士族にのみ浸透している儒教の教えに基づいたものである。それよりも、より広く平民の間で普及している仏教の道徳的教えが社会において重要な役割を果たすべきだと主張している（藤島、同書、五四頁参照）。以下で、藤島が執筆に当たり影響を受けた海外の学者を紹介し、その後『政教新論』の内容を詳細に分析する。

六　藤島の「公認教」論と海外学問との関係

右でみた通りこの第二次仏教公認教運動の際、藤島は本願寺派の代表の役割を果たした。論者としてこの運動にどれほどの影響力を持っていたのかは、必ずしも明らかではないが、他の「公認教」論者と異なり、長期間海外で学んだのみならず、公認教制度のモデルであったコンコルダート制度下のフランスで暮らし、政治哲学者のポール・ジャネ等の下で勉強した点において、他の「公認教」論者とは異なる。端的に言えば、思想の観点からみると、他の「公認教」論者より抜きん出ていると言える。本節では、藤島が自らの理論を立てる際に、どの思想家、どの著作に依拠しているのかを探ってみる。

『政教新論』の序論ではその著作の作成にあたり、「仏蘭西の法学博士フランク氏の政教論、ニコーラス氏の政教論、伊太利のミンヘツーチー氏の政教論、及仏蘭西の法学博士ビユテール氏の政教分離」（藤島、同書、序論二～三頁）を参考にした旨が書かれている。つまり、日本の政教関係を分析し、公認教論を構築するために藤島が使用した先行研究は主として洋書、フランス語で刊行された書物である。以下に、それらの文献の題目、著者を挙げる。

先ず、「フランク」は『宗教と国家の関係について（*Des rapports de la religion et de l'État*）』（一八八五）を執筆したアドルフ・フランク（Adolphe Franck　一八〇九～一八九三）を指しているであろう。[21] そして、「ニコーラス」という表記は恐らくプロテスタント系の神学者であったミシェル・ニコラ（Michel Nicolas　一八一〇～一八八六）を指している可能性が高いと考える。この人物による文献は、やや説明を要するため、後で触れることにする。次に、「ミンヘツーチー」は恐らく『国家と教会』を出版したイタリアの政治家マルコ・ミンゲッティ（Marco Minghetti　一八一八～一八八六）を指しているであろう。この著作は一八七八年にイタリア語（*Stato e Chiesa*）で刊行されたが、一八八二年にフランス語（*L'État et l'Église*）に訳された。最後に、「ビユテール」とはフェルナン・ビュテル（Fernand Butel　生没年不詳）の『政教分離の危険（*Le péril de la Séparation de l'Église et de l'état*）』（一八八八）のことであろう。[22]

興味深いことに、これらの著者・著作を分類すると、フランクとビュテルはフランスのコンコルダート制度を擁護・提唱しているのに対し、ニコラとミンゲッティは公認教制度よりも厳格な政教分離を求めている。四者の立場はさておき、序論でこれらの文献が示されているが、それ以外の部分で言及されているのはフランクのみである。

つまり、『政教新論』の内容を考えると藤島の主張は主としてフランクの考え方に基づいているとも言えるのである。具体的には、フランクの『宗教と政治との関係』（一八八五）の第一部（一～四八頁）に挙げられている四種の政教関係を訳し、それを基に論じたと考えられる。但し、『新政教論』の前半ではフランクの理論が要約されているのだが、藤島の書籍はそれを日本の状況に適用して論じている。更に、書籍の後半では当時の日本の政教関係について詳述し、藤島自身の独自の見解を展開している。このような点から、この著作は独創的であると言える。

フランクはフランスの宗教学者・哲学者であり、当時フランスの著名な哲学者、ヴィクトル・クザン（Victor Cousin　一七九二～一八六七）の弟子であった。二人ともフランス・スピリチュアリズムという思想潮流に属し、つまり唯物論に異を唱え、「精神的次元」は物体に還元できないとした。また、二人ともフランス人文院の会員であった（クザンは一八三二年より、フランクは一八四四年より）。フランクの主な著作は恐らく、彼が編集した『哲学辞典（*Dictionnaire des sciences philosophiques*）』（初版一八四四～一八五二、第二版一八七五、第三版一八八五）であろう。また、藤島の『政教新論』が刊行される前からフランクは既に日本と多少の関係があった。例えば、一八八四年に『修身原論』という題目で和訳され、文部省から刊行、中学校の修身教科書として使用された教科書がある。この原書は、もともとフランクが、一八六三年にフランスの公立教育省から中等教育の道徳授業のカリキュラム概要作成を依頼され、一八六八年に道徳授業の教科書、『道徳の要素（*Éléments de morale*）』として刊行していたものである。[23] 宗教の重要さを唱えていたフランクは、この書物の中で、道徳の前提は神への信仰であると論じている。現時点では、証拠となる資料が発見されているわけではないが、藤島がフランスに留学した頃、フランクはまだ生きていたのだから、直接会った可能性もある。しかし、たとえ会っていなかったとしても、間接的な関係はあったであろう。何故なら、藤島はソルボンヌ大学の哲学教授、ポール・ジャネの下で勉強していたからである。世代は異なるが、ジャネもクザンの弟子であり、彼も一八六六年からはフランス人文院の会員であった。つまり、藤島とフランクが直接の顔見知りでなかったとしても、ジャネを通じて間接的には関係があった可能性が高い[24]。

最後に、「ニコーラス」については、藤島はニコラの何等かの単著を指しているという訳ではなく、著名な経済・統計学者であったモーリス・ブロック（Maurice Block　一八一六～一九〇一）が編集した『国政事典』（*Dictionnaire de la politique française,* 初版＝一八六三～一八六四、第二版＝一八七三～一八七四）の中に収められ、ニコラが執筆した項目「Cultes（宗教）」（初版、巻一、六二九～六三八頁、第二版、巻一、六〇〇～六〇九頁[25]）のことを言っているのであろう。これに加え、ブロックは『行政事典』（*Dictionnaire de l'administration française,* 一八五六）も編集しており、両事典とも一九世紀後半に非常に影響力のあった事典である。これらはヨーロッパにおいて広く使用されただけでなく、明治期の日本においても「近代国家建設期の日本で重宝」された（大石眞『憲法史と憲法解釈』〈信山社出版、二〇〇〇〉四〇頁[26]）。また、大石は『大日本帝国憲法』、『教育勅語』の起草に携わった官僚、井上毅の遺した文書・著作、「梧陰文庫」を調査しているが、その中からブロックに由来する資料を詳細に紹介し（四三～四四頁）、井上毅は当時の官僚・政治家の中でこの二つの事典を最も利用した人物であろうと述べた。

大石は特に指摘していないが、井上毅は日本においてフランスのコンコルダート制度をモデルにし、仏教の公認を提案した際、これらの事典を参考にした可能性が高い。井上毅は、当時の内務卿であった山縣有朋から諮問を受け一八八四年の三～四月に、「教導職廃止意見案」を作成した際、仏教を「認可宗教」として認め、政府の援助と管理を受けるものとし、一方で外教であるキリスト教を「不認可教」と定めることを提案した。そこではニコラ等の学者からの引用はないが、「梧陰文庫」の中に収められている井上毅のノート「宗教雑纂」では、宗教制度に関するフランス語書籍の和訳が見られる。これは恐らくその意見案の準備の際、参考になった文献のまとめ・翻訳であろう[27]。具体的には、「宗教雑纂」は複数の節からなっているが、その中に、「政府《エータ》及び教会《エグリーズ》」という節が見られ、その題目の隣に「ミシエル、ニコラス氏ノ説摘要」と書いてあり、これはブロックの『国政事典』の中に収められているニコラの項目、「Cultes（宗教）」の和訳である。前述の通り、ニコラ本人は公認教制度より、政教分離を提唱したわけだが、彼が執筆した項目の中に出てくる公認教制度に関する情報は井上毅の参考になったであろう。いずれにせよ、井上毅のノートは藤島の書物より前に書かれたものであり、そういった意味でも重要であると言える。

七　宗教関係の四制度

藤島は『政教新論』の第二章で全ての宗教制度を以下のように分類し、その中で「最も我邦の現況に適し」（藤島、同書、一〇頁）たものを選ぶべきであると述べた。

第一祭政制度（シイステーム、テーヲクラチック）
第二国教制度（シイステーム、ルリジョン、デエタ）
第三政教独立制度（アンデパンダンス、レエシプロック）
第四政教相資制度[28]（アリアンス、デー、ヅープユイサンマ[29]）

第一の制度、つまり神権政治では「国家が宗教に隷属」（藤島、同書、一一〜一二頁）する。これは古代エジプト、古代インド及び「泰西中古の時代」に存在していた。この制度は「未開蒙昧の蛮民」（藤島、同書、一一頁）を服従させるために使用されていたが、その時代は過ぎ去り、「人智開明の進歩に妨害」（藤島、同書、一二頁）となるため、明治日本には不適切であると藤島は判断した。続いて、第三章では第二のモデル、国教制度について述べている。ここでは「宗教が政権内に吸収」され、神権政治と逆に宗教は「君主の奴隷に使用せらる、」（藤島、同書、一三頁）。この制度はイングランド王、ヘンリー八世（一四九一～一五四七）によって確立された。フランスからの帰国後、藤島は「政府ノ宗教ニ対スル責任」という論文で「政治国体ニ、最モ適シタルノ宗教ヲ挙テ、国教若ハ公認教ノ制度ヲ設ル」（『令知会雑誌』七六〈一八九〇年七月二三日〉四頁）必要があると主張し、仏教の国教化または公認教化を求めた。しかし、その九年後、『政教新論』では国教制度に対して反対論を唱えた。一部の論者はこのモデルを日本に適していると考えていたが、藤島は当時の英国及びロシアと異なり、日本には一教だけでなく、「神仏二教」が存在すると指摘している。したがって、国教を定める場合、神道か仏教かどちらかを選ぶ必要があるが、その選択は「有害無益」（藤島、同書、一八頁）であり、明治初期の神道復興の政策のような実験は失敗に終わる可能性が高いと警告している（藤島、同書、一七～一八頁参照）。結局、国教は一つの宗教のみに限定すべきもので、「一人にして同時に二個の宗教を信ずる能はざる」（藤島、同書、一七頁）ところから、日本の宗教伝統には適さないと結論づけている。現代から見ると、この論法は当時の西洋の「宗教」理解に根ざしていると言える。つまり、明治時代の宗教を巡る議論や実施された宗教政策は西洋の「宗教」概念、特にキリスト教を基準にしていた。一方、日本の宗教伝統を考えると、日本人は欧米人のように一宗教のみを信じていた訳ではなく、神仏習合の伝統は、明治初期に問題となったが、日本で長い歴史を持ち、両宗教伝統を融合したものだったのである。

第四章では「政教独立」、つまり米国の政教分離制度を紹介、分析している。この制度は多くの欧米の学者や日本の政教論者によって「往々之を是認」（藤島、同書、二一頁）するとされているが、その利害得失を検討する必要があると藤島は述べている。そもそも、この制度はアメリカ合衆国で生まれたもので、英国から亡命したプロテスタント系の信者によって編み出された。そのため、米国の国民は「自由を熱望し圧抑を嫌忌する」（藤島、同書、二二頁）精神を持つようになった。また、キリスト教諸宗派の存在により、政府がどの宗派にも優位性を与えないよう政教分離制度が導入された。この制度の下に米国人は自由に教会を組織し、政府の管理を受けずに布教活動を行えるが、政府が監督していないことで、神父の「品位は益々価値を減して〔中略〕遂に宗教其者の本領を失」っているると批判している。また、新たに生まれる諸宗派が「社会の安寧を妨け、道徳の基礎を揺か」す恐れがあると警告する（藤島、同書、二三～二四頁）。

ここで藤島はフランクの米国政教分離に対する見方に大きく影響を受け、同じように批判をしているのが分かる。フランクによると、米国の制度では宗教が国家の後援や管理を受けていないため、宗教の商業化をもたらしている。その結果、「宗教市場」でのキリスト教団体同士の競争が激化し、宗教的ポピュリズムが生まれ、宗派間の分裂を促し、諸団体は注目を集め、経済的支援を得ようとして宗教の堕落を招いている。その一例がモルモン教であり、フランクはこの団体を「下劣で卑劣な詐欺（une imposture grossière et abjecte）」（Franck, 同書、一一二頁）と強く批判している。そして宗教の政治に対する優位性を招く恐れがあると注意している（Franck, 同書、一六～一八頁参照）。これらの批判は、現代の米国における福音派の動向や政治との関係を考えると、外れていないと言えるかもしれない。

藤島もモルモン教に対して批判的であり、新宗派の中で「最も賤む可き」（藤島、同書、二四頁）ものであると述べている。また、彼はその「放任制度」を日本に適用すると、「異種異様、雑駁卑猥」（藤島、同書、三一頁）な新宗教が誕生し、「天理蓮門二教の如きは、善良の風俗を紊乱し道徳の元気を消磨し文明の進歩を障碍し智識の発達を妨害」（藤島、同書、三二頁）することになると主張している。彼は、何故このような迷信が「内務省の社寺局」（藤島、同書、三二頁）によって禁じられないのかと疑問を呈し、厳しく批判している。

以上が藤島の政教分離制度に関する批判の要点であるが、これらの批判は最終的はフランクの宗教に対する理解に基づいているといえる。フランクによれば宗教は社会に不可欠であり、国家の支援がなければ、社会が世俗化していく中でこの政治からの独立性が弱点に変わり、社会における宗教の影響力の衰退が避けられなくなる。その結果、国民は道徳的教育や宗教的感情を失う恐れがある（Franck, 同書、一八～一九頁参照）。フランクは宗教を公共の財と見なし、アメリカの制度に否定的な見解を持ち、逆にフランスのコンコルダート制度が普遍的なモデルであると考えていた（Franck, 同書、一〇～一一、五一頁参照）(30)。

日本で採用されるべきであると藤島が考えていた「公認教制度」は第五章「政教相資制度」で紹介され、その定義は以下の通りである。

政教各自に固有の権域を踰越せず又各自絶対的をなさず相互に独立せざるの謂にして政教各自に其範囲内に於て自由に運動し政教相依りて社会の発達生存を経営するの責任を負ひ、両者の間に於て、紛争を醸もせず相互に権義を全ふするにあり又之を公認教制度とも名く、仏語の所謂（Religion-Reconnuee）《ルリジョン、ルコンニユー》を訳したるものにして、之に反して非公認教（Non-reconnuee）《ノラン、ルコンニユー》(31)あり、此公認教の意義は政教分離の精神に本き宗教をして政治の機関たらしむるにあらず、唯政府にして一国の宗教中、最も勢力ありて、年所を歴る久き宗旨を択で、特に之を監督し且つ保護するの謂ひなり（藤島、同書、三三～三四頁）(32)

ここで藤島は、フランクの言葉を引用しながら、政治によって適度に制限されなければ、宗教はフランス革命前のカトリック教会のように「無限の勢力を有する」（藤島、同書、三四頁）可能性があると指摘する。彼によると、このような状況を避けるためにコンコルダート制度は導入された。しかし、この制度によって全宗教が自動的に国家の保護を受ける訳ではなく、国家は「幸福、自由、光栄」（藤島、同書、三五頁）を重視しながら、保護される宗教は「治安、社会の安寧を妨害せざるの誓約をなさしむべき権利あり、而して其宗教組織の内部に干渉せざるも、外部の組織即ち法度儀式に対しては認可監督の権なかる可からず」（藤島、同書、三六頁）と述べている。加えて、この制度の下では宗教が「古参」と「新参」に区別され、両者ともにコンコルダート制度の対象となり得る。古参宗教は、昔から「国家の歴史と習慣とに密接の関係」（藤島、同書、三七頁）を持っている。一方、新参宗教は「少数国民の帰向」しか受けていない。この区別はフランクの考え方に基づき、一見時間を基準としているように見えるが、信者数や国内での影響力も考慮されている(33)。例えば、プロテスタントは比較的に歴史が浅いため「新参」に分類されるが、古くから存在するユダヤ教も影響力及び信者数という点から「新参」とされている。藤島はこの分類を日本における宗教に適用し、「古参」の例として日本の仏教を、一方で「新参」として「神道及基督教」（藤島、同書、三七頁）を挙げている。キリスト教を「新参」に分類するのは当然であるが、日本における神道の位置づけを考えると神道は、フランスにおけるユダヤ教のように「あまり知られていない」、「信者数が少ない」とは言えない。これは明治初期からの仏教家、特に浄土真宗系の思想家による神道の地位を下げようとした試みが背景にあると考えられる。いずれにしても、政府はこれらの宗教を保護し、衝突を防ぐために「宗教法」を設ける必要があると藤島は述べている。

八　宗教法の必要性

上述の通り、藤島をはじめとする仏教界の視点から当時の状況を見ると、憲法により信教の自由は認められたが、政教関係を規定する法律はなかった。そして、宗教ごとに異なる政策が採用されていたため、これが不公平であると批判していた。特に、キリスト教と仏教の扱いには顕著な対比が見られ、藤島は『政教新論』第一章でこの状況に対する不満を表明している。具体的には、キリスト教に対する政府の対応が「曖昧模糊」（藤島、同書、八頁）としているのに対し、仏教には「其自由を許さゞるのみならず、之に干渉し、之を束縛」する姿勢が取られていた。例えば、寺院の建設には政府の許可が必要であったが、許可は容易には下りず、一方でキリスト教は政府の許可なしで全国で教会を建てていると藤島は述べた。第五章でも、これらの問題を再び取り上げ、批判し、神仏は内務省によって監督され、「束縛」されているのに対し、「基督教各派に対しては、放任主義」が採られていた。結果として、政府の宗教政策は、「公認にあらず、放任にあらず、全く無主義、無方針」（藤島、同書、四二頁）であり、キリスト教が有利な立場にあると非難した。無論、これはあくまでも藤島や仏教側の見方であり、キリスト教側から見れば、この状況には利点もあったであろうが、キリスト教が有利な立場にあるというよりは、単に黙認されているのみで、公式には認められていないと感じていたであろう(34)。

藤島は宗教法案を議会で採択させるため、政教関係を定める緊急性と必要性を訴え、一八九六年八月四日に締結された日仏通商航海条約（Traité de commerce et de navigation entre la France et le Japon）を例に挙げる。日英通商航海条約に基づいて策定・締結されたこの条約によって日本はフランスとの間に平等な関係を樹立することに成功した。しかし、以下で引用する条約の第二条は藤島によって問題視されている。

一方ノ国民ハ他ノ一方ノ版図内ニ於テ良心ニ関シ完全ナル自由ヲ享有シ法令及規則ニ従テ堂宇ヲ建設及所有シ且公私ノ礼拝ヲ行フヲ得ヘシ該国民ハ同様ノ条件ニ従ヒ其ノ宗教上ノ習慣ニ依リ適当便宜ノ墓地ニ埋葬セラル、ノ権利ヲ享有スヘシ若シ未タ埋葬ノ為ニ設置セラレタル墓地ナキトキハ更ニ之ヲ設置シテ鄭重ニ維新スヘキモノトス（藤島、同書、四四頁）。

この条約の実施により、フランス人は信教の自由を享受し、教会の建設や「公私の礼拝」を行うことができるようになる。この事態によってキリスト教の布教活動が促進され、キリスト教は条約を楯に全国で教会建設や宣教活動を自由に行うようになるであろうと藤島は懸念していた。一方で、神道及び仏教は内務省の監督下にあった。この不平等な状況を解消するためには、宗教法の制定か、神道と仏教にもキリスト教と同様の自由を与えるかのどちらかの措置が必要である。当然ながら、藤島はその二つの選択肢の中で、政府に対して「内地雑居の準備として、速かに対宗教策を一定し」（藤島、同書、七一～七二頁）と主張し、内地雑居が始まる前にフランスやハプスブルク帝国のような公認教制度を「勅令を以て之が規程を設けざる可からず」（藤島、同書、四三頁）と論じた。

事実、この動きは第一三回帝国議会（一八九八年一二月三日～一八九九年三月九日）の期間中に展開されたが、成功はしなかった。藤島の説明によれば、一八九八年一二月一四日には早川龍介（一八五三～一九三三）[35]を代表とする三〇名以上の衆議院議員が政府に対して、安寧・秩序を保つために「内地雑居に際し宗教の全体に対し之が規定を定め」るべきであると訴え、宗教法の必要性を強調した[36]。しかし、政府は同月二八日に「今遽カニ宗教ノ全体ニ対シ規程ヲ設クルノ必要ヲ認ムルニ至ラス」と回答し、宗教制度を設ける必要はないとの立場をとった[37]。この回答からは、「議員の多数は之に対して淡々」（藤島、同書、六二頁）としていた状況が窺える。これは、「政府は列強に対して宗教より国際問題の起らんことを畏怖して臆病的に」（藤島、同書、一〇四頁）なり、政教分離の制度を設けようとしていたことが一因である。それでも、藤島は『政教新論』の最後まで公認教制度の利点と政教分離の利害を強調し続けた。

九　結びにかえて

本稿で述べてきた通り、藤島の『政教新論』は仏教公認教運動の盛期に執筆されたが、早くも出版から間もなくこの運動は挫折し、終焉に向かった。『政教新論』が刊行された直後に、仏教側は政府に対して独自の宗教法案を提出した。これに応じて、政府は宗教法案を準備し、一八九九年一二月九日に貴族院に提出した。この法案は仏教側の希望とは異なり、仏教とキリスト教を平等に扱う内容を含んでいた。仏教界の反応は分かれ、本願寺派をはじめとする一部は政府の提案を支持したものの、多くは反対運動を開始した。この時の藤島が展開した理論や活動については、今後の研究課題とする。(38)

註

（1）仏教公認教運動に関する主な先行研究は柏原祐泉「明治に於ける仏教公認運動の性格」『印度学仏教学研究』四（二）、一九五六、一六八～一七一頁、赤松徹真「仏教公認運動の理論と状況」千葉乗隆博士還暦記念論集『日本の社会と宗教』同朋舎、一九八一、六七八～六九三頁、新田均『近代政教関係の基礎的研究』大明堂、一九九七、一三六～一五三頁、大谷栄一『近代仏教という視座―戦争・アジア・社会主義―』ぺりかん社、二〇一二、一〇〇～一〇三頁、中西直樹『新仏教とは何であったか』法藏館、二〇一八、一五二～一七一頁参照。

（2）日本語、フランス語で書かれた先行研究で、藤島の名前が挙げられているのは少なくはないし、そこには断片的には情報が見られるが、筆者が知る限りでは、彼を中心に書かれた論文は、次の論文しかない。小林志保、栗山義久「排耶書『護国新論』、『耶蘇教の無道理』にみる真宗本願寺派の排耶運動」『南山大学図書館紀要』七、二〇〇

一、一二六～一一五頁。また、研究学術論文とは呼べないが、一九三四年に刊行された『海外仏教事情』一巻三号においては上坂倉次の小論「海外仏教恩人藤島了穏師」（一四～一七頁）で、藤島の人生と活動が簡単に紹介されている。また、その小論の付録として、藤島の養子、藤島祐寛（本名は中村）の書簡が掲載されている。

（３）本稿では「第一次仏教公認教運動」と「第二次仏教公認教運動」という用語を用いることにするが、筆者が知る限りこれらの用語は先行研究では使用されていない。この運動は一八八九年に始まり一八九九年頃に終わったと言うことができるが、その期間中に一時的に活動が鎮静化した時期がある。このため、各運動の最盛期に注目し、便宜上「第一次」と「第二次」という表現区別を用いることにする。

（４）一八八九年一〇月に帰国した際、自身の談話で、「余は七年間仏国に留学し〔中略〕余は哲学の研究に七年の超日月を費したる」（『令知会雑誌』六七〈一八八九年一〇月二三日〉、四四頁）等と述べている。

（５）一八八五年には義浄（六三五～七一三）の『南海寄帰内法伝』の一部をフランス語に訳した（"Deux chapitres des mémoires d'I-tsing sur son voyage dans l'Inde," *Journal Asiatique*, 1888, Nov-Déc., pp. 411–439）。この著作は後に同本願寺派の高楠順次郎によって英訳された。

（６）一八八九年に町元呑空が編纂した『十二宗綱要』を *Le Bouddhisme japonais : doctrine et histoire des douze grandes sectes bouddhiques du Japon*（Paris : Maisonneuve et Ch. Leclerc）という題でフランス語に訳した。

（７）藤島の小論、「仏種を西洋に播布するの急務を論す」『明教新誌』二二一九、（一八八七年七月四日）三～五頁参照。

（８）帰国後、一八九〇年に哲学館（現在の東洋大学）の「日曜日講義」で「ショペンハウエルの話し」という講義を行った（『哲学館講義録』〈第一期第三年級（四）〉、三五～四二頁）。また、『耶蘇教末路』（一八九三）において西洋思想の伝統を軸にキリスト教を批判する際、ハルトマン、殊にショーペンハウアーを引用している。

（９）例えば、『明教新誌』二二一五（一八八七年六月二六日）、九頁参照。

（10）拙稿「藤島了穏と仏教公認教運動―フランスの留学期との関係を中心に―」『印度学仏教学研究』七一（二）、二〇二三参照。

(11) 拙稿「井上円了の「公認教」論―一九世紀フランスのコンコルダート制度との関係を中心に―」『国際井上円了研究』一〇、二〇二二参照。

(12)『日本政教論』の末尾にもこの建白書の準備と政府への提出の予定について言及している（『井上円了選集』巻八、東洋大学、一九九一、六八～六九頁）。

(13) 円了はその建白書の準備に携わったが、政府に提出する前に、「政府と仏教界を仲介する関係者などからの説得があり、建白書の提出は見送られ、政治的には内密に政府が対応することとなったといわれている」と三浦は説明している（三浦節夫『井上円了日本近代の先駆者の生涯と思想』教育評論社、二〇一六、二九三頁参照）。

(14)『内地雑居論』に関しては、繁田真爾『「悪」と統治の日本近代』法藏館、二〇一九、四八～五〇頁参照。

(15) 政界における内地雑居に関する方針と議論について、小川原正道『日本の戦争と宗教』講談社、二〇一四、一四～一八頁参照、小川原正道『日本政教関係史―宗教と政治の一五〇年―』筑摩書房、二〇二三、七六～八七頁参照。

(16) 柏原祐泉「明治に於ける仏教公認運動の性格」『印度学仏教学研究』四（二）、一九五六参照。また、一九五七年に条約改正を研究した稲生典太郎（一九一五～二〇〇三）の「仏教徒側の内地雑居反対運動とその資料について」『中央大学文学部紀要』九、一九五七、三五～五〇頁がある。この論文で、稲生はこの問題に関する多くの資料を挙げ、その数に驚きを示している。また、当時の仏教界にとって非常に重要な問題であったにも拘わらず、その運動が「今では全く忘れ去られている」（稲生典太郎『日本外交思想史論考　第一（条約改正論の展開）』小峯書店、一九六六、一七四頁）と指摘している。しかし、稲生の論文が上梓されてから六〇年以上が経っているが、その研究は依然として進んだとは言えない。

(17) 洗健「宗教法人法の沿革」『宗教法』一六、一九九七、一～二頁参照。

(18) 議論の詳細について、中西直樹『新仏教とは何であったのか』法藏館、二〇一八、一四七～一四九頁参照。ちなみに、『仏教各宗綱要』の欧文編輯委員は南条文雄及び藤島了穏であった。

(19) 一八九八年七月二一日の新聞記事（『東京朝日新聞』七頁）では、その組織が解散されることになるというニュースが見られ、当時の本願寺派の代表は正に藤島であり、その組織の代わりに新たに創設される予定の団体でも、藤島が代表を継続することが記されている。

(20) 拙稿「一八九七―一八九九年の仏教公認教運動における藤島了穏の貢献―」『印度学仏教学研究』七二(二)、二〇二四参照。

(21) Adolphe Franck, *Des rapports de la religion et de l'Etat*, Ancienne Librairie Germer Baillière et Cie., Paris, 1885. この著作は一八六四年にフランクが出版した『教会法哲学、宗教と国家との関係について(*Philosophie du droit ecclésiastique, des Rapports de la religion et de l'État*)』の第二版であり、初版との違いは、題目を改名し、序論を加えた点だけである。序論では、題目変更の理由を説明する際、その変更は「一般の人々によりよく理解されることを期待している(sera, je l'espère, mieux compris du public)」(iii頁)と記している。

(22) 一八八九年一〇月二日にフランスから帰国し、その月の八日に帰朝祝宴が開かれ、そこでは政教関係の「有益なる新書籍を沢山に購求して、持帰られたる」と記されている(『令知会雑誌』六七〈一八八九年一〇月二三日〉、三六頁)。推測ではあるが、それらの「有益なる新書籍」の中に『新政教論』を準備するにあたって使用した前述の書物が含まれていたであろう。

(23) Yves Bruley, "Adolphe Franck à l'Académie des Sciences Morales et Politiques," Jean-Pierre Rothschild, Jérôme Grondeux (dir.), *Adolphe Franck philosophe juif, spiritualiste et libéral dans la France du XIXe siècle*, Actes du colloque tenu à l'Institut de France le 31 mai 2010, Turnhout, Brepols, 2013, 107頁参照。

(24) ジャネとフランクはフランスの霊性主義(スピリチュアリズム)を代表する思想家で、彼らの恩師クザンの教えに従い、道徳の最終的な基盤は神にあるとし、宗教なしでは道徳が成立しないと考えていた。ジャネの考え方については、彼が一八七二年に発表した『一九世紀の問題点:政治、文学、科学、哲学、宗教』(*Les problèmes du XIXe siècle : la politique, la littérature, la science, la philosophie, la religion*. Michel-Lévy frères, Paris, 1872)、三三一頁以降、四八二頁以降で詳しく説明している。

(25) 初版と第二版では頁番号は異なるが、文章は全く同じである。

(26) 岩倉使節団のメンバーはパリに到着した際に、ブロックのもとを訪れ、「岩倉の帰朝後まもなく、わが西岡も寄稿した『国政事典』第二版が完成すると、政府は早速これを購め、先の『行政事典』とともに大いに利用したようである。実際、両原著は国立公文書館所蔵の内閣文庫に収められており、その「翻訳類纂」には、参事院での初期調査の跡を示す両事典からの訳稿が約十点現存している」（大石、四三頁）と大石眞は述べている。

（27）「梧陰文庫」は國學院大學に保管され、「宗教雑纂」の文書番号はC—173である。本稿の準備にあたっては、国会図書館の憲政資料室に保管されているマイクロフィルムを閲覧した。「宗教雑纂」に日付の記載はなく、小口に「太政官」と書かれているのみである。しかし井上毅の太政官との関わりは少なくとも一八七四年に始まり、その機関が廃止される一八八五年まで関係は続いたため、その間に準備されたものと推測できる。木野主計『井上毅研究』（続群書類従完成会、一九九五）の中に収められている「井上毅関係年譜」（四四七～四九六頁）参照。また、齊藤智朗は「宗教雑纂」の作成時期に関する具体的な根拠は挙げてはいないが、「教導職廃止意見案」の準備にあたり「西洋の宗教政策に関する翻訳資料を参考にしている。それは「梧陰文庫」中の「宗教雑纂」（文書番号はC—173）と題する冊子の中に収められている」と述べている（齊藤智朗『井上毅と宗教：明治国家形成と世俗主義』弘文堂、二〇〇六、六〇頁）。

（28）ここで藤島は、フランス語の「alliance（同盟、協調、協力）」を訳す際、『維摩経義疏』等に出てくる「相資」（あい助ける）、「相資因」を使用している。この訳は既に『令知会雑誌』七六（一八九〇年七月二三日）に掲載した論文、「政府ノ宗教ニ対スル責任」の中で見られる。公認教について説明する際、これは「政教混同ニ非ス、而シテ政教相資クル者ナリ」（藤島、同書、五頁）と述べた。また、カタカナ表記を見ると、これはフランクの「Alliance des deux puissances」の「deux puissances」音写であるであろうが、その場合、「ヅープユイサンマ」の最後の「マ」は間違いであり、「ス」と書くべきであった。

（29）このカタカナはフランクの著作で使用された用語である。具体的には、「Absorption de l'État dans la religion, ou système théocratique（国家の宗教への吸収、或いは神権制度）」、「Absorption de la religion dans l'État, ou système des religions politiques（宗教の国家への吸収、或いは政治的宗教制度）」、「Indépendence réciproque des deux puissances, ou système américain（二大勢力の相互独立性、或いはアメリカの制度）」、「Alliance des deux puissances, ou système des concordats（二大勢力の同盟、協力、或いはコンコルダート制度）」という順番で政教関係の四つのモデルが紹介されている。フランクはこれらの制度の中から適切な一つを選ぶべきだと主張している。具体的には、「何故なら、第五の制度を想像することは全くの不可能であり、またそれらの間で互いに折り合いをつけさせることもできないからである（car il est de toute impossibilité d'en imaginer un cinquième ou de les mettre d'accord entre eux）」（藤島、同書、五頁）と述べている。

(30) 一方で、フランクはコンコルダート制度の下で宗教の保護・援助を受ける場合、宗教団体が社会の道徳的基盤として存続を保証されるため、宗教の商業化や独占の発生を防ぐことが可能になると説明している（Franck, 同書、四九〜五〇頁参照）。

(31) 藤島は「承認された」という形容詞の女性形をフランス語で「reconnuee」と書いたが、正しくは「reconnue」。また、「relligion」は「religion」の古い綴りである。

(32) フランクによれば、宗教は国家の支援や保護なしには存続できない。しかし、国家が宗教団体に支援や保護を提供する際には、それは無条件で行うべきではないと述べている。宗教団体は先ず国家への忠誠と法律や政府機関への服従を保証される必要があると彼は主張した（Franck, 同書、二二一〜二三三頁）。フランクは、「コンコルダートの原則は、宗教の自由と君主及び人民の政治的自由を調和させる唯一の手段である（Le principe des concordats, seul moyen de concilier la liberté religieuse avec la liberté politique des souverains et des peuples）」（Franck, 同書、三〇〜三一頁）と結論づけている。

(33) この区別は、フランクの著作の二九頁で確認できる。

(34) 小川原前掲註（15）『日本の戦争と宗教』、一四頁参照。

(35) この議員は既に一八九三年の第四議会において、他の議員と共に神祇官の復興案を提出していた。山口輝臣『明治国家と宗教』東京大学出版会、一九九九、二一二〜二一四頁参照。

(36) 「去月十四日代議士早川龍介氏外三十余名より提出された」『政教時報』五（一八九九年三月一日）、一二頁参照。

(37) 「衆議院議員早川龍介君提出宗教ニ関シ質問ニ対スル答弁」『政教時報』六（一八八九年三月一五日）、一三頁参照。

(38) 本研究は、令和五年度科学研究費「明治期日本におけるフランスのコンコルダート制度の影響―仏教公認教運動を中心に―」23K00100（基盤研究（C））による研究成果の一部である。

日本中世・近世仏教における伝説の秘伝化
――「片岡山飢人説話」を中心に――

サンヴィド・マルタ

一　はじめに

古代より飢者の歌の贈答伝承や、飢者が達磨であったとされる話が生まれ、達磨崇拝や達磨寺建立の中で特筆すべき位置を占める。従って、本稿ではこの説話に焦点を当て、その成立の背景や後世の禅僧による展開を再考察したい。特に、片岡山伝説と曹洞宗の秘伝である切紙の関係を探りながら、秘伝と説話、あるいは「秘伝」と「共有知」のつながりを明らかにしたい。

二　多様な角度から読みとれる片岡山伝説

片岡山の伝説の由来とその流行について考察しておきたい。

片岡山伝説の初出は、聖徳太子の伝記である『七代記』[1]（七七一年）に用いられているとされるが、一般に知られているのは『日本書紀』に示された話である。『日本書紀』においては、飢人が達磨であるとはっきりしていないものの、その達磨説が平安時代の天台宗でも支持されていたことが残っている。しかし、時間の経過とともに、飢人は達磨であるとか、観音菩薩であるとか、文殊菩薩であるといった異説が相次ぎ、片岡山伝説は多層的な構造を持つようになった。

一般に、『日本書紀』の聖徳太子に関する記述は、主に次の三つの主要な側面がある。①政治家としての聖徳太子、②仏教信者としての聖徳太子、そして③聖徳太子信仰に基づく神格化された聖徳太子である。その中で、片岡山伝説は第三のポイントに含まれていると言っても過言ではないだろう。[2]

廿一年冬十一月、作㆓掖上池・畝傍池・和珥池㆒。又自㆓難波㆒至㆑京置㆓大道㆒。十二月庚午朔、皇太子遊㆓行於片岡㆒。時飢者臥㆓道垂㆒。仍問㆓姓名㆒。而不㆑言。皇太子視之与㆓飲食㆒。即脱㆓衣裳㆒、覆㆓飢者㆒而言、安臥也。則歌之曰、

斯那提流、箇多烏箇夜摩爾、伊比爾恵弖、許夜勢屢、諸能多比等阿波礼。
於夜那斯爾、那礼奈理雞迷夜、佐須陀気能、枳彌波夜那祇、伊比爾恵弖、許夜勢留、諸能多比等阿波礼。

辛未、皇太子遣㆑使令㆑視㆓飢者㆒。使者還来之曰、飢者既死。爰皇太子大悲之。則因以葬㆓埋於當處㆒。墓固封也。數日之後、皇太子、召㆓近習者㆒、謂之曰、「先日臥㆓于道㆒飢者、其非㆓凡人㆒。必真人也。」遣㆑使令㆑視。於是、使者還来之曰「到㆓於墓所㆒而視之、封埋勿㆑動。乃開以見、屍骨既空。唯衣服畳置㆓棺上㆒。」於是、皇太子、復返㆓使者㆒、令㆑取㆓其衣㆒。如㆑常且服矣。時人大異之曰、「聖之知㆑聖、其實哉。」逾惶。[3]

まず、『日本書紀』の記事の舞台は片岡山であり、現在の奈良県北葛城郡王寺町王寺に相当する。伝説において注目されるのは、一人の「飢者」のアイデンティティである。伝説の冒頭で、片岡山で聖徳太子は、一人の「飢

者」に会い、飢えて横たわる瀕死の男を見かけ、聖徳太子はその男に飲食物と自身の着ていた衣服を与えたというエピソードが描かれている。その際、男の名前を尋ねたが、飢者は名乗らなかったため、聖徳太子はその男の正体を見極め、歌を詠みかけた。男が死ぬと、聖徳太子は彼のために墓を造らせたという物語である。要するに、「飢人＝達磨」という重要な設定が欠けており、また、飢人の返歌や彼の容貌の描写といった要素がまったく見られないことに注目しておきたい。

はじめに、頼住光子氏の指摘のように、聖徳太子が飢えた瀕死の男に飲食物や衣服を与え、遺骸を丁重に葬ったことを「慈悲行」の実践としてとらえている[4]。それに加え、後世、飢者は、達磨大師の化身であることにより、聖徳太子の慈悲心の本質を確かめるために誕生した伝説が盛んになった[5]。要するに、仏教の面では、片岡山説話の飢者は、達磨大師が聖徳太子の慈悲心を試すために変身し現れたという解釈が成立し流布したことが思われる。しかも、『日本書紀』では未だ飢人は達磨に付会されておらず、その飢人がどのような聖性を持っていたのかは明確ではない。早い時代には、片岡山伝説の中心となったのは、太子の供養と功徳を説くことであったと考えられる。一方で、中国の達磨伝である『伝法宝紀』（七三二年以前）には、達磨が死後尸解したと語られるようになる。これは道教・道士の尸解仙という考え方に結びついたものであろう。しかし、日本仏教あるいは日本文学においては、尸解というモチーフが殆ど登場しないようである。その他、飢人に施した衣を太子が後に再び身につけるのは、供養の功徳を太子の身に受けるという意味があると理解してよいだろう。また、『日本書紀』の中に、無名者の死を悼む形式が書かれており、死者の無念を代行するという歌のうえでの葬送が執行されている側面も興味深いところである。聖徳太子が飢人に姓名を問うて、飢人がそれに対して答えないのは彼がもはや「生」の世界の人間ではないという解釈も可能であると思われる。香具山で倒れた旅人の遺体を見て悲しんで詠まれた鎮魂の一首として、人麻呂の作があげられる。

草枕旅の宿に誰が夫か国忘れたる家待たまくに(6)

これについて、佐佐木幸綱氏は、

行き倒れの人を見、歌をつくるという行いが聖徳太子によってなされた、というエピソードが歌とともに伝えられていた。死体処理問題をかかえていた大化新政府は、行路死者の中には不思議な力を持つ聖者もいること言外ににおわせつつ、埋葬促進運動のためにこのエピソードを喧伝したのだったかもしれない。［中略］人麻呂は、聖徳太子の先例を踏まえつつ、アクチュアルな時事問題に取材して上掲作をなしたのであろう(7)。

と述べている。要するに、『日本書紀』の地の文で、この歌は行路死者の扱い方に関する一つの規範を示したものとして述べることができる(8)。しかも、藤本誠氏によれば、片岡山伝説は古代在地社会における病者の路辺遺棄される問題に関わっているといわれる(9)。それについて、九世紀半の『東大寺諷誦文稿』には、

道のへに伏りたる乞□は、疥掻て、目所も無く腫れ合ひて、大小利便坐所にして臭く穢はし。往還の人は面を掩き鼻を奄ひて逃る。仏彼の所に至り、自ら洗ひ着せたまひたり。是の如く慈悲至りて深く〈おほまします(10)〉。

要するに、身体的疾患に苦しむ路辺遺棄者は、家や郷から穢れとして排除される存在として記されており、仏や僧による救済の対象とされたことが理解できる。

『日本書紀』の他に、類似したエピソードが見受けられる。『万葉集』巻三の四一五番がその一例であり、太子信仰とともに知られた有名なエピソードと推定される。『万葉集』においては、太子が出遊の途上で死者を見て歌を詠んだという出来事が描かれている。

上宮聖徳皇子、竹原の井に出遊す時に、龍田山の死人を見て悲傷しびて作らす歌一首。

家有者《イヘナラバ》妹之《イモガ》手《テ》将纒《マカム》草枕《クサマクラ》客尓《タビニ》臥有《フシタル》此《コノ》旅人《タビト》𪫧怜《アハレ》

家にあらば妹が手まかむ草枕旅に臥やせるこの旅人あはれ[11]

この歌は『万葉集』の挽歌の中でも最も古いものとされている。代表的な例として、先述した人麻呂の「草枕旅の宿に誰が夫か国忘れたる家待たまくに」がある。これらの歌は、それぞれ片岡山、龍田山、香具山という山で行き倒れた人々と出会ったきっかけで、故郷の家族を想起して憐れむという背景を持っている。十一世紀の『拾遺和歌集』巻二十「哀傷」において、『日本書紀』の話に基づいて、聖徳太子と飢えた人との歌のやり取りが記されている。具体的には、「しなてるや片岡山にいひにうゑてふせる旅人あはれ親なし」という短歌が詠まれているが、この歌において飢えた人が達磨大師であるかどうかは確定されていないことが分かる。

もう一つの重要な段階は平安時代の天台宗に関するものだろう。平安時代の天台宗の著作である『伝述一心戒文』（下巻）には、「彼飢人者盖達磨也」[12]と指摘されているが、この文章は最澄の弟子である光定（七七九〜八五八）によって成立したものとされている。したがって、達磨伝説が十世紀初頭、天台宗には流行したと考えられる。が、特に『聖徳太子伝暦』（平安時代）には、「七代記云、飢人者、若達磨歟」との注記があり、これに留意する必要がある。[13]つまり、最初は達磨大師伝説が天台宗と密接に結びついていたようである。これは伊吹敦氏が指摘している。『慧思七代記』には、慧思が日本の王家に転生したとする記述が見受けられるが、慧思の後身が聖徳太子であった可能性がある。[14]中国では、天台宗の第二祖である南岳慧思と達磨大師が東方教化を約し、南岳慧思、すなわち聖徳太子と達磨大師が再会した場所が日本の片岡山とされている。このため、最初の段階では達磨大師が天台宗と深い関係を持っていたと考えられる。[15]

三　仏教と文学の間に・の隙間。説話文学と片岡山

中世文学の周辺を考察する立場に立脚するならば、説話とは中世の「学問」の仏・神・儒等の知識を提供するジャンルであると定義できるだろう。(16) それに加え、中世時代における説話文学は、無数の秘事や口伝に影響を受けており、極めて貴重な存在であったことが推測される。その中で、鎌倉時代の後半に無住により編纂された『沙石集』は、説話集として特異な性格を有している。(17)

『沙石集』達磨大師記事においては、達磨は観音である、文殊であるという解釈が見られる。

達磨大師ヲバ、禅門ノ家ニハ、観音ト云ヘリ。太子伝ニハ、文殊ト見ヘタリ。文殊・観音ハ、大日ノ智恵ノ方便ナレバ、イヅレニモアレ、カタジケナシ。文殊トミヘタルカタニハ、真実ノ智恵ヨリ、無縁ノ大悲ハヲコルユエニ、文殊ノ智門ノ方便ヨリ、観音ノ大悲ノ利益アルニコソ。又経ニハ、「一切如来ノ初発心《しょほっしん》ハ、文殊教化ノ力」ト云ヘリ。観音ノ利益モ、彼ス、メヲマチ給ニヤ。

[中略]。

然バ我国〔ノ〕仏法ノ監觴《らんしやわ》、文殊・達磨大師ノ善巧《ぜんげう》ヨリヲコル事、世以テカクレナキニ、近比《ちかごろ》禅門ノ風儀、時キタルニヤ、世ニ盛リナルヲ、諸宗ノ学者アヤシミソネム。実ニ心エガタシ。サレバ、古人ノ歌ニモ、ラチノホカ達磨ヲハスル人ヲコソ　ノリシラズトハ云ベカリケレト、ヨメリ。

禅教ノ差別ハ方便ノ位ニアリ。実証ノ時ハコトナルベカラズトミヘ〔タ〕リ。故ニ古徳云、「教ハ仏ノ言《こと》バ、禅ハ仏ノ心、諸仏ハ心口《しんく》相応ス」ト云ヘリ。又「汝ハ行ジテ知ル。我知テ行ズ」ト云ヘリ。諸教ハ文字ヲタ

テ、文字ヲヤリ、念想ヲカリテ、念想ヲノゾク。機情《きじやう》〔ヲ〕マボリ、生熟《しやうじゆく》ヲワキマエテ、浅ヨリ深キ〔ニ〕ス、メ、有相ヨリ無相へ入ル、コレ中下ノ根ヲ接スル方便ナリ。禅門ハ迦葉《かせふ》、正法眼蔵ヲ伝シヨリ、単伝密印不立文字宗トシテ、初ヨリ文字ヲタテズ、義理ヲ不存。此風情ハ諸教ノ方便ニコヘタリ。(18)

ここに見られるように片岡山伝説が紹介され、日本に根付いた禅宗との関係があるのかと予想できよう。要するに、『沙石集』の記事においては、達磨と太子両者の関係が再構成されたことにより、達磨崇拝と太子信仰の関わりが逆転することに注目されたい。達磨が観音の化身であるとすれば、太子の方が上位であったと考えられる。しかしながら、無住の整合的な解釈には、飢人＝文殊と達磨＝観音の重層的な片岡山説話展開が見られることによって、従来の片岡山伝説における二人の登場人物が、達磨・太子・文殊・観音の四人となったことがわかる。そこでは、追塩千尋氏によれば、文殊と観音は大日如来の多面性を体現し、文殊は大智、観音は慈悲の現れである。観音と文殊は対等であると言いつつも、仏教史上では、文殊は覚母であり、仏菩薩の中で上位に位置づけられている。(19)

四　枕詞から正当性へ。片岡山の地名と達磨寺の建立へ

達磨寺のオフィシャル・ウェブサイトの「達磨寺の由緒」セクションには、達磨寺の建立は、『日本書紀』「片岡山飢人御慰問」から始まり、達磨墳のところに達磨寺が建立された起源が論じられている。達磨の体現は仏教の輪廻転生思想として説明され、太子と達磨の出会いは禅宗と天台宗の同一源であると語られた伝説から達磨寺の創建が紹介されている。(20)要するに、達磨寺の正当的な縁起として、片岡山伝説が挙げられることにより、フィクションと歴史事実の区別が薄まったことが確認できる。そこで、「過去」は痕跡によってのみ知られるとなるならば、現

代においてその痕跡を指し示す事実が構築されたのであろう[21]。

次に、達磨寺縁起に注目しておきたい。まず、達磨寺の建立に関する歴史資料を紹介しよう。

①『達磨寺歴代興衰記』である。これは延文三年（一三五八）に虎関師錬の法孫譲比丘により著された達磨寺の最古縁起である[22]。

②『達磨寺中興記』とは、一四三五年に南禅寺僧惟肖得巖によるものである。

③『片岡山達磨禅師御廟記』は永正八年（一五一一）以前の資料であると考えられる。

④『達磨禅寺興衰伝略記』の成立年は不詳であり、慶長十二年（一六〇七）の守塔崇厳による書写本が現存している。

達磨寺の建立時代が片岡山伝説と一致するのであれば、七世紀となるものの、当初から寺院が創建された事実は疑われている。それに加え、古くから片岡の地には片岡寺があり、奈良時代のころから、放光寺とも般若寺とも呼ばれていた。それについて、福山敏男氏は、放光寺（前身は片岡王寺）という法号は唐国の衡山の般若台に関係があり、『七代記』によればその般若台は達磨と慧思禅師が問答したところを指している。慧思禅師の後身である聖徳太子と達磨の化身である飢人との出会いの場所は、般若寺と片岡山の近辺であると述べている[23]。

先述のごとく、『日本書紀』の片岡山伝説の項には、飢人の死んだところに、墓が作られたと記されている。それで、いつその墓が寺院化されたのかについて考察したい。現在の達磨寺本堂が建立された場所には、六世紀後半ごろの三基の古墳があると知られている。その三基の古墳の中、第三号墳が、十二世紀後半から達磨の墓と認められていた。それについて、『片岡山達磨禅師御廟記』には次のように明記されている、

文治五年己酉閏四月廿七日、放光寺住僧禅珍夢、宗聖掘件墓東面、禅珍問曰、何事掘乎。答曰、此地有吉水、

故掘之、言未訖飛泉涌出、見墓上、大原正光着物□腰芽墓。又問、何用芽乎。答曰、為顕達磨和尚御廟也[24]。

文治五年（一一八九）閏四月から五月にかけての出来事である。閏四月二十七日、放光寺の住僧禅珍が、宗住と大原正光が「達磨御廟」を発掘したという夢を見た。しかし、その内容は他者には口にしなかった。五月一日、宗住と放光寺の住僧観暁が、彼の「墓塔」を修築中に深い穴を発見した[25]。

それで、達磨寺の墳墓の淵源は、十二世紀末に太子信仰を背景として、その近辺に存在した放光寺や信貴山僧により墓の神聖化が行われたらしいことが理解でき、その後にこの墓が「廟」となり、単なる墓でもなかったことも知られる。その結果、墓の神聖化の背景に太子信仰の有効性が強調され、この地域に密接に結びついていると考えられる[26]。それに加え、この時期に、飢人＝達磨と墓＝達磨の墓というパターンがまだ確定していなかったものの、その背景に達磨崇拝の栄耀の種が観察できる。それは、ほぼ同時代の『沙石集』に明記されているように、この墓が「達磨御廟」と呼ばれたころより、禅僧がこの地域と達磨崇拝の関係を形成したことが考えられる。

五　禅世界と達磨伝説の伝授とその批判

禅僧は片岡山伝説に非常に興味を持ち、達磨の伝記に代表的なエピソードとして紹介した例が存在している。その中で、十四世紀に成立した最初の仏教史である『元亨釈書』には、達磨伝説が次のように記されている、

其後、八十有六年、吾《ガ》推古二十有一歳癸酉、遊《ブ》二此方《くにニ》一。推古女主《ナリ》。委《ス》二政《ヲ》太子豊聡《ニ》一。十有二月朔《ノついたち》、太子過《ル》二和之片岡《ヲ》一。於レ時、達磨作《ス》二飢人《ノ》貌《ヲ》一。弊服襤褸《へいふくらんるニ》而臥《ス》二路《ノ》傍《ニ》一。眼《ニ》有《リ》二異光一。其体、甚《ダシ》香。太子、見《テ》レ之《ヲ》令《ム》レ問二姓名《ヲ》一。磨、不レ対。太子、作二和歌一問《ウ》レ之《ヲ》。磨、便以二和歌一酬《ウ》レ之《ヲ》。其歌詞、共在《ニ》二国史之推古紀一也。太子、与二飲食《ヲ》一。亦脱

レ衣《ヲ》付而曰《ク》、「乞《ウ》、快《ク》安寝《セヨ》」。言已《イテ》、帰レ宮《ニ》、遣レ人《ヲ》看《シム》レ之《ヲ》。使者、復言、「飢人、既《ニ》殂《キヌト》」。太子、悲慟《ス》。命《ジテ》レ駕《ニ》馳《セテ》赴《ク》二死所一。親《みずから》率二臣僚《ヲ》一封樹《ス》焉。居《ルヿ》数日、太子、語二侍臣《ニ》一曰、「郷《ノ》葬《ル》餓者、非レ凡。必《ズ》真人《ナラン》也」。使《ヲ》使開《カシムレバ》レ壙《ヲ》。而所レ賜之衣、在二棺上一。余無レ所レ有。太子便取二其衣一、且自服レ之。時《ノ》人曰、「惟《レ》聖、知レ聖《ヲ》、信《ナル》レ之矣哉」。其太子之所レ築《ノ》墓、今尚在焉。俗呼二其地《ニ》一号《ク》二「達磨墳《ト》」一。磨之事迹、詳《ラカニ》見二「宝林」「伝燈」、「唐僧伝」等書一。(27)

『元亨釈書』は『日本書紀』の文章を引用しながら、虎関師錬は片岡山伝説が禅宗の由緒とする証明であることを示している。要するに、十四世紀に成立した『元亨釈書』には、達磨は飢人として日本に禅宗を伝来し、それが禅宗の起源であると述べられている。

「飢人＝達磨」という設定は、中世時代には特に流行した説であり、『元亨釈書』とほぼ同じ内容を示す文献には、『聖徳太子伝暦』がある。『聖徳太子伝暦』の記述には次のようにある。

太子命レ駕。巡二看山西科長山本墓所一。還向之時。即日申時。枉レ道入二於片岡山辺道人家一。即有二飢人一臥二道頭一。去二三丈許一。烏駒此届不レ進。太子加レ鞭。途巡猶駐。太子自言。哀々（用レ音）。即下レ自レ馬。舎人調使麿走進献レ杖。太子歩二近飢人之上一臨市語レ之。可レ怜々々。何為人耶。如レ此而臥。即脱二紫御抱一覆二其人身一。賜レ歌曰。

科照耶。片岡山遁飯飢而。臥其旅人。可怜。祖元遁汝成介米耶。刺竹之君速元母。飯飢而臥其旅人可怜。（是夷振歌也。一本無也字）

飢人起レ首。進二答歌一日。（七代記云。飢人者。若達磨歟）。

怒鹿之。富小川之絶者社。我王之。御名者忘目。

飢人之形。面長頭大。両耳復長。目細而長。関レ日而見。内有二金光一。異二於時人一。亦其身太香(28)。

『元亨釈書』の達磨記事は、『聖徳太子伝暦』とほぼ一致していることから、『元亨釈書』が『聖徳太子伝暦』を下敷きにして書かれたものであると考えられる(29)。『聖徳太子伝暦』は『七代記』の一部も引用しており、これは先述のように片岡山伝説の初見であると知られている。『七代記』の「飢人者。若達磨歟」という部分は割注であると判断され、この割注が『聖徳太子伝暦』や『上宮太子拾遺記』によって引用されていることから、初出は『七代記』であると理解できるだろう。しかしながら、割注が以降の伝承展開で起こったと考えられるので、中世時代以降の伝承過程であるとみてよいだろう。

『元亨釈書』の達磨記事は、日本禅宗の正統性を主張した文献なのではないかと考えられている(30)。要するに、禅宗の僧侶は片岡山伝説に着目し、それをもとに達磨寺の縁起を作った。それが臨終の儀礼の淵源としても取り上げられたことから、禅宗では片岡山伝説が正統性を有すると同時に、儀礼的な意味も持っていたことが認識される。

虎関師錬以前に遡ると、片岡山伝説に対する禅宗的な解釈についての論争が『野守鏡』（一二九五年）という歌論書に確認できる。本書は、十三世紀から十四世紀初頭にかけての顕密諸宗と禅宗の緊張関係の代表的な事例と言えよう。『野守鏡』の作者には諸説があり、「源有房」という作者が天台僧であったとされる説も知られているが(31)、同時に六条有房の文書でもあると伝えられている。作者の問題は一旦置いておいて、内容的な観点では、『野守鏡』は上下二巻から成る文献で、下巻は仏教的な性格が非常に強調されている。この文献は宗論ではなくても、鎌倉時代に興隆した「新興諸宗」の禅宗と念仏宗を厳しく批判する文章であり、次のように片岡山伝説に関しても触れている。

且達磨和尚のすゝめによりてかの法をひろめんがために聖徳太子この国に誕生し給ひたりけれども。神明此法を愛し給はず。又小国にして機根叶ふべからざりけるゆへに。是をひろめられず。かへりて仏法うせぬべき事をおぼしめされてひろめさせ給はざりければ。達磨和尚かたをか山に化現してその心ざしを見せたてまつりける時。太子これをひろめがたきよし仰られける御歌。

しなてるや片岡山にいゐに飢てふせる旅人哀れ親なし

かたをか山にいゐにうへてとは。小国辺土の機根よはき事たゞうへたるもの、ちからなきにことならぬ義也。ふせるたび人あはれおやなしとは。おやなき子のそだちがたきがごとくうけとるべき人もなく護持すべき神もなければ。ひろめがたき義也。この御歌によりて和尚化現ありけれども。ちからなくてや返歌にいはく。

斑鳩やとみの小川のたえはこそ我大君の御名は忘れめ

とみのを川のたえばこそとは。たえたる機根のあるにひろめられずばこそ君をうらみめといふ心なるべし。是を思に。権化なををしへがたくしてひろめられず。凡夫いかでかをしへつたふべきや。(32)

ここでは、聖徳太子が達磨大師の忠告に従って、日本に禅法を広めようとする意志を示した。しかしながら、禅は日本の神々にとって好ましくなく、また日本は小国であり、人々の資質も良くないと論じられている。したがって、無理に禅を広めると、仏法そのものが滅びてしまう危険性があるため、日本に禅を広めないことを決定した。後に、達磨和尚が片岡山に現れたとき、太子が自分の考えを達磨に伝え、歌を詠んだ。その歌の意味は、飢えた人の力がないように、同じく日本の人間は仏法に対する資質がないと表現したのである。「ふせる旅人哀れ親なし」と同様に、日本国には禅を受け容れる人もなく、禅を守護する神も存在しないので、禅の普及が非常に困難であると論じられている。達磨の返歌は、「斑鳩やとみの小川のたえばこそ我大君の御名は忘れめ」と詠まれ、日本は禅宗を広めない状態にある国であるという意味を示している。(33) 最後に、著作者の疑問が表現され、それは当時の禅僧たちがどうして禅法を無理に広めようとしているのかということであり、『野守鏡』によれば、太子の歌は日本で禅宗布教を達磨大師に断念させるための歌と理解された大変興味深い解釈であるとされている。

達磨渡来説話の普及とともに、達磨寺は十三世紀において禅宗の重要な由緒地として整備されていく過程が窺える。そして、十四世紀初頭おいて、片岡山伝説の展開と片岡山に所在する達磨寺との密接な関係が形成されていたのであり、後宇多上皇や鎌倉幕府の後援も加わり、一層の発展を遂げていたようである。この状況が興福寺衆徒による焼き討ちなどの激しい出来事を引き起こす一因と考えられるのであり、(34) ついには嘉元三年（一三〇五）四月六日、興福寺六方衆が達磨寺を焼き討ちする事件が発生したのである。興福寺側の立場では、達磨と聖徳太子の出会いについては認識しているが、達磨が飢人として現れたもののすぐに死亡したため、彼が聖徳太子に対して禅宗の伝法を行ったわけではないと主張している。興福寺に加えて、この時代における禅宗側の片岡山伝説の解説に対して、天台宗の延暦寺も批判を行った。特に、『天台一宗超過達磨章』（以下、『達磨章』）は重要な一例であろう。

この書は中世に成立し、良助法親王（一二六七〜一三一八）の著作とされている。『達磨章』では、天台座主良助と南浦紹明（一二三五〜一三〇八）・高峰顕日（一二四一〜一三一六）・一山一丁寧（一二四七〜一三一七）の三人の禅僧が後宇多法皇の前で宗論を行うという設定が描かれている。各禅僧や当時の禅宗の主張に対して良助が反論し、禅僧たちが敗れる様子が記されている。その判定者として後宇多法皇が位置づけられている。(35)

当資料の本文において、良助は達磨大師を片岡山の飢人と同一視し、また聖徳太子を南岳慧思の生まれ変わりとする伝説に基づいて、達磨大師の法脈について論じている。また、その焦点の一つが、仏法の相承である。

当レ知天台宗《ハ》有《リ》二二《ノ》相承一。一《ニハ》者異代相伝。二者内証《ノ》相伝也。異代《ノ》相伝者《ト》如《ク》二一山、那須申《カ》一見《テハ》レ書《ヲ》知《ル》二故人心《ヲ》一。［中略］此《ハ》非二天台《ノ》之実義《ニ》一。天台《ノ》実義者《ト》内証《ノ》相承《ナリ》。［中略］然則、南岳大師《ハ》聖徳太子《ノ》前世救世観音《ノ》垂迹《トシテ》、初《テ》天台大師達磨奉《ノ》二敬《ル》礼一聖徳太子《ノ》前世救世観音《トシテ》既《ニ》謁《エツセシニ》微《ミ》咲《セウ》言、昔《ハ》共《ニ》霊山《ニテ》聴二法花経《ヲ》一宿縁所レ追《オウ》、今復来レルナリト已上。天台大師昔《ハ》共《ニ》霊山《ニテ》聴《ト》二法花経《ヲ》一告上《シハ》、別《シテ》達磨宗惣《シテハ》日本人《ノ》誰《カ》可レ奉《キヤ》レ疑二天台大師昔《ノ》霊山聴衆《ト》二。(36)

これは「霊山同聴」説を根拠にして、天台宗の正統性を主張している。具体的には、達磨が片岡山の飢人として出現し、太子が詠んだ歌と達磨の返歌を、達磨が太子（慧思）の門下として尊重する詞として捉え、救世観音である太子と、その霊山同聴である天台大師の法華一乗の教えは疑い得ないと解釈できると思われる。(37)

六　曹洞宗の秘伝書における片岡山

中世の曹洞宗においては、早い時期から死期に関する口伝や相伝の資料が数多く残されている。これらは葬送儀礼に焦点を当てたものではなく、むしろ禅僧が臨終に対して持つ深い関心を反映したものであろう。その中で、曹洞宗の秘伝書である切紙文献には、「死知期」(38)と呼ばれる秘訣が示されており、これは死の日時を予知するための達磨の偈が伝承されたものである。この「死知期」切紙は現存が確認されており、古い伝承が存在することが知られている。一般的に、中世時代において死に関する問題は極めて重要視され、さまざまな儀礼や秘訣が発展した。特に、死期を知ることとその覚悟を決めることが難しいため、死期を予知する秘術が神秘的なものとされ、口伝として伝えられるようになった。本項では、長野市の大安寺が所蔵し、一六〇三年に成立した「知死期切紙」という資料を紹介したい。この切紙の特徴は、死知期の儀礼が片岡山伝説に結びついていることである。これを背景に、曹洞宗の秘伝書がその儀礼をなぜ達磨と片岡山に結び付けたのかについて考察したい。(39)

この切紙の最初の段落では、儀礼の正しい実施方法とその意味が説明されている。これは古い儀礼であり、同じ大安寺所蔵の「知死期切紙」（一五七九年）という相伝史料でも確認できる。(40) その儀礼の起源については、天台宗の口伝法門が示されており、最近発見された高山寺所蔵の「達磨和尚秘密偈」も曹洞宗切紙とほぼ同じ儀礼を紹介していることがわかる。(41) 高山寺所蔵本は保延六年（一一四〇）に伝授されたものであり、末木文美士氏によれば、「その時伝授された実物と考えられる」との判断がなされている。この秘伝書の冒頭には、大安寺所蔵本と同様に達磨大師の七言四句の偈である「達磨和尚秘密偈」が掲載され、その意味については第三段落目で詳しく説明されている。

纔《ワニヲボウ》覚玉池無《ニ》二滴《キコトヲ》瀝《キ》一、次於《ニテ》二波底《ニ》一取《ル》二神光《ヲ》一。無常須《ハク》レ聴《クロヅクヲ》二髑髏鼓一、得《テ》レ数《カヲ》方知《ニ》幾《ルイクハクヒ》日亡《ニカ セン コトヲ》。(42)

高山寺所蔵の「達磨和尚秘密偈」に見られる解釈は、曹洞宗切紙でも使用されているため、最後の第三段に注目すべきであろう。最初に、偈の後半の二句が詳細に説明されている。それによれば、十二月の朔日・子の時（午前零時）に「阿弥陀経」を読み、念仏を百回ほど唱えるという儀礼が行われる。そして、翌年の大小の月の日数を数え、両手を伸ばし、両耳を覆い、左右の指先を頭の上で鼓のように打つと、その音のなくなった日が亡くなった日を指すとされている。また、第一句については、不慮の病に罹った際、唾を口の中に溢れさせ、指先に塗ってみると、泡ができない場合、その時が亡くなる時を示すとされている。これに関しては次のように説かれている。

爰二本朝第一高祖伝教大師渡唐之時、修禅寺道遂和尚奉レ値、此相《ノ》二承《シ玉ヘリ》知死期法《ノ》薬《ヲ》一。皈朝之《ノ》後、我山為《カニ》二仏法弘行人《ノ》一、記《ヲ》レ之云々。(43)

「知死期」という秘法は伝教大師に渡唐の時授けられたことで、日本国に伝来した。高山寺所蔵の「達磨和尚秘密偈」と大安寺所蔵の「知死期切紙」と同様に、日本への「達磨和尚秘密偈」の系譜が記録されている。「達磨和尚秘密偈」には次のように説かれている。

大宋国《ノ》船頭、在俗也《ナリト》、即称《シテ》法号《ヲ》一名曰《テフ》範勝《ト》、達《シテ》達磨宗《ヲ》一道心堅固《ナリ》。即、渡《テ》鎮西《ニ》一欲《フニ》伝《ムト》此偈《ノヲ》一、依《テ》无《ニ》其機《ノ》一、空経《クフ》三箇年《ヲ》一。於是《コヽニ》鎮西《ノ》陽尋聖人而問《フ》其要《ノヲ》一。仍範勝適《テ》得《テヲ》機一伝《フ》陽尋《ニ》。々々伝門人陽円《ニ》、々々伝叡山《ノ》源範《ニ》、々々伝求法僧善慶、々々伝良深、々々伝澄仁。[44]

要するに、この偈の系譜が記されているが、その「秘法」とは澄仁まで同じで、この後が異なるようになると知られる。確かに、『渓嵐拾葉集』の巻八十六には、達磨知死期については次のように記されている、

知死期法事　私苗

一・達磨四句偈云云、同証道歌云云、一山家大師御伝　云云、従二行表和尚一伝、

一・慈覚大師御伝云云、従二法全和尚一伝、已上以二達磨四句偈一為レ本也云云、口伝別有也問、達磨伝外別有二知死期法一乎、示云、一伝云、死期近付之時、眼光先達云也。夜陰之時、燈明与二暗所一皆黄色見也、死期不レ幾也。暗所皆成二黄色一事者、黄泉先相也云云、尋云、名二黄泉一意如何、示云、命根有二中有一時者也。[45]

同巻には、死に関する口伝が数多く載せられており、これは曹洞宗切紙に直接の関連は示されていないが、生死一如や本無生死といった意義が極めて禅の主張に近い口伝でもある。又、この文章によれば、「知死期法事」という行事が最澄から円仁へと伝承されたものであると論じている。最澄や円仁に関する正確な伝承は不明確であるが、十二世紀の天台宗に伝えられたものであると理解できる。

しかしながら、この達磨大師の偈の起源については、栄西の『興禅護国論』第五門に記されている。

其禅宗祖師《ノ》達磨大師《ノ》伝法偈《ノ》、如何。知客、答曰《テク》、達磨大師《ノ》伝法偈《ノ》曰《ニク》、云云。又、問曰《テク》、我日、本国有二達磨大師《ノ》知死期偈一、真偽如何。知客、答曰《テク》、所レ喩《ス》之法、乃《チ》小根《ノ》魔子、妄《ニ》撰二其語《スル》一也。夫死生之道、在《テ》二吾宗一本以二去來生死平等一。初《ナルヲ》無《ヨリシ》二生滅之理一。若謂《ワバ》レ知二其死期《ヲ》一。是欺《ク》二吾祖之道《ヲ》一、非《ズ》二小害《ニ》一乎。久《シク》聞《キ》日本国仏法流通《スト》。幸逢《ニウ》二

吾師《ニ》一、須《ラク》奉《ズベシ》二筆語一。然《シテ》人《ニ》有《レドモ》二華夷之異一、而仏法《モ》総《ハ》是《ニ》一心《ナリ》一心纔《ニ》悟《レバ》唯《ダ》是一門《ノミ》。金剛経《ニ》所謂、応無所住而生其心也。欲《セバ》レ知《ラント》二源流《ヲ》一、請《ウ》垂《レヨ》二訪及《ヲ》一。當二一《ニ》相聞《ス》一。広《ク》知《ルヿハ》二祖師之道《ヲ》一、非《ル》三小乗知見《ノ》所《ニ》二能《ク》測度《スル》一也、云云。(46)

栄西は、入宋の直後、広恵寺の知客に、日本に伝わるこの偈が本物であるかどうかについて質問した。知客の話によれば、達磨に関連する知死期の偈についての説は中国には存在しないようである。しかしながら、達磨大師の神通力と尸解仙の本質は、中国道教の資料によく見られるが、日本の場合、その道教資料における達磨大師に関連する儀礼がどの程度影響を与えたのかは不明であろう。例えば、十五世紀の道教資料である「靈寶歸空訣」において、達磨大師の偈とほぼ同じ臨終行事が登場し、これが達磨から伝来されたものであるとされている。が、この資料が日本にどのように伝播したかは確認しがたいだろう。

大安寺蔵の切紙の最後の部分では、知死期偈と呼ばれるものが、片岡山で太子と達磨が相見た際に唱えられた偈であると論じられている。

片岡山〈ハ、京《ニ》在リ。山ザキ近キ也〉。達磨大師示《ス》二聖徳太子《ニ》〈聖徳太子渡唐《ノ》時《キ》、達磨《モ》大唐《デ》約束也。日本片岡山《テ》牛《ニ》現《シテ》出逢給《也》〉知死期《ヲ》一。頌云、眼光落地之《ノ》大事、在《リ》二是《レ》黒光池、［纔《ワツカニ》］覚《サトツテ》二玉池一無《シ》レ滴瀝、指《テ》二波底《ヲ》一常《ニ》取《ル》二神光《ヲ》一。(47)

そして、太子の歌は、仏教の用語を借りてその歌の音を表記する興味深い解釈が行われている。言い換えれば、歌そのものが仏教的な能記《シニフィアン》を使って表現されると同時に、その歌と共に仏教的な意義が重層的な所記《シニフィエ》で示されていることが分かる。

法性平等理偏見起法喜禅悦食飢《シナテルヤカタヲカヤマニイヽウエテ》六道輪廻衆生成《フセルタビビト》〈達广ノコト也〉堅聖教訓義憑者《アワレヲヤナシ》。(48)

その中で、この歌の各々の要素が説かれていることから、この切紙における片岡山伝説の多義性が生じていることが分かる。「知死期切紙」の解説によれば、「法性」とは「法性トハ、仏法ノ言端也。般若之名称也(49)」なのである。

または、「平等《テル》」とは「覚母ノ能現能照之妙智也(50)」としてとらえられる。片岡山は日本を指す一方、飢者とは三界の生き物であり、八正道に至りがたい者を指した。

達磨の返歌は、

飛鳥都鑠天安楽世界不退位轉法輪不絶我本師釈迦大師説法教他日本在《イカルガヤトミノヲカワノタヱセスハワカヲウキミノミナワワスレジ》。(51)

となる。それも、太子の歌と同じ言語技術で作られたものである。ここには、飛鳥とは一般に「あすか」と呼ばれ、聖徳太子は飛鳥都の周辺にあった斑鳩の地に移ることを決意し、移り住んだ斑鳩宮に接して斑鳩寺（法隆寺）を建立した。

太子と飢人の和歌について、仏教的解釈を与えている文献としては、『大和国片岡山達磨禅師御廟記』（以下、『達磨禅師御廟記』）がある。『達磨禅師御廟記』と曹洞宗切紙の仏教的解釈が類似であることが見られ、『達磨禅師御廟記』には次のように説く、

即贈歌云、科照耶片岡山迩飯飢而臥旅人可怜祖无

科照耶ハ、仏法言端ナリ。般若称名也。一乗三乗三科之妙法也。是科云也。照者、覚母之能観能照ノ妙智也。是ヲ云也。片岡者、仏法ナリ。片岡国土也。指云也。弥離戻車ハ此謂不信。仏法人也。思益梵天問経巻第一。又、日本者、片岡州ト云ナリ。飯飢ハ、三界ノ衆生流転ノ迷暗、菩提ノ飯ニ飢テ、難至八正ノ直路、沈没五道生死也。臥者、仏法弘通故也。旅人者、一切衆生我等臥无明長夜覚現ナリ。［中略］答曰、斑鳩之冨小川ノ絶ハ社我王ノ名者忘目。伊賀留伽那者、太子過去世、□生ソノ時、此法隆□寺辺多生間住讀彼往昔故。(52)

要するに、これによれば太子は生死流転の輪廻に苦しんだ衆生の状態を背景として慈悲を起こしてこの歌を詠んだことに対して、達磨の返歌は太子の前世からの使命と太子の慈心を強調した歌である。それに加え、曹洞切紙と

『達磨禅師御廟記』の両文献では、「覚母之能観能照ノ妙智」や「三世覚母ノ大智」という表現が用いられ、それは文殊を意味した「覚母」である。仏法的知識によって注された『達磨禅師御廟記』という文献が曹洞宗秘伝に影響を及ぼしたことが推測できるので、当時の禅僧によって片岡山伝説を軸としてその地名と禅宗の達磨伝説の関係が作られたことが理解できる。その関係が解釈過程により、儀礼あるいは寺院の建立に多数の形成で作られたものである。

最後に、なぜ片岡山伝説が達磨大師の知死期偈に巻き込まれてきたのかという疑問の答えは中世の資料で調べるべきだろう。特に、達磨大師の知死期偈が予言儀礼に属しているのであれば、予言文学と片岡山伝説の関係性を考察しなければならないのであろう。やはり、中世時代、小峯和明氏が述べたように、未来記あるいは予言文学が広く流布していた例が数多くある。(53) その中で、『達磨禅師御廟記』には、片岡山伝説に関わる「御記文」が記されている。

或説云石棺裡有奇特事有記文云吾已片域之化縁尽海底赴蘭婆羅州太子亦逝去生天寿国而広大乗深法玉延化縁経五百六十余年再来日域遂興法利生本懐而已古至曰実此御記文不□。
達磨遷化之後相当五百六十二年仁皇八十三代土御門之御宇達磨再誕給葉上僧正中也一院為御勅願建仁二年壬戌洛陽東建立大伽藍給以年号為寺号今建仁寺是也。(54)

『達磨禅師御廟記』に記されているこの「御記文」は『正法輪蔵』にも同様に見られることで、(55) 中世日本にはある程度流行したことと推測できるだろう。つまり、片岡山にある達磨の棺の蓋の裏に「御記文」がある。それは、達磨の予言であり、達磨遷化の後五百六十二年に相当して、達磨が栄西として再誕して、建仁寺を建立したということであるが、それは日本禅宗の始まりであると説かれている。

『達磨禅師御廟記』や『正法輪蔵』あるいは中世予言文学とその文化は、ある程度、大安寺所蔵「知死期切紙」にも影響を与えたのではないかと考えられる。そのため、曹洞宗切紙「知死期切紙」には様々な伝流や伝統が示されて、それは禅宗だけではなく、聖徳太子や寺社縁起の影響がはっきり見られるのである。

七　おわりに

本稿では、日本の仏教の宗派を超えて影響を与えた達磨大師の存在に焦点を当て、天台宗の儀礼、聖徳太子に関する文献、寺社縁起、曹洞宗の秘伝に結びついた「片岡山伝説」の様々な解釈を紹介した。特に、注意が必要なのは「片岡山伝説」である。簡潔に言えば、「片岡山伝説」は共通知と言えるが、なぜこの説話が切紙や秘伝に組み込まれたのだろうか。この疑問に対する答えは複数あるが、その一つは中世・近世の仏教知識の循環に関わっている可能性があると考えられる。言い換えれば、広く知られた説話や知識は仏教秘伝と深く結びついている可能性がある。それゆえ、「秘伝」の解釈を通じて、「共通知」が新しい世界観を示すものとなり、これは中世・近世の秘伝技術の一環と言えるだろう。

註

（1）『寧楽遺文』下巻所収。そこには「彼飢者盖達磨歟」という注記がある。
（2）頼住光子「聖徳太子の片岡山説話についての一考察」『大学院教育改革支援プログラム「日本文化研究の国際的情報伝達スキルの育成」平成21年度活動報告書学内教育事業編』、二〇一〇。

（3）岩波思想大系『日本書紀・巻下』、一九八〜二〇〇頁。

（4）『妙法蓮華経』巻二（大正九・一二上）。頼住光子「聖徳太子の片岡山説話についての一考察」『大学院教育改革支援プログラム「日本文化研究の国際的情報伝達スキルの育成」活動報告書』、二〇一〇。

（5）頼住「聖徳太子の片岡山説話についての一考察」参照。

（6）『万葉集』三巻・四一六番〈新編国歌大観〉。

（7）佐佐木幸綱『柿本人麻呂ノート』河出書房新社、一九九九、一二四・一二六頁参照。

（8）解釈過程の展開の上で、この説話は様々な思想に出会い、流布したモチーフとなった。その中、田村氏は、「聖徳太子は、道教の世界にも通暁していた」とし、この説話の対象は「日本人一般ではなく、とくに道教を奉ずる人々、つまり古代の帰化系漢人であった」と論じている。田村圓澄『飛鳥仏教史研究』塙書房、一九六九。

（9）藤本誠「『東大寺諷誦文稿』の再検討：病者（障害者）・路辺遺棄者・貧窮者等を中心として」『日本仏教綜合研究』一八、二〇二〇。奈良仏教における『東大寺諷誦文稿』については、Bryan D. Lowe, "Roads, State, and Religion in Japanese Antiquity," *History of Religions* 59, no. 4（2020）: 272–303.

（10）藤本、二三頁参照。

（11）『万葉集』三巻・四一五番（挽歌）〈新編国歌大観〉。

（12）『伝述一心戒文』（大正七四・六五三中）。

（13）『聖徳太子伝暦』（下巻）『大日本仏教全書』一一二、一二二頁。

（14）伊吹敦「聖徳太子慧思後身説の形成」『東洋思想文化』一、二〇一四。

（15）『伝述一心戒文』と太子伝の関係について、阿部泰郎「聖徳太子と達磨の再誕邂逅伝承再考—光定『伝述一心戒文』が創りだす仏教神話—」『多元文化』一二、二〇二三。

（16）金沢文庫の『楊威免虎害事』『張敷留扇事』と『今昔物語集』あるいは注好選等の説話集との関連性について、木村明子「今昔物語集、注好選と金沢文庫本『楊威免虎害事』『張敷留扇事』：孝子の文学史を考える」『日本文学』五四、二〇〇五を参照されたい。

(17)『沙石集』という説話集は、鎌倉仏教より論じられた「末法」という意識を反映し、鎌倉仏教の時代的変化も表した資料だと考えられる。
(18)『沙石集』〈『日本古典文学大系・八五巻』〉、二五四～二五六頁、岩波書店、一九六六〉。
(19) 追塩千尋「片岡山飢人説話と大和達磨寺：古代・中世達磨崇拝の一面」『年報新人文学』九、二九一二、三五頁参照。
(20) http://www.darumaji.jp/pedigree.html 参照。その他、達磨寺の起源である「片岡山伝説」が漫画化されている。
(21)「過去」の概念について、ヘイドン・ホワイトの思想を参考にしたい。ヘイドン・ホワイト氏は、政治哲学者マイケル・オークショットにより提唱された「歴史的な過去」と「実用的な過去」との区別を論じた。「歴史的な過去」とは、「ひとつの構築物であって、かつては存在したがいまではもう存在しておらず、それらが存在した証拠もほとんど残していない、さまざまな出来事や事物の総体として理解された過去のなかから選択されたひとつのヴァージョンに過ぎない」であり、一方で、「日々の生活や極限状況（破局、災害、戦闘、法廷闘争その他の抗争など、生存がかかった状況）のなかで判定し決断をくだすために参照する過去」（xiv頁）と説かれている。White, Hayden V.『実用的な過去』岩波書店、二〇一七。
(22)『達磨寺歴代興衰記』は一七〇〇年に成立した『菩提達磨三朝伝』下巻に収められている。
(23) 福山敏男「達磨寺の研究」『大和王寺文化史論』大和国史会、一九三六参照。
(24) 王寺町史編集委員会編『新訂王寺町史・史料編』奈良歴史研究会、二〇〇三、一五四頁。
(25)「宗住聖𦱳放光寺住僧観暁為修治彼墓塔」『新訂王寺町史・史料編』、一五四頁。追塩「片岡山飢人説話と大和達磨寺」、二五頁も参照。
(26) 追塩「片岡山飢人説話と大和達磨寺」。しかも、追塩氏により指摘された点は「太子道」の形成との関係を示している。
(27)『元亨釈書』（大藏經補編三二、一七三上）。
(28)『聖徳太子伝暦』（下巻）『大日本仏教全書』一一二、二二一頁。

（29）松本真輔「『元亨釈書』本朝仏法起源譚の位相」『中世文学』四三、一九九八。ただし、『元亨釈書』と『聖徳太子伝暦』との相違点も見受けられる。その中で太子が飢人に与えた衣の二つのパターンが確認できる。『聖徳太子伝暦』と『日本往生極楽記』では、飢人がその衣服を持ち去ったと伝えられているが、一方で『日本書紀』の文によれば、太子が残された衣を着用したとの記述がある。『元亨釈書』は『聖徳太子伝暦』をモデルにしている一方で、衣服に関しては『日本書紀』と同様の記述を示している。

（30）松本真輔「『元亨釈書』本朝仏法起源譚の位相―達磨と太子の邂逅をめぐって―」『中世文学』四三、一九九八。

（31）福田氏は、著作者が延暦寺系の天台僧であると述べた。福田秀一『中世和歌史の研究』角川書店、一九七五、六二二・六四〇頁参照。

（32）『野守鏡』〈『日本歌学大系　第四巻』〉、九二頁、風間書房、一九五六。

（33）藤田琢司『日本にのこる達磨』禅文化研究所、二〇〇七参照。

（34）原田正俊「鎌倉時代後期の南都北嶺と禅宗」、阿部泰郎、末木文美士編『中世禅への新視角――『中世禅籍叢刊』が開く世界』臨川書店、二〇一九、六三～八四頁、七〇頁参照。

（35）原田「鎌倉時代後期の南都北嶺と禅宗」、七六頁。

（36）阿部泰郎、末木文美士編『中世禅への新視角』五一五・五一六頁。

（37）阿部泰郎「聖徳太子片岡山飢人邂逅伝承の生成と変成」『古代文学』六一、二〇二二。

（38）「死知期」と臨終行事については、Jacqueline Ilyse Stone, *Right Thoughts at the Last Moment: Buddhism and Deathbed Practices in Early Medieval Japan* (Honolulu: University of Hawai'i Press, 2016), 221-65 参照。

（39）この切紙と片岡山伝説との関係については、Marta Sanvido, "How to Do Things with Hagiography: Bodhidharma's Rebirth in Premodern Japanese Buddhism." *History of Religions* 63. no. 3 (2024).

（40）飯塚大展「林下曹洞宗における相伝史料研究序説（4）：大安寺史料を中心にして（続）」『駒澤大学佛教学部論集』四〇、二〇〇九、二五二頁参照。

（41）中世禅籍叢刊編集委員会『達磨宗・中世禅籍叢刊』臨川書店、二〇一五、四九七頁。

(42) 飯塚「林下曹洞宗」、二五七頁。
(43) 飯塚「林下曹洞宗」、二五七頁。
(44) 中世禅籍叢刊編集委員会『達磨宗』、四九七頁。
(45) 『渓嵐拾葉集』の巻八十六（大正七六・七七九頁下）。
(46) 『興禅護国論』巻中（大正八〇・一〇頁上下）。
(47) 飯塚「林下曹洞宗」、二五八頁。
(48) 飯塚「林下曹洞宗」、二五八頁。
(49) 飯塚「林下曹洞宗」、二五八頁。
(50) 飯塚「林下曹洞宗」、二五八頁。
(51) 飯塚「林下曹洞宗」、二五八頁。
(52) 加賀元子『中世寺院における文芸生成の研究』汲古書院、二〇〇三、二〇九頁。
(53) 小峯和明『予言文学の語る中世』吉川弘文館、二〇一九。
(54) 加賀『中世寺院』、二八三頁。
(55) 平松令三編『真宗史料集成　四巻』同朋舎、一九八二、五一一頁。

第4部　英語論文

A View of the Precepts in Fourteenth Century Japan from the Perspective of a Saidaiji Risshū Monk

Paul Groner

This essay focuses on how the precepts were evaluated by Eishin 英心 (1289–1354)[1], an eminent monk in the Saidaiji 西大寺 lineage, a tradition that in the late Edo period was recognized by the government as the independent school called the Shingon Risshū 真言律宗. In surveying Eishin's evaluations of other schools, the general lax attitudes of Japanese Buddhists from several Buddhist schools shortly after Eison's death and the doctrinal positions that led to this situation are illuminated. At the same time, Eishin suggests the reasons why each of these traditions could also be cited as supporting strict adherence to the Vinaya's precepts and why a strict interpretation of the precepts is desirable.

Eishin, an eminent member of the Saidaiji lineage, studied the precepts under a major disciple of Eison 叡尊, Shinkū 信空 (1231–1316), who eventually would succeed Eison as an abbot of Saidaiji.[2] In 1290, Shinkū was named by Eison as the second abbot (*chōrō* 長老) of Saidaiji. Eishin also studied with Jōsen 定泉 (b. 1273), who was his fellow student under Shinkū. Jōsen wrote a number of important works defending the Saidaiji position on the precepts, including the *Bonmō koshaku hobōshō* 梵網古迹補忘鈔 in ten fascicles. This text augmented Taehyŏn's 大賢 (fl. mid-eighth c.) commentary on the *Fanwang jing*, *Pŏmmang kyŏng kojjŏki* 梵網経古迹記. He thus commented on a text that Eison had frequently used in his lectures on the bodhisattva precepts. Jōsen also wrote the *Bosatsu kaihon shūyō shūi shō* 菩薩戒本宗要拾遺鈔 in two fascicles, and the *Sanshu jōkai shiji shō* 三聚浄戒四字鈔 in one fascicle.

Because little work has been done on identifying Eishin's works on the precepts, many of which have not been published, I summarize them here in order to demonstrate Eishin's deep knowledge of the subject. Eishin recorded Jōsen's 1310 lectures on Ci'en's 慈恩 *Biao wubiao zhang* (Essay on form and formless [essence]) in the *Hyōmuhyōshō kengō shō* 表無表章顕業鈔, which focused on the Hossō text that the Saidaiji lineage used to justify self-ordination.[3] Because Eison based his views on the self-ordination on Ci'en's text and had composed a major work on it, the *Hyōmuhyōshō shōtai monjū* 表無表章詳体文集, Jōsen's text is valuable in explaining their position. The cooperation of Jōsen and Eishin on this text is based on the *kikigaki* genre in which lectures were recorded by a trusted disciple. The explanation of the text (*kaidai*) in the older version (1914–1920) of the *Nihon daizōkyō* includes a list of the topics covered in the text.[4] The *kaidai* in the more recent Suzuki gakujutsu zaidan version of the *Nihon daizōkyō* includes a useful discussion of the work by Tokuda Myōhon 徳田明本 in which he records his views of the historical background of the text beginning with a lineage of those who had studied the *Biao wubial zhang* on the reverse side of the *Kantō ōkan ki*, a record of Eison's trip to Kamakura. Tokuda traced the use of the *Biao wubiao zhang* back to Jippan 実範 and then eventually to Eison. According to Tokuda, Eison based his view on traditional Hossō doctrine, but Kakujō 覚盛, who underwent the self-ordination at the same time as Eison, based his view on the Nanshan Risshū.[5] Eison's preference for Hossō interpretations was evident in his commentary on Xuanzang's 玄奘 *Yinglizong jietu* 応理宗戒図, the section of the *Yogācārabhūmi* that focused on the precepts; this was commented on by Eison in the *Shaku monshō* 釈文鈔 (T no. 2357). Even so, Eison seemed to prefer lecturing on *Fanwang jing* based on Taehyŏn's commentary. Later, the differences between Eison's Saidaiji and Kakujō's Tōshōdaiji became more pronounced, as was evident in debate manuals (*rongi* 論議, *tanshaku* 短釈). Thus, Jōsen and Eishin's work reflected the need to defend the Saidaiji posi-

tion

The *Gyōshishō shi ranketsu* 行事鈔資覧訣, which exists in various formats, is Eishin's commentary on Daoxuan's *Notes on Procedures of the Four Part Vinaya* (*Sifenlü xingshi chao* 四分律行事鈔). This text was the focus of Japanese studies of the Vinaya before Yuanzhao's subcommentaries were brought to Japan by Shunjō 俊芿 (1166–1227) and his followers.[6] Shunjō had studied the precepts and Tiantai in China and after eleven years brought texts from Song dynasty China to Japan that were a major impetus to the study of the Vinaya. Other works by Eishin are his lectures on texts by Nanshan Daoxuan 南山道宣 (596–667), particularly his work on monastic ritual, *Sifenlü shanbu suiji jiemo shu* 四分律刪補隨機羯磨疏 or *Yeshu* 業疏.[7] Eishin's work exists at Kanazawa bunko and Tōdaiji as *Gossho shi no jō benji shō* 業疏四上辨事鈔. He also wrote about Daoxuan's explanation of the precepts, *Jieshu* 戒疏.[8] Eishin's discussion of the *prātimokṣa* of the *Fanwang jing* is found in the *Bosatsu kaihon shūyō shūgi shō* 菩薩戒本宗要拾義鈔.[9] The *Kanjō samayakai sahō*: *Matsubashi* 灌頂三昧耶戒作法／松橋 is a ritual manual for conferring the Esoteric precepts.[10] A study of Devadatta's shedding of the Buddha's blood and his attempts to split the order, the *Chōdatsu shukketsu hasō zengo no koto* 調達出血破僧前後事, indicates Eishin's interest in preserving the unity of the Buddhist order and defining what breaking the order would entail.[11] Two works, both written in 1316 or perhaps alternative titles of the same work are concerned with the minor wrongdoing (Jp. *kira* 吉羅; Skt. *duṣkṛta*): *Kira kogo* 吉羅故悞 and *Kira sange no koto* 吉羅懺悔事.[12] These probably were concerned with a passage from the *Yuqie lun* (*Yogācārabhūmi*) that defined violations of the precepts as wrongdoings (*akusa* 悪作),[13] a term that was equivalent to the most minor of Vinaya infractions (*tokira* 突吉羅). Eishin also wrote a text on how a deceased monk's major and minor possessions were to be apportioned, the *Bunmokkyō shidai* 分物頸次第.[14] A sense of the importance of this issue is gained from a register of the items left behind by

Eishin that were transmitted through the seventh abbot of Saidaiji, Seisan 清算 (1298–1362), the *Bunmotsu kochō* 分物古張.[15] Eishin resided at the Tadain 多田院 in Settsu (Hyōgo prefecture), which had been established by Minamoto no Mitsunaka 源満仲 (d. 997) in 970.

Eishin was deeply versed in Esoteric Buddhism and was the founder of the Matsubashi 松橋 lineage of the Saidaiji tradition.[16]

Eishin's detailed studies of the precepts and monastic ceremonies provides the background for his evaluation of the interpretations of the precepts of the various schools he encountered in Japan. In this essay, I focus on a section of Eishin's *Bosatsukai mondō tōgi shō* 菩薩戒問答洞義抄[17] (Compendium penetrating the meaning of questions and answers of the bodhisattva precepts) in which he criticizes the positions taken by four other schools: Shingon, Pure Land, Tendai, and Zen. In addition, it considers the interpretation of the bodhisattva precept ordination according to Hossō. These demonstrate the diversity of the positions held in Japan at that time that advocated teachings that undermined strict adherence to the Vinaya. Eishin's evaluation of their positions on the precepts began with the presentation of the views of unspecified recent Japanese shallow exegetes (*matsugaku* 末学) that deemphasized the Vinaya's precepts. Eishin then refuted each position by citing proof texts that demonstrated that Indian, Chinese and a select few Japanese monks emphasized the precepts. His approach to the issues reflects his deep knowledge of the positions held by other schools and his knowledge of Indian and Chinese views on the precepts and the ways in which they differed from his Japanese contemporaries in other schools.

SHINGON Shingon was the first school to be considered in Eishin's work; it was particularly important because both Eison and Eishin were Esoteric practitioners who also advocated adherence to the precepts. However, some contemporary Esoteric practitioners argued that because their tradition emphasized the

rapid realization of supreme enlightenment, the Exoteric precepts *kenkai* 顕戒— namely the various sets ranging from the three refuges through the full precepts of the Vinaya and the bodhisattva precepts— could be abandoned. Eishin stated that this violated common sense. In his autobiography, Eison stated that many Esoteric practitioners fell into the path of demons because they did not observe the precepts and practice to benefit others.[18] Eishin's own refutation begins with asserting that if the precepts were shallow teachings, then why did such major Esoteric works like the *Dari jing* 大日経（*Mahāvairocana sūtra*), *Suxidi jieluo jing* 蘇悉地羯羅経（*Susiddhikaratantra*), Yixing's commentary on the *Dari jing*（the *Darijing shu* 大日経疏), and Kūkai's "Final Admonitions"（*Goyuikai* 御遺誡）emphasize the precepts?[19] Eishin began with verses from the *Dari jing*:

> If the disciples have faith, have been born into a pure lineage,
> Revere the Three Jewels, adorn themselves with profound wisdom,
> Have perseverance, are not lethargic, are pure and faultless in their *śīla*（moral conduct),
> Have patience, are not miserly, and are intrepid and firm in their vows of practice—
> Such people should be accepted..,[20]

He continued with references to the "Chapter on the characteristic of the teacher" in the *Susiddhikara tantra*, describing the ideal Esoteric practioner:

> He always abides by the Dharma and does not do anything that is contrary to the Dharma; he is endowed with great compassion and takes pity on sentient beings…; if he commits even a minor offense, he is overcome with great fear; he is quite pliant in his physical, verbal, and mental actions.[21]

A number of other sutras are cited supporting the importance of the precepts, including the following. According to the *Sheng budong* jing 聖不動経,[22] "When the three actions (physical, verbal, and mental) are settled so that one does not commit wrongdoing, nor does one approach the various evil men, then one performs the *goma* (burnt offerings) ritual and rapidly realizes the (Tantric) attainment." According to the *Dhāraṇī of the Honored and Victorious One* (*Zunsheng tuoluoni jing* 尊勝陀羅尼経; Skt. *Uṣṇīṣavijayā-dhāraṇī*);[23] "On the full moon night, one should wash his new and pure robes, adhere to the fast and recite the *dhāraṇī* a full one-thousand times. Those sentient beings with a short lifespan will have it increased and be forever freed from suffering of illness. All karmic obstacles will be vanquished." According to the *Dili sanmeiye jing*[24] 底哩三昧耶経 (Trisamaya: Esoteric Recitation Method of the Immovable Sacred One), "If a practitioner fasts for a long time with vegetarian food and recites for a full ten-thousand times…all of his practices will be realized." Such statements leave out observing the precepts, but ceremonial aspects of purifying the body are mentioned. According to the *Great Rules* (*Dagui* 大軌 [25]), "When one adheres to the Mahāyāna teachings and always takes the precepts from a teacher who respects the bodhisattva precepts as adornments for his body, his disciple then takes these and transmits them." According to the Commentary on the *Dari jing*[26] (*Mahāvairocana Sūtra*), "If a practitioner of the mantra does not understand the pure precepts, then he should chant the *mantra*, hold the Esoteric seal (*in* 印) and adhere to the mind of the central deity." These various mentions of monastic behavior extend beyond the precepts, including purification of clothing and the use of Esoteric ceremonies to expel wrongdoing. Other Esoteric sources are mentioned. According to the *Darijing gongyang cidi*[27] *fa shu* by Bukesiyi, "As for pure life, it refers to having few desires and being satisfied with what one has. In Indian languages, it is called *dhūta* (austerities). There are sixteen aspects to this in sūtras and śāstras in revealed and hidden (texts): four aspects of clothing, six of food, and six of

places." Finally, it[28] also states: "There are three types of offerings. First are external offerings, such as incense, flowers, drink and food, lamps, ornaments, and places of practice. Second are the offerings of practice, such as practicing as the Buddha prescribed, paying the homage, and adhering to the precepts. Third is practice according to principle. The mind dwells in the essence without an external object."

Although the precepts are emphasized in these passages, the passages range far beyond the rules for behavior, including Esoteric ceremonies such as fire offerings, purification of clothing, and various interpretations of rituals on offerings.

Finally, a few Japanese sources are cited, including Ennin's 円仁 commentary on the *Susiddhikara*: "When the five［lay］precepts are violated, the three obstacles（*sanshō* 三障）arise."[29] Of particular importance is Eishin's citation of Kūkai's last admonitions（*Yuikai* 遺誡), a text that Eison had cited in his autobiography, *Kanjin gakushō ki* 感身学正記.[30] This was the longest citation in Eishin's text, indicating the high regard in which he held it.

> Leaving home and cultivating the way have Buddhahood as their goal … When one aspires to enlightenment, one must pursue the path by himself. How can one arrive at the goal without the precepts? One must firmly receive and adhere to the pure precepts of the Exoteric and Esoteric teachings and not violate them. The Exoteric precepts are the three refuges, five（lay）precepts, as well as the monastic and bodhisattva precepts. The four groups（of Buddhist practitioners）each have their own basic precepts（*honkai* 本戒). The Esoteric precepts are the samaya precepts. These precepts all are based on the ten goods（*jūzen* 十善): the three physical, three verbal, and four mental（actions）… If these precepts are not complete, the eye of wisdom will be dark. One should understand that this is like protecting one's life and so the precepts

> must not be violated. If you violate them, you are not a disciple of the Buddha, an adamantine being, a being of the lotus, a child of the bodhisattvas, a child of the *śrāvakas*, or my disciple. Nor am I your teacher. How would you be any different from a dirt clod or a broken stick?... If you follow my admonitions, you will follow the admonitions of the buddhas of the three times (past, present, and future). These are the Buddha's words, not my words.... When one observes these precepts, he carefully cultivates the Buddha's *samādhi* and quickly surpasses the three wrong clingings[31] (*sanmōjū* 三妄執) and realizes enlightenment... When one deviates from my teachings, then one is far from the Buddha's teachings, and is called an *icchantika*. Such a person floats on the sea of suffering. When will he be saved? I will not reside with him or speak to him.[32]

Eishin's long citation of Kūkai's *Goyuikai* reflects Eison's own reliance on this text for the justification of combining Esoteric Buddhism and the precepts.

Of the four Mahāyāna schools' views of precepts that Eishin surveys, he favors Shingon the most as long as it is not used for one's own purposes. His position reflects arguments that Eison makes in his autobiography.[33]

JŌDOSHŪ Eishin's discussion of Pure Land has the largest number of citations and the most complex discussion in his analysis of traditions opposing the precepts as well as the variety of its positions. Eishin began this section by presenting the basic mistake of some contemporary Pure Land advocates, focusing on the *Contemplation Sutra's* 観経 description of the lowest of nine levels of practitioner, which only required the recitation of the Buddha's name for salvation.[34] This passage of the *Contemplation Sutra* played a key role in the spread of an easy practice available to everyone.

> Question: Some ignorant Jōdoshū advocates claim that if a person wantonly commits wrongdoing and that person believes that through recitation of the Buddha's name and all. Should read name, all his wrongs will be vanquished. Thus, they believe committing wrongdoing is not a mistake. If such a person fears committing wrongdoing, then that is called "doubting the primordial vows." If one doubts the primordial vows, then one cannot be reborn in the Pure Land. Thus, one need not adhere to the precepts because adhering to the precepts is an obstacle to rebirth in the Pure Land because it would constitute doubts about the primordial vows. The lowest（of the nine levels of rebirth in the *Contemplation Sutra*）demonstrate this.[35]

In contrast, Eishin considers the *Contemplation Sutra* as a whole, beginning with the three types of meritorious actions（*sanpukugō* 三福業）: 1）secular acts, such as filial piety, refraining from killing, performing the ten good acts; 2）observing the precepts beginning with the three refuges to other more advanced sets of precepts; 3）acts on the Buddhist path such as believing in cause and effect and chanting Mahāyāna scriptures.[36] To violate such practices are the acts of the *icchantika* who slanders the Dharma and drops into the deepest level of hell where the suffering is constant. Twenty-one proofs from scripture, particularly the *Contemplation Sutra*（*Guan wuliang shou jing* 観無量寿経), are presented as the discussion goes through the various nine levels of practitioners. The higher levels often stressed the precepts; for Eishin, these proved that the precepts were indispensable for Buddhist practice. However, when the lowest level was discussed simply placing one's faith in Amida and reciting his name ten times was sufficient to bring salvation; thus, observing the precepts was not necessary.[37] If one were to rely on adherence to the precepts, this would prevent rebirth in the Pure Land. If one were to doubt the power of the primordial vows to save one, then one could not realize rebirth.[38]

The argument that the precepts should be ignored was completely counter to Eishin's views of the precepts.

Eishin's discussion then considered Shandao 善導 (613–681), who was highly respected in the Pure Land traditions that were emerging during Eishin's lifetime. Pure Land considerations of the precepts as Hīnayāna are based partly on Shandao's explanation of how the nine levels of rebirth apply to three types of worldlings (*bonbu* 凡夫), with the top level being applied to Mahāyāna worldlings, the middle level to Hīnayāna worldlings, and the bottom level to worldlings who are beset by defilements (*akubonbu* 悪凡夫).[39] In a similar manner, Eishin notes that the precepts can be categorized as: 1) Hīnayāna when the *Sifen lü* is considered; 2) as pervading (*tsū* 通) Hīnayāna and Mahāyāna when considered in terms of the *Yuqie lun*; and 3) as purely Mahāyāna when the *Fanwang jing* is considered.[40] All of these can be reborn into the Pure Land with the proper practices. The classification of precepts goes beyond sets of rules and depends on what the practitioner's desires or aspirations (*gan* 願) are.

Eishin did not refer to Hōnen 法然 (1133–1212) or Shinran 親鸞 (1173–1262), who would come to dominate sectarian Japanese Pure Land thought. Shandao had vowed never to even look at a woman and adhered to all the precepts. In his biography, he was said to have not slept for thirty years; his robes were like his skin and his begging bowl and water jug like his two eyes. Each day he recited the Buddha's name one-hundred thousand times and recited the *Omtuo jing* 阿弥陀経 (sometimes referred to as the Smaller *Sukhāvatīvyūha*) ten times.[41] Although Shandao carefully observed the precepts, his explanation of the lowest of the nine possible levels of rebirth according to the *Contemplation Sutra* (*Guan wuliangshou jing* 観無量寿経) did not require such adherence to the precepts, but this view is ignored in Eishin's discussion about the importance of the precepts.

As was the case in several other discussions of various schools, Eishin

occasionally cited a Japanese text in the midst of his proofs. Eishin's use of Genshin's 源信（942–1017）*Ōjō yōshū* 往生要集（Essentials of Rebirth）fit in well with Eishin's views because it included a list of fifteen causes and conditions for discerning the Buddha（*kanbutsu* 観仏）that began with "adhering to the precepts and not violating them."[42] Genshin was a Tendai monk, who did not follow some Tendai views that the precepts were not crucial to Pure Land practice; instead Genshin recognized the importance of the precepts. Although Eishin called the object of his criticism the "Jōdoshū" 浄土宗, he did not mention Hōnen or Shinran probably because they had arisen shortly before Eishin wrote and were not prominent. Thus, exactly what Eishin was referring to with this term is unclear, but perhaps it is better in this case to interpret the 宗 as tenet rather than school. However, Shandao would play an important role in the founder of Jōdoshū Hōnen's discussion of Pure Land and Eishin's critique of Pure Land seem to match these movements. For example, the passages concerning the levels of rebirth come from Shandao's praises of the *Contemplation Sūtra*:

> Those worldlings who are in the top register of births in the Pure Land, who adhere to the precepts, recollect the Buddha, and constantly recite the sutras with a dauntless spirit will at death experience the assembly of sages come to welcome them… Those worldlings who are in the middle register of top births who read or chant, recollect the Buddha and solely adhere to the precepts for a day or seven days devoting themselves to rebirth（in the Pure Land）will at death experience the assembly of sages come to welcome them…[43] A worldling in the lowest rebirth of the lowest rank with the ten evil actions and the five heinous wrongdoings is like a foolish man with many wrongdoings who will spend countless eons in hell. But then as he is about to die he suddenly meets a good and virtuous friend who causes him to recite the won-

> drous Dharma and to have peace and comfort.[44]

Eishin then considered two Pure Land criticisms of the precepts that weakened the importance of the precepts: 1) the precepts are mundane good (*sezen* 世善); 2) the precepts are Hīnayāna. Both undermine adherence to the precepts by suggesting that the precepts are merely expedient practices. The first of these, mundane good, refers to ethical values before the Buddha appeared in the world or good that results from actions that one hopes will attain wealth, good fortune, prosperous families, or rebirth as a human or god. These could be identified with ordinary moral junctions, but also might be identified with the Confucian virtues of filial piety, loyalty, benevolence, and righteousness.[45] In contrast, the supramundane (*shusseken* 出世間) views would be those that enabled a practitioner to transcend this realm and attain enlightenment or *nirvāṇa*.

The precepts had long been associated with various levels of rebirth, including those as humans or gods, so called mundane or worldly goals. Eishin relied on a text by an eminent Japanese Pure Land exegete Yōkan 永観 (1033–1101, also pronounced as Eikan) to present the argument he would refute.

> We criticize those who say that the precepts are not Hīnayāna teachings but are mundane good. How do we know this? The *Ten Causes of Rebirth* (written by Eikan) state, "If one observes the eight precepts and fasts for a single day and night or observes the novice precepts, these are mundane goods, but one can still attain rebirth in the Pure Land."[46] The precepts are clearly mundane good.
>
> Answer: The statements are not different, but basically, the precepts have various distinctions. If one expects birth as a human or deity, we call (the precepts) mundane good. If we desire the holy path of the three vehicles when we adhere to the precepts, then they are not

> mundane good.[47]

Eishin recognized the argument that the precepts might be taken as mundane good, but then expanded the argument so that it transcended provisional interpretations of the precepts and allowed for the precepts as ultimate teachings. Eishin stressed the importance of nonsubstantiality for the precepts to be supramundane（*shusseken* 出世間）; in other words, one must be free of clinging to characteristics（*musō* 無相）and any other sort of clinging. In the following passage, Eishin considers the effect of clinging.

> If ordination and adherence both have characteristics, then they are called mundane good. If one is free of clinging to the mind, then it is not mundane good. When one takes the Mahāyāna, then there is the realization that the person and dharmas are nonsubstantial and that the three aspects of giving are nonsubstantial… Hīnayāna only treats the nonsubstantiality of the person, but not the nonsubstantiality of the dharmas（elements）. Thus, the precepts and their violations would both cling to dharmas. When we consider the two types of clinging in terms of Mahāyāna, they are both vanquished.[48]

Eishin used the example of special invitation（*besshō* 別請）to meals extended by lay devotees as a concrete way to explain this. According to the *vinaya*, the distribution of invitations to eat were supposed to depend on a roster and not on seniority or other considerations such as friendship.

> For example, it is like special invitations. Hīnayāna allows them but Mahāyāna does not. Thus, when the Hīnayāna is contrasted with the Mahāyāna, special invitations are heterodox. The seven buddhas did not use special invitations.（See minor precepts 26–28 in the *Fanwang*

jing.)[49]

The precepts are clearly like rules, but various conditions must be taken into account. For Eishin and other monks, the rules depend on the mind and attitudes of the person who receives and adheres to them; moreover, the precepts can change in accord with shifts in the ordinee's attitudes. Transgressions are treated in the same way. Although at first this may seem strange for a Vinaya school, the Saidaiji lineage to which Eishin belonged maintained several positions as it strove to reconcile the vinaya's positions with those of various sets of the bodhisattva precepts. For example, a passage in the *Yuquie lun* (*Yogācārabhūmi*) identified all transgressions of the bodhisattva precepts as *akusa* 悪作, wrongdoing, a term identified as *duṣkṛta*.[50] Simply confessing the wrongdoing to another monastic or reflecting on it by oneself was sufficient for expiation. The Saidaiji lineage usually explained that this referred to only the top two of the three collections of pure precepts, but the Tōshōdaiji lineage applied this to all three of the collections of pure precepts.[51] Because the restraints included the precepts of the Vinaya, the Saidaiji view was stricter than that of Tōshōdaiji.

By the time Eishin was active, interpretations of the precepts at Saidaiji were divided into two groups between Eishin and Seisan 清算 (also read as Shōsan, 1298–1362). Late in his life, Shōsan was appointed abbot (*chōrō* 長老) of Saidaiji.[52] Among the major issues debated between the two monks was whether the rules (precepts) or the practitioner's mind played the key role in delineating the precepts. In the passages from Eishin's work mentioned below, the primacy of the mind seems to emerge. In many ways, it would seem to reflect the views maintained by medieval Tendai thinkers. Note, for example, the following passage from the Chinese patriarch Zhanran's 湛然 (711–782) commentary on Zhiyi's (538–597) *Mohe zhiguan* 摩訶止観, which was often quoted in Japanese Tendai texts:

> When the bodhisattva mahāsattva holds the precepts, you should know that there is no Hīnayāna or Mahāyāna. All depends on the mental attitudes of the ordinees. These are the universal aspects of nonsubstantiality, provisional existence, and the restraints of this realm of phenomena, which are the Middle Way. This can be called adhering to the full observance of the precepts.[53]

Eishin's consideration of the view that the precepts are Hīnayāna is based on the exegesis of the eight precepts that a lay believer might hold for a day and a night or of the precepts for novices. Although they might seem like Hīnayāna precepts, in the Pure Land scriptures, they could lead to rebirth in the Pure Land and be seen as Mahāyāna.

The other major source of Pure Land cited by Eishin was Yōkan 永観（1033–1111）, Yōkan was the son and adopted son from the upper classes of Japanese society and well educated so that he participated in debates. Although he was a scholar of Sanron and would have been well acquainted with teachings of non-substantiality, he turned to Pure Land early in life, possibly because of illness. He was also conversant with Esoteric Buddhism and Hossō. He is particularly known for his work, "The Ten Causes of Rebirth（*Jūin ōjō* 拾因往生）," which he signed identifying himself with the "Nenbutsu School"（*nenbutsushū* 念仏宗）. Although this points towards an independent Pure Land School, he made no effort to establish such a school. Even so, using the title suggests he saw the potential for such a school. Nor does a *nenbutsuhū* emerge during his lifetime.[54] He seems to have led a life of seclusion after he wrote the *Jūin ōjō* in 1103. Before that, he had an illustrious career, participating in many of the most important assemblies of his time. In 1100, he became abbot（*bettō*）of Tōdaiji, but then resigned the position 1103 after he wrote *Jūin ōjō*.

The refutation of Yōkan's identification of the precepts with mundane

good or Hīnayāna recognizes those positions. For example, according to *Jūin ōjō*:

> According to some, when one holds the eight precepts and fast for a single day and night or holds the precepts for a novice, this mundane good still results in rebirth (in a Pure Land). How much more so when one is able to hear Amida Buddha's incomprehensible merits, which are called the recitation and mindfulness of one mind?[55]

But then Eishin cites Nanshan Daoxuan 南山道宣 to make similar points about clinging to teachings, which would be an inferior position.[56]

TENDAI In his consideration of the third school, Tendai, Eishin discussed how Japanese Tendai's interpretation violated correct teachings (*higi* 非義). He noted that some contemporary Tendai thinkers identified the essence of the precepts with Dharma-nature (*hosshō* 法性), which is eternal and cannot be lost. Thus, even if one killed all living beings, that person's precepts would be eternal and not be lost.[57] In other words, once one has received the precepts, they can never be lost (*ittoku eifushitsukai* 一得永不失戒). According to the *Yingluo jing* 瓔珞経, "One can receive the precepts, but not abandon them. One can violate the precepts, but not lose them for all the future."[58]

In medieval Tendai texts, the *Yingluo jing* is frequently cited in arguments permitting lax interpretations of the precepts. However, according to the *Fanwang jing yiji* 梵網経義記, the commentary on the *Fanwang jing* traditionally attributed to Zhiyi, "The bodhisattva restraints are expedients and if one seeks to receive them, then the essence will arise. If one abandons the vow to realize enlightenment and with an intense mind (*zōjōshin* 増上心) violates it, then the essence is destroyed."[59] Thus, this position runs counter to the belief that the precepts are identical to an eternal Dharma-nature. Eishin also

noted that the *Mohe zhiguan* mentioned violations of the five classes of precepts; when major precepts were considered, they were like pieces of pottery that were broken and could not be repaired.[60] Eishin continued by considering passages that give more nuance to the Tendai position. For example, according to the *Yingluo jing*, if a major precept is broken and confession is not possible, one can still be reordained to reinstate the precepts.[61] However, another quotation from the same text identifies the precepts with the mind. If the mind cannot be exhausted, neither can the precepts be ended.[62] Thus, citations from the sutra are contradictory. Eishin suggests that Tendai exegetes have "cherry-picked" their citations to support their view that the precepts cannot be lost and concludes that losing the precepts is not prevented according to Chinese Tiantai doctrine;[63] the position that the essence of the precepts is Dharma-nature is wrong.[64] Thus, Eishin argued that Japanese Tendai's position is self-contradictory. Eishin continued his refutation with other citations.

According to the *Yingluo jing*, "The ten major precepts have no confession, but one can receive the precepts again."[65] However, the *Yingluo jing* also states: "For the precepts, all the bodhisattvas, worldings and sages take exhausting the mind 盡心 as the essence. Thus, if the mind is exhausted, the precepts are also exhausted. If the mind is without exhaustion, so are the precepts without end."[66] Thus, Eishin points out that a text fundamental to medieval Tendai's view of the precepts contradicts itself.

Eishin's discussion can be contrasted with Kakujō's discussion of Tendai. When Kakujō was criticized for abandoning the ordination lineage used at Tōdaiji that had arrived with Ganjin 鑑真（988–763）and instead used a ceremony that was virtually identical with Tendai, he had responded with an analysis of Saichō's *Shijō shiki* 四条式（Four-part rules）and *Kenkai ron* 顕戒論（Treatise revealing the rules), but this was the critique that Hossō monks had long used for criticizing Tendai.[67] Although Eishin occasionally referred to the *Shijō shiki* and *Kenkai ron*, they were not the main focus of his criticisms.[68]

Eishin took a different approach, reflecting his analysis of thirteenth century and fourteenth century Tendai thought, which rarely cited the *Shijō shiki* and *Kenkai ron*. When Eishin chose to focus on the *Yingluo jing* and the *Pusajie yiji* attributed to Zhiyi 智顗, the de facto founder of Tiantai, he demonstrated that he was aware of the controversies within the Tendai School during his lifetime. When Tendai monks cited the apocryphal *Yingluo jing*, they referred to a source that took a very lax attitude towards monastic discipline and contradicted itself. When they referred to the *Pusajie yiji*, they referred to a text that took a more stringent attitude towards monastic discipline.[69]

ZEN The fourth school, Zen, was characterized as wrong meditation and perverse feelings (*akuzen jajō* 悪禅邪情). Zen practitioners criticized the Vinaya as Hīnayāna and as clinging to the teachings (*hōbaku* 法縛), a view that reflected the claim that Zen was a special transmission outside the teachings that did not establish words and letters (*kyōge betsuden furyū monji* 教外別伝不立文字).[70] In Kamakura Japan, this statement was the subject of discussions that involved Zen, Tendai, and Esoteric Buddhism, as exegetes tried to define what could be defined through words and what transcended them. Although Eishin did not mention these discussions, he almost certainly must have been aware of them given his knowledge of Japanese Buddhism during the early fourteenth century.[71] By excluding the teachings and the written word, Zen would seem to be freeing itself from the strictures of the precepts. In addition, when the sudden realization of enlightenment was mentioned, it could be interpreted as excluding the practice of Hīnayāna teachings.[72]

Eishin responded to such claims by noting the many passages about Chinese Chan practitioners that described their adherence to the precepts. Eishin noted that the nine teachers[73] (*kushi* 九師) had full ordinations and observed the precepts.

Eishin's discussion of Zen began with Bodhidharma, citing a passage from a

lineage document:

> Other than this mind, there is no separate Buddha that can be attained … Our own mind is Buddha. We are not able to take a Buddha to pay homage to a Buddha. We cannot take the mind to be mindful of the Buddha. The Buddha does not chant the sutras. The Buddha does not adhere to the precepts. The Buddha does not violate the precepts…nor does he create good and bad. If one wishes to seek the Buddha, then one should perceive the Buddha-nature; that is the Buddha. If one does not perceive his nature, being mindful of the Buddha (*nenbutsu*), chanting the sutras, observing the fast, adhering to the precepts, are without any (serious) benefit. Chanting the sutras will give you learning. Adhering to the precepts will result in being born as a god. Through almsgiving, one will attain blessed rewards, but in the end none of these will produce a Buddha.[74]

Eishin concluded the section on Bodhidharma as follows: When we stop heterodox discussions, then Mahāyāna's emphasis on benefiting others is paramount. If one lacks compassion, then it is Hīnayāna. If one praises oneself as Mahāyāna, then one should search within one's own mind. When one practices, if it is for others, then it called Mahāyāna."[75]

Eishin then proceeded to discuss other sources, beginning with Baizhang 百丈 (749–814), who is said to have written the first rules for Chan monks:

> When one studies wisdom, one is a bodhisattva. First, one rouses a mind of great compassion, takes the (four bodhisattva) vows, intensely practices the concentrations, and vows to save sentient beings. This is not just one person seeking salvation." Thus, we know that the boundary between Mahāyāna and Hīnayāna is great compassion (*daihi* 大悲).

> When one does not know the distinction between (the varieties of) precepts, if (the precepts) are Hīnayāna, then one is Hīnayāna.[76]

He stated that the bodhisattva who studies wisdom must first arouse great compassion, and vow to save all.

Then a number of biographies of Chan monks are excerpted from the *Chanlin sengbao zhuan* 禅林僧宝伝, a collection of Chinese Chan biographies compiled by Huihong Juefan 慧洪覚範(1078–1128) in thirty fascicles; all mention precepts and ordinations. Although the *Chanlin sengbao zhuan* was sometimes criticized as having exaggerations, it also cited many trustworthy sources. It was particularly valuable for the Caodong zong 曹洞宗 lineage.[77] Eishin had thus obtained a relatively recent and extensive source to make the case that Chinese Chan monks observed the precepts. Eishin continued:

> They cited limited passages as proofs. If the precepts were Hīnayāna rules, then the Chan masters of old were all Hīnayānists. If they were Hīnayānists, then you must be Hīnayānists because of the lineage of teachers and students. If they were Mahāyānists, the precepts were Mahāyāna. The Chan masters of old all had distinct ordinations, but these can be considered Mahāyāna.[78]

Eishin then considered the statement traditionally attributed to Bodhidharma and used by Zen as a motto that Zen is a special transmission outside of the teachings that does not establish words. While some Zen practitioners utilized this to reject the precepts because they were based on words, Eishin argued that they had misinterpreted the saying. Instead, it should be interpreted as referring to clinging to words rather than blocking all use of words; the same is true for the precepts.

Eishin then compared Bodhidharma's rejection of words and the precepts

to the sixth patriarch Huineng's use of words, particularly in his commentary on the *Diamond Sūtra*:

> Why did Bodhidharma not look at scriptures, while Huineng differed from Bodhidharma? We know that treatises block precepts with characteristics. In all, the precepts should not be bonds. Thus, we already have spoken about how they result in being born as a god. Nanshan［Daoxuan］speaks of them as being the peak of existence, and Taehyŏn's emphasis on the two types of nonsubstantiality eliminating the threefold aspects of almsgiving（the donor, receiver, and the gift）are eliminated.[79]

In this passage, Eishin argues that Bodhidharma's position on words is simply an expedient so that practitioners will not cling to the words or the precepts. In support of this position, he cites Huineng 慧能（638–713）because his interest in the *Diamond Sutra* contrasts with Bodhidharma's rejection of words.

> According to the sixth patriarch Huineng's commentary,
> "If there is a person who adheres to the Mahāyāna precepts without characteristics and who does not wrongly cling to the various characteristics, the karma of birth and death will not be created. At all times, his mind will be permanently nonsubstantial and quiescent and he will not receive the characteristics that are bonds. Thus, he has the mind of non-abiding."[80]

The use of words includes the limited utility of the precepts when they are juxtaposed with nonsubstantiality. To support this position, Eishin cites the Vinaya-master Nanshan Daoxuan 南山道宣（596–667), the Korean masters of the bodhisattva precepts Taehyŏn 大賢（fl. 8th c.), and Wŏnhyo 元曉（617–686）but

without quoting directly from their writings. This discussion concludes with the citation of the *Diamond Sutra's* discussion comparing the Dharma and the precepts with a raft. These can be useful in crossing the ocean of *saṃsāra*, but if they are clung to, they will be an obstacle.[81]

The *Huayan states*. "The precepts are the basis of supreme enlightenment. Thus, one should adhere to the full pure precepts."[82] In addition, according to the *Nirvana Sutra*, "If one wants to perceive Buddha-nature and realize great nirvana, then one must wholeheartedly cultivate and adhere to the pure precepts."[83] The precepts are the foundation for meditation and wisdom.

Eishin brings up several other criticisms of the precepts. The first focuses on the popular phrase *sanshō no urami* 三生の怨 (regrets over three lifetimes). In the most common interpretation, in the first liftetime, one pursues mundane good without any thought of enlightenment. In the second, one is reborn as a human or god and the attachment to mundane good results in an inability to cultivate the Dharma until one's religious faculties that are focused on mundane good are exhausted. In the third, one falls into evil rebirths.[84] This is compared with shooting an arrow into the sky. It will eventually fall back to the ground, just like a person with the wrong motivation falls into bad rebirths. In terms of the precepts, it is reinterpreted so that in the first lifetime, one adheres to the precepts, in the second, one violates them, in the third, one suffers. Eishin states that this interpretation is wrong because one is clinging to the literal sense of the precepts, in other words to the characteristics of the precepts (*usōkai* 有相戒), but if one were to reside in the formless (or characterless, *musō* 無相), then the precepts would be replete and perfect (*enmankai* 円満戒).[85]

Several other criticisms are advanced at the end of the section on Zen, mostly connected with the idea that meditation controls the mind and so the emphasis on the physical and verbal actions found in the Vinaya's precepts declines in importance. This is reflected in two questions:

Question: The precepts protect the body and mouth; meditation regulates the mind. Of the three types of action (physical, verbal, and mental), the mind is fundamental. If this is so, then when we cultivate meditation, this is not adhering to the precepts. What about this?[86]

Question: The precepts prevent wrongdoing. If one does not commit wrongdoing, this is adhering to the precepts. According to the *Nirvana Sutra*, "If one does not commit wrongdoing, this is called adhering to the precepts."[87] This is a proof text. Therefore, when one cultivates meditation, one spontaneously (naturally, *jinen* 自然) adheres to the precepts. Why must one strive to hold the precepts?[88]

Such questions were vital in the thirteenth and fourteenth centuries. The Tōshōdaiji tradition would have argued that on the basis of a passage in the *Yuqie lun*, all infractions of the Vinaya's precepts should be considered minor (*osa* 悪作 or *tokira* 菟吉羅, Skt. *duṣkṛta*). In contrast Eishin's Saidaiji tradition would have argued that the collection of restraints, the first of the the three collections of precepts, would have been the Vinaya's precepts and thus infractions of the Vinaya's precepts should follow the Vinaya with sanctions such as expulsion, suspension, and various levels of confession. But infractions of the other two collections would be minor wrongdoings. In either case, less emphasis was placed on the physical and verbal aspects of the precepts. However, the significance of the mental aspect did not stop with Risshū considerations. The various interpretations of Japanese Tendai also emphasized the mental aspect of the precepts much more than physical and verbal aspects.

HOSSŌ Although Hossō is not included in the four schools that have interpretations of the precepts that Eishin criticized, Hossō is mentioned in an important way that helps clarify Saidaiji's interpretation of the ordination. Eison is frequently said to have held a Hossō position on his self-ordination be-

cause he based it on the *Biao wubiao zhang* 表無表章 (Essay on Manifested and Unmanifested [Form]) chapter of the *Dasheng fayuan yilin zhang* 大乗法苑義林章 (Essays on the Forest of Meanings in the Dharma Grove of Mahāyāna) compiled by Ji 基 (also known as Ci'en 慈恩, 635-682). Eison places a number of the lecture fragments in the *Chōmonshū* at sermons concerning this text, but the contents of those sermon fragments have nothing to do with his views on the topic. A survey of his autobiography, *Chronology*, and *Chōmonshū* raises questions about his concern with Hossō doctrines connected with Ji other than the *Biao wubiao zhang*. For example, during his youth, Eison studied and practiced at Daigoji 醍醐寺, a temple connected with Esoteric Buddhism and with Sanron (Japanese Madhyamaka), but not with Yogācāra.[89] The only time he might have studied Hossō at Kōfukuji is when he was around thirty, but the length of his stay there is not clear.[90] Even so, Eison wrote a three-fascicle explaining Ji's work, the *Hyō muhyō shō shōtai monjū* 表無表章詳体文集. After Eison's death, monks in the Saidaiji lineage wrote a number of texts concerning Ci'en's essay, the *Biao wubiao zhang*, such as the *Hyō muhyō shō kengō shō* 表無表章顯業鈔, recorded by Eishin. However, in Item 68 of the *Chōmonshū* Eison describes how a dispute between Saidaiji and Kōfukuji in which Kōfukuji seized Saidaiji property led to Jōkei's (1155-1213) interest in the precepts. In addition, the seeming contradiction between the rapid enlightenment promised by Esoteric practices and the three incalculable eons stressed by Chinese Faxiang that were required for Buddhahood are not directly addressed.

The key issue related to Hossō for Eison was probably the justification of self-ordinations as conferring the essence of the fully ordained monastic. Later monks tried to trace the origins of Eison's self-ordination. One of the more interesting efforts traced it in a roundabout way to Xuanzang's disciple Ci'en. The following appears in Eishin's *Bosatsukai mondō tōgi shō* 菩薩戒問答洞義抄 (Compendium penetrating into the meaning of the bodhisattva precepts) written

in 1308.

Distinct ordinations came to China during the reign of Emperor Ming with Mātaṇga.[91] Although people would shave their heads and wear robes, they did not adhere to the precepts. Then two-hundred years later Dharmakāla[92] on the basis of liturgy of the *Four-part Vinaya*, established an ordination that required ten monks for a full ordination. Approximately six-hundred years later, figures such as Zhiyi of the Tiantai School, Fazang of the Huayan School, Jizang of the Sanlun School, Shandao of Pure Land, and leaders of the Vinaya School such as Daoyun 道雲, Daohong 道洪, and Daoxuan 道宣[93] all used only the distinct ordination.

The ceremony for the universal ordination can be traced to when Xuanzang went to India and met Śīlabhadra at Nālandā Monastery; the transmission of the universal ordination began with the *Yuqie lun*（*Yogacārabhūmi*）. When Xuanzang returned to China, it was transmitted to Dharma-master Ji. Later, the Japanese monk Dōshō 道昭（629–700）went to China and received this and then returned to Japan and spread it. However, this was only a lay ordination and not a ceremony for leaving home, so it did not continue and ceased.

The great preceptor of Lungxing si[94] crossed the sea. Although he began full ordinations, they did not continue. Recently Eison sorrowed at the decline of this tradition; on the basis of Ci'en's explanation of the *Yuqie lun*, four monks prayed for auspicious signs［from the Buddha］; Eison was the fourth of these. Afterwards many gradually entered the Buddhist path… Today those who receive the universal ordination of special precepts（*fugukai* 不共戒）are the basis, but they practice with those who hold the precepts in common with Hīnayāna through the distinct ordination.[95]

In Eishin's text, Ci'en's views on the precepts are called the "new school" (*shinke* 新家) to differentiate them from the views of the bodhisattva precepts that are derived from *Fanwang jing* and its interpretation derived from Kumārājīva (sometimes referred to as the old school [*kyūke* 旧家]) and the Tendai tradition.[96]

A text by an unknown author, the *Bosatsukai kōyō shō* 菩薩戒綱要鈔 (Compendium of the outline of the bodhisattva precepts) quotes Gyōnen so can probably be dated to the fourteenth century.[97] A discussion of Hossō differentiates the tradition brought back by Dōshō, who studied with Xuanzang, from later monks such as the Korean monk Chibong 智鳳 who is said to have studied with Ci'en,[98] but probably actually studied with Zhizhou 智周 (668-723) since Chibong went to China decades after Dōshō. The two traditions were based at different temples: Dōshō at Gangōji 元興寺 and the later monks at Kōfukuji 興福寺; these were respectively known as the Southern temple and Northern temple lineages. Although sources differ on the details, the split between those who studied under Xuanzang and those who studied under Ci'en or his successors reflects differences in the interpretation of the Hossō tradition.[99] Although Eison clearly valued Ci'en's *Biao wubiao zhang* for defending his use of the self-ordination, the positions that Ci'en held concerning the three incalculable eons to reach Buddhahood[100] or the five types of natures of humans are not stressed. Such teachings probably would have been difficult to reconcile with Eison's Esoteric Buddhist practice.[101] Nor is the *Cheng weishi lun* emphasized or even mentioned in Eison's autobiography and *Chōmonshū*. In fact, in the *Chōmonshū*, when Eison speaks of Consciousness-only teachings, he focuses on Xuanzang's translations of the *Great Perfection of Wisdom Sutra* and the *Yogācārabhūmi*.[102] The emphasis on the *Great Perfection of Wisdom Sutra* is reflected in his copying of the six-hundred fascicles of the text and his presentation of it to Ise Shrine. He was, in fact, following the example set by Jōkei, who played a major role in setting the model of Hossō

doctrine and practice through debates. During Eison's lifetime, an assembly honoring Xuanzang was becoming popular in Japan and would eventually eclipse the assembly honoring Ci'en, the Jion'e 慈恩会.[103] What did this mean for Eison and his relation to Hossō? Hossō teachings had evolved and were different from those found in the Tang Dynasty. This was reflected in the scant attention paid to Ci'en and the *Biao wubiao zhang* in such sources as Gyōnen's *Tsūju biku sange ryōji fudō ki* 通受比丘懺悔両寺不同記. Instead, Korean Yogācāra monks' commentaries on the *Yuqie lun* seem to appear more often, perhaps because of their connection to Wŏnch'ŭk 円測（613–696), who differed from Ci'en. Wŏnch'ŭk had studied with Xuanzang and presents a different perspective on Yogācāra, arguing that Xuanzang believed all could realize Buddhahood, thereby rejecting Ci'en's view that only some could realize Buddhahood.[104]

Finally, the treatment of the difference between universal and distinct ordinations in this passage deserves a brief mention. Instead of stressing differences, the universal ordination is seen as being harmonious with the distinct ordination in Eishin's writings.

CONCLUSION The works of Eishin and his contemporaries reflect how the positions held by Saidaiji monks and others evolved and were defended several decades after Eison's death. By that time, some monks would have had time to work out the differences between various traditions trying to revive the use of the *Sifen lü* 四分律. These differences were the subjects of debates, though the structure of the assemblies that might have accommodated such discussions is not clear. Such issues must have been clear even during the lifetime of Eison as Saidaiji monks strove to understand the repercussions of their tradition and how the Vinaya could be combined with the bodhisattva precepts.

Eishin is particularly noteworthy for his careful critiques of schools that

had abandoned the *Sifen lü* as Hīnayāna. When he described the positions of Shingon, Pure Land, Tendai, and Zen, he reflected the positions held by many Buddhist monks in the early fourteenth century. The Saidaiji lineage must have been challenged by the established schools of Japanese Buddhism as well as the emerging Kamakura schools, most of which had developed positions allowing monks to ignore much of traditional monastic discipline. In addition, his views reflect Japan in the early fourteenth century rather than the sectarian divisions that would emerge later. For example, the discussion of what he terms the "Jōdoshū" (Pure Land School) did not focus on Hōnen, though Eishin does mention Shandao, a major influence on Hōnen; instead he cited Yōkan 永観 (1033–1011), who was a major advocate of Pure Land and Sanron at Tōdaiji and thus more prominent than other Pure Land advocates around the early eleventh century; however, later Yōkan was no longer viewed as such a major figure. Eishin's analyses usually relied on Chinese sources to refute what he saw as incorrect Japanese views on the precepts. Sometimes he apparently sought out recent texts brought from China, such as the *Chanlin sengbao zhuan*. At other times, he cited Japanese sources, such as Kūkai's *Last Admonitions* (*Goyuikai* 御遺誡), which he extensively cited in the section on Shingon; this was undoubtedly because of its major role in Eison's autobiography and his thought on how Esoteric Buddhism and the precepts could be combined. Eishin thus gives us a sense of how the Vinaya was viewed in the early fourteenth century.

Notes

1. Most sources include no dates for Eishin. These dates are based on the *kaidai* for Eishin's *Bosatsukai mondō tōgi shō*, written by Tokuda Myōhon (ND-Suzuki 98: 208–210).
2. *Honchō kōsō den*, BZ-Bussho kankōkai ed., 103: 796b–797a; *Ritsuen sōbō den*, BZ-Bussho kankōkai ed., 105: 157a–b.
3. The text of this is found in a digitized form in the Kyoto University library:

https://kokusho.nijl.ac.jp/biblio/100380162/1?ln=ja（accessed 9/6/2023).

4 . Ōmura Seigai, *Nihon daizōkyō*, *Kaidai gekan*

5 . Suzuki gakujutsu zaidan, *Nihon daizōkyō*, *kaidai* 2: 153–154.

6 . Tokuda, "Risshū bunken mokuroku," 26, 29–30. For the most part, Tokuda has only given us the titles of works and has not analyzed their connections with each other.

7 . *Zokuzōkyō* 1.64.3–5.

8 . Tokuda, "Risshū bunken mokuroku," 33–34.

9 . The text is digitized and can be found at https://kokusho.nijl.ac.jp/biblio/100302900/1?ln=ja（accessed 9/6/2023).

10. Found on-line https://kokusho.nijl.ac.jp/biblio/100304665/5?ln=ja（accessed 9/9/2023).

11. Tokuda, "Risshū bunken mokuroku," 34. A similar text written around the same time by Tan'ei（1271–1346）is investigated by Dōtsu Ayano 道津綾乃, "*Hasō ikankai kanmon* no honkoku to shōkai"『破僧違諌戒励文』1–2, *Kanazawa bunko* 322（2009）: 9–27; 323（2009）: 38–48. Also see Dōtsu Ayano, "Tan'ei hitsu *Hasō ikan kanmon* ni okeru ikkōsatsu" 湛睿筆『破僧違諫戒勘文』に関する一考察, *Kairitsu bunka* 5（2007）: 68–81.

12. Tokuda, "Risshū bunken mokuroku," 79. These two texts are found at Kanazawa bunko and listed in *Kokusho sōmokuroku*,（Tokyo: Iwanami shoten, 1976), 2: 571.

13. T 1579, 30: 521a20.

14. Tokuda, "Risshū bunken mokuroku," 111.

15. Tokuda, "Risshū bunken mokuroku," 112.

16. For a list of Eishin's works on Esoteric Buddhism and the monks in his lineage, see Mikkyō jiten hesankai, ed., *Mikkyō daijiten*, 139–140, 2083–2084.

17. This text is found in the Taishō no. 2358A and in the *Nihon daizōkyō*, Kairisshū shōsho 2. The text is also found in a digitized version in https://kokusho.nijl.ac.jp/biblio/100380164/4?ln=ja（accessed 9/6/2023).

18. Hosokawa, *Kanjin gakushō ki* 1: 46–47.

19. ND Nakano ed. Shōrisshū shōsho 2: 734a.

20. T 848, 18: 5b19–23; Geibel, *The Vairocanābhisaṃbodhi Sutra*, 23.

21. T 893, 18: 0665a5–6: Geibel, *Susiddhikara sutra*, in *Two Esoteric Sutras*, 135. This passage occurs at least three times in the *Susiddhikara sutra* with slight changes.

22. Source unidentified.

23. T 967, 19: 351c4–8.
24. T 1201, 21: 21b8.
25. Unidentified source.
26. T 1796. 39: 629c19–21.
27. Buke siyi 不可思議, *Da Piluzhena jing gongyang cidi fashu*, T 1797, 39: 791c 7–9. For a list of austerities used by some Buddhists though with differences in number from the account cited by Eishin, see s.v. *dhutaṅga*, Robert Buswell, Jr. and Donald Lopez, Jr., *The Princeton Dictionary of Buddhism*.
28. 不可思議, 大毘盧遮那経供養次第法疏, T 1797, 39: 798c25–28.
29. *Soshitsujikara kyō ryakusho* 蘇悉地羯羅経略疏, T 2227, 61: 390b26. This text was primarily used by the Taimitsu tradition and was held equal to the *Mahāvairocana-sūtra* and the *Vajraśekhara-sūtra*, but it was also mentioned by Tōmitsu scholars. The three obstructions refer to hindrances on the path: 1) afflictions such as desire, anger, ignorance; 2) karmic obstructions, such as the five heinous actions or ten bad actions; and 3) the effects that result in rebirth as a denizen of hell, hungry ghost, or animal.
30. Hosokawa, *Kanjin gakushō ki* 1: 47–50. Differences are found in the various texts, but generally not major variations. I have usually followed the version found in the *Bosatsukai mondō tōgi shō* because this paper focuses on that text. Eishin does not quote the entire text.
31. Clinging to the self, clinging to the Dharma, clinging to that without characteristics. In this passage, the character *san* 三 is used twice, the first time with the sense of three, the second for its pronunciation.
32. T 2358A, 74: 93c9–24.
33. Hosokawa, *Kanjin gakushō ki* 1: 47–49.
34. T 365, 12: 346a; Inagaki Hisao, *The Three Pure Land Sutras*, Berkeley: Numata Center for Buddhist Translation and Research (2003), 85.
35. T 2358A, 74: 94a20–23; T 1753, 37: 248c This argument is partially based on Shandao's emphasis on the eight lay precepts, a category frequently described as a Hīnayāna view. Shandao mentioned this at the introduction to the doctrines (*jobungi* 序分義) in his commentary on the *Contemplation Sutra*, where those precepts are described as a Hīnayāna condition (*shōen* 小縁). Shandao stressed the importance of confession whenever one violated the precepts. However, the term *shōen* is also used with the sense of "minor condition" in some texts. Although Shandao carefully observed the precepts, for other practitioners he stressed the importance of confession whenever the precepts were violated.

Hence, he began with a discussion of the eight precepts. See Shibata Taisen 柴田泰山, "Zendō *Kangyōsho* shosetsu no kai ni tsuite" 善導『観経疏』所説の「戒」について, IBK 58.1 (2009): 216–221 (right pagination); Morita Shin'en 森田真円, "Zendō ni okeru kairitsu to sange" 善導における戒律と懺悔, in *Kairitsu to rinri* 戒律と倫理, ed. by Nihon Bukkyō gakkai (Kyoto: Heirakuji shoten, 2009), 59–91 (right pagination). T 1753, 37: 251a–b.

36. T 365, 12: 341c9–13; T 2358A, 74: 94a26–28.
37. T 365, 12: 346a; Inagaki Hisao, *Three Pure Land Sutras*, 2nd edition (Berkeley: Numata Center for Buddhist Translation and Research, 2003), 85.
38. T 2358A, 74: 94a22–24.
39. *Shandao, Guan wuliangshoufo jing shu* 観無量寿仏経疏, T 1753, 37: 249b2–4.
40. T 2358A, 74: 89a16–20.
41. T 2358A, 74: 94b8–10. For a summary of Shandao's activities that inspired his followers and were repeatedly cited by authors, see s.v. "Shandao," *Mochizuki Bukkyō daijiten* 3: 2994–2995.
42. *Bosatsukai mondō tōgi shō*, ND-kairisshū shōsho 2: 736b; *Ōjō yōshū*, T 2682, 84: 63a21.
43. Shandao, *Ekangyō tōmyō hanjusanmai gyōdō ōjō san* 依観経等明般舟三昧行道往生讃, T 1981, 47: 454a25–b8. This text concerns the liturgy as one circumambulates the Buddha's image. Eishin cites the passages concerning the top eight of the nine levels of rebirth, but did not cite the lowest level, probably because he did not want to mention the possibility of replacing adherence to the precepts with the fervent recitation of the Buddha's name.
44. T 1981, 47: 455b19–c1.
45. Nakamura Hajime, *Kōsetsu Bukkyōgo daijiten* (Tokyo shoseki Kabushiki kaisha, 2007), 818d. Nakamura's entry identifies mundane good with the first of the three virtues mentioned in the *Guan wuliangshou jing* also known as the *Contemplation sūtra*, T 365, 12: 341c.
46. T 2683, 84: 92b8–10:
47. T 2358A, 74: 95b9–11.
48. T2358A.74.0095b12–15.
49. T2358A.74.0095b15–. The seven Buddhas and their mention in the *Fanwang jing* (T 1484, 24: 1007a21) are referred to in Eishin's text (T 2358A, 74: 95b 17). Note that Kakujō had written a short text called the *Shichibutsu ryakkai kyō* 七仏略戒経 that specified verses from the seven Buddhas of the past (ND-Suzuki 69: 95–96). Hirakawa Akira remarks that the *Fanwang jing* treats special

invitations more strictly than the *Vinaya* (*Shoki Daijō Bukkyō no kenkyū* [Tokyo: Shunjūsha, 1990] 2: 167).

50. T 1579, 30: 521a20:
51. Note how this is one of the debate topics listed in the *Bosatsukai sentei shō*, ND-Kairisshū shōsho 2: 715a.
52. Ōtani Yuka 大谷由香, "Nanbokuchōki ni okeru Risshūgi ni tsuite (chū): fu Sei-san-sen Reihōki zenhan bubun honkoku" 南北朝期における律宗義について：附・清算撰『霊峰記』前半部分翻刻. *Bukkyōgaku kenkyū* 64 (2008): 41–75 (R).
53. *Zhiguan fuxing chuan hongjue*, T 46: 255a10–12.
54. Ōtani Teruo 大谷旭雄, "Yōkan," in *Jōdo Bukkyō no shisō* 浄土仏教の思想 (Tokyo: Kōdansha, 1993) 7: 120–121.
55. T 2683, 84: 92b9–11. Eishin quotes the passage in T 2358A, 74: 95b6–7.
56. T 2358A, 74: 93c.
57. Paul Groner, "Doctrinal Discussions of Killing in Medieval Tendai Texts," in Groner, *Precepts, Ordinations and Practice in Medieval Tendai* (Honolulu: University of Hawai'i, (2023).
58. T 1485, 24: 1021b7–8.
59. T 1811, 40: 566c12–14. Murakami Akiya 村上明也 and others have demonstrated that the traditional attribution of this commentary to Zhiyi is not correct, but in the fourteenth century it was believed to be by Zhiyi. See Murakami, "*Bosatsukaigisho* no Tendai Daishi setsu wo utagau" 『菩薩戒義疏』の天台大師説を疑う, IBK 57.2 (2009): 218–221 (right pagination).
60. *Mohe zhiguan*, T 44: 36b–c. T 2358A, 74: 95c17.
61. *Yingluo jing*, T 1485, 24: 1021b18; T 2358A, 74: 95c19. This passage is cited in a number of texts, including some with Pure Land connections, suggesting a lax attitude towards monastic discipline.
62. T 1485, 24: 1021b21.
63. *Mohe zhiguan*, T 1911, 46: 56b21.
64. T 2358A, 74: 95c.
65. T 2358A, 74: 95c18–19; T 1485, 24: 1021b18–19.
66. T 1485, 24: 1021b20–21; T 2358A, 74: 95c19–21.
67. T 2353, 74: 49c.
68. T 2358A, 74: 88c; T 2358A, 74: 89b–c.
69. Groner, *Precepts, Ordinations, and Practice in Medieval Japanese Tendai*, 25–26, 276–300.

70. T 2358A, 74: 96a. S.v. *jiaowai biechuan* 教外別伝 in *Princeton Dictionary of Buddhism*. First appearance in the *Zutang ji*（祖堂集）in 952. Later, in 1108, in the *Zuting shiyuan* 祖庭事苑（Garden of matters from the patriarch's hall), it appears with the full set of phrases–not establishing words and letters, directly pointing to the human mind, seeing one's nature and achieving Buddhahood.
71. Stephan Kigensan Licha, *Esoteric Zen and the Tantric Teachings in Premodern Japan*（Leiden: Brill, forthcoming 2023). I thank Licha for supplying me with an advance copy of his publication.
72. T 2358A, 74: 96a8–9.
73. The meaning of "nine teachers" is not completely clear. It probably refers to a lineage of Vinaya teachers leading up to Daoxuan（Satō Tatsugen, *Chūgoku ni okeru kairitsu no kenkyū*［Tokyo: Mokujisha, 1986], 217).
74. T 2358A, 74: 96a10–17. Much of this passage is found in the *Shaoshi Liumen* 少室六門（T 2009, 48: 373c), a collection of six writings attributed to Bodhidharma but compiled long after he lived. See Ibuki Atsushi 伊吹敦, "*Daruma daishi sanron* to *Shōshitsu rokumon* no seiritsu no rufu"『達磨大師三論』と『少室六門』の成立と流布, *Ronsō Ajia no bunka to shisō 3*（1994）: 1–115.
75. T 2358A, 74: 96a19–21.
76. T 2358A, 74: 96a19–25; *Chixiu Baizhang qinggui* 勅修百丈清規 T 2025, 48: 1143a4–5. For a discussion of the historicity of whether Baizhang actually wrote a set of rules, see Yifa, *The Origins of Buddhist Monastic Codes in China: An Annotated Translation and Study of the Chanyuan Qinggui*（Honolulu: University of Hawai'i Press, 2002）28–35.
77. For the excepts from the *Chanlin sengbao zhuan*, see T 2358A, 74: 96a27–b16. Kobayakawa Kōdai 小早川浩大, "Kakuhan Ekō ni taisuru hyōka" 覚範慧洪に対する評価, IBK 54.2（2006）: 157–160.
78. T 2358A, 74: 96b16–19.
79. T 2358A, 74: 96c26–29.
80. Komazawa daigaku Zenshūshi kenkyūkai, *Enō kenkyū* 慧能研究,（Tokyo: Taishukan shoten, 1978）430. A number of commentaries on the *Diamond Sutra* were later attributed to Huineng; see Ibuki Atsushi 伊　吹　敦, "Enō ni kisareru sūshu no *Kongōkyō* no chūshakusho ni tsuite" 慧能に帰される数種の注釈書について, in Abe Jien 阿部慈園, ed., *Kongōkyō no shisōteki kenkyū* 金剛経の思想的研究（Tokyo: Shunjūsha, 1999), 399–432.
81. T 2358A, 74: 97c27–93a10.
82. T 2358A, 74: 97a13–14; *Dafangguang fo huayan jing* 大方広仏華厳経, T 278,

9: 433b13.

83. T 2358A, 74: 97a14. The exact words are not found in T 374 and 375, but the sentiment is repeated often.
84. S.v. *sanshō* 三生, Ishida Mizumaro 石田瑞麿, *Reibun Bukkyō daijiten* 例文仏教大辞典 (Tokyo: Shōgakkan, 1997).
85. T 2358A, 4: 97a19–b2.
86. T 2358A, 74: 97b21–22.
87. T 374, 12: 568a17; T 375, 12: 814c22. This phrase is cited in a number of texts by Daoxuan, Gyōnen, and others.
88. T 2358A, 74: 97b29–c2.
89. Nagamura Makoto 永村真, in his study *Chūsei Daigoji no Buppō to inke* 中世醍醐寺の仏法と院家 (Tokyo: Yoshikawa kōbunkan, 2020), barely mentions Hossō but emphasizes Sanron.
90. *Shūsei*, 117, 212. This appears in a single line in the *Chronology*, an Edo period compilation that collects materials from a variety of sources. Although it is generally considered reliable, the lack of corroborating evidence raises questions about Eison's connections to Hossō other than his careful reading of the *Biao wubiao zhang*. The period during which Eison might have been studying Hossō at Kōfukuji are left blank in his autobiography, the *Kanjin gakushō ki*. In contrast, in the autobiography Eison's study and practice of esoteric Buddhism while he was around Daigoji have considerable detail about his teachers, practices, when he was allowed to copy texts, and so forth. One possibility, although I do not have direct evidence for it, is that it reflects later concerns about whether Saidaiji was to be allied with Kōfukuji or Shingon. The eventual emergence of Shingon Ritsu as an independent school in the Edo period may reflect this.
91. E. Zürcher, *The Buddhist Conquest of China: The Spread and Adaptation of Buddhism in Early Medieval China*, 3rd edition (Leiden: Brill, 2007), 22; note Eison's mention of Mātaṇga when he discusses the origins of Eison's universal ordination in Item 37 of the *Chōmonshū*.
92. Zürcher, *Buddhist Conquest of China*, 55–56.
93. The Vinaya specialists mentioned here reflect Daoxuan's lineage Daoyun, Daohong-Zhishou, and Nanshan. However, variant lineages exist (Satō, *Chūgoku ni okeru kairitsu no kenkyū*, 217, 239).
94. The great preceptor of Lungxingsi 龍興寺大和尚 is a reference to Ganjin (*Kairitsu denrai ki*, ND-Kairisshū shōsho 2: 455).

95. T 2358A, 74: 88b07–23; ND-kairisshū shōsho 2: 723b–724.
96. Gyōnen, *Risshū kōyō*, T 2348, 74: 11b; Eishin, *Bosatsukai mondō tōgi shō*, T 2358A, 74: 92a.
97. Kamata Shigeo et al., ed., *Daizōkyō zenkaisetsu daijiten*, 698a; BKD 9: 388d.
98. T 2358B, 74: 100b.
99. The differences between these lineages are described by Gyōnen in his *Sangoku Buppō dentsū engi* 三国仏宝伝通縁起, which details the lineages of various transmissions of "Hossō" with Dōshō being the first (Ronald Green, "Early Japanese Hossō in Relation to Silla Yogācāra in Disputes between Nara's Northern and Southern Temple Traditions," *Journal of Korean Religions*, 11.1, (2020): 97–121; Ronald S. Green and Chanju Mun *Gyōnen's Transmission of the Buddha Dharma in Three Countries* (Leiden: Brill, 2018), 58–61, 125–129.
100. Kusunoki Junshō 楠淳證, "Jōkei no bosatsu shushō jikaku no riron to Butsudō kan" 貞慶の菩薩種姓自覚の理論と仏道観," *Ryūkoku daigaku ronshū* 479 (2012): 67–68.
101. Eison was influenced by the Hossō monk Jōkei, who had practiced Esoteric Buddhism, but not much is written much about it. The mix of Esoteric Buddhism and Hossō was also found at some of the Hossō *monzeki* (Tomabechi, *Heianki Shingon Mikkyō no kenkyū* 2: 659–780).
102. *Chōmonshū*, Item 19, 23, 27.
103. Ryū Shokufun 劉淑芬, "Sōdai ni okeru Genjō no shōka: Zuzō bunbutsu iseki" 宋代における玄奘の聖化—図像文物遺跡, in *Higashi Ajia III: Godai, Hokusō, Ryō, Seika* 東アジア III, 五代・北宋・遼・西夏, edited by Itakura Masaaki 板倉聖哲. and Tsukamoto Maromitsu 塚本麿充, 383–440 (Chūō kōron bijutsu shuppan, 2021); Taniguchi Kōsei 谷口耕生, "*Genjō sanzō e* to chūsei Nanto Bukkyō sekai kan" 『玄奨三蔵絵』と中世南都の仏教世界観, in *Genjō sanzō*: *Aratanaru Genzō zō wo motomete* 玄奘三蔵：新たなる玄奘像をもとめて, edited by Sakuma Hidenori 佐久間秀範, Chikamoto Kensuke 近本謙介 and Motoi Makiko 本井牧子, 432–462 (Tokyo: Bensei shuppan, 2021).
104. Kitsugawa Tomoaki 橘川智昭, "Shiragi yuishiki no kenkyū jōkyō ni tsuite" 新羅唯識の研究状況について, *Kankoku Bukkyōgaku Seminar* 8 (2000): 66–126 (left pagination).

A debt to Godai'in Annen: Taimitsu and the yogin consecration

Lucia Dolce

Annen 安然 (841–889/915?) is a towering figure in the history of Tantric Buddhism in Japan. A prolific writer, he is often presented as the systematiser of Tantric Thought, but his interpretations were also fundamental for the development of Tantric practice, beyond the lineage and the Buddhist school he belonged to. That Annen had a great interest in ritual practice is clear from a glance at the list of his writings: the bulk of his production concerned the interpretation and systematisation of rituals.[1] The reach of this work has not received much attention, perhaps because of the difficulty of grasping performative details of practices, some no longer executed, and certainly because of the modern divide between doctrine and ritual and the prominence given to the first. Yet it is also through ritual exegesis that new doctrinal interpretations were often presented, particularly in Tantric Buddhism.[2]

One can get the sense of Annen's contribution to the field of ritual by considering the role he played in the formation of the practices that confer a Tantric monastic status, that is, the rites of consecration (*kanjō* 灌頂, Skr. *abhiṣeka*). Annen provided detailed explanations that elucidate the instructions contained in canonical sources, opening the way to the distinctive Japanese development of each ritual. Further, Annen was the first to provide a typology of abhiṣeka rituals, one that would remain significant in later scholarship.[3]

In this article, I consider the impact of Annen's exegesis on the conceptualisation of one type of advanced consecration, which would be known as yo-

gin *abhiṣeka* (*yugi kanjō* 瑜祇灌頂). Ubiquitously discussed and executed in the medieval period, albeit in formats which are not always clear, this ritual is still performed by Tendai clerics. I have previously attempted to reconstruct the history and meaning of this consecration, drawing on a range of sources produced across Tantric lineages in the medieval period, with particular attention to material retrieved from Tōmitsu temples.[4] The present study zooms in on Taimitsu material. I first revisit Annen's *Yugikyōshō* 瑜祇経疏, often hailed as the first "commentary" of the canonical source of the yogin *abhiṣeka*, the *Yuqi jing* 瑜祇經. The connections that Annen makes between ritual segments described in the scripture and practices from other canonical sources, I suggest, would later converge in the conceptualization of this *abhiṣeka*. I then analyse one early medieval Taimitsu work, titled *Jinen jōdō shiki* 自然成道私記, which documents a detailed protocol as it was performed in the Taimitsu Renge lineage. This text turns the spotlight on several elements that I had identified as distinctive of the yogin *abhiṣeka*. Here I explore how the ritual convergence of the finite body of the practitioner and his innate being is articulated, both in the execution of self-consecration (*ji kanjō* 自灌頂) and in the underpinning notion that the accomplishment achieved is a "spontaneous awakening" (*jinen jōdō* 自然成道). These performative and conceptual readings of the yogin consecration, I argue, are indebted to Annen's interpretation of canonical sources.

1. Annen and the rituals of the *Yuqijing*

The *Yugikyōshō* is an extended text in three fascicles.[5] Medieval copies have been preserved in both manuscript and print format in several temple archives, attesting to the impact that Annen's exegesis had in later times.[6] (Fig. 1 and Fig. 2a) Scholars have not been able to determine the exact date when Annen compiled this work, but his authorship is unquestioned. Existent copies record his name using his Tantric name, Shinnyo kongō 真如金剛, or Godai'in 五大

院 Shinnyo kongō.[7] The printed copies I have perused also give it as "Shinnyo Kongō, who went to Tang China."（Fig. 2b）. It is well known that Annen never travelled to China, but later Tendai scholiasts inferred that he did so from a short biographical reference in one of his works.[8] This is a point of note because on the basis of such assumption Keikō 敬光（1740–95）would suggest that Annen received transmission of the *yugi kanjō* after travelling to China.[9] Annen himself records in another of his writing that he received transmission of "the mudra-mantra of the ācārya status of the *Yogin sutra*" in the 10th month of the 8th year of Gangyō era（884）, and that he was the only one to receive it, while his fellow disciple did not.[10] It is not clear, however, what this would have consisted of because there is no evidence that before Annen, either his master Henjō 遍照（816–890）or Ennin or Enchin, under whom Henjō had trained, had transmitted practices related to the *Yuqi jing*.[11]

The term *yugi kanjō* does appear in a work on *abhiṣeka* attributed to Ennin, *Tohō kanjō hiroku* 都法灌頂秘録. Here the yogin consecration is inscribed in a programme of progressive stages of consecration. The text lists the six types of consecration that would become standard in Taimitsu: womb mandala, vajra mandala, susiddhi, combined, secret, and yogic consecration. These are identified with four levels of practice: the first three consecrations are defined as "dharma transmission"（*denbō* 伝法灌頂）; the combined consecration is called "ācārya level" consecration（阿闍梨位灌頂）; secret consecration is defined as the practice that "combines self-benefit and benefitting others"（*jiri rita myōgō* 自利利他冥合）; and the yogin consecration as the "inner realization of the ultimate"（*naishō kukyō* 内証究境）.[12] If *Tohō kanjō hiroku* could reliably be credited to Ennin or his immediate circle, one would have a very early date for the establishment of a yogin consecration as a self-contained ritual. However, internal contradictions in this text make difficult to accept the attribution to Ennin.[13] Further, one may note that Ennin did not even brought a complete copy of the *Yuqi jing* from China — only one chap-

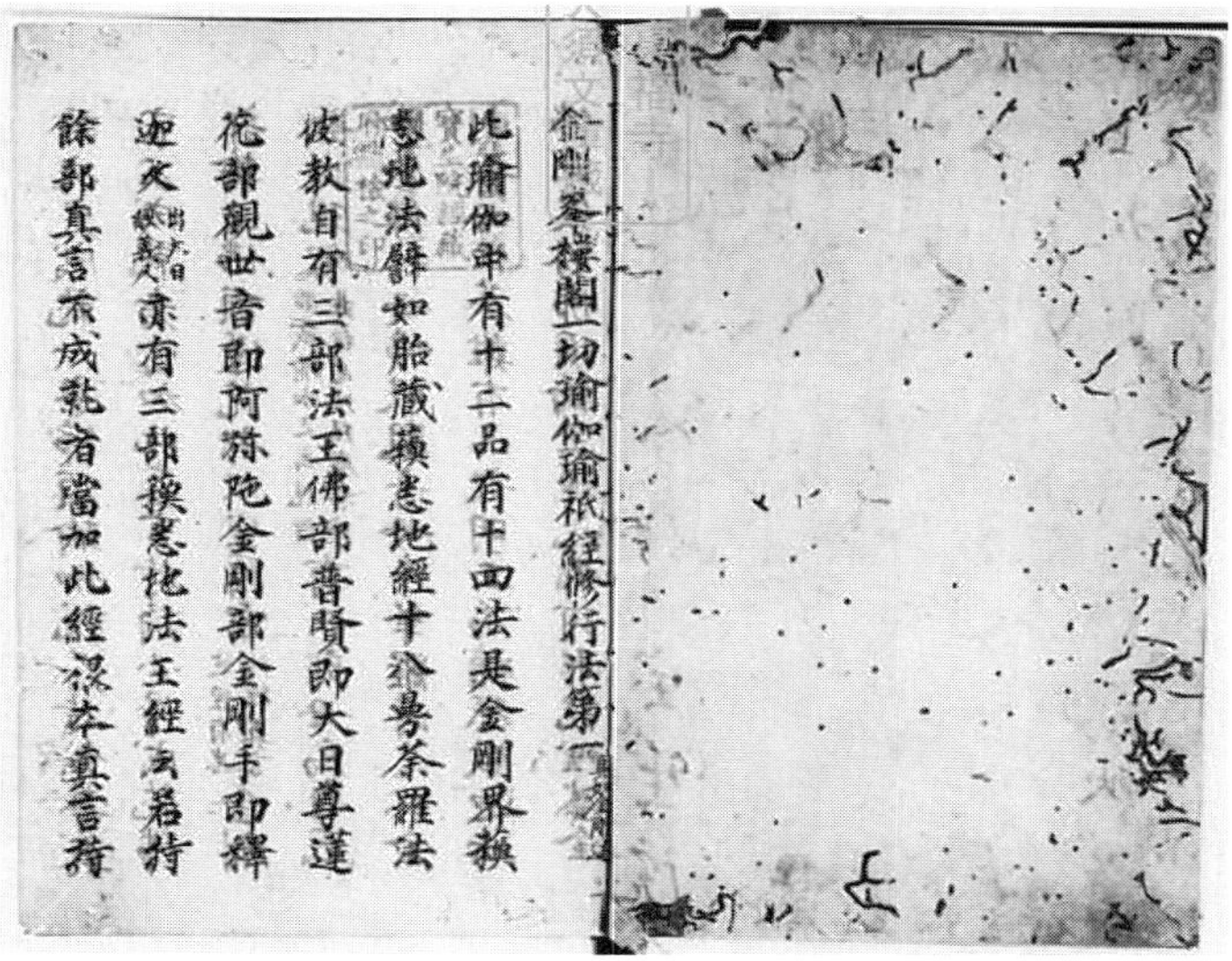

金剛峯樓閣一切瑜伽瑜祇經修行法第二

此瑜伽中有十二品有十四法是金剛界蘇
悉地法譬如胎藏蘇悉地經十八曼荼羅法
彼教自有三部法王佛部普賢即大日尊蓮
花部觀世音即阿彌陀金剛部金剛手即釋
迦文(出大日經義釋)亦有三部蘇悉地法王經云若持
餘部真言不成就者當加此經根本真言持

1. Manuscript copy of Annen's *Yugikyōshō*. Shinpukuji archives)

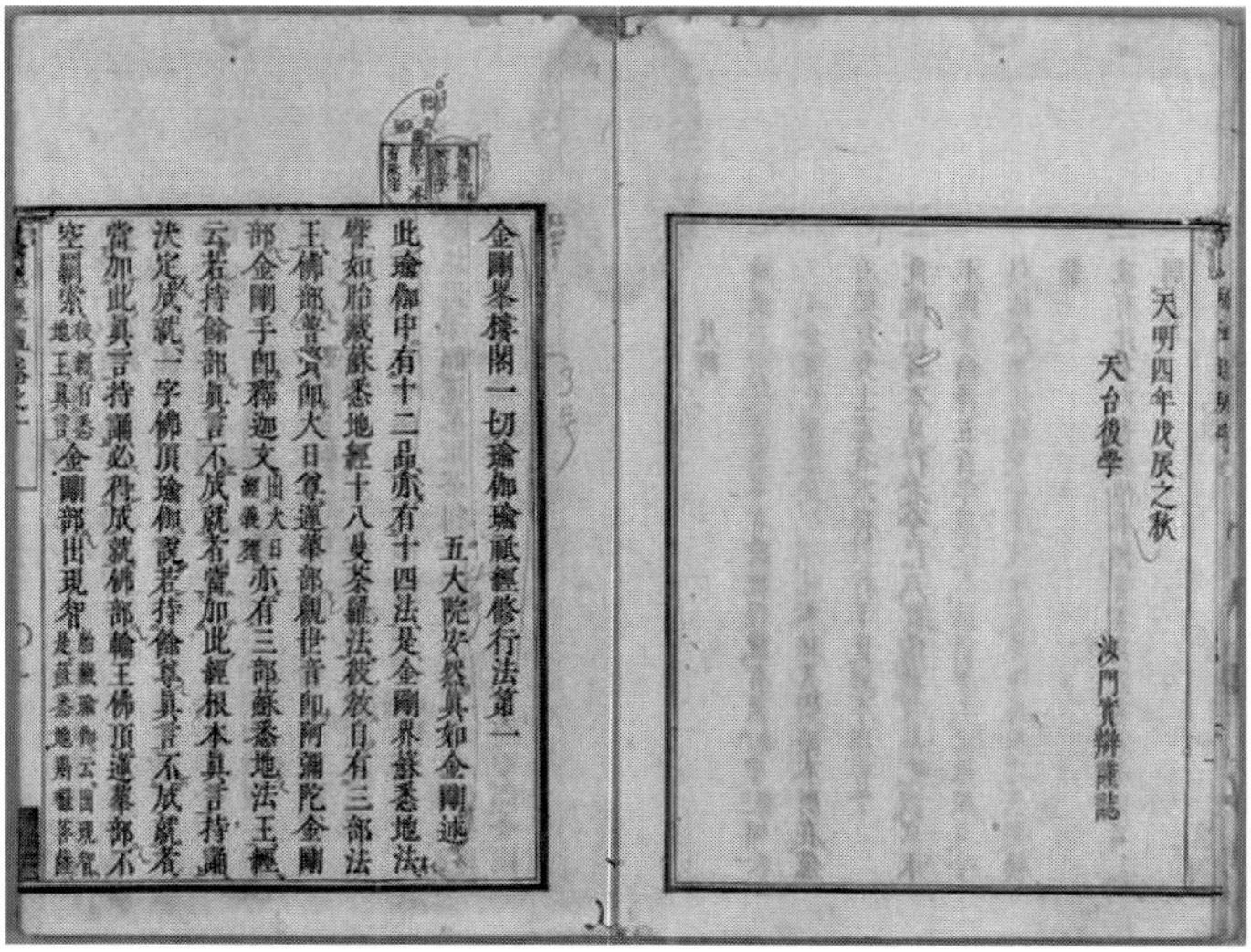

天明四年戊辰之秋
天台後學　沙門實辯謹誌

金剛峯樓閣一切瑜伽瑜祇經修行法第一
五大院安然具知金剛述
此瑜伽中有十二品亦有十四法是金剛界蘇悉地法
譬如胎藏蘇悉地經十八曼荼羅法彼教自有三部法
王佛部普賢即大日尊蓮華部觀世音即阿彌陀金剛
部金剛手即釋迦文(出大日經義釋)亦有三部蘇悉地法王經
云若持餘部真言不成就者當加此經根本真言持誦
決定成就一字佛頂瑜伽說若持餘尊真言不成就者
當加此真言持誦必得成就佛部輪王佛頂蓮華部不
空羂索　金剛部出現智

2a. Printed copy of Annen's *Yugikyōshō*, fascicle 1. Kyoto University archives

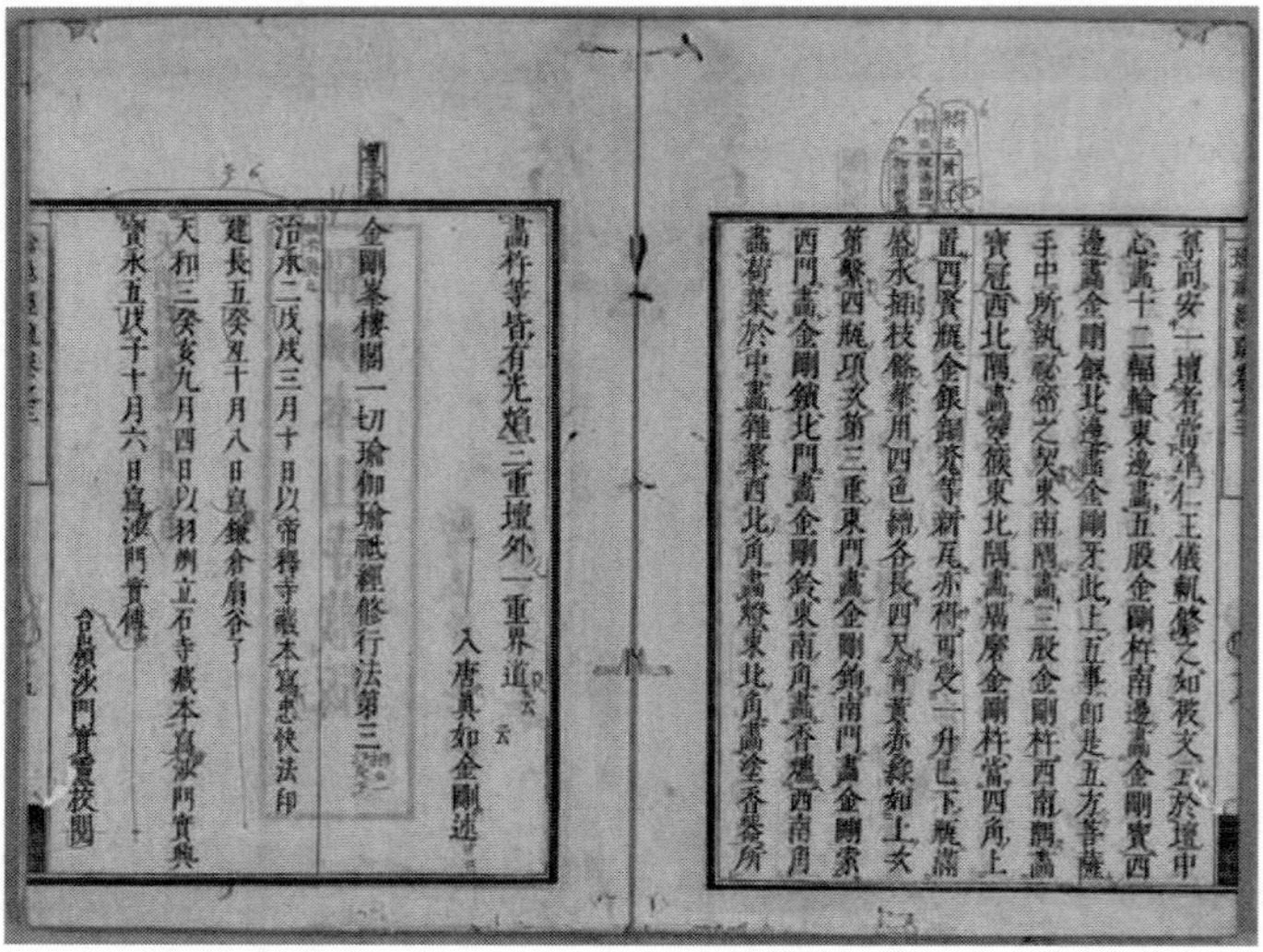

2b. Printed copy of Annen's *Yugikyōshō*, fascicle 3: Colophon. Kyoto University archives

ter of the scripture is listed in his catalogue of imported books. Although medieval lineage charts linked the ritual to Ennin, it is unlikely that a practice based on the *Yuqi jing* was devised before Annen, as the *Yuqi jing* did not appear to be a scripture particularly relevant before his extensive commentary.[14] Consequently, the nature and extent of the knowledge regarding the *Yuqi jing* that Annen might have acquired from his Japanese master remains uncertain, as does the genesis of his interest in the *Yuqi jing*. The *Yugikyōshō* does not provide evidence that Annen inherited the ritual in a format attested in medieval documents. He did, however, put forward notions of consecration that engendered its creation.

In many ways, the *Yugikyōshō* demonstrated how Annen articulated his novel exegesis in ritual terms, that is, using elements of the liturgical context. Much has been written on the role that the *Yuqi jing* played in Annen's her-

meneutical system, for Annen's reclassification of the scripture as the 'consummation' of the Adamantine Realm practices elevated it to a crucial element in the construction of a Tendai-type Tantric Buddhism. To the extent that classifications were the framework and the means to present new interpretations in East Asian Buddhism, this view is justified. The hermeneutical position, however, should also be appraised from a ritual perspective, as that was the mode of accomplishment conceived by Annen. One may detect this approach also in *Yugikyōshō*. Although known as "Commentary," more than an annotated explanation of the scripture in a traditional format, the text is a reflection on the several ritual procedures presented by the scripture, akin to an annotated record of ritual protocol.[15] The alternative title of the work, *Yugikyō shugyōbō* 瑜祇経修行法, "Method to Practice the Yogin Sutra," more accurately conveys this feature.

The first assertion that Annen makes at the beginning of the *Yugikyōshō*, which we may consider the guiding principle on how to read the scripture, is that the *Yuqi jing* contains the guidelines for fourteen different methods of practice (*hō* 法). Annen posits these fourteen methods as matching the eighteen mandala rites of the *Suxidi jieluo jing* 蘇悉地羯羅経, a scripture considered by Taimitsu exegetes the 'consummation' of the Womb Realm practices. In this way Annen establishes the significance of the *Yuqi jing* through *ritual* hermeneutics.

The exegesis that Annen offers of each chapter of the *Yuqi jing* also unfolds around ritual elements. Annen contends that the mudra-mantras presented in the *Yuqijing* can replace those of the two main sutras of Tantric Buddhism, the *Dari jing* and the *Jinggangding jing*, because they are the accomplished form of the practices described in these sutras. For instance, in the exposition on Chapter Three and Chapter Four, Annen postulates that if one only holds the mudra-mantra of Vajrarakṣa (Kongōgo 金剛護), then all mudra-mantras of the thirty-seven deities of the five divisions (i.e., the Vajra mandala) and the

deities of the thirteen great assemblies of the three divisions（i.e., the Womb mandala）will be accomplished, thereby rendering the use of multiple mudra-mantras unnecessary. Annen presents the so-called "all-encompassing practice of the ācārya"（*shō issai ajari no gyō* 摂一切阿闍梨の行）as a practice that brings together the advanced levels of performance of both mandala practices（*ryōbu ajarii* 両部大阿闍梨位）.[16] Similarly, of Chapter Eleven Annen emphasises that the Buddha thereby explains "the one heart syllable of Vajrasattva" as a supremely secret mantra which alone accomplishes any siddhi. Further, in the explanation of the main visualization presented in this chapter, Annen expounds a system of correspondences by which the practitioner can visualize on his body the sections of both mandalas, thus creating a double mandalic body that encompasses reality. These correspondences will later be applied to the ritual performance of the *yugi kanjō*.[17]

Chapter Eleven of the *Yuqi jing* is the scriptural sources for the yogic consecration. Annen identifies eight practices in this chapter. The first one is the visualization that will later be distinctive of the *yugi kanjō*: the instalment of fifteen deities on the practitioner's body. Annen calls it "the inner consecration method [that uses] the one heart syllable of Vajrasattva and fifteen venerables"（金剛薩埵一字心具十五尊内作業灌頂法）. The other practices are internal and external goma rituals. Annen explains that although there are eight ritual procedures, these in fact consists of only two deity methods（*sonhō* 尊法）: the "inner consecration of Vajrasattva," with related *samaya goma*, *abhiṣeka*, and other *goma* segments; and six practices that identify Hūṃkāra 吽迦羅（Vajrahūṃkāra 金剛吽迦羅）as Vajrasattva.[18] Annen's characterisation of the main consecration as consisting of internalised actions may be seen as a mere reiteration of Chapter Eleven's title, "Kongosatta bodaishin naisagō shicchi" 金剛薩埵菩提心内作業灌頂悉地（The Accomplishment of Vajrasattva's Awakening Mind and the Consecration [performed] by Inner Actions）. Yet for Annen the property of "inner actions" appears to be a crucial element to assess

the distinct qualities and effects of different consecratory practices. Annen links this type of ritual action to the ability of the subjects undergoing consecration. In *Yugikyōshō* he maintains that the practices described in the *Yuqi jing* are for practitioners who have reached a high level of training and not suitable for those who have not yet attained such position. Citing passages from Chapter Eleven as scriptural evidence, Annen concludes :

> The passage on the inner *abhiṣeka* method (*nai kanjō hō*) states: "The Adamantine Ācārya instructs various disciples. The language is diversified so as to prevent carelessness." The inner goma method (*nai kahō* 内火法) states: "Those called ācārya, as well as those close to accomplish awakening who have obtained such brilliance, may perform this method and then transmit it to others. Do not make mistakes carelessly." Therefore, we know that this ritual is for those in the position of Great Ācārya and for those ācāryas whose awakening wisdom is close to the profound practices of the Buddha.[19]

This appraisal lays the foundation for establishing the *yugi kanjō* as a consecration that only advanced practitioners should pursue. The emphasis on the practitioner's ability recalls the distinction between classes of tantric practitioners elaborated by Indian masters. Buddhaguhya, for instance, in his commentary on the *Sarvatathātagatatattva-saṃghra* presents a system of ritual practice, whereby practitioners with superior capabilities and knowledge perform techniques of internal yoga that make the practitioner's body the site for the ritual performance. These practitioners are to concentrate on internal visualizations of self-transformation (*kansō* 観想, Skr. *bhāvanā*), performed by means of four mudras, to attain a Buddha-body in five steps and unite with Vajrasattva. In contrast, the inferior practitioner engages in external methods of ritual performance and worship.[20] These distinctions are reasserted in Annen's taxon-

omy of consecration rituals and, as we shall see, are reiterated in medieval documents related to the yogin consecration. Annen draws on the *Dari jing* and on its main *Commentary*, the *Dari jingshu*. Scholars have pointed out that the *Dari jing* supplied the template for consecration rituals across the Tantric world.[21] It would remain the canonical sources to define these rites in Japan. The sutra describes three types of consecration, one executed physically in an "adorned space," the remaining two formless and performed by means of virtual actions. Of the latter, the method called "mind consecration"（*ishin kanjō* 以心灌頂）is posited as suitable to those who have already attained realization and can transmit the dharma 'mind to mind.'[22] In *Yugikyōshō* Annen cites scriptural passages from these canonical sources to explain the visualisation of the fifteen deities of the *Yuqi jing* and concludes:

> "The meaning of this inner method（*naihō* 内法）is the same. First, purify your own body with the wisdom of emptiness so that it becomes the embodiment of ultimate realm（*hokkaitai* 法界体）. Outside this ultimate realm body, there is no further external receptacle. Visualize the parts of your own body as a mandala, toss the flower to identify the deity. Making mudras, perform the consecration. The fifteen deities are the five sections［of the mandala］and encompass the thirty-seven deities."[23]

This reading establishes the significance of the *yugi kanjō* within a programme of formation of the Tantric subject. Further, it sets the stage for constructing the *yugi kanjō* as the instantiation of a consecration "without actions." I shall come back to the meaning of this definition.

2. The yogin *abhiṣeka* at Taimitsu temples: Chōrakuji material

Let me now turn to the documentation of the actual ritual and the textual ma-

terial produced by Taimitsu lineages. While it is challenging to pinpoint the exact moment in which the *yugi kanjō* emerged as a full-fledged consecration ritual, one can safely assume that its origins lie with Taimitsu ritualists. However, one needs to fast forward to the medieval period to find a substantial number of manuscripts attesting that the ritual was practiced.

Taimitsu lineages performed consecration rituals only in a handful of designated temples, provided with a consecration hall (*kanshitsu* 灌室).[24] One of these temples was Serata Chōrakuji 世良田長楽寺, in Kōzuke province 上野国 (today's Gunma prefecture). Important Tendai centre throughout the medieval period, Chōrakuji is notable in the study of Taimitsu consecration rituals because it preserved a large collection of documents related to these practices, in contrast to the temples on Mt Hiei, which saw many of their libraries lost to the fires and wars of the late medieval period. Large part of the material from the Chōrakuji archive was published in 1978 in a multivolume history of Gunma prefecture. To date this remains the most comprehensive source to document Taimitsu transmission and execution of the yogin consecration.[25] A later anthology of *abhiṣeka* practices, *Ōmushō* 鸚鵡抄, compiled by Jōchin 定珍 (1534–1603), as invaluable as it is in its systematic exposition of consecration rituals, supplies very limited material on the yogin *abhiṣeka* — for instance, it does not include the protocol, nor related transmission documents.

The index of *abhiṣeka* material in *Gunma kenshi* lists eleven titles on the *yugi kanjō* among the transmission documents (*injin* 印信) of the Anō lineage.[26] Of these one manuscript, *Yugi kuketsu* 瑜祇口決 (or *Yugi kanjō kuketsushō* 瑜祇灌頂口決鈔, according to its external title), has been published in its entirety. It is a complete manual for the performance of the yogin *abhiṣeka* in the Renge 蓮華 lineage, a major lineage active at Chōrakuji.[27] The manuscript dates to the eighteenth century, but the colophon tells us that it is a copy of an earlier manual recorded by a certain Engi 円義 at Shingon'in, the consecration hall of Chōrakuji, in 1651.[28] Not much is known about Engi.

Drawing on the colophons of other manuscripts in the Chōrakuji archives, it appears that he was active in the Keian 慶安 years (1648–1652) and revived the *abhiṣeka* at Chōrakuji, gathering transmissions from old times, and recording procedures meticulously.[29] Comparative examination carried out by Misaki Ryōshū has suggested that *Yugi kuketsu* is based on an earlier record, *Yugi kanjō shiki —Rengein* 瑜祇灌頂式—蓮華院, attributed to the founder of the Renge lineage, Yōi 永意 (n.d., active twelfth century) and also preserved in the archives of Chōrakuji in a 1460 manuscript.[30] Further, within the text there are references to a "Jitsugō's 実豪 Oral Transmission" and, at the end of the manuscript, a note describes a procedural detail as it was performed in the Nin'an years (1166–1168) at Iidakaji 飯高寺 in Bishū 美州 and recorded by Jitsugō. These references are crucial to determine the formation of the ritual: following these fragments of information, the performance of the ritual can be dated back to the twelfth century.

The material published in *Gunma kenshi* includes another extensive medieval manuscript on the yogin consecration. This work, entitled *Jinen jōdō shiki* 自然成道私記, comes from the archives of Eitokuji 永得寺, an affiliated temple (*matsuji* 末寺) of Chōrakuji located some two kilometers south-east of Chōrakuji.[31] Relevant for the present inquiry, Eitokuji was the residence of the monk who held the position of consecration instructor at Chōrakuji. The colophon of this works, too, records different dates that allow to trace the ritual back to the twelfth century. It reads:

> "This transmission was explained in Ōhara 大原 [where Chōen resides].[32] According to the teacher's explanation, the Great Master of Zentōin 前唐院 [Ennin] bestowed it on Konrin'in 金輪院 [Anne]. [I received it] on the thirtieth day of the third month of Eikyū 永久 3 (1115).

Received directly on the 26th day of the third month of Tenshō 天承 1 (1132) at the Rengein's place of ordination (*gyōdansho* 御壇所). The monk Ninben 仁弁.

Received on the thirteenth day of the fourth month of Genkō 元弘 2 (1332). The monk unworthy of this name, Ryōe 了慧.

Gratefully copied the book of the head monk on the twenty-fifth day of the sixth month of Jōji 貞治 3 (1364) at Serata Chōrakuji. Ryōgi 良義, the 49th master.

Copied on the tenth day of the second month of Eikyō 永享 10 (1439) (The name is missing here and a note has added 'Ryōson 良尊？') [33]

In short, this manuscript, too, attributes the origin of the ritual to Ennin, and firmly establishes it within the Renge lineage through an orthodox lineage that goes though Chōen 長宴 (1016–1081), the famous Ōhara ajari, to Yōi.[34] Further, a chart of the Renge lineage is attached at the end of the manuscript, signed by a certain Yūkaku 有覚, who identifies himself as the one who has attained the "great ācārya level of the complete method of yogin consecration" (*yugi tohō kanjō dai ajarii* 瑜祇都法灌頂大阿闍梨位). The chart is compellingly entitled "lineage chart of the mind consecration" (*ishin kanjō sōshō kechimyaku* 以心灌頂相承血脈).[35] Thus, even though *Jinen jōdō shiki* does not refer to the *yugi kanjō* in its title, there is no doubt that the manuscript is a record of the yogin consecration and that this consecration epitomises the mind consecration described in canonical sources and in Annen's work. Other sources of the same lineage used the designation *jinen jōdō* for the *yugi kanjō*. For instance, *Ōmushō*, which draws mainly on transmissions of the Renge lineage in Eastern Japan, includes a similarly titled work as representative of

the yogin consecration.[36] The identification is also made explicitly in the *Yugi kuketsu* from Chōrakuji, which I have described above. At the beginning of the ritual protocol *Yugi kuketsu* postulates:

> The yogin consecration is also called "*abhiṣeka* of spontaneous awakening" (*jinen jōdō kanjō*). In this *abhiṣeka* the master is a teacher (i.e., instructs only), the disciple takes the position of the ācārya Mahāvairocana and performs self-initiation (*ji kanjō*). In the yogin *abhiṣeka* the disciple himself confers [the consecration] onto himself. This is why this is regarded as the consecration of innate, spontaneous awakening (*honnu* 本有 *jinen jōdō*)."[37]

If one relies on the dates given in its colophon, *Jinen jōdō shiki* is the oldest (to my knowledge) extant Taimitsu work that describes a yogin consecration in detail. Further, it elaborates on the meaning of the ritual, affording glimpses on how concepts of innate body, empowerment and realization were given ritual form in Taimitsu terms. Thus it is a critical source to understand the construction of the yogin consecration.

In the following pages, I provide a translation of the document, with the purpose of making available a firsthand account of the detailed procedure of the ritual.

3. How to perform the most advanced consecration: The *Private Notes on Spontaneous Awakening* (*Jinen jōdō shiki*)

Jinen jōdō shiki starts with preparatory segments.[38] It instructs to set the hall, install the images of the deity, and prepare the offerings, according to a diagram of the place of practice which is included in the manuscript. (Fig. 3) This diagram maps out a main altar facing a Vajra mandala to the west, two small

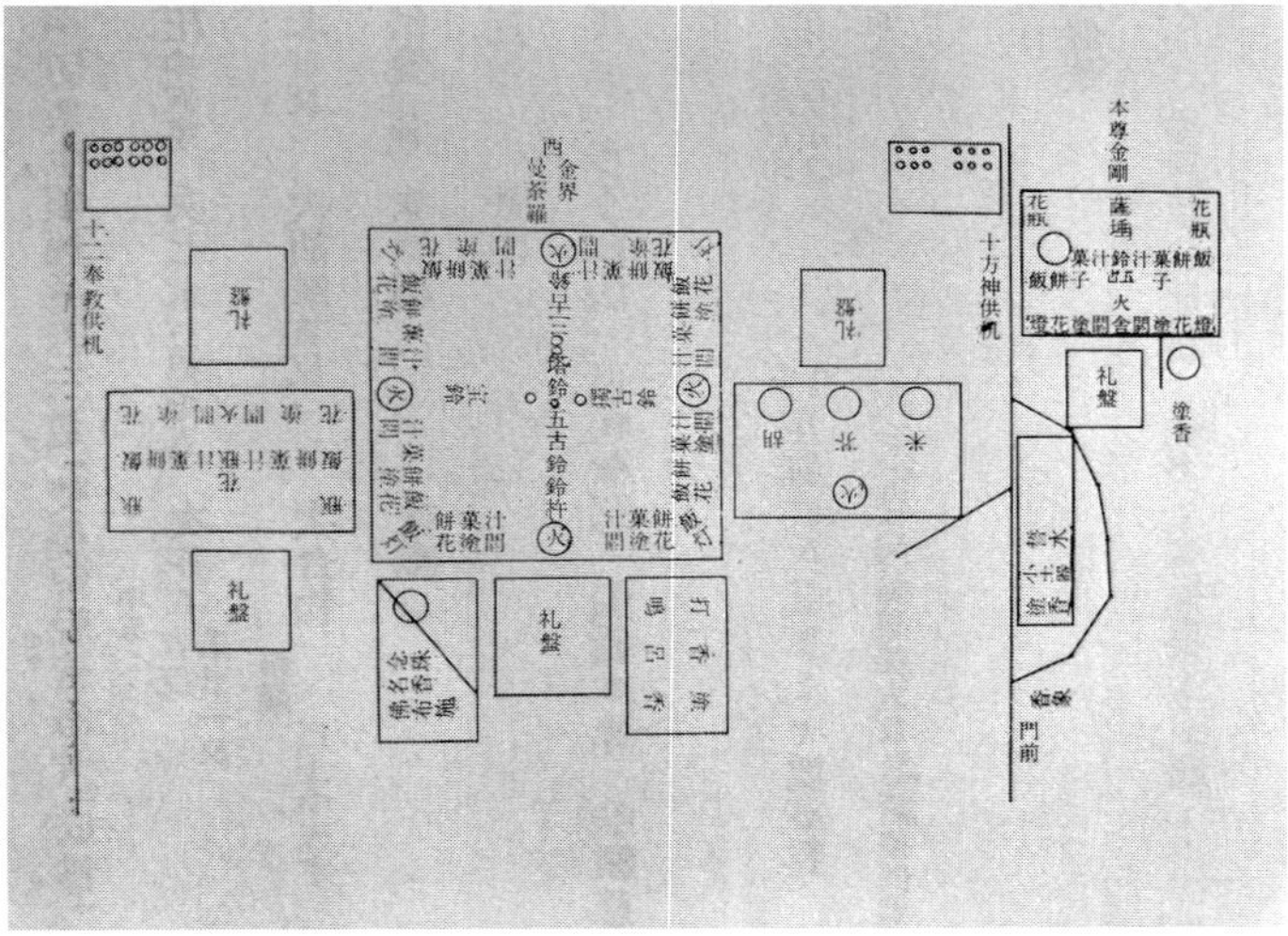

3. Chart of the ritual space for the *yugi kanjō*. From *Jinen jōdō shiki*

altars, and two tables with offerings for the twelve deities. A smaller altar is placed in front of the gate, facing an image of Vajrasattva (indicated as the *honzon*), also on the west wall. After purifying themselves in front of the gate using the mudra-mantra of Fudō, both master and disciple enter the consecration hall. The master proceeds inside, while the disciple remains at the gate.

In the first part of the ritual the master takes the vase used for consecration rites, which lays in front of the gate, and places it in the middle of the main altar. There, he performs the "practice of the Vajra realm." A note explains this as "the ritual to [attain] the single body of the Buddha [through] the Fifteen Venerables." The text states:

> The master contemplates: "I am the innate Tathagata endowed of spontaneous, own nature (*honnu jinen jishō nyorai* 本有自然自性如来)." The disciple [contemplates]: "This is the final body (*saigoshin* 最後身) of Samantabhadra Vajrasattva."[39] Master and disciple perform

the ritual at the same time.

Next, the opening invocation (*keibyaku* 啓白) addresses the purpose and effects of the yogic consecration:

> I respectfully proclaim: Venerable Mahāvairocana endowed with self-enjoyment [body] (*jijuyō* 自受用 [身]), without beginning, innate own-nature, ever-abiding, (*mushi honnu jishō jōjū* 無始本有自性常住), lord of the mind ; Vajrasattva in his final body, innate nature and virtue (*honnu shōtoku* 本有性徳), and the numerous, venerable and holy beings of the mind ; holy assembly of the mandala of the dharmadhatu ocean [extending in] the ten direction. The wondrous fruits of this yoga (*yuga no myōka* 瑜伽ノ妙果) alone give birth to the golden branches and leaves of the lotus ; the adamantine, pure action is itself the original source that annihilates greed and hatred. The autumn moon becomes cloudless and vivid in the clear sky of the single mind-dharmadhatu ; the spring breeze blows fresh in the luxuriant forest of the four mandalas. The Buddha's sun shines on the darkness of ignorance, [his] sacred light penetrates the blindness of life. The ten stages including the one equivalent to awakening (*tōgaku* 等覚) are not the marks of this practice ; the reward buddha- [body] and the manifested buddha- [body] are not in this assembly. This simply [means that] the Lord of the mind of one's own nature becomes one's teacher (*kyōshu* 教主), and the Buddha realm [instantiated] in one's own body (*jishin no bukkoku* 自身の仏国) becomes the place of practice. The source of non-duality is thus expounded and the perfect castle of the original self is opened. (…) This is the true mirror of phenomena-that-yet-are-the-truth (*soku ji ni shin* 即事而真), the luminous pearl of spontaneous attainment (*jinen jōdō no myōjū* 自然成道之明珠). (....) Tonight the dis-

ciple will have the fortune to encounter the bright master of innate self-nature and request the samaya of innate self-nature.

The protocol continues with the recitation of offering words, phrases of reverence and the nine skilful means (or, alternatively, the five repentances), after which a vow (*hotsugan* 発願) is pronounced:

With sincere heart, I make this vow:
Lord of the heart-mind Mahāvairocana
Central deity of the mandalic assembly
Innately existent, with no beginning
Eternally abiding in one's nature;
Vajrasattva of inherently virtuous nature
in the mandala of heart-mind ;
Holy assembly of the mandala
[of] the dharma realms in the ten directions
Compassionately accept and receive
Empower and protect
Tonight this disciple
[so that he can] Achieve samadhi,
Return to the inexhaustible realm,
Realize inexhaustible wisdom
and the benefits of equality
of the dharma realm.

The next steps reiterate segments usually found in other rituals: pronunciation of five vows, offerings, and the main recitation (*shōnenzu* 正念誦). This includes the 'mantra of the ācārya status,' the 'earth-mind mantra,' the Buddha's eye mantra, the mantra of Mahāvairocana of the samaya assembly, and the mantras of the five divisions [of the Vajra mandala], each to be recited hun-

dred times. After completing the recitation, the practitioner ties each corresponding mudra, seals the four places of heart, forehead, throat, and crown and makes the mudras above his head in the same order as the corresponding mantras. (The text describes each mudra).

The master then descends from his seat and makes offering to the deities of the ten directions. He takes a cup placed at the northwest corner (lit. between the direction of the dog and the direction of the boar) of the altar, which a note explicates is a cup of washed rice, and empowers it with three mudra-mantras. A praise to the venerated deities is recited, which reiterates that these are endowed with innate, ever abiding self-nature. This is followed by a long mantra of praise for all deities (*shotensan* 諸天讃), after which the practitioner returns the washed rice to its place.

At this point, at the main altar, the master performs two core segments of the ritual: the offerings to the Buddha (*butsu fuse* 仏布施) which, a gloss tells us, follows the usual procedure; and the allocation of the seed-letters (*fuji* 布字), whereby the ācārya bestows a prescribed number of seed-syllables upon himself while making the meditation mudra. This is the central practice of the yogin consecration and consists of installing fifteen deities on the practitioner's body. *Jinen jōdō shiki* does not give the names of the deities, it only records the mantric syllables and their allocations, in the following order: whole body, upper part, lower part, eyes, ears, tongue, nose, right and left arm, right and left leg, heart, navel, crown or top of the head and expansive body (*henshin* 遍身). It is easy to reconstruct the deities that constitute this mental body mandala, as other sources on the yogin consecration, both of Taimitsu and Tōmitsu lineages, provide lists and diagrams, as does the source itself of the consecration, Chapter Eleven of the *Yuqi jing*.[40] Slight differences in the description of the bodily areas where these deities are allocated show that the compiler of the *Jinen jōdō shiki* is mindful of recording practical instructions to be followed during a performance. For instance, where the scripture and

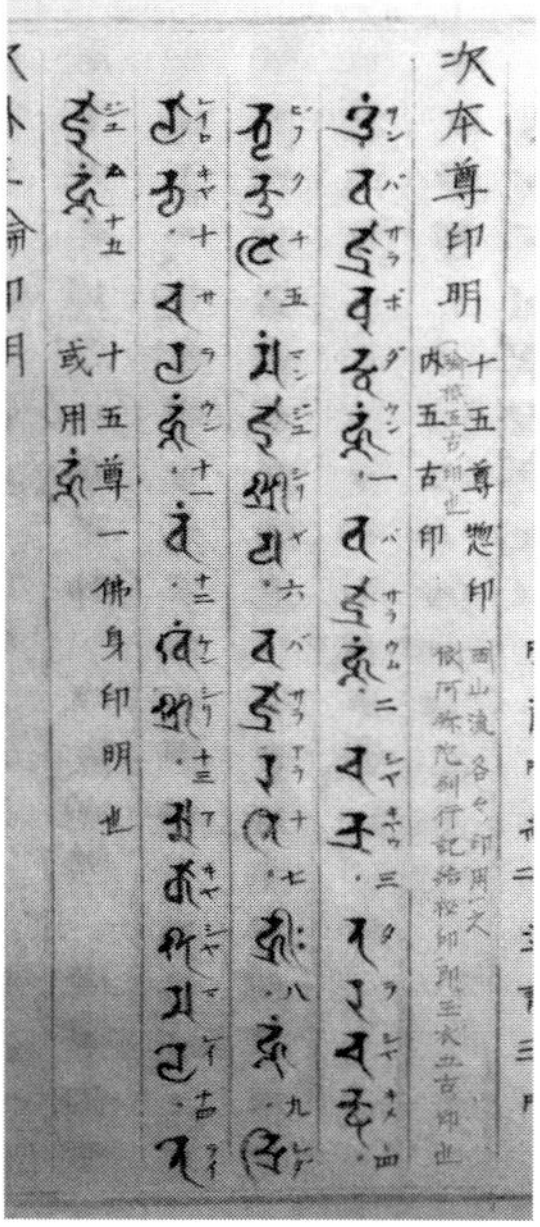

4. Mantras of the fifteen venerables. From *Yugi sanjū*

other documents I have previously examined are more elliptical and speaks of "the single buddha-body of Mahavairoca," "the fundamental vital energy of Vajrasattva," and "the seat of the dharma wheel," *Jinen jōdō shiki* explains that these are the "entire body," the "upper part" and the "lower part" of the body. The seed-letters for each deity/bodily area consists of varying number of syllables, some corresponding to the name of the deity in Sanskrit transliteration, some to the mantra of the deity.[41] The print of the manuscript in *Gunma kenshi* is not always clear, and comparison with other Taimitsu sources has been necessary to identify them.[42] (Fig. 4)

The text instructs:

> Residing in Vajrasattva's body, [the master] makes the outer five-pronged mudra and visualises "my body becomes the fifteen deities and the single Buddha-body of Vajrasattva" (which is the core pronouncement of the scripture). When the visualisation is completed, he recites the "mantra of the fifteen deities in the single Buddha-body" one hundred and eight times. (Take the jewel and the vajra pestle).

The mantra of the fifteen deities in the single Buddha-body appears to be the sum of all syllables visualised in the previous step, preceded by *oṃ*. Alternatively, the text instructs to recite only the three syllables *hūm siddhi* (Jp. : *un, shitsu, chi*).[43]

Next the master returns the jewel to its place and repeats the steps: he

makes the outer five-pronged mudra, recites the mantra of 'the fifteen deities in the single Buddha-body' and seals the four places of heart, forehead, throat, and crown.

Then he descends from the performing seat（*raiban* 礼盤）. Remaining below it, he announces to the disciple that he will show the "method of mind consecration"（*ishin kanjōhō*）. He makes the inner-bound five-pronged mudra, goes in front of the gate where the disciple abides in contemplation of the syllables, bestows on him the samaya precepts and declares:

> Your master is the syllable A that innately possesses the virtues of its nature（*honnu shōtoku* 本有性徳）. You are the syllable A that has perfectly accomplished the virtues attained through practice（*shūtoku enman* 修徳円満）. Accordingly, from the innate syllable A［endowed with］the innate virtues of nature you should receive the samaya precepts of buddha-nature［that is endowed with］innate virtue of its own nature. These are the self-pledged precepts that arise from resolve（*ishō* 意生）. They are not bestowed by the master. The innate syllable A of own nature is the great bodhicitta（namely, the mind that aspires to awakening）［characterised by］innate own nature. This great bodhicitta is the awakened mind（*goshin* 悟心）, the mind of principle originally enlightened（*hongaku rishin* 本覚理心）. This is the final body of Vajrasattva. This Vajrasattva means that the Lord of the mind of one's innate nature is the master, the body which, performing self-practice and self-consecration, spontaneously attains buddhahood. That is, one's syllable A teaches one's own syllable A and spontaneously attains buddhahood.

The master then confers the mudra-mantra of Samantabhadra's samaya, which represents the bestowal of the samaya precepts. The disciple drinks the water

of pledge (*seisui* 誓水), which a note explains to be in a container on the altar of self-practice, and which the disciple empowers with a mudra and a mantra. Inwardly he vows to strive in the true Dharma.

Next step is the blindfolding. The disciple is instructed to close his eyes and the text explains that closing eyes (or blindfolding) are marks of delusion and evil actions. Then the disciple, maintaining the five-pronged vajra mudra, raises from his seat, enters the hall and reaches the gate, where he performs visualisations. A gloss indicates that he ties an inner five-pronged [vajra] mudra), which the text explains is the gate to the three kinds of Buddha-land, the fragmented, the miraculously transformed and the reward land.

> The practitioner visualises the moment of the first arising of his thought of enlightenment, when he discards the body of fragmented existence and enters the samsara of miraculous transformation (*hen'yaku shōji* 変易生死); then he exits this cycle of existence and at once enters the flowery land of reward (*hōdo* 報土); then he exits the land of reward and directly enters the gate of the adorned pure land (*mitsugon kokudo* 密厳国土) of the Lord of Mind [endowed] with the nature of principle.[44]

Once this visualisation is completed, the disciple walks inside the gate, preceded by the master, both making a five-pronged mudra. Reached the altar of perfect enlightenment (*shōgakudan* 正覚壇), they make the mudra-mantra of Fudō. The disciple empowers (*kaji*) himself. He becomes Fudō's protected body. After other mudras and mantras of empowerment, he ascends to the performing platform and sits making the outer five-pronged mudra.

The next step is the burning of his final body (*goshin* 後身). A note indicates that this step follows the procedures of the Womb mandala practice (*nyotai* 如台).

> Abiding in the meditation mudra of the ultimate reality（*hokkai jōin* 法界定印）, he imagines that the syllable RA of the ultimate reality burns away his body of being affected by subtle delusions, until only ashes are left. On these ashes, he imagines placing the syllable VAM. Through the power（*kaji*）of the syllable VAM the innate syllable A is moisten and nurtured and the benefits of such nourishment generate five syllables［embodying the five elements］, for the nature of the five syllables is in the innate syllable A since the origins.[45] The practitioner makes the mudras and utters the mantras of the five elements, and visualises the five-element stupa transforming into the venerable Mahāvairocana: A（outer five［-pronged vajra mudra］）; VAM（eight-petalled［mudra］）; RAM（fire mudra）; HAM（binding［mudra］）; KAM（great wisdom［mudra］）.

At this point the disciple visualises the syllables of the fifteen deities on his body. The text notes that while the earlier distribution of syllables was performed by the master, this is done by the disciple. Both teacher and disciple form the meditation mudra. The mantric syllables and their body locations are listed in the same sequence as before.

The next ritual segment is the tossing of flower. Making the Samantabadhra-Vajrasattava mudra, the practitioner is instructed to place the flower on the tip of the mudra and throw it over his head, or toss it on his breast so that it falls onto his heart. Depending on the place where the flower falls, he receives the corresponding mudra-mantra. If it falls on the heart, he receives the mudra-mantra of Mahāvairocana, the wisdom fist mudra. If the flower falls on another part of the body, he first receives the mudra-mantra of the deity installed there and then Mahāvairocana's mudra-mantra. The text notes that this is a secret matter.

Having completed this steps, the practitioner removes the blindfold and

opens his eyes. By practising the visualisation of his body as the syllable A, he has realized that he is the syllable A and in his body the combined body of the thirty-seven deities of the mandala are contained. Hence he can remove the blindfold.

Next, the practitioner maintains the wisdom fist mudra. The master raises from his seat, moves the vase from the main altar to the altar of perfect enlightenment, takes the cup of washed rice and brings it to the disciple. The disciples empowers it three times, right and left, with the mantra of discernment (*benji* 弁事). The master returns it to its place.

At this point the disciple performs self-worship (*jikuyō*). He takes the vajra pestle, recites the compassionate rescue spell, empowers the vase on the altar, takes the stick and sprinkles the offerings (three times). These include *argha* water 閼伽, rubbing incense, flowers, burning incense, food, lamps, as usual. He recites:

> "Praise to the innate final body of Vajrasattva to whom I respectfully make these offerings, *argha* water born of intention, lamps, and so on."

Next, the practitioner recites the praise of the four types of wisdom, which a note indicates is self-praise (*jisan* 自讃). He visualises his body as Vajrasattva's final body, makes offerings and praises it as Mahāvairocana Tathāgata arising from the innate, ever-abiding self-nature syllable A.

Next, the disciple stands up and, holding the vase, circles the main altar clockwise and recites the mantra of benefit and the mantra of Mahāvairocana of the karma assembly of the Vajra mandala. Then he places the vase on the altar of perfect enlightenment, takes the main seat and empowers the vase with mantras and mudras.

The next segment is a self-consecration. The disciple takes the stick used for sprinkling consecration water. Reciting the mudra of benefit, he anoints his

own head three times. Once finished, he places the stick in the vase. He makes the meditation mudra and remains in it.

The master describes a visualisation and the disciple listens. On the disciple's head is the syllable A, with a dot on top（*enten* 円点）. A moon disk is on the disciple's heart; inside the moon disk is an eight-petalled lotus dais and on it stands a syllable A. Inside the syllable A is to imagine the seed-syllable of that part［of the body］. A syllable RAM in yellow is on the forehead. A syllable RA is on each eye; it is of the colour of fire and emits flames. Between the disciple's feet is a multi-coloured dharma wheel, the adornment of the eight［-spoke］wheel.

Next the master instructs the disciple to anoint his hands and chest with incense and to perform other mudras and mantras. He instructs to fasten his hair in a topknot, which a note states it is to be performed like in the Vajra mandala practice.

The next segment, called "changing clothes," is said to be recorded in abbreviated form. The master instructs:

> From now on, let gentleness and forbearance be your clothes, and leave the clothes of the world（*seken* 世間）to the instructing master. Make the emptiness of all dharmas your seat, and offer this worldly cushions to the instructing ācārya. Let great compassion be your home, and give the house of this world to the ācārya who has transmitted you the dharma（…）Imagine parting forever from the parents of ignorance and befriending the parents of dharma-nature, leaving the burning house of samsaric existence to dwell in the adorned land. Imagine throwing away all your treasures and wearing the clothes of the three gates of liberation（*san kaidatsu* 三解脱）.

In the next step, called "receiving the five-pronged vajra," the practitioner

takes by himself the vajra pestle with his left hand, unites his hand and places the vajra horizontally on top. The text describes these actions as imagining that the vajra is received naturally. (A note adds that it is first placed horizontally, then vertically.) The practitioner recites a verse, returns the vajra and, with joined hands, recites another verse:

> [This is] the rite of the vajra consecration [bestowed] by all buddhas (*shobutsu kongō kanjō gi* 諸仏金剛灌頂儀). Through this consecration I have obtained the body and nature of the Tathagata. Therefore, I hold this vajra sceptre.

The practitioner receives a secret name (*mitsugō* 密号). The disciple announces himself his new name, "So and so Kongō." The master explains that this means: "Unhindered Vajra, innate, ever-abiding, unchanging through three eras, neither increasing nor decreasing, spontaneously awakened."

Next, the disciple performs the five offerings, consisting of rubbing incense, flowers, incense, food and lamps. He makes an oblation (*butsufuse*), and performs other gestures common to a worship ritual. The instructions indicate that he may repeat the praise for each offering, previously recited during self-worship.

The disciple then receives the consecration paraphernalia (*dōgu* 道具): a scalpel (*hei* 鎞) to remove the membrane of ignorance; a mirror to reveal that all dharmas are formless; a dharma wheel; and the dharma conch.[46] The text specifies that if these are physical (*ji* 事) objects, they are received on both nights of the consecration. If not, their mudra-mantras are conferred instead. If physical objects are employed, the disciple himself takes them and bestows them to himself.

Next, master and disciple raise from their seats and stand at the south-eastern corner of the main altar. The disciple makes the wisdom fist mudra,

reciting auspicious words in Sanskrit. They circle the altar three times（*gyōdō* 行道）. Then, at the altar of perfect enlightenment the master opens a box containing the lineage chart and a paper with the secret mudra and turns to the disciple.（A gloss adds that this ceremony is not necessary.）

Next is the bestowal of the secret mudra. The master opens the paper that inscribes it and bestows mudra and mantra to the disciple.

Next comes the bestowal of the certificate of transmission（*injin*）. Holding the certificate, the disciple pays respect to the master three times. Then, he visualises himself paying respect to himself. He places the documents received in the box, stands up and moves to the *goma* altar.

Next is the performance of an internal *goma*, which is visualised while making the meditation mudra:

> Imagine that the meditation mudra of the ultimate reality（*hokkai jōin*）is the place of practice and that space is the hearth. Your body and mouth are the measure, words and sounds are the burning lamps. Wisdom is the fire, perfect luminosity is the flame, the mudras are the shape of the flame. Delusion is the charcoal, the three poisons become mustard rice, volatile essences and fragrant medicine. At the stage equal to enlightenment, previously inauspicious things become suitable, and one realises the path of most perfect enlightenment of the Tathāgata in his dharma body. Of this body and mouth, Agni is the mouth, planets and constellations are the body, the *honzon* is the mind. All venerable beings are the pores of the skin, the heaven of universal world forms the feet.

The goma continues with the visualisation of ritual implements.[47] Once completed, the disciple exits the hall.

Next is the visualisation called "exiting the hall." It consist of the follow-

ing (a note says that this is read):

The disciple recalls (*sō* 想) that the innate A syllable endowed with the virtues of its own nature, that is, Mahāvairocana of spontaneous awakening, in order to re-enter the gate of darkness (*nyūjū genmon* 入重玄門) and practice what he did as an ordinary being, becomes the body of Vajrasattva.[48] In front of the gate, he visualises: "I have exit the adorned land, the practice place of the *dharmadhātu*. I have retuned and now abide in Vajrasattva's samadhi." He makes the Vajrasattva mudra and, in front of the small altar, ascends to the seat to perform the five offerings and other offerings. Then he descends and pays homage to the buddhas.

Simultaneously, the master performs the same steps at the main altar. Then the adornment of the hall is removed, and both master and teacher return to their residences.

4. The ritualization of inner awakening

Jinen jōdō shiki undoubtedly is an invaluable source to understand the yogin abhiseka. The main steps of the consecration described therein are the same as those attested in other records, including those compiled in different lineages, but the wealth of performative details that *Jinen jōdō shiki* records helps clarify steps that other sources list only in abbreviated form.[49]

In a nutshell, the ritual consists of invocations and visualisations, which are performed twice, first by the master and then by the disciples. By visualising fifteen deities on distinct parts of their body, practitioners attain a 'single' body that at once contains the thirty-seven deities of the Vajra mandala, namely the one body of Mahāvairocana. This is acquired not through external intervention, but through self-accomplishment of one's innate body: the disciple is not bestowed the consecration, but self-consecrates. Thus, the ritual does not seek union with an external deity (as in deity yoga) nor does it effect, strictly speaking, a transformation of one's body into the boundless, ever-abid-

ing body of Mahāvairocana. The ritual serves to make the practitioner enact, that is, realise through performance (invisible or not), that they have always been that body.

In contrast to other manuals that I have perused, where this stance can only be inferred from the ritual steps, *Jinen jōdō shiki* proclaims it at several points in the ritual. The recitative segments make explicit that the profound meaning of the consecration lies in the practitioner's revelation to himself that he is Vajrasattva. Through utterances and visualisations, the practitioner instantiates the true aspect of phenomena which, the text underlines, means that phenomena as they are — exemplified by the finite body of the practitioner — are the ultimate reality. In other words, one may suggest, what the practitioner achieves is the body of suchness. This attainment is deemed to arise naturally (*jinen*). In this articulation of meaning lays the particularity of *Jinen jōdō shiki* and the transmission of the Renge lineage.

The limited space of this article does not allow to address the many questions that emerge from the narrative of *Jinen jōdō shiki*, nor to trace all the doctrinal positions that underpin its ritual actions. Two points, however, need further consideration. The first is the format of the consecration presented in *Jinen jōdō shiki* and the consequences it bears for the definition of the *yugi kanjō* itself. The second is the language used in the exegesis of the ritual and its distinct Taimitsu flavour.

a. Ambiguities of a formless ritual

The detailed ritual instructions that *Jinen jōdō shiki* presents offer a platform to reconsider the basic definition of the yogin consecration, namely, that it is a practice "without ritual," a consecration performed through "inner actions" (*naisagō* 内作業灌頂), or "through the mind" (*ishin* 以心). According to later documents and modern dictionaries, "inner actions" indicate that no mandala, no adornment of the ritual space and no material offerings are to be used in

the performance of the ritual.[50] In *Jinen jōdō shiki* the visualisations of the fifteen venerables and the self-anointment that are at the core of the consecration are inserted in a liturgical framework made of several segments, common to other initiatory rituals. As epitomised by the drawing of the space of performance at the beginning of the document (fig. 3), a ritual environment, although deemed unnecessary, and although kept to a minimum, is set up and organised according to standard protocols. Does *Jinen jōdō shiki* challenge the received understanding? Or was this the proper 'Taimitsu' format of the yogin consecration? More minimalistic settings are recorded in other drawings of the space of practice from Taimitsu sources.[51] Yet, my previous research has also shown that the ritual space often comprised more paraphernalia that it may be suggested by the description of the consecration.[52] *Jinen jōdō shiki* appears to stretch this tension further: while it instructs to *visualise* (*kansō* 観想) the most significant gestures, rather than executing them physically, the text also leaves the possibility of physical execution open, for instance by making provisions for employing tangible objects, instead of mentally constructed ones, as consecration implements.

That the intangibility of the performance is a relevant question is attested by *Jinen jōdō shiki* itself. At the end of the ritual protocol, just before the colophon, the document includes an addendum, which reads as a justification for creating a ritual out of a practice of realisation that is supposed to be without ritual:

> "Tantric Buddhism (*misshū* 密宗) has three levels of practitioners (*konki* 根機). For those of lower capacity (*gekon* 下根), it teaches the rules of a physical consecration (*jigō kanjō* 事業灌頂). For those of superior abilities (*gekon* 上根), it teaches the secret consecration method according to the Womb mandala and the consecration by inner actions according to the Vajra mandala. Although the rules and practices differ,

the entry point is the same. However, in this declining age, while the teachings exist, those who can truly understand them are rare. The founder（*soshi* 祖師）, fearing that the transmission would stop, borrowed the ritual（*gishiki* 儀式）of physical initiation so that it could approximate the mind［consecration］, that is, the fifth samadhi（*daigo* 第五）. It is hoped that once the connection is established, those with great virtue will quickly abandon this raft and swiftly reach the treasure place."[53]

This same passage appears as the colophon of a document entitled *Ishin kanjō shiki* in the archive of Gyōganji 行願寺, a Tendai temple in today's Chiba prefecture, suggesting the circulation of the format presented in *Jinen jōdō shiki*.[54]

Such explicit acknowledgment of the use of tangible ritual procedures indicates the difficulty of understanding prescriptions for a virtual performance, and the conscious attempt to devise a format that could be easily grasped and adopted. The compiler of *Jinen jōdō shiki* is clearly aware of the Tantric hierarchy of practices according to practitioners' abilities, which Annen had posited, and after which the fundamental role of the *yugi kanjō* was moulded. The text identifies superior ability with the performance of the two most advanced types of consecration, the *himitsu kanjō* and the *naisagō kanjō*, respectively associated to Womb mandala and Vajra mandala practices, and expresses regret for the lack of a community of practitioners that can execute these advanced practices correctly. Yet, the ritualization of the yogin consecration does not appear to have occurred only in Tendai lineages. Other manuals that I have perused show that a number of ritual steps were maintained in all cases, sometimes abbreviated, other times recorded with more detail. *Jinen jōdō shiki* makes explicit the tensions in the interpretation of canonical sources. At the same time, it provides clues on how the yogin consecration might have devel-

oped in a more standardised ritual.

One may question whether the ritual format recorded in *Jinen jōdō shiki* maintains the nature of an advanced consecration or detracts from it. In assessing this, one may also consider the complexity that the typology of consecrations presents. As discussed above, the yogin consecration is characterised as being both a practice performed through "inner actions" and a "mind transmission." These are the two 'formless' ritual described in the *Darijing*, but there are differences between the two.[55] If one takes into account that the yogin consecration consists of imagining not only the seed-syllables that the practitioner projects on his body, but also the offerings that he makes to himself (*rikuyō* 理供養), the tools that he imagines to hold as a consecrated being, and the inner *goma*, then the characterisation of "mind transmission" is appropriate. Yet, these visualisations are not just performed by the mind. They are marked by mudras and mantras, physical elements inseparable from the visualisation itself and, one may argue, external signs of what the visualisation engenders. The practitioner acquires the single body of Mahavairocana made of the fifteen differentiated syllables of the deities inscribed on his body because he also makes the gestures and pronounces the sounds of these deities himself. Furthermore, steps such as the bestowal of precepts are enacted only through the performance of a mudra. In this sense, one may argue that the yogin consecration is also constructed as a mudra consecration (*shūin kanjō* 手印灌頂). Annen regarded the ritual described in Chapter 11 of the *Yuqi jing* as self-anointment (*ji kanjō*) performed within a mudra consecration.[56] I shall come back to this reading shortly.

Another question posited by the performance described in *Jinen jōdō shiki* concerns the role of the mandala and of the master in the ritual protocol. The diagram of the ritual space included in the text shows that a Vajra mandala is hang above the main altar. On the one hand, using such mandala may seem pertinent, given that the canonical sources of the consecration, the *Yuqi*

jing, belongs to the Vajra textual lineage, and the thirty-seven venerables that epitomise the Vajra mandala are continuously recalled in the procedures. One may surmise that the mandala is there to instantiate the realm of the thirty-seven venerables. However, during the ritual there is no engagement with the mandala. Ritual action takes place within the boundaries of the practitioner's body and not between the practitioner and the mandala. The centre of the ritual is not the mandala but the practitioner himself. The setting of a standard ritual space thus does not seem to affect the meaning of the consecration.

The focus on the practitioner also explains the ambiguous role of the master in *Jinen jōdō shiki* — and, more broadly, in the sources describing the yogin consecration. The master offers guidance to the disciple during the ritual steps and relates what the practitioner must enact and seek to attain, but he is not the indispensable actor who bestows the consecration. He only instructs, the sources analysed above declare. Consecration and transmission occur directly, as a spontaneous process of self-realisation of one's identity with the ultimate, which is epitomised by the identity of the syllable A with itself. As another Taimitsu manual maintains, the practitioner is taught by one's own A, practices one's own A and awakens to his own A.[57] This understanding of self-consecration takes the rite to a more sophisticated conceptual level: consecration becomes the instantiation of the world of suchness, of which the practitioner partakes.

This emphasis seems to be a characteristic of Taimitsu exegesis of the yogin *abhiṣeka*. Most Tōmitsu sources maintain the step of self-consecration, but amplify the role of Kūkai as the master. In the ritual protocol this is best demonstrated by the use of a particular image of Kūkai as *shiki* mandala, the mandala to spread on the ritual platform. This performative detail affords a different articulation of the identity of the practitioner, as I have discussed elsewhere.[58] The protocol of *Jinen jōdō shiki*, by contrast, does not mention a *shiki* mandala at all. *Yugi kuketsu*, however, records that according to Jitsu-

gon's transmission a Vajra mandala should be used. One may surmise that this practice draws on Annen's specific exegesis of the *Yuqi jing*. When explaining the installation of the fifteen deities in the practitioner's body, Annen argues that what the scripture describes as "Shaka's wheel" (*shakurin*) is in fact a Vajra mandala and the practitioner must dwell on this great platform.[59]

b. On being enlightened naturally: a sectarian perspective?

The reformulation of the role of the master that *Jinen jōdō shiki* and other sources of the Renge lineage intimate turns the spotlight on the nature of the awakening pursued with the yogin consecration. *Jinen jōdō shiki* at various points during the ritual procedure defines it as a spontaneus (or natural) awakening (*jinen*). This interpretation is inscribed into the title itself of the ritual manual. It is not, however, found in documents on the yogin consecration produced by other lineages. This calls for interrogating the terminology further.

Misaki Gisen, the only scholar who, to my knowledge, has examined the text of *Jinen jōdō shiki*, has suggested that the vocabulary and the perspective presented therein resonates with medieval Tendai interpretations known as Original Enlightenment Thought (*hongaku shisō*), which developed around the same time as the *yugi kanjō*.[60] The notions of spontaneously produced results and the emphasis on the original buddha and the inherently innate buddha-status of sentient beings undoubtedly recur in works of Original Enlightenment Thought, as does the association between mandalic images and tropes from the Lotus Sutra tradition. But these features also characterise Taimitsu writings, and the context in which *Jinen jōdō shiki* expresses them suggests to me a closer connection to canonical Tantric sources. Let me give some examples.

The term *jinen* is broadly used across the Buddhist canon, in particular in the compound *jinenchi* 自然智, "knowledge arising of itself" — a term that enjoyed much fortune in early Japan. In the *Lotus Sutra* and later in the Tian-tai exegetical tradition this is one of four types of knowledge, often discussed

together with the another type called "knowledge［attained］without a master"（*mushichi* 無師智）.[61] The expression *jinen jōbutsu dō* 自然成仏道 is also found in the *Lotus Sutra*, and again later in Tiantai works, to describe the accomplishments of all tathagatas.[62] Interestingly, *Yugi kuketsu*, the other document from Chōrakuji archives I have discussed above, refers to this expression to establish a connection between the practices of the yogin and those of the *Lotus Sutra*. "To say 'Vajrasattva makes of his own-nature the teacher, practices self-cultivation, self-consecrates and naturally attains Buddhahood'," writes its compiler, "is exactly what the *Lotus Sutra* explains as 'the path where buddhahood is accomplished naturally'（*jinen jōbutsudō*）."[63] One also finds this expression in the *Commentary to the Darijing*. A case in point is a passage from the exegesis of the Chapter "The Secret Mandala: "

> One also attains self-realization（*ji shōtoku* 自証得）. You must know that this is precisely the power of great skilful means. No one can teach this dharma. To accomplish realization without having one's awakening induced by others is self-awareness, knowledge［attained］without a master（*jikaku mushi no chi* 自覚無師之智）, spontaneous accomplishment of the Buddhist path（*jinen jōbutsudō* 自然成仏道）. Manifesting stillness at the place of enlightenment, one realizes the true nature of such dharma.[64]

The passage further points out that bodhisattvas have the capacity to realize awakening by themselves and that their self-realisation is the natural unfolding of the bodhicitta（*bodaishin jinen kaihotsu* 菩提心自然開発）. The *Commentary* may be drawing here on Tiantai predicaments, demonstrating the influence of Tiantai doctrines on the most important source of East Asian Tantric Buddhism. Yet, the perspective in which the 'path of spontaneous accomplishment' is brought to bear on the discussion of self-attainment is very close to

that reproduced in the consecration of *Jinen jōdō shiki*: the chapter of the *Dari jing* concerns a secret mandala to be realised on one's body and through self-consecration, as I shall discuss further. Thus, one may argue that the language in which the meaning of the yogin consecration is articulated in *Jinen jōdō shiki* is quite established in canonical sources, both exoteric and esoteric, which were authoritative for Taimitsu exegetes. It is applied to a performance perhaps unprecedented, but not in an unconventional way.

Scholars often mention that Taimitsu and Original Enlightenment texts shared a number of concerns, but the extent to which Original Enlightenment thought was influenced by Taimitsu has been little scrutinised.[65] Here the role of Annen is fundamental, as Ōkubo Ryōshun has pointed out.[66] Not only did Annen stressed the idea that all existences are a manifestation of the activity of the dharma-body and that the world of phenomena is as it the ultimate reality —a position later emphasised in Original Enlightenment thought, but which is already put forward by the *Commentary to the Dari jing*. One finds in Annen's writings the terminology that emerge in *Jinen jōdō shiki* similarly applied to Tantric practice. A case in point is the term *jijuyōshin* 自受用身. In Tantric Buddhism this indicates the self-enjoyment body of Mahāvairocana. In *Jinen jōdō shiki* the term recurs throughout the ritual procedure, starting from the initial invocation, and one may interpret it as crystallising the search for identity with the body of the Buddha who naturally enjoys the fruits of his being a buddha. The term is also important in the writings of Eshin and Danna lineages, considered representative of Original Enlightenment thought: Ōkubo Ryōshun has analysed the interplay between these lineages and Taimitsu and the complex interpretative nuances it generated.[67] Here I shall give one example of how Annen used the term drawing on the source of the yogin consecration. In the discussion of *jijūyōshin* that unfolds in his *Kyōjigi*, Annen cites the *Yuqijing* itself as scriptural evidence for his argument. The initial sentence of the *Yuqijing* describes the Buddha of the Vajra realm as "unhindered great

samaya（*jiza dai sanmaya* 自在大三昧耶）of the innate Vajra realm（本有金剛界）, great bodhicitta self-awakened since the beginning（*jigaku honshō daibodaishin* 自覚本初大菩提心）in the indestructible, adamantine, luminous mind-palace of Samantabhadra's full moon."[68] This definition recurs over and again in Tantric sources, but *Yuqi jing* may perhaps be the first occurrence. Compelling is the combination of different expressions to indicate the identity of innate nature and the virtues attained by practice, such as the "innate great bodhicitta."[69] Hence one may argue that *Jinen jōdō shiki* speaks of *jijuyōshin* because the term already is in the scripture at the origin of the yogin consecration, in a framework analogous to the one that the ritual manual presents.

In short, it seems to me that the language of *Jinen jōdō shiki* may evoke that of medieval Lotus interpretations, but within a frame of reference that draws on the *Yuqi jing* and other Tantric sources. The Renge lineage exegetes of the yogin consecration might have adopted the tem *jinen jōdō* to identify themselves in sectarian terms. As *Yugi kuketsu* asserts, Taimitsu lineages, compared to the Tōji lineages, upheld the idea that Tendai and Tantric Buddhism are one.[70] The context in which the term is used, however, remained Tantric. A closer analysis of how Tantric exegetes applied Tendai ideas to ritual practice is necessary to brings the discussion forward.[71] It is clear that *Jinen jōdō shiki* is preoccupied not with an ideal status of naturally inherent enlightenment, but with the actualisation of this status through a tangible practice. While *hongaku* texts may value mind-contemplation, consecration sources revolve around the body（understood as a combination of mental and physical factors）: the body-mind of the practitioner in its physical finiteness and innate accomplishment, and the body-mind of Mahāvairocana, at once multiple and beyond differentiation.

c. Self-consecration

This point leads us back to a defining element of the *yugi kanjō*, self-conse-

cration. The emphasis that *Jinen jōdō shiki* places on this performing mode serves to enhance the significance of enacting innate awakening. Self-consecration is a feature of the performance of the ritual which is shared with other lineages. It sets the yogin *abhiṣeka* apart from typical rites of initiation and consecration whereby recipients *are* consecrated, do not consecrated themselves. Yet, is this act unique to the yogin consecration? Is it found in the instructions of the scripture from which the yogic consecration originate? To reconstruct its sources one needs once again to turn to Annen.

In *Yugikyōsho*, within the exegesis of Chapter Eleven of the *Yuqi jing*, Annen speaks of self-consecration to explain Vajrasattva's inner *abhiṣeka*. It may be useful to reconsider his argument. Annen first reiterates the scriptural instructions: to take the fifteen deities as the single Buddha body; transform oneself into Vajrasattva; arrange the seed syllables of the fifteen deities in fifteen places of one's body; have the disciples scatter flowers on these places and, for each place, teach the original mudra and mantra. This, Annen states, is the inner *abhiṣeka* method (*naisagō kanjōhō* 内作業灌頂法). Hence the scripture says "to instruct further." Annen takes this to indicate a secret method, and argues that the case presented here parallels the dharma transmission consecration (*denbō kanjō*) of the Womb realm, explained in the *Dari jing*, which is followed by an additional consecration performed on a secret platform (*himitsudan* 秘密壇). Drawing on the *Dari jng*, Annen explains that there are three methods of *abhiṣeka*: physical consecration, mudra consecration and mind consecration. Within the mudra consecration there is a self-consecration method (*ji kanjōhō* 自灌頂法). Annen describes it citing the *Dari jng* almost literally:

> "The practitioner should use the syllable RA to burn the body and remove past faults, then use the five-element syllables to empower his own body. Each element is of the same essence, pervading the entire

> body. The central platform is erected in the middle of the heart. The eight petals and pistil are the buddhas, bodhisattvas, mother [of buddhas] [buddha] mothers, pāramitās [deities], and so on. The stamens are the luminous spell [kings], the wrathful deities, and the beings of the Vajra section [of the mandala]. The stem is the Adamantine Secret Lord, standing in the endless great ocean. On its shores imagine the universal heavenly deities, and so on. To transmit the samaya, offer mentally-created incense, flowers, etc. Next, have the disciples scatter flowers on the body. According to where the flowers fall, teach them the mantra of that deity. Above the throat is the central platform, above the heart are the three sections, above the navel are the mahasattva, below the navel are the universal deities. Although this skillful means is for disciples without power, when reciting mantras oneself or creating an altar, one should first go to the altar and perform this self-abhiṣeka method." So it is said. The meaning of this inner method (*naihō* 内法) is the same. First, purify your own body with the wisdom of emptiness so that it becomes the embodiment of ultimate realm (*hokkaitai* 法界体). Outside this ultimate body, there is no further external receptacle (*ki* 器). Visualizes the parts of your own body as a mandala. Toss the flower to indicate the deity. Making mudras, perform the consecration. The fifteen deities are the five sections [of the mandala] and encompass the thirty-seven deities. It is like with the Great Victorius True Samaya venerable, where twelve deities are [visualised as] the single venerable body.[72]

Again in *Gushi kanjō*, where Annen presents a comprehensive typology of *abhiṣeka* rituals, Annen gives a similar explanation of the self-consecration and, citing the *Commentary to the Dari jing*, warns:

> This is only for practitioners to perform for themselves. It should not be shown to others. (...) Only after this can one perform all other methods. This matter is extremely secret. It should be kept in mind but not written down in ink.[73]

Thus, Annen introduces what would become a central element of the yogin consecration in the visualisation ritual of the *Yuqi jing*. He does so by borrowing from a practice propounded in the *Dari jing*, and linking it to other methods of syllable installation on the practitioner's body, also described in the *Dari jing*. Annen's reading of the *Yuqi jing* opens the way to establish the ritual presented in this scripture within a programme of consecratory practices. The connections he draws between self-consecration and the construction of an inner mandala, corroborated by the references to the *Dari jing* and its *Commentary*, allow to cast the ritual as an advanced practice (rather than a preparatory ritual). I suggest that it is through these conceptual links that "Vajrasattva's inner *abhiṣeka*" took shape as a canonical type of consecration, counterpart to and yet at a higher level than the secret consecration (*himitsu kanjō*). A comparison with how secret consecration developed as an applied practice in medieval Japan will allow a further understanding of the function of advanced consecrations.[74] What has become clear in probing Annen's exegesis of self-consecration is that the *yugi kanjō* is shaped by existent models and can be understood only by framing it within a broader Tantric tradition of inner rituals of realisation, to which it belongs.

Self-consecration appears to have remained a matter of importance in Taimitsu transmissions. Chōen's *Shijū jōketsu*, often considered an earlier anthology of Taimitsu rituals, discusses it in an entry on *gosōjōshin* 五相成身, the most important Vajra-type practice of syllable visualization on the practitioner's body, through which "one at once (*soku* 即) receives the consecration from the Five Buddhas." Chōen's considers this a practice of self-consecration.

Asked further about the difference between self-consecrating and being consecred, he explains that self-consecration is like receiving the *abhiṣeka* of all buddhas by oneself, after obtaining a perfected Buddha body.[75]

Concluding remarks

A close analysis of Taimitsu sources of the yogin consecration has shed light on significant aspects of the construction of advanced consecrations in Japan.

First of all, from a conceptual perspective, it has unveiled the extent to which Annen's definition of these consecrations, carried out through an expansive reading of Tantric canonical sources, impacted the establishment of the *yugi kanjō* as a distinctive and self-contained practice.

Advanced consecrations were understood across the Tantric world as inner rituals of realisation, albeit modelled after external ritual forms.[76] The links that Annen highlighted between interiorised practices and self-consecration helped creating an advanced consecration firmly centred on the practitioner's body and his own ability to realise his ever-abiding nature. One may see this as the ultimate understanding of inner realisation.

It may be suggested that the yogin consecration encapsulates Annen's stance on ultimate attainment to be achieved in the body（*sokushin jōbutsu* 即身成仏）. Such stance was common in the Japanese interpretation of Tantric teachings. Ōkubo Ryōshun has pointed out that while *Darijing* and its Chinese commentaries valued the achievements of the mind（what can be called *sokushin jōbutsu* 即心成仏, although the expression as such does not appear in the scripture）, Japanese interpreters turned the focus on the body and its physical environment. Annen strongly asserted and, in some way, amplified this position. The example from *Bodaishingishō* that Ōkubo gives illustrates it well. In the discussion on whether the physical body is discarded when *sokushin jōbutsu* occurs, Annen contended: "The body born from mother and father is transformed as it is into dharma-nature（*hosshō*）, for all material and

mental [factors] are dharma-nature. Then, what is there to discard?"[77] The identity between what is complete from the origins and what is produced by the effects of practice is the point here. This identity is compellingly re-enacted in the *yugi kanjō*, and the Taimitsu records analysed in this essay propound it over and again.

Secondly, from a historical perspective, the analysis of Taimitsu consecration sources has highlighted that the execution of the *yugi kanjō* in the medieval period was diversified: if the core steps of the ritual were maintained in all protocols, performative elements might change according to lineage. In my previous attempt at reconstructing the yogin consecration I played differences down, with the purpose of drawing attention to the shared interest for this consecration ritual across the medieval Tantric world. The material from the Chōrakuji archives explored in the present study affords a more nuanced understanding. It suggests that the plurality of significations that the ritual engendered gave it flexibility and facilitated the adoption by different lineages. It remains difficult to assert whether there was a single, uhr model for this ritual, besides the instructions provided by the scripture itself. The Renge lineage articulations of the yogin *abhiṣeka* intimates that the model may well have been Annen's framing of the consecration in his Commentary to the *Yuqi jing*.

The one Taimitsu source that I have presented in some detail here, *Jinen jōdō shiki*, makes insightful pronouncements on the meaning of the yogin consecration. To analyse it in more depth that has been possible in this essay would allow us to draw a more rounded picture of the conceptual world in which this consecration was rooted and which the ritual itself helped create. Particularly profitable would be to read it together with other documents of the Renge lineage, first of all the version contained in *Ōmushō*, which unravels some of the multilayered references underpinning the ritual. In this sense, *Jinen jōdō shiki* and the Taimitsu material on the yogin consecration provide veritable examples of ritual hermeneutics, demonstrating that the demarcation

between doctrine and ritual（*jisō* 事相）is thin, especially in a Tantric context, and that ritual material may have exegetical and philosophical value.

More remains to be explored in this area, within and outside the Taimitsu lineages. As this study has attempted to show, though, Annen's groundbreaking work needs to be at the centre of further analysis, both for its conceptual breadth and its detailed scrutiny of ritual practices.

*This essay is an expression of my debt and profound gratitude to Ōkubo Ryōshun, for the many insightful conversations through the years that have sustained my interest in Taimitsu.

I gratefully acknowledge the International Research Centre for Japanese Studies（Nichibunken）for providing a visiting research fellowship that allowed me to complete this study.

Notes

1. See a comprehensive list in Shishiō Enshin, "Godai'in sentoku no senjutsu ni kansuru kenkyū," pp. 30–34.
2. I have discussed this point in Dolce, "A（Presumably Chinese）Tantric Scripture."
3. *Gushi kanjō,* T. 75, no. 2393. This is an extensive work in 10 fascicles, cited also with other abbreviated titles, such as *Senjō jigō kanjō*. It will be the basis on which medieval Taimitsu scholiasts like Jien organised their classification of consecration rituals. I shall come back to this work.
4. Dolce, "The Abhiṣeka of the Yogin."
5. T. 61, no. 2228.（The version included in *Nihon daizōkyō* is in two fascicles.）
6. For a handwritten manuscript of the work, see Osu bunko archives at Shinpukuji, in Nagoya（https : //kokusho.nijl.ac.jp/biblio/100222528/5?ln=ja）. This manuscript is not dated, but it bears on the cover the character Yū 猷, which probably refers to the monk who owned the book, a certain Yūzen 猷禅, active in the mid-fourteenth century, as it can be inferred from other works in the same archive.（I am grateful to Itō Satoshi and to Torii Kazuyuki, head of the archive, for this information.）Early printed copies are in the holdings of

Ryūkoku University Library (https : //da.library.ryukoku.ac.jp/view/220267/1, dated 天明 4 (1784) and Kyoto University Library (https : //rmda.kulib.kyoto-u.ac.jp/item/rb00020190?page=86). Interestingly, both Shinpukuji and Ryūkoku archives have preserved Annen's text together with a copy of Raiyu's 頼瑜 (1226–1304) *Yugikyō shūkoshō* 瑜祇経拾古鈔, offering material evidence of the intersectarian use of Annen's commentary. (The printed copies of Annen's commentary I have seen also advertise Raiyu's commentary on the internal cover of the last fascicle.)

7. Printed editions seem to use both titles. The Shinpukuji manuscript, too, inscribes "Annen Shinnyo Kongō jutsu" on the cover of the second fascicle.

8. *Taizōkai daihō taijuki* (T. 75: 54a) records that Annen could not travel on an official ship and went on a merchant ship, but it is unlikely that this details was in the original manuscript. (See Shishiō, "Godai-in sentoku no senjutsu," p. 48, and Dolce and Mano, "Godain Annen," p. 769.) According to Hashimoto Shinkichi's study of Annen's biography, at the age of 37 Annen planned to travel to Tang China to study Buddhism with three other monks, Saishen, Genshō, and Kangen, but the plan ultimately failed. (*BKD* 3: 514–15.) See also Terada Shunchō, "Annen Sonja jiseki tokugyō reizui hen" and, in English, Paul Groner, "Annen, Tankei, Henjō."

9. *Sange gakusoku*, cited in Shishiō, "Godai'in sentoku no senjutsu," p. 48.

10. *Kongōkai daihō taijuki*, T. 75: 189a. The text reads: "On the night of October 15th in the 8th year of Gangyō era (884), [Yui] shu 維首 and [An] nen received the Womb [Realm] consecration, the ever-reaching mudra and the three-bodies preaching mudra. On the night of the 16th, they received the samaya mudra of Mahāvairocana of the Adamantine realm. Later, at a separate time, only Annen was transmitted the mudra-mantra of the ācārya status of the *Yugikyō*; and at a separate time, he was transmitted the three-bodies mudra-mantra of the *Shinjitsukyō*. These mudras bestowed at a separate time were not transmitted to [Yui] shu ajari. Secret teachings (*gukei* 瞿醯, Skr.*guhya*) should be taught and passed down to only one person. They should not be given to two people. This is explained in detail in that sutra. One can surmise the master's intentions, but should not dare to speak of them carelessly."

11. Mizukami, "Godai'in Annen to taimitsu no keifu," p. 697. A reference to Ennin as the source of ritual knowledge about the *Yuqi jing* also surfaces in a Tōmitsu work: the colophon of *Yugi sōgyō shiki* by Shinjaku 眞寂 (886–927) surprisingly claims that it is the interpretation of Sōō 相応, disciple of the "master

who travelled to China," that is, Ennin. See T. 61: 511c. This colophon, however, might have been added later.

12. See *BKD*, p. 190. The text is dated to 862. A medieval copy of *Tohō kanjō hiroku* is among the holdings of Chōrakuji. See *Gunma kenshi* 5, pp. 433–457. Of the yogin consecration this copy gives the mudra-mantras of the fifteen deities.
13. Misaki Ryōshū, "Seradasan Chōrakuji shōgyōrui," p. 1009. A point to note is that a lineage chart included with the copy of *Tohō kanjō hiroku* in the Chōrakuji archives, as well other material from this archive I shall discuss shortly, point to the area of Yokawa as the origin of the transmission.
14. See Dolce, "A（Presumably Chinese）Tantric Scripture," pp. 4–5.
15. This is also noted by Shishiō, "Godai-in sentoku no senjutsu," p. 84.
16. For an overview of the content of the Commentary see *BKD* 3: 514–516.
17. For an analysis of this point see Dolce, "The Abhiṣeka of the Yogin," which includes several diagrams illustrating the correspondences.
18. T. 61: 499c. Given this identification, it is not clear why Annen makes the distinction. The relation between the two deities is given, I suppose, by the fact that in a central passage of this chapter the syllable *hūṃ* is said to be the one-syllable secret mantra of Vajrasattva's heart-mind. Vajrahūṃkāra is usually understood to be Trailokyavijaya, Jp. Gōzanze 降三世.
19. *Yugikyōshō*, T. 61: 499c-500a. Cf. *Yuqi jing*, T. 18: 267c, which reads: "This is called the supreme honored one's/ Extremely secret mind-ground method/ Those called ācārya / and Those close to enlightenment/ Who have obtained such radiance/ May perform this method/ And then transmit to others/ Do not carelessly make mistakes."
20. See Harriet Hunter, "A Transmission and Its Transformation: The *Liqujing shibahui mantuluo* in Daigoji," pp. 88–89. There are also middle-level practitioners who combine both these methods of internal and external practice and worship. Hunter points out that in his commentary on the *Dari jing*（*Vairocanābhisaṃbodhi tantra*）Buddhaguhya uses this distinction to classify the tantras into two categories, the inward yoga tantras and the outward *kriyā*（action）tantras.
21. On this role played by the *Dari jing* in the Indian context see, for instance, Mori Masahide, "The Origin and Transformations of Abhiṣeka in Indian Buddhism," pp. 54–57.
22. *Dari jing*, T. 18: 1b-c ; *Dari jingshu*, T. 39: 736b-c. Cited also in Annen's *Gushi kanjō*, T. 75: 215b-c. For an overview in English of the typology of advanced consecrations, see Dolce, "The *Abhiṣeka* of the Yogin," pp. 277–78.

23. T. 61: 500a. I discuss this passage again in the section on self-consecration.
24. Ōyama, "Kanjō ni tsuite." In Tōmitsu, on the contrary, the presence of a master and the availability of ritual implements, such as mandalas, was sufficient to install a consecration platform, allowing any temple the possibility of performing consecration.
25. "Denbō kankei shōgyō," *Gunma kenshi* 5. See Misaki Ryōshū, "Seradasan Chōrakuji shōgyōrui."
26. *Anōryū injin sō mokuroku*, *Gunma kenshi* 5, pp. 347–57.
27. *Gunma kenshi* 5, pp. 629–636.
28. The colophon says: "Recorded in the 10th month of the 4th year of Keian 慶安 (1651), kanotou 辛卯, at the Shingon'in of Chōrakuji in Serata, Kōzuke Province, by the monk Engi, resident priest. The 45th resident monk Shunji 舜慈 copied it, supplementing it, on the 28th day of the 5th month, hinotomi 丁巳 year."
29. See *Kanjō hiyōki* 灌頂秘要, *Gunma kenshi* no. 18, and Misaki, "Seradasan Chōrakuji shōgyōrui," p. 1019. An entry in a *Kanjō injin* of the Rengeryū records Engi as a disciple of Tenkai. As for the copyist of the *Yugi hiketsu*, Shunji, his name appears in the colophon of another *abhiṣeka* record from Chōrakuji, also copied by Shunji in Kansei 9 (1797).
30. "Seradasan Chōrakuji shōgyōrui," p. 1019. I have not been able to consult this manuscript. Misaki notes that the compiler of *Yugi kuketsu* added explanatory notes of salient segments and oral transmissions to the original record.
31. *Gunma kenshi* 5, pp. 661–672. On Eitokuji see Karasawa, "Chōrakuji kankei no shōgyōrui," pp. 1021–1027.
32. The notes included in the *Ōmushō* version of *Jinen jōdō shiki* (see below) explain that an honorific is used for Ōhara because that was the residence of Chōen. *Ōmushō*, p. 252a. Chōen is regarded as the founder of Ōhara-ryū 大原流, which later became Sanmai-ryū, one of the main lineages of Taimitsu. The name of Chōen is pronounced Jōen in the Tendai school. Here I follow the pronunciation given in standard dictionaries, such as *Mikkyō daijiten* and *Nihon bukkyō jinmei jiten*.
33. *Gunma kenshi* 5, pp. 671b-672a.
34. Misaki Gisen, comparing the colophon of a later manuscript of the same title recorded in Shibuya's *Tendai shoseki mokuroku*, also surmises that the master who explained the initial transmission was Chōen and that Yōi received it in Ōhara. See Shibuya, *Shōwa genzon Tendai shoseki sōgō mokuroku*, p. 573 and

Misaki Gisen, *Shikanteki biishiki no tenkai*, p. 363.

35. *Gunma kenshi* 5, p. 672a.

36. *Ōmushō*, ZTZ Mikkyō vol. 4: 236–253. *Ōmushō* includes two sections related to the yogin consecration. One, entitled *Yugi kanjō shiki* and dated 1572, consists of a drawing of the ritual space with a few glosses giving liturgical details (*Ōmushō*, pp. 234–235). The subsequent section, entitled *Jinen jōdō shiki* 自然成道私記, is longer than the Chōrakuji manuscript and provides extensive interpretations of different lexical elements and conceptual segments of the ritual, but it does not record the details of the ritual protocol, rendering the interpretation often difficult to understand. This format, however, seems to be a characteristic of the anthology. It must further be noted that the lineage chart of Hōzenji 逢善寺 (Jōjin's temple), recorded at the end of *Jinen jōdō shiki*, has "lineage of mind consecration" as a subtitle. *Ōmushō*, p. 252a.

37. *Gunma kenshi* 5, p. 630a. A gloss adds the character *Kaku* 覚, which may refer to the last recipient of the manuscript.

38. What follows is a complete translation of the Chōrakuji version of *Jinen jōdō shiki*, only occasionally paraphrased and interspersed with my explanation to simplify the understanding of the ritual sequence. Although not always literal, it is as close to the original as it has been possible to do without including a critical apparatus. I have maintained the technical language so that this description of the content of *Jinen jōdō shiki* can serve for a more-indepth analysis and comparisons with other *yugi*-related manuals.

39. *Saigoshin* indicates a body that has extinguished all afflictions and will not be reborn.

40. Dolce, "The Abhiṣeka of the Yogin," pp. 281–298.

41. For instance, it gives Borikuchi [Bikuchi] and Manjushiriya (for Kitchō, which here is another name for Manjusrī) in siddham, while it gives the mantra for 'entire body' as *basarabotan*, which corresponds to the mantra of Mahāvairocana of the Womb mandala. See also Misaki Gisen, *Shikanteki biishiki no tenkai*, p. 374, which includes a transcription of the siddham with corresponding deities.

42. A good source to collate is *Yugi sanjū* 瑜祇三重, an unpublished manuscript from the Shōgenji 生源寺 archive at Eizan bunko, dated 1666, but according to its colophon first copied in 1345. *Yugi sanjū* describes the ritual protocol of the yogin consecration and for the segment concerning the allocation of letters it records the same mantras as *Jinen jōdō shiki*, handily providing their readings and the number of deity to which they correspond (but not the name of these dei-

ties). Other documents give only the names of the deities in the same sequence.

43. These three syllables also form one of Aizen's mantra. See Kawakatsu, *Bonji kōwa*, p. 112.
44. The text has the character *han* 反, but I suppose it should be *hen* 変. Cf. *Ōmushō*, *ZTZ Mikkyō* 4, p. 243b. The reference here appears to be to the two types of samsaric existence, the 'delimited saṃsāra' (*bundan shōji* 分段生死) experienced by unenlightened people and the existence experienced by enlightened bodhisattvas, from the moment they are freed from the body of transmigration through the triple realm up to the attainment of Buddhahood, which is called miraculous transformation (*hen'yaku* 変易).
45. The text here plays with the meaning of the syllable VAM, which also is the seed-letter of the water element in the system of correlations used in East Asian Tantric Buddhism. I have assumed from the context that 'five syllables' here indicates the five elements, rather than the fivefold A. The text reiterates the visualisation, described in the Chapter on Secret Mandala of *Dari jing*, by which the practitioner burns his body so that a new body is generated. Compellingly, this process of generation is depicted in many forms in medieval documents. For examples see Dolce, "The Embryonic Generation of the Perfect Body."
46. I have condensed the passage on the bestowal of the ritual tools that mark any type of consecration. The description is similar to that of Chapter Two of the *Dari jing* (T. 848, 18 : 12a and BDK translation p. 50).
47. The internal homa is also described in the *Dari jing*, T. 18. 43c-44. On internal goma in Tantric Buddhism see Strickmann, "Homa in East Asia," pp. 438–443, and Bentor, "Interiorized Fire Rituals in India and in Tibet."
48. The expression *nyūjū genmon* indicates the level of training a bodhisattva reaches before attaining buddhahood, at the level of equal enlightenment, when he practices again as an ordinary being, but understands each and all of those practices.
49. Compare, for instance, with *Yugi kanjō shiki* — *Chūin* from Kōyasan University Library.
50. For historical sources that upheld this definition, see Dolce, "The Abhiṣeka of the Yogin."
51. See the drawing of the ritual space in *Yugi himitsu kuketsuki* from Eizan Bunko in Dolce, "The Abhiṣeka of the Yogin."
52. See, for instance, two drawings of the ritual space from the archives of Kōyasan University Library, *Yugi kanjō danzu* and *Yugi kanjō dōjōzu*, in Dolce, "The

Abhiṣeka of the Yogin."

53. *Gunma kenshi* 5, pp. 671. The five types of samaya are also explained in *Dari jing*: the first four involve rituals of offering to the mandala and transmission of the dharma; the fifth samaya, later also categorized as *ishin* or *inpō kanjō*, is said to be performed without constructing a physical ritual altar, using the *ācārya*'s body as the mandala. T. 18: 33a–b.
54. *Gunma kenshi*, p. 691. Not dated. A line at the end of this copy records that the initial transmission took place in Ōhara, with similar wording as in *Jinen jōdō shiki*. It is signed by Yōi. Thus, the text to which this colophon refers must be the same as *Jinen jōdō shiki*, except for the title. On Gyōganji see *Gunma kenshi*, pp. 1035–1036. The founder of Gyōganji received the Renge lineage transmission at Chōrakuji. This lineage must have continued as source material attests that the *yugi kanjō* was performed at Gyōganji in the 16th century.
55. See n. 23.
56. T. 61: 500a.
57. *Yugi sanjū*, see n. 43.
58. See Dolce, "The *Abhiṣeka* of the Yogin," for an extensive analysis of this element. The use of an image of the master is also recorded in Taimitsu sources, but it is not clear whether these were copied from documents of other lineages. The image of Kūkai seems to play a role also in other higher consecration rituals of the modern Shingon school. Ōyama describes the *ajari kanjō*, the most secret and ultimate consecratory practice in the Shingon school, so-called because it completes the qualifications for becoming Great Ācārya. The ritual required five days in total, with a particularly important segment on the night of the third day, called "raising the *argha* water." According to this description, disciple and instructor bring sacred water to the Founder's Hall, enter the inner sanctum, and directly reflect the image of Kūkai on the water. The disciple touches the image of Kūkai and performs the ritual of receiving the secret teachings directly from Kūkai. Ōyama, "Kanjō ni tsuite," p. 73.
59. *Yugikyōsho*, T. 61: 500a-b. Annen takes the term *shakurin* to indicate the Heaven of Indra and postulates that inside the hall where Indra resides there is a Vajra mandala, a great mandala with thirty-seven venerables, which is also called *shakurin*.
60. Misaki, *Shikanteki biishiki no tenkai*, pp. 363–371.
61. These are two of four types of knowledge described in Chapter One of the *Lotus Sutra*: general knowledge（*issaichi* 一切智）, buddha's knowledge（*butchi*

仏智), natural knowledge and knowledge without a master. T. 9: 13b25.

62. T. 9: 4c12.
63. *Gunma kenshi* 5, pp. 631a. The text is here commenting on the phrase uttered before the conferment of the samaya precept.
64. *Dari jinshu*, T. 39: 721.
65. See, for instance, Tamura, "Tendai hongaku shisō gaisetsu," pp. 550–553; Stone, "Original Enlightenment," pp. 21–27.
66. *Tendai kyōgaku to hongaku shisō*, for instance the analysis of theories on buddha-body (pp. 48–54).
67. Ōkubo has provided a nuanced analysis of the different understandings of the self-enjoyment body in a number of articles, now republished in Ōkubo, *Nihon tendai ni okeru konpon shisō*. See in particular, "Nihon tendai no busshinkan ni kansuru jakkan no mondai," which shows how Annen conceived of the self-enjoyment body as equal to the dharma-body, while for instance Yōsai differentiated between the dharma-body of principle and the dharma-body of wisdom.
68. *Yuqi jing*, T. 18: 253, and *Kyōjigi*, T. 75: 410a-b. Annen cites this sentence over and again in his works. See, for instance, *Kyōjigi*, T. 75: 434cff.
69. *Honnu daibodaishin* is also a recurrent expression in Tantric sources before Annen. Annen employs it in his discussion of buddha bodies, for instance in *Bodaishingishō*, T. 75: 545. Similarly, the idioms *jinen hongaku* 自然本覚 and *jinengaku* 自然覚 recur in the *Commentary to the Dari jing* and in Kukai's works.
70. *Gunma kenshi* 5, pp. 631b.
71. Misaki speaks of the practice described in *Jinen jōdō shiki* as a "Tantric version of original enlightenment thought" (*mikkyō no hongaku*), but a Tantric type of original enlightenment seems to me exactly what Taimitsu is: Tiantai ideas of reality and attainment combined with Tantric notions and applied to Tantric practice.
72. T. 61: 500a. Compare the passage from *Dari jing*, T. 18: 36c; English translation, p 148: "Good sir, listen attentively to [the exposition of] the internal *maṇḍala*. Lord of Mysteries, the bodily site (i.e., one's body) is empowered by the empowerment of mantras and mystic seals which have the own-nature of the Dharma realm, for their original nature is pure. Through the protection of Karma-Vajra [sattva] all defilements are cleansed away (...) A square altar, it has four entrances, is accessed from the west, and is encircled by a boundary path. Inside there appears a great king of lotus flowers, born of the mind and

eight-petaled : it has a stalk and is spread with stamens, brightly colored, and beautiful. In its center is a Tathāgata, the body of the most revered in all worlds, who has transcended the levels of body, speech, and mind, reached the mind-ground, and attained results that are special and pleasing to the mind.... Among all the stamens is the Mother of buddhas and bodhisattvas, adorned with her attendant six *pāramitā*s and *samādhis*. Below are arrayed multitudes of *vidyādharas* and wrathful ones. The bodhisattva Lord of Vajradharas (i.e., Vajrapāṇi) acts as its stalk, and it is situated in an inexhaustible ocean, encircled by all earth-dwelling gods and so on, immeasurable in their number. Then the practitioner, in order to accomplish the samaya, should, with incense, flowers, lamps, unguents, and various dishes born of the mind, make to it offerings of them all. An udāna says: The mantrin should conscientiously draw the maṇḍala/ Regarding his own person as the Great Self, he purifies the sullies with the letter Ra./ Resting in the yoga posture, he thinks of the Tathāgatas,/And bestows on the heads of the disciples the letter A with a great dot of emptiness (i.e., Aṃ)./ The wise person hands fine flowers [to the disciples] and has them scatter them over his own person./He explains to them the places [in the mandala] to be revered by the practitioners which he sees within [himself]. ／Since this is the supreme altar, he should confer [on them] the samaya." The visualization that uses twelve syllable is based on the Chapter on the Secret Mandala, see T. 18: 31b.

73. *Gushi kanjō*, T. 75 : 213a.
74. On *himitsu kanjō* see Satō Ryūgen, "Himitsu kanjō ni tsuite."
75. *Shijū jōketsu*, T. 75: 843, entry for Chōkyū 長久 3, 4th month.
76. Yael Bentor has pointed it out with regard to the inner goma in the Indo-Tibetan tradition that the external structure and form supplied "a continuing frame of reference for the internal ritual." Bentor, "Interiorized Fire Rituals in India and in Tibet," p. 609.
77. Ōkubo, *Taimitsu kyōgaku no kenkyū*, pp. 240–44. Cf. *Bodaishingishō*, T. 75: 472c.

REFERENCES

Abbreviations

BDK *Bussho kaisetsu daijiten* 仏書解説大辞典, Ono Genmyō 小野玄妙, ed., 14 vols. Tokyo: Daitō shuppansha, 1933–6.

ZTZ *Zoku Tendaishū zenshō* 続天台宗全書, 15 vols. Tendai shūten hensanjo 天台

宗典編纂所, eds. Tokyo: Shunjūsha, 1987–2000.

NDZ *Nihon daizōkyō* 日本大蔵経, enlarged and amended edition, 100 vols. Suzuki gakujutsu zaidan 鈴木学術財団, eds. Tokyo: Kōdansha, 1977–1978.

T. *Taishō shinshū daizōkyō* 大正新脩大蔵経, 100 vols. Takakusu Junjirō 高楠順次郎 et al., eds. Tokyo: Taishō Issaikyō kankōkai 大正一切経刊行会, 1924–35.

Primary sources

Anōryū injin sō mokuroku 穴太流印信総目録, *Gunma kenshi* 5: 347–57.

Bodaishingishō 菩提心義抄. Full title: *Taizōkongō bodaishingi ryaku mondōshō* 胎蔵金剛菩提心義略問答抄. By Annen 安然. T. 2397.75.

Dari jing 大日経. Full title: *Dapiluzhenachengfo shenbian jiachi jing* 大毘盧遮那成仏神変加持経, *Mahavairocana sutra*. Translated by Śubhākarasiṃha (Shanwuwei) and Yixing. T. 848. 18: 1–55. English Translation: *The Vairocanābhisaṃbodhi Sutra*, BDK English Tripiṭaka 30-I, Rolf W. Giebel, transl. Berkeley: Numata Center for Buddhist Translation and Research, 2005.

Dari jingshu 大日経疏. Full title: *Dapiluzhena chengfo jingshu* 大毘盧遮那成仏経疏. By Śubhākarasiṃha (Shanwuwei) and Yixing. T. 1796. 39: 579–789.

Gushi kanjō 具支灌頂. Full title: *Kanchūin senjō jigō kanjō gusoku shibun* 観中院撰定事業灌頂具足支分. By Annen. T. 2393. 75: 213–298.

Jinen jōdō shiki 自然成道私記, *Gunma kenshi* 5: 661–672.

Jinen jōdō shiki 自然成道私記, *Ōmushō*: 236–253.

Kanjō hiyōki 灌頂秘要, *Gunma kenshi* 5: 661–672.

Kongōkai daihō taijuki 金剛界大法対受記. By Annen. T. 2391. 75: 116–199.

Kyōjigi 教時義. Full title: *Shingonshū kyōjigi* 真言宗教時義. By Annen. T. 2396. 75: 374–450.

Lotus Sutra: Miaofa lianhua jing (Jp. *Myōhō rengekyō*) 妙法蓮華経, T. 262. 9: 1–62.

Ōmushō 鸚鵡抄. By Jōchin. *ZTZ, Mikkyō* 4: 1–253.

Shijū jōketsu 四十帖決. *By Chōen.* T. 2408. 75: 843–960.

Taizōkai daihō taijuki 胎蔵界大法対受記. By Annen. T. 2390. 75: 54–115.

Tohō kanjō hiroku 都法灌頂秘録, *NDZ* vol. 80 (*shūtenbu, Tendaishū mikkyō sōsho* 宗典部 天台宗密教章疏 2).

Yuqi jing (Jp. *Yugikyō*) 瑜祇経. Full title: *Jingangfeng louge yiqie yujia yuqi jing*, Jp. *Kongōbu rōkaku issai yuga yugi kyō* 金剛峯楼閣一切瑜伽瑜祇経. T. 867. 18: 253–269.

Yugi himitsu kuketsuki 瑜祇秘密口決記, unpublished manuscript, Mudōji 無動寺 archive. Eizan Bunko, Naiten 内典 18–20–396.

Yugi kanjō dōjōzu 瑜祇灌頂道場図, unpublished manuscript. Kōyasan University Library 487–2, San 58.

Yugi kanjō shiki — Chūin 瑜祇灌頂私記―中院, unpublished manuscript. Kōyasan University Library 46–17–1.

Yugikyōsho 祇経疏, aka *Yugikyō gyōbō* 瑜祇経行法. Full title: *Kongōbu rōkaku issai yugi kyō* 金剛峰樓閣一切瑜祇経修行法. By Annen. T. 2228. 61: 485–504.（Also in NDZ 36: 185–234.）

Yugi kuketsu 瑜祇口決, aka *Yugi kanjō kuketsushō* 瑜祇灌頂口決鈔, *Gunma kenshi* 5: 629–636.

Yugi sanjū 瑜祇三重, unpublished manuscript, Shōgenji 生源寺 archives. Eizan bunko, Naiten 内典 6–404–507.

Yugi sōgyō shiki 瑜祇総行私記. By Shinjaku. T. 2229. 61: 504–512.

Secondary sources

Bentor, Yael, "Interiorized Fire Rituals in India and in Tibet," *Journal of the American Oriental Society* 120–4（2000）: 594–613.

Dolce, Lucia, "A（Presumably）Chinese Tantric Scripture and Its Ritual Exegesis : The *Yuqijing* 瑜祇經 and the practices of the yogin," *Studies in Chinese Religions* 7, 3–4（2022）, pp. 1–32.

Dolce, Lucia, "The Abhiseka of the Yogin : Bodily Practices and the Interiorization of Ritual in Medieval Japan," in *Rituals of Initiation and Consecration in Premodern Japan : Power and Legitimacy in Kingship, Religion and the Arts*, Fabio Rambelli and Or Porath. eds. Berlin: DeGruyter, 2022, pp. 275–320.

Dolce, Lucia, "The Embryonic Generation of the Perfect Body: Ritual Embryology from Japanese Tantric Sources," in *Transforming the Void: Embryological Discourse and Reproductive Imagery in East Asian Religions*, Anna Andreeva and Dominic Steavu, eds. Leiden: Brill, 2016, pp. 253–310.

Dolce, Lucia, and Shinya Mano, "Annen," in *Esoteric Buddhism and the Tantras in East Asia*, Charles Orzech et al, eds. Leiden: Brill, 2011, 768–775.

Groner, Paul, "Annen, Tankei, Henjō, and Monastic Discipline in the Japanese Tendai School: The Background of the *Futsu jūbosatsukai kōshaku*," *Japanese Journal of Religious Studies* 14/ 2–3（1987）: 129–159.

Gunma kenshi 群馬県史, *Shiryō* 資料 5（*Chūsei* 中世 1, *Komonjo, kiroku* 古文書・記録）, Gunma kenshi hensan iinkai 群馬県史編さん委員會, ed. Maebashi,

Gunma-ken, 1978.

Harriet Hunter, "A Transmission and Its Transformation: The *Liqujing shibahui mantuluo* in Daigoji." PhD dissertation, Leiden University, 2018.

Karasawa Sadaichi 唐沢定市, "Chōrakuji kankei no shōgyōrui oyobi fuhōjō" 長楽寺関係者の聖教類および附法状, in *Gunma kenshi* 5: 1020–1038.

Kawakatsu Masatarō 川勝政太郎, *Bonji kōwa* 梵字講話. Kyoto: Kawahara shoin, 1949[3].

Misaki Ryōshū 三崎良周, "Seradasan Chōrakuji shōgyō rui" 世良田山長楽寺聖教類, in *Gunma kenshi* 5: 990–1020.

Misaki Gisen 三崎義泉, *Shikanteki biishiki no tenkai: chūsei geidō to hongaku shisō to no kanren* 止観的美意識の展開：中世芸道と本覚思想との関連. Tokyo: Perikansha, 1999.

Mizukami Fumiyoshi 水上文義, "Godai'in Annen to taimitsu no keifu ni tsuite 五大院安然と台密の系譜について," *Indogaku bukkyōgaku kenkyū* 30/2 (1982), pp. 696–698.

Mori Masahide, "The Origin and Transformations of Abhiṣeka in Indian Buddhism," in *Rituals of Initiation and Consecration in Premodern Japan: Power and Legitimacy in Kingship, Religion and the* Arts, Fabio Rambelli and Or Porath, eds. Berlin: DeGruyter, 2022, pp. 51–60.

Ōkubo Ryōshun, "Annen," *Brill Encyclopaedia of Buddhism*, Jonathan Silk et al, eds., vol. 2. Leiden: Brill, 2019, pp. 930–932.

Ōkubo Ryōshun 大久保良峻, *Tendai mikkyō to hongaku shisō* 天台密教と本覚思想. Kyoto: Hōzōkan, 1998.

Ōkubo Ryōshun, *Taimitsu kyōgaku no kenkyū* 台密教学の研究. Kyoto: Hōzōkan, 2004.

Ōkubo Ryōshun, *Nihon tendai ni okeru konpon shisō no tenkai* 日本天台における根本思想の展開. Kyoto: Hōzōkan, 2024.

Ōkubo Ryōshun, "Nihon tendai no busshinkan ni kansuru jakkan no mondai 日本天台の仏身観に関する若干の問題," in his *Nihon tendai ni okeru konpon shisō no tenkai*, pp. 72–110.

Ōyama Kōjun 大山公淳, "Kanjo ni tsuite" 灌頂に就いて, *Mikkyō kenkyū* 密教研究 59 (1936): 77–86.

Satō Ryūgen 佐藤隆彦, "Himitsu kanjō ni tsuite: taimitsu no kakawari ni tsuite" 秘密灌頂について—台密との関わりについて, *Mikkyōgaku kenkyū* 密教学研究 42, 2010: 27–47.

Shibuya Ryōtai 渋谷亮泰, ed., *Shōwa genzon Tendai shoseki sōgō mokuroku* 昭和現

存天台書籍綜合目録. 2 vols. Tokyo: Meibunsha, 1940–1943.

Shishiō Enshin 獅子王圓信, "Godai'in sentoku no senjutsu ni kansuru kenkyū" 五大院先徳の撰述に関する研究, in *Annen kashō no kenkyū* 安然和尚の研究, Eizan gakkai, ed., part 2. Dōhōsha, 1979（reprint, 1936[1]）, pp. 25–54.

Stone, Jacqueline I., *Original Enlightenment and the Transformation of Medieval Japanese Buddhism*. Honolulu: University of Hawaii Press, 1999.

Strickmann, Michel, "Homa in East Asia," in Frits Staal, ed., *Agni: The Vedic Ritual of the Fire Altar*. Berkeley, CA : Asian Humanities Press, 1983, pp. 418–455.

Tamura Yoshirō 田村芳郎, "Tendai hongaku shisō gaisetsu" 天台本覚思想概説, in *Tendai hongaku ron* 天台本覚論（Nihon shisō taikei 9）, Tada Kōryū et al, eds. Tokyo : Iwanami shoten, 1973, pp. 477–548.

Terada Shunchō 寺田舜澄, "Annen Sonja jiseki tokugyō reizui hen" 安然尊者事蹟徳行霊瑞篇, in *Annen kashō no kenkyū* 安然和尚の研究, Eizan gakkai, ed., part 2. Dōhōsha, 1979（reprint, 1936[1]）, pp. 153–178.

On the Conditionality of Hexagrams: Signs and Signification in Medieval Zen Buddhism

Stephan Kigensan Licha

Introduction

Perhaps the introduction to a paper solicited for a *Festschrift* allows for a degree of intimacy otherwise prohibited by the conventions of academic writing, especially if the goal of such licit intimacy is to celebrate the one to whom said *Festschrift* is dedicated. Almost a decade ago, I nervously stood in Ōkubo Ryōshun sensei's office to discuss the proofs of an article on the reception of Zen in the 14th century compilation of Tendai oral transmission materials, the *Keiran jūyō shū* 渓嵐拾葉集.[1] In it, I argued that the medieval Zen master Kokan Shiren 虎関師錬（1278–1347）had forwarded a radical interpretation of one of Zen's most famous battle cries, namely its claim to be a "separate transmission outside the teachings."（*kyōge betsuden* 教外別伝）. According to Kokan, I suggested, to even open your mouth to ask the question of whether Zen was inside or outside the teachings was already to have missed the point. The difference between Zen and the teachings, according to Kokan, was not one of relative degree of separation but rather one of absolute kind. I was quite proud of my point, and anxiously awaited Ōkubo sensei's judgement. Having corrected my unclear Japanese, Ōkubo sensei finally turned to me and asked, "But what about the mind of sentient beings? That's quite important, you know."

The Zen traditions know of the single word that overturns ignorance（*itten go* 一転語）. I cannot claim to have shed the crazy fox's body, but Ōkubo sen-

sei's remark had an equally profound effect on the future course of my scholarship. I came to appreciate that no matter how mind-bogglingly sophisticated its metaphysics, if the *summum bonum* of the Buddhist tradition is conceived of in a way that it cannot be imparted to human beings, then it is not medicine but snake oil. This "pragmatic turn," as it were, led me to think of East Asian Buddhist systems of doctrine and spiritual cultivation from the point of view of communication theory, that is to say, as fundamentally addressing the question if, and how, Buddhist truth can be communicated to sentient beings.[2]

To position Buddhist thought in this manner brings it into contact with more general problems in semiotics or the philosophy of signs. One common, if often mistakenly attributed, definition of a sign is *aliquid stat pro aliquo*, "that which stands for something else."[3] Let us for the purposes of this paper set aside semiotic technicalities such as whether there actually is anything that is not a sign, and assume on the question of reference the metaphysical stance of a somewhat naïve realist. The above dictum then can be taken to proclaim that signs arise from separation : water is apart from the sign "water," hence "water" does not make you wet nor quench your first, and water does not refer to or convey information about "water." If we wish to refer to or convey anything about water to anybody else, then we are dependent on using signs such as "water." All this is obvious and does not need belabouring. What I would like to suggest, however, is that to think in terms of signs and their objects, their separation and what it implies for successful communication, provides us with a handle to more clearly identify, understand, and address one of the fundamental problems of (East Asian) Buddhism.

The *Lotus sūtra* claims that it is in order to liberate sentient beings by inducting them into their own liberated vision that Buddhas appear in the world.[4] In order to do so, Buddhas must teach sentient beings ; all such teachings, as do all acts of communication, necessarily depend on signs. Teachings being signs, in other words, means that they are *not* the Buddhas' vision. Nor

is this constitutive difference or separation navigated as easily as that between "water" and water in the above example. It is quite impossible to adequately communicate the taste of water to one who has never tasted water. Yet, inhabiting a shared environment, the person unfamiliar with the taste of water can always simply be taken to a well and told to, "take a sip." This is the model of signs underlying the famous Zen saying that all teachings are but the finger pointing at the moon.[5] Sentient beings, however, are sentient beings precisely because they lack the vision of Buddhas. To explain it to them is like trying to explain the taste of water in a world in which there is no water, like pointing at the night sky thickly covered in clouds. The Buddhas' teaching, in short, by their very nature as teachings formulated in (linguistic) signs, fail to communicate the Buddhas' vision. This vision, in consequence, always is in danger of remaining a useless, "truth that only a Buddha and a Buddha can exhaust."[6]

One of the fundamental problems of Buddhist doctrine thus is to address and seek to bridge the chasm between the Buddhas' vision and their teachings, a chasm the structure of which reflects the constitutive separation at the heart of signs. It is not my aim in this paper to demonstrate that East Asian Buddhists were aware of this problem as an explicitly semantic or semiotic one. For the purposes of this essay, I will take this point for granted, and hope that the discussion about to unfold below will implicitly support my assumption. Rather, I would like to explore a number of ways in which Japanese Buddhist thinkers sought to resolve the scandal of the Buddhas' impossible teachings.

There are a few standard doctrinal manoeuvres through which Buddhist thinkers have attempted to establish a satisfying resolution to the crisis of teachings. Most fundamentally, on the level of ontology, one must seek to at least ameliorate or, in the most radical cases, erase the difference between sentient beings and Buddhas. By positing a common ground for sentient beings and Buddhas, or even suggesting their commensurability, the signs of the teachings find a common referent. This is the approach pursued in the many

variations of East Asian *tathāgatagarbha* teachings and culminating in *hongaku* 本覚 thought. For instance, as Yanagi Mikiyasu has argued with regard to the *Zongjing lu* 宗鏡録, from the point of view of the "one mind" (*isshin* 一心) all signs have but a single referent, mind itself.

The ontological approach just sketched seeks to negotiate the terms of the fundamental separation between sentient beings and Buddhas. An alternative, and often complementary, strategy targets the fundamental difference between signifiers and signifieds. At least two common avenues of attack have been explored in East Asian and Japanese Buddhism. First, one can try to seek a means of communication that does not rely on signs. This is the route taken by some proponents of Chan or Zen when they emphasize their identity as "a separate transmission outside the teachings" that "directly points at the human mind" (*jikishi ninshin* 直指人心) or that "transmits mind with mind" (*ishin denshin* 以心伝心) as a way to avoid having to rely on linguistic signs.[7] In some complex cases, such as Enni's 円爾 (1202–1280) to be explored below, this meant to conceive of certain linguistic signs as gestures. However, such attempts to bypass (linguistic) signs in order to access the vision of the Buddhas directly could invite the dangerous conclusion that teachings, as merely preliminary indicators, were arbitrary and ultimately to be dispensed with. Yet if teachings were not strictly necessary, or if *these* specific Buddhist teachings were not necessary, what use then was the Buddhas' appearing the in world? And more important, why would anybody support the custodians of these unnecessary teachings, the Buddhist monastic community, financially?

In order to guard against this apophatic tendency and its unwelcome practical consequences, other Buddhist thinkers sought to establish some sort of non-arbitrary connection between signifier and signified. The teachings of the Buddhas, in other words, were necessary not only in the abstract or for their preliminary pedagogical value, but in their concrete details because they were rooted in some not merely conventional relationship to the Buddhas' vision.

Arguably, this is the approach developed in the Tendai and Esoteric traditions, which each in their own way take the provisional means or signs of the teachings as intimately intertwined with the Buddhist truth they seek to communicate.

Needless to say, the two semantic solutions to the problem of signs, or of the separation of the Buddhas' teaching and vision, that I have just sketched contradict each other. Whereas the first seeks to abandon all signs as conventional, that is to say conditioned and arbitrary, the latter seeks to establish at least some signs as non-conditioned and non-arbitrary. As I hope to show in the discussion to unfold below, to explore this contradiction through a reflection on the nature of signs, their conditions and uses, is one way of making sense of, if not the historical development, then the "logic of ideas" according to which medieval Japanese Buddhism evolved.[8] In order to do so, I will begin, as befits a paper conceived of as a *laudatio*, from some considerations found in Ōkubo sensei's own work so as to demonstrate the indebtedness of my own inquiry to that of my, if I may be so forward, teacher. As Ōkubo sensei has shown, one of the problems surfacing at the dawn of medieval Buddhism was that of the tension between approaches to Buddhist practice based on perceptual characteristics and those claiming to be without. Taking this tension as my guide, I will then turn to two examples of medieval Buddhist thinkers, or rather lineages of thinkers, that displayed an extraordinarily high degree of semiotic self-consciousness. These were, first, the Shōichi lineage stemming from Enni 円爾（1202–1286）and, second, the student-teacher lineage of the Sōtō Zen thinkers Ketsudō Nōshō 傑堂能勝（1355–1427）and his disciple Nan'ei Kenshū 南英謙宗（1387–1460）. As I hope will become clear, it is no accident that all these unusually self-aware semiotic practitioners were, to varying degrees and in different ways, associated with the Zen tradition. They inherited from this tradition a profound distrust in the ability of signs, be they human or indeed more-than-human, to convey the intent of the Buddhas'

awakening. Consequently, they set out to devise alternative means to communicate the great import of the Buddhas. Enni and his followers, I will argue, sought to integrate Zen and the traditions of esoteric Buddhism through a reflection on their respective use of signs culminating in a notion of certain forms of language as meaningless yet liberating pseudo-gesture. In a similar manner, Nōshō and Kenshū turned to the *Yijing* to reveal the formless through the forms of the hexagrams. Each in their own ways thereby sought to bridge the semiotic abyss beneath the Lotus throne.

Signs and Conditionality in the Shōichi Lineage

As Ōkubo sensei masterfully has shown, the dynamism of Japanese Tendai doctrinal thought arose from the need to integrate the oft contradictory teachings of the esoteric and the *Lotus* traditions. One problem was to reconcile the esoteric Buddhist notion of the *dharmakāya* teaching (*hosshin seppō* 法身説法) with Tiantai and Tendai *Lotus* understandings of the *dharmakāya* as formless. One central stake in this undertaking was how to account for the esoteric ritual technology of three mysteries practice. Three mysteries practice was supposed to communicate the inner self-realization of the Buddha. Yet how could this self-realization, which is without perceptual characteristics, be communicated through ritual forms such as gestures, images, or syllables that clearly do have perceptual characteristics? This problem found a temporary resolution in what I like to refer to as the Annenian truce. The great systematizer of classical Tendai doctrinal thought, Godai'in Annen 五大院安然 (n.d.) identified with each other the Buddhas preaching the *Lotus* and esoteric teachings on the basis of the *maṇḍala*. In short, all Buddhas where understood as transformations of the central deity of the *maṇḍala*, Mahāvairocana and hence the tension between the *Lotus* and esoteric teachings dissolved on esoteric terms.[9]

The social, religious, and political transformations at the dawn of the medieval period challenged the esoteric teachings' dominance of the Japanese

Buddhist establishment and hence undermined the foundations upon which the classical Tendai doctrinal edifice had been erected. These changes put the Annenian truce back into play. Within the Tendai school, the doctrinal emphasis shifted in favour of the *Lotus* teachings and the notion that what is endowed with perceptual characteristics is but a concession to those of lesser spiritual faculties gained popularity. This new emphasis on what is without perceptual characteristics led to a tendency to elevate the *Lotus sūtra* as the direct revelation of the Buddhas' vision over the esoteric teachings with their emphasis on means such as the three mysteries.[10]

It was into this already convoluted doctrinal space that from the late 12th century onwards the Song-period Chan or Zen teachings were introduced from the continent. As a tantric adept in Yōsai's (alt Eisai) 栄西 (1141–1215) lineage, Enni inherited this background and laboured to articulate his Zen teachings against it. As we shall see in the present section, the questions of perceptual characteristics, of conditionality, and hence of the possibility of establishing teachings and how signs function in doing so, were central to Enni's efforts to establish a new foundation for an integrated Buddhism embracing *Lotus*, esoteric, and Zen elements.

One of Enni's most important, though only recently discovered, works is a sub-commentary on the *Mahāvairocanābhisambodhitantra* or *-sūtra*, one of the root texts of the East Asian tantric tradition. This text, the *Dainichikyō gishaku kenmon* 大日経義釈見聞, offers what might be considered a programmatic statement of Enni's exegetical stance, although the passage itself might have been inserted by Chikotsu Daie (1229–1312) 癡兀大慧 :[11]

> I say, it has to be understood that the vision of all Buddhas is to arrive in the absence of self-nature of the fundamentally unproduced based on the conditioned arising of *dharma* ; this is to awake to what is without perceptual characteristics by means of what has perceptual characteris-

tics. … However, where there is not yet even the first sprout of conditional arising (*engi mihō* 縁起未萌), in the essence of even one *dharma* not yet established, there is neither the principle of absence of self-nature of the fundamentally unproduced nor the perceptual characteristic of in truth there being no perceptual characteristic. How could there be a Buddha whose vision is to illuminate it? … Furthermore, the highest principle of this scripture [the *Mahāvairocanābhisambodhitantra*] is merely unproduced absence of self-nature of the conditionally arisen. The pivotal point of the verification of all Buddhas again is being without perceptual characteristics in accordance with perceptual characteristics. … What is explained in all the fascicles [of the *Mahāvairocanābhisambodhitantra*], the tenet of the supramundane without perceptual characteristics, again does not exceed the tenet of the conditional being unproduced, of what is without perceptual characteristics in accord with perceptual characteristics.[12]

As this passage makes clear, Enni's hermeneutical and exegetical enterprise, at least as it was understood by one of his leading disciples, is informed by the perhaps most foundational principle of Buddhist thought, namely the principle of conditioned arising. In keeping with the broad mainstream of East Asian Buddhist thought, Enni adopted a paradoxical reading of conditionality: if everything arises from conditions, these conditions themselves have arisen from conditions, hence inviting an infinite regress. Buddhist masters resisted the easy way out of this dilemma and declined to posit an abstruse uncaused cause. Hence, the principle of conditionality itself breaks down. If all produced phenomena[13] are produced because they are conditionally arisen, then, as conditionality cannot be cashed in, everything is unproduced (i.e. the notion of "being produced" does not apply). From this line of thought follows a second principle important to grasping Enni's tantric hermeneutics: phenomena, in

order to be specific phenomena, need to have perceptual characteristics by virtue of which they can be identified as this and not that phenomenon.[14] However, each phenomenon, insofar as it is unconditioned and therefore unproduced, lacks perceptual characteristics, for wherein would characteristics be established and what would they identify? In short, if phenomena are conditioned then they cannot be phenomena. Paradoxically, however, it is only by thinking about phenomena that we can realize that neither the conditional production nor the identifiability of phenomena actually holds. To paraphrase Enni, it is on the basis of and in accord with conditioned, produced, identifiable phenomena that we understand that actually they are unproduced, unconditioned, unidentifiable non-phenomena.

So far Enni or Chikotsu adhere closely to the common if infuriating East Asian Buddhist reading of emptiness. There is, however, a second strand to their argument, namely an intuition that there is something outside conditionality. Unproduced, unconditioned, unidentifiable non-phenomena without perceptual characteristics can only be grasped on the basis of produced, conditioned phenomena with characteristics. The two terms of phenomena and non-phenomena, in other words, are conditional upon each other. Hence, they replicate the initial paradox of conditionality. To posit an unconditioned, in other words, is not a viable fix for the problem of conditionality. Rather, in order to escape the vicious circle, the principle of conditionality itself needs to be abandoned. In such a place, there is neither the conditioned nor the unconditioned. In fact, in so far as all phenomena as non-phenomena are conditioned, in the absence of conditionality there is … cognizant of which are, according to Enni, not even the Buddhas.

As the final passage of the above quote indicates, Enni or Chikotsu consider the *Mahāvairocanābhisambodhi*, the subject of their commentary, to be predicated on the, as it were, conditioned unconditional. This suggests that for the two thinkers the paradox of conditionality functions not only as a meta-

physical parlour game but as exegetical guideline. In the passages following the above quote, Enni addresses the problem of exegesis directly. To state Enni's conclusions at the outset, his overall goal was to distinguish between, on the one hand, the exoteric and esoteric teachings as teachings based on conditionality and, on the other, Zen as a non-teaching. Let us consider these in turn.

The esoteric and exoteric teachings, Enni explains, are both based on conditionality but not in quite the same way. Exoteric teachings, according to Enni, are based on the "conditionality of the impure" (*sen engi* 染縁起) and focus on countermeasures for removing conditioned impure phenomena to reveal an opposing unconditioned non-phenomenon. Therefore, they fall exactly into the trap of conditionality we have outlined above, namely to think that the problem of the conditioned can be solved by abandoning it for the unconditioned. Consequently, they conceive of the Buddhist *summum bonum* as being without perceptual characteristics.[15] On this point, we can easily recognize what in the introduction I have called the crisis of the Buddhist teachings rooted in the constitutive chasm at the heart of signs. The Buddhas' teachings, as conditioned in so far as they are addressed to sentient beings and hence endowed with perceptible characteristics, are separate from the Buddhas' vision in a manner parallel to the sign being separate from its signified.

Esoteric teachings, on the other hand, are rooted in what Enni calls "conditionality of the pure" (*jō engi* 浄縁起). This pure conditionality manifests, "the perceptible characteristics (*shikisō* 色相) of pure conditional arising, the manifestation of the inner verification of the various Buddhas (*shobutsu naishō no kaihotsu, jō engi no shikisō* 諸仏内証ノ開発、浄縁起ノ色相)." Unlike the exoteric teachings, which take the Buddhas' inner vision to be devoid of perceptible characteristics and hence signless, the esoteric teachings understand the Buddhas' inner verification of their own awakening as being endowed with form. This form, however, is unlike the perceptible forms utilized in the

exoteric teachings. When one engages the tantric signs of deity yoga, “although one sees the perceptible characteristics of the various Buddhas, one merely sees unproduced absence of characteristics (*fushō musō* 不生無相), because one sees the essential characteristic (*taisō* 体相) of the uniformity of the *dharmadhātu* (*hōkai ichinyo* 法界一如).”[16] Or, to employ the terminology of the above passage, one perceives “what is without perceptual characteristics in accord with perceptual characteristics,” the signs of the signless.

The esoteric teachings, in other words, do not understand the conditioned and the unconditioned, that what has perceptible characteristics and that which has not, as opposites. Rather, one perceives the unconditioned through the conditioned. How are we to understand this paradoxical not quite perception? In his own commentary on the *Mahāvairocanābhisambodhi*, the *Dainihikyō kenmon* 大日経見聞, Enni offers a solution to this problem through a discussion of the fundamental (Tendai) tantric practice of contemplating the seed syllable *a*. To sketch first a heuristic of Enni’s argument for ease of understanding, *a* is taken to be the natural sound of the human breath, and hence, as breath unconditioned by the shaping of phonemes, as it were, the transcendent ground of all language.[17] At the same time, within (the Sanskrit) language, *a* is a negative prefix that cancels the meaning of any meaningful linguistic sign it is prefixed to. Hence both on the material and linguistic (or semiotic) level, *a* marks the boundaries of *semiosis*, of the possibility of meaningful language.

In tantric practice, the contemplation of the syllable *a* is what leads from the conditioned to the unconditioned, or rather, what reveals the unconditioned in/of the conditioned. As Enni explains with regard to the key paradoxical concept of the “three mysteries without perceptual characteristics” (*musō sanmitsu* 無相三密):

Q : What is the principle of the three mysteries without perceptual characteristics?

> A : The syllable *a* — its shape is the mystery of the body of the deity. … The unproduced essence of this letter [the syllable *a*] is the mystery of the [Buddhas'] mind.[18]

The syllable *a*, in other words, reveals the unproduced, its meaning, through the produced, its physical shape and sound. Or as Enni puts it elsewhere :

> In the forms and shapes [utilized in the practice of] *yoga*, there is support for the maintenance of contemplation (*unshin nennsō* 運心念想) with and without perceptual characteristics. The [visible] moon disk is called what is with perceptual characteristics. The moon disk which is contemplated and perceived by going beyond the mind which differentiates based on conditioned thought and by separating from concepts of voice and thoughts of form is called the moon disk without perceptual characteristics. Where the conditionality of the perceptual realms of both Buddhas and sentient beings is forgotten, that is called the conditionality of the *dharmadhātu* (*hōkai engi* 法界縁起).[19]

Based on its paradoxical and liminal semiotic features, the syllable *a* thus induces in the practitioner an intimation of the unconditioned by revealing and cancelling its own conditionality. In the above passage, Enni calls the basis of this tantric *semiosis* the "conditionality of the *dharmadhātu*," which we can surmise to be a different term for what elsewhere he called the "conditionality of the pure." This form of conditionality is a first step towards bridging the semiotic chasm, to connect the Buddhas' inner verification to their teachings, their minds to their words.

As the above discussion suggests, Enni considered both the exoteric and the esoteric teachings to be, as teachings, conditioned and hence endowed with perceptual characteristics, even if the precise nature of their respective condi-

tionality differs. As the *Dainichikyō gishaku kenmon* explains, making explicit the relationship between conditionality and teachings :

> The arguments and reasons［expressed by］verbal debates（*gengo giri* 言語義理）, such as on what is with perceptual characteristics and what is without, are all established on conditionality and are the topics of the teachings.[20]

All Buddhist teachings, esoteric as well as exoteric, are conditioned, Enni concludes. What then of the obscure realm "where there is not yet even the first sprout of conditional arising?"

The precise term "not even the sprout of conditional arising"（*engi mihō* 縁起未萌）seems to be unique to Enni. However, we can gain a first inkling as to its meaning by noting that it alludes to a family of somewhat more common phrases used in Chan and Zen sources on the theme of "signs or omens not yet distinguished"（*chinchō mibun* 朕兆未分）, a term Enni uses in his *Recorded Sayings*.[21] In Chinese Chan texts such as the *Biyan lu* 碧巌録 this latter term is used to indicate grasping the truth of Chan or Zen directly without relying on language or signification. The *Biyan lu*, for instance, contains the following admonition :

> If you grasp it before the first signs are distinguished（*chinchō mibun* 朕兆未分）, it's already secondary, and if you seize it after there are distinct signs, it's already what comes in third. If you seek to clarify it in words and phrases, you will grope and search without ever finding.[22]

On a similar note, the *Foguo jijie lu* 仏果擊節錄 observes that, "If you are a fellow with the eye on the forehead［i.e. a Buddha］, you'll get it before any sign has sprouted（*chinchō mihō* 朕兆未萌）."[23] Interestingly, both these Chinese

sources are associated with Yuanwu, one of Enni's most important influences.[24] By coining the phrase, "not even the sprout of conditionality," Enni thus explicitly relates the doctrinal concept of conditionality, which he understood to be foundational to all teachings, to the problem of signification in general and to Chan or Zen's claim to be beyond all signification in specific.

The notion that Zen somehow indicates without signifying the realm beyond conditionality is well established in Enni's tantric commentaries. As Enni explicitly states, "where not a single *dharma* is established, before even the first sprout of conditionality, [there] is established the basic principle [of Zen], the single transmission of direct indication (*tanden jikishi shūshi* 単伝直指宗旨)."[25] This *topos* "where not a single *dharma* is established" is

> black, most black, the essence before father and mother are born, the original face. Śākyamuni twirling the flower on Vulture Peak and Mahākāśyapa smiling faintly, Bodhidharma on Songshan 嵩山 (i.e. at Shaolin monastery) facing the wall and the patriarch bowing three times.[26] This is directly indicating the human mind, singly transmitting the subtle principle.[27]

It is important to note that both examples of Zen transmission Enni mentions, the Buddha's twirling a flower and the patriarch bowing, make do without any spoken words. Rather, the call to awakening and the awoken response are performed as a silent dance of gestures, presenting a flower, breaking a smile, sitting, bowing. Awakening, the message seems to be, cannot be signified, but it can be gesticulated at.

Does this imply that Zen is entirely silent, that the spoken word has no use at all? Not quite. Although many of the details are still unclear, it appears that Enni conceived of a way in which language, words themselves, could be used as if they were gestures. In the *Dainichikyō gishaku kenmon* Enni hints at

this possibility as follows :

> [Zen] makes single transmission and direct indication its principle (*shū* 宗). Therefore, the thousand phrases and ten thousand words [...] they all lose their flavour, loose their reason. Therefore, it is outside the intention of verbal expression.[28]

Here there is the suggestion that Zen has a special way with words, a manner of using them that goes beyond ordinary meaning. Unfortunately, Enni does not further elaborate on this problem. Elsewhere, I have suggested that Enni might have considered certain Zen sayings or phrases such as "mountains are mountains, water is water" as disrupting the order of meaning by not conveying any sort of information but rather pointing to the nature of language itself, by showing, not saying, that mountains indeed are "mountains."[29]

For our present purposes it is sufficient to note that Enni was a master semiotician. It should thus not surprise us that he sought to find a place for Zen by reflecting on its use of signs. In fact, Enni establishes a threefold classification of Buddhist schools. The exoteric teachings are predicated on what I have called the chasm of signification ; as they consider the conditioned and identifiable teaching and the unconditioned vision of the Buddhas opposites, they embrace a negative and renunciatory soteriology. After all signifiers are abandoned, the Buddhist *summum bonum* is the wasteland of the unsignified. In the esoteric teachings, the unconditioned signified is grasped through the specific properties of the tantric signifiers, especially the syllable *a*. In Zen, the abolishment of all conditional signification reveals the signified in its stark, unconditioned nakedness.[30]

Hexagrams and Teaching in Sōtō Lineages

Enni's tantric semiotics succeeded in finding a place for Zen in Japanese Bud-

dhism by considering how Zen communicated the Buddha mind. However, as conflict between the established schools and the new Zen movements continued to escalate and the prospect of relying on tantric semiotics to understand Zen gesticulations became ever less attractive, new ways of understanding Zen's relationship to signs had to be found.

One of the perhaps most sophisticated Zen semiotics was articulated by the two Sōtō masters Ketsudō Nōshō and Nan'ei Kenshū. These two thinkers built on the association between the Sōtō lineages and the Chinese divinatory classic, the *Yijing* 易経. This association stems from the enigmatic poem *Baojin sanmei ge* 宝鏡三昧歌（J. *Hokkyō zanmaige*）. Although variously attributed to one of the Caodong lineages' founding figures such as Dongshan Liangjie 洞山良价 (807–869) or his teacher Yunyan Dansheng 雲巌曇晟 (782–841), this text was first published in Juefan Huihong's 覚範智洪（1071–1128）*Chanlin sengbao zhuan* 禅林僧宝伝（J. *Zenrin sōbō den*）. In fact, Juefan has been suspected of being the poem's actual author from early on. Regardless of actual authorship, the *Baojin sanmei ge* suggests that Buddhist truth, while strictly speaking beyond words, still might be encoded in the mutual transformations of the trigrams and hexagrams of the *Yijing*, and especially in a series of five *grammata* centered on the hexagram Stacked Li（C. *zhongli* 重離）. The complex details of these associations and transformations need not concern us here. Suffice to say that Nōshō and Kenshū built on this precedent to formulate a formidably intricate Sōtō Zen approach to the *Changes*. Here, I would like to focus on a few observations concerning their understanding of signs and how they are to be used in teaching. Fortunately, Nōshō and Kenshū's main work, the elephantinely entitled *Genketsu kōun hyōchū shogetsu kunsekikō* 顕訣耕雲評註種月摭藁（hereafter *Kunsekikō*）contains a number of concrete examples of how especially Kenshū used the symbolism of the *Yijing* in his teaching, and how he conceived of this symbolism to be communicating Buddhist truth.

The first example focuses on a chart in three parts (Figure 1). These three charts represent the process by which the Great Pivot (*taikyoku* 太極) of Kenshū's *Yijing* derived cosmology-*cum*-soteriology gradually differentiates itself into the multiplicity represented by the sixty-four hexagrams of the *Yi*. This process is symbolized by the right-hand part of Figure 1. Yet paradoxically this multiplicity remains contained within the unity of the Great Pivot.[31] This inclusion is represented in the upper left-hand circle of Figure 1, which is inscribed by the lines forming the trigrams and hexagrams. However, Kenshū was not content with merely tracing the many shapes of the cosmos back to their original inherence in the undifferentiated. The *Kunsekikō* records that once Kenshū finished commenting on the second chart just described, he produced the black disk seen on the lower left in Figure 1 and used it to cover the white circle and the figures inscribed in it. He then challenged his audience to show their understanding of the state of affairs represented in this way. Answering himself, he offered the following verse :

> The mountains entering the mist and clouds — half there [and half] not ;
> The sudden rain darkens Pinghu county ;
> Retreating, it brings the brocade lands of nightingales and flowers,
> Transformed, it becomes an ink painting by Mi Youren.[32]

Nan'ei then removed the black circle, revealing again the white one with its inscribed yin and yang lines. Challenging his audience to "say more, say more," he again offered his own comment :

> On the narrowing road, peach blossoms after the rain ;
> the horse's hoof, where to avoid damaging the red [peach flowers] ?[33]

In this fascinating account, which well illustrates Kenshū's dynamic and erudite teaching style, the principles of his cosmological thought are revealed through the interplay of charts, dramatic gestures and textual quotations ranging from poetry to philosophical treaty. The first two charts, together with Kenshū's's commentary, show the cosmos first as an evolutionary progression from unity to diversity and second as always already embraced by its own original ground. Kenshū covering and uncovering the second chart with a black circle reveals the principle underlying this cosmology : neither evolved plurality nor primordial unity are to be considered as in any way final. They are but phases in the "breath cycle" of the cosmos. All things are caught up within this circular process of concealment and revelation ; they cannot escape it any more than the fallen peach blossom can avoid the crushing hoof of the passing horse.

As I have argued elsewhere, thinkers such as Nōshō and Kenshū conceptualize Zen soteriology as inverted *Yijing* cosmology. According to this model of liberation, Zen adepts retrace their steps backwards to their own origin in order to be reborn from the Great Pivot. This notion eventually contributed to the formulation of explicitly embryological and vitalistic interpretations of Buddhist practice in the late medieval and early modern Sōtō tradition that understand the origin explicitly as a womb.[34] For reasons of space, these wider shores of medieval Zen, and indeed Buddhist, metaphysical speculation must here remain unexplored. Rather, what concerns us at present is why Kenshū thought that the soteriological process, and hence Buddhist metaphysical truth, can be conveyed by the charts and *grammata* associated with the *Yijing* in a manner superior to straightforward verbal explanation. I propose that key to Kenshū's understanding is the final line of the first poem quoted above, "transformed, it becomes an ink painting by Mi Youren." Mi Youren 米友仁 (1072–1151) was a Song period artist best known for his paintings of mist-covered mountains, such as can be seen in Figure 2.[35] What Kenshū suggests is

that the process of the Great Pivot manifesting and retreating is in meaningful ways similar into a mountain being uncovered and covered again in mist and rain. Hence it can, in turn, be "transformed" into a painting such as Mi Youren's, which functions through the interplay of ink and paper, darkening and highlighting. Mi Youren's painting, in other words, does not *tell* us anything about the Great Pivot's process of revelation and concealment. Rather, it *depicts* it. Or, to put it differently, the principle according to which a landscape "transforms" into a painting is akin to that by which the breath cycle of the cosmos, the model of Buddhist liberation, is not explained but rather *shown* in the *grammata* of the *Changes*.

This reading might appear overly fanciful in its semiotic predilections. Elsewhere, however, the *Kunsekikō* suggests that it was precisely such considerations that lay behind Kenshū's fascination with and pedagogical reliance on the *Yijing*. This brings us to the second example of Kenshū's teaching style. As briefly explained above, central to the speculation on the *Yijing* pursued in both Chinese Caodong and Japanese Sōtō circles was the hexagram Stacked Li and its transformations. Nōshō and Kenshū expend much exegetical energy on this figure. Underlying their efforts is the understanding that, "the principles of nature（J. *jinen* [alt. *shizen*] *no ri* 自然之理）are naturally established in the one figure Stacked Li." Although the focus on Stacked Li of course reflects their Caodong or Sōtō heritage in specific, the general notion that the *grammata* are useful in divination because they reflect cosmic processes is one the two masters share with the broad mainstream of *Yijing* speculation deriving from the oldest layers of commentary on the classic. What is unusual in especially Kenshū is that he actively utilized this principle in his teaching. For instance, the *Kunsekikō* reports that in commenting on the above quote, Kenshū hung a scroll depicting the Stacked Li diagram. He then commented on it as follows :

Again [Kenshū, playing the *advocatus diaboli*] asked, "The Great Pivot

is the extreme of no form. Stacked Li is an image that has form. It is simply because the [verbal] explanatory principles [associated with the two] are in accordance that Stacked Li aligns with the Diagram of the Great Ultimate [i.e. the famous chart of circles fundamental to Neo-Confucian *Yijing* speculation]. If this is the case, ought one make the Diagram of the Great Ultimate, draw Stacked Li [at all, given that their meanings are established solely through associated verbal explanations] ? " Substituting for himself, Kenshū said, "If intent is complete, do not demand resemblance of appearance. The precedent is the supreme judge of horses, Juefang Gao." [Kenshū continued and] said : "How is intent completed?" Substituting for himself, he took down the hexagram Stacked Li from the wall. He quietly looked up and down and was silent for a little. Then he said : "The snow is deep in front of the gate. I beg the great assembly to treasure it."[36]

In this fascinating passage, Kenshū explicitly addresses the question we are wrestling with : The "principles of nature" such as the Great Pivot are without form or, to borrow the doctrinal terminology we learned from Enni previously, without perceptual characteristics. Stacked Li, on the other hand, as a sign, per definition is endowed with perceptible form. This raises the question of how signified and signifier are related to each other. It certainly cannot be through literal resemblance. Stacked Li "looks like" the Great Pivot no more than a painted landscape looks like a real one. If so, is the association between signifier and signified based on nothing but secondary verbal explanations? Should that be the case, what use is there in bothering with a merely arbitrary symbol?

In his reply, Kenshū suggests that there is something else besides arbitrary linguistic association in play. This something is intent. In order to illustrate what he means by this term, Kenshū cites the story of Juefang Gao from

the *Liezi* 列子. Gao was charged with finding a horse of supreme quality for Mu, the duke of Qin（Qin Mu gong 秦穆公, r. 659–621 BC）. After three months, he reported that he had found such a beast, a yellow mare. Mu sent for the horse, which turned out to be a black stallion. The duke complained to Bo Le 伯楽, who had recommended Gao, that the latter could not even distinguish yellow from black, much less mare from stallion. Bo Le replied, "What Gao discerns is the heavenly mechanism（C. *tianji* 天機, J. *tenki*）. He obtains the essential and forgets about the gross, he inspects the inner and forgets the outer. [What he] sees, that is to be seen, [what he does] not see, that is not to be seen. [What he] inspects, that is to be inspected, and [what he] discards that is not to be inspected. In Gao's [judging of] appearance there is something more precious than horses." Needless to say, the horse chosen by Gao was excellent.[37]

What enabled Gao to pick a fine horse was his ability to bypass the beast's superficial outward appearance and to perceive directly the innermost functioning with which Heaven has endowed it. Kenshū urges his audience to use similar discernment when considering the relationship between symbols such as the Stacked Li hexagram and their formless referent. What relates them, Kenshū suggests, is neither outward resemblance nor verbal association. Rather, it is an insight into their productive principles, their final intention.

How might we understand such an insight? According to the divinatory traditions of the *Yijing*, the entirety of the cosmos is produced from the polarity of *yin* and *yang* forces as they spiral outwards from, yet remain contained within, the Great Pivot. How is this reflected in the divinatory process itself? Each *grammaton* is built from the bottom up from broken and unbroken lines representing *yin* and *yang*, respectively. Which line is drawn is decided from the tossing of coins or the manipulation of stalks. In other words, each line of the trigrams and hexagrams is produced from binary differentiation, *this* broken line, not *that* unbroken one ; *this yin*, not *that yang*. At the same time, each specific line drawn reveals the originally undifferentiated whiteness of

the paper and thus, in a sense, the totality of all lines that could be drawn just as the Great Pivot contains all possible *grammata*. Consequently, when we contemplate the completed trigram or hexagram, it is not through some visual resemblances or associated verbal explanations that we comprehend its relationship to the formless and the total. Rather, like Juefang Gao judging a horse, we look through its appearance and meaning to the principle of nature, the differentiating process by which it was formed. In this way, the dichotomy between the formless and its expressions, between the signified and its signifier, disappears.[38] Perhaps this is what Kenshū himself intended when he took down the scroll bearing Stacked Li and instead looked out over the transformations of the drifting snow, born from the loftiness of heaven and equally covering the lowly earth.[39]

We can now understand Kenshū's reference to a landscape painting when discussing cosmology. It is not that the painting bears any figurative resemblance to the cosmic drama of manifestation and concealment. Rather, the process of painting peaks drifting in and out of the ever changing clouds *shows* through the process of its production, the simultaneously revealing and concealing application of ink to paper the very same underlying principle as guides the cosmic cycles. In like manner, the divinatory *grammata* of the *Yijing show* the outward differentiation of *yin* and *yang* in lines on paper. According to Kenshū, what connects these complex signifiers to what they signify is not arbitrary association but rather a certain abstract iconicity or perhaps even indexicality that is only revealed by looking, as it were, through the sign towards the signified.

Conclusions

I have opened this contribution with the suggestion, itself deeply rooted in the Tiantai / Tendai tradition's reflections on its own root text, the *Lotus sūtra*, that Buddhist systems of doctrine and practice might meaningfully be ap-

proached as systems of communication ; or, to put it a little provocatively, that Buddhist doctrine can be read as communication theory. Once understood in this manner, what at first glance appear to be strictly doctrinal questions might reveal themselves to be rooted in wider problems of semiotics. Here, I understand "semiotics" in an inclusive manner as the general study of the functioning of signs. As Umberto Eco's work demonstrates, such an undertaking is necessarily philosophical in nature. All ideas, the clarification of which arguably is the subject matter of philosophy, can only be formulated or communicated in signs. Eco's project on this point clearly recalls Locke, who in Book 4, Chapter 21, paragraph 4 of the *Essay Concerning Human Understanding* defined *semeiotike* as "the business whereof is to consider the nature of signs, the mind makes use of for the understanding of things, or conveying its knowledge to others." Or as Eco put it somewhat more flippantly, semiotics is the study, "of everything that can be used to lie."

One might wish to object that the business proper of Buddhist teachings is just the opposite, namely to communicate truth. A little further reflection, however, suggests that this is not so clear-cut a case. As the Buddha himself explains in the *Lotus sūtra :*

> O Śāriputra! The real intention of all the buddhas in adapting their explanations to what is appropriate is difficult to understand. Why is this? Because I have expounded the teachings with innumerable skilful means and various kinds of explanations and illustrations. Yet this Dharma is beyond reason and discernment. Only the buddhas can understand it. Why is this? Because the Buddha Bhagavats appear in this world for one great purpose alone. O Śāriputra! Now I will explain why I said that the Buddha Bhagavats appear in this world for only one great purpose. The Buddha Bhagavat appear in this world to cause sentient beings to aspire toward purity and the wisdom and insight of

the buddhas.[40]

If only the Buddhas themselves can understand their *Dharma*, then all the teachings addressed to sentient beings, adapted as they are to be appropriate to beings' respective capabilities, are *not* the Buddhas' *Dharma*. The Buddhas' teachings, in short, are the sum total of the Buddhas' lies about their *Dharma*.

What allows the Buddhas to lie in this manner is their use of signs. To return to the definition quoted in the introduction, signs stand for what they are not. In their direct verification of their own visions, Buddhas cannot lie and hence they cannot communicate. In order to communicate their vision, they need to use what is other than their vision *simpliciter*, they need to use signs. The question then arises how these signs can be used in such a manner as to induce sentient beings, who are sentient beings exactly by virtue of not possessing the vision of the Buddhas, into the vision of the Buddhas. Or, to put it differently, how the teachings can be made to lie truthfully. By focusing on Buddhist communication theory, the Buddhist doctrinal problem of how the Buddhas' vision can be reconciled with their teachings hence reveals itself as a sub-species of the more general if not necessarily more ancient semiotic problem of how to bridge the constitutive chasm at the heart of signification.

In the above discussion, I have focused on two examples of how this tension and attempts to resolve it played out in medieval Japan. It is indeed no coincidence that both examples are associated with the Zen teachings. How the Buddhas can communicate their inner verification of their own awakening had long been recognized as a problem by Buddhist thinkers. Tiantai and esoteric Buddhist dogmatics often attempted to solve this problem by claiming that communication, or the use of signs as skilful means, itself is part of the Buddhas' wisdom. It was with the radical rhetoric associated with certain strands of Zen, such as the claim to represent "a separate transmission outside the teachings," that the problem reached a new fever pitch. By asserting, semi-

otically speaking, the arbitrariness and hence ultimate meaninglessness of all signifiers, in the most extreme cases Zen rhetoric can be understood to relativize and ultimately abandon all concrete, specific teachings in favour of a however conceived direct intuition. In this sense, interpretations of Zen as a mystical experience such as popularized by the likes of D. T. Suzuki and regurgitated *ad nauseam* in the populist tracts of Western Zen enthusiasts are not, *pace* Robert Sharf, a modernist aberration.[41] Rather, they are deeply and paradoxically rooted in Zen's own understanding of the deficiency of language.

Yet despite its undeniable charms, radical abandonment of all signs of course never was a practical option for Chan and Zen masters. Not only would this have meant to forfeit the cultural capital on which they themselves depended ; it also would have been self-defeating in the face of a Japanese Buddhist opposition that attacked, at least initially not without success, the newly arriving Zen teachings precisely for their quietist tendencies. Japanese Zen pioneers hence were under significant pressure to account for their use of signs, to show how Zen could be both outside the teachings / outside *semiosis* and capable of successfully communicating Buddhist truth.

The two cases we have discussed above, Enni and Kenshō, both arrived at solutions that differed vastly in their details but were predicated on the same fundamental strategy. Both thinkers rejected semiotic models based on the arbitrariness or conditionality of the linguistic signifier/signified relationship as the basis of Zen communication. Instead, they promoted alternative understandings of signification that posited, correctly or not, more direct or motivated relations between signs and what they signify. In Enni's case, this was the model of the gesture, in Kenshū's that of the picture or the chart. In both models, signs are understood as not referring to but rather *showing* what they signify, even if Enni's gesture cannot be reduced to a physical pointing at any more than Kenshū's charts can be reduced to figurative likeness. Zen, according to these models, can be at the same time "outside the teachings" under-

stood as strictly linguistic entities and yet still communicate truth. Although from a modern perspective their successes are questionable, according to their own standards Enni and Kenshū successfully bridged the semiotic chasm between the Buddhas' visions and their teachings.

To return in closing to the permissible intimacy of the *Festschrift*, I am aware of course that Ōkubo sensei himself would balk at my semiotic musings and consider them too far removed from the craft of Buddhist studies proper, that is to say the patient parsing of the received textual *corpus* with the philological precision and intellectual faithfulness these complex materials demand. And yet, I consider it testimony to Ōkubo sensei's own mastery of skilful means that because of him I came to pursue these interests in the first place. Ōkubo sensei might not approve but neither can he avoid the blame for setting the fox among the hexagrams.

Notes

1. The article in question is Stephan Kigensan Licha, "Keiran jūyō shū ni mirareru zenshū kan — Bekkyō to kikonron ni tsuite no rikai wo megutte"『渓嵐拾葉集』に見られる禅宗観—別教と機根論についての理解をめぐって, *Tōyō no shisō to shūkyō* 東洋の思想と宗教, 23, 2017. I have later revised my findings in light of Ōkubo's admonition and published them in Stephan Kigensan Licha, "Separate Teaching and Separate Transmission — Kokan Shiren's Zen Polemics", *Japanese Journal of Religious Studies*, 45/1, 2018.
2. This undertaking is clearly related to Fabio Rambelli's project of a Buddhist semiotics. Rambelli himself undertook ground-breaking work in this regard with his semiotic account of the Shingon 真言 tradition. As Rambelli cautions, however, as there is no single and all-encompassing semiotic theory in Buddhism even within the same tradition, it is virtually impossible to describe a normative 'Buddhist semiotics;' all there is are several local semiotics (a situation which is somewhat similar to the contemporary semiotic field) addressing issues such as epistemology, the nature of signs, language, visual and artistic representation, semantic systems, and performative aspects." Fabio Rambelli, *A Buddhist Theory of Semiotics: Signs, Ontology, and Salvation in Japanese Esoteric Bud-*

dhism, Bloomsbury Advances in Semiotics (London ; New York : Bloomsbury Academic, 2013), xv. The current tentative exploration can be understood as a first attempt to explore some of the local semiotics that developed in the environs of medieval Zen Buddhism.

3 . This phrase is sometimes erroneously traced to Augustine via Eco. In fact, neither did Augustine write it, nor did Eco attribute it to him. See Ugo Volli, "The Origins Of Umberto Eco's Semio-Philosophical Project," *Rivista Di Estetica*, no. 76 (2021) : 81–95.

4 . T 9 : 7a.

5 . The Tiantai 天台 master Guanding 灌頂 (561–632, also known as Zhangan 章安) interprets this understanding as characteristic of the lesser separate teachings (*biejiao* 別教). See *Miaofa lianhua jing xuanyi* 妙法蓮華経玄義, T 33 : 682c. In Japan, this would become an important source for Tendai criticism of Zen.

6 . T 9 : 5c.

7 . This of course raises the complex question of the semiotics of pointing and gestures more generally.

8 . I am using the somewhat awkward phrase "logic of ideas" to avoid the value-laden term "ideology." Obviously, I am indebted to Locke's definition in the final book of the *Essay Concerning Human Understanding*. See the conclusions to the present study.

9 . Ōkubo Ryōshun 大久保良峻, "Saichō kara Annen he : Shoki nihon Tendai no konponteki tenkai" 最澄から安然へ：初期日本天台の根本的展開, 佛教学セミナー *Bukkyōgaku Seminā*, no. 103 (2016) : 15–45.

10. Ōkubo Ryōshun 大久保良峻, *Taimitsu kyōgaku no kenkyū* 台密教学の研究 (Kyōto : Hōzōkan 法藏館, 2004), 93–97.

11. I suspect that this passage has been inserted by Chikotsu as it begins with "I say" (*watashi iwaku* 私云), and it was Chikotsu who recorded Enni's words.

12. CZS, vol. 12, 516–517.

13. I am using the term phenomena as a rough stand-in for *dharma* without wanting to commit to either side in the wider debate of whether *dharma* should be considered phenomena or not.

14. Or, more precisely, phenomena are but their perceptual characteristics.

15. CZS, vol. 12, 518a–b.

16. CZS, vol. 12, 517b.

17. I might be accused of relying overly on the stoic distinction between unarticulated (*ánarthros*) and articulate voice (*phone énarthros*). On the stoic theory

of semiotics, see Karlheinz Hülser, "Stoa," in Tilman Borsche, ed., *Klassiker der Sprachphilosophie* (München : Beck 1996), esp. 55.

18. NDZK, vol. 24, 110b–111a.
19. NDZK, vol. 24, 277b.
20. CZS, vol. 12, 525b.
21. T 80 : 18b. Related terms also appear in Dōgen's 道元 (1200–1253) *oeuvre*, for instance the *Shōbōgenzō* 正法眼蔵, T 82 : 161a.
22. See for example the 47th case, which contains the following admonition : "If you grasp it before the first signs are clear, it's already secondary, and if you seize it after there are distinct signs, its already what comes in third place. If you seek to clarify it in words and phrases, you will grope searchingly without ever finding." T 48 : 183a.
23. X 67 : 239b.
24. On Yuanwu's influence on Enni, see Stephan Kigensan Licha, *Esoteric Zen* (Leiden, Bosten : Brill, 2023), 64–77.
25. CZS, vol. 12, 522.
26. Likely this is a reference to the second Chan patriarch, Huike 慧可 (487–593), receiving Bodhidharma's transmission by silently bowing.
27. CZS, vol. 12, 524.
28. CZS, vol. 12, 486.
29. See Stephan Kigensan Licha, *Esoteric Zen*, 84–88.
30. Two remarks are in order at this point, one etic and one emic. First, modern semiotics would of course recognize the gestures of Zen as semiotic in nature. And second, from the emic point of view of Buddhist doctrine, it is no coincidence that Enni's ordering of exoteric, esoteric, and Zen teachings reflects the threefold structure of tantric initiation used in Enni's lineage.
31. Kenshū derives this interpretation from the Neo-Confucian Zhu Xi's 朱子 (1130–1200) *Yixue qimeng* 易学啓蒙, a commentary on the origin and use of the *Yijing*. In this work, Zhu Xi asserts that, "[c]o overing and filling the interval between Heaven and Earth, there is nothing which is not the subtlety of *yin / yang* and the Great Ultimate." He concludes that that although there might appear to be a temporal order to the establishment of the Two Principles and so forth, in fact they are already established within the undifferentiated Great Ultimate.
32. SSZS, vol. 14, 184a. This is a poem titled "Sudden Rain on the Western Lake" (Xihu zhiyu 西湖直雨) by Liu Kezhuang 劉克莊 (1187–1269), a noted Song

period critic and poet. Mi Youren 米友仁（1074–1153）was a renowned painter of ink landscapes.

33. SSZS, vol. 14, 184a. See also *Xu chuandeng lu* 続伝灯録, T 51 : 659a.
34. See Stephan Kigensan Licha, *Esoteric Zen : Zen and the Tantric Teachings in Premodern Japan*（Leiden, Boston : Brill, 2023）, 212–282.
35. Mi Youren inscribed one of his paintings with a poem of which the one raised by Kenshū appears a distant echo. The first two stanza of Mi Youren's composition read, "Deep in labyrinthine mountains—here are mists and haze ; Rains dark, clear radiance : lovely both day and night." Note the common themes of mountain, mist, and cleansing rain." See https : //quod.lib.umich.edu/a/ars/13441566.0049.004/--citing-wang-wei-mi-youren-and-the-temporal-dimensions?rgn=main ; view=fulltext. Last accessed 20.12.2023.
36. See *Kunsekikō*, SSZS, vol. 14, 135.
37. I have adapted the translation found in A. C. Graham, *The Book of LiehTzu*（New York : Columbia University Press, 1990）, 169–170. See also Licha, *Esoteric Zen*, 203–204.
38. This discussion is adapted from Licha, *Esoteric Zen*, 202–203.
39. This is an allusion to the opening lines of the *Xici zhuan*, "Heaven is lofty and venerable ; earth is low. *Qian* and *Kun* ［the trigrams representing heaven and earth］ were determined ［accordingly］." Whether Kenshū himself understood it in this way is, of course, impossible to know.
40. Kubo Tsugunari and Yuyama Akira, trans., *The Lotus Sutra*（Berkeley, BDK America 2007）, 34.
41. See Robert Sharf, "Buddhist Modernism and the Rhetoric of Meditative Experience," *Numen* 42, no. 3（January 1, 1995）: 228–83.

Bibliography

Abbreviations

CZS　*Chūsei zenseki sōkan* 中世禅籍叢刊. Edited by Abe Yasurō 阿部泰郎, Sueki Fumihiko 末木文美士, Ishii Shūdō 石井修道, and Takahashi Shūei 高橋秀栄. 12 vols. Kyōto : Rinsen shoten 臨川書店, 2012–2020.

NDZK　*Nihon daizōkyō* 日本大蔵経. Edited by Nihon daizōkyō hensankai 日本大蔵経編纂会. 48 vols. Tōkyō : Nihon daizōkyō hensankai, 1914–1922.

SSZS　Sōtōshū zensho 曹洞宗全書. Edited by Sōtōshū zensho kankōkai 曹洞宗全書刊行会. 33 vols. Tōkyō : Sōtōshū zensho kankō kai, 1970–1973.

T　Taishō shinshū daizōkyō 大正新脩大蔵経. Edited by Takakusu Junjirō 高

楠順次郎 et al. 100 vols. Tōkyo : Taishō issaikyō kankōkai 大正一切経刊行会, 1924-1933.

X *Manji zokuzuōkyō* 卍続蔵経. Edited by Maeda Eun 前田慧雲 and Nakano Tatsue 中野達慧. 88 vols. Tōkyō : Zōkyō shoin 蔵経書院, 1905-1912.

Primary Sources

Dainichikyō gishaku kenmon 大日経義釈見聞. By Enni. Fasc. 7 and 9. CZS, vol. 12.

Dainichikyō kenmon 大日経見聞. By Enni. NDZK, vol. 24.

Foguo jijie lu 仏果撃節錄. By Yuanwu. X 67 : 226a-254b.

Kenketsu kōun hyōchū shogetsu kunsekikō 顕訣耕雲評註種月摭藁. By Nan'ei Kenshū and Ketsudō Nōshō. Fasc. 2. SSZS, vol. 14, 172a-216b.

Miaofa lianhua jing 妙法蓮華經. Translated by Kumārajīva. T 9 : 1a-62c.

Miaofa lianhua jing xuanyi 妙法蓮華経玄義. By Zhiyi 智顗. T 33 : 681a-814a.

Xu chuandeng lu 続伝灯録. By Yuanji Juding 円極居頂. T 51 : 469a-714c.

Secondary Sources

Graham, A. C. *The Book of LiehTzu*. New York : Columbia University Press, 1990.

Hülser, Karlheinz. "Stoa," in Tilman Borsche, ed., *Klassiker der Sprachphilosophie* (München : Beck 1996), esp. 55.

Kubo Tsugunari and Yuyama Akira, trans. *The Lotus Sutra*. Berkeley, BDK America 2007.

Licha, Stephan Kigensan. "Keiran jūyō shū ni mirareru zenshū kan — Bekkyō to kikonron ni tsuite no rikai wo megutte"『渓嵐拾葉集』に見られる禅宗観—別教と機根論についての理解をめぐって, *Tōyō no shisō to shūkyō* 東洋の思想と宗教, 23, 2017.

Licha, Stephan Kigensan. "Separate Teaching and Separate Transmission — Kokan Shiren's Zen Polemics", *Japanese Journal of Religious Studies*, 45/1, 2018.

Licha, Stephan Kigensan. *Esoteric Zen : Zen and the Tantric Teachings in Premodern Japan*. Leiden, Boston : Brill, 2023.

Ōkubo Ryōshun 大久保良峻. *Taimitsu kyōgaku no kenkyū* 台密教学の研究. Kyōto : Hōzōkan 法藏館, 2004.

Ōkubo Ryōshun 大久保良峻. "Saichō kara Annen he : Shoki Nihon Tendai teki Tenkai" 最澄から安然へ：初期日本天台の根本的展開. Bukkyōgaku seminā 佛教学セミナー, no. 103 (2016) : 15-45.

Rambelli, Fabio. *A Buddhist Theory of Semiotics : Signs, Ontology, and Salvation in*

Japanese Esoteric Buddhism. London ; New York : Bloomsbury Academic, 2013.

Sharf, Robert. "Buddhist Modernism and the Rhetoric of Meditative Experience." *Numen* 42, no. 3（January 1, 1995）: 228–83.

Volli, Ugo. "The Origins Of Umberto Eco's Semio-Philosophical Project." *Rivista Di Estetica*, no. 76（2021）: 81–95.

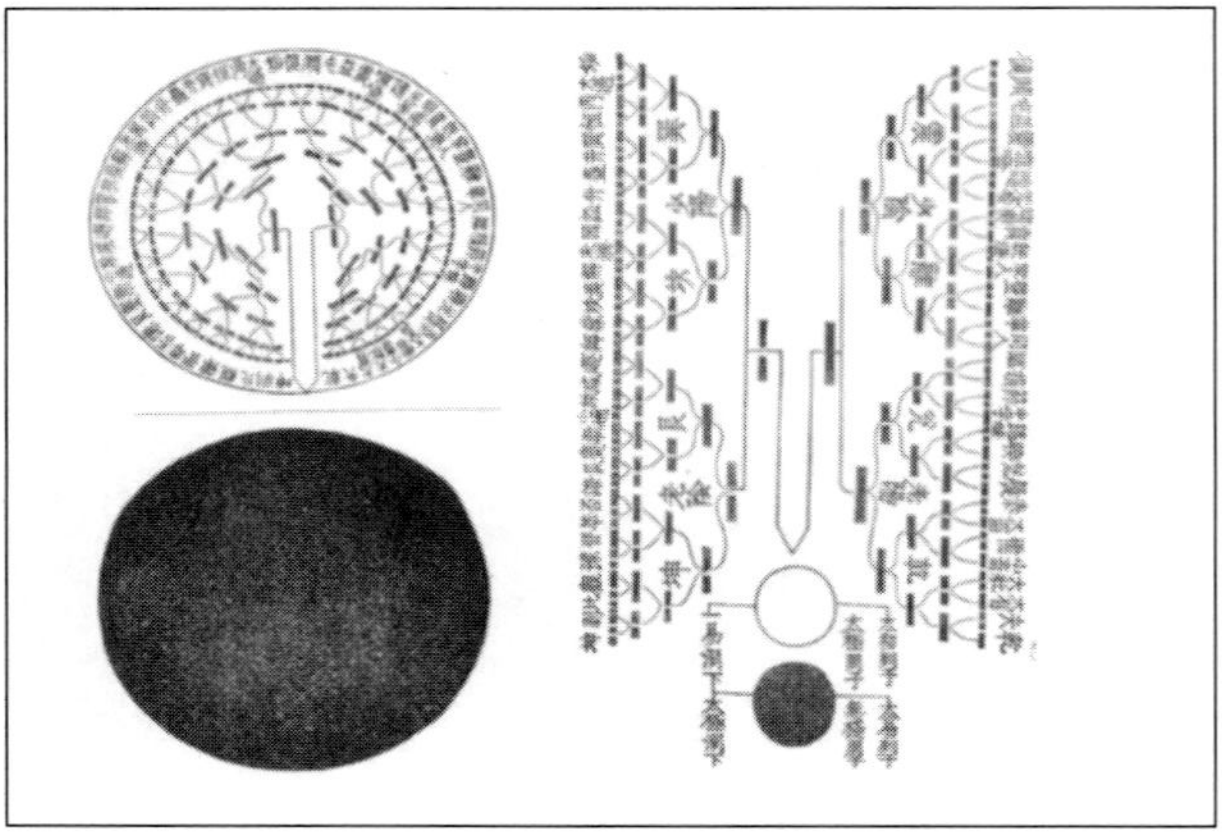

Figure 1. Kenshū's *Yijing* cosmology.

Figure 2. Landscape Painting by Mi Youren. *Metropolitan Museum of Art*. Public Domain.

あとがき

早稲田大学文学学術院教授・大久保良峻先生は、令和六年六月十四日に古稀を迎えられました。本書は、令和七年三月に定年退職される大久保先生の古稀を記念し、長年にわたる学恩に対して謝意を表すべく、門下生を中心とした諸先生方の学術成果を編輯した論集であります。

大久保先生のご経歴・ご研究については、本書に付されている「略歴」「業績目録」をご高覧いただければ、天台教学から密教にまで及ぶ広汎な研究領域と深い洞察性を窺い知ることができると思います。

平成二十七年、大久保先生の還暦を記念して論集を刊行致しました。今回も還暦記念論集と同じく、最初期にご指導を受けた松本知己氏・柳澤正志氏・田戸大智を発起人として「大久保良峻先生古稀記念論集刊行会」を起ち上げ、海外を含む大久保先生と関係が深い諸先生や門下生に原稿執筆のご依頼を申し上げたところ、二十八名の皆様から玉稿を頂戴することができました。本論集に収載された学術成果が幾分でも学会に貢献できることを切願しております。ご寄稿頂きました方々には、ご多忙のところお力添え頂きましたことに深く感謝申し上げます。

本論集出版の際しましては、成瀬隆純先生にご助言を賜り、武本宗一郎氏に事務局長として出版全体の方向性を取りまとめていただきました。さらに、東京藝術大学で特任研究員をつとめられた草野（久保田）温子氏には、大久保先生の肖像画の制作をご快諾いただき、素敵な作品を掲載することができました。また、本論集を受託いただいた法藏館の戸城三千代氏、窓口としてご尽力いただいた田中夕子氏には、論考提出の遅延などで様々なご迷惑をお掛けしたにもかかわらず、温かくご対応いただきました。皆様には、衷心より厚く御礼申し上げます。

大久保先生とは、カンボジアの遺跡をはじめとしてペルー、敦煌、チベット、メキシコ、インド、スリランカ、ミャンマー、ネパール、ブータン、その他様々な国々、あるいは大峰山等への羈旅に同行させて頂き、公私ともにご教導いただきました。現在では、遊泉会にて箱根や伊豆、伊香保、湯西川などに足を運び、大久保先生を中心に門下生が自由闊達に議論し、有意義な時間を共有させていただいております。

大久保先生におかれましては、今後とも益々ご健勝にて、後学の指導だけではなく、学界の発展のためにご活躍いただきますようご祈念申し上げます。

大久保良峻先生古稀記念論集刊行会

田戸　大智

令和七年新春

※本書の刊行には、天台宗教学振興事業団令和六年度出版刊行助成金の交付を受けました。

執筆者紹介（目次順）

大久保良峻（おおくぼ　りょうしゅん）
→大久保良峻先生　略歴・業績目録を参照

渡辺麻里子（わたなべ　まりこ）
一九六七年生まれ。大正大学文学部日本文学科教授。「天台の論義書と談義書―『法華経』『三大部』を中心に―」（『日本仏教と論義』法藏館、二〇二〇）ほか。

松本　知己（まつもと　ともみ）
一九六七年生まれ。大正大学・早稲田大学非常勤講師。『院政期天台教学の研究』法藏館、二〇一九）ほか。

柳澤　正志（やなぎさわ　まさし）
一九七〇年生まれ。早稲田大学非常勤講師。『日本天台浄土教思想の研究』（法藏館、二〇一八）ほか。

寺本　亮晋（てらもと　りょうしん）
一九七二年生まれ。大正大学非常勤講師。「三昧耶を巡って―越三昧耶と五種三昧耶―」（『大久保良峻教授還暦記念論集　天台・真言諸宗論攷』山喜房佛書林、二〇一五）ほか。

張堂　興昭（ちょうどう　こうしょう）
一九七七年生まれ。東洋大学非常勤講師、博士（仏教学）。「『観心論疏』における「入仮」と「出仮」」（『天台学報』五五、二〇一二）ほか。

真野　新也（まの　しんや）
一九七九年生まれ。早稲田大学非常勤講師。「漢訳『大日経』註釈書の成立に関する考察―経典漢訳との関係から―」（『論叢アジアの文化と思想』巻二五、二〇一六）ほか。

弓場苗生子（ゆば　なおこ）
一九八四年生まれ。天台宗典編纂所編輯員。「仁岳「止疑書」における理毒性悪の議論について」（『天台学報』六六、二〇二四）ほか。

日比　宣仁（ひび　せんじん）
一九八九年生まれ。立正大学助教。「章安灌頂による病行の解釈とその問題点」（『早稲田大学大学院文学研究科紀要』五九、二〇一九）ほか。

久保田正宏（くぼた　まさひろ）
一九八九年生まれ。立正大学非常勤講師。「知礼の蛣蜣六即説について―宋代天台諸師による継承とその問題点―」（『仏教学』六〇、二〇一九）ほか。

大嶋　孝道（おおしま　たかみち）
一九九一年生まれ。大正大学綜合仏教研究所研究員。「廬山慧遠と罽賓の仏教」（『天台学報』六二、二〇二〇）ほか。

武本宗一郎（たけもと　そういちろう）
一九九二年生まれ。早稲田大学助手。「天台教判論における『提謂経』の位置づけ―最澄の「三種の乳」解釈をめぐって―」（『日本仏教綜合研究』二一、二〇二三）ほか。

成瀬　隆純（なるせ　たかずみ）
一九三八年生まれ。寺院住職。『唐代浄土教史の研究』（法藏館、二〇一八）ほか。

梯　信暁（かけはし　のぶあき）
一九五八年生まれ。大阪大谷大学名誉教授。『源隆国編『安養集』の研究』（法藏館、二〇二四）ほか。

田戸　大智（たど　たいち）
一九七一年生まれ。早稲田大学・国際仏教学大学院大学非常勤講師。『中世東密教学形成論』（法藏館、二〇一八）ほか。

林山まゆり（りんざん　まゆり）
一九七七年生まれ。早稲田大学本庄高等学院教諭。「中世真言教学における心法色形―『宗義決択集』を中心に―」（『大久保良峻教授還暦記念論集　天台・真言　諸宗論攷』、山喜房佛書林、二〇一五）ほか。

大鹿　眞央（おおしか　しんおう）
一九八三年生まれ。大正大学専任講師。「東密における微細妄執の変遷」（『密教学研究』

五四、二〇二二）ほか。

庵谷　行遠（おおたに　ぎょうおん）
一九八〇年生まれ。身延山大学非常勤講師。「仁譲院日芳撰『呵責謗法鈔』における天台教学」（『大久保良峻教授還暦記念論集　天台・真言　諸宗論攷』山喜房佛書林、二〇一五）ほか。

成瀬　隆順（なるせ　たかゆき）
一九七〇年生まれ。早稲田大学非常勤講師。「禅那院珍海已講の捉える専雑二修釈」（『仏教学』六三、二〇二二）ほか。

櫻井　唯（さくらい　ゆい）
一九八七年生まれ。神奈川県立金沢文庫学芸員。「李通玄伝の形成—叡山文庫天海蔵『新華厳経会釈』を中心に—」（『東アジア仏教研究』二二、二〇二四）ほか。

佐伯　憲洋（さえき　のりひろ）
一九八六年生まれ。早稲田大学大学院文学研究科博士後期課程満期退学。「白旗派における三身説の変容—従真垂報説から倶体倶用説への変遷—」（『深草教学』三三、二〇二二）ほか。

米野　大雄（こめの　だいお）
一九九三年生まれ。早稲田大学大学院。「道元における発心・信・証・悟の使用法について」（『早稲田大学大学院文学研究科紀要』六八、二〇二三）ほか。

佐藤　眞人（さとう　まさと）
一九五八年生まれ。北九州市立大学名誉教授。神道大系編纂会編『神道大系　論説編四　天台神道（下）』（一九九三、共編）ほか。

Bernat MARTI-OROVAL（マルティ・オロバル　ベルナット）
一九七九年生まれ。早稲田大学政治経済学術院准教授。『日本のキリスト教迫害期における宣教師の「堅信」論争』（春秋社、二〇二三）ほか。

Marta Sanvido（サンヴィド　マルタ）
一九九〇年生まれ。イタリア・ヴェネチア大学東アジア研究科・日本仏教・宗教専攻、博士。ドイツ・ハンブルグ大学、仏教学ポストドック研究員。"How to Do Things with Hagiography: Bodhidharma's Rebirth in Premodern Japanese Buddhism" (*History of Religions* 63, no. 3 (2024): 235–289)

Paul Groner（グローナー　ポール）
一九四六年生まれ。ヴァージニア大学名誉教授。*Precepts, Ordinations, and Practice in Medieval Japanese Tendai*, Honolulu: University of Hawai'i Press, 2022.

Lucia Dolce（ドルチェ　ルチア）
一九六四年生まれ。ロンドン大学アジアアフリカ学院（SOAS）教授。"The Abhiṣeka of the Yogin: Bodily Practices and the Interiorization of Ritual in Medieval Japan," (in *Rituals of Initiation and Consecration in Premodern Japan: Power and Legitimacy in Kingship, Religion and the Arts*, edited by Rambelli and Porath, Berlin: DeGruyter, 2022, pp. 275–320)

Stephan Licha（リチャ　ステファン）
一九七九年生まれ。シカゴ大学神学部助教。*Esoteric Zen: Zen and the Tantric Teachings in Premodern Japan*. Brill, 2023.

大久保良峻先生古稀記念論集
天台学と諸思想

二〇二五年一月三一日　初版第一刷発行

編　者　大久保良峻先生古稀記念論集刊行会
発行者　西村明高
発行所　株式会社　法藏館
京都市下京区正面通烏丸東入
郵便番号　六〇〇-八一五三
電話　〇七五-三四三-〇〇三〇（編集）
〇七五-三四三-五六五六（営業）

装幀者　山崎　登
印刷・製本　亜細亜印刷株式会社

ISBN 978-4-8318-6400-0 C3014